目　录

前　言

　　2015 年 11 月，德国汉堡市，一个冰冷却阳光明媚的早上，德意志联邦共和国总理安格拉·默克尔身着黑色外套，来到圣米迦勒主教堂，为享年 96 岁的前任总理赫尔穆特·施密特的葬礼致悼词。这是她最感同身受的演讲之一，仿佛以第三人称描绘了一幅自画像：出现幻觉，应该去看医生。默克尔甚至敢于赞许地引用施密特这句最受非议的话。她赞扬了逝者的清醒实用主义以及他的抵制意识形态狭隘；她也赞赏施密特的信念，即只有事先经过深入思考、充满理智，才能做出成熟的决定。她最后回顾了他的执政生涯：这位联邦总理的成就展现在他必须克服的危机中。一位务实的政治家在决策前深思熟虑，在担任政府首脑期间，必然也是一位危机管理者：默克尔在这里谈到了自己，当时她已执政整整 10 年——在很长的一段时间里，她和施密特一样，都被看作是错误政党中产生的正确总理。

　　默克尔的这席自白令人惊讶。生于汉堡的施密特深受德国人爱戴，但他并不总是积极评价默克尔这位继任者。与施密特相似的是，默克尔作为总理，也领导国家度过了一系列难以想象的危机。施密特曾经与经济奇迹结束后的经济问题或德国的恐怖主义作斗争，而默克尔则不得不处理金融、欧元、乌克兰和难民问题，这些问题在唐纳德·特朗普当选美国总统后，导致了西方的全面危机；就像过去摧残这座汉萨城市的风暴潮一样，在默克尔任期结束之际，又出现了一种席卷世界的病毒（新型冠状病毒肺炎，简称"新冠肺炎"）。施密特和默克尔应对这些挑战的冷静实用主义都是基于历史断裂的经历：赫尔穆特·施密特26岁时，经历了第二次世界大战结束；而安格拉·默克尔35岁时，目睹了伴随她成长的国家垮台。

乍一看，这两位处理危机的总理施密特和默克尔都有其奠基人的阴影。康拉德·阿登纳1949年后塑造了早期的联邦共和国①，特别是使其融入西方世界。赫尔穆特·科尔任期内，民主德国于1990年加入联邦德国，实现了德国的统一；他还试图完成阿登纳开启的欧洲统一项目。产生影响深远的总理还包括维利·勃兰特，尽管他的任期较短，但他的名字始终与联邦共和国的缓和政策以及内部民主化联系在一起。

这些成就不言而喻。人们对危机管理者的成功与否的判断，也会延续到任期之后：德国人是否会将"默克尔时代"看作是一个美好的旧时代？尽管出现各种危机，但安全和持续性仍得到了保证。或者，安格拉·默克尔是否会被视为这样的一位女性？她即使没有导致——但至少也没有遏止西方的衰落。

很长一段时间以来，默克尔这位总理都受选民欢迎，因为她使他们远离世界上的所有麻烦，尽管她对德国人的这种回避风险

---

① 1949年5月23日，法国、英国及美国占领区合并，成立德意志联邦共和国（又称"西德"或"联邦德国"）；1949年10月7日，苏联占领区成立德意志民主共和国（又称"东德"或"民主德国"）。1990年10月3日两德统一，东德五个联邦州加入西德，统一后的德国全称仍是"德意志联邦共和国"。——译者注

的态度表示怀疑。随着 2015 年夏末难民的到来，至少对一部分人来说，这种情况发生了变化。当这位所谓的总是态度模糊的总理突然给出一个方向时，再次引发了她过去的批评者们的指责。而另一些人以前是默克尔的反对者，此刻却钦佩她的新决心。

事实上，默克尔政治生涯的分水岭并不是难民问题，而是 2008 年的金融危机。她从一个东德反对派运动的新闻发言人，成为当时世界第三大经济体的第一位女性领导人。如果这个惊人的崛起仍然缺乏意义和目标，那么她现在也成了管理危机的总理。一个接一个的事件使人们对这个熟悉的世界的继续存在产生了疑问。默克尔在 1989 年至 1990 年经历了一个系统的崩溃和她整个日常生活的剧变，她可能比其他政客准备得更充分。她是苏联东欧集团中唯一一位担任西欧国家首脑的女性政治家，这一事实对她的执政策略产生了持久的影响。

然而，危机也改变了德国和欧洲在世界上的角色。赫尔穆特·施密特有针对性地利用联邦德国的经济权重获取政治影响力，例如通过七国集团峰会（美国、日本、德国、英国、法国、意大利和加拿大，以下简称 G7 峰会）。默克尔则没有这样做。在她的领导下，德国人勉为其难地接受了他们现有的角色。但当他们环顾四周，突然之间，周围已经没有能让德国变小的阴影了。在债务危机期间，所有人的目光都集中在这个欧洲大陆中部相对稳定的大国上；在乌克兰冲突中，德国也扮演了重要的调停者角色。默克尔的土豆汤和李子蛋糕逸事，赋予她平易近人的形象，也使德国的新权力更容易被邻国接受。

国际观察者们更早、更敏锐地将默克尔作为个人而不是德国人关注。至少在 2015 年之前，大多数德国人都认为，自己对总理的一切都了然于心。国外对默克尔的兴趣很早就开始增加。不仅是因为她治理的国家在世界上越来越重要，而且还因为她的人生历程，人们只有从远处才能更好地洞悉其特殊性，虽然这种特殊性有时被夸大了。在社会主义制度下成长的童年和青年，科尔麾下看似不起眼的部长岁月，政党捐款事件的突然升级，出人意料地保留党内所有反对者的权力——默克尔作为具有三重角色的局外人，成功地做到了这一切：她是德国政坛关键人物中唯一的东德人，是为数不多的女性之一，也是众多法学家中的自然科学家。

默克尔的青云直上催生了一系列阴谋论。从斯塔西（Stasi，民主德国国家安全部门）的线人，再到所谓的德国"民族转化"计划，这些流言被故意散布。人们认为，在默克尔和善外表的背后一定隐藏着一些秘密，这种推测甚至蔓延到了政治层中心。与反对者和崇拜者的设想不同的是，默克尔能够更明确地表达意图。如果人们几年后再听一遍她的演讲或访谈，就能发现，她在关键转折点对计划和目标的描述都惊人的精确。默克尔阐述时音调沙哑，以至于与她同时代的人经常忽略这些细节。在职业生涯的后期，曾经倾向于协商一致的默克尔使德国公众舆论变得两极分化。在这个所谓的后意识形态的时代里，长久以来都没有政治家这样做。从联盟党的自由派到红绿联盟，默克尔在主流社会中仍然非常受欢迎，然而"默克尔必须离开"的呼声虽然占少数，却也十分响亮。任何一位政治家的举动，都处在利益和历史主导力量的交汇点上。和前任总理一样，默克尔的任何决定都不是自由的。自由的世界主义者和胆怯的保护主义者之间的全球大冲突，给她担任总理的最后几年蒙上阴影，但也给予她一种前所未有的明确形式：现在，她被看作是自由民主的最后捍卫者之一。

关于默克尔的书已经出版了很多，在国外甚至比在德国还多。然而到目前为止，除去修订版，只有四本经典传记以德文出版，其中最后一本书出版于 2005 年——即默克尔总理任期开始的那年。此后，由于默克尔仍在执政，作家们也无法完整地写出她的传记。现在正值默克尔任期结束，时机已经成熟。

第一部分
牧师家庭和物理学

（1954—1989）

1. 出身（1954—1961）

汉　堡

　　1954 年 7 月 17 日安格拉·默克尔出生于汉堡，她在那里度过了人生中的头几个月。她的母亲来自但泽，作为德意志人，二战后不得不离开这座城市。默克尔的父亲是来自波兹南的波兰人的儿子，他在第一次世界大战后离开了这里。这并不稀奇。许多当今生活在德国的公民都有波兰祖先，这一点从他们的姓氏就可以看出。1945 年德国被分割为四个占领区，大约有 1300 万来自东部的德意志难民和被驱逐者，他们在占领区并不受欢迎。

　　默克尔的家族历史，以及她自己的前半生，都映射了 20 世纪的德国历史。长期以来，这个国家都是欧洲政治中的一个混乱因素——边界不明，货币不稳，财政不佳，政权更迭，还是战争的发动者。旧联邦共和国具有追求安全的稳定文化，试图逃避这段历史，这种做法成功地达到了目的。与许多担忧相反的是，扩大后的德国至少没有回到原来的状态，而且在 2008 年后的经济危机中，德国甚至被证明是欧洲大陆的稳定之锚。

这种情况恰巧出现在一位女总理的领导下。起初，默克尔对大多数德国人这种安全至上的思想感到非常陌生，她也知道，这种思想并不能抵御未来的不确定性。更重要的是：她的任务是将这个国家带离一个风险逐渐回归的世界，而人们却认为这些风险已经被消除了。只有了解默克尔的家族史，才能明白 20 世纪历史对其影响之深。

波 兹 南

默克尔父亲的家族来自波兰波兹南。祖父路德维希·卡日米尔恰克 1896 年出生在格鲁本大街 14 号的一套租赁公寓里，他的母亲是女佣，父亲不知去向。该地区是 18 世纪后期波兰分裂后被划入普鲁士领土的地区之一，大多数人讲波兰语，尤其是农村地区的居民。在普鲁士时代末期，波兹南有 15.8 万名居民，其中 6 万人自称德意志人。几个世纪以来，波兰人和德意志人在这里共同生活，这座城市与布雷斯劳或什切青等纯德意志城市不同，后者在 1945 年后才属于波兰。

共同生活的传统并没有促进相互了解，19 世纪末至 20 世纪初，这座城市反而成为狭隘恶性民族冲突的场所。这一阶段始于普鲁士帝国总理奥托·冯·俾斯麦的"文化斗争"，以 1945 年后剩余的德意志人被驱逐而结束；在两次世界大战之间，部分强制性推行的波兰化加剧了冲突。1919 年的上西里西亚起义直接推动了波兰复国。

默克尔的祖父路德维希·卡日米尔恰克也无法逃脱这一冲突境地。起初，他显然站在波兰一侧。默克尔的一位远房叔叔向波兰媒体展示了一张照片，照片上她祖父大约在1919年初穿着"蓝军"制服。这支军队曾在帝国和皇家将军约泽夫·哈勒的带领下在法兰西同德意志人作战，后来在新成立的波兰与苏维埃俄国作战。

1915年卡日米尔恰克19岁，同波兹南所有不分族裔的男性一样，被征召加入普鲁士军队。在西线，他可能被法兰西俘虏了，也可能当了逃兵；后来，像许多其他来自德意志或奥地利的波兰人一样，似乎也加入了哈勒军。在战争结束前不久，这支部队还在香槟战役中参加战斗。这段历史后来成了新闻：德国总理的祖父曾与德国作战。

然而，卡日米尔恰克反对普鲁士占领军的态度并非毫不动摇。1919年6月，一战结束《凡尔赛和约》签署后，1920年波兹南正式成为波兰复国后的一部分，默克尔的祖父又选择了德国，和他未婚妻玛格丽特·波尔施克一起搬到柏林。1926年8月6日他们的儿子在柏林威丁区出生，即默克尔的父亲霍斯特·卡日米尔恰克。1930年，祖父将家族姓氏德国化，改为"卡斯纳"①。

默克尔的祖父住在柏林的潘科区，在柏林警局工作，两次受提拔，1931年和1943年分别晋升为高级警长和总警长。他的警察生涯也许是改姓的原因，并从天主教改信新教。默克尔后来谈到这个问题时说，当时柏林的局势不太明朗。一个信奉天主教的

---

① "安格拉·默克尔"原名"安格拉·卡斯纳"，"默克尔"是她第一任丈夫的姓。——译者注

波兰人转变成一个信奉新教的普鲁士人，在当时明显是个同化的例子。

默克尔在波兹南的远房叔叔回忆道，在残酷的德国占领期间，默克尔的祖父1943年最后一次回到家乡波兹南，参加他母亲的葬礼。"他去面包店给我们这些孩子买了罂粟面包，"他说，"我永远不会忘记那味道。在德国占领期间，波兰人不许买面包。"默克尔的祖父在1959年去世，享年63岁，当时孙女安格拉只有5岁。他的遗孀玛格丽特仍在世许多年，后来孙女经常去探望她。少女时期的安格拉生活在小城滕普林，对首都的高雅文化十分向往：*我在假期去柏林的祖母家。*

默克尔的父亲于1926年受洗成为天主教徒，被命名为霍斯特·卡日米尔恰克，于1940年改信新教。从出生年岁就可以看出，他属于在西方被人们称为"怀疑论者"的那代人：被战争剥夺了所有幻想，有责任意识，远离享乐主义。战后，他决定学习新教神学。理论上讲，这在民主德国也行得通。战争结束后，苏联占领区的神学院重新开放，尽管不久就遭遇政治压力。此外，在瑙姆堡、莱比锡和柏林也有教会培训点；东柏林语言学院在柏林墙建成后成为神学培训点，替代西柏林策伦多夫区的教会大学。

这些机构在最初的几年里条件十分艰苦并且不稳定，直到民主德国后期才得到改善。由此可以理解默克尔的暗示，人们无法*在东德学习神学。*作为有抱负的神学家，卡斯纳的学术追求使他前往著名大学求学。1948年，他前往海德堡鲁普雷希特－卡尔大学，然后去了伯特利，最后去了汉堡，并于1954年在汉堡完成考试。卡斯纳在西德学习，并非打算永久留在西德，而是认为自己代表东德教会在西方接受教育，然后回去继续完成使命。这在当时很常见，萨克森、图林根和柏林 - 勃兰登堡的主教约翰内斯·亨佩尔、维尔纳·莱希、戈特弗里德·福克后来也以这种方式去西德学习。当时东德各地区的教会仍属于全德新教教会，直到 1969 年，民主德国才成立了一个独立的新教教会联盟，对此卡斯纳非常赞成。

但　泽

在汉堡，这位有抱负的神学家遇到了一位拉丁语和英语专业的师范生。这个女孩名叫赫琳德·延茨施，比他小两岁，1928 年 7 月 8 日出生在但泽的朗福尔区，这座城市也是诺贝尔文学奖得主君特·格拉斯的故乡。她的父亲威利·延茨施是那里的高中老师，管理着一所学校。女孩的父亲最初来自比特菲尔德附近的沃尔芬，母亲来自西里西亚的格洛高。他们来到但泽之前，曾在东普鲁士的埃尔宾生活过一段时间。

默克尔的母亲出生时，根据《凡尔赛和约》的规定，但泽自由市由国际联盟托管。这座城市的大多数人以德语为母语，他们渴望与德意志帝国统一。在这座城市的法律地位问题上，人们对于细枝末节都争论不休，例如，波兰邮局有权在这个城市设立多少邮箱。11 岁时，小赫琳德目睹了第二次世界大战的爆发，德意志人在但泽先挑起了争斗。当时的德意志帝国总理阿道夫·希特勒巧妙地利用但泽复杂的国际法地位，他没让军队直奔波兰，而是占领位于但泽港入口附近西盘半岛的波兰军事基地和城里的波兰邮局。二者都是波兰的外部机构，由《凡尔赛和约》明确保证其合法地位。

最终，战争还是没有把这座历史悠久的汉萨城市带回德国，而是使它彻底成为波兰领土的一部分。占多数的德意志人只能离开但泽，延茨施一家也在难民潮中。短期内返回是不可能的：通往故土的道路因政治局势而受阻。当时许多被驱逐者认为，这种失败只是暂时的。赫琳德·延茨施的前景似乎很清晰：她现在成了汉堡人，完成学业后，将在刚成立的联邦德国担任教师。

奎 佐

这个人生计划却无法实现了。赫琳德结婚后跟夫姓，改名为"赫琳德·卡斯纳"，并生下了第一个孩子。她过完 26 岁生日的九天后，即 1954 年 7 月 17 日，在艾姆斯比特尔的埃利姆医院生下女儿。在同一天，西柏林的联邦议会第二次选举特奥多尔·豪斯为总统。他们为女儿取名安格拉（Angela），对应德语单词"Engel"，即"天使"的意思。女儿要求别人读她的名字时把重音放在"A"上面，这在西方较为普遍；柏林人却没有遵守这个读法，而是把重音放在"e"上。民主德国第一位民选总理洛塔尔·德梅齐埃也是遵循后者，默克尔当时是他的副发言人。他向记者解释说，他知道默克尔的这个请求，"但我总是忘记"。

1954 年，第二次世界大战造成的后果仍随处可见，汉堡被破坏的程度甚至比其他城市更严重。直到安格拉·卡斯纳出生的前一年，这座城市才宣布完成瓦砾清理工作。第一任联邦德国总统特奥多尔·豪斯见证了阿尔斯特馆和新伦巴第桥重新开放。在1948 年的货币改革和价格自由化导致的短暂经济衰退后，城市在很长一段时间里都遍布破败景象，但总算向前发展了。

安格拉·默克尔在汉堡出生后，并没有在这里长大。她的父亲刚刚通过神学考试，便前往民主德国的一个小村庄担任牧师。三个月后，妻子和刚出生不久的孩子也来到这里。他们和安格拉的外祖母一起在艾姆斯比特尔的伊泽街度过了夏天，即使在搬家之后，祖孙的联系仍然很密切。安格拉的妹妹在滕普林出生时，父母把安格拉送到汉堡住了十个星期。后来外祖母寄来的包裹里有安格拉心心念念的牛仔裤。

在西德出生的人会非常困惑，究竟是什么原因，令这位未来总理的父亲前往东德。自1953年6月17日东德工人起义失败后，更多的人选择从东德搬到西德。仅在1954年的前5个月，就有18万人越过边界进入西德；从1949年到1961年整个柏林墙修建期间，约有250万人前往西德。

卡斯纳不认同资本主义，但他也不认为自己是共产主义者。女儿后来说，他去过西方并带着坚定的决心回来，他一直认为担任牧师是他的任务，即民主德国也必须有牧师。回想起来，安格拉认为，尽管母亲有时为此争吵，但父亲的这个决定在家里并没有争议。

不仅是前面提到的几位知名主教，许多东德神学家在西德学习后也返回了民主德国。与卡斯纳不同的是，甚至有些出身西德的牧师也去了东边。他们想帮助陷入困境的教会，有意识地放弃了物质富足的安逸道路。"我们不想在埃及人的肉锅[1]附近待着，东部需要我们。"霍斯特·卡斯纳后来说道。在另一个场合，他还说过："如果我被派往非洲，我也会去的。"

在柏林墙建成之前，德国并没有像后来几十年中那样被彻底分割开来，尤其体现在日常的生活上：两种制度的社会都经受着战后造成的贫苦。西德的许多公寓也是用煤取暖，只有极少数家庭通电话，几乎所有铁路线上都是蒸汽机车，资本主义的经济优势在这个时期并没有像后来那样具有压倒性的优势。东德地区

---

① 出自《圣经·旧约·出埃及记》，指衣食无忧的生活。——译者注

的重建工作也取得了进展，例如柏林的斯大林大道等宏伟项目。1957年，苏联向太空发射了第一枚火箭，在西方国家引发了"史普特尼克危机"，使得他们相当怀疑自己的技术能力。人们担心，东方阵营（亦称为"社会主义阵营"）可能会通过中央控制的经济形式，从其人口资源中获取更大的物质潜力。

在政治上，安格拉·默克尔出生的那一年，边界更具流动性。西德尚未加入北约（北大西洋公约组织），华约（华沙条约组织）也尚未建立，德国的分裂还不是既成事实。就在两年前，苏联共产党领导人约瑟夫·斯大林还提议，同意一个中立的德国实现统一，这个提议引发了相当多的讨论：相当一部分人民怀疑康拉德·阿登纳的粗鲁拒绝是否正确。① 不久之后斯大林去世，短期内带来世界政治解冻的希望，在这段时间，东德教会最初面临的强大压力也有所缓解。

由库尔特·舒马赫出任主席的社民党和新教保守派的全德人民党都反对阿登纳与西方结盟的政策，因为它加剧了德国的分裂。《法兰克福汇报》的创始编辑保罗·塞特在社论中也提出了类似观点。后来的联邦总统古斯塔夫·海涅曼是新东方政策的倡导者，他就是在这个背景下当选的。那时还没有柏林墙——德国分裂最显著的标志之一，甚至城市轻轨还能穿过区界。卡斯纳一家原则上能穿越首都返回西德。如果东边的情况变得令人难以忍受，这个家庭可以再次加入数百万人返回西边的行列。这对默克尔的母亲或许是种安慰，因为她是民主德国牧师的妻子，不能在公立学校教书。她为爱情作出了较大的牺牲。

---

① 斯大林的提议究竟是提议还是宣传，目前仍存在争议。当时西方列强拒绝了该提议，认为它是阻止德意志联邦共和国融入西方并获得武装的手段。——译者注

1954 年 9 月，出生于汉堡的安格拉·卡斯纳变成了东德人。默克尔后来提到，八周大的时候，她被装在一个手提包里带到了勃兰登堡。卡斯纳一家来到了东德。奎佐是勃兰登堡西北部普里尼茨的一个小村庄，霍斯特·卡斯纳在那里获得了第一个牧师职位，今天它属于佩尔勒贝格市。这里从来都不属于富裕地区，战争又加剧了这种情况。1945 年后，由于难民的到来，该村的人口从大约 300 人很快增加到近 500 人。在土地改革中，那些拥有超过一百公顷土地的地主，都被苏联没收了财产。苏联想以同样的方式打破易北河东部地区的大地主势力。

卡斯纳一家到达奎佐时，已有许多新迁来的农民在此，他们的生活很艰难。能种植作物的土地太少，村民缺少设备，几乎没有耕种经验。这里的第一批生产合作社于 1952 年成立，几年后开始推行集体化。卡斯纳的社区成员中很大一部分都是这样的小农民，他们要么是本地的，要么是被驱逐过来的，每天都在为生存挣扎。

牧师一家的日常生活并不安逸。他们住在一座矮小的牧师住宅里，父亲在一座巨大的中世纪原石教堂里布道，这个四口之家的全部生计都来自一块专供牧师使用的土地。1957 年夏天，3 岁的安格拉有了一个弟弟，父母用新约圣人马库斯为他命名。我父亲不得不学会挤羊奶，我母亲从一位老太太那里学会了用荨麻菠菜做饭。一辆少见的电动车和一辆自行车就是运输工具。在通往佩尔勒贝格的支线上有一条班次稀少的铁路，把这里与外界连接起来。在勃兰登堡的这个偏僻地区，不仅物质条件有限，而且缺乏知识上的启迪，学习条件远不如霍斯特和赫琳德读书的年代。如果安格拉·卡斯纳真的在乡下一个普通牧师家庭里长大，这段经历就不可能对她后来的政治崛起产生重要影响。对她来说幸运的是，并非如此。

滕 普 林

1957 年 10 月，31 岁的霍斯特·卡斯纳接到勃兰登堡教区负责人阿尔布雷希特·舍赫尔的一个任务，这个任务对他未来的生活和女儿的前途都产生了影响。舍赫尔后来成为民主德国新教教会联合会主席，他青睐年轻的卡斯纳，不仅是因为卡斯纳的教学能力突出。两位神学家在纳粹独裁时期同受迪特里希·邦赫费尔的宣信会的影响，教会政治立场也相同，像东西德的许多牧师和基督徒一样，对西方资本主义持怀疑态度；他们还主张，教会应当与已成立的德意志民主共和国和解。舍赫尔以及联邦德国的许多知识分子后来都认为，德国分裂是纳粹罪行的必然和永久后果。

舍赫尔当时也是勃兰登堡市布道神学院的负责人，这座神学院不仅对牧师开放，也对所有教会工作者开放，并提供"闭静期"的活动安排和管理课程。渐渐地，它变成了一个纯粹的牧师学院，重点集中在对牧师和副牧师的神学教育和研修上，1958 年 10 月举办了第一个管理课程。这项工作的财政支持很大程度上来自西德，1961 年柏林墙修建之前，卡斯纳经常在西柏林领取现金。该机构位于柏林以北不到 80 公里的乌克马克小城滕普林，那里刚好有一座较大的教会房产闲置。

瓦尔德霍夫位于勃兰登堡历史中心外约一公里处，自 1854 年以来，它一直是个管教机构，用于改造动荡社会背景下无法适应社会的青少年。该机构在民主德国时期陷入困境，因为民主德国为该目的设置了国家的"青年工作中心"。送来瓦尔德霍夫的青少年数量急剧下降，可能这也是出现空出场地的原因。卡斯纳抵达后的那年，该机构被迫关闭。此外，有智力缺陷的人被送入与卡斯纳的神学院相邻的收容所。两个机构只在空间上相邻，组织结构上没有关系。教会的一份纪念文集中曾回忆过，起初那里的生活条件"令人难以忍受"。教会通过内部转让，将土地交给东柏林的斯蒂芬基金会，该基金会至今仍在经营瓦尔德霍夫。就在安格拉·卡斯纳离开滕普林之前，1972 年由于扩建基础设施，大型宿舍也被拆除了。

两个机构共用瓦尔德霍夫的一片场地，经常为占用空间发生摩擦。乌尔里希·舍内希是收容所的技术主任，东德转型后担任滕普林市长，他抱怨说，卡斯纳"以牺牲残疾人为代价"扩大牧师学院。卡斯纳显然不想让他的教学需求让步给社会福利，毫不思考就展现出一颗"仁爱之心"，这当然不是卡斯纳的教育目标。

这些残疾人有时在花园里帮卡斯纳一家干活，默克尔从不抵触与他们打交道。这是她早年接触陌生事物的一些体验。在 20 世纪 60 年代，不合理的事物仍然存在。即便是在西德，有精神障碍的人也被称为"弱智"，正如身体残疾的人被称为"残废"。

那时我学会了以正常的方式对待残疾人。那里有唐氏综合征患者，他们中的许多人卧床不起。他们遭受了难以言喻的对待。60 年代没有护理经验。我脑子里还有一些画面——有些人一直被绑着坐在长椅上。每次都有一名成年患者在我们这里工作。家里有人过生日的时候，他们喜欢来吃蛋糕。我们和他们关系很好。这些是难忘的童年回忆。默克尔同学的父母有时不让孩子去瓦尔德霍夫的卡斯纳家，因为他们在那里会接触到"脑筋不正常的人"。

父　亲

　　安格拉·卡斯纳3岁到20岁的成长环境，单单用"牧师家庭"这个词描述是不够的。她父亲偶尔在滕普林的玛利亚－玛格达莱妮教堂布道，也不光是作为堂区牧师，解决信徒的日常问题，负责洗礼、坚信礼、结婚和葬礼；卡斯纳还逐渐成为柏林－勃兰登堡教会的重要人物，但又仅限于教会领域。他开启了对阿尔特－普拉赫特的浪漫派半木结构教堂的修复工作，还推动了反对哈斯里本修建养猪场的抗议活动，即使在柏林墙倒塌之后，仍是该地区的知名人物。直到他于2011年去世，享年85岁。

　　牧师学院为东柏林和勃兰登堡的牧师进行初级和进阶培训，有一种对学术孜孜追求的气氛。院长的女儿就是在这种学术背景下长大的，西德的观察者们后来很容易被默克尔的言辞说服。随着岁月的流逝，卡斯纳的牧师学院发展成州教会的中心联络点，这里的牧师一生至少都来进修过一次。卡斯纳清楚地认识州教会里的每一位牧师。卡斯纳有很大的影响力，也能决定人事任命。他还与他的支持者舍赫尔关系紧密。由于出身西德的原主教库尔特·沙尔夫不得进入民主德国，自1967年，舍赫尔在东柏林和勃兰登堡扮演着州主教的角色。1972年，舍赫尔作为东部地区的第一位主教在柏林－勃兰登堡新教教会正式就职。

　　卡斯纳和舍赫尔交流了建设社会主义教会的设想，这个教会必须与新成立的国家达成和解。在与更年轻的牧师雷纳·埃佩尔曼的一次谈话中，卡斯纳甚至把自己描绘成这个概念的真正发明者。他被教会同僚中的另一派称为"红色卡斯纳"，属于"白湖工作组"的圈子，该组织由舍赫尔身边的一个团体于1958年1月在柏林的同名城区建立。工作组致力于接受德国分裂的现实，并与民主德国政府合作：他们的理由是，教会自己不应该搞政治，而应该为社会服务。

安格拉·默克尔后来谈到她的父亲时表示：他希望教会以现实为导向，而不是总是生活在远方。对于"社会主义教会"的追随者来说，接受分裂也是一个和平策略问题。霍斯特·卡斯纳批评联邦德国的义务兵役和《紧急状态法》，同时也批评民主德国的兵役。1961 年 6 月，在修建柏林墙和安格拉·卡斯纳入学前不久，来自社会主义阵营国家的这一教会政治路线的支持者相聚捷克斯洛伐克首都布拉格，召开了第一届"全基督教和平大会"。由此诞生了"基督教和平大会"，该会议主要批评西方国家的军备政策。

这些问题在东德教会中引起了相当大的争议。然而，只有少数牧师不愿妥协，坚持与民主德国政府保持距离。"不到 100 人，我们所有人里的反对者加起来也不到 100 人。"埃佩尔曼后来回忆道，民主德国共有 4000 多位牧师。即使是后来的联邦总统约阿希姆·高克[①]，也没有像他在回忆录中所写的那样坚决反对。高克曾在 1989 年秋天加入公民抗议活动。

卡斯纳路线的坚决反对者包括瑙恩教区负责人莱因哈德·斯坦莱恩。他批评 1978 年 3 月舍赫尔与国务委员会主席埃里希·昂纳克的会晤，认为这是一种不负责任的配合政策，而西方媒体大多称赞这次会谈是一个缓和信号。他的儿子斯蒂芬·斯坦莱恩后来成为社民党政治家弗兰克－瓦尔特·施泰因迈尔最亲密的朋友。施泰因迈尔在默克尔执政期间，连续八年担任外长，长达四

---

① 高克在东德时期是一名新教路德派牧师和教会工作人员，2012 年至 2017 年担任德意志联邦共和国总统。——译者注

年是反对党领袖，最后当选联邦总统。施泰因迈尔任命斯坦莱恩担任联邦总统办公室的国务秘书，也是德国最高级别的国务秘书。

卡斯纳显然不相信官方教会结构会有伟大未来，并预测民主德国将不再有专职牧师。埃佩尔曼在瓦尔德霍夫停留期间，对这个断言愤愤不平。这位年轻的神学家认为这是一种犬儒主义，剥夺了年轻人的职业前景。在他看来，卡斯纳只从民主德国所有宗教界人士中的少数立场得出了结论，毕竟只有三分之一的人信教。两德统一后，教会信众人数进一步下降，东德地区是当今世界上最世俗化的地区之一。

默克尔后来也说，他的父亲不喜欢官方教会的结构，而是更喜欢美国那样的基层教会。就像西德已经实践的合作那样，东德教会内部普遍不看好国家与教会之间的密切合作，尽管各自目的不同。默克尔也曾公开对德国的政治与宗教混合表示恼火。一开始，我也很难接受在党代会开始之前举行礼拜仪式。她在2005年说道，对我来说，礼拜仪式是私人事务。

东德转型之后，一些人认为，这位藤普林牧师学院院长的行为是机会主义的，特别是他那一派的教会政治运动成员——与卡斯纳本人相反——后来被发现是斯塔西线人。但卡斯纳本人对自己的路线深信不疑。东德新教徒之所以决定与国家达成和解，也与当时西德的缓和政策密切相连。民主德国新教教会联合会成立于1969年，舍赫尔成为新联盟的第一任主席。新联邦总理维利·勃兰特和外交部部长沃尔特·舍尔也于这一年在波恩就职。此前东德国家领导层禁止所有跨边界组织，从而迫使民主德国新教教会联合会脱离全德新教教会。从那时起，教会律师曼弗雷德·施托尔佩领导联盟的秘书处。

最晚到了 70 年代，德国统一社会党官僚制度逐渐僵化，卡斯纳已不抱乐观希望。和女儿相反的是，他直到最后都是资本主义的批评者。"民主德国作为一个国家，早已在政治和经济上破产。"1990 年 10 月 3 日的傍晚，在滕普林的集市广场上，卡斯纳在对激动的人群演讲中说道。"人们无法再认同这个国家了，"他又补充，"自由受到社会冲突的威胁，也受到商业和消费统治的威胁。"2004 年，他在滕普林东北 20 公里处的哈斯莱本镇发起了抗议修建养猪场的示威活动。在活动中，他批评了市场的不道德行为："重要的是钱。对于生产者：盈利；赚'猪钱'①。对于消费者：购买，尽可能地低价购买，买的比需要的更多。"他说："在市场经济中，我们需要思考。我们受到了影响，却没有进行反思。一切都成了市场，也包括自然。让自己免于道德负担吧。"

这位神学家对西方政党的民主表示怀疑。1992 年，卡斯纳在一份教会报纸上写道："我们现在注意到，那些老牌政党如何掠夺国家，国家也成了政客们的自助商店。"当时他女儿已经是老牌政党基民盟的副主席。女儿 1990 年从政，然后又进入基民盟，这令父亲感到不高兴。他更愿意她留在学术界。

卡斯纳与许多东德教会人士都对资本主义以及西方政党制度持批判态度，甚至加入反对运动。当时的物理学家、后来成为基民盟政治家的君特·努克也曾在瓦尔德霍夫进行过讨论，他回忆道："如果从当前的、西方的角度来看，我们当时的讨论可能会显得相当左翼。"像滕普林牧师学院这样的地方是非常重要的，它提供了一个能够进行相对自由讨论的空间，因为这些讨论只能在私密范围中进行。这也不足为奇，因为这个国家限制所有出版

---

① 猪钱（Schweinegeld），即"一大笔钱"的意思。——译者注

物，甚至包括打印机这样的基础设备。

无疑，德意志民主共和国的上层对卡斯纳的圈子极为不信任，国家安全部系统地研究了类似瓦尔德霍夫的这些机构。斯塔西线人详细地记录了谁和卡斯纳会晤、谁参加了他的培训课。一份交给斯塔西的报告写道："卡斯纳于 1954 年来自汉堡／西德，是我们工农国家的反对者。"默克尔的反对者后来遍寻证据，想证明她父亲或许曾向斯塔西提供信息，但徒劳无果。

1972 年，斯塔西人员试图招募卡斯纳为非官方工作人员，以失败告终。他们在卡斯纳那里发现了苏联异见者安德烈·萨哈罗夫的一本书，这本书在东德是禁书，特工人员想以此勒索这位神学家。然而，他们注意到，卡斯纳已经向他的教会领导报告了这次谈话，便不再提及此事，并记下："他对国家安全部持强烈的拒绝态度。——他拒绝合作。"落款日期让人们注意到：1972 年，大女儿安格拉即将从高中毕业，这位神学家拒绝被招募，可能会危及女儿上大学的机会。卡斯纳建议他的三个孩子——包括安格拉的妹妹伊蕾妮，1964 年生于滕普林——在遇到斯塔西招募线人时也这样做。6 年后，默克尔在伊尔默瑙申请一个科研职位时，斯塔西工作人员的确试图招募她，她听从了父亲的这个建议。

卡斯纳认为，他在自我和家人之间找到了平衡，既坚持了自己的态度，又作出了必要调整，这使他一直能够昂首挺胸。统一后，人们拜访卡斯纳，也能感受到他思想独立的光环。在卡斯纳退休和牧师学院解散后，他和妻子一起离开了瓦尔德霍夫，搬进了同样位于滕普林的私人住宅。记者亚历山大·奥桑在默克尔当选基民盟主席前不久，于 2000 年拜访这位 74 岁的老人时，也受到这种气氛的感染。"这是一个敞亮的房间，崭新，但不曾被改动，"奥桑看着众多的图书和由德累斯顿赫勒劳工作室设计的雅致的组合柜写道，"它在德国统一的进程中幸存下来。"

默克尔在 2015 年夏末谈到前任总理格哈德·施罗德的生平，作为联邦德国总理，二人的共同点都是"局外人"这个身份。施罗德是清洁女工的儿子，靠着读夜校完成学业，后来成为政府首脑；而默克尔是东德人，是牧师的女儿，靠着运气得以上大学，直到 35 岁才加入政党。

二人的情况无疑是相似的，按照他们的出身，在政坛取得如此地位几乎是完全不可能。施罗德的父母和默克尔的父母分别提供了截然不同的条件。默克尔在家里受到了丰富的智力启迪，并结识了大量有趣的人物——她能够和父亲一起观察，人们在教会里如何建立脉络、如何弄权。施罗德则缺乏这种受过教育的资产阶级背景，不得不全靠自己奋斗。

卡斯纳的视野总是比他合作过的党内同志或监视他的斯塔西线人更广阔。他与全德范围各地都保持着联络，从西德获得文献，读他想读的书。在这方面，他并没有被禁止。当局曾试图没收西德寄来的邮件，他强烈申诉——并且成功了。

默克尔的同学马蒂亚斯·劳的父亲是瓦尔德霍夫残疾人收容所的主任，他在卡斯纳那里读到了批评东德制度的文学作品，例如沃尔夫冈·莱昂哈德的《革命的孩子》或德国共产主义者玛格丽特·布勃－诺依曼的生平故事。玛格丽特先是被斯大林领导的苏联关进监狱，又被抓进希特勒的集中营。在卡斯纳的书房里，书堆到了天花板。"东德任何一家书店都买不到这些书，拥有这些书可能会带来巨大麻烦。"即使是编年史作者们也承认，这些麻烦对"红色卡斯纳"无比仁慈。

斯塔西档案揭示了思想独立的卡斯纳与监视他的线人们之间的文化差距。他们常常不明白自己的监视对象在忙活什么。当汇报他与西柏林主教奥托·迪贝柳斯的关系密切时，他们写道，他"服从于迪贝柳斯"；当汇报他对西德宗教学校（Konfessionsschulen）的厌恶时，他们拼不对单词，写成了"特许学校"（Konzessionsschulen）；他们把卡斯纳的那本萨哈罗夫写的激进文学称为"Phamfleth"①。卡斯纳属于一个受过教育的阶层，这个阶层同东德系统妥协，但又认为自己的头脑更胜一筹。

卡斯纳在滕普林的神学院，像是一个在地理上与东德大陆世界隔绝的岛屿：瓦尔德霍夫与滕普林的城区相隔两公里，当时滕普林大约有1.1万名居民，距东柏林市中心80公里。空间的疏远也意味着牧师家庭与多数社会群体的疏远。卡斯纳属于离国家较近的教会分支，却也没有改变离东德政权疏远的事实。家中的四壁之外是一个陌生疆域，这个特点在默克尔后来的学校生活和职业生涯中尤其明显。

父亲善于启发又要求甚高，对女儿来说，和父亲在一起并不总是那么容易。她尤其喜欢缠着父亲。他总是工作很忙。对他来说，工作和休闲同等重要，有时他可能会因为工作而逃避家庭责任。他很勤奋，又很缜密。很遗憾。一切都必须井井有条和完美，这对孩子来说并不容易。他能够亲近人们，与他们好好交谈。有时也让我感到困惑，他对别人善解人意，但是当我们自己做错事时，他的反应就完全不同了。

放开孩子让他们走自己的路，对这位父亲来说是一件困难的事，尤其是走上他不喜欢的路径。柏林墙倒塌很久之后，谈到大女儿时，他几乎无可奈何："不管怎样，她在做她想做的事。"安格拉·卡斯纳生性固执，具有不顾一切外在的务实主义，并努力

———————————
① 正确拼法为"Pamphlet"，意为"小册子"。——译者注

争取内心独立，还坚持新教文化中以成果为导向的美德，这些都
受她父亲的影响。除此之外，她可能还想向父亲证明一些东西。
"他教她走路，而不是为她选择方向。"一位记者写道，"不知道
在何时，那个小女孩已经消失了。"

母　亲

　　默克尔与母亲相处的方式则不同。母亲在许多方面都与父亲
相反：不那么严格，更关注家庭，但同样关心孩子们的成长。尽
管无法从事有报酬的工作，她也经营着自己的生活。她教过"普
世教会英语"，49 岁之前在成人教育中心提供语言课程。和丈夫
一样，她有自己的车，按照东德的标准，这车看起来很豪华。柏
林墙倒塌后，她在区议会担任社民党议员多年。当她最后没有得
到足够多的选票时，丈夫非常生气，可能比赫琳德·卡斯纳本人
还要愤怒，他燃烧起的雄心壮志蔓延到了整个家庭。

　　母亲是家庭主妇，这在东德是不寻常的，但母亲作为一个独
立思考和行动的女性，是女儿安格拉的榜样。1990 年初，默克
尔接手妇女部时，在西德地区见到了一个陌生的世界：在那里，
有些和赫琳德·卡斯纳同时代的女性甚至没有驾照，往往也没从
事过自己的职业。1977 年之前，在西德从事这些活动需要征得
丈夫们的同意。她们可能也没想过，在 60 岁或超过 60 岁还能走
上地方政坛。

　　在接受女摄影师赫林德·科尔布尔采访时，默克尔所描绘的
母亲非常积极。她是个开朗、有趣和心态开放的人。她通过和别
人交流作出判断。我的母亲对培养孩子的想法非常明确。对她来
说，跟随我父亲去东德是个艰难的决定，因为她担心我们在那里
精神世界会变得荒芜。由于母亲出身中产阶级，她希望我们上

大学。

安格拉·卡斯纳还面临着其他挑战。她头脑聪慧，处处谨慎，很早就会说话了，但她走路学得晚。我是个小运动笨蛋。5岁的时候还不会走下坡。一个正常人自然而然能做到的事，我首先要经过心理准备，下功夫去练习。运动一直是她的弱点。除了画画、手工、运动，我做什么都没这么费劲。因此，她早年的传记作者伊芙琳·罗尔将其称作"下坡恐惧症"。

在游泳课上，安格拉就是下不了决心从三米板跳下去。她在上面整整等了一个小时。直到下课铃响起前不久，她才跳了下去——这与她后来在政坛上常常遇到的情况相似：我认为我在关键时刻很勇敢。但我需要酝酿相当长的时间，并尽量提前考虑。我不是自发的勇敢。

修建柏林墙

1961年，这个7岁孩子的生活发生了根本性的变化。这年夏天，卡斯纳一家在巴伐利亚旅行了4个星期，汉堡的外祖母安排了住宿和一辆大众甲壳虫汽车。他们刚回来不久，醒来就听到消息，东德政府在柏林修建了"反法西斯防卫墙"。这种有关边界的经历仍是默克尔最久远的政治记忆。即使她尚不明白细节，家人的反应也让她意识到，一定是发生了可怕的事情。我第一次看到父母完全不知所措、迷失方向。起初我不明白为什么建墙以及它意味着什么。我的母亲哭了一整天。我想帮助他们，想让他们重新开心起来，但我做不到。

柏林墙的建造使父母7年前的决定成了永恒，这个家庭失去了重返西德这个选项。霍斯特，尤其是赫琳德·卡斯纳1954年刚搬到东德时打算，在必要时回到西德。尽管东德政府自1952

年以来就关闭了与西德接壤的外部边界，也对东柏林和东德其他地区之间的交通进行了管制，但由于德国仍处于被四国分区占领的状态，柏林内部占领区之间的边界起初是开放的。到建墙之前，大约有250万人从东德进入西德，其中大部分都利用了这个机会。

卡斯纳一家人商量：等到墙消失的时候，我们就去凯宾斯基饭店吃牡蛎。他们不指望短期内能实现这个愿望。后来我一直认为，俄国人会在2000年离开。默克尔在2000年当选基民盟主席时这样说道。对于大多数人，柏林墙的修建意味着他们在退休年龄之前无法前往西方：东德想不惜一切代价留住劳动力，而不是那些享受社会福利的人。默克尔记得还有一种情况：如果局势变得非常糟糕，原则上人们会想方设法前往西德。1961年至1989年，实际上有将近60万人离开东德，其中大多数是通过正式的旅行申请，尽管申请时会受到刁难。西德大约为25万人付了钱，以便东德政府为自己的国民放行。要开放边界，而不是闭锁边界：从那时起，这就成了默克尔的基本信念之一。

2. 社会主义下的中小学时期 (1961—1973)

局 外 人

对安格拉·卡斯纳而言，1961年发生了一件新鲜事，它对这个女孩日常生活的影响比修建柏林墙的影响更大：安格拉在8月上小学了。由于母亲没有工作，安格拉没上过日托中心或幼儿园。这在60年代的东德是不常见的。与新同学相比，安格拉·卡斯纳的生活在入学后发生了更彻底的变化。现在她离开被父母和瓦尔德霍夫呵护起来的世界，每天前往两公里外的城市。今天的直升机父母①可能担心，孩子独自上学途中会遇到不测。而在60年代初期，却没有人对此感到困扰——尽管事故率和犯罪率相对较高，而且东德没有公开这些数字。漫长的上学路程让这个7岁的孩子每天都能进入一个完全不同的世界。穿越老城区，到达滕普林湖边的教学楼：这是一座建于1910年的三层砖砌建筑，上面有新哥特式尖拱，也就是今天的约翰·沃尔夫冈·冯·歌德小学。

安格拉·卡斯纳8年来每天都走这条路。东德的所有学生长期以来都上同一类型的学校，这符合国际标准，但和西德不同。即使在美国占领区也无法施行更平等的学校体系。东德这种集体学校叫作"综合技术高中"。1969年，安格拉转学到与西德文理高中相对应的"扩展高级中学"。它当时包括9年级到12年级，到了80年代改为从11年级开始。

作为牧师的女儿，这个女孩现在必须很快学会在学校里说话做事都要有所保留。父母很早就给她留下了深刻的印象，不能抱怨，以免危及她的学业。面对忠于国家政策的老师或同学，她更愿意保持沉默：家中的谈话，来拜访卡斯纳一家的客人，她父亲收藏的书，她喜欢接触的西方媒体——与其他地方相比，家里的这一切更有可能给她在学校带来麻烦。

按安格拉·卡斯纳的说法，她从很小的时候就对西德政治感兴趣，就如同东德更关心西德事务一样，西德反而没有那么关注东德。安格拉后来说，她当时对西德内阁成员了然于心。14岁

---

① 指过度保护孩子的父母。——译者注

时，她躲在学校厕所里，用收音机收听古斯塔夫·海涅曼当选联邦总统。鉴于安格拉的社会化过程，她被这位与教会联系紧密、泛德派政治家吸引也就不奇怪了。这位政治家也严格拒绝一切狭隘的民族主义。安格拉后来成为基民盟政治家，宣布这位社会自由联盟的先驱是她的榜样；但自从她担任基民盟党主席后，便不再经常提起此事。一位同学说，小安格拉也钦佩赫尔穆特·施密特。施密特当时是社民党议会党团主席，后来担任国防部部长，再后来是财政部和经济部的超级部长。她仰慕他的稳健和信心十足。

1968

即使是看似无害的假期旅行也可能出现让人烦恼的事。1968年夏天，卡斯纳一家前往捷克斯洛伐克的派克波特斯耐兹库旅行，这是一个受欢迎的度假胜地，位于海拔 1600 米的斯涅兹卡山脚下的巨山南侧。由于发生了政治事件，这次在山区的旅行经历变得不同寻常。年初，改革派亚历山大·杜布切克成为捷克斯洛伐克共产党中央委员会第一书记，在春天提出了一项对政治、经济和社会各方面进行自由创新的计划，即在东西体系间走"第三条道路"。包括民主德国在内的所有社会主义国家的人民都对"布拉格之春"寄予厚望。柏林墙于 7 年前修筑，而此时的安格拉已经 14 岁了，她用比以前更加敏锐的政治意识关注着这一切。后来她回忆道，当时他们借宿家庭的小儿子剪掉了印有总统安东宁·诺沃提尼头像的邮票，这位强硬派总统是被赶下台的。

当安格拉假期结束回到学校时，改革希望已经化为乌有。8月 21 日，华约部队进入布拉格，结束了这场改革运动。学校要求学生们汇报假期见闻，安格拉不偏不倚地讲述了她在捷克斯洛伐克的经历，但很快意识到事情变得很复杂。她后来说，事情变得离奇：她在以后的政治生涯中也常用这种不偏不倚的行为模式。父亲也避免公开谴责"布拉格之春"一事。

对许多民主德国公民来说，1968年是一个转折点。在很长一段时间里，人们希望社会主义的生活可以通过改革得到改善，这个希望已经破灭了。大多数东德人都不再抱有幻想，并且做好了准备。而德国社会统一党则以双重策略应对动乱：一方面镇压；另一方面试图稍微提高生活水平，以预防国内可能爆发的不满情绪。领导层此时把生产消费品和建设新住房放在首要位置。新任总书记埃里希·昂纳克于1976年上任，以"经济和社会政策的统一"为口号作为宣传，但由于经济表现不佳，从长远看无法实现社会福利。

在资本主义的新消费时代，民主德国比联邦德国更落后；尽管在旧时期重工业的计划经济中，民主德国表现稍微好些，但昂纳克也无法阻止现在这种趋势。此外，1973年和1979年的两次石油价格冲击，导致从苏联进口的原材料价格上涨，也加重了经济负担。东德和西德的绝大多数人此时都认为，两个体制之间的比赛结果已显而易见。

在西德，"1968"这串数字有完全不同的含义：它代表了从伯克利蔓延到巴黎再到西柏林的学生运动。二战结束20年后，东西方的新一代不愿意顺从地接受当时的社会政治局势，然而大人物们却几乎没有注意到这些。布拉格新政府希望走"第三条道路"，并没有得到西方的关注，在改革失败之后更是如此。西方关注的焦点是内部争端，尤其是美国外交政策和越南战争。

面对西德学生的抗议浪潮，东德人不禁产生疑问，联邦德国的制度到底哪里不好。14岁的安格拉对海涅曼和施密特充满崇拜之情，她几乎从没想过，这个 70 年代的社会自由派政府也会镇压。安格拉在千禧年后发现，后来成为联邦外交部部长的约施卡·菲舍尔"68 运动"中曾在美因河畔的法兰克福殴打警察，她表示无法理解。

布拉格改革的希望破灭后，人们在学校里比以往任何时候都更需要保持沉默。这就是安格拉·卡斯纳从孩提时代就不热衷表现的原因。她很快就学会了，在敏感问题上至少要表现得很中立：我叫卡斯纳，我什么都不知道。传记作家伊芙琳·罗尔为默克尔写传记时这样写道。这有助于她后来成为一名政治家。默克尔成为基民盟主席时说：学会保持沉默，这在民主德国时代是一大优势，这是生存策略之一。后来提到处理政务时，她还做了一个重要补充：现在仍是这样。

默克尔还在其他场合——当然，没那么大声地——指出：西方人每天也都必须在他们的信念和日常生活所需的必要条件之间作出妥协，例如在工作和职业发展方面，尽管他们不用像生活在东德那样，担心产生严重后果。那些原本是西德最循规蹈矩的人，却最激烈地批评东德同胞缺乏反抗的勇气。默克尔这样看待基民盟中的一些反对者，他们——当然是私底下——四处指责东德人缺乏反抗精神。默克尔从未声称自己是一名斗士。她上小学时，就学会了在私底下释放不满：当她又一次满怀愤怒地放学回家时，她会先告诉母亲一切，并坦诚说出真实想法——默克尔表示，一贯如此。

信　仰

每个在民主德国长大、与国家和党保持一定距离的年轻人都必须面对两个问题：你怎么看待官方青年组织？你以后愿意参加成年礼吗？这是一个介于童年和成年之间的过渡仪式，参加政府举办的成年礼意味着要放弃教会的坚信礼。

通常情况下，小学生们从一开始就属于少先队。14 岁时，他们成为自由德国青年团的团员，在民主德国消失时，这个年龄段 98％的孩子都属于该青年组织。安格拉的父母不让孩子们一年级就加入少先队，后来她父亲回忆道："我想让他们知道，不必所有的事情都随大溜。"从二年级开始，他们就可以自己决定了。母亲尤其担心，孩子们将来会因为父母搬到东德而埋怨她。现在她也不想被孩子们指责，说她又剥夺了他们在东德的所有机会。卡斯纳夫妇选择了务实的中间之路，这也是默克尔后来政治风格的特点：*在必要的时候，我们尽量适应环境。*

安格拉·卡斯纳希望加入少先队：*我渴望加入集体生活，像其他孩子那样加入少先队。*对于一个非常注重个性的女孩来说，"渴望加入集体生活"似乎有点夸张。但她不想被同学们孤立，也不想被学校里的荣誉排除在外，因为任何拒绝加入的学生在颁发成绩时都得不到荣誉称号。*在一年级结束时，我没有得到任何荣誉奖章，尽管我的成绩非常棒。但我真的很想得到这个奖章。*

虽然安格拉渴望融入集体，但和弟弟妹妹不同的是，她没有参加政府的成年礼。1969 年 4 月 19 日，她的同学们在滕普林湖上方的"埃里希·韦纳特滕普林文化之家"参加了成年礼，这里后来成为"多元文化中心"。将近整整 50 年后，作为总理的安格拉·默克尔在那里获得了家乡的荣誉市民称号。而 14 岁的她那时却没有获得证书。班上的 28 名学生中，只有一半人参加了政府的成年礼仪式。一年后，安格拉在雄伟的滕普林主教堂——玛利亚-玛格达莱妮教堂——参加了教会的坚信礼。这两种仪式也不是严格互斥：班里有一些学生既参加了成年礼，也参加了坚信礼。即使是罗斯托克的牧师，即后来成为联邦总统的约阿希姆·高克也不认为有什么不妥。

对许多人来说，与政府保持距离可能是参加坚信礼的动机。信仰承诺和坚信礼并不一定紧密相关，在西德也是如此。默克尔在谈到她的宗教信仰时曾经说：一个人不会因为在牧师家庭里长大就成为信徒。我认为这个世界是有限的、暂时的，在它之上有某些事物使世界变得可以忍受，无论我们称之为上帝还是更高级别的神明。这个压倒一切的原则使我们能够取得某些成就。她觉得，有教堂这样的存在，让人感到安心。默克尔充其量是拥护基督教的理想化形式。人们基本不能从这个观点推测出，这位实用主义当权者 2015 年处理难民问题时受到了天真的基督教博爱精神的引导。

安格拉·卡斯纳因出身问题而遭受不利对待，她试图通过成绩来弥补，这对她来说很容易。我记得非常清楚，学习非常轻松。学校根本没有给我带来任何困难。无论是数学、俄语，还是德语——自然科学或者语言课都不难。我的短期记忆力非常好，长期记忆力稍微差一些。只有物理得过一次 5 分不及格，后来成了她的大学专业。而绘画、手工艺，特别是体育等实践科目，对这个头脑发达的女孩来说则比较困难。她回忆道，自己当时条理分明：也许是因为我总是很早就开始考虑接下来会发生什么。例如，我在圣诞节前两个月就开始考虑自己想要什么礼物，而不是在圣诞节前不久才开始想。我总是想知道后面会出现什么情况。

安格拉想尽最大的努力，父母也要求她这样做。父亲的精英要求与母亲的实际考虑不谋而合：信教的孩子必须比其他人做得更好，才能在民主德国找到出路，获得参加大学入学考试的资格，然后进入大学学习。安格拉·卡斯纳最终实现了这两个目标。根据综合技术高中的数学老师汉斯－乌尔里希·比斯科的回忆，她的母亲总是说："如果你想取得成就，你就必须学习。"比斯科能够理解他学生的处境：他是传统滕普林浸信会的成员，没有加入政党，自己在同事中的处境与他学生相似，都属于少数群体。直到东德转型之后，他才接替了原来忠于国家政策的校长的职位。在东德时期，他甚至不被允许到扩展高级中学教高年级。

成　绩

　　东德的学校体系不仅重视培养学生在意识形态问题上遵守纪律，还重视专业成绩。西德尤其注重体育和音乐，东德则通过培养体系——而不仅仅是通过兴奋剂——来强制取得世界一流的成绩。即使在今天，后社会主义国家的交响乐团也经常演奏得更精确，他们的一些音乐学校能够培养出更优秀的毕业生。在其他领域，国家和政党也激发学生们勇争一流的决心。核心科目的负责人们提出了"奥林匹克竞赛"的设想，老师们可以带领他们最好的学生参加乡镇、区和国家级的比赛。

　　安格拉·卡斯纳已经参加了综合技术高中的数学奥林匹克竞赛。"我从来没有遇到过这样一位对数学如此有天赋和兴趣的学生，"老师比斯科后来回忆道，"她是个例外。学习对她来说很容易。她意志坚定，不轻易放弃。她不给自己设限。"比斯科支持安格拉每月参加两次"青年数学家地区俱乐部"，允许她不上一整天的常规课程，以便为数学奥林匹克竞赛做准备。她晋级到了区级水平。

　　安格拉·卡斯纳被同学们叫作"卡西"（Kasi），她在俄语奥林匹克竞赛上取得的成就更高。在此期间，她就读于扩展高级中学。去学校的路程更短了，新艺术风格的教学楼就在市中心外朝着瓦尔德霍夫方向的绿地上。东德消失后，滕普林活力森林学校坐落于此，当地人取笑这些以亲近自然为教学方针的老师为他们的汽车建造了新的停车场。由于出了默克尔这个著名的学生，时不时有记者过来了解森林学校的教育改革理念。

安格拉还遇到一位帮助者。与数学老师比斯科不同的是，俄语老师埃里卡·本恩非常拥护党的路线，在柏林墙倒塌后，她为民主社会主义党制定了地方政策。她也和学生们一起参加奥林匹克竞赛，派出了她最有天赋的学生安格拉，尽管安格拉是牧师的女儿。安格拉感激老师的赏识。许多年后，这位学生的名字已变成安格拉·默克尔。1986年默克尔访问滕普林时，和这位老师坐在一个名为"欧芹酒吧"的啤酒花园里，她说道：本恩女士，我知道您曾因为帮助我遇到过麻烦。20年后，当俄罗斯总统弗拉基米尔·普京称赞默克尔的俄语时，霍斯特·卡斯纳将相应的报道发给了埃里卡·本恩。两件事都令这位老师非常高兴。

她对这个从不发脾气或恼怒的学生只有一点不满意：她不喜欢安格拉·卡斯纳的内向性格。"我不得不稍微批评她，因为她太内向了，"她后来说道，"我说：'现在抬头看着我'，她不敢，又看向别处。"本恩教她怎样表示友好，认为这为她后来的政治家生涯奠定了基础。本恩当时更担心她的学生会在奥林匹克竞赛上被扣分。"但是，自然没人敢给安格拉·卡斯纳扣分，因为她没有出错，语法、口语、拼写，一切都是正确的。"确实如此。根据2013年出版的《滕普林城市历史编年史》记载："安格拉·卡斯纳在俄语奥林匹克竞赛上获得了该地区第一名的成绩，并获得德意志民主共和国国家级铜牌。"在这部近600页的书籍中，这是唯一一次提到这座城市最杰出的女儿。

就这样，她终于得以乘坐"友谊号"列车前往莫斯科。俄罗斯东道主问她，德国是否有可能统一，这让安格拉惊讶不已。与德国人自己本身看法不同的是，俄罗斯人认为这个国家的分裂是非自然的，也不是永久性的。这位模范学生带回了旅行中买的第一张披头士的唱片，即一年前发行的专辑《黄色潜水艇》（*Yellow Submarine*）。安格拉并不是特别热衷流行音乐。后来在电视脱口秀节目中谈到这则逸事时，她甚至记不清《黄色潜水艇》是不是滚石乐队的作品。音乐本身并不重要，重要的是它在西方扮演的角色。

与东德的许多其他学生相比，安格拉不觉得上俄语课是种折磨，她对这个国家、人民和文化非常感兴趣。她对与家中日常生活不同的事物也感到好奇。西德的猎奇者们能够探索普罗旺斯或托斯卡纳，学习法语或意大利语，而东德的猎奇者们——包括这位来自滕普林的牧师的女儿——则前往布拉格、布达佩斯、索非亚或布加勒斯特，以及苏维埃高加索共和国。这个年轻女孩大多乘坐火车旅行，带着背包和帐篷，如果目的地国家的商品供应比东德还稀缺，她就自己背着满满一包口粮。当局人员虽然对这些独自旅行者感到怀疑，但也容忍了他们。东德人能够在苏联之外的社会主义经济区相对自由地行动。但货币兑换仍受到管制，这限制了旅行预算。安格拉利用东德提供的活动余地，尽可能地游览了众多地区。

并非所有东德公民都对这种冒险活动感兴趣，他们更喜欢在巴拉顿湖的海滩度假或者享受喝布拉格啤酒的乐趣。以这种形式旅游的学生也是少数，因为学生群体的总人数就不多：东德每年只有5%—7%的学生从高中毕业，录取人数由需求决定，大学生人数也相应较少。

安格拉·卡斯纳也在邻近地区寻找异域风情。靠近通向柏林方向的铁路线附近、距离滕普林仅几公里的沃格桑——坐落着苏联在东德的第二大军事基地。士兵和民众之间几乎没有任何接触，当局也不希望二者有交集。这个滕普林的女孩毫不在意：她为完全与世隔绝的红军士兵感到难过，但更重要的是，他们引起了这位俄语学习者的兴趣，她在他们身上测试自己的语言水平。我和俄罗斯士兵聊了很多，因为森林里的俄国人是德国人的两倍。他们有时会在拐角站上好几天，等着什么。后来安格拉在柏林研究物理时受到斯塔西线人监视，他们写道："安格拉认为苏联扮演的是领导者角色，而不是令所有其他社会主义国家都服从的角色。她对俄语和苏联文化充满热情。"这个滕普林女学生当时可能的确如此。

安格拉也通过其他方式满足了自己对冒险的渴望，她尽可能频繁地前往大都市。祖母住在东柏林，早些年安格拉经常趁假期去那里探望。那是最美好的时光，对孩子来说无比幸福。我可以看电视到晚上 10 点，在家里父母是不允许这样的。后来她参观了博物馆和剧院，在柏林得以开阔视野，见识到民主德国以外的事物。我认识了保加利亚人、美国人和英国人，15 岁时和美国人出去吃饭，告诉他们有关东德的一切。放在今天，我可能没这么自来熟。

安格拉从 13 岁起就住在她自己的房间，拥有自由的空间。由于房间在父母公寓的外面，有一个单独的入口，她的朋友们最喜欢约在那里见面，这也让安格拉成了圈子里的领头人物；作为三个兄弟姐妹中最大的一个，她可能已经具有领导才能了。学生们在森林里喝酒、抽烟，骑自行车和乘船游览乌克马克。他们还从体育与技术协会那里弄来了一艘船，该协会在学校负责组织准军事训练。

安格拉被看作是个酷女孩，也因为她穿的是西式服装：大多是牛仔裤和派克大衣，正符合 70 年代初期的时尚潮流。服装是姨妈和外祖母从汉堡寄来的。我们全部希望都寄托在姨妈寄来或带来的牛仔裤上。我几乎从来没有穿过民主德国的衣服。这无疑引起了忠于国家政策的老师们的反感。此外，由于安格拉和朋友们喜欢展示自己的智力优势，他们很快就被看作是傲慢的学生。

文艺会演

1973 年春天，安格拉的中学生时代几乎结束了。12B 班正在准备毕业考试，大部分人已经决定了接下来要做什么。在民主德国周密规划的体系中，学生们通常必须在 11 年级决定未来的教育走向。作出正确的职业选择后，学生们常常可以得到批准，升入扩展高级中学就读。安格拉计划在莱比锡大学读物理学专业。对于神学家的女儿来说，这不是一件合乎逻辑的事情。学习上的优异成绩和政治上的低调相结合，安格拉虽然没有事事跟随主流，但也成功地得到了上大学的机会。

然而比她小 10 岁的妹妹伊蕾妮就没那么幸运了，可能也是因为那时德国社会统一党的教会政策再次收紧。她走上了一条对牧师的女儿来说较为典型的道路，读完了职业培训成为一名护士。柏林墙倒塌后，她参加了职业治疗师的培训，并与一位同事于 1998 年在柏林的托尔大街开设了一家诊所，随后又把诊所搬到了奥拉宁堡。从安格拉的经历可以看出，即使在不太有利的情况下，她也会坚持自己的生活方式。她的弟弟马库斯也是如此，弟弟只比她小 3 岁，和她一样，最初在莱比锡学习物理学。德国统一后，他在布伦瑞克得到一个职位，并获得美国奖学金。他后来多次申请物理学教授职位，但都无济于事。从那之后，他在马格德堡和美因河畔的法兰克福担任私人讲师，还在达姆施塔特的一家公司担任软件工程师来赚钱谋生。安格拉由此看到，如果当年没有投身政治，而只能作为一名从事东德科学家的工作，那她的道路将会是多么艰难。

一年一度的文化节是高中毕业前必须完成的少数事情之一。班主任查理·霍恩没能及时让学生们做好准备，所有事情都堆到了最后时刻，然而这群刚刚成年的学生却不愿意配合。他们发现这的确是老师的问题，不想再为令人讨厌的宣传投入更多精力以弥补他的过错。父母们知道：这样会引起麻烦。父亲卡斯纳和女儿进行了谈话。安格拉和同学们不情愿地让步了，他们在瓦尔德霍夫碰面，打算用三个小时排练一个节目。这样显然较为有趣。

然而在进行节目表演时，老师们的表情变得越来越严肃。学生们唱了《国际歌》，但用的是英语，是西方阵营的语言。原定要为越南解放战争募捐，学生们也确实举行了募捐活动，却变成了为支持莫桑比克的解放战争。他们朗诵了一首诗，这首诗描述的是街头上墙角发生的一幕：

> 哈巴狗们喜欢趴在，
> 伸向大街的墙角边，
> 从最有利的位置，
> 悠闲地品味多彩的世界。
> 哦，人啊，为自己做好打算吧，
> 否则你只是墙边的一只哈巴狗。

观众们并没有将诗人克里斯蒂安·摩根斯坦诗中提到的"墙"与滕普林中世纪的护城墙联系起来，而是联想到不远处的柏林墙。

文化演出中没有任何公开针对国家或政党的字眼。但整件事的破坏性几乎不能被忽视——而且也不容忽视，因为区学校委员会官员的妻子坐在观众席上，她也在扩展高级中学任教。这件事变成了丑闻，学生们不得不为毕业考试和大学录取资格担心。片刻之间，情况变得越来越不确定。

霍斯特·卡斯纳后来将女儿参与的这件事描述为"我记忆中的唯一一次青春期冲动"。由此也可以看出安格拉的基本行为方式：非常谨慎，在固执和策略性妥协之间保持清醒的平衡，始终坚持她本人的自主权。她在成年后仍保持一定程度的反抗精神。不屈服于压力，昂首挺胸走出困境，这仍然是她行动的指导思想之一。她在职业生涯中也是以这种方式迈出步伐，因为不这样做的话，就意味着放弃、屈从、丢脸。

文化节目的事情让安格拉·卡斯纳的运气出乎意料地发生了转折。事情发生后，家长们被召集起来听老师训诫，当老师批评到西方服饰的时候，家长们干脆站起来离开了。卡斯纳后来说，他"直到 1989 年秋天，才再次见到这样的民众勇气"。但单靠父母们的抗议并不能解决问题，事情已经被通报到了更高领导层。新勃兰登堡区的干部决心惩罚这些学生。霍斯特·卡斯纳得到一个信息，他必须向更高级别的官员求助。无论如何，找上层关系把事情压下来，这是他在东德的唯一选择。

卡斯纳向主教阿尔布雷希特·舍赫尔求助，舍赫尔直接请教会事务国务秘书解决了这个问题。当时，该职位由汉斯·塞格瓦瑟担任，1979 年由世俗人士克劳斯·吉西继任，克劳斯·吉西是后来民主社会主义党政治家[①]的父亲。卡斯纳还让女儿带了一

----

① 格雷戈尔·吉西（Gregor Gysi）一直是民主社会主义党和后来的左翼党的核心人物。——译者注

份请愿书去找曼弗雷德·斯托尔佩，后者是东德新教教会联合会秘书处的负责人。这些干预措施取得了成功，而 16 年后发生在柏林奥西茨基学校的一个类似但更为轰轰烈烈的案例，则收获了不同结果。滕普林的学生们得以继续参加毕业考试、上大学。另外，当局调走了班主任查理·霍恩，后来校长和负责的校务委员会不得不让步。两德统一后，霍恩仍是从旧环境出来的说安格拉·卡斯纳坏话的少数人之一。这场风波给这个 18 岁的女学生上了两堂人生课：她在某些态势中应该表现得更加小心；如果保持冷静，她最终还是能找方法，走出看似绝望的险境。

告　别

19 岁那年，安格拉·卡斯纳终于能够做到许多东西德同时代的人所向往的事情：离开滕普林，去大城市学习。回顾过去，她形容自己的童年和青年是矛盾的。一方面，她的意识形态使她在学校的公众视野里举步艰难。一切都与斗争有关：不要引人注意，总是要比别人表现得好，我是否有资格上扩展高级中学等等。完全不是无忧无虑的。另一方面，她在私人空间、家庭、周围以及与学校朋友们一起度过的时光中感到安全。我不觉得在民主德国受到了永久和完全的压迫，因为我总有自己的小世界。我的童年没有阴影。

这个年轻女孩离开了位于勃兰登堡的小城。不像人们推测的东德时代那样沉闷，她感到这里很有活力。不仅是因为父亲给她带来了启迪和人脉，还在于 1990 年后身边的人广泛参与政治的热情。她的母亲——作为社民党成员——被选入县议会。她的俄语老师埃里卡·本恩加入了民主社会主义党，数学老师汉斯－乌尔里希·比斯科先是加入了基民盟，后来进入市议会。她的同学博多·伊尔克作为社民党议员，先是在埃伯斯瓦尔德县，然后在新划分的巴尼姆大区县担任县长长达20年。一些当地的政治人物在2015年后参与了难民救援：比斯科在滕普林组织衣物捐赠，本恩教一名索马里青年德语。默克尔后来对她的同学哈拉尔德·勒施克评价不高，因为这位同学中学毕业后当了人民警察，并在1990年后继续担任总督察。他与政府官员保持密切关系，这令默克尔生疑。她认为，东德警察1990年全部被纳入全国公务员队伍是两德统一过程中最大的错误之一。

默克尔在80年代与她的伴侣，即第二任丈夫约阿希姆·绍尔搬到了滕普林附近的周末别墅，直到今天，默克尔仍与乌克马克保持着联系——担任总理期间，她经常周末开车去那里。默克尔与她生活了16年的滕普林关系不太密切。她的政治地位越高，就越令许多滕普林人失望。由于小城不在她的选区内，她在很大程度上忽视了自己的家乡。市议会在2018年夏天为默克尔能否成为荣誉公民投票时，几乎三分之一的成员表示反对，当时她已经当了12年半的总理。

3. 在莱比锡的大学阶段 (1973—1978)

大 城 市

1973年秋季学期，19岁的安格拉·卡斯纳来到莱比锡。当我18岁高中毕业时，我第一次想去个更大的城市。在民主德国，申请人不能自由选择上学地点，必须遵循预设规定，远比西德大学的录取限制系统更死板，后者仅在个别科目上有限制。对安格拉这位物理学专业的准大学生来说，她的学习地点非常幸运。莱比锡是展会城市，大概是当年东德最自由、最有趣的城市。

2010 年前后，莱比锡被人们称为"嗨比锡"（Hypezig），吸引了来自德国各地的年轻人，人口增长速度超过任何其他德国城市。1973 年的城市状况自然不能与之相提并论。与政府所在地和处处是统一社会党官员们的东柏林相比，这里的精神自由要好得多。在东柏林，只有普伦茨劳贝格的几个独立小团体敢于叛逆。1989 年推翻东德政权的浪潮从莱比锡掀起并非巧合。这里的氛围也比德累斯顿更加开放，后者没有西方电视节目，许多人只是沉湎过去。莱比锡的口号从"我们是人民"很快就变成了"我们是一个民族"。

莱比锡也是一座艺术和文化之城，尽管战争已经结束了 28 年，仍有许多废墟。安格拉只能来到动物园附近的新艺术风格会议厅，这里作为被炸毁的音乐厅的替代演出地点，听库尔特·马苏尔指挥莱比锡布商大厦管弦乐团演奏乐曲。坐落在音乐区历史悠久的"第二代"布商大厦以波士顿交响乐厅为蓝本，其声学效果备受赞誉，在战争期间被炸毁，随后被拆除。1977 年，就在默克尔搬到柏林之前，马苏尔在被战争毁坏的美术博物馆的原址上为新音乐厅奠基，即布商大厦管弦乐团历史上的"第三代"音乐厅。

在安格拉的整个大学时期，奥古斯都广场几乎一直是建筑工地，这个广场当时名叫卡尔·马克思广场。她到莱比锡时，学校的摩天大楼已经建好了，这座高楼广为人知，被称为"智齿"。1968 年，学校在城市各界的强烈抗议下炸毁了大学的中世纪教堂以及演讲厅遗址。60 年代初期哲学家恩斯特·布洛赫和文学学者汉斯·迈耶还在那里讲学。1974 年，新的演讲厅大楼投入使用，正是安格拉大学生活的第二年。这座大楼符合最现代化的国际标准：礼堂里没有窗户，在当时十分先进，与西方同类型的建筑没有不同——除了散发着典型的东德消毒剂沃法西普（Wofasept）的气味。拆除老教堂并建造新建筑表明，统一社会党对这座城市有一些规划，并没有像放弃许多其他城市一样放弃它：这座曾经有 80 万居民的贸易大都市在威廉时代焕发光彩，如今在褐煤采矿业的污染中逐渐颓败。

博览会的开办让这座城市在实际上或感觉上具有世界主义色彩。每年两次的展会为莱比锡带来逾 50 万游客，几乎与这座城市的居民人数一样多：安格拉刚来时的居民数量为 57.4 万。展会期间，学生们不得不腾出房间给客人们住宿。多达 5 万名游客来自西方，其中大部分来自西德。在 80 年代，为了参加交易会，法国协和式飞机甚至降落在施科伊迪茨机场上。这座城市一直都展现着欢迎客人光临的姿态。从市中心到展览馆的壮丽林荫大道两旁，装饰着华丽的斯大林 – 巴洛克式建筑和宏伟的预制建筑群，这些建筑是东德住房计划成功的标志。林荫大道直通苏联馆的黄金尖顶，从远处看，它甚至挡住了民族大会战纪念碑。

19 岁的安格拉对自己的物理学专业比对城市本身更感到兴奋。物理学不是她的第一心愿。*如果我在西德长大，我很可能会成为一名教师。*但事与愿违。牧师的孩子很难在教育行业占有一席之地，尤其是她感兴趣的学科：被西德人称为——与语言、人类或交流有关的学科。就算她获得这些专业的录取资格，课程的内容也充满了意识形态，成为老师后，不得不让学生们与主流思想保持一致。她不想这样，因为这样做会违背她的意愿。

对于不追随统一社会党又不参加抵抗运动的人来说，在东德有两种选择：他们要么学习神学，要么学习自然科学和工程科学，这些学科不太容易受到意识形态的影响。即使是东德政府也无法推翻基本的运算和自然法则，在昂纳克的领导下，二乘以二还是等于四。两德统一后，来自东德的政治家们大多出自神学或自然科学专业。安格拉·卡斯纳不打算学神学，她认为必须要坚定信仰。最重要的是，她不想像父亲一样，再冒险进入一个死胡同：她可能对东德专职神学家的未来前景感到悲观。因此，只能选择自然科学——学习已被批准的物理学专业。我能得到物理学专业的推荐信，这也是选专业的关键因素。

这个理智的女孩可以很好地适应自然科学专业的氛围，并且不把兴趣局限在专业层面。默克尔的第一任丈夫说，她无法想象自己一辈子都做理论物理学家。当默克尔回顾自己为何对物理学感兴趣时，她的解释大多与自然科学的社会背景有关：我想了解研制原子弹的罗伯特·奥本海默周围人是怎么想的。在默克尔学生时代之初，年迈的诺贝尔物理学奖获得者古斯塔夫·赫兹在莱比锡研究所做过两次报告，他曾于 1945 年至 1954 年在苏联研究原子弹。

学习实践过程平淡无奇。在东德上大学要上大量的课。每年只有 70—80 名高中毕业生在莱比锡攻读物理学，比现在少得多。每 15—20 名同学被分到一个研讨小组，按固定的课程表一起上课、考试，并由一名助教辅导。基础课对安格拉来说很难。学习物理无疑是我领悟能力的极限。实验物理学不是我的强项，我不会焊接，而且我设计的电路图在应用中通常无法正常工作。只有上主课时情况才有所好转，因为安格拉能专注于更抽象的问题。理论对我来说是易懂、可行的。她在这里也目标坚定，在沉闷的马克思列宁主义课上写物理作业，还被抓到过一次：令学生们畏惧的历史唯物主义教授卡尔海因茨·坎内基瑟当着所有人的面把她赶出了教室。

物 理 学

安格拉在大学期间除了继续保持自由德国青年团的团员身份外，仍远离政治活动：大学以追求成绩为主，但也非常自在，实际上是一段无忧无虑的时光。尤其是一段远离政治的时光。在这段时间里发生了一些关键性事件。1975 年欧洲安全与合作会议签署了《赫尔辛基最终法案》，给东德反对者带来了新希望；次年作曲家沃尔夫·比尔曼被驱逐出境，引发了抗议和再次被镇压。安格拉只加入了新教学生社团，在那里也没怎么出头露面。在曼斯菲尔德城堡的教会周末研讨会上，她遇到了后来离开东德的诗人莱纳·昆泽。她事后才知道，在莱比锡的岁月里，她的一举一动都受到监视。

东德的大学生在假期也要进行生产工作。默克尔回顾她在洗衣店的工作时说：这没什么坏处。但她对学校旁边的莫里茨棱堡改造项目持怀疑态度，即把遗址改成学生俱乐部。这座堡垒于 1554 年完工，在第二次世界大战后被瓦砾覆盖，是最后一处历史悠久的城堡，莱比锡的学生们把它当作一座小山。1973 年至 1974 年，安格拉不情愿地加入了劳动。15 万个小时的义务工作，前后 3 万名学生清除了约 4 万立方米的瓦砾。安格拉当时认为这种义务劳动毫无意义：挖掘工作虽然有些刺激，但总感觉是西西弗斯的劳动。

莫里茨棱堡的修缮工作是东德的城市建设项目，在两德统一后也被看作是成功的举措。时至今日，它仍是莱比锡最受欢迎的聚会场所和活动举办地点之一。年轻的安格拉深受这次经历的影响，认为那些宏伟计划最终都不会带来什么结果。在那个时期，丹麦系列电影《奥尔森帮》刚在东德电视节目上播出，帮派头目埃贡·奥尔森经常在电影里说"我有一个计划"。电视屏幕前的人们知道，事情会再次出错。

安格拉更喜欢大学里的社交活动，她享受新的自由。例如，在家时我们总是下午6点吃晚饭。而我在莱比锡想什么时候吃晚饭，就什么时候吃，这绝对是一种自由。离开家后，她觉得自己长大了。18岁生日是我人生中的一个重要标记。每周有两次迪斯科舞会开到晚上12点，即使学生们第二天早上7点还要上课。除了微薄的250马克奖学金，安格拉还靠在酒吧卖樱桃威士忌赚取生活费。为了找到她需要的樱桃苹果酒，她需要乘坐电车走遍全城。采购威士忌的记录没有留传下来，也许只是普通且更容易买到的伏特加。默克尔后来说，她通过兼职工作每周能赚20到30马克。1995年，默克尔作为环境部长为莱比锡的一条自行车道剪彩，这条车道是她大学时期的朋友埃里卡·霍恩奇参与规划的。在这次活动中，默克尔的毕业论文导师告诉后来成为知名记者的《图片报》实习生，默克尔有时在学生宿舍夜里的聚会上卖酒。后来有了《安格拉·默克尔：我曾是莱比锡的一名酒吧女招待》这篇报道，这段经历才为公众所知。

在担任总理期间，默克尔经常谈到她在莱比锡观看足球比赛。她曾是莱比锡火车头足球俱乐部的粉丝，该球队曾在1976年赢得"自由德国工会联合会杯"的比赛，这个比赛与西德的"德国足协杯"地位相当。柏林迪纳摩足球俱乐部以并不总是那么光明磊落的手段赢得了所有比赛，这个俱乐部被人们看作斯塔西俱乐部。尽管如此，火车头俱乐部还是在80年代的东德联赛中发挥了重要作用。默克尔特别喜欢谈论1974年5月29日东德对阵英格兰的友谊赛，当时她和莱比锡中央体育场的十万名观众一起观看了这场比赛（以平局告终）。三周后，东德队在汉堡世界杯足球赛上第一次对阵西德队，西德人称这场比赛为"联邦德国对阵民主德国"，此时的安格拉只能在电视上观看。于尔根·斯帕瓦瑟奇迹般的制胜一球使东德以1∶0赢得比赛。默克尔声称，她当时为东德的胜利感到恼火。

结　婚

和西方一样，物理学属于男性的世界。除了安格拉·卡斯纳的朋友埃里卡·霍恩奇之外，班上没有多少女性。安格拉很早就学会了作为少数群体坚持己见，这在物理学方面可能比在政治中容易，因为它主要涉及专业上的问题。她后来担任部长、总理时，也坚持这种做法：用理性和了解事实来对抗男性的情绪化。

为数不多的女学生受到众多男同学的热烈追求。以20岁的安格拉·卡斯纳为例，有个比她大两岁的学生对她一往情深。他是乌尔里希·默克尔，两人在同一年级，但在不同的研讨小组。两人在1974年相识，三年后就结婚了，当时都还没毕业。

照片上的乌尔里希穿着派克大衣，留着蘑菇头，身材修长，这种装扮在那个时代非常时髦。乌尔里希·默克尔来自沃格特兰的萨克森部分，即普劳恩附近地区。按照老说法，这个地区的人都相当谨慎，乌尔里希在莱比锡以及后来的柏林朋友圈子中也被看作是特别安静的人。外人刚开始会认为，安格拉·卡斯纳也是这种性格，但很快就会发现，两人的性格大相径庭。在莱比锡，乌尔里希·默克尔不常参加安格拉的活动。后来在柏林更是如此，安格拉非常热衷于参加活动，不光是在柏林的晚上非常活跃，还喜欢广泛游览周边或较远的社会主义国家。

乌尔里希在安格拉当选总理前不久接受采访（之后他拒绝

回答所有问题）：除了旅行和文化，他特别欣赏两人都热爱自然，喜欢郊游，和家人保持联系。安格拉可能会在同一问题上优先提起其他爱好。乌尔里希对前妻的评价还是非常积极的。2015年之后，尽管乌尔里希不喜欢媒体采访，他还是面对记者称赞她的难民政策。在默克尔身边较为紧密的圈子中，至今也没人特别消极地评价她，这一点令她的批评者们感到惊讶。

这对夫妇的共同朋友们偶尔评价乌尔里希·默克尔是一个"安静的山民"。这个比喻也可用来描述他的职业生涯。乌尔里希·默克尔不像妻子那样有进取心，当然也不像她后来的伴侣约阿希姆·绍尔那样以事业为导向。完成学业后，乌尔里希和安格拉一起搬到了柏林。与妻子相反，乌尔里希最初在洪堡大学任教，但安格拉作为牧师的女儿却被拒绝了。后来他也换到了阿德勒斯霍夫的科学院工作，尽管是在另一个部门。

安格拉·默克尔的弟弟马库斯·卡斯纳也是物理学家，两德统一后科学院被改组，很难在德国科学界站稳脚跟。退休之前，他一直靠兼职工作勉强维持生计，最后是在德累斯顿技术大学工作。马库斯穿着伐木工衬衫坐在学校的小办公室里办公，如果有人来拜访，他还是会感到高兴的。他不是一个一生都充满野心、孜孜以求的人。安格拉·默克尔从弟弟身上看出，她在柏林墙倒塌后更换职业是个多么正确的选择：只有像她第二任丈夫约阿希姆·绍尔这样顶级的研究人员才能真正在德国的大学体系中站稳脚跟。

在学业快结束时，和东德的许多夫妇一样，乌尔里希和安格拉出于现实考虑决定结婚。乌尔里希·默克尔认为三年的磨合期足够久了："此外，已婚夫妇更容易找到两份工作，最重要的是能分到一套公寓。"安格拉·默克尔的回忆也非常相似：在民主德国，如果结婚了，就能在同一个地方分到公寓和工作。人们比西德人更早结婚。尤其是总理的最后一句话，冒犯了她原本慷慨宽和的前夫，因为他在结婚前是经过仔细考虑的。总理随后也补充，这并不意味着婚姻缺乏感情：如果你们不相爱，那么一套公寓也没有吸引力。在莱比锡的时候，这对夫妇搬进了学生公寓里10平方米大的双人房，有公用浴室。与普遍的多人间相比，这是个小小的奢侈。

安格拉坚持要在教堂举行婚礼。1977年，两人在滕普林的圣乔治礼拜堂结婚，这是这里仅次于城墙的第二古老的建筑。主持仪式的不是她的父亲，而是一位年轻的同事。前一天晚上，他们在瓦尔德霍夫举办了小型婚宴。一行人在深夜里走进树林，点燃篝火。有人为闹新婚之夜准备了花盆[①]，但他们不想在松软的森林地面上摔破花盆。回想起来，这可能是个不祥之兆。

仅仅4年后，二人已经搬到了柏林，安格拉在没有任何预警的情况下离开了丈夫。"有一天她收拾好东西，搬出了我们的合租公寓，"乌尔里希·默克尔后来说道，"她自己想好之后就作出了决定。"他的妻子随后去了同事那里。她对同事说：不能再这样了。我搬出来了。我要离婚。我能住你这吗？她的行为模式后来在从政生涯中反复出现：一个决定往往需要经过很长时间才能成熟，在此期间她什么也不表现出来。但是一旦作出决定，就会在适当的时候迅速行动，不会再多犹豫。

乌尔里希·默克尔对突然的分离非常震惊，但随着时间的流逝，他的判断更加清晰。"我们之间没有吸引力了。"他在2004年这样说。当时安格拉已经是基民盟主席和议会党团主席。"她

---

① 按照婚俗，摔碎陶器、花盆等器皿能带来好运。——译者注

如今的生活不适合我。回想起来，我只能说：分开是对的。"许多共同的朋友和熟人显然也是这么看的。两人在1981年分开或许并非偶然，当时安格拉·默克尔出于政治和职业考量经常前往波兰和捷克斯洛伐克。

安格拉·默克尔本人不喜欢谈论她的第一次婚姻。在东德，人们对婚姻和家庭的看法非常务实，这也是西德保守派不理解的方面之一。我过去没有用必要的严肃态度对待婚姻。安格拉后悔的语气令她的前夫感到伤心。两人后来都有了新的伴侣。乌尔里希·默克尔再次结婚并育有一子。安格拉·默克尔很快在科学院遇到了一位同事，他的抱负更符合她的需求。

毕　业

考试临近了。刚结婚的安格拉在思考，应该写什么主题以及选哪个导师来辅导论文。她当时正在听莱因霍尔德·哈伯兰特的讲座。哈伯兰特年仅40岁，来自易北河畔的坦格明德小镇，是大学的名誉教授，主要研究"统计和化学"，也是民主德国科学院莱比锡中央同位素与辐射研究所的主任。统一后他成为大学教授，在2001年退休前一直是合作研究中心的领导之一。

在偏离主流意识形态的学生中流传着这样的说法：有一位青年科学家和他们志同道合，但是能指导毕业论文，即拉尔夫·德尔。拉尔夫仅比安格拉大12岁，他自1968年参加反对拆除教堂的抗议活动后就陷入困境。1971年，他不得不离开大学，幸运的是还能待在科学院工作。柏林墙倒塌后，他回到大学成为一名编外教授，教神经信息学和机器人技术，还在自学的神经网络领域做研究。默克尔在任期即将结束时遇到了数字化问题，而她作为自然科学家很早就接触了这个领域。

拉尔夫·德尔经常光顾"科尔索"咖啡馆，当时咖啡馆位于大学后面的新市场，是莱比锡艺术界的聚会场所。这个圈子的人还会前往展会厅过道的酒吧享用杜松子酒，或者去南郊区的"萨尔达"匈牙利酒吧，这里直到夜里1点才打烊。通过一位马克思主义哲学讲师，拉尔夫·德尔拿到了国家图书馆"禁书区"的许可证。这里有西方出版的文献，例如捷克斯洛伐克异见者奥塔·希克于1972年通过汉堡霍夫曼和坎佩出版社出版的《第三条道路》，它是东德文艺群体讨论的重要话题。这个群体中的许多人住在未修缮、没有浴室的旧公寓里，并为此感到自豪，取笑那些住在舒适的预制楼房公寓里的人。人们每年仍要为贸易展览会的参观者提供一次住宿，热爱运动的拉尔夫·德尔经常在这种强制休息期间去高塔特拉山脉登山。

安格拉找到他，他问的第一件事就是为什么找他指导论文。她回答说：在您这我可以保持政治自由。这成了信任的基础。拉尔夫知道：作为牧师的女儿，她是一个局外人，这就是来找他的原因。她想成为科学家，只参加推脱不掉的政治活动，还得巧妙躲开麻烦。在物理学专业上，两人都追求高标准，并且真正地对这门学科感兴趣。这些使得两人在组织僵硬的科学院里惺惺相惜。

23岁的安格拉对人性的认识和判断力使拉尔夫印象深刻："她的巨大优势是能读懂人"。默克尔很快就让他见识到，他的周围谁值得信任，谁不值得信任，谁跟谁作对以及为什么作对。1989年秋天，他们在柏林的客西马尼教堂会面时，默克尔告诉他谁是斯塔西的线人。就这样，这个女学生成了他生命中的重要人物。他的妻子第一次见到安格拉就印象深刻："她看起来很精神，年轻，坦率，留着俏皮的短发，穿着西式服装。但也不仅是

46

西式风格，而是精心挑选和搭配的。"

默克尔在科学院研究所里深居简出地撰写毕业论文，这也为她未来的职业打下了重要基础。她写论文的房间位于佩尔莫谢尔大街上一栋简朴、优雅的战后当代建筑内，在城市的东北部，是现在的亥姆霍兹环境研究中心所在地。那半年里，默克尔和她的导师待在同一个屋檐下办公，只有一堵纸板墙将它与相邻的房间隔开。一根暖气管横穿过房顶，被海绵包裹了起来，以免人们撞到头。默克尔在这种条件下用机械打字机写出了《密集介质中双分子基本反应中空间相关性对反应速度的影响》这篇论文。两年后，她与德尔、哈伯兰特共同在爱思唯尔出版集团的《化学物理学》期刊上以《空间相关性对化学反应速率的影响》为标题发表了研究结果。

默克尔大学阶段的最后几个月就是这么度过的。默克尔和研究所的同事们休息时抽了很多烟，喝好友埃里卡·霍恩奇从化学专业学生那里拿来的未变性的实验室酒精。这个小圈子的人都与国家的执政思想保持距离。他们与反对派的立场也截然不同，直到十年后德国统一社会党失去权力才显现出来。拉尔夫·德尔1990年加入绿党。1989年12月在莱比锡的"民主觉醒党"创党大会上，他与默克尔有过短暂会面。

拉尔夫对默克尔后来加入基民盟感到非常惊讶。拉尔夫认为，基民盟支持保留现有结构并且追求权力，这一点令他想到了德国统一社会党。在2015年难民来临的秋季，他的评价就比较温和了：虽然他认为德国不必接收每一个难民，但默克尔的态度给他留下了深刻的印象。"现在说明她有其他想法，"他说，"我很高兴她坦白承认某些事情是好是坏。"他从一开始就不反对默克尔对市场经济的呼吁；他认为这听起来像是自由，经济中的参与者就像物理中的粒子那样运转——这么解释就简单易懂了。

安格拉·默克尔于 1978 年夏天获得了硕士文凭，论文被评为"非常好"。她向指导老师拉尔夫·德尔道别，提出的建议听起来带点自上而下的口气："你必须离开这里。一切都对你不利。你在这儿没什么前景了。"这个建议在一定程度上也适合她自己：没有党籍的牧师女儿发展受限。在默克尔毕业之际，"前景"意味着什么，仍是一个悬而未决的问题。

4. 柏林的波西米亚人 (1978—1989)

在科学院

以当时的局势，默克尔无法成为老师，她也不想去偏远地区工作。1978 年，她驱车前往图林根森林脚下的伊尔默瑙，这片森林以"歌德小径"闻名。这条路径从基克尔哈恩通往施特策尔巴赫，在 70 年代作为纪念遗址被开放出来。70 年代末，东德领导人为这个地方制订了宏伟计划：他们批准建造了一座新的玻璃瓷器厂，建造了预制板房住宅区。在短短几年内，该地区人口从约 2 万增加到将近 3 万。技术大学也是重点规划对象，这里正好缺一个物理老师。

默克尔回想起当年的面试场景，仍觉得令人作呕：我对面坐着一位不讨人喜欢的领导，我当时只想离开。这位领导对默克尔档案袋里的信息进行提问，涉及她在莱比锡上学期间的每个细节。我多长时间听一次西方电台，什么时候有了新牛仔裤——一切信息都是由其他同学监视得来。默克尔直到此时才知道，自己在学习期间受了多少次监视。她用这件事警醒自己要更加小心。

伊尔默瑙旅行中最不愉快的经历发生在默克尔去收费处报销旅费的路上。两名斯塔西官员在那里等着她。她像父母一样应对这种情况：我从父母那里学到的，得不断告诉斯塔西，自己嘴不牢。所以我当时说：我不知道自己能不能保密，我肯定会告诉我丈夫的。默克尔宣称自己不能管住嘴，这似乎成了历史的阶梯笑话[①]，但她却侥幸逃脱了，就像几年前她父亲一样。据说斯塔西再也没尝试招募默克尔当线人。不过，她也失去了伊尔默瑙的职位，这样不靠谱的人似乎不适合做学术老师。后来证明，这也没什么不好。

她通过莱比锡研究所得知，柏林科学院物理化学研究中心的理论部在招人。负责人卢茨·祖利克当时42岁，1965年在莱比锡获得博士学位；统一后，他在新成立的波茨坦大学担任教授。她研究生时期的导师莱因霍尔德·哈伯兰特的弟弟也在柏林工作。这里更适合她。在纯粹的科学院，统一社会党不用担心这位年轻的科学家向学生灌输不妥的思想。默克尔不仅喜欢东柏林丰富的文化资源，而且研究理论也比伊尔默瑙偏实验和应用的工作更适合她。

与西方国家的科学院不同的是，当时社会主义国家的科学院是非常特殊的研究机构。该机构与戈特弗里德·威廉·莱布尼茨于1700年设立的皇家普鲁士科学院几乎没有共同之处。东德末期，科学院大约有60家下属研究所，两万多名员工。许多科研人员和默克尔一样：不够可靠，无法在大学任教，但他们的科研水平非常出色，以至于东德不想放弃其科研潜力。目的非常实

---

① 指看起来荒谬或讽刺的历史事件。——译者注

际，科学院高达 50% 的预算来自工业界的委托研究合同。这有点像"第三方资助"，社会主义国家并没有和经济割裂开来。

默克尔的理论工作主要是研究用苏联天然气生产合成材料。这非常重要，因为 70 年代的石油危机之后，经济互助委员会仅向东德分配了有限的石油，并且收费比世界市场上的价格更高。东德到处寻找替代品。国营铁路推出一项广泛的电气化计划，用当地褐煤为火车供电，用自制电力机车来牵引，取代苏联制造的柴油动力机车"泰加鼓"①。化学行业从天然气和煤炭着手研究。然而默克尔认为这种尝试是不切实际的，因为很明显没有那么多能量来达到所需的温度，这个项目从一开始就是徒劳的。

如果说刚到莱比锡的大学生活是一种解放，那么刚到柏林的生活则被压抑笼罩。从学习过渡到工作并不容易，每天得在特定时间上班。外部环境也一片荒凉。她的一位同事写道，默克尔在研究所边缘的一个营房里工作，那里人迹罕至，"城市野兔在深深的草丛中交配"。研究所有几栋建筑，形成了自己的世界，数百名员工在此工作，其中一半是科学家。所里有自己的美发店和便利店，那里有匈牙利炖菜和晚餐所需的一切，包括橘子甚至是牛仔裤、令人垂涎的和其他很难买到的东西。柏林阿德勒斯霍夫的科学院员工们甚至有自己的诊所。

科学家们共用一个计算机中心，它填满了整栋建筑，其容量大致相当于西方早期的个人计算机。1983 年，默克尔已经来到阿德勒斯霍夫 5 年了，康懋达 64 号计算机才进入西德市场，这是第一台被广泛使用的家用电脑。东德却没有赶上潮流。当默克

---

① 指德国国营铁路 V200 型柴油机车，因为没有安装消音器，产生的噪音很大，被称为"泰加鼓"，德语为"Taiga–Trommel"。——译者注

尔需要计算时，必须自己在打孔卡上打孔，然后将它们交给计算机中心，并且经常要等几天才能得到结果。如果她出了一个错，或其中一张卡片被机器卡住了，整个过程就得重新开始。至少默克尔的部门还有台复印机，科学家们必须对影印的副本进行详细登记。

斯塔西的费利克斯·捷尔任斯基警卫团就坐落在科学院对面，这个警卫团以第一位苏联秘密警察领导的名字命名，隔壁是德国电视台，即东德的国家广播台，它在东德转型后成了私营电视台。默克尔曾于 2005 年至 2017 年在此处与格哈德·施罗德、弗兰克－瓦尔特·施泰因迈尔、佩尔·施泰因布吕克以及马丁·舒尔茨进行电视辩论。

今天的阿德勒斯霍夫与 1978 年至 1990 年默克尔工作时的景象已大不相同。东德并入西德后，柏林政府决定在已关闭的科学院的原址上建一个经济和科研园区。洪堡大学的自然科学研究所也搬到了这里的新建筑中，默克尔后来的丈夫、统一后升任大学教授的约阿希姆·绍尔也来到这里工作。1998 年默克尔已是联邦环境部部长，她带着新闻车队来为阿德勒斯霍夫做广告时，原来待过的营房只剩下成堆的瓦砾。1959 年至 1961 年建造的等温球实验室仍在那里，由于形状独特，当地称它们为"学院之胸"①。

按照东德惯例，学院的上班时间很早，早上 7 点 15 分就开始了。这种作息安排不仅在科学界，在艺术界也很常见。默克尔的工作组是否遵守这个时间，后人说法不一，有人表示大家默许晚一小时再来上班。默克尔本人回想：对于脑力工作者来说，这

————————
① 实验室为两个球体，形似妇女胸部。——译者注

个上班时间太早了。由于她喜欢参加晚上的活动，那时已经习惯了少睡。这也让她在政治生涯中受益匪浅。就像她过去需要早起那样，她早早就担任部长、党主席和联邦总理，尽管这并不能激发创造力。默克尔对她后来的西德同事们而言，尤其是个挑战。

虽然时间有硬性要求，但默克尔所在部门的内部气氛和东德的日常工作生活大不相同。与资本主义制度相比，许多东德人更加赞赏工厂同事间的友情。然而紧密的集体生活也有不利的一面，那些追求精神自由的人很快就受不住了。70年代以来逐渐席卷西德社会的自由化浪潮也蔓延到了东德，因为统一社会党很早就制止教育扩张，并严格按照需求进行培训。安格拉·默克尔生活的年代只有十分之一的年轻人能参加高中毕业考试。在非脑力劳动行业，工人们比傲慢的西德人想象的要努力得多。东德落后的技术和混乱的组织，导致工人们的体力劳动比在西德更繁重且肮脏。到处缺材料、缺人力，生产力低下和复杂的监视制度耗费了大量资源。默克尔后来偶尔提到，在民主德国，远不是所有人都懒散。

科学院的工作也是如此。后来有传言说，"没有幻想的年轻科学家"默克尔在开始工作时就袖手旁观；还有人说，她在东德时没有真正努力工作过。这令她十分恼火。记者问她，在忙碌的政治生活中是否怀念在科学院的平静时光，她在一小群记者中作出惊人的回答：她作为物理学家的工作并没有那么悠闲。在政治上，只要一遍又一遍地说同样的话，说到自己都不想听的时候，它才被公众接受。在科研中，情况正好相反：要求原创。人们期待每场讲座、每次会议、每篇论文都带来新事物。对一位希望能被邀请到国外、至少去其他社会主义国家的年轻女性而言，如果通向西方的道路没有敞开，这种科研道路是非常艰辛的。

占 房 者

默克尔首先得在柏林找住宿，这对没有孩子的知识分子来说并不容易。办公室的一位同事粗鲁地告诉她，她可以搬回滕普林。城市东部边缘才刚刚开始建设大型住宅区。1977年，第一批居民搬进了马尔灿区的预制建筑楼；1981年海勒斯多夫、1984年霍恩舍恩豪森也相继有居民入住。标准化公寓是三居室，平均60平方米，拥有"全舒适"整套设备，即中央供暖和浴室，非常抢手。默克尔只能寄希望于申请市中心的破旧老建筑，这大概更符合她的口味。

在柏林很难申请到公寓。后来默克尔和丈夫搬进了一套后楼里的单间公寓，是默克尔父母的一个熟人自大学起一直住的。这个人此前大多将它转租给附近夏洛特医学院的学生，现在转租给安格拉和乌尔里希·默克尔。院子很破旧，厕所在两层楼下的楼梯间里，一个水龙头只有冷水，需要用煤炉来取暖——总之，这种条件在东柏林的老建筑中非常普遍。此外，它们与西柏林一些未修葺的区域几乎没什么不同，例如威丁区、克罗伊茨贝格区东部或新克尔恩区，都是如此。与西柏林不同的是，东柏林的这些公寓中大多没有通电话，打电话必须在临近的电话亭排队。客人有急事会直接登门拜访，如果主人不在家，他们会在门边的纸卷上写下一条留言。

安格拉·默克尔担任总理期间，住在柏林最古老但几乎完好无损的住宅街——玛丽恩大街。这些彼得迈耶风格的房子建于1830年至1840年间，画家阿道夫·门泽尔、作曲家让·西贝柳斯和米哈伊尔·格林卡都在此住过。它们与博德博物馆对面的阿姆库普弗格拉本街6号的建筑来自同一时代，默克尔在1999年政府搬迁后与她的第二任丈夫搬进了这座建筑。玛丽恩大街位于柏林乐团和德意志剧院之间，距离弗里德里希大街的边境站仅数米之遥。

当时默克尔每天早上来到两个站台大厅中较小的候车厅，等候向东行驶的 G 路或 H 路城市快车。从隔壁密封的大厅里，她能听到西柏林的城市快车和火车驶向西德时发出的隆隆声。乘车前往阿德勒斯霍夫需要半小时，多次经过柏林墙：首先经过扬诺维茨桥和柏林东站（1987 年改名为"柏林中央火车站"①）之间的柏林墙，然后是特雷普托瓦尔公园和普兰特瓦尔德之间的柏林墙。她的住址和工作地点离西柏林边境都只有几步之遥。尽管每位居民天天都能看到城市的另一半，当局却一直保持沉默。城市地图《德意志民主共和国首都》将西柏林所在区域用空白代替。多年来，东柏林城市快车的线路示意图也将西柏林的那部分抹去了。

由于具有重要历史意义，玛丽恩大街属于东德当局重新修缮的首批旧建筑区。重修这些历史遗产还有很长的路要走：1970 年至 1973 年间，这些房屋被刷上了和原来颜色一样的石灰色、玫瑰色和柠檬绿色涂层，甚至装饰元素也得到了修复，而西柏林政府仍在为拆除外墙灰泥装饰提供奖金。安装中央供暖和热水也是改造计划的一部分，但默克尔当时住的后楼小公寓不属于改造范围，于是夫妻俩通过贷款来扩建公寓。

投资扩建公寓对安格拉·默克尔来说也是花冤枉钱，因为仅仅三年后，她就离开丈夫搬出去了。她站在同事汉斯－约尔格·奥斯滕的门前，问他能不能收留自己。作为一个分居、没有

---

① 1998 年该车站重新改名为"柏林东站"，恢复了过去的名称。——译者注

孩子的女性，20多岁的安格拉能够分到房子的机会比之前更少。有人提示我：去滕普林大街碰碰运气。然后我拿钥匙闯入了那里的空房子——不，不是用钥匙。我撬锁进去的。

　　这在东德不算稀奇。按当时政府的住房政策，重点在城市外围建设大型住宅区，老建筑却年久失修。在东德政府崩溃前不久，大约78万人在住房管理部门登记寻找住宿，而80年代中期有大约23.5万套公寓无人居住。与东柏林的擅自占地运动相似的是：西柏林政府盲目推行现代化，热衷建设大型住宅区和城市高速公路，计划拆除破旧房屋，尤其是克罗伊茨贝格区，但同时又缺乏价格合理的适用房。在这两种情况下，叛逆的年轻人们都擅自占用了这些空置公寓。

　　这也是二者仅有的相似之处。西德的占房者直接将政治目的告知公众，在窗户上悬挂横幅。而东德的占房者则是一种自救行为，他们尽可能地谨慎，以免引起当局的反对。西德的争论很快根本性地改变了住房政策；但东德由于计划经济，仍然保留了其优先计划，只对部分建筑选择性翻新。1987年柏林建市750周年，已被修复的景观与大量仍不断颓败的建筑形成鲜明对比。

　　东柏林当局在大多数情况下都会容忍这种非法占领。从住房管理部门到市政房屋管理局，负责机构常常无法通观全局。涉及的公寓大多是官方认定的无法居住的房屋。有传言说，在支付三个月租金后，这种非法占领就自动合法了。默克尔向邻居询问了租金数额和收费账户，她占的房子收费是30马克50芬尼。可以匿名交房租，存钱后保留收据，这样就不会被别人发现；如果遇到政府查问，又能证明自己已经付了租金。

　　即使被发现了也不严重。政府通常只罚少量行政罚款，还能通过官方分配住房的方式把这种租赁合法化。当斯塔西得知谁非法占了房子时，通常不管不问，因为他们觉得这不具有政治危险性。仅在普伦茨劳贝格区，1987 年政府记录的"不明原因租金进款"每月就超过 3 万马克，大约相当于 1000 份租约。1989 年擅自占房者的数量有所增加，因为许多人在一夜之间离开家园，经由匈牙利前往西德。不想离开的年轻人则占领了空出来的房屋。

1981 年 6 月，在参议院选举前不久，默克尔赶在登记处下班前过来登记。她觉得办公人员等着下班，就不会仔细查问。她撒谎说，房屋管理员之前"忘记"发给她证明了。默克尔侥幸蒙混过关，因为当时办理警局登记无须出示国家住房分配证明。通过这种不正规的租赁手段，默克尔后来分到了一套完全合法的公寓。有一天，我在信箱中发现一张纸条：所有人都必须搬出去，新房子已经分下来了。由此我就来到了勋豪瑟大街 104 号，那是我第一套带燃气供暖和浴室的公寓。

分到的新公寓离城市快车"勋豪瑟大街站"不远，与"阿德勒斯霍夫站"在一条线路上。它位于博恩霍尔默大街拐角处，这条街通往附近的西柏林过境点。这套公寓后来的主人在民宿网站"爱彼迎"上描述道：它有 55 平方米大，"位于第二个后院，环境幽静"，窗户外"绿树成荫"。默克尔起初也将这套新公寓描述为"我人生中的幸运"。但 1992 年搬出后，她将公寓描述为"两个又小又暗的房间"，令人"感到压抑"。

虽然东西德政治体系不同，在现实生活中，默克尔当时也受到了西德新社会运动的影响。默克尔从 1978 年至今一直生活在柏林，仅住在米特区和普伦茨劳贝格区，并且住的大部分是老房子。仅此一条，就使她与绝大多数西德基民盟选民和成员区分开来，后者当时都将新建住宅视作典范。默克尔早年担任党主席时

说，曾经梦想拥有一座乡下房子：她许多后来的党内朋友或许更
愿意搬进设备齐全的舒适预制公寓，为了能分到房子，也愿意做
一些让步。另外，默克尔对自己的审美非常固执，并力图在批评
声中坚持己见。直到她的职位很高时，她才愿意仔细打理发型并
调整穿衣风格。

　　默克尔很少公开谈论她对小资产阶级审美墨守成规的厌恶，
她认为这是一种政治狭隘。从桌布到窗帘——一切都很难看，这
让我难以忍受。人们总是只想着，从哪里再搞到一块越南床垫？
默克尔回忆时抱怨道，显然东德的现象不会消失。有些人和过去
一样，在这种单调的社会主义"贝壳风格"中感觉不错，因为东
德时期所谓的保护勉强行得通，这些每次都令我感到吃惊。她在
1996 年说道，即使在 6 年后，我选区的办公室仍没有任何变化，
只有昂纳克的照片被取下了。仍布置着同样没有品位的沙发，同
样的桌布。默克尔补充说，还明确提到了她的党内朋友：但是许
多人仍然需要这种"家的感觉"，无论是来自哪个党派。有些人
不想耗费精力做出改变。

度 假 者

　　默克尔渴望东德进行变革，她将旅行视为体验多样性的机
会。另一种语言，不同的食物，日常生活中的琐事：任何让其他
度假者恼火的事物都吸引着她。她像西德同时代的年轻人一样，
视哲学家恩斯特·布洛赫的话为真理："相同的事物渐渐令人窒
息。旅行的乐趣可以满足对新事物的追求。"由于围墙挡住了前
往西方的路，默克尔尝试前往西亚旅行，因为通向东方的道路尚
且畅通。对于当时的情况而言，这条道路是高度政治化的。

　　就在默克尔离开丈夫并居住在滕普林大街的公寓时，发生了

闻所未闻的事情：1979 年 12 月，苏联军队入侵阿富汗以阻止激进伊斯兰主义者的推进。阿亚图拉·霍梅尼在伊朗掌权后，这种局势愈演愈烈，对苏联的南部产生了威胁。1991 年 12 月 25 日苏联解体后，圣战组织在喀布尔上台；2001 年 9 月 11 日发生在美国纽约世界贸易中心的一系列恐怖袭击事件后，西方在美国的领导下，决定出兵干预阿富汗的局势。这是德国联邦国防军历史上损失最大的军事任务，几乎一直延续到默克尔的总理任期结束。

在今天看来，1979 年似乎是个转折点，特别是现代的、暴力的伊斯兰主义以牺牲穆斯林世界的传统温和力量为代价。然而无论是在西德还是在东德，那个时代的人们并不这么看。为了抗议苏联出兵兴都库什山脉，西德参加了 1980 年由美国发起的对莫斯科夏季奥运会的抵制运动。伊斯兰世界的冲突在当时是一个边缘问题，东西方冲突才是关注重点。

1979 年，一小群年轻的西德基民盟政治家们还有更重要的事情要做。7 月 25 日，他们作为代表团在从委内瑞拉飞往智利的飞机上签署了《安第斯公约》：他们将在事业上相互扶持，并且绝不会相互争夺职位。这无疑决定了基民盟未来的命运，似乎给默克尔未来的政治生涯提前画上了句号。而当时的默克尔还生活在东德，直到两德统一后，她担任了很长时间的党主席才知道这个联盟的存在。下萨克森州州长克里斯蒂安·伍尔夫向她透露了这个秘密，《镜报》也在 2003 年公开揭露了这个秘密，从而使它失去效力。这群旧联邦共和国的雄心勃勃的年轻基民盟成员们，曾对智利的皮诺切特政权进行过友好访问——这令党主席默克尔感到震惊。在莱比锡上大学期间，默克尔的一些同学是在 1973 年 9 月皮诺切特发动军事政变后从智利逃出来的。

1980 年，东部邻国波兰引起了广泛关注。作为波兰主食的肉类价格上涨，于 1980 年夏天引发但泽列宁造船厂的罢工运动，最终蔓延到全国，并于 11 月成立正式独立的团结工会。很快，工会成员数量就达到约 1000 万人，其中大约 100 万人是共产党员。自"布拉格之春"被镇压以来，苏联势力范围内的改革之窗似乎首次被打开。这让 26 岁在柏林攻读物理学博士学位的安格拉·默克尔激动不已。这期间她去了波兰三次，前两次是通过自由德国青年团官方旅行社报名的，第三次是和学院的同事们一起去的。当时东德政府已经对前往邻国的旅行非常猜忌，而默克尔的同事汉斯－约尔格·奥斯特会讲波兰语，于是伪造了私人旅行所需的邀请函。

默克尔在头两次的旅行中曾亲身经历过，并且在工会运动被镇压之后，西方游客团体也报道过：波兰的党员同志们竟然出人意料地公开谈论转型，并明确表示欢迎转型。默克尔在私人旅行时主要前往波罗的海沿岸，包括马尔堡，以及她母亲的出生地但泽。

回程中出现了一些意外情况。1981 年 8 月 12 日正是柏林墙建成 20 周年的前一天，当火车驶入奥德河畔的法兰克福的东德边境站时，晚上 9 点多，边防警察检查了默克尔的行李。他们发现了波兰团结工会的照片、杂志和徽章，统一社会党认定该工会是反革命的组织。默克尔再次用上了她自上学以来就熟练掌握的方法：装作不知所措的样子。后来边防警察登记了一行小字："该公民不知道民主德国禁止进口这些物品。"她说她不会说波兰语，无法阅读这些杂志，由此蒙混过关。

默克尔所寄予转型希望的波兰事件不仅引起了东柏林领导层的恐惧，也使得西方担忧。尤其是因为波兰政府签发了超过 100

万本通往西方旅行的护照。鉴于未来前景不明朗，经济形势进一步恶化，许多波兰人趁机逃往资本主义国家。这也是1980年西德首次登记超过10万份避难申请的原因之一。在西德，一些人向物资短缺、苦苦挣扎的波兰提供一揽子援助；而另一些人则把这些"波兰佬"视为"假寻求庇护者"和"经济难民"。在1980年的西德选举中，关于避难的辩论第一次成为重要话题。当时倾向社会自由主义的西德政府认真考虑打破禁忌，关闭边境并将难民强行送回社会主义阵营国家。

1981年12月13日，距默克尔第三次波兰之行已有四个月，新的华沙党和政府首脑沃伊切赫·雅鲁泽尔斯基在苏联的压力下实施戒严，禁止团结工会并监禁其领导人。与阿富汗的情况不同的是，西方的抗议并不强烈，因为波兰属于苏联阵营，莫斯科也没有正式干预，内部的"波兰解决方案"也造不成恶劣影响。不少缓和派的政客将波兰公民运动视为对国际秩序稳定的威胁。

在对政治感兴趣的默克尔看来，实施戒严法意味着一个类似1961年修建柏林墙或1968年华约集团入侵布拉格的转折点：对向往更自由生活的希望再次突然被扼杀了。通过外部力量使苏联动荡再次被证明是个谎言。动摇的信号只能来自苏联中央本身：新任总书记米哈伊尔·戈尔巴乔夫于1985年上任。每个有分析思维的人现在都明白，东德局势发生根本性变化的关键在莫斯科，而不是东德内部的反对力量。

波兰事件在默克尔的研究所引发了激烈辩论。一位同事在马克思列宁主义课上批评了波兰领导层的行为，他为此付出代价——失去了博士学位。默克尔本人没有畏惧：当雅鲁泽尔斯基在12月宣布波兰实行军事管制时，她前往捷克斯洛伐克与同事们进行探讨。当时我在布拉格，也许因此保全了博士学位。在这种情况下，用原始冲动思考就足够了。我在认真地考虑离开。每天都有失去理智并且待不下去的危险。对我来说，提交出境申请的机会一直是种精神上的紧急出口。

与第二年西德新总理赫尔穆特·科尔上任相比，波兰1981年夏天的团结工会运动给默克尔带来更多希望，科尔最初在知识分子中声望无几，在东德也是如此。1982年10月1日，基民盟通过建设性不信任投票使默克尔钦佩的社民党前总理赫尔穆特·施密特下台。施密特失去自己党派的支持主要是因为北约的双重决议，该决议计划在西德部署潘兴－Ⅱ导弹以应对苏联的SS–20型中程导弹。默克尔本人的看法尚不得知，但她的第二任丈夫约阿希姆·绍尔被视为西德导弹计划的支持者，据说他曾向研究所同事表示自己理解北约的计划。

科尔后来任命默克尔为部长，并因此给她的政治生涯带来决定性的推动力。当年28岁还在攻读博士学位的默克尔，是如何看待这位新联邦总理的？这个问题被后来成为"统一总理"的科尔在1991年访问美国时提出来了，当时还有随行的记者在场，使已是妇女部部长的默克尔陷入窘境。她淡淡地答道，她总是对科尔的历史知识感到惊讶。这个问题让我感到不舒服。我对赫尔穆特·科尔的印象是受到西德媒体影响的，他们不太喜欢科尔。这种情况不能发生第二次了，后来她为这些问题想好了正确答案。她研究了科尔在1987年东德国务委员会主席埃里希·昂纳克访问波恩期间的电视讲话：这些句子塑造了我在东德时对赫尔穆特·科尔的印象。您给了我们东德人希望。您是统一之路上的一块基石。

1983年夏天，即科尔上任近一年后，默克尔进行了三周的旅行，途经亚美尼亚、阿塞拜疆和格鲁吉亚等苏联南部共和国。

她已经游览了几乎所有对东德公民开放的国家。14岁时，她乘坐"友谊号"列车前往莫斯科，大学期间在列宁格勒度过三个礼拜，从科学院毕业后又在乌克兰上了语言班。她不仅小时候和父母一起去捷克斯洛伐克度假，现在还与布拉格的合作研究所进行密切交流，并利用假期与未来的丈夫一起远足。前面已经提到了她在波兰的旅行，除此之外，她还游览了罗马尼亚和保加利亚。

默克尔再次进行了大冒险，这种冒险对于东德公民来说是可行的，但又不完全合法。与西方游客一样，社会主义阵营国家的公民在苏联境内不得自由行动。游客通常只能参加有组织的旅行或接受私人邀请，必须事先报告路线，然后严格按照路线游览。但南部共和国的管控比较松，东德背包客中流传着一条小道消息：可以借口从波兰乘坐火车和轮船前往乌克兰、保加利亚旅游，申请有效期为三天的苏联旅游签证，然后就直接待在那里。

默克尔和研究所的两个同事就是这样做的。他们没从基辅坐火车去敖德萨，再从那里坐船去保加利亚，而是坐火车先到格鲁吉亚，三天签证过期后在高加索山区隐匿下来。没去旅馆、官方露营地或火车站——在这些地方他们都会被检查。三个伙伴搭车旅行、野营，他们搭过格鲁吉亚醉酒司机的汽车，冒着生命危险高速行进：这些司机先是倒上一杯杜松子酒，然后向外国客人们举杯。

在前往斯大林故乡哥里的路上，他们被吓坏了。他们拦下的便车司机是一名身穿制服的警察。然而这不是问题，因为警察本人充其量只是在执行一项半合法的任务：车厢里有一头死鹿，这是他在邻国阿塞拜疆捕来的。不幸的是，他因超速被交警拦下，然后又被放走了。但这三名游客并没有来得及参观中世纪小城姆茨赫塔令人叹为观止的教堂，而是先来到了当地警察局。

默克尔通过阿谀奉承挽救了局面：格鲁吉亚实在是太美了，所以他们不想立即前往保加利亚。警察随后告诉这三名游客，一定要去看看首都，然后放他们离开了。在第比利斯，这几位冒险家在车站收容所与流浪汉共度一夜。算起来他们在苏联待了整整三个星期，而不是合法的三天。由于从格鲁吉亚到东德没有直达航班，他们不得不从俄罗斯的索契返回。那里检查更严格。他们反正也是要回家了，风险是可以预见的：最高罚款 80 卢布，并禁止入境一年。最后，默克尔和她的朋友们只需写一篇检讨书："为何我上过大学还知法犯法？"

在社会主义范围内的广泛游览经历对安格拉·默克尔的世界观产生了持久的影响。她后来作为总理就格鲁吉亚或乌克兰的冲突磋商时，没有谈论地图上的抽象区域，因为这些区域很轻易地就被归入宏观稳定利益的范畴中。与西方政治家相比，她看到的是真实的城市和风土人情，即便是令人生疑，她也比遥远的俄罗斯的领导者更有同情心。当然，这也不排除对现实政治的考量。

伴　侣

1981 年，当安格拉·默克尔经常去波兰和捷克斯洛伐克时，已与第一任丈夫分开。两个人没有任何争吵或丑闻。尤其因为他们在经济上保持独立，也没有太多财产需要划分。她带走了洗衣机，没有带家具。最初，默克尔还与前夫保持友好联系。后来，乌尔里希的工作从洪堡大学换到了科学院，两人还能在食堂遇见。直到柏林墙倒塌后，两人才不再碰面。

安格拉·默克尔后来越来越频繁地与另一位同事共进午餐。最迟从 1984 年开始，即默克尔与第一任丈夫分开三年后，按照斯塔西的记录，默克尔与比她大 5 岁的科学家约阿希姆·绍尔定期会面，后者的职业抱负远高于默克尔本人：多年来默克尔仍在不急不慢地写她的 A 类博士论文（相当于普通博士论文），而绍尔已经快要完成他的 B 类博士论文了（大致相当于西德大学授课资格论文）。

绍尔出生于 1949 年，是劳齐茨一位糕点师傅的儿子，曾在森夫滕贝格上学，之后他在劳哈梅尔褐煤联合企业完成了职业培训并获得了高中文凭。由于他的父母不是共产党员，他和默克尔一样，担心自己没有上学的机会。

"东德的生活总是充满压力，"他后来在访问过去的学校时说，"尽管我的成绩最好，但我总担心自己能不能取得高中文凭和上大学。"他以优异的成绩完成学业，并于 1974 年以最佳分数获得博士学位。

绍尔早在东德时期就收到了国外的邀请，但直到东德消失、政治障碍消失后，他的事业才真正迅猛发展。德国统一后不久，他于 1990 年至 1991 年在加利福尼亚的一家催化公司工作，1992 年接手马普学会量子化学工作组的管理工作，1993 年改革后的洪堡大学给他正教授职位。现在，他是该领域的杰出人物之一，获得了两个荣誉博士称号，还是有影响力的委员会和学院的成员。

为了至少在周末逃离拥挤的城市生活，两人于 80 年代中期在霍亨瓦尔德买了房子，距离默克尔父母仍居住的滕普林仅 20公里。据估计，在东德时代末期，大约有 340 万栋这样的"乡间别墅"，尽管这些土地通常不归业主所有。默克尔的房子不仅仅是一座简易平房，而是一栋真正的房子。默克尔和绍尔在统一后也保留了他们的村庄小别墅，从这里能看到后方乌克马克起伏的风光。直到安保要求提高，以防止有人突然闯入，默克尔才在朝

64

街的那面竖起屏障，并在街对面建了警卫室。默克尔后来提到，这栋房子在东德时属于当地的钓鱼俱乐部，因为只有捕鱼船才能在湖上经过。

很长时间以来，默克尔和绍尔都不想结婚。绍尔此前有过一段婚姻，他于1985年与第一任妻子离婚，育有两个儿子：一个是后来的成功艺术家阿德里安，另一个叫丹尼尔。虽然他们仍和母亲住在一起，但也成为了默克尔家庭的一部分，继子阿德里安的两个孩子也是如此。他们2013年在伊斯基亚度过复活节假期并拍下照片。一张照片显示安格拉·默克尔和一个孙子在摘橘子；另一张照片显示她和另一个孙子在海滩上踢足球。默克尔在为数不多的私人采访中曾透露：他们两人喊她"奶奶"。默克尔和绍尔这对夫妇却没有生孩子：我们没要孩子。

随着职位的晋升，默克尔无子女以及未婚同居的做法引起了基督教保守派的不满，科隆红衣主教约阿希姆·迈斯纳曾对此公开批评。甚至有传言说，是默克尔导致了绍尔离婚。批评者越是催促默克尔结婚，她就越不愿意走这一步。就像在东德一样，她想顶住从众的压力，避免给人一种她只是出于机会主义才去登记的印象。直到1998年底她升任基民盟总书记时，这个职位才值得她结婚。

在科学界，许多人认为绍尔冷漠、不友好，似乎是出于他的成就才这样的。在工作之外，他也经常做出不和善的举动。两德统一后，这对夫妇住在柏林库普芬格拉本街上的私人公寓，对面举行露天表演时，他测量了噪音分贝数并向区办公室写了一封投诉信。这件事很快就算在了默克尔头上，报纸登出了文章《喧闹的演出打搅了默克尔》；一位柏林邻居曾描述他"沉默寡言、内向、古板"；而霍亨瓦尔德"小别墅"的居民则抱怨，在乡村节日期间，他全程都沉默地坐在妻子旁边。有张照片下面还配了篇报道：绍尔当着所有人的面抱怨飞机上的阅读灯是坏的，还在飞机降落之前一直指责机组人员。

即便是在少数公开陪伴妻子的场合，他也是一副冷漠的面孔。2017 年，默克尔第四次当选总理，绍尔首次出席德国联邦议院的活动，却一直沉浸在自己的笔记本电脑中。他甚至在拜罗伊特音乐节的休息期间也是这样。当其他观众或感兴趣的记者试图与他攀谈时，他用只言片语回应他们。别人问他，究竟是在柏林自由大学任教，还是在柏林洪堡大学任教，他只回答一个字："是。"即使是最顽固的缠扰者也会放弃。

默克尔和绍尔一样，都偏爱理智和实事求是，她私底下以及作为政治家时的举止都十分恳切。丈夫是个非常棒的人，她曾在一个脱口秀节目中这样说。总理的密友偶尔能在小圈子里接触到约阿希姆·绍尔，称赞这位化学家有"出色、讽刺的英式幽默"，就像默克尔自己那样，在熟悉的圈子里非常幽默和有趣。

绍尔在东德时期已具有非凡的政治头脑，他总是与默克尔讨论世界局势。在科学界，他被许多人视为榜样，是一个在学院里没有作出政治让步就得到认可的人。直到 1988 年，他才获许接受西方邀请，当时他在卡尔斯鲁厄与量子化学家莱因哈特·阿尔里克斯一起做研究。阿尔里克斯与默克尔也保持联系，后来他说，绍尔"无论是个人性格，还是作为一名科学家，从一开始就给他留下了深刻印象"。

默克尔和绍尔还与来自布拉格海洛夫斯基研究所的同事鲁道夫·扎赫拉德尼赫交换了想法，绍尔曾在那里做了一年博士后。默克尔和绍尔利用他们在捷克斯洛伐克逗留的机会，了解这个国家和人民。例如，他们曾游览前列支敦士登城堡瓦尔季采和莱得尼采周围的南摩拉维亚葡萄酒产区；还进行了诸如高品质休闲游之类的活动，这种旅游方式刚刚在奥地利南部几公里处兴起。直到今天，尽管两人都反对奢侈，但仍喜欢美食和美酒。

后来，人们一次又一次地猜测绍尔对默克尔作出政治决定的影响。默克尔本人偶尔指出，丈夫会通读她的演讲稿。*我们不总是谈论政治，但他间接也是一位好顾问。*她曾经说，*与绍尔的政治谈话几乎至关重要。*

除了对科学和政治的关注，这对夫妇从一开始就有着共同的艺术兴趣，约阿希姆·绍尔在这方面往往更加不愿妥协。绍尔对作曲家里夏德·瓦格纳长达五六个小时的歌剧的偏爱是众所周知的，他还把默克尔引到这个爱好上：*通过我丈夫我才对瓦格纳多有了解。*对于绍尔来说，这几乎是一项轻松的消遣，正如指挥家西蒙·拉特尔后来在接受采访时说的那样："她喜欢古典音乐，但她的丈夫是一位知识渊博的专家，尤其在新音乐派和第二维也纳乐派方面。"拉特尔以演奏作曲家安东·韦伯恩作品的音乐会为例："这是以高度复杂的十二音技法演奏的音乐。我敢肯定，无论她愿不愿意，他都会带着她来。两人在一起很开心。"在公务之外，绍尔公开陪伴总理最多的场合便是音乐厅和歌剧院。

安格拉·默克尔和约阿希姆·绍尔倾向与有共同兴趣爱好的夫妻建立友谊，包括前汉堡市长、社会民主党人克劳斯·冯·多纳尼和他的妻子，即作家乌拉·哈恩。好友还包括短暂当过奥地利环境部部长的马丁·巴滕斯坦，他也是位自然科学家，默克尔作为领导人时结识了这位同事，对他欣赏有加；以及柏林儿科外科医生哈拉尔德·毛，他和绍尔一样，也在洪堡大学任教。对于默克尔这个级别的顶级政治家来说，她还惊人地保持着许多友谊，例如与她来自莱比锡的同学埃里卡·霍恩奇。好友的特点是：他们通常不公开谈论私人事务——这也是默克尔和绍尔这对夫妇始终培养的品质。

同　事

大约在默克尔和绍尔刚在一起的时候，一位比默克尔小6岁的同事来到了研究所，他刚刚在俄罗斯中部荒凉的沃罗涅日市从量子化学专业毕业。他于1984年初隆冬到研究所报到，并介绍了他的硕士毕业论文。他描述与安格拉·默克尔的第一次会面："我面前有11位严肃的男性科学家和一位年轻女士，她可能也是一位科研工作者，但最重要的是一位年轻女士——蘑菇头、雀斑、灿烂的笑容、T恤衫和牛仔裤，在当时有点不像是搞学术的。"

过了一会儿，他坐到了办公桌前。这位同事名叫迈克尔·辛德海姆，与默克尔一样，在柏林墙倒塌后开启了职业第二春：成了戏剧和歌剧导演，他指导的剧作从诺德豪森经过格拉、巴塞尔和柏林一直表演到迪拜。

默克尔每天为这位同事准备两次"土耳其咖啡"。他鄙视过滤咖啡，而在东德，"土耳其咖啡"则是一种通过个性化制作方式煮成的咖啡。默克尔在担任总理期间仍用这种方法煮咖啡，至少她对外是这么说的。东德生产的咖啡机主要是为了出口换外汇，所以当时在东德国内供不应求。1977年的"咖啡危机"甚至严重威胁到德国统一社会党的政权，东德随后不得不在社会主义兄弟国家越南种植咖啡，在1980年才恢复咖啡豆的供应。德国统一后，这个东南亚国家仍是与巴西并列的最重要的咖啡供应国。

"我们部门的氛围可以说是具有平凡的幸福，"辛德海姆回忆道，"默克尔和我之间的关系也是如此。我在科学院度过的两年半时间里，茶歇是最快乐、最有信息量的事情之一。我们聊音乐会、电影院、保加利亚赤霞珠、瓦格纳和戈尔巴乔夫以及荒谬的东德，却没想过东德会终结。"

他们也讨论过 1985 年 5 月 8 日西德新任总统里夏德·冯·魏茨泽克纪念二战结束 40 周年的演讲。联邦德国的官方代表首次将希特勒政权正式投降的日子称为德国人的"解放日"。默克尔从西德拿到了这份演讲稿。这份材料成了研究所的热门讨论话题。默克尔和她的同事们阅读了大量与西德局势相关的内容，不仅是科学文献，还包括政治和哲学、历史和文学。例如鲁道夫·巴罗或安德烈·萨哈罗夫这些来自社会主义阵营的异见者，他们的作品与西方作家的作品一样，都是阅读材料的一部分。阅读范围从德国经典作品，到波澜壮阔的俄国小说，再到当代文学。科学家们试图拿到更多有意思的报纸或杂志，包括戈尔巴乔夫时期的苏联党报《真理报》。

"走出去"，默克尔在果戈理的《死魂灵》上面题词，并将这本书作为告别礼物送给辛德海姆。办公室的讨论结束得非常快：辛德海姆在 1986 年离开科学院，前往哈尔茨山脉南边的诺德豪森定居，在家里操持家务，并从事自由翻译——这在东德是非常不可思议的。这座小城当时有将近 5 万名居民，被认为是东德最偏僻的地区，尤其以生产杜松子酒而闻名。从长远来看，这个选择是令人愉快的，因为辛德海姆在东德消失后接管了当地剧院，逐渐成长为一名成功的艺术总监。

在当时看来，辛德海姆的工作变化是个谜，直到 2001 年初才披露出，当时国家安全部招募他为线人。两名斯塔西工作人员在克格勃的帮助下，来到当年 23 岁的辛德海姆在俄罗斯的宿舍，声称他与西方特工机构有联系，迫使他协助工作。他逃往诺德豪森是为了彻底摆脱斯塔西的追踪。据说辛德海姆没有透露会给同事们带来麻烦的信息。然而在柏林墙倒塌之后，他也没有将自己当过线人的经历告知默克尔，使这位最高级别的政治家处境尴尬。2000 年，由于有人威胁辛德海姆，要将他曾为斯塔西工作的过去公之于众，他抢先用自己的报纸文章披露了这段往事，仅在文章发表前几个小时告知了他的前同事默克尔。默克尔作为刚当选的党主席正处境艰难，反应却非常冷静：她在公开通报中不再称辛德海姆为"朋友"，而是一位"同事"。

她的朋友兼同事汉斯－约尔格·奥斯滕的情况也类似。在她与第一任丈夫分开后，他陪同她一起旅行并为她提供了住宿。奥斯滕比辛德海姆或默克尔更有职业抱负。东德消失后，他负责推进奥德河畔法兰克福的一家芯片厂的项目——最终失败了——之后在汉诺威担任教授。默克尔意识到与她相比，奥斯滕与东德体制走得更近：他不仅是默克尔在自由德国青年团的上级，还是德国统一社会党的党员，他曾试图劝她入党，但没有成功。默克尔请求再给她时间考虑考虑，但他并没有再提入党这件事。这不一定意味着什么。是不是党员不重要：要看人是不是正派。这就是默克尔当时的态度。

2013 年有消息披露，奥斯滕曾以"IM 爱因斯坦"的代号为斯塔西撰写报告。这份声明是和 1984 年他前往芝加哥交流一年的承诺声明一起签署的。他显然没有汇报有关默克尔的信息，并且回国后陷入了职业困境。两德统一后，奥斯滕公开抱怨默克尔现在提起老朋友们时的语气，例如：他们都是左派另类。在谈到东德时，这位同事也没说过任何不利于默克尔的话。他只回忆起"他们对戈尔巴乔夫在苏联推行改革十分激动"。

根据目前掌握的信息，默克尔确实只被她的一位较亲密的朋友和同事背叛了，即弗兰克·施耐德，被称为"Schnaffi"，有时就在她邻桌办公，以"IM 巴赫曼"的代号辛勤地写着报告。施耐德的妻子是格鲁吉亚人，默克尔喜欢跟她练俄语。默克尔在高加索旅行时，还在格鲁吉亚沿海城镇苏呼米遇到了这对夫妇，苏呼米后来被独立的格鲁吉亚的自治共和国——阿布哈兹共和国定为首府。我对一个人的怀疑是正确的，默克尔后来说，这在两德统一后得到了证实。

施耐德让他的上级知道，默克尔这位同事"以非常批评的眼光看待我们的国家"，她与"普伦茨劳贝格的圈子有联系，这个圈子的人不支持我们国家的政策"。施耐德记下了她对俄罗斯文化的热爱和她对苏联政治领导角色的反感，以及与同事绍尔共进午餐或对东部邻国工会运动的态度："自从波兰团结工会成立以来，她就对它的诉求和行动表示强烈赞同。"

施耐德还汇报了默克尔探望异见者罗伯特·哈维曼的遗孀。哈维曼起初在洪堡大学教物理化学，因为他参加了 1976 年抗议沃尔夫·比尔曼被驱逐出境的活动，之后被软禁在家一段时间，1982 年在柏林东南城郊的格林海德的家中去世。默克尔清楚，哈维曼一家受到国家机关的密切监视，即使没有同事的报告，也会有人把她的来访记录下来。事实上，哈维曼夫妇的斯塔西档案夹中，确实有一张默克尔的照片。她此次前往城郊远足还有个私人原因：逝者的养子"乌兹"，即乌尔里希·哈维曼是她在研究所里一位关系不错的同事。在默克尔擅自占用了滕普林大街的公寓后，他还帮忙装了架子和窗帘。由于罗伯特·哈维曼是反纳粹的战斗者，尽管此时被看作是政见敌人，养子乌尔里希仍享有某些特权。这也是东德政权的矛盾之一。

罗伯特·哈维曼在第二段婚姻中有两个儿子，其中一个儿

子弗兰克·哈维曼和默克尔是朋友；另一位弗洛里安·哈维曼
于 1971 年逃往西德，并在两德统一后当选勃兰登堡州民主党的
宪法法官。弗兰克、弗洛里安、作家托马斯·布拉什、导演桑
达·维格尔都属于"东德 68"团体。他们在 1969 年至 1973 年住
在一个区，接着走上截然不同的道路：有的被逮捕，有的逃到西
德，其他人加入了德国统一社会党。在东德的大环境下，默克尔
在科学院的生活相当丰富多彩，且绝不忠于执政党。

活 动 家

安格拉·默克尔与她研究所的同事和朋友们的相当一部分活
动是在自由德国青年团的框架内进行的。通常，随着学习阶段的
结束，青年团的团员身份也会结束，但许多科学院的博士生都保
持团员身份直到 30 岁。这里直接隶属于团中央委员会，不受地
区领导管辖。这给默克尔他们提供了更大的活动空间。默克尔研
究所的自由德国青年团小组由她的同事奥斯滕领导。正如奥斯滕
回忆的那样，她当时担任"鼓动宣传秘书"。默克尔说自己是文
化专员，这可能很好地描述了她的工作内容：鼓动和宣传？我不
记得曾经以任何方式鼓动过别人。我是一名文化专员。关于该职
位的正式名称，默克尔的这几句话算不上是正式辟谣。毕竟，直
接参与者中没有人说过，默克尔的确进行了鼓动。而且她只提
到了她的——可能是不完整的——记忆。按我的回忆，我是文化
秘书。但我怎么记得清？我觉得当我到了 80 岁，我什么都不记
得了。

实际上这些都和社会生活的组织有关。只有在自由德国青年
团的职权下，才能旅行或者为私人住宅之外举办的活动申请场
地。因此，对于这些思想独立的年轻人来说，不如自己占了职

位，以免忠于执政党的人坐上位置，影响活动自由。默克尔回忆道：*我买了剧院的票，组织了读书会和讲座。一切字里行间批评东德的活动都让我们感兴趣。*在她工作楼的地下室里，她组织了有关禁忌话题的讲座，例如：妇女权利或离婚、和平运动或经济问题，以及社会主义制度下没有公开的自杀事件。默克尔报告了西德的自杀情况，但口头补充说，这些结果在很大限度上也适用于东德；如果研究所的党领导把这些内容汇报给自由德国青年团的干部们，那么他们应该在下次党代会被提问，试着对这些问题提出质疑。*我们做了政治上必须做的事情中最末的部分，不一定是反抗行为，也是为了逃避精神荒漠。*默克尔仅以平滑的方式向由9名成员组成的企业工会管理层汇报了这些活动。与布拉格研究所的合作协议也是通过自由德国青年团达成的，捷克给他们提供了在波罗的海度假的位置，并且他们获得机会前往巨人山脉旅行。有时，默克尔和她的同事们也会照看波罗的海的儿童假期营地，一部分是在冬季，不管天气如何。

　　加入西德政界后，默克尔首次相对公开地报告了她的东德经历，因为她确信自己无可指责。她年轻时是自由德国青年团团员，这对东德人来说似乎是很自然的事，并不值得为此保持沉默。这和马克思列宁主义必修课类似，每个博士生都必须写结业论文。她对这些课并不感兴趣，得个"及格"的分数就交差了事。意识形态课的讲师约阿希姆·里特斯豪斯表示，默克尔上课总归"并不怎么认真"。据说她很难理解给出的句子，例如党代会决议中的字面引用。她后来猜想，出于纯粹的对农村的热情，她在论文中写了太多关于农民的内容，而很少涉及工人阶级。

　　经验表明，德国统一后，人们不愿过于公开谈论东德的生活。默克尔认为，她在统一后不久的一次公开讲话是个重要经历：1991 年货币联盟成立一周年之际，我在什末林的一次活动中，毫无保留地谈论我在读博士期间写的马列主义课程结业论文，主题非常好：《什么是社会主义生活方式?》。后来《明镜周刊》疯狂地寻找这篇论文，谁知道他们想揭露什么丑闻。但是从学院档案中再也找不到了。没有副本，我只打了一遍文字，没有复印。简而言之：我没有样本。现在人们很难想象，在没有复印机的时代，用一台旧的阿德勒打字机打文章时，如果加上蓝色复写纸，文字糊在一起是什么样子的。现在只知道这篇论文的分数很低。

默克尔早年担任妇女部部长时，在其他场合也毫不掩饰她的东德经历。我喜欢在自由德国青年团里，她在 1991 年接受《明镜周刊》前主编兼联邦共和国第一任常驻东柏林代表君特·高斯的电视采访时说，70% 都是机会主义。大约在同一时间，她告诉自己选区的家乡报纸《东方日报》：我们必须学会如何谈论我们自己的过去。当我今天游历新联邦州时，我的印象是，没有人加入工会、政党或自由德国青年团。西德的党派人士和记者对默克尔的所谓"自白"表示震惊。默克尔很快就领会了，此后一直保持低调。我注意到即使在德国统一一年后，我们相互之间的了解也很少，旧联邦州的人很难将积极建设社会主义制度与必要的适应区分开来。

约阿希姆·绍尔表达得更清楚。2010 年，在德国统一 20 周年之际，他罕见地接受了亚历山大·冯·洪堡基金会杂志的一次采访，该杂志一直只涉及科学话题。据他回忆，在统一社会党的一次党代会上，科学院的党委书记让他为墙报写篇文章。"我不得不写了一些同志们想听的东西，当然还加了一些'刺耳的内容'，这样别人就不会再让我写了，"绍尔说，"现在设想一下，如果这篇文章今天被《明镜周刊》登出来，那么人们估计根本不会注意到那些'刺耳的内容'，而是会看到一篇对党的自白。"

安格拉·默克尔很快决定今后要保持低调。她在入主总理府前不久说，今天人们显然很难理解和领会她们当时的生活方式。直到很久以后，她才更无拘束地谈论她的东德出身，在总理任期快结束的时候她甚至非常激进。然而，这也与德国选择党的选举成功有关。这也表明，东德同胞需要在政治上获得更多同理心。

博　士

1984 年 7 月 17 日，安格拉·默克尔庆祝了她的 30 岁生日。父亲从滕普林前来探望。"你还没走多远。"这位眼光敏锐的神学家说道，他没完全说错。表面上说的是默克尔在滕普林大街的那个破旧的公寓——没有暖气和热水，完全比不上"全舒适"公寓；女儿成家生子也没有指望——这在东德比在西德更不常见。这句话还针对默克尔的职业发展，她 6 年来一直在磨蹭博士论文。在西德，这大概已经是相当长的时间了，在东德更是如此，因为东德的教育体系更偏向学校教育。事实上，默克尔近年来在旅行、社会活动和政治爱好方面投入了更多的精力和热情，两间公寓的翻修也需要时间。她从科学院领取固定工资，得在固定时间工作。除此之外，她几乎长期过着学生的生活。

现在发生了变化。默克尔度过 30 岁生日那天，她在科学院的团员身份结束了，这消除了一些社交干扰。由于朋友们换了工作，她小圈子的人也分道扬镳。默克尔现在认真地撰写论文。她的新男友是位严格的科学家，对自己和他人的要求都很高，也为默克尔提供了帮助。*我要感谢约阿希姆·绍尔博士批判性地阅读了文稿*，默克尔在致谢中写道。这也是她与这位同事的联系首次被记录在斯塔西监视报告之外的地方。

默克尔偶尔表示，很难激励自己从事科研工作。她事后回忆说，在东德转型的时候，我很高兴没有什么可留恋的。她告诫自己：为了保持你自己的能力，只为了你自己，你必须尽你所能。几乎没有任何来自外部的激励。她已获得了科学院的永久职位，出于政治原因无法在大学里任教——博士学位几乎没有任何实际的附加价值。恰恰相反：怕是要离开她已适应的这份工作。

1985年默克尔交给博士生导师卢茨·祖力克的论文为《基于量子化学和统计方法的简单键断裂崩解反应机理研究及其速率常数计算》，这是对解决国营企业原材料问题的理论贡献。在默克尔的政治生涯后期，她也处理过分裂反应和断绝关系。1986年1月8日，默克尔进行了论文答辩。与她的马克思列宁主义课程论文相比，博士论文获得了"非常好"的分数。然后她与家人、同事、朋友们一起喝咖啡、啤酒和红酒。有一张照片显示绍尔和同事辛德海姆就在她旁边。

默克尔31岁时完成了她为期7年的博士生涯，这是她硕士毕业后的第二个学术阶段。现在她开始了新的工作。在从事理论研究后，她转到了分析部门，为实验室的同事们进行计算。她在研究所唯一的非党员负责人克劳斯·乌布利希手下工作。乌布利希在东德转型期间加入社民党，1992年至2006年担任科佩尼克区区长；在特雷普托－科佩尼克地区改革后，他担任科佩尼克区区长。

默克尔刚开始工作时的税后工资是1012马克。当时知识分子的平均工资约为900马克，几乎与普通产业工人的工资持平；明显低于生产和手工业师傅们的工资，即1400马克左右。这并没有带来显著差距：虽然日常用品价格极低，有的价格还获得了大量补贴，但是耐用消费品价格却极高，质量还很差。例如，小面包只要 5 芬尼[①]，乘坐一次有轨电车花费 20 芬尼，但一台东德最新生产的彩色电视机却要 4000 马克。

更严重的是，默克尔在完成博士论文后的新职位没有真正的升职前景。就目前而言，即使是前往西德进行学术交流也是遥不可及。她从研究所里有能力的同事们身上就能看出，与党保持距离的科学家们的职业机会是多么有限：分析化学领域的专家之一海因里希·克里格斯曼 1980 年不得不放弃他的系主任职位；光谱学家莱纳·拉德格里拉不仅不能前往西德旅行，在梅泽堡担任教授的愿望也破灭了。

默克尔个人缺乏职业发展前景反映了整个国家在 80 年代后期的局势。默克尔越来越清楚，这个国家在各个方面都缺乏基础，当然首先是经济基础。在经济方面，苏联势力范围内的国家越来越落后于西方，而在 80 年代的西方，享乐派消费资本主义盛行。西德电视台几乎向东德的每一个角落播放了它的祝福。一些广告完全夸大了西德的繁荣：一些东德人向他们的西德亲戚索要面包机作为纪念品，觉得它是西德家庭的必备家电。此外，还经常缺少其他东西。埃里希·昂纳克适量提高人民生活水平满意度的战略，正日益达到其经济能力的极限。

1983 年夏天，东德领导层就向西德请求了援助：基社盟主席兼巴伐利亚州长弗朗茨·约瑟夫·施特劳斯在巴伐利亚州银行的牵头下，为东德安排了一笔 10 亿德国马克的贷款。作为回报，东柏林承诺放松边境制度。联盟中的许多保守派认为，施特劳斯的实用主义行动是对基民盟和基社盟传统原则的背叛。这与后来

---

① 100 芬尼等于 1 马克。——译者注

默克尔的欧元和难民政策背景下出现了一个新政党相似：在贷款交易公布 4 个月后，"共和党"在慕尼黑成立。然而，该贷款不仅损害了基社盟的声誉，还损害了德国统一社会党的合法性。该党显然只能在所谓的"阶级敌人"的经济帮助下才能活命，这一事实使其形象大损。

1985 年 3 月，米哈伊尔·戈尔巴乔夫成为总书记，他在当时看来十分年轻。三位前任分别在 73 岁、69 岁和 75 岁去世，年仅 54 岁的戈尔巴乔夫就接任了这一职务。这位新当权者看到，苏联的经济存在着严重问题，因此在 1986 年第一次谈到了加快经济发展速度，改革经济运作机制，按俄语说法是"改革"，结合开放性和"自由化"。西方政客花了一段时间才说服自己相信他的意图是严肃的。1986 年 10 月，赫尔穆特·科尔将戈尔巴乔夫与纳粹宣传部长进行了比较："他是一位现代共产主义领导人，对公共关系有所了解；戈培尔是造成希特勒时期罪行的负责人之一，也是公共关系方面的专家。"①

许多东德公民非常感兴趣地关注苏联的变化，尤其是默克尔和她研究所的同事们。然而，东柏林的领导层很快就明确地表明他们对戈尔巴乔夫改革路线的看法：无法与发展国家意识的西德政客相比。默克尔对自己的国家十分清楚：东德的生存权利完全基于与西方制度的意识形态划界。被认为是德国统一社会党政治局首席思想家的库尔特·黑格在 1987 年初接受《明星》杂志采访时，表达了他对苏联改革路线的拒绝："顺便说一

---

① 这句话在一段时间内对德苏关系产生了影响。1986 年 11 月，科尔在声明中表示，美国杂志《新闻周刊》在 1986 年 10 月采访后没有正确还原自己的表述，他无意冒犯戈尔巴乔夫，并认真对待戈尔巴乔夫为改善东西方关系所做的努力。——译者注

句，如果您的邻居正在为他的公寓贴墙纸，您觉得是否有必要也给自己的公寓重新贴墙纸？"这为他赢得了东德"墙纸衫"的绰号。戈尔巴乔夫的改革承诺使许多东德公民对自己政府的强硬立场感到更加绝望。尽管受到刁难，80 年代申请出境的人数仍持续上升。

西德公众热切关注莫斯科的局势发展。战争结束 40 年后，他们基本对东德失去了兴趣。保守派政客也是如此，他们此前尤其喜欢在周日演讲中呼吁重新统一。西德着手准备把波恩设为永久首都，去除西德政府作为临时性政府的最后标志。在那些年里，他们建造了新的联邦议院全体会议厅、历史之家、艺术和展览厅，并对一些部委进行了扩建。

交通规划部门最终将基础设施从战前旧的东西轴线格局，转变为西德的南北方向格局：从汉诺威到维尔茨堡的城市快车路线，在柏林墙倒塌两年后投入运营；德国南部和统一后的柏林之间的火车需要经过哥廷根，绕道很长一段距离，直到哈勒和埃尔福特之间的高速铁路通车才缩短了行程。

在默克尔获得博士学位 10 个月后，弗莱堡历史学家海因里希·奥古斯特·温克勒提出了大多数政客的想法："鉴于德国在两次世界大战中扮演的角色，欧洲不会、德国人也不应该再想要一个新的德意志帝国、一个主权民族国家。这就是历史的逻辑，按照俾斯麦的话，它比普鲁士的高级审计署更精确。"

1986 年，《时代周报》的编辑们从一次大规模的东德旅行回来，带来了令人欣慰的消息，即东德的领导人"学会了冷静并培养了自信"。这不仅说明，他们对许多东德人的日常生活视而不见，更是一厢情愿的想法。编辑们赋予东柏林政府的冷静自信是西德自己推测出来的：莫斯科的变革可能很快导致战后欧洲秩序崩溃——这种想法在当时的局势下似乎颇具威胁性。波恩的政客们对东德人渴望国家统一感到惊讶，对此他们几乎没有做好准备。

1987 年 8 月，社民党和统一社会党通过了一份联合政策文件，指出两个德国必须为"长期"共存做好准备。为此，社民党在 1989 年至 1990 年受到了很多批评，当时他们只是以一种特别尖锐的方式表达了广泛的观点。1987 年 9 月 7 日至 11 日，昂纳克对西德的首次正式访问也表明了对双重国家常态的渴望。这次西德总理没有谈到统一，而是大体上谈到了"德国人明确无误的愿望"，即他们"可以走到一起"。

1986 年春天发生的事件显示出，两个德国对同一事件的看法十分不同。4 月 26 日，乌克兰切尔诺贝利核电站的一座反应堆发生爆炸。这场事故在遥远的西德引发了巨大恐惧：不安的人们锁紧窗户，不让孩子们在沙坑里玩耍，也不再购买蘑菇、蓝莓或鹿腿肉，这些食物因此在大学食堂卖得很便宜。民用核能的反对者们此时获得了广大赞同，因为他们的恐惧得到了证实。无论如何，在 80 年代长大的整整一代人都预料，由森林死亡、反应堆灾难或核战争导致的世界末日即将降临。

这场灾难在东德引发了完全不同的反应。绝大多数东德人的确都关注了西德电视节目上的这个事件，他们自己的媒体却迟迟没有报道，而且犹豫不决。除小型环保团体外，这次事故在东德并没有引起共鸣。吕根和埃尔茨山脉之间的居民担心其他问题，例如用褐煤加热熔炉或发电造成的巨大环境破坏。大多数人并没有将切尔诺贝利灾难归咎于技术本身，而是归咎于其管理制度的失败，正如人们在日常生活中经历的那样。

25 年后日本福岛市附近的核电站发生故障，默克尔此时的惊讶或许不是假装的。[①] 她现在得承认，即使在一个高度发达的工业国家，反应堆事故也是可能的。许多西德人没有接受她这个本来非常合时宜的态度转变，他们声称，默克尔在 2011 年春天"毫无理由"地放弃了核电。他们早在 1986 年就对这项技术做出了最终判断。

东德领导层对本国阴郁的局势做出了与反应堆事故完全不相干的反应：放宽发放旅行许可，允许低于退休年龄的公民更频繁地前往西方，以稍微缓解民众情绪。许可证的数量从 1985 年的 6.6 万份增加到随后几年的 140 万份。默克尔也从中受益。1987 年夏天，她的一位汉堡的表妹结婚，旅行申请获得了批准。*直到最后一刻，我都不确定他们是否允许我开车出行。*科学院的干部、人民警察都有决定权。就像在高加索度假一样，默克尔试图充分利用时间，延长旅行。她从汉堡乘火车前往卡尔斯鲁厄，然后前往康斯坦茨拜访这两个城市的同事。

与东德上层所希望的相反，人们去西方旅行只会增加不满。由于西德电视主要对西德的状况进行批判性报道，绝大多数东德人对他们亲眼见到的富裕且井井有条的国家秩序感到惊喜。即使具有对陌生事物产生恐惧的天性，他们在这个陌生系统中的体验也比原先想象的要好。一些人说，他们看到所有被粉刷一新的房屋外墙时都想号啕大哭——东德几乎所有的街景都是一幅灰褐色的破败景象。

默克尔也有同样的感觉。奇特的是，她对联邦铁路印象最深。在城际快车的时代开始之前，它已被忽视了几十年：*我印象*

---

① 原本安格拉·默克尔领导下的黑－黄联盟于 2010 年秋季决定延长现有核电站的使用寿命，福岛核灾难导致德国核政策方向转变。——译者注

最深的经历是乘坐联邦铁路的特快列车！这轨道技术！我的天啊！太了不起了。大型客车、平稳的行驶、空调、符合当时欣赏品位的黄绿色座套——所有这些都给他们留下了深刻的印象。在他们看来，唯一值得抱怨的是，西德学生没脱鞋就把脚放在漂亮的座套上。

在宁静的康斯坦茨，默克尔不仅享受了历史中心和博登湖如画的风景，还带了少量西德马克，在夏季特卖中：为自己买了一个旅行包和一件毛衣，每件 20 马克；给男友买了两件衬衫，每件 5 马克。她还担心，自己一个女人在混乱的西德独自旅行，住酒店房间时是否安全。在之前的旅行中，即使是在第比利斯火车站的收容所里，她都没这么担心，因为那是在社会主义国家熟悉的土地上。

安格拉·默克尔现在体验到，她在西德过得比预期要好。这改变了她对世界的看法。晚上我一个人在希腊酒店住，一切都很顺利！没有人欺负我。是的，我一直非常注意别走错路了。当默克尔和西德人接触时，她总是在试探我能否在精神层面跟上他们。她在西德得到证实后，就不再在东西两个不同制度之间犹豫了，至少她后来是这么说的。西方对我来说是一个可控的世界，我最后能明确地肯定这个结论。我很清楚，它必须是西方模式。我母亲也很清楚，但我不确定我父亲的想法。

印 记

1989 年东德动荡开始时，安格拉·默克尔 35 岁了。在这个时间点尚无法预见她的生活会发生彻底变化。在东德——就像在西德一样——女性从 60 岁开始领养老保险，这位物理学家应该或者必须，在阿德勒斯霍夫待到 2014 年。此后，她才能相对轻易地前往西方，并且在必要时留在那里；毕竟东德将不再担心损失一个劳动力，而且还是一个高素质劳动力。

　　尽管在东德的最后几年里，公民因前途越来越黯淡而压力重重，但安格拉·默克尔已经适应，并在东德的"小众社会"中找到了一席之地。这是评论家君特·高斯1983年创造的一个概念：东德居民"通过寻求壁龛和角落里的个人幸福来接受他们国家的管理"①。默克尔不想用"幸福"这个词，而是提到了她在普伦茨劳贝格区的波西米亚式生活和阿德勒斯霍夫的学术环境之间、在其他社会主义国家旅行和消费西方文学之间的生活状态——这些都是她迂回曲折得来的。

　　安格拉·默克尔的前半生经历永远深深地影响着她。她将东德的生活方式迫使她采取的谨慎态度内化于心。许多早期同伴称赞她对人性的了解，这对她的小众生存方式至关重要：她知道该信任谁，不该信任谁；能够与谁分享秘密，公开讨论政治，但对谁必须小心谨慎。即便是在统一后所谓开放的德国，对于一位女性而言——她有许多西德竞争对手所不知的经历——保持沉默的能力仍是一个决定性的竞争优势。

　　默克尔在新教牧师家庭中长大，这一事实强化了这种效应。尽管她的父亲赞成与德国统一社会党达成和解：牧师的女儿仍是牧师的女儿，尽管她从未真正认同过这个身份，并且对社交充满渴望；但最终，她仍是个局外人。这在不同的人身上产生了不同影响。有些人为此心力交瘁，有些人因此变得强大。安格拉·默克尔无疑属于第二类人。作为一名东德人、女性、自然科学家，

———————————

① 君特·高斯用"小众社会"或"壁龛社会"来描述东德日常生活。东德居民与家人和亲密朋友在小花园或裸体海滩、通过集邮或和亲友排练音乐等方式找到他们"角落里的个人幸福"，暂时逃离社会。——译者注

她在统一的联邦共和国政坛上具有三重局外人的身份。与康拉德·阿登纳、赫尔穆特·科尔等前任相比，默克尔直到担任总理的后期，都遭受了特别的敌意。即使在基民盟，她也没有完全的归属感。她的东德经历使她保持距离，而正是这种与事物之间的距离使她保持清醒的洞察力，避免一些政治错误。

因此，默克尔并非东德社会的典型代表。无论如何，统一后也不存在"东德人"了。作为牧师的女儿，默克尔受到种种歧视，她还属于一个非常小、能按自己的方式获得优势的少数群体：既因为与政治保持距离，又因为她父母突出的教育导向，她掌握了必要的能力，并和像她一样的人在1989年至1990年的政治变革后取得个人成功。东德转型引起许多东德人的抗拒，这毫不奇怪，因为对他们个人来说，动荡最初意味着深深的不安全感——虽然能获得自由和富足，但是社会地位往往也会恶化。安格拉·默克尔偶尔会提及，自己非常了解这些经历。如果不在统一的德国争取一个小众职位，就无法为弱势的东德群体发声。尽管如此，在埃尔茨山脉和她的吕根岛选区之间的原东德地区，还是有许多人对她不满。

除了保持沉默的能力和心理抵抗力之外，安格拉·默克尔还将第三份遗产带到了统一的德国：反感任何形式的意识形态。这既包括不合实际的封闭世界观，正如一些西德政治家和专家四处传播的那样；还包括那些无法实现但又影响深远的未来计划和愿景。默克尔的实用主义毕竟是基于东德的日常经验：在那个物资短缺的社会中，公民们不得不想尽办法艰难度日，却幻想找到完美解决办法，这种念头很快就被现实击碎——在东德比在西德更快地破碎。耐心以及在困境中咬紧牙关、坚韧不拔的能力是尤为重要的。就像默克尔在她漫长的从政生涯中所显现的品质：一方面，在统一后的德国脚踏实地也没什么坏处，她有时是否过度崇尚实用主义，则是另一个方面。

这并不意味着缺乏信念和意识形态取向。默克尔生活的东德环境与对应的西德环境有很大不同。但他们都有一个共同点，就是厌恶外部权力和一切被过分规定的事物。东德人最初对市场在经济上的自我调节能力抱有近乎天真的信念，而默克尔则属于极少派：人们已经看出，国家控制会把社会带去何方；而被统一社会党妖魔化的西德体制，也没什么不好之处。

另一个即将到来的关键性转折点令默克尔铭刻在心：1989 年至 1990 年的制度崩溃使她意识到，世界可以在一夜之间彻底发生改变。

第二部分

从政生涯

（1989—2008）

1. 东德转型 （1989—1990）

希望来自东方

变革的希望再次来自安格拉·默克尔在 80 年代初寄予厚望的国家——波兰。由于供应严重匮乏，波兰工会运动再次兴起。1987 年，莱赫·瓦文萨重新秘密组建了团结工会；1988 年夏天，他与内政部长第一次正式谈判，并在年底与共产主义工会联合会主席进行了备受瞩目的电视讨论，让观众们自行判断。1989 年 2 月 6 日以来，华沙召开了圆桌会议；6 月初，在第一次部分自由选举中，团结工会赢得了国民议会的所有自由席位。这个被苏联严密控制下的波兰执政党第一次放弃部分权力。戈尔巴乔夫的改革路线也使中欧东部局势陷入动荡。

这不适用于民主德国。1988 年 11 月，民主德国领导人令国家报刊发行部门停止发行苏联的《人造卫星》期刊，引起广泛轰动。东德人现在无法读到德语版的《人造卫星》，无法知晓苏联老大哥的国家媒体正如何进行系统性的自我批评。发行禁令引发了民众对德国统一社会党的不满，影响是致命的。这表明，政治局的老干部们对东方变革的态度强硬，由此导致了东德民众的抗议升级。许多公民第一次公开批评政府领导层的决定，而不仅仅在最私密的圈子里悄悄讨论。

1989 年 5 月 7 日，大约在波兰团结工会正式重新进入波兰议会的三周后，地方选举突然变得重要起来。在此之前，绝大多数东德公民的选举投票无非是"折纸"：他们把印有全国阵线候选人名单的选票一成不变地扔进投票箱。选举为无记名投票，但是任何不走到投票箱前或者没去投票站的人都可能受到打压。在 1986 年人民议会选举中，当局获得高达 99.94% 的赞成票，选举参与率为 99.74%。

人们的不满情绪愈演愈烈，当局采用普通的恐吓手段都无法平息这种愤怒。有选举权的公民首次尝试援引相关法律，要求监督计票过程。大多数投票站都拒绝了这个要求。而在允许进行观察计票的站点，参与监督的公民自己的统计结果与当局提供的数据大相径庭。根据官方统计结果，当局只获得了 98.85% 的赞成票，这已经是民主德国历史上获得支持率最少的一次了。

6 月 27 日，匈牙利和奥地利外交部长在奥登堡附近会晤，他们作出了有象征意义的举动：一起剪开了边境围栏。这并不意味着取消边境管制，而是表明，数十年来分裂欧洲、高度武装化的"铁幕"终于结束。从此刻起，民主德国的社会主义兄弟国家们将不再协助封锁民众了。

两个外长剪围栏的照片起到了作用：越来越多的东德公民试

图借途匈牙利逃往西方。8月19日，在边境地带举行的"泛欧野餐"①活动期间，出现了真正的大规模外逃。与此同时，越来越多的东德民众前往西德驻布达佩斯和布拉格的大使馆，希望获得出境签证。东德产的特拉贝特和瓦特堡汽车被成排地丢弃在街道两边。

这些事件给默克尔留下了深刻的印象。她更清楚，他们在很大程度上要感谢东方邻国开放边界。匈牙利和奥地利边境的"铁幕"象征性地倒塌了，这为她带来了个人自由。默克尔成为总理后，参加了"泛欧野餐"现场周年纪念活动。尽管存在种种政治冲突，她还是对波兰深表感激。她知道，90年代初期的经济改革给邻国带来了巨大困难，而东德的社会政治动荡则更为缓和。

1989年夏天的事件也让她意识到：即便使用武力，也无法阻止伺机逃走的民众。东德上层想尽一切办法，甚至关闭了靠近社会主义兄弟国家那一侧的边界，强迫滞留在使馆的东德人返回，并为暴力镇压"星期一示威游行"做准备。所有这些措施只导致反抗运动愈演愈烈，仅仅几个月后，成千上万的东德民众从柏林过境点涌向西方。

民主德国内部觉醒

但并不是每个人都想离开自己的家乡，逃亡运动也增强了人们作出改变的动力。第一批反对派团体出现了，起初规模很小。9月9日，分子生物学家延斯·赖希和画家巴贝尔·博利在卡佳·哈韦曼位于格伦海德的家中创立了"新论坛"小组，默克

---

① 匈牙利和奥地利当局原计划将边境大门象征性地开放三小时，邀请人们在附近野餐，大量东德公民利用这个短暂的机会逃往西方。——译者注

尔非常信任卡佳。9月12日，神学家沃尔夫冈·乌尔曼、历史学家乌尔里克·波佩、电影导演康拉德·魏斯等人成立了"民主现在"小组。10月1日，"民主觉醒"小组在牧师埃尔哈特·纽伯特位于威廉－皮克大街的公务住宅中成立，这条街当时相当冷清，后来改名为托尔大街，成为繁华地带。

　　所有这些运动小组起初都不希望成为"政党"——这一概念已被德国统一社会党及其附属组织抹黑，并且在很长一段时间内都不被德国东部社会接受。但在10月7日，即民主德国成立的周年纪念日，东德社民党①在柏林附近的施万特教区成立。这是一个特别的挑衅，因为德国统一社会党总是声称，自己是德国旧社会民主主义传统的一部分。

　　在此期间，安格拉·默克尔于1989年9月23日至24日的周末去滕普林探望了父母。瓦尔德霍夫的牧师学院里精英云集：自然科学家们每年都在这里聚会，讨论他们学科中的伦理问题。参会者来自东德各地，有些还来自西德。原本这次计划安排的主题是："人是什么？"人们却讨论了东德当前的政治局势。

　　参与者包括科学院中央电子物理研究所的物理学家汉斯－于尔根·菲施贝克和物理学家、科特布斯的卫生督查君特·努克。50岁的菲施贝克早在使馆10天前就签名加入了"民主现在"小组，而30岁的努克则在一周后参加了"民主觉醒"小组的成立大会。他们和东道主35岁的女儿有一个共同点：他们之所以成为自然科学家，是希望逃避制度的约束，但又不置身于社会边缘。现在是时候走出研究所和实验室组成的夹缝世界了。

---

① 德语名称"Sozialdemokratische Partei in der DDR"，成立于1989年10月7日，于1990年9月26日在柏林与西德社民党（SPD）合并。——译者注

对于默克尔本人的表现以及她是否参与了讨论，在场者的印象大不相同。努克记得，默克尔在较早的时候就表现得很勇敢：她表示，这次重点不是审慎和冷静，而是向西方开放的问题。努克说，在他看来，这听上去不局限于东德改革，更像是有可能达成两德统一。后来，努克在多次变更党籍后，成为默克尔的非洲事务个人代表。

而来自西德的波鸿神学家克里斯托弗·弗雷的回忆却不同：默克尔根本没有参与讨论。默克尔私下向他的妻子抱怨，东德最让她烦恼的是买不到像样的酸奶，也很难买到超高温灭菌奶或者好看的灯罩，因为东德人家中客厅挂的灯罩千篇一律。事实上，默克尔看到了东德失败的主要原因，即经济上的失败。特别是她受够了统一社会党政权的审美品位，在她看来，品位低下是政治狭隘的表现。

努克和弗雷的印象不同，或许是因为他们在不同社会中长大：默克尔的举动在前者看来是勇敢突进，在后者看来却平平无奇，因为后者将她的暗示与西方的激进争论风格进行了对比。

无论如何，默克尔当时都不敢积极参与政治。*我是旁观者，我还是心存疑虑。*根据她的回忆，她还去了一两次公寓旁边的客西马尼教堂，这里有反对派的和平祈愿活动。就像在莱比锡的尼古拉教堂一样，她并不是定期去教堂参加活动的人之一。她曾经去过埃佩尔曼在弗里德里希斯海因的撒玛利亚社区，因为人们如果不愿意对民主德国唯命是从，就会去那里。这位牧师比她大11岁，两人可能是在瓦尔德霍夫的牧师学院认识的，但关系也没有那么密切。显然，默克尔只是先观望事态发展。

事态发展速度惊人，经过多年的停滞，在数周和数月内就得到了加速。一个转折点很快冒了出来，此后，政治体系或物质体系都无法恢复到旧的平衡状态。许多亲历者回想起来，都认为这段时间是他们人生中最重要的时刻。由于德国统一社会党的权力受到侵蚀，民主德国出现了一个短暂的无政府状态，这种状态在柏林比在其他地方更明显。历史形势虽然充满了不确定性，但也有令人欢欣鼓舞的一面。

一开始，东德人滞留问题是焦点问题。9月的最后一个周末，默克尔在瓦尔德霍夫听讨论，此时在西德驻布拉格使馆的滞留人数上升到了4000多人。使馆巴洛克式的花园被踩成了一片泥泞的沙地，外交官们派人在那里搭建了帐篷和临时厕所。9月30日，西德外交部长汉斯－迪特里希·根舍在洛布科维茨宫的阳台上向在场群众宣布："您今天可以离开了……"欢呼声淹没了剩下的句子。为了挽回面子，东德领导层坚持让火车通过他们自己的领土，结果证明这更是不明智的。德累斯顿中央车站发生骚乱，当地居民试图跳上向西德行驶的火车。东德随后强制要求，有签证才能前往捷克斯洛伐克，目的是将民众拘禁在自己的领土内。

紧接着，10月7日东德政权迎来40周年的庆典，庆典活动首次出现大规模示威游行，警方逮捕了约1000名参与者。人们对该政权的僵化十分不满，即使一些抗议者面临被判入狱，政府也无法阻止他们的反抗。戈尔巴乔夫当天还明确警告东德领导人："如果你来得太晚，生活将惩罚你。"

9月初，在星期一的尼古拉教堂和平祈祷后，越来越多的反对派人士加入示威活动。10月9日，人数上升至7万多人，这一天决定了"和平革命"的命运。政府召集了数千名士兵和警察，医院里储备好血液。地方官员对大批示威者的聚集感到震惊，当晚打电话询问上级意见，但没有收到来自柏林的明确指示。因此，他们决定在事态不明了的情况下，放弃原计划部署。警方第一次没有逮捕任何人。从此刻开始，政治活动似乎是没有危险了。

　　德国统一社会党领导层计划更换领导人，以挽回局面。10月17日，经过三个小时的讨论，政治局一致投票决定，罢免总书记和民主德国国务委员会主席埃里希·昂纳克，由埃贡·克伦茨继任。11月，部长办公室发生了变化：被视为改革者的统一社会党党员，即德累斯顿区长汉斯·莫德罗接替威利·斯托夫。11月4日首次举行登记游行，这次游行既不是国家组织的，也不是由统一社会党组织的官方活动。多达100万人响应柏林艺术家们的号召，聚集在亚历山大广场。一长串发言人包括乌尔里希·米厄和扬·约瑟夫·利弗斯等演员，延斯·赖希和玛丽安·伯特勒等民权活动家，以及政治局成员君特·沙博夫斯基和前对外情报局局长马库斯·沃尔夫等国家机构代表。后者现在自称为改革派。对于那些在稍后一段时间里仍对民主德国存在改革幻想的人来说，这次集会显然是一个神话。仅仅5天后，这个幻想就注定要失败了。

开放边境

　　11月9日，默克尔去蒸桑拿时，边界尚未开放。周四晚上，和往常一样，她和一个朋友开车去了恩斯特–台尔曼公园的游泳池。电视上播放着新闻，政治局委员君特·沙博夫斯基在中央委员会会议结束后，回答宪兵广场国际新闻中心记者的提问，他本人并没有参加中央委员会会议。直到一位意大利记者啰啰唆唆地问起新的《旅行法》"可以无条件地申请私人出国旅行"时，沙博夫斯基宣读道："可经由德意志民主共和国到德意志联邦共和国的所有过境点永久离境。"这句话完全没有提到临时旅行，所有人都陷入了惊讶。《图片报》的代表想知道新规定何时生效。沙博夫斯基犹豫了。"据我所知，它很快生效，立即生效。"——他终于回答了这个问题。

此时是晚上 7 点左右，边境尚未开放。毕竟，根据沙博夫斯基的说法，旅行仍然需要"申请"。尽管如此，默克尔还是打电话给在滕普林的母亲：现在是时候去凯宾斯基酒店吃牡蛎了。至少不用等太久。她没有想到的是，当晚就可以了。打完电话后，默克尔收拾好桑拿包就出发了。

当她回来后，站在位于勋豪瑟大街 104 号的公寓前时，看到下个路口有奇特的景象：博恩霍尔默大街上挤满了人，默克尔离这条街只有三栋房子的距离。他们争先恐后地挤向西边一公里外的博恩霍尔默大桥上的过境点，东柏林城市快车从桥下穿过"乌布利希特曲线"① 没有停歇。此时，西柏林广播公司正在谈论"开放柏林墙"；西德电视台也播放着"每日话题"。一向深思熟虑的主持人汉斯·约阿希姆·弗里德里希斯在晚上 10 点 42 分对沙博夫斯基的新闻发布会进行了非常犀利的总结："11 月 9 日是具有历史意义的一天。民主德国宣布，现在对所有人开放边界。柏林墙的大门是敞开的。"

很快，大量人群涌向边境，博恩霍尔默大桥上的哈拉尔德·贾格尔中校决定停止护照管制，放人们通过。弗里德里希斯海因的牧师埃佩尔曼后来声称，自己是第一个直接把关卡横木推上去的人。当晚，安格拉·默克尔也越过一向被严格封锁的关卡，前往西柏林。

---

① "勋豪瑟大街站"和"潘科站"之间的城市快车轨道被称为"乌布利希特曲线"，由于火车直接在边境地区即"无人区"行驶，因而不允许停车或缓慢行驶。——译者注

默克尔想做的第一件事就是给汉堡的姨妈打电话，但所有的电话亭都被占用了，而且她既没有西德硬币，也没有电话卡。于是她按了威丁区陌生人家的门铃，手里还提着桑拿包。她不仅借到了电话，西柏林的东道主随即还端来啤酒。突然，她发现还有十个东德人也在客厅里，她一个都不认识。他们都想去选帝侯大街，但我更愿意回去，我明天早上还得早起。和其他科学院同事不同的是，这个有责任心的物理学家并没有放下手头工作。她的前同事汉斯－约尔格·奥斯滕在那个革命性的冬天从奥德河畔的法兰克福回到了他以前的研究所，他记得："每个人都很兴奋地讨论这件事。只有安格拉坐在我以前的办公桌前，还在继续搞研究。"

第二天晚上，即11月10日，西柏林参议院在舍内贝格市政厅前组织了一场临时集会，当时这里是西柏林政府和议会所在地。社民党名誉主席维利·勃兰特发表了备受赞誉的演讲，最后说了一句名言："原本就是一体的民族，现在愈合了。"联邦总理赫尔穆特·科尔特地中断了对波兰的正式访问，在他的整个演讲过程中，观众都不断发出嘘声。

又过了一天，默克尔和朋友一起参加星期六的生日聚会，其中一些人非常沮丧——现在不存在所谓的"第三条道路"了，一切都朝着快速统一的方向迈进，东德将会被西德驯化，等等。当默克尔后来提起这件事时，她更喜欢把这些朋友描述为不太亲近的朋友，保险起见，她补充说，这不是我的想法。后面一句话似乎是可信的。在默克尔看来，国有经济的失败和资本主义的优越性显而易见。统一之路后来变得明朗，她在旷日持久的讨论中，公开反对其他人的荒谬想法，即用新宪法取代联邦德国的《基本法》：我不希望民主德国成为不知足的西德人的实验对象。

新的一周伊始，默克尔前往波兰索恩市，听一场计划已久的报告。东道主非常惊讶，这位柏林的物理学家在祖国发生了激动人心的事件时，还能大老远跑来听报告。更令他们感到惊讶的是，默克尔预言，她下次再来波兰时，德国已经统一了。这让我大吃一惊。特别对于那些离事件稍远的人来说，事情已经有了定论。

步入政坛

与柏林墙倒塌有关的许多希望和担忧都得到了证实。很快，要求两个德国统一的呼声迅速高涨，这个诉求来自东德的大部分民众。总理科尔制定了"十点计划"。1989 年 11 月 28 日，他向联邦议院提交了该计划，并未事先与以前的西德占领国协商。其中，"德国统一"是第十点，也是最后一点。就连科尔当时也料想不到，它会在一年内得以实现。东德知识分子公开表达他们对事件进程的不满，撰写了《为了我们的国家》倡议书，但无法阻止事态发展。默克尔和她的大学朋友埃里卡·霍恩奇写了一封信，信中严厉批评了这一倡议书，并把它寄给发起人之一，即作家克里斯塔·沃尔夫。这封信如今还保留在档案中。

最迟到了 12 月中旬，默克尔决定亲自加入政治运动，共同推进不可逆转的变革进程。无疑，很快就会有自由选举：由反对派团体和国家代表组成的新"中央圆桌会议"在 1989 年 12 月 7 日召开第一次会议，会议将 1990 年 5 月 6 日定为人民议会选举日期。正如默克尔自己说的，她现在去找党派。

1989 年 12 月 14 日，她与上司克劳斯·乌布利希一起前往位于阿尔特－特雷普托夫的"文化之家"，这座建筑自 1960 年以来一直以已故法国电影演员杰拉德·菲利普的名字命名，位于默克尔上班的路上。当天晚上，东德社民党的特雷普托夫地区协会在那里举行了成立大会，生物学家安杰利卡·巴尔贝是主要发言人；安杰利卡·巴尔贝后来转投基民盟，最后成为"欧洲爱国者抵制西方伊斯兰化"运动的活动家，反对默克尔的政策。由于涌来的人数过多，东德社民党人随后将活动转移到邻近普莱瑟大街的忏悔教堂。

默克尔的同事乌布利希对听到的内容很感兴趣，这天晚上，他加入了东德社民党；一年半后，他接任科佩尼克区长一职，并在该职位上工作了 14 年。然而，默克尔却没有被说服。她后来说，东德社民党人仍然互相称对方为"同志"，还唱着工人歌曲，这让她望而却步。*我认为这一切过于平等主义了。*她或许也不想加入某个特定的西德政党，至少当时还没有做好打算。*我先去见埃佩尔曼*，她在那天晚上对乌布利希说道。

去见埃佩尔曼意味着：加入"民主觉醒"小组。它作为公民运动团体，接下来的周末里在莱比锡第一个成了政党。默克尔来到了普伦茨劳贝格地方团体的集会。这个团体正在克里斯伯格大街的一个房间里开会，为党代会做准备，这里后来属于非常受欢迎的温斯街区。在接下来的两天里，莱比锡布吕尔中心的代表们就两个问题进行激烈辩论：对社会主义的态度和可能的两德统一。日耳曼学学者安德烈亚斯·阿佩尔特担任领导，后来成为民主觉醒党的柏林州主席，也是保守派的代表。1990 年，他作为基民盟代表当选为柏林第一届众议院议员，并连任 16 年。默克尔问，她是否可以旁听。阿佩尔特让她自我介绍，默克尔小心地照做了。默克尔当时 30 多岁，穿着棕色灯芯绒长裤，看上去还是个学生。她谦逊地坐在桌尾，一言不发地听着。阿佩尔特当时想，反正她也不会再来。但他错了。默克尔下次又来了，并且愿意帮忙。

这位物理学家后来表示，当时她的政治方向尚未完全确定。那里有不少知识分子，也有一些事情要做。后来她尝试用论据来支持她的决定。她的决定也有巧合因素。她说，"新论坛"，即后来的"联盟90"或东德社民党的基层民主结构对我来说完全是陌生的。她不喜欢无休止、毫无结果的辩论；没有权力就会导致混乱，默克尔后来在接受采访时说道。并且：他们不像"新论坛"或"民主现在"那样绝对左翼。他们可能太在意世界观了，而不太注重务实地处理眼下的紧急问题。在那几个星期里，确实有足够多的紧急问题。

在这个过渡时期，只要不是东德的旧党派，许多人并不在意加入哪个政党。经历了几十年的痛苦挣扎之后，人们在意的是，积极参与运动并做一些有意义的事情。西德的民主经过40年发展，其中的一些理念与东德人民的政治社会化经历并不匹配。默克尔清楚自己绝对不愿意做的事：她永远不会加入当时改名为"民主社会主义党"①的德国统一社会党，也不会加入东德基民盟②。柏林墙倒塌后的第二天，东德基民盟选举律师洛塔尔·德梅齐埃为主席。德梅齐埃被他的好友格雷戈尔·吉西任命为柏林律师学院的副主席，而格雷戈尔·吉西于12月担任更名为"德国统一社会党－民主社会主义党"的党主席。洛塔尔·德梅齐埃的父亲克莱门斯·德梅齐埃曾是柏林－勃兰登堡教会的主

---

① Partei des Demokratischen Sozialismus，简称民社党（PDS），2007年并入左翼党（Die Linke）。——译者注

② Christlich-Demokratische Union Deutschlands（DDR），简称东德基民盟（Ost–CDU或CDUD），是东德的集团党，1990年与西德基民盟合并。——译者注

教，与默克尔的父亲一起工作过。

虽然人们认为雷纳·埃佩尔曼最受欢迎，但"民主觉醒"小组 10 月底[①]在柏林赫茨贝格新教医院举行的第二次创始会议上，出人意料地选了律师沃尔夫冈·施努尔为主席。1989 年 12 月 16 日至 17 日在莱比锡举行的党代会上，正式确认施努尔担任党主席。方向问题现在也清晰了。党纲仍备受争议，最终确定删去"社会主义社会的愿景"字样，拥护德国统一和社会市场经济。维滕贝格的牧师弗里德里希·肖莱默随后离开了民主觉醒党，他说："我与这个政党没有任何关系。"他是民主觉醒党的著名创始人之一，也是左翼人士，1990 年 1 月转投东德社民党。[②]

默克尔是新加入进来的，在很大程度上避免了方向之争，也能接受这些章程。柏林墙倒塌后，我立即想清了三件事。她后来说道：我想去联邦议院。我希望德国尽快统一。我想要市场经济。后两点可能是正确的。在根本无法预见全德选举的时候，进入联邦议院这个愿望仍非常遥远。这位物理学家甚至还不是东德人民议会的候选人，就开始考虑政治前景了。这个问题根本不成立。我虽然加入了一个很小的党派，并在那里作出实际贡献，但我身后没有地区或州协会。直到 1990 年 6 月，到了具体涉及统一进程的时候，我才决定竞选联邦议院的议员席位。

默克尔开始发挥价值。在 1989 年 12 月的那些日子里，东德范围内的"党总部"仍位于玛丽恩堡大街 12 号，在一个原本属于水管工的阴暗后院公寓里。它非常靠近默克尔第一次接触民主

---

① "民主觉醒"在 1989 年 10 月还是政治团体，12 月 16 日至 17 日才成为政党。——译者注

② 肖莱默认为，民主觉醒党在政治上重新定位后背离了左派思想，他与其他左翼人士一起辞去该党的职务。——译者注

觉醒党的会议室。年末，公民运动团体都在位于柏林米特区弗里德里希大街和贝伦大街拐角处的楼里办公，这里以前是德国统一社会党的区领导办公楼，就在柏林大酒店后面。他们称这座代表性建筑为"民主之家"。我第一次从西德收到并连通了电脑，还遇到了对的人，认识了有趣的伙伴，上了讨论课。我还参加了当时对外公开的理事会会议。

在那个阶段，安格拉·默克尔最引人注意的地方似乎是她的不起眼。回想起来，只有少数参与者能记得住这个 35 岁的女士，她总是高效地处理具体事务。她可能从没填过正式的入党申请书。在动荡时期也不存在这些环节。后来民主觉醒党被基民盟整体合并，她也没补上这一疏漏。继 1966 年路德维希·艾哈德之后，基民盟在 2000 年第二次选了一个从未正式宣布入党的人担任主席。

党的新闻发言人

由于期待在东德重新引入联邦结构，民主觉醒党在 1990 年 1 月成立各州协会。1 月 23 日，柏林的党组织召开会议，选举安德烈亚斯·阿佩尔特担任州协会主席，默克尔也在这个协会中。呼吁市场经济和快速统一的趋势在柏林盛行。阿佩尔特问默克尔，她是否愿意成为他的州协会发言人。和往常一样，她需要时间考虑一下。一天后，她答应了，于是她的方向选择问题也解决了。约阿希姆·绍尔建议她这么做。他担心，过去从政的人会再次接管一切。他说：去做吧。很明显，他是我们两个中更具热情的科学家。在德国统一社会党统治的最后几年里，默克尔注意到，自己已经失去了对专业的最后一丝热情。我喜欢研究物理，但是并没有喜欢到要为它放弃生活的所有附属品。当然，还有另一个说法：绍尔更喜欢科学的严谨性，而不是四散的"生活附属品"。

担任州协会新闻办公室发言人的这个决定，并不意味着违背科学事业。我坚信我会在人民议会选举后重返工作。然而默克尔再也没有回到她原来的物理研究岗位。起初，她还有重新返回的这个选项，她选择从政，也留了退路。1月，为迎接即将到来的人民议会选举，政府为参与政治活动的人提供了带薪休假的机会。默克尔的上级、社民党人乌布利希立即批准了。2月1日，民主觉醒党正式任命默克尔为新闻发言人。然而，留给新任务的准备时间不多了：由于突发事件，圆桌会议于1月29日决定将人民议会选举日期从5月6日提前至3月18日。距离选举只剩下七周，除了民社党和前集团党之外，几乎没有人具备组织先决条件。

默克尔的任务迅速扩展到柏林州协会之外。由于民主觉醒党的政治右转，全党新闻发言人克里斯蒂安·齐勒于1990年1月13日辞职。党主席施努尔工作方式混乱，努力不得罪任何人，使得该职位空缺了一段时间。竞选活动每天仍在进行，出现这种情况有点不幸。

时间紧迫，施努尔任命安格拉·默克尔担任新的新闻发言人："您现在就是新闻发言人了。"党内有些人更愿意看到阿佩尔特接手这个工作，因为他全面负责公共关系。但在方向之争中没怎么出头露面的默克尔，似乎更方便传达信息。从那时起，她成为组织混乱的党领导层的主心骨。施努尔的副手埃佩尔曼也很少现身，而是在家里撰写声明，这份声明后来并没有通过。

当默克尔决定进一步涉足政坛的时候，《基本法决议》颁布了：2月5日，民主觉醒党与东德基民盟主席洛塔尔·德梅齐埃缔结了"德国联盟"选举联盟，参与方还包括主要在东德南部活动的德国社会联盟。民主觉醒党与之前的集团党结盟，这在民权人士中引起了极大的争议。默克尔最初也反对这一点，但在选举期间并未表现出来。怀疑者们认为，这两个新成立的政党不应该与东德基民盟共同进入选举名单，事后证明，这的确是极其不利的。

即使在西德基民盟看来，组成选举联盟也并非没有争议。秘书长沃尔克·鲁赫表示反对，起初赫尔穆特·科尔也是如此，后来他改变了主意。"德国联盟"具有双重优势：西德基民盟可以利用集团党较为广泛的基层结构，还可以获得民主觉醒党和德国社会联盟民权人士的抗争成果。而社民党则严格拒绝德国统一社会党的改革派干部加入，从而在一开始就处于不利地位。20 年后，前集团党 5 位东德地区领导人中，有 4 位在基民盟。这给了它一个竞争优势，但也没有促进民主公民社会的发展。

与 1945 年战后一样，基民盟再次展现了灵活性，将东德的追随者不加疑虑地整合到新的民主框架中。1990 年初，集团党基层结构的重要性似乎得到了体现。根据最新民意调查，改名后的东德社民党[①] 在人民议会选举中具有绝对优势。这个调查结果来之不易，因为只有 6% 的东德家庭有电话。

两名政治官员促成了西德基民盟和民主觉醒党的和解，他们很快成为默克尔仕途中非常重要的人。一位是汉斯－克里斯蒂安·马斯，他和默克尔一样，都来自勃兰登堡牧师家庭。他在 70 年代试图逃离东德，被西德从东德监狱里赎了出来。在 80 年

---

① 东德社民党原缩写为"SDP"，在人民议会选举时改用缩写"SPD"。——译者注

代后期，他相当悠闲地担任波恩发展援助机构的新闻发言人。当东德的情况开始下滑时，他是最早提供政治发展援助的人之一。很快，他为新政党的代表们举办了新闻和公共关系研修课。他还说服联邦经济合作部部长，即西德基民盟政治家于尔根·沃恩克与民主觉醒党主席会面。正是出于这些机会，他认识了默克尔。

第二个关键人物是托马斯·德梅齐埃，他是另一位托马斯·德梅齐埃的小 14 岁的堂弟，二人同名，后者准备促使东德基民盟与西德基民盟结成选举联盟。两人都来自胡格诺派家族，一个人的父亲曾担任西德联邦国防军总监，另一个人的父亲是东柏林律师协会的成员，也是亲政府派的东德新教教会的主教。托马斯·德梅齐埃自 1985 年以来，一直为西柏林的基民盟市长埃伯哈德·迪普根工作。埃伯哈德·迪普根在 1989 年初失去权力，仅在舍内贝格的市政厅领导反对党。西柏林基民盟对东德的政治发展产生了巨大影响。一方面由于地理上的接近，另一方面是因为德梅齐埃正在开展活动。

在"德国联盟"成立后不久，科尔对即将到来的人民议会选举发出了另一个信号：他向东德人提议，建立经济、货币和社会联盟。3 月 18 日举行了投票，关于东德是否引入德国马克（D-Mark）——赞成票占了绝大多数。科尔的反应是，在边境开放后，大幅加速东德人向西移民，而不是放缓节奏。东德的供应情况在 1989 年至 1990 年的革命性冬天不断恶化，这也是一个原因。"如果德国马克来了，我们就留下来，如果它不来，我们就过去。"——东德示威活动中随处可见这句座右铭。

这种局势也吓坏了许多西德人：他们担心，如果开放边界，东德人可能会涌入西德的社会体系中，夺走工作和住房；此外，还有人担心，收容所容量不足或者出现移民暴力犯罪。科尔提出了一个双边交易计划，西德人给他们最宝贵的东西：德国马克；而东德人相应地待在家里，不影响联邦德国的日常生活。人们设想，随着稳定货币的引入，东德境内将会自给自足，自主实现繁荣，就像1948年货币改革和价格自由化之后的西德一样。

1990年2月10日，默克尔首次公开对形势进行了总体评估。她在《柏林报》上发表了客座文章《西德基民盟——社会重组的天然盟友。我们的沉重遗产和路德维希·艾哈德的猛药》。值得注意的是，她没有谈到东德基民盟，而是更多地谈到了战后西德人的成功故事。默克尔写道，我们进一步发展的重点是巩固经济形势。如果不能在新的经济秩序框架内成功创造价值，我们就无法在社会或生态领域分配任何东西。为了证明她真正进行过深入研究，她回顾了1948年的局势。在这种绝望中，路德维希·艾哈德（基民盟）等人士（W.欧肯、F.博姆和A.穆勒－阿马克）开创了伟大理念，即仅通过竞争和市场来控制经济。

这篇短文从几个方面表达了默克尔对经济政策的基本理解，她在之后的岁月里也遵循了这些原则：她相信市场和竞争，并将东德的崩溃视作警告，即必须首先明确分配范围。这个基本思想更多的是受新教的职业伦理影响，而不是由新的经济理论塑造的。

默克尔自己队伍中的一些批评者后来认为，默克尔的基本经济政策信念并不是"社会民主化"的。这位来自东德的政治家在社会和经济政策方面是一个自由主义者。

作为清醒的实用主义者，默克尔早在1990年就认为，经济占首要地位。东德之所以失败，并不是因为一些固执的神学家邀请教区信徒进行和平祈愿，而是覆灭于经济上的破产。打着"经济和社会政策统一"的旗号，东德在没有提供必要资源的情况下，以低效的计划经济补贴基本食品或租金。苏联的衰落也打击了东德经济。1989年走上街头或者逃往西德从而导致国家崩溃的数十万公民中，绝大多数不是出于对民主和自由的抽象渴望。相反，他们想要赶上西德生活的物质标准。如果没有稳定的德国马克，旧联邦共和国不会如此热爱自由。

东德一天天走向彻底垮台。这为波恩和东柏林的政治家们拉响警报，加速统一进程。就在默克尔关于《基本法》的文章登上《柏林报》的同一天，科尔在莫斯科得到了戈尔巴乔夫的意见：戈尔巴乔夫在原则上同意两德统一。三天后，即2月13日，波恩和东柏林政府计划以"二加四谈判"的方式与第二次世界大战的胜利国进行谈判。

人民议会选举

默克尔本来很期待人民议会选举，其中两位总理候选人大有前途。最受欢迎的是学识渊博的图书管理员易卜拉欣·博赫梅，他之前是诺伊斯特雷利茨州剧院的剧作家，自1990年2月底以来，一直领导着东德社民党。在2月初的调查中，东德社民党的支持率高于50%。"德国联盟"推选民主觉醒党的主席沃尔夫冈·施努尔参选。对于他的新闻发言人来说，这意味着新的机遇。选举即将到来时，突然发生了一个事件，可能会在3个月后结束默克尔的政治热情。

长期以来，一直有传言称默克尔的上司施努尔曾在国家安全部担任非官方雇员。人们没有认真看待这些流言，甚至许多西德政客、顾问和媒体人士也没有深究。相反，他们向聚集在民主觉醒党中的民权人士建议，他们应该停止这种所谓的具有瓦解性的猜疑，默克尔后来回想起来仍旧愤慨。当时总部位于波恩的《世界报》谈到了来自斯塔西"下水道"的"所谓文件"，这些文件"被利益方部分地利用"了。在柏林情报总部遭到冲击的 8 周后，尚无如何处理斯塔西档案的方案。在罗斯托克牧师约阿希姆·高克的领导下，主管部门将近两年后才开始工作。施努尔的媒体顾问、前《图片报》记者卡尔－乌尔里希·库赫洛劝施努尔不要公开这些材料。

但这些文件没有停止流传。3 月 12 日，即人民议会选举前的星期一，并非什么路边小报，而是《明镜周刊》公开了这些材料。各新闻机构在周日已收到了预先消息。在这个时刻，施努尔的身体出现了循环衰竭，被送往柏林米特区的天主教圣海德维格医院接受治疗。默克尔并不知道这个情况。她认为，施努尔只是躲起来了，这已经不是第一次了。默克尔此刻亲身经历了西德导演的整个事件：这位有进取心的东德政治新手在会议上激烈地讨论问题，而那些西德的同事早已在幕后决定了事件走向。

周三，即《明镜周刊》公开材料的两天后，默克尔安排了一场关于民主觉醒党欧洲政治理念的新闻发布会。事实上，来自西德的听众们比参与者们本身更了解民主觉醒党内部发生的事情。德新社记者问主持人，她是否知道，西柏林基民盟主席迪普根正坐在施努尔的病房里，以及施努尔的辞职是否迫在眉睫。默克尔随后迅速结束新闻发布会，并试图联系副党主席埃佩尔曼。这并不容易。一方面，因为当时没办法通电话；另一方面，埃佩尔曼暴跳如雷，不想让西德人对他指手画脚。

安格拉·默克尔更加务实。她匆匆赶往西柏林，奇怪的是，当地基民盟正在讨论整个州内盟友的命运，托马斯·德梅齐埃事后也认为这是一个错误。默克尔正坐着，迪普根从施努尔那里回来了，喊道："不属于这里的人，滚出去！"这位来自东德的物理学家见识到了完全惊慌失措的西柏林基民盟主席，这让她体会到，西德人有时会表现出神经质。在此期间，她打电话给男友，为下午举行的新闻发布会征求意见。那时她已经回过神来了。党副主席布丽吉塔·科格勒宣读了迪普根从施努尔那里拿来的手写辞职声明。

在这个动荡时期，西德政坛为默克尔上了一课，虽然她那天只扮演了一个无足轻重的角色。西柏林新闻发言人托马斯·德梅齐埃以前甚至没有真正注意到默克尔，后来成为她最亲密的好友之一。现在一切都表明，他们的政治努力功亏一篑：民主觉醒党此前只有寥寥 7% 的支持率，在施努尔的事件爆光后，彻底土崩瓦解了。没有人预料到，社民党人易卜拉欣·博赫梅在选举后也会像施努尔一样被揭发。

默克尔在危机中发挥了她的强项：保持冷静，继续前进。这种做法得到了回报。选举之夜只验证了部分预言。民主觉醒党开始溃败了，支持率只有令人尴尬的 0.9%，但由于当时没有准入门槛，依然进入了人民议会。与所有预测相反的是，人们原本觉得社民党肯定会获胜，却只有 22% 的支持率。将近两倍的选民支持引入德国马克和实现快速统一，即赫尔穆特·科尔的政党作出的保证：基民盟以 41% 的支持率获胜。人们不用再担心前集团党的道德问题了。"联盟 90"的民权人士虽然没有受到斯塔西事件影响，却也只获得了令人失望的 2.9%。

这天晚上，东德基民盟主席洛塔尔·德梅齐埃成为第一位由民主选举产生的总理，令人意外的是，他也是东德的最后一位总理。默克尔又要面临新的职位分配。由于基民盟获胜，"德国联盟"也赢得了选举。即便只是为了塑造形象，德梅齐埃也不能完全无视转型时期的公民运动。

选举之夜对默克尔来说，本就是一个发人深省的夜晚。民主觉醒党在"磨坊餐厅"举行了庆祝活动，该餐厅位于格赖夫斯瓦尔德大街车站后面的预制住宅区，即后来的"米伦贝格购物中心"。由于得票较低，人们情绪低落。候任总理洛塔尔·德梅齐埃也过来了，他受够了共和国宫的喧闹。"我认为在场的人，比如雷纳·埃佩尔曼和安格拉·默克尔，都理解这种姿态。"他后来在回忆录中写道。他的表弟兼顾问托马斯·德梅齐埃也在场。默克尔真诚地对他说：我们这些来自民主觉醒党的好伙伴加入"德国联盟"，这是您幸运。我希望在组建政府时，您也能适当地考虑这一点。但德梅齐埃后来也不记得默克尔的话了。民主觉醒党逐渐耗尽了资金，不得不解雇员工。"民主之家"里，默克尔周围的办公室变得空荡荡。

政府发言人

洛塔尔·德梅齐埃自行任命了他的政府发言人。在没有咨询顾问的情况下，他选择了神学家和词曲作家马蒂亚斯·盖勒。马蒂亚斯·盖勒是东德基民盟的中央党报《新周刊》为数不多的半独立负责人之一。但德梅齐埃也需要一个帮手，而且由于他在联盟中执政，他无法提名第二位基民盟党人担任该职位。但他也不想将新闻工作交给更有影响力的社民党（21.9%）或德国社会联盟（6.3%）。因此，只剩下容易操控的民主觉醒党（0.9%）。他们的 4 名议员与 163 名基民盟议员组成了一个共同的议会党团。考虑到部长们都是男性，让女性填补次要职位也是可取的。毕竟，西柏林市长沃尔特·莫珀刚组建的政府中，一半议员都是女性。

德梅齐埃正在寻找一位来自民主觉醒党的有新闻工作经验的女性。安格拉·默克尔在他的考虑范围内。人们普遍认为，在担任民主觉醒党发言人时，她在施努尔的辞职危机中表现得很好，展现出十分坚强的意志。

大选结束后不久，有人按响了默克尔位于后楼的公寓门铃。汉斯－克里斯蒂安·马斯站在门外，他做了自我介绍，说自己是出身于勃兰登堡的西德顾问；托马斯·德梅齐埃也声称，自己也给了堂哥一个决定性的暗示。一向犹豫不决的默克尔终于来到候任总理面前，交谈了10分钟。"她很好，我们选她了。"洛塔尔·德梅齐埃如此说道，他只是仓促地认识了这位物理学家。

默克尔搬进了位于柏林米特区莫尔肯市场的办公室，这个办公室位于巨大的威廉时代的老房子中，里面有5个内庭院和圆顶塔。总理办公室也在这里。东德垮台后，财产归柏林市政府所有。副政府发言人得到了相当于2500东德马克的高薪。她体会到，坚持不懈和意志坚强在看似绝望的情况下会带来回报。

默克尔还提了一个条件：4月12日内阁宣誓就职时她不必在场，只有这样她才愿意接受该职位。我男朋友受邀参加在撒丁岛举行的会议，我想和他们一起去。我已经足够努力地工作了，值得在阳光下放松几天——我不打算做任何事。回想起来，我当时飞走了，这不太礼貌。默克尔的学习效果一直都非常彻底：她后来作为总理出国访问时，从未错过柏林的任何一个政党或党团会议。直到上级答应，她可以去撒丁岛度假，她像往常一样与男友商量后，手写了一封简短的信：亲爱的盖勒先生，我经过短暂考虑并与党主席协商后，决定欣然接受副政府发言人一职，对此我表示感谢。

新政府面临着艰巨的任务。这个政府经常被西德人嘲笑为

"业余演员"，他们只剩下不到 6 个月的时间来整理这个国家，将其以不太混乱的状态交给经验丰富的西德官僚。还有无法估量的风险潜伏着。两个德国在外交政策方面意见不一致，特别是结盟归属问题。苏联仍有 35 万名士兵驻扎在东德领土上，改革者戈尔巴乔夫一点也不坚定。一年后的政变企图也表明这一点。

内政上，东德一天天趋于不稳定。农业生产合作社有崩溃的可能，甚至威胁到夏季的粮食供应，因此东德政府在货币联盟成立后不久，就为农业企业提供了超过 10 亿德国马克的流动性支持。保加利亚是较富裕的社会主义国家，80 年代后期，随着东欧剧变的扩散，保加利亚也出现了政权更迭。经济一度低迷，共产主义垮台后出现了大饥荒，人口也持续外流。因此，本就瘦削的德梅齐埃总理在半年任期内瘦了 14 公斤，也不足为奇。8 月底，社民党离开了政府联盟，也是这种背景的一个诠释。一位秘书端着一杯酒冒失地走进基民盟政治家君特·克劳泽的办公室时发现，他作为国务秘书，正在领导对《统一条约》的谈判。默克尔由此得知了这件事。*那时我已经知道：有一些不好的情况发生了，克劳斯需要一个头脑清醒的帮手。*

东德政府通过了大量法令，准备向西德开放，同时也稳定国家局面。默克尔和盖勒轮流在莫伦大街的国际新闻中心主持新闻发布会。几个月前，政治局委员沙博夫斯基在那里意外宣布了开放边界。默克尔宣布对斯塔西养老金进行审查，这是一项新的外贸法或支付交易条例。她还代表政府拒绝了西德基社盟的主张：巴伐利亚州长马克斯·施特雷布尔曾要求，东德"不该再从波恩的税袋中拿钱了"。副政府发言人回应了这些反对意见，在几十年后她还是这样回应的：南方政府首脑的这些话毫无益处。

默克尔在提供必要信息时高效且直接，西方记者对此表示赞赏。他们引用副政府发言人的话时，很快将"副"这个字省略了。默克尔的表现也引起了洛塔尔·德梅齐埃的注意。"她有清晰的分析头脑，能察觉出重要和不重要事物之间的区别，并且立即提出实用建议以获得恰当回应。这些能力令人赞叹。"他在回忆录中写道，"一旦换个人接手这项任务时，能力高下立刻显现。"

像所有优秀的新闻发言人一样，默克尔并不畏惧反对上司的意见。在访问爱尔兰期间，她坚持重新接受采访，因为德梅齐埃给出了错误的答案。在内容上，默克尔与犹豫不决的德梅齐埃不同，她赞成民主德国在平等基础上迅速加入联邦德国，包括成为北约成员，而不是维持长期联盟关系。对内她也是这么说的。

《统一条约》

政府工作的重点是三大协议：4月底，两德关于货币、经济和社会联盟的谈判；5月初，与胜利国的"二加四谈判"；从7月初开始，对厚度超过1000页的《统一条约》进行磋商。

波恩部级机构对这三个问题都作了重要决定，胜利国在"二加四谈判"中具有决定性的发言权。东德的态度与其说是由东柏林政府决定，不如说是由民众的行为决定：遏制人口持续外流是许多决定的前提，否则，这些决定将缺乏可持续的经济基础。货币联盟将于1990年7月1日生效，所有当前付款将按1∶1的比例转换。从经济上看，这种汇率是不合理的；但从政治上看，一切都合理：符合东德企业生产力水平的汇率无法阻止移民，在柏林墙倒塌几个月后，可能又要重新建立严格的过境制度。

财政部长西奥·威格尔的两位主要部下起草了具体计划，这两人在默克尔的人生中都扮演了特殊角色。一位是国务秘书霍斯特·科勒，他后来成为储蓄银行行长，在2004年被基民盟主席任命为联邦总统；另一位负责人是未来的柏林财政参议员蒂洛·萨拉钦①。两人都相信，东德能够靠自己的力量取得经济增长。2015 年，萨拉钦仍自豪地说："1∶1 的汇率是我的想法，我得偿所愿了。"

该计划尤其遭到了联邦银行的强烈反对，科尔出于政治考虑，还是决定快速达成货币联盟。他的想法与财政部官员一样，根据联邦德国的早期历史，新的经济奇迹会成为"亮丽的风景"。5 月 18 日，安格拉·默克尔作为新闻发言人，在波恩出席《货币联盟国家条约》的签署。威格尔和东德社民党人，即东德财政部长沃尔特·罗姆伯格参加了签字仪式，两位政府首脑也在场。谈判只持续了三个多星期。

"二加四谈判"的过程更加漫长。科尔和他的外交部长根舍将事情掌握在自己手中。东德政府即将解散，政府首脑也亲自飞往盟军首都。默克尔作为东柏林的政府发言人，通过这次行程第一次接触了国际政治。盖勒不知是因为害怕坐飞机，还是他误以为——柏林的人民议会一直在开会——自己走不开：默克尔接管了这次行程中的大部分新闻工作，她的上司只独自飞往华盛顿。9 月 12 日在莫斯科结束的"二加四谈判"是一个高潮。实际上，早在 7 月 16 日，戈尔巴乔夫在私下谈话中就对身穿羊毛衫的联邦总理承诺，他可以担保未来的全德自由联盟选举，这是最重要的决定。

现在涉及执行问题。只有十几名柏林记者乘坐小型东德政府飞机随行，默克尔更加密切地照看他们。新闻节目不仅播出了会

---

① 蒂洛·萨拉钦的书具有广泛社会争议，例如《德国正在自取灭亡》《敌意收购》等。他本人于 2020 年被社民党开除党籍。——译者注

谈前夜在格鲁吉亚餐厅用餐的情景，还包括在代表团下榻酒店"红色十月"中和德梅齐埃进行的背景讨论。通过讨论，记者们收获了更多信息。尽管如此，他们还是相当失望地结束了与德梅齐埃的谈话。此外，他们还对波恩外交部长根舍干巴巴的鼻音印象深刻。默克尔将此看作政治沟通的一堂课。

副政府发言人代表她的总理，在莫斯科地铁上了解当地人对即将到来的德国统一的态度。斯大林赢得了第二次世界大战，现在戈尔巴乔夫就要输了——默克尔听到了好几次类似的话。默克尔通过自己的评估证实，尽快统一是当务之急。她对巴黎和伦敦之行并不那么印象深刻。虽然西德总理认为德国统一和欧洲统一密切相关，但当时的欧洲政策问题在默克尔看来并不重要。直到很久以后，在外部事件的影响下，这种情况才发生变化。

7月至8月关于《统一条约》的谈判给她留下了深刻印象。在东德方面，会谈由国务秘书君特·克劳斯主持；联邦德国内政部长沃尔夫冈·朔伊布勒则代表西德进行谈判。默克尔后来与朔伊布勒建立了非常特殊的合作和竞争关系。现在她第一次与这个固执的阿勒曼人①交锋。就《统一条约》进行一轮谈判之后，克劳斯和朔伊布勒安排了联合新闻发布会。克劳斯想先接受德国电视一台采访，默克尔把西德内政部长拉到一旁：部长先生，请稍等；克劳斯先生想再接受一次采访。朔伊布勒反应粗鲁，回答："那么就不举行新闻发布会了。"于是默克尔立即把她的上司拽了回去，并将电视采访推迟到晚些时候举行。

由西德法学家们缜密起草的《统一条约》大约有1000页，

---

① 沃尔夫冈·朔伊布勒出生于弗莱堡，该地区居民在民俗学中属于"阿勒曼人"。——译者注

默克尔并不特别欣赏这部条约。该条约为 5 个半新联邦州的行政整合奠定了基础，并没有遇到巨大困难就达成了意见统一。但它也以各种方式阻碍了东德重建，例如：设置很高的官僚障碍；原先被东德征用的土地实施"先退后补"原则；许多未解释清楚的所有权关系耽搁了经济复苏，"德国联邦邮政电信"为整个东德安装电话线路的速度非常缓慢，花了 5 年多才完成这项工作。

默克尔还参加了 8 月 31 日晚上的最后一轮谈判。克劳斯和他的西德对话者朔伊布勒于凌晨 2 点 08 分在波恩签署了《统一条约》。民主德国加入联邦德国的日期此刻已经确定：1990 年 10 月 3 日，星期三。选择这个日期的原因是，他们想在 10 月 2 日的欧安会外长会议之后、在 10 月 7 日之前实现两德统一，后者是第一次全德联邦议院选举的提名截止日期。

对于默克尔个人来说，时钟正嘀嗒作响。一个自行解散的国家不再需要副政府发言人。克劳斯将加入全德政府，担任过渡时期的特殊任务部长。他任命默克尔担任联邦新闻办公室负责人，毕竟克劳斯作为基民盟政治家，在新职位上也需要有人协助交流工作。由于默克尔有高血压，她担心自己能否通过公务员招聘考试。在她看来，这个职位只是个保障。默克尔的决定已经成熟：她不再想为别人说话，而要为自己说话，即成为一名政治家并在联邦选举中参与竞选。这个想法的基本前提已经实现：民主觉醒党与基民盟合并了。她在 10 月 1 日和 2 日在汉堡举行的统一党代会上发表了简短的讲话，这次会议进一步推动了她的职业发展：在选举产生的联邦理事会成员汉斯·盖斯勒的介绍下，她在市政厅饭店（即今天的"汉堡议会餐厅"）新闻发布会的间隙见到了西德联邦总理，这位总理即将作为"统一总理"被载入史册。

议　员

当安格拉·默克尔第一次与赫尔穆特·科尔交谈时，她已经在竞选德国联邦议院的议员资格了。这条路并非畅通无阻。基民盟取得了惊人的成绩，东德各地都需要没有历史负担、有能力并且愿意行动的候选人。在默克尔的第二故乡柏林，各界知名人士都在争取直授席位。最重要的是，基民盟在民社党的大本营没有成功的把握。君特·克劳斯再次提供帮助：在他的梅克伦堡–前波美拉尼亚选区中，施特拉尔松德–吕根–格里门选区的候选人尚悬而未决，因为所涉及的三个基民盟协会内部发生了争吵。

沃尔夫哈德·莫肯廷使默克尔拥有了候选人资格，并为她进入政界铺平了道路，他也是出身牧师家庭。在5月的地方选举之后，这位48岁的基民盟党人被提升为格里门地区长官——后来在北波美拉尼亚的新大区——并在这个职位上工作了18年。问题是，另外两个基民盟协会已经选定了他们的候选人。吕根在了解了姊妹城市奥尔登堡的情况之后，推选出汉斯–君特·泽姆克作为候选人，他是那个地区州银行的主管。施特拉尔松德也推举了一位来自西德的候选人，即克劳斯·赫尔曼，他为波恩联盟党团工作。

当默克尔加入进来时，第一次提名遭遇失败。9月16日星期天早上，三个基民盟代表在施特拉尔松德市政厅的狮子厅会面。关于代表的人数以及各分支机构的合适人选仍存在分歧。泽姆克坚持，波恩联邦办公室的法律部门应该先澄清这些问题，之后再确定候选人名单。

在此期间，莫肯廷和他的格里门基民盟提名了第三位候选人：安格拉·默克尔。代表们在 9 月 27 日再次会面，那是个星期四，大多数在场人士第二天还得早起上班。他们在一个相当偏远的地方会面，即吕根岛上巨大的、长达两公里半的普洛拉度假村，这里曾是纳粹组织"力量来自欢乐"的综合度假区。基民盟在军事技术学校使用的楼里举行会议。默克尔的支持者们来自格里门，不得不在乡间公路上行驶 70 多公里到达吕根，而泽姆克的支持者就在本地。乍一看形势对默克尔不利，但到了晚上就发生了反转。

在第一轮投票中，泽姆克获得了 45.9% 的支持率，默克尔只有 31.5%，赫尔曼在最末。但是，提名需要绝对多数的支持率，因此还要进行第二轮投票。鉴于吕根候选人泽姆克的支持率明显领先，许多吕根人认为他胜利在望，只需再走个形式，于是就先回家了，因为第二天一大早还要起床。聪明的莫肯廷雇了两辆公交车接送格里门的选民。这意味着，他能接来许多选民，并且这些选民也无法自动离开会场。

午夜之后，最终结果确定了。默克尔的支持率为 51.8%，泽姆克仅为 48.2%。默克尔抵达了她的第一个里程碑：在 10 月 3 日统一庆祝活动的间隙，这位新获胜的联邦议院候选人容光焕发地向好友们汇报，她终于有了一个前景广阔的选区。在人民议会选举中，基民盟在这里的支持率最高——东德时期也是如此——但在吕根，基民盟的支持率仅比民社党稍微高出一点。默克尔虽然被说成"背信弃义"，但仍然感谢她的支持者沃尔夫哈德·莫肯廷。后来，默克尔刚当选联邦总理，就邀请美国总统前往莫肯廷的家乡特林维勒沙根。

接下来是竞选。除了滕普林以外，默克尔与她未来的政治故乡梅克伦堡-前波美拉尼亚州没有私人方面的联系。在联邦州重组① 前，滕普林属于新勃兰登堡大区，该大区主要位于现在的梅克伦堡和波美拉尼亚地区；施特拉尔松德和整个海岸当时属于邻近的罗斯托克大区。

11 月底，即联邦议院选举前不久，科尔把默克尔这位未来的议员叫到办公室。默克尔后来回忆：他问了我一个值得注意的问题，我与女性们相处得怎么样。相处得很好，不然呢？然后我们就竞选聊了几句，赫尔穆特·科尔显然对谈话很满意。默克尔无法确定，后面会发生什么。她获得了直接任命。接着她去了波恩的联邦新闻办公室，书面交接了工作。她离以前的科研岗位越来越远。东德超大规模的科学院遭遇破产清算，默克尔待过的物理化学研究所于 1991 年 12 月 31 日关闭。默克尔本人也开启了新的人生阶段。

2. 波恩的联邦部长 (1990—1998)

科尔的小女孩

1990 年 12 月 20 日，来自第 267 选区施特拉尔松德－吕根－格里门的直选议员默克尔参加了第十二届德国联邦议院的制宪会议。为了纪念这一特殊时刻，议员们在柏林国会大厦的全体会议厅举行了会议，该会议厅由建筑师保罗·鲍姆加滕设计，于 1973 年竣工，这是第一次，几乎是唯一一次实现其预定目的：为

---

① 东德时期，全国行政区包括首都东柏林和 14 个大区。两德统一后，这 14 个大区成为 5 个新联邦州。滕普林现在属于勃兰登堡联邦州。——译者注

一个自由选举产生的全德议会提供场地。西德过去一直标榜自己冷静、朴实，此时议员们举行了异常庄严的庆祝仪式。柏林前任市长、"东方政策"的推行者维利·勃兰特作为名誉议长主持会议开幕，并将工作交给了下任议长丽塔·苏斯穆特。

在全体人员发出的掌声中，勃兰特总结道，德国人在自由中统一尚且没有实现他的政治心愿："我希望看到欧洲成为一体的那天。"苏斯穆特也表达了类似的观点。在这个庄严的日子里，没有人思考法国是否将推行欧洲共同货币作为德国统一的条件，这个问题后来引起了巨大争议。德国政府领导层自然希望，将统一的德国嵌入统一的欧洲。他们遵循宪法使命：议会委员会已经在《基本法》的序言中明确，德国的未来在于"统一的欧洲"。

在那一天，默克尔取得了此刻政治梦想中的最大成就。在首次尝试参与政治仅一年后，就进入了波恩议院。在此之前，她甚至不被允许投票。她终于放弃了科研岗位。在正式辞职之前，她只是以请假的方式出来参加政治活动。那是我新生活的起点。

她的前上司洛塔尔·德梅齐埃自统一党代会以来，一直是科尔在基民盟中的副手。1月初，在波恩的一次散步中，德梅齐埃谨慎地告知默克尔，她即将有新任务。"做好准备，总理很快就会给你打电话。"他说。他为什么要给我打电话？默克尔反问道。"因为他想让你成为部长。"默克尔看上去很震惊，至少德梅齐埃是这么说的。

这位前总理声称自己促成了这个职位的选调。"科尔在一次谈话中告诉我，他想用东德人和女性来填补'软性部门'，"他在回忆录中写道，"没有更好的方式来描述他的配额政策。"科尔总理正在考虑是否选人民议会的最后一任主席萨宾·伯格曼－波尔来担任。德梅齐埃建议不要选伯格曼－波尔，而是推荐了他从前的副政府发言人，因为默克尔是一个"聪明"人。总理觉得这个描述很有意思。

这一次，默克尔不必再三考虑。她知道这样的机会千载难逢。作为一个没有经验的新人，她甘愿冒着失败的风险。但该部门的权力有限，因此危险程度也是有限的。科尔将之前的青年、家庭和卫生部拆分为三个部门，丽塔·苏斯穆特或前基民盟秘书长海纳·盖斯勒这样的政治领袖曾经负责过这个大部门。拆分后更容易满足多比例代表的要求，还可以显著增加内阁中的女性比例。扩大后的政府有 20 位部长，其中有 4 名女性，包括来自自民党的建设部长伊姆加德·亚当－施瓦策。这在德国历史上是从未有过的。

科尔将卫生部交给基社盟的格尔达·哈塞尔费尔特，家庭政策部由黑森基民盟党人汉内洛尔·伦施负责，安格拉·默克尔则面向女性和青少年群体。记者给这几个部门起了个外号："三姐妹之家"。默克尔最年轻，看似最不起眼，很快就被他们称为"科尔的小女孩"。

1991 年 1 月 18 日，默克尔在波恩的哈默施密特别墅从联邦总统里夏德·冯·魏茨泽克手中接过她的聘书。早在 6 年前，她就赞赏魏茨泽克对 1945 年 5 月 8 日的反思战争的演讲。当默克尔在议长、前任部长丽塔·苏斯穆特面前宣誓后，会场响起了掌声。在扩大后的联邦德国第一任内阁中，默克尔是独一无二的东德人——她与交通部长君特·克劳斯不同——她并非来自过去的集团党。此外，议员们还为内政部长沃尔夫冈·朔伊布勒献上掌声，他在竞选期间遭遇暗杀，后来不得不坐上轮椅。在恢复体力后，他升任为基民盟／基社盟党团主席。

妇女部部长

默克尔来到了莱茵地区。选举前，她在巴特·戈德斯贝格上方的穆芬多费尔·埃尔夫大街找到了一套公寓。她大概是作为联邦新闻办公室的雇员搬进来的。看房子时，她还问了怎么从这里去上班。公寓有 70 平方米，在一栋不起眼的楼里，透露着西德城市郊区的单调气氛。她住在一楼，只有高楼层才能看到莱茵河和西本山的美景。在默克尔担任部长期间，公寓的窗户和门还维持原样；她升任内阁成员后，窗户和门被特地加固了。

默克尔在波恩上班期间，几乎总是在柏林度过周末。她也在寻找柏林的新住处，特别是因为政府即将搬到这里：默克尔抵达波恩的 6 个月后，联邦议院以 338 票对 320 票的微弱多数，决定将议会和政府迁往柏林。人们普遍猜测，出身南巴登地区的内政部长朔伊布勒的讲话是决定性因素，朔伊布勒也是默克尔的支持者。默克尔后来表示，她最初对波恩抱有好感，是出于钦佩联邦德国的民主。但像大多数东德议员一样，她最终投票支持搬到柏林。随着时间的推移，我越来越清楚，除了事实理由之外，还存在问题：在联邦共和国中，在什么职位上的哪些人，准备迎接多少变化呢？哪些人在多大程度上愿意忍受这些变化呢？

对迁都柏林投票后不久，默克尔和约阿希姆·绍尔搬进了柏林的新公寓。原来位于勋豪瑟大街后楼的公寓已经不住了，现在的新公寓在威廉大街的一座预制建筑楼里。1945 年之前，希特勒的帝国总理府所在地就在这栋楼附近。这里不是新建筑区，而是靠近勃兰登堡门和柏林墙地带的著名区域；东德时期，许多精英干部都住在附近。统一后，一些政治家也住过这里，包括民社党的格雷戈尔·吉西，1999 年，社民党的弗朗茨·明特弗林接管了他的公寓。

对于默克尔来说，这是脱离普伦茨劳贝格区波西米亚式生活的最后一步。我终于搬进了柏林的一套像样的公寓，我们找到了一位很好的保姆来做家务。在这种情况下，我真的很喜欢待在家里。在两座新大楼之间通勤仍是一种过渡状态，直到近10年后，议会和政府才真正搬到了柏林，默克尔又搬回到了一栋旧建筑中的公寓里。

即使在她担任部长期间，默克尔也经常在周末去隔壁莫伦大街的乌尔里希大卖场购物。2014年，她陪同中国总理李克强参观了这座超市，让他感受柏林的日常生活。德国仍然实行自纳粹时代的限制性《商店关闭法》，这给默克尔这位繁忙的周末通勤者带来了问题：1996年底之前，商店必须在工作日下午6点30分关门，周末只能开到周六下午2点。

1992年夏天，默克尔在一篇报刊文章中主张延长商店开放时间。每个工作者都遇到过这种情况，晚上8点30分，发现冰箱里没有黄油了。她根据亲身经历抱怨道。在急需买东西的时候，只能去类似加油站的地方，那里的许多商品价格非常昂贵，这就是我们严格的《商店关闭法》造成的后果，这是欧洲最严格的法律之一。妇女部部长呼吁为多样性和个性化设计提供更多机会，从而为每个人提供更多自由和更多选择。事实上，在默克尔担任总理之后，联邦各州才对商店关门时间有所放松。在联邦制度改革后，《商店关闭法》由各州管辖：又一次告别国家对经济生活的严格监管。康拉德·阿登纳和路德维希·艾哈德领导下的早期联邦共和国也是如此。

尽管存在文化差距，默克尔并不认为从大城市搬到莱茵地区是一种倒退。毕竟，她一直向往西德的民主，尽管她很快发现，自己可能过于理想化地美化了这个印象。她不得不学会适应。在过去的一年里，她经历了一个历史性的特殊时期，为自己的人生开辟了巨大的可能性。在短暂的历史瞬间，人们认为东柏林是世界上最刺激的地方——甚至超过中欧东部的其他首都，因为是将世界分成两半的分界线，现在可以直接穿过这座城市。

安格拉·默克尔在波恩忙于政治活动，这些并没有留下深刻印迹。比易北河和威拉河以东发生的事情更有趣的是，萨尔州州长奥斯卡·拉方丹为萨尔州代表处聘请了明星厨师海因茨－彼得·库普。第一个历史时刻过去后，在联邦德国的深处，人们预计一切都会照旧。联邦德国的优势之一是坚持其政治路线不动摇。在历史剧变中，这显得有些奇怪。尽管人们对两德统一口耳相传，但在波恩，没有人期待新人到来。彻头彻尾的联邦共和派内阁同事诺伯特·布鲁姆甚至断然拒绝了默克尔的会面邀请，仿佛这个东德人向他提了一个不道德的要求。多年后，他在电视上坦率地谈到了这件事。

很明显，东德对柏林墙倒塌的兴奋之后是长期的理想幻灭。西德一直在处理其他问题。大多数东德人的生活都发生了变化，并且不像默克尔那样幸运。原东德境内几乎所有企业都不得不关闭或大幅裁员。计划经济时代掌握的经验和技能已经一文不值，任何想在专业上取得进步的人都必须向西德靠拢。移民潮不仅没有停下来，反而在 90 年代初期更加迅猛。受过良好教育的年轻人离开了东部，其中大部分是女性。较小的城市和农村地区受到的打击尤为严重，只剩下许多老人和失业者，他们现在也只能遵守西德的规则。许多人将这种恶性发展归咎于一个机构，该机构执行了 1990 年的基本政治决策的经济后果：信托机构。

与此同时，西德人则坚持现行状态。就连科尔很快也不再谈论东部的"繁花似锦"。1991 年 5 月，科尔在访问萨勒河畔的哈勒时，被人们扔了鸡蛋。他亲自追赶向他扔鸡蛋的人，甚至保安也拦不住。这一场景被看作是科尔与东德人决裂的象征。起初，许多原东德公民嫌西化的速度不够快；现在，他们又思考起自己的身份，一波"东德怀旧"浪潮开始了。这是一个非常典型的现象，人们在成为新国家的公民后，先是欣喜若狂，紧接着就怀念过去。这种想法对默克尔来说是异样的。

1991 年初，政治辩论重点是伊拉克军队非法入侵科威特，美国以军事干预作为回应。就在默克尔被任命为部长的前几天，出现了反对美国干预的大型示威活动。这是科尔最后一次用久经考验的"支票簿外交"，设法使德国远离武装冲突。不久之后，重新统一的德国通过财政援助使自己免于军事行动，这种做法使所得税中的"团结附加费"变得合法。统一后的总理至少在形式上不想打破自己的承诺，即在不增加税收的情况下，实现东德整合。

1992 年，在一篇报刊文章中，默克尔算起了西德的富裕程度。她引用了一位记者对"奔驰司机和穿丝绸衬衫的人在地下室放着布鲁内罗葡萄酒"的批评，然后用自己的话继续写道：重新统一不再是这代人的一部分生活计划。他们还没有准备好接受真正的转变，更没有准备好作出牺牲。西德人经常指责东德人爱抱怨。西德人将自己与东德人划分开来，因为他们害怕改变，因为他们想保护自己的既得权利，因为他们已经在舒适区了。对此，她完全不理解。最后她警告说：即使没有统一，联邦德国也会面临巨大的现代化压力。

默克尔已经在波恩待了一年半了。这篇文章谈到了一个巨大的幻灭，默克尔也展现了一位希望改变整个德国的东德政治家的自信。从 2003 年的莱比锡改革党代会到 2015 年的难民政策，她延续了这条主线：她想让德国人更加开放和愿意改变。最终还是失败了。科尔在 1990 年向西德人撒谎，说统一不会改变他们的生活，那时他就清楚他们的固执。这也是默克尔作为总理时，对德国人民表示怀疑的核心原因：虽然在大部分时候，她都非常受德国人的欢迎，但她暗地里没有得到这种感情回报。歇斯底里、骄纵、遗忘历史：这些都是默克尔在难民之争以前向选民们展现的特点。矛盾的是，默克尔之所以受欢迎，正是因为她的领导，德国人在很长一段时间内都不必改变；而实际上，她认为德国人迫切需要作出变化。

问　权

默克尔在波恩的第一个休假结束后，她的前支持者洛塔尔·德梅齐埃于 1991 年 9 月初辞去了所有政治职务。联邦选举后不久，德梅齐埃被发现，他在领导东柏林律师和新教大会时是国家安全部的非官方雇员，代号为"切尔尼"。德梅齐埃的职务被暂停了，直到内政部长朔伊布勒 2 月为他发表了恢复名誉的声明，但仍不能排除他与斯塔西可能存在关联。此刻，波恩的工作人员认为这位原东德总理的政治前途已经被断送了。在德梅齐埃作为基民盟副主席的任期正常结束之前，本可以低调平息这件丑闻。

但在 1991 年 8 月 31 日，基民盟领导层爆发了丑闻。德梅齐埃作为几乎破产的基民盟勃兰登堡州协会主席，感到自己被波恩的党总部抛在一边，于是猛烈抨击西德的党友。他声称西德基民盟以牺牲东德基民盟为代价，挪用了 2600 万马克。德梅齐埃被指控曾与斯塔西合作，政治信用受重大打击，而他走了这一步棋之后，政治信用更是所剩无几。"我这个东德呆子，"他后来这样评价自己。在主席团会议结束后的周末，德梅齐埃辞职了。西德记者无情地写道，基民盟摆脱这位"业余演员"之后，终于可以松一口气了。

德梅齐埃在内部透露辞职意图后不久，科尔就用30万德国马克帮助州协会摆脱了困境。基民盟主席竟能如此慷慨，当时谁也不知道钱从哪来的。据推测，它来自于八年后才被公开的黑金库：就在一周前，即8月23日，军火商卡尔海因茨·施莱伯在一个瑞士购物中心的停车场，将一百万德国马克现金交给了财产受托管理人霍斯特·韦劳赫和基民盟财务主管。虽然这次的参与者自己保管着这些钱。但事件被揭发后，整个秘密账户系统就被曝光了。

事态很快就变得很清晰，人们认为只有一个人可以接替德梅齐埃的副主席职位：安格拉·默克尔。两德统一后不到一年，基民盟还无法认真考虑取消专为东德人量身定做的副主席一职；直到第二年，该党才选举了四名具有同等权利的副主席。德梅齐埃事件之后，人们觉得，最好不要再由前集团党成员担任该职务。默克尔虽然是通过民主觉醒党加入的基民盟，但她在东德并没有任何政治相关的职务，并且在她担任部长的头几个月里，没有爆出任何丑闻。

德梅齐埃辞职一周后，默克尔作为妇女部部长接受了采访，她以一种非常冷静的态度向前上司告别。德梅齐埃如此郁郁不振，这令我感到难过。她表面上先是谦逊地答道，紧接着说，她不认为德梅齐埃的灾祸是基民盟的不幸，因为这是个人命运，不能代表东德基民盟。为了避免可能引发针对她的东德经历的辩论，默克尔在没有被问到的情况下，主动提到了她在自由德国青年团负责过文化工作。德梅齐埃当时非常气愤，觉得默克尔眼睁睁地看着他被淹没在德国统一后的历史旋涡中，却无动于衷。就像沃尔夫冈·施努尔辞去民主觉醒党主席一样，在后来的事件中，即使出于好意，默克尔的确无力挽救这些短期同路人。

成为优势党的副主席后，安格拉·默克尔比以前更受公众关注。1月她被任命为部长时并非没有引起注意，但因为她负责的部门被格哈德·施罗德称作"无关紧要的部门"，并且她最初被看作是"科尔的小女孩"，自己没有主导资格。现在变了。这位37岁的东德人出人意料地进入了西德执政党的领导层，所有主流报刊都开始对她进行详细报道。写这些文章的作者们不再仅限于妇女政策的专家，而是关注这场宏大的权力游戏的各界佼佼者。《明镜周刊》写道，默克尔从"灰老鼠成为灰衣主教"①。

德梅齐埃的辞职还空出另一个职位：基民盟勃兰登堡州协会主席。与接受联邦副主席职位不同的是，默克尔考虑了很长时间，是否应该申请这个职位。一方面，这个职位提供了在基民盟获得政治权力的机会；她在滕普林度过了青年时期，与勃兰登堡是有联系的。另一方面，她从未在该州从事过政治工作，尽管她现在有一座位于乌克马克的周末度假屋，但她已经18年没在滕普林生活了。勃兰登堡州的基民盟很难领导，因为集团党前成员在那里的影响力比在任何其他地方都大。似乎也不可能将受欢迎的社民党州长曼弗雷德·斯托尔佩从波茨坦的州总理办公厅赶出去。

德梅齐埃辞职整整两个月后，默克尔在与科尔交谈后于11

---

① "灰老鼠"指"一个不起眼、内向、无聊的女人"；"灰衣主教"指"有影响力的幕后人士"。——译者注

月 6 日宣布，她想申请勃兰登堡州基民盟主席的职位。此时，前柏林卫生部参议员乌尔夫·芬克，即西德基民盟工人派的代表人物和德国工会联合会副主席也有希望竞得该职位。即使默克尔一直否认，她被科尔和鲁赫送入了艰难的赛道，但因为波恩领导人支持她参选，对作出该决定起到了至关重要的作用。在基民盟领导层看来，这不仅仅是要推翻旧的集团党的残留；科尔还认为，芬克是前基民盟秘书长兼家庭部部长海纳·盖斯勒的密切合作者，后者曾在 1989 年参与了一次针对他的政变，虽然并未成功。相反，勃兰登堡州波恩阿登纳一派的说情并不是推荐，毕竟鲁赫总书记从不掩饰他对旧东德集团党的厌恶。但是把来自民主觉醒党的候选人放入这个州的基民盟协会，似乎是非常大胆的想法。

勃兰登堡州基民盟于 11 月 23 日在简朴的基里茨文化之家举行州党代会，结果果然不出所料。这座城市因以前水磨坊嘎嘎作响，被取名为"拨浪鼓"，柏林人认为它是闭塞乡村的缩影。默克尔的落选比预期更明显：她只获得了 67 票，芬克得到了 121 票。但芬克很快在新职位上失败了。这次也是默克尔职业生涯中唯一一次个人选举失败。她的支持者鲁赫安慰她，说她仍然是"党内最有希望的人之一"。仅仅两年后，默克尔在梅克伦堡－前波美拉尼亚地区获得了一个新机会，这里成为了她的政治故乡。

勃兰登堡的失败并没有危及她升任联邦副主席一职。默克尔在党内领导层的支持下进入了艰难的竞争。1991 年 12 月中旬，在德累斯顿文化宫举行的联邦党代会成了默克尔真正的庆典：根据会议记录，她被提名 73 次。虽然没有竞争者，但默克尔只获得了 86% 的选票——或许是出于嫉妒：一个新人轻松超越了所有在党内辛勤耕耘数十年的人。另外，她在终止妊娠辩论中的表述，导致人们对她的较为自由主义的观点产生了怀疑。

距默克尔首次出现在民主党醒党大会几乎整整两年了，她现在成了"统一总理"的副手。德国政界从没有人如此闪电般地晋升。她是科尔的唯一副手——但这也掩盖不了默克尔在党内影响力有限的事实。她不想成为德梅齐埃那样的纯粹装饰角色。与前任不同的是，她在党总部有自己的办公室，位于一座 70 年代的 11 层高层建筑里。这栋楼坐落在波恩到戈德斯贝格的主要交通轴线上。她的房间在 9 楼，党主席科尔的办公室也在这层。楼上一层是秘书长沃尔克·鲁赫的办公室，他为总是外出的总理照看党总部，默克尔当时与他相处得很好。不久后，他调到国防部工作。

她的办公室有权招聘半个职位，她希望能找到一位熟悉西德基民盟情况的员工。当时 32 岁的克里斯蒂安·伍尔夫帮了忙，他是基民盟下萨克森州协会的成员，在德国青年联盟中人脉广泛。1992 年 1 月，伍尔夫问一个比他小四岁的奥斯纳布吕克的党内朋友，她是否愿意为科尔的新副手临时工作六个月。她已经通过了德语和英语国家考试，想尽快写博士论文，并在此期间找个工作。

贝特·鲍曼同意了，由此她与默克尔有了终生关联。她很快就把博士项目搁置一旁。仅仅一年后，默克尔就把这位来自党总部的知己带到了部门里，后来让她在环境部担任办公室主任。在这个职位上，鲍曼陪伴着默克尔升为总书记、党主席、党团主席和联邦总理。二人直到最后都用"您"互称，以保持职业距离。

科尔任命新教牧师和长期担任联邦民役专员的彼得·欣茨担任秘书长，一年半前科尔任命他担任默克尔的妇女部的议会国务秘书。在默克尔担任部长的早期，他是最重要的指路者，引导这位政治新手穿过波恩总部的浅滩。两人于 1991 年初在哥德斯堡的一家中餐馆首次见面时，这位西德牧师和东德牧师的女儿就志趣相投。欣茨声称，在第一次会面时就已经断定，这位部长具有"极大的警觉性和快速学习的能力"。

在欣茨离开妇女部后，他和默克尔仍保持着信任关系。两人偶尔会出现意见分歧，例如在处理东德的地区党——民社党的问题上。这位牧师不仅是唯一一个比默克尔年长的长期伙伴，也是科尔一直信任的人。1999 年默克尔与科尔决裂之后，欣茨仍对她保持忠诚。他对默克尔这位东德新人具有无可言喻的重要性。

他在 1998 年秋季被默克尔接替秘书长一职后，不再担任任何重要职务；但他的话在党内仍有分量，尤其是在他的家乡北莱茵－威斯特法伦州。默克尔执政的最后几年，党内对她的支持越来越少，也与欣茨在 2016 年因癌症早逝有关。

默克尔还从朔伊布勒的内政部得到了她的官方国务秘书：她在《统一条约》的谈判中认识了部长级官员威利·豪斯曼，两人共同完成了与此有关的新闻工作：一位为西德谈判代表朔伊布勒工作，另一位为东德代表克劳斯工作。豪斯曼对他的东德对话伙伴并没有表现出傲慢和自以为是，只有少数几位西德人抱有这种态度。

默克尔在任命豪斯曼为国务秘书之前没有与任何人协商，这违反了波恩的惯例。有些野心家早就觊觎这个职位了，默克尔并没有理会。她直接去找朔伊布勒，说她想任命豪斯曼为国务秘书：*我非常明确自己的决定。我清楚地注意到，有些人希望我先问他们，能不能推荐合适的人选给我。但我不允许任何讨论。*

起初，豪斯曼并不相信这种非教条的方法有效。他认为，他未来的上司的独断行为是缺乏经验的表现。但默克尔成功了，在科尔那也是。科尔刚表示同意，默克尔就在议会会议期间坐在议员席上给豪斯曼打电话，要求他尽快提交简历。

这位有着典型西德基民盟工作经验的公务员，在很长一段时间里都是她最重要的顾问之一。1994 年底，她无法将他带去环境部，因为科尔希望豪斯曼作为经验丰富的顾问，在新任家庭部部长克劳迪娅·诺尔特身边工作。当默克尔于 1998 年在新主席朔伊布勒的领导下成为基民盟秘书长时，两人把这位老朋友调为联邦常务董事。默克尔升任党主席后，豪斯曼一直留任至 2003 年底，之后仍担任重要顾问。

默克尔进入西德政界后不久，身边就聚集了三个心腹：豪斯曼、欣茨和鲍曼，他们陪伴她走上未来之路。此外，该部门的新闻发言人格特鲁德·萨勒也被默克尔带去了环境部。1991 年底，默克尔担任部长还不到一年，她的第一个顾问团就建好了。

当时默克尔认为，自己还没有真正进入波恩政坛。一次跌倒经历使她进入了反思期。1992 年 1 月初，默克尔在离开柏林米特区施潘道大街的布维尔书店时滑倒了。这个书店在东德时代因"国际图书"而闻名。默克尔的胫骨和腓骨多处骨折，几个星期以来，她都在柏林夏里特医院的病床上主持部门工作，之后她在波恩拄着拐杖走路，晚上还得再回到医院。

回想起来，默克尔将她的不幸解释为弗洛伊德式的失误：我向自己解释说，我不愿意在圣诞节假期后回到波恩总部。我突然有了思考时间。好些个星期。我确实相信，人们在绝对有必要时会以或多或少快乐的方式休息一下。对我来说，这次骨折是一个重大转折点：在那之前，我刚刚经历了很多事情。现在我必须先学会重新走路——然后一步一步地处理整个问题。基本上，在那之后我才真正进入联邦政坛。

圣诞假期也帮助部长做出了一个非常具体的决定：1992 年

初，她解雇了在西德女权主义者中声望很高的汉娜·比特·舍普－席琳，后者由当时新成立的妇女政策部的负责人丽塔·苏斯穆特任命。决定性因素不仅在于，默克尔疏远了德国妇女运动的立场，更重要的是，在所谓的缺乏经验的部长领导下，舍普－席琳被视为妇女政策的真正设计者。一个有权力意识的部长很难接受这一点。

一年后，期待已久的机会出现了。默克尔洗刷了当年在勃兰登堡落选的耻辱，巩固了自己的权力基础。1993 年 5 月 14 日，默克尔的前支持者君特·克劳斯辞去了他在梅克伦堡－前波美拉尼亚州交通部长和基民盟州协会主席的职务。与施努尔或德梅齐埃不同的是，克劳斯不是因为东德的过往辞职，而是因为他在资本主义新世界中犯了错。除了他出售东德高速公路服务站这个发酵已久的丑闻之外，还有两个指控浮出水面：他的第一任妻子曾为她以前失业的清洁女工申请国家补贴；克劳斯从东柏林的一套公务住房连同家具搬到罗斯托克附近伯格伦德的私人住宅时，让国家支付了约六千马克的搬家费。

在提到的后两个事件中，克劳斯没有违反任何法律，但由此形成了利用职权占尽便宜的形象。默克尔非常了解西德媒体的机制，知道对此无能为力。尽管如此，克劳斯终生都责备她没有帮他说话。而在克劳斯辞职的那天，默克尔被提名为下一任基民盟州协会主席。

与一年半前的勃兰登堡的基民盟州协会不同，这一次对默克尔来说没有明显的风险。州协会的处境极度荒凉，期待默克尔的救援。为了防止有些人无法领会，默克尔的部下明确地让媒体知道，德国东北部的基民盟充斥着政治病态，"绝对无法估量，随时可以为所欲为"。默克尔还承诺，这个低迷的州党派将会提高在联邦政治方面的影响力。

唯一剩下的就是执行了：6 月 27 日，在罗斯托克－瓦尔内明德提前举行的党代会上，代表们以多数票选举了妇女和青年部部长为州协会主席。重新统一后的最初几年里暗流涌动，默克尔带领该协会进入了平静水域。在 1998 年联邦议院选举后不久，基民盟失去了在梅克伦堡－前波美拉尼亚州的执政地位，默克尔也无能为力。

重要的是，她已经划定了自己的领地。除了她在联邦的职位之外，她现在还领导了一个——尽管规模很小的——州协会，这确保了她未来的职业发展。在东德转型时期出现的政治新人中，她几乎是唯一一个留在联邦层面的人。只有社民党的沃尔夫冈·蒂尔塞于 1998 年升任为——没有实权的——联邦议院议长。作为基民盟主席团中的东德代表，默克尔现在几乎别无选择。

弃权部长

默克尔作为联邦妇女和青年部部长，对于其部门的工作重点，东西德人的心态差异显著。在属于工作年龄范围的东德妇女中，90% 的人要么正在带薪工作，要么正在接受培训，几乎是西德的两倍。这一高比例是由照管幼儿的综合日托中心实现的。在东德，幼儿需要尽早融入社会主义教育体系，此外，由于生产力低下，工人的工作量较大。但即使在东德，大部分家务和家庭工作都是由女性承担，她们也因而很少升到管理岗位。

当时，默克尔和其他东德女性相应地较难理解西德女权主义的立场。在她们看来，西德热火朝天的女性运动在理论努力与实践结果之间还有明显差距。作为东德女性，参加社会主义劳动生活是自然而然的事，尽管默克尔是科学院部门中除秘书外唯一的女性。默克尔使用了中性的职业称呼，自称"部长"而非"女部长"，使其听上去和她的男性同事没有差别。像她这样的女性认为，这是在平等的基础上平等工作的体现。在东德人的耳朵里，"女部长"好像是完全不同的东西，大概给人低一等的印象。

默克尔最初还拒绝实行配额制和法定人数制，认为这是潜在歧视。她在赫尔穆特·科尔的压力下才改变立场，科尔出于选举策略，希望更多女性担任党内职务。默克尔后来也接受了这个立场。由于自愿性的自我承诺在经济上持续没有结果，默克尔认为或多或少需要一些软性辅助。一开始她也低估了西德社会的惯性。她首先发起了关于《平等机会法》的艰苦谈判，该法主要涉及公共服务领域。沃尔夫冈·朔伊布勒担任内政部部长以及党团主席时都为她提供过帮助，使她克服了障碍。

在身体文化和性道德方面，东西德的观点也相差甚远。在东德，人们在公共场合裸体游泳是很正常的事，既不需要用缩写"FKK"①表示，也不需要用理论的上层建筑来解释。默克尔也曾经赤身裸体地跳入乌克马克湖。当然，她成为总理后，穿着泳衣也没用：即使她独自一人开着那辆旧大众高尔夫去游泳，也无法避免被打搅。

对于性问题，东德也相对宽容。德国统一社会党的干部们认为，这个领域不直接干涉政治，因此没有干预。东德甚至在1988年消除了对同性恋者的刑法歧视，而统一后的德国1994年在协调与两德统一相关的法律时，才删除了这一点。被纳粹党人激化的《德国刑法》第175条在统一后被彻底删除，许多典型的民主国家从未存在过这个条例。当然，这并不意味着同性恋者在

① 裸体文化（Freikörperkultur），缩写为"FKK"。——译者注

东德日常生活中能够得到社会的认可。

东德夫妇生孩子的时间相对较早，少数有抱负的学者经常在上学期间生孩子；这也得益于物质奖励或住房优先分配政策。随着柏林墙倒塌，尤其受到更复杂的西德《离婚法》的威慑，结婚人数减半。

在终止妊娠的争论中，东德人和西德人的世界观也产生了冲突。默克尔的政治教父克劳斯和朔伊布勒在《统一条约》中明确将该问题搁置，将决定权留给全德议会。在东德，妊娠前三个月内堕胎通常是合法的（"终止妊娠期限规定"）；但在西德，1975年西德宪法法院推翻了社会自由主义刑法改革者的类似新规定。因此自1976年以来，妇女不得不为流产提出具体执行理由（"终止妊娠指征规定"）。即使是出于生活状况的理由非常充分（"终止妊娠社会指征规定"），仍然需要医疗证明，尤其是在农村或严格的天主教地区，几乎没有任何医生签发此类证明。"我的身体我做主"：东德人默克尔同意了70年代初期西德女性运动的要求。

尽管其他部门在这个问题上有最终决定权，公众还是将目光对准了妇女部部长。自民党人占主导的司法部启动了立法程序，该部门倾向于"终止妊娠期限规定"。来自西德基民盟的家庭部长主张采用"终止妊娠指征规定"方案。默克尔夹在中间。作为东德人，她赞同自民党的立场；但作为基民盟党人，她不得不考虑党内朋友的立场。尤其是因为她还担任基民盟副主席。

无论是否对此事负责，从党和党团领导人，到有影响力的部长和国务秘书都对此十分关注。默克尔与基社盟的意见分歧尤为巨大，基社盟不希望东德加入后对国内的法律形态产生任何影响。阿沙芬堡议员诺伯特·盖斯的周围聚集了一小群国会议员，他们想恢复旧的西德法律，甚至彻底删除"终止妊娠社会指征规定"。

在将近一年半的时间里，辩论来回反复，做最终决定的日期一再推迟。起初，默克尔公开对"终止妊娠期限规定"表示赞同。前任妇女部部长丽塔·苏斯穆特现在是妇女联盟的负责人，她和现在担任卫生部议会国务秘书的萨宾·伯格曼－波尔都支持默克尔。

默克尔学得很快。从本质上讲，她希望能促成制定宽容的堕胎法，在措辞上，她没有用"终止妊娠期限规定"这个概念。她不再反对"终止妊娠社会指征规定"的抽象要求，但她确实反对西德党友们的具体愿望，即医生应该为这种紧急情况出具证明：我赞成女性在咨询后能够自己决定，是否终止妊娠。从头到尾检查每个细节，去验证女性所说的是否真实，这是不可能的。她还拒绝了基社盟的提议，即以书面形式记录与医生的会诊。在刑法基础上的书面记录会阻碍医生和妇女之间的坦诚谈话，因此是不合理的。党内反对者因此指责默克尔，说她表面上支持"终止妊娠指征规定"，但实际上支持"终止妊娠期限规定"。

1992 年 6 月 25 日，就在《统一条约》的过渡期结束前不久，联邦议院进行了最终决议。每个人都感到惊讶：这个议题虽然超出妇女部的正式职责范围，在内容上仍属妇女部主管，但部长却投了弃权票。议院在波恩老水厂的会议大厅进行了 14 个小时的辩论，此次没有实行强制统一投票。默克尔作了最后争取，希望将"书面记录义务"从大多数基民盟议员提出的法律草案中删除，却没有成功。她的支持者朔伊布勒原则上同意她的看法，但最后没有以党团主席的身份发言。在他看来，基民盟内部路线修正的可能性太小，毕竟这个提案可能获得多数票。最终，一项关于"终止妊娠期限规定"的超党派《团体提案》得到了社民党、自民党、民社党和联盟 90 的大多数议员以及 32 名联盟党党团议员的支持，最终在总数 657 票中，以 357 票获胜。

在 2017 年废除《同性婚姻禁令》的争议中，默克尔与她 25 年之前的表现很相似，尽管她本人投了反对票，她还是促成废除了这一禁令。在这两种情况下，默克尔都把长期影响置于短期表象之上。第二天早上，报纸可能会批评部长优柔寡断；但从长期的权力前景来看，她没有因为自己属于哪个阵营就迷失自己的判断。

青少年暴力

1992 年 8 月 31 日，青年部部长去见了光头党。她参观了罗斯托克毛克莱因预制建筑区的"马科斯"青年俱乐部。在默克尔来访前不久，数百名暴徒在临近的利希滕哈根袭击难民营长达 4 天，最后还纵火焚烧了该营地。成千上万的围观者鼓掌欢呼，甚至警察有时也无法上前阻止，那些被困在大火中的人只能听天由命。一年前，在萨克森州的霍耶斯韦达也发生了类似事件。

默克尔身着碎花裙现身，外面披着一件浅色夏装。她问，如果一个越南人想在青年俱乐部喝杯啤酒，会发生什么？"我们会礼貌地向他明确表示，他不能在这里喝啤酒。不带暴力地告诉他。"一位青年这样回答。啊哈，默克尔说道。她在回答记者提问时说：如果一个年轻人今天想上电视，最好的办法就是扔石头。默克尔作为部长来到此处，遭遇到很多恶意。电视对此进行了报道。她的行为展示出极大的无能为力，尤其是她后来从预算中拨款，重建右翼的碰头地点，因为据说这里是被左翼青年纵火烧毁的。

几个月后，在德国西部城市默尔恩和索林根，共有 8 人在纵火袭击中丧生，被焚烧的房屋不是难民营，而是住着土耳其的移民。肇事者并没有在光天化日之下行动，也没有围观者的掌声，而是利用夜晚的掩护。因为他们知道，这里的居民不会为此鼓掌，警察也不会坐视不管。在原来的西德地区，人们很难想象，几年后在勃兰登堡州的古本会出现公开追杀——一名阿尔及利亚寻求庇护者在逃亡时遇难。1992年12月，40万人在慕尼黑组成了反右翼暴力的灯光链。这次抗议活动主要由记者乔瓦尼·迪洛伦佐组织，而在原东德地区举行的类似活动中，参加者少了很多。

许多西德人因此对东德地区更加不屑，这又增强了东德人想与西德划分开来的想法。人们的担忧似乎得到了证实：过去的幽灵或许会随着德国统一卷土重来。默克尔对直接收编以前的人民警察早就警告过：他们以当局政府的指示为导向，有时甚至仇外；有的在东德垮台后完全迷失方向，多次眼睁睁地看着大屠杀般的骚乱无所作为。在许多案件中，往往受到公众压力才开始进行调查。

警方最初并未将大量犯罪归为出自政治动机，因此受害者人数至今存在争议。根据2020年的汇总，自统一以来，已有182人在具有右翼极端主义背景的暴行中丧命，此外还有重伤者，终生都无法正常生活。例如黑皮肤的英国建筑承包商诺埃尔·马丁，他在勃兰登堡州马洛市的一场袭击中幸存下来，但此后一直截瘫。

90年代的新纳粹分子主要在德国东部城市的集市或城市快车车站露面，当时他们从外表上仍被视为光头党。外地人经过这里常常要冒着生命危险。这不仅影响到外国移民，根据民间说法，在某些地区，他们甚至会有针对性地袭击柏林人（"拍肉丸"）。通常指望不上警察的帮助，大片地区被视为法外之地。将德累斯顿新城等时尚街区从新纳粹手中解放出来的不是警察，而是左翼反法西斯活动者：他们用暴力将光头党赶出该地区。

与青年部部长不同，联邦总理拒绝视察暴力发生地。政府发言人说，赫尔穆特·科尔不想进行"慰问之旅"。默克尔后来担任政府首脑，做法有所不同。2012 年，她在被国家社会主义地下组织伤害的受害者的追悼会上发表了感人演讲，该组织在2000 年至 2007 年共谋杀 10 人。2018 年，她在索林根袭击事件25 周年纪念活动上讲话，以弥补科尔的疏忽，纪念活动因遭遇恶劣天气而取消。她还参加了 2020 年哈瑙谋杀事件之后的仪式，当时有人指责她没有立即驱车前往黑森州。默克尔坚持将右翼极端分子和新纳粹分子区分开来。作为青年部部长，默克尔在对法国进行首次就职访问后立即前往以色列。1993 年春天，德国联邦议院的柏林议员、前内政参议员海因里希·卢默公开表示，支持与联邦右翼政党结盟，默克尔呼吁将这位政治家从基民盟开除。

默克尔在 90 年代初期还没有找到应对右翼极端主义暴力犯罪的方法。这个问题由青年部部长负责，因为肇事者中占很大比例的都是青少年或年轻人；年长者经常以鼓掌或沉默的方式观看。尽管默克尔有时处理问题不太熟练，但即使是当时的政府批评者也认为，她至少着手关注了这个主题。她受到了犯罪学家伯恩德·瓦格纳的尊重。伯恩德·瓦格纳在新联邦州联合刑事调查办公室负责研究右翼极端主义，后来为退出新纳粹组织的人创立了"退出"计划。"她真的很想知道，她想有所作为，"他说，"在注意力结构和行动意愿方面，她比联邦政府的其他瞌睡虫都优秀，尽管她在内容和准确性上可能有所不足。"至少她在现场展示了自己，除了在罗斯托克，她还参观了马格德堡和耶拿的青年俱乐部。

在利希滕哈根之后一个半月，这位部长在美因河畔的法兰克福接受记者采访时，分析了东德青年的暴力问题。她解释说，原东德政府对人民无处不在的关注意味着，东德许多年轻人无法独立做自己的事情。外国人被看作"替身敌人"，即使是年长的东德人也是如此。许多年轻人坚信，他们只是在做父母不敢做的事情。她补充说，她在青年俱乐部的会议上，没有一个对话者是失业的。事实上，随着自由德国青年团的解散，几乎没有人为年轻人提供休闲活动。他们没有其他选择，在偏僻地区甚至缺乏年轻人可以聚会的酒吧。这就是 90 年代人们经常在加油站过夜生活的原因。

政府对其很无奈。默克尔每年从她的部门预算中花费两千万马克用于"反攻击和反暴力行动计划"，该计划中，"青少年工作原则"备受争议。部长用这笔钱支付青少年中心和照看住宿的费用，还有去土耳其或以色列旅行、甚至是参加光头党音乐会和喝酒的费用。

一份报纸写道："国家报销光头护理费"；另一份报纸则讽刺："亲我的靴子"。青年研究员埃伯哈德·赛德尔批评这种旅行赞助："认为了解世界的人就不受种族主义影响，这种假设是无稽之谈。"这些计划的效果有限。在很多时候，青年俱乐部的帮助并没有让光头党远离公共场所。批评者也来自其他领域：社会工作者、街头工作者、青少年群体研究人员和心理学家都不赞同对待这个问题群体的基本准则。

1992 年底，默克尔在访问罗斯托克青少年俱乐部三个月后，发表了自己关于应对青少年暴力的观点。她将该现象与关于"限制庇护权"的辩论联系起来，该话题是这年冬天政治辩论的重点。她说，减少难民人数不会消除暴力现象。但"受控的移民政策"是必不可少的，"以便改变仇外心理盛行的政治气候"。德国的寻求庇护者人数急剧上升，主要原因是前南斯拉夫内战。1992 年，申请者有 43.8 万人，达到德意志联邦共和国历史上的最高水平。此外，还有外籍劳工家庭的到来以及来自俄罗斯的移民，这些俄罗斯人祖辈有德国血统。当时人们还没有使用"难民"这个富有同情心的词，这个词意味着，逃离有合理原因；许多德国人称他们为"寻求庇护者"。此外，"虚假的寻求庇护者"也总是被滥用：他们只是拿政治迫害当幌子，花德国纳税人的钱来过上好日子。

1993 年 5 月 26 日，德国联邦议院决定限制《基本法》中的"庇护权"，默克尔也投了赞成票。党团主席沃尔夫冈·朔伊布勒和汉斯－乌尔里希·克洛泽商谈后达成妥协。在社民党的支持下，政府以三分之二的多数票修宪。从此，任何从安全的第三国来到德国的人都不能再行使"庇护权"这一基本权利。由于德国被安全的第三国环绕，因此排除了经陆路入境。机场设置了快速通道。事实上，庇护申请的数量现在一直在稳步下降：2008 年，只有 2.8 万份庇护请求，达到了 20 世纪 70 年代以来的最低水平。

随着宪法修正案的通过，联邦议院和联邦参议院将联邦政府在 1990 年《都柏林第一公约》中从其他欧洲人那里夺取的东西纳入国家法律。新的庇护法案于 1997 年生效，将所有负担单方面转移到欧盟边界外部的国家。即使默克尔后来成为总理，多年来也仍坚持这条对德国非常有利的法规。直到 2015 年春季，由于难民人数急剧增加，德国认为有必要维护欧洲团结，才避开这条法规。

在修宪之后，寻求庇护者的宿舍才没有受到大屠杀般的袭击：因为这样的大型集体宿舍不存在了。但这几乎没有改变针对个人的野蛮暴行，在议会决议通过几天后，索林根就出现了袭击。部分民众对俄裔德国人越来越不满，因为这些人中的青少年犯罪率较高。1996 年，社民党主席奥斯卡·拉方丹在巴登－符腾堡州的选举中抱怨："燃烧的房屋表明，人们的接纳意愿不是无限的。"人们无法"按照某些血统原则"安排移民。

没有其他政治家公开使用这种语气。随着《避难妥协规定》的颁布，这个问题似乎暂时得到了解决。默克尔领导妇女和青年部期间取得了一定成绩后，也期待着新的任务。

环境部部长

1994 年大选后，安格拉·默克尔的职业生涯岌岌可危，并非因为选举结果。她在施特拉尔松德的第一票支持率为 48.6%，赢得了在该地区的直接授权，她的支持率也大幅上升。由于赫尔穆特·科尔的历史功绩，联盟党和自民党组成的联合政府赢得微弱多数，尽管双方合起来失去了 6.4% 的支持率。在竞选期间，基民盟主席科尔张贴了一张海报，画面只显示他在人群中，没有常见的党派标志。很快，人们对社民党总理候选人鲁道夫·沙尔平的欢欣喜悦就消失了。沙尔平在 1993 年的一次初选中被选为社民党主席，"托斯卡纳派系"垮台后，他最初被媒体誉为普法尔茨脚踏实地的希望承载者。另外，基民盟秘书长彼得·欣茨通过"红袜子运动"反对民社党，对选举成功贡献甚微。东德地区的基民盟州协会虽然不喜欢民社党，默克尔也没有公开发表过批评。

默克尔遇到了其他麻烦：家庭部和妇女部再次合并。根据波恩总部不成文的规定，默克尔不能担任家庭部部长，因为她没有孩子。但转机来了。科尔对他的环境部部长克劳斯·特普费尔的行为不满。克劳斯·特普费尔是土生土长的西里西亚人，在萨尔州接受政治熏陶，被看作德国联邦环境政策的代表。该部在公众领域也仅用他的形象宣传，因为第一任环境部长沃尔特·沃尔曼在仅任职 10 个月后，就于 1987 年离职。特普费尔充分炒作这个热门话题，但同僚们和总理根本不喜欢这种做法。他很快就被视为科尔的潜在继任者。政府首脑并不希望这种情况出现。由于政府从波恩迁往柏林的工作非常拖沓：这为科尔提供了一个机会，任命特普费尔担任"搬家专员"，并为了保住面子，将他指派到"建设部"。

当联盟谈判仍在进行时，科尔问他的前任妇女部部长，她是否想接管环境部门。默克尔立即表示同意。在内阁名单公布之前，她对外部保持沉默。默克尔对这个"外部"的界限区分得异常严格：令科尔感到惊讶的是，即使在最紧密的圈子里，默克尔也没把消息外传。为了保险起见，他在两周后再次询问默克尔，她是否想接任该职位。沉默并不意味着对未来的任务不感兴趣，默克尔不想因轻率而威胁到职业变动带来的巨大喜悦。飞机起飞前不久，默克尔收到了自己即将升职的消息，为自己和一名员工点了香槟。"您这次看起来轻松多了，甚至非常朝气蓬勃。"摄影师赫林德·科尔布尔在为新环境部部长拍摄第一张照片时说道。

默克尔充满喜悦是有充分理由的。晋升到环境部意味着巨大的上升。通过提拔，总理对这位 40 岁的政治家充满信心。在此期间，该部门已发展成核心部门。环境部的议案影响着整个行业的盈利前景，德国人的生态意识使环境问题成为选举的决定性因素。相关的辩论也变得激烈。

由于具备自然科学背景，默克尔觉得自己已经为迎接挑战做好了准备：她能够轻松地理解极限值和半衰期的问题。与之前和西德女权主义者辩论相比，如果出现了她认为争议太大的情况，她能够在熟悉的事实基础上作出让步。我现在做的事情很有趣，作为环境部部长，我觉得自己很能干。在青年政策方面，她无法根据自己的知识作出许多评估。当谈到放射性或辐射的浓度时，我作为一名物理学家是可以理解的。

在许多记者看来，大部分公众认为新部长不适合该职位。人们普遍觉得，科尔辞退了一位知识渊博的部长，反而用一位无能且懒散的继任者取而代之。人们甚至不相信她会说一口流利的英语：在几个月后的国际气候会议上，一个东德人能够用"敌人"的语言表达自己的观点，这令许多西德观察者震惊。东德时期，默克尔在母亲身边长大，她的母亲是一名受过训练的英语老师。默克尔在英语专业杂志上发表过文章，一大早就在"勋豪瑟大街站"购买英国共产党的党报《晨星报》来巩固她的语言技能。

在妇女部之后，默克尔第二次负责涉及西德社会敏感主题的部门，首先是公众对核能的恐惧。最晚在1986年切尔诺贝利事故之后，大部分人都有核恐惧。科尔本能地对此做出了反应，成立了独立的环境部。新的部门负责人从媒体和无数对话中了解到这些情况。这些恐惧在老年德国公民中影响非常深，甚至超过了城市替代环境的影响。默克尔无法或者不想深究。

尽管如此，她对挑战之艰巨没有抱任何幻想。没有想到的是，在环境部的头6个月里，默克尔不得不为政治生存而战。首先，她必须让环境部听从自己的领导。第一个阻碍来自长期担任国务秘书的克莱门斯·斯特罗特曼。斯特罗特曼认为，在特普费尔领导时，他更愿意顾全大局，而将细节留给自己处理。在外人看来，斯特罗特曼想在"软弱的"新部长手下完全掌管这个部门。

默克尔不喜欢这样。与她过去经常采取果断措施一样，假期时她作出了成熟决定。1995 年 1 月 6 日，她刚从圣诞假期回来，就向这位自信的官员宣布，以后将不再需要他的服务。*我认为这个解雇是必要的，并且是正确的。*

波恩总部认为这是轰动事件。这位部长事先没与任何人商量，就像 4 年前任命她的国务秘书豪斯曼一样——只是这一次，她结束了斯特罗特曼的职业生涯，而不是提拔他。实际上，默克尔借此机会主动地排挤掉了一名男性竞争对手。对斯特罗特曼来说，这个消息完全出人意料。默克尔自己分析说：*我经常在很久以前就下定决心，但对方没有注意到，因为我总是非常友好亲切。*

了解并欣赏斯特罗特曼的环境记者们认为，他被解雇更是部长无能的表现。他们总结道：现在环境部没人知道该怎么工作了。默克尔从内政部调来法学出身的艾哈德·乔克来接替斯特罗特曼。她想要一名与环境政策利益团体不相干的官员，并且她最需要的不是自然科学方面的支持，而是法律上的专家意见。

核 物 理

处置放射性废料是当时最具争议的问题之一。早在 1977 年，社民党领导的联邦政府就决定在下萨克森州的戈莱本建立一个核废料存储库。1983 年以来，那里有一个临时储存库，运输集装箱可在其中存放数十年。然而由于民众抗议，并且自 1990 年以来，由社民党格哈德·施罗德领导的新州政府不断抵制，12 年里没有一个集装箱得以运送过来。相关人员对如何放置核废料来回推托。无论德国核能的未来如何，已经产生的废料都必须得到妥善储存。但核电反对者将该争议作为政治杠杆，迫使德国全面放弃核技术。

在默克尔上任前几周，她的前任特普费尔已指示汉诺威的施罗德政府，将核废料集装箱运送到戈莱本。他辩称，北巴登菲利普斯堡核电站的仓库已经装满，不能再推迟运输计划了。由于技术问题，吕讷堡行政法院中止了第一次尝试，但法官也没有从基本的法律角度完全否定临时存储的可能性。这也就意味着还可以进行第二次尝试。默克尔毫不犹豫。

1995年2月15日，即默克尔上任3个月后，她向下萨克森州下达新指示。这一次，施罗德和他的州环境部部长莫妮卡·格里法恩不得不服从指令。默克尔坚信，技术导致的风险在高度发达的西方工业社会是可控的。3月底，她亲自前往戈莱本，考察盐穹内核废料储藏库的情况。随后，她回答了记者的提问，并在警察的大力保护下参加了当地基民盟党代会。在后来的访问中，她才与核电反对者进行对话。她在1997年说道：我今年最明智的政治行为肯定是戈莱本之行，以表明我没有绝对的敌意。如果我先听了安全人员的意见和其他人的考量，我可能就不会去了。

记者、活动家和州政界人士对她在该场合的言辞感到惊讶。他们认为，默克尔完全信任联邦德国法律和立宪国家制度，并且毫不理睬人们对决议的抵制，因为这些决议是按照规定通过的。她无法理解"非法但合理的抗议形式"的微妙定义——即使十年后，她得知外交部部长约施卡·菲舍尔在年轻时，曾向警察投掷石块，她也是如此反应。部长谈到处理放射性物质，反对核电的人更加愤怒。当装运集装箱过程中出现问题时，她说，每个家庭主妇都知道，烘烤时周围会撒落少许粉末。另外，迄今为止，煤矿开采中的死亡人数超过了民用核能的死亡人数。因此，核电是"负责任的、生态清洁的、技术上高度标准化的"。

这样的现场亮相无疑给人留下了深刻的印象。施罗德周围的下萨克森州官员之前只是认为，负责该事务的联邦部长只是代表科尔，出于政治机会主义为核能辩护；现在他们不确定了："起初我们认为，嗯，她只是在胡言乱语，特别是紧紧围绕党的路线之类的套话。直到我们注意到：天哪，这背后的信念，是一位自然科学家的信念。"

部长确实赢了：1995 年 4 月 24 日至 25 日，在临时储存库建成 12 年后，一列装着核废料储存罐的火车首次从菲利普斯堡向戈莱本开去。

气候大会

这位部长在另一个领域也取得了她的第一个惊人成绩。这个成绩十分炫目，仿佛没有人相信新部长会一鸣惊人。1995 年 3 月 28 日，第一届联合国世界气候大会在西柏林城市高速公路边上飞船形状的国际会议中心拉开帷幕。这场会议可以追溯到三年前在里约热内卢举行的"环境与发展会议"，该会议制定了全球"21 世纪议程"。前任部长特普弗尔申请在柏林举行气候大会，希望能够自己主持会议。

现在这项任务落在了他的继任者身上。第一天，科尔总理以"地球母亲"为主题作了动人演讲，拉开活动序幕。随后，默克尔承担了艰巨任务，即在工业化国家和发展中国家的立场之间进行调解。会议的核心问题是，较不富裕的国家是否应该放弃发展潜力，以适应全球气候；无疑，富裕国家早已利用了这种发展潜力。默克尔不是在富裕的西方国家长大的，对她来说，理解这些问题可能更容易。尽管东德经济实力不大，却是地球的主要污染源之一。

但这项任务并不容易。会议接近尾声时，默克尔濒临崩溃。她的办公室主任鲍曼阻止了她："现在请您振作起来。"她以一贯直率的方式说道。默克尔照做了。4月7日，早上6点钟，她拟好协议，外面天已经破晓。又过了两个小时，气候大会正式通过了《柏林授权书》。默克尔在工业化国家和发展中国家之间的斡旋取得了成效。该协议要求，工业化国家到2000年将排放量减少到1990年的水平。这对德国来说特别容易，因为东德工业已经崩溃，无论如何都大大减少了温室气体的排放。关于如何实现这一目标，柏林的谈判代表们尚无法就具有国际法约束力的措施达成一致意见，但至少他们确定了进一步谈判的时间日程。

柏林会议对默克尔的未来职业发展至关重要。一方面，这位新部长终于摆脱了"没有经验的新手"的名声。《明镜周刊》甚至承认，必须"重视"这位部长。在当时被男性主导的德国新闻业中，《明镜周刊》被看作是大男子主义的堡垒。"出乎意料的是，安格拉·默克尔赢得了环保主义者的拥护。"该报刊大度地分析道："她没有大吹大擂，而是静水深流。"另一方面，在柏林国际会议中心没有窗户的房间里，她发现了自己对世界舞台的热爱和谈判促成协议的能力。默克尔再三使用这种方法来平息国内政治中的争端，包括2018年初她的最后一份联盟协议。然而，在她的总理任期即将结束时，这些方法也显示出危险性，因为矫揉造作的妥协方案越来越普遍。此外，在气候保护方面，实际执行往往比达成的意向声明更难实现。

默克尔当时对世界政治充满了新热情：就在我担任环境部部长之初，气候大会对我来说是一次很棒的经历。在这个过程中，我赢得了发展中国家的极大尊重。与工业化国家相比，在许多方面，他们的思想更灵活，也更乐观，也不像工业国家那样僵化。

她补充了一个警告：我们必须非常注意，不要告诉别人如何去做，这样在国际上会使自己变得边缘化。默克尔这位原东德公民更能感受到这一点，她还与发展中国家的政治家们分享了西德官员曾经对她非常傲慢的经历。

老对手施罗德

气候大会取得胜利后，国内政治更难处理。1995 年 5 月 17 日，安格拉·默克尔在内阁中泪流满面，当着所有她在东德时期钦佩的德国政治家的面。4 年半以来，她每周三早上都与这些人聚到一块。这在西德历史上从未发生过。她的行为似乎符合所有关于"一个女人"和"一个东德人"的陈词滥调：脆弱、爱哭。其他人则认为这是战术上的眼泪，以便在看似无望的情况下维护自己的利益。两者都不正确。环境部部长纯粹是震怒了。她觉得自己受到欺骗。也许她因气候方面的成功而喜不自胜，忽略了警报的信号。

春天，关于夏季雾霾的争论又回来了，今年更加激烈。由于天气异常晴朗，臭氧含量比平时高。一些科学家刚刚表示，怀疑这种刺激性气体可能致癌。对环境问题感到恐慌的德国民众处于骚动状态。下萨克森州环境部部长格里法恩表示，她将不让孩子们在户外玩耍。5 月 15 日的新一期《明镜周刊》抱怨，默克尔"没有完成她的工作"。

问题在于，大约 40% 的汽车仍在没有安装催化转化器的状态下行驶，而政府几年前就强制要求汽油发动机使用催化转化器。这些旧车辆会排放大量二氧化氮，二氧化氮在紫外线辐射下与空气中的氧气发生反应形成臭氧。20 年后，柴油车出现了类似问题。

默克尔做了她作为政治家本应避免的事：她在公众抗议的压力下，匆忙采取行动。她准备推出一项"夏季雾霾规定"，没有安装催化转化器的汽车速度受限或禁止通行，并与总理府部长弗里德里希·波尔商议了该法令。由于法令涉及交通部和经济部，需要递交内阁：只有在国务秘书筹备会议中通过的提案才会被列入议程。

但内阁会议上发生了本不该出现的情况：公开的争吵。同事们让默克尔陷入难堪。交通部部长马蒂亚斯·威斯曼也属于基民盟，他突然宣布，科学家们对禁止驾驶和限速的意义说法不一。自民党人、经济部长君特·雷克斯罗特表示，这个法令需要豁免商业和通勤交通。如果法令在这两个方面实施，可能会带来经济崩溃和度假者滞留在路边的场景。

总理最后问默克尔，她是否与党团协商过她的方案——不仅包括支持她的沃尔夫冈·朔伊布勒，还有基社盟主席迈克尔·格罗斯和自民党主席赫尔曼·奥托·索尔姆斯，他们对该环境政策都持怀疑态度。默克尔并没有和后两人商谈过，因为这只是一项不需要议会表决的提案。科尔以一种居高临下的态度要求默克尔，今后要提出"成熟的建议"。这一刻，默克尔哭了起来。

在仅仅几天后，波恩像往常一样达成妥协："通行规定"允许大量例外，因为这些情况在现实中几乎无法控制。此外，计划在一个联邦州进行速度限制实地测试，以检验对污染的影响。但是该提案被两个州拒绝了。默克尔当时的老对手、下萨克森州州长施罗德的州环境部部长大大助长了对臭氧的歇斯底里。默克尔也从中吸取了教训。当2018年至2020年柴油车驾驶禁令受到反对时，她像科尔过去那样：让她的部长解决争端，避免做任何个人决定。

　　1995 年，核废料被成功地运往临时储存库，但核政策之争并没有结束。默克尔延续了前任部长在联邦和州政府之间达成全面能源共识的目标。她再次举行对话。施罗德代表社民党领导下萨克森州进行谈判，默克尔由衷地厌恶这个人。她担任总理时，与施罗德的关系才再次缓和。施罗德原本准备妥协，原因有几个：他希望至少将部分德国核废料储存在戈莱本之外的地方，将其转移到德国南部的临时储存库；他想推动下萨克森州作为经济区；他想为他未来领导的大联盟铺平道路，并将在 1998 年的选举后争取实现该目标。

　　但他没有成功。同是社民党人的奥斯卡·拉方丹在 1995 年 11 月登上社民党的顶峰。来自萨尔州的拉方丹采取了不同的策略。他已获得了联邦参议院多数人的支持，希望将"改革积压"归咎于科尔，从而阻挠科尔政府的政策实施，为社民党的选举做好准备。这让有关能源共识的对话更加困难，因为一切都混杂在一起了：核废料处理问题、现有核反应堆的存在保证、未来是否建设新电站。硬煤生产补贴方面也存在争议。

　　两位有影响力的社民党领导人之间的竞争让默克尔处境艰难。施罗德将自己的失败归咎于默克尔。他先是立即公布谈判的所有阶段性结果，迫使自己的政党采取行动。但拉方丹不为所动。在会谈中，默克尔准确地察觉到两位社民党最高领导人之间所谓的信任关系。1997 年 8 月在萨尔施莱夫，两人面对摄像机还展现了伟大团结。默克尔告诉施罗德，他显然没有获得自己党派的谈判授权。施罗德公开回应：很不幸，环境部长在政治上天真无能，不具有谈判的能力。

　　安格拉·默克尔随后绕过施罗德解决了这个问题。她以不需要联邦参议院批准的方式制定了新的《原子能法》，并且幸运地瞒过了下萨克森州。我只是踢开了他，在无须审批的情况下就通过了《原子能法》。如果一个女人也挫败他的游戏，说明施罗德先生根本赢不了。就在谈判还在进行的时候，他就在想着怎样赢回比赛。我告诉他，总有一天，我也会把他逼到角落里。我还需要时间，但这一天会到来的。我很期待。

核废料运输问题

核废料运输问题再次被提上议事日程。1998年4月下旬，法国核监管机构与环境部取得联系。去年（1997年）莱昂内尔·约斯潘领导的法国左翼政府上台后，当局首次检查了运往海牙再处理厂的核废料运输程序。这位官员报告说，来自德国的储存罐附近的辐射也有所增加。默克尔身边的原子能部门负责人杰拉尔德·亨嫩霍费尔被环保活动家批评为强硬派，他周围的人并没有完全理解这些信息。显然存在一定的语言理解困难。

5月12日，法国运营公司科杰玛公司向波恩发送了测量记录。事情得以澄清。默克尔的人很快就明白了：他们必须立即面向公众，回应关于掩盖真相的指责。该部门发出一份新闻稿。起初，人们没有作出反应。紧接着，一个通讯社基于法国的报告写了篇文章。正是这篇文章将冰冷的信息变成了火爆的丑闻。即便是批判核技术的记者也写过，目前尚没有危及生命和身体的案例，核废料容器上的辐射比普通手表的辐射还低。但这并没有减少"放射性"核容器引起的骚动，"致命危险"这个词四处流传。警察工会谈到了"不人道的行为"。这些护送运输的警官以身体受到伤害为由提起刑事诉讼。

对默克尔来说，一场事关政治生存的斗争开始了。她多年来一直负责德国的核废料运输工作。如果环境部早就知晓核燃料公司公布的辐射伤害问题，那么默克尔的职业生涯就要结束了。所幸没有证据能证明这一点。但反对派转变了论点：1998 年 5 月 27 日，联邦议院的绿党主席约施卡·菲舍尔要求默克尔辞职，因为她太轻信了。

此时，默克尔的职位算是保住了。5 月 20 日，与核燃料公司召开危机会议后，她下令停止所有核废料的运输；5 天后，又提出了"十点计划"，引入"在辐射水平上升时有义务汇报"和新的运输组织方案，这些在以前是没有的。默克尔 3 年前曾为运输核废料努力，现在则是限制运输，但她也有同样决心。这成了后来她经常遵循的模式：越是因为过去的行为或言论陷入混乱，越是要果断划桨，穿越人们的嘲讽。

这一次，她的决定不仅是出于政治需要，也是出于对这个行业的真正失望。这些公司没有通知环境部部长，就悄悄地寻找解决方法，而部长一直十分关注这个问题——没有法律要求这些公司上报。相关的管理人员希望尽可能搁置此事，默克尔却无法照办。核燃料游说团体"原子论坛"的负责人不太情愿地道歉："核工业使部长陷入了相当大的政治困境，我个人感到非常抱歉。"默克尔第一次对西德商界领袖感到失望。

她果断地掉头，从而迅速平息了争论，也挽救了自己的职业。虽然大体只有四天非常紧张，但我感觉已经在水里闷了好几天了。回想起来，那时就像看不到尽头，似乎是无止境的。虽然只有几个员工，但人们不能在政治上孤军奋战，而是需要几个好朋友。

在联邦选举开始时，这个事件已不再是话题。科尔已经担任总理长达 16 年，人们传言，他的时代可能就要结束了。默克尔的政治崛起要感谢科尔的赏识，她认为这是个非常可怕的预言。

总理迟暮

默克尔无法阻止科尔再次参加总理竞选。科尔没有和任何人商量，几乎是顺便地宣布了这个决定。1997 年，选举还有一年半，他在巴特霍夫加施泰因的复活节假期接受电视采访。科尔让观众知道，他有义务"在目前的情况下这样做"；他主要提到了引入欧洲共同货币政策和欧盟东扩，但也提到了社民党在联邦参议院阻挠税收和养老金改革。《明镜周刊》记者于尔根·莱内曼几天前描述过基民盟的困境："赫尔穆特·科尔在掌权 14 年后，从一场危机跌入到下一场危机——但仍然是基民盟的唯一希望。"

总理事先几乎没有向任何人透露这个专断的决定。前一天，沃尔夫冈·朔伊布勒在根恩巴赫吃午饭时，接到了科尔的电话。沃尔夫冈·朔伊布勒有可能是他的继任者。朔伊布勒刚刚开始为自己的候选人资格做准备。1 月初，朔伊布勒在《明星》杂志上抛出了这个问题："一个跛子当总理？没错，人们会问这个问题！"他没有给出答案，但似乎很明显，他努力地用其他方式来代替"是"这个答案。

但是，他无法下决心公开反对科尔。仿佛他是德国政界的查尔斯王子，这位王位觊觎者一直在等待，永远的君主终将有一天会将王位传给他。这种王位继承很少在民主国家奏效，朔伊布勒知道这一点。科尔 1997 年秋季在莱比锡党代表会上，宣布朔伊布勒为 2002 年的潜在继任者，朔伊布勒当时就感觉这个意图不诚实，非常气恼。他回想起来抱怨道，在政治上，不存在提前预备的人事决定，只能到时见分晓。

自 1994 年大选以来，默克尔认为朔伊布勒是下一位总理候选人，虽然科尔毫无异议地赢得了 1994 年的大选。她相信权力更迭的时刻已经到来。在她看来，"统一总理"执政的最后几年，其功绩在于过去而不是未来，这对她来说是一种折磨。不仅部长这样看，变革的呼声也四处响起。德语协会宣布"改革积压"是 1997 年的年度词汇。在科尔自我赋权几周后，联邦总统罗曼·赫尔佐克在"柏林演讲"中要求："德国必须遭受一次大震动。"这也可以视为对政府首脑再次参选的评论，而罗曼·赫尔佐克的总统一职正是科尔任命的。

因过去的成功而骄纵的德国发觉自己的处境不太乐观。1997 年的失业率达到了 12.7% 的历史高位，直到 2005 年失业率才再次短暂超过这个数字。在科尔时代末期，将近 440 万人没有带薪工作。东德加入后，公共预算的债务几乎翻了一番，从一万亿增加到超过两万亿德国马克。大多数其他西欧国家的经济状况要好得多，东欧的增长率更高。德国统一带来了迟发后果，其成本在很大程度上必须由社会保障基金承担，最终由雇员和雇主共同承担。此外，在东部较贫穷的邻国，由于员工薪资低廉，也是德国劳动者的竞争对手。

科尔谨慎地尝试采取对策，例如在养老保险中引入人口因素或生病时的无薪等待期，但他没有取得成功。联邦参议院中社民党对他的抵制也是一个原因。在州选举中，选民会周期性地反对波恩的执政党，这个旧规律再次出现。在科尔任职期间，新一代的社民党人是许多联邦州的执政党。

国际趋势也影响着选举行为。1982 年科尔首次当选联邦总理，他是迄今为止自由保守转向中最温和的代表，其他代表人物还包括英国首相玛格丽特·撒切尔和美国总统罗纳德·里根。这也告别了西德总理维利·勃兰特、奥地利总理布鲁诺·克雷斯基或瑞典首相奥洛夫·帕尔梅的社会民主主义 70 年代。现在，钟摆似乎又摆到了新的社会民主主义。比尔·克林顿 1993 年在美国上台，左翼民主党人罗马诺·普罗迪 1996 年在意大利上台；托尼·布莱尔 1997 年在英国上台，同年，保守的法国总统也不得不与社会党总理分享权力。1995 年，41 岁的社会民主党人亚历山大·克瓦希涅夫斯基入主波兰总统府。

尤其是克林顿和布莱尔，二人将自己展示为新一代社会民主主义的代表，就像维利·勃兰特曾经做过的那样，承诺转向"新中心"，并在旧左派和完全解放的资本主义之间开辟"第三条道路"。他们都想实践共同会议上的"渐进式治理"理念。和丰富的革新和觉醒相比，一位在下次联邦选举时 68 岁、已在位 16 年的德国总理，只显得老气横秋。人们几乎忘记了，科尔也曾经作为一名年轻的改革者走上舞台；1967 年，他在联邦理事会谴责该党的非法捐赠制度是"可耻的"。

已有迹象表明，变化即将到来。在 1994 年的联邦选举中，一批年轻的基民盟成员进入了联邦议院，人们后来把他们看作是默克尔一代的代表，例如：彼得·阿尔特迈尔、罗纳德·波法拉、诺伯特·罗特根、埃卡特·冯·克莱登、赫尔曼·格罗、阿明·拉舍特。在科尔晚年，他们定期与绿党同龄的同事们会面，这些绿党成员在休整 4 年后再次加入议会党团，因此出现了大量新成员。在科尔也经常光顾的一家高档意大利餐厅的地下室里，他相当不情愿地容忍了这些基民盟成员和绿党成员的对话探索。朔伊布勒则善意地关注双方的交流；他已经帮助绿党的安杰·沃尔默于 1994 年进入联邦议院主席团。关于"比萨联盟"的阴谋论很快就出现了，它也暗指一部黑手党题材的电影，尽管这家餐厅并不卖比萨饼。

这些年轻人主要在移民和融入政策方面更新了党内路线。他们希望为在德国出生的外国人引入双重国籍，这个想法遭到了当时联邦内政部长曼弗雷德·坎瑟的强烈拒绝。由于后排议员和副党主席之间存在等级差距，也可能因为默克尔非常谨慎，年轻的自由主义新生力量还没有与她密切接触。"当时，安格拉·默克尔在环保领域做了很多我们喜欢的事情，"阿尔特·迈尔后来谈到"比萨联盟"时说道，"往往由内阁决定后，我们才知道。当时她并不需要为自己的职位寻求盟友，或许她也没找过。"

由于科尔非常固执，默克尔也倍感压力。她在后来的献金丑闻中表现得非常激进和公开，在此之前，她已经逐渐开始脱离她的前支持者。科尔在复活节期间向德国观众宣布，准备再次参选，这个消息令默克尔感到震惊。虽然无法类比，但从东德总书记昂纳克的晚年经历来看，她预感科尔的统治肯定会在某个节点结束：议会任期的沉重收尾，基民盟的缓慢革新，1998 年 9 月的选举失败。这一天到来了，只有默克尔个人从这一系列事件中最终受益。

即使默克尔当时还没有希望成为总理，也决定以后要采取不同的做法：我想在合适的时间点离开政坛。这比我以前想象的要困难得多。但我不想在离开政坛后成为一个半死不活的人，而是在一个无聊的阶段之后做点不同的事。

3. 反对党（1998—2005）

秘 书 长

1998 年 9 月的最后几天，游客们见到的环境部部长非常开朗愉快。在早上与记者会面时，她坐在那里，轻松地谈论着早餐鸡蛋。安格拉·默克尔显然对未来持乐观态度，尽管她很快将不得不离开她的办公室。科尔宣布将竞选下一届总理之后，被挡住道路的沃尔夫冈·朔伊布勒本人在春天就预言：基民盟将在联邦选举中惨败。9月27日，预言成真，联盟党只获得了35.1%的选票。在联邦德国成立的49年中，36年中的政府首脑都出自基民盟。他们认为这是理所应当的权利。社民党选举获胜者格哈德·施罗德也没有选择联盟党共同组建大联合政府。选举结果已经非常明确，赫尔穆特·科尔长达16年的总理任期即将结束。社民党和绿党获得了联邦议院的多数席位，来自东部的民社党首次进入了议会。

默克尔认为，与其说这是基民盟的失败，不如说这是结束老总理统治的机会。在选举之夜，68岁的科尔宣布，辞去已担任了25年的基民盟主席职务。此刻，是时候为基民盟开辟合乎时代精神的新道路了，就像在60年代，教皇约翰二十三世曾经领导天主教进行现代化改革。科尔的口号是"安全而非风险"，在竞选中显得相当过时；这也加深了人们对他的负面印象，认为他是"改革积压"的罪魁祸首。而默克尔提出了"风险而非假安全"的观点，很快将其公之于众。默克尔希望，在经济和社会模式方面，基民盟的社会政治指导方针能够保持开放和自由化，即摆脱传统的德国福利国家模式，接受新的家庭形式。她的观点符合时代趋势，下萨克森州总理施罗德竞选时的路线也是如此。默克尔当时认为，她的社会化过程没有受到西德的影响，因此能够更彻底地摆脱桎梏。

当然，默克尔也希望自己有所作为：在党内获得更大的影响力和进一步晋升的机会。科尔内阁的许多部长级同事都上了年纪，无法重新启动，在可预见的未来就会离开联邦议院；而默克尔才 44 岁，政治前途一片光明。

沃尔夫冈·朔伊布勒曾在联邦议院担任联盟党团主席长达七年。众望所归，他现在成了党主席。虽然不是政府首脑，这位"永远的王储"在 56 岁时也升到了最高职位。朔伊布勒与科尔的距离最近变得非常大，他似乎可以有一个新的开始。无论朔伊布勒是否愿意，他与科尔的政治遗产都有很大关联。

由于朔伊布勒担任基民盟主席，他需要一个特别可靠的秘书长——或女秘书长——在党总部。作为主席，他有独自任命这个职位的权利。他需要一个值得信赖的人，这个人拥护革新，不怀念科尔时代，并且有一定的政府工作经验，还得有高水平的智力和快速理解力，不会独断专行或过分渴望权力。来自东德的申请人——和女性——也受到欢迎。拥有所有这些品质的人正是安格拉·默克尔。

联邦选举后不久，朔伊布勒就问即将卸任的默克尔，是否想成为他的秘书长。正如她后来回忆的那样，这个提议让她感到惊讶，因为她实际上已经做好准备，担任更温和的职务，例如成为一名副主席。基民盟第一次让东德人坐上一个独立的位子。迄今为止，她都是主席团或联邦政府等集体委员会中的一名成员，算是配额席位。这是默克尔最后一次通过支持者的提拔而不是靠自己的力量，在职业生涯中又迈出了一步。

在联邦选举失败两个半星期后，即 10 月中旬，默克尔的履历已广为人知，受到多家媒体好评。他们写道，这是一场结合了"恢复活力和连续性"的"成功一击"。

基民盟内部的职位分配在当时并不是公众关注的焦点。格哈德·施罗德和约施卡·菲舍尔才是真正站在舞台上的人。新总理在 10 月 27 日当选后，他承诺会坚定"改革的决心和勇气"。由于朔伊布勒曾是科尔信任的人，现在默克尔是他的下属，这令施罗德感到棘手。此外，这个新的秘书长还象征着一个新开始。

11 月初，在波恩玛丽蒂姆酒店举行了为期一天的特别党代会，该会议旨在选举基民盟新领导层。此时，安格拉·默克尔成为焦点。七年前，她被选为赫尔穆特·科尔的唯一副手也是如此。这一次，默克尔获得了 93.4% 的代表支持，她比之前更受欢迎。在她的就职演讲中，面对代表们，她没能免俗地引用了作家赫尔曼·黑塞的一句话："每个开始都蕴含着一种魔力。"赫尔穆特·科尔被授予名誉主席称号，他误以为，自己对基民盟产生积极影响的时代已经结束。

默克尔在就职演说中宣布，就现在而言，风险比安全更重要，而非相反。一些科尔的旧支持者认为这是一种威胁。在波恩的阿登纳大楼，默克尔以前作为基民盟副主席主要负责一些代表性的工作，而现在则负责战略性领导工作。党代会结束后，她立即开始调动人员。第一件事就是让她的好友威利·豪斯曼回到她身边，他曾被借调到妇女部，辅佐克劳迪娅·诺尔特四年；克劳迪娅·诺尔特在默克尔被调离后担任妇女部部长，继续处理那些棘手的问题。豪斯曼现在是基民盟的联邦常务董事。

1999 年 1 月，默克尔提拔一名年仅 28 岁的年轻人担任基民盟发言人。这个名叫伊娃·克里斯蒂安森的年轻人来自波恩，学经济学专业，最近才被新闻办公室聘用；她最初只是临时负责经济新闻，朋友们认为，她为此放弃公司里的永久职位是不明智的。她一直陪伴着默克尔，直到默克尔的总理任期结束，最近担任总理府的媒体顾问。默克尔之前的发言人格特鲁德·萨勒留在环境部，因为她不想一起搬到柏林。默克尔在人员任用方面是成功的，她比格哈德·施罗德更频繁地利用媒体与党外取得团结。克里斯蒂安森能够在亲切的对话中传达她上司的世界观，这种方式让记者们印象深刻。在与记者们交谈时，克里斯蒂安森也能够判断，广播公司和报纸对基民盟和默克尔可能做出的决定有何反应。她看上去像默克尔本人一样朴实无华，这更突显了二人在精神上的相似性。克里斯蒂安森的旁边是办公室主任比特·鲍曼，鲍曼跟随默克尔去了党总部，并一直是默克尔最重要的顾问。

对默克尔来说，权力更迭的一年似乎即将结束。在搬到柏林之前，联盟议会党团仅有的 245 名议员最后一次在波恩举行了圣诞晚会，更准确地说：在巴特哥德斯堡的市政厅。在这座建于战后初期的建筑中，社民党于 1959 年推行了《哥德斯堡纲领》。这天晚上，默克尔与议员弗里德里希·梅尔茨进行了长时间的交谈，梅尔茨与默克尔几乎同龄，他能言善辩、年轻有为，在议会才工作了 4 年。沃尔夫冈·朔伊布勒刚刚将他提拔为党团副主席之一，负责经济和财政。默克尔和梅尔茨都受到朔伊布勒青睐，两人打算在 2002 年推举朔伊布勒为总理候选人。他们都希望彻底摆脱科尔后期的停滞状态。从那天晚上开始，两人一直用"你"来互称①。

在假期的宁静时间里，默克尔采取了保守派长期以来一直建议的步骤。她与党主席朔伊布勒通了电话，这是例行谈话的一部分。这几天她都是仓促地结束谈话：她告诉百思不得其解的朔伊布勒，她真的非得挂断电话，因为她在登记处预约了要办事。默克尔与男友一起前往米特区的登记处，这个登记处在 1997 年至

---

① 德语中熟人、朋友之间互称"你"，不熟的人或上下级之间一般互称"您"。——译者注

2001 年位于华尔街的一座不起眼的建筑内，在施皮特尔市场和马尔基什博物馆之间。几天后，即 1999 年 1 月 2 日，《法兰克福汇报》上刊登了一条"家庭通告"，大约只占一个烟盒底部那么大的板块。第一行写道"我们结婚了"，第二行字是"安格拉·默克尔—约阿希姆·绍尔"。最后一行，即第三行落款是"柏林，1998 年 12 月"。默克尔以自己的方式迈出这一步，并非为了刻意说明什么，仿佛只是顺便去登记结婚。

圣诞假期期间，默克尔从新办公室收到一条不愉快的消息：她从媒体上获悉，基民盟正在策划一场签名运动，反对新组阁的红－绿联盟政府引入双重国籍政策。巴伐利亚州州长、已当选的基社盟主席埃德蒙·斯托伊贝尔甚至呼吁，在 10 月就该政策进行全民公投。作为姊妹党的领袖，朔伊布勒反对这种措施，但不反对其目的：基民盟应当将人们对双重国籍的保留态度化为己用。因此，在 12 月 18 日的私人谈话中，他建议基社盟主席组织一次签名集会，反对修改《国籍法》，而不是进行全民公投。黑森州反对党领袖罗兰·科赫是这场抗议活动的推动者，他想在 2 月初的州选举中获胜，正在寻找一个动员话题。当斯托伊贝尔在 1 月公开此事时，除了三位主要参与者和负责的党团副主席于尔根·吕特格斯之外，联盟党中的任何其他人都不知晓。对朔伊布勒来说，现在已经没有回头路了，他在这件事上更像是被动者。

默克尔作为秘书长从圣诞假期提前回来了。她对这种冒险感到震惊，基民盟内部也不止她一人反对。她在内部表示，她完全反对这种可以重新引入死刑的民粹主义方法。

这一行动违背了默克尔的两个核心信念：德国向世界开放以及尊重代议制民主制度。在代议制民主制度中，人民委托议员做出决定。从这个角度来看，这个行动就像《法兰克福汇报》评判的那样，是一种"倒退"。秘书长只在公开场合谨慎地表示，她保留意见。

其他基民盟党人则公开批评，其中一些人多年来一直努力争取更自由的融合政策。萨尔州的彼得·穆勒、彼得·阿尔特迈尔和莱茵地区的诺伯特·罗特根此前曾倡导，至少可对儿童施行双重国籍政策。现在，汉堡的奥莱·冯·博伊斯特、图林根州州长伯恩哈德·沃格尔、前联邦议院议长丽塔·苏斯穆特和前秘书长沃尔克·鲁赫都反对签名运动，这些人是最著名的批评者。1月初，基民盟理事会在波恩附近的科尼希斯温特举行了内部会议。在会议上辩论该提案时，其他质疑者则通过沉默或缺席来表明他们的保留态度。

最后，委员会还是几乎一致同意收集签名，因为朔伊布勒和默克尔将该行动看作是一座桥梁，为更多的融入措施作准备。所有参与者都知道，这只是说得好听；公众则会认为，联盟党现在开始收集"反对外国人"的签名。朔伊布勒两个月前才当选党主席，反对者们无法立即让他下台，于是他们迅速将这一行动计划公之于众。这一事件使朔伊布勒再次受到伤害。

但他们几乎无法在背后中伤黑森州反对党领袖罗兰·科赫，因为他在2月7日赢得了州选举。人们起初以为，科赫作为基民盟党团副主席之一，在全国范围内鲜为人知，似乎不是社民党人汉斯·艾歇尔的对手。汉斯·艾歇尔作为州长沉稳老派，广受欢迎。然而，由于新的红－绿联盟政府的受欢迎程度迅速下降，情况发生了变化。科赫希望签名运动能产生关键作用。柯尼希斯温特的辩论结束后，他与朔伊布勒、默克尔一起将该运动告知公众。

默克尔这位新秘书长上任仅两个月，因明显不愿意加入运动而收获两个对手：一位是埃德蒙·斯托伊贝尔，默克尔后来与他达成战术合作；另一位是罗兰·科赫，她后来在一次党代会上，无意间把他的名字读成了罗兰·科茨①。她知道，在赫尔穆特·科尔之后，基民盟的革新并不像希望的那么容易。科尔不情不愿地退出之后，基民盟如果不偏向右翼民粹主义，那么就可能转向温和的自由主义或严格保守派。鉴于新上台的红 - 绿政府人气下降，联盟党认为，虽然他们在 9 月的大选中失败，但并不是真的输了。这让他们错误地希望，通过疯狂的围剿可以迅速打倒所谓的"非法继任者"。

在默克尔和革新派看来，情况变得更糟。2 月 7 日，科赫赢得了黑森州选举。签名运动的支持者认为，这是对他们的路线的肯定。默克尔感到有必要公开进行自我批评。她声称：*我认为这是一个缺陷，我不觉得这个话题能帮我们赢得选举*。3 月初，奥斯卡·拉方丹也从联邦财政部部长和社民党主席的职位上仓促离开了。基民盟党人普遍认为，红 - 绿联盟的继任者根本没有能力执政，1998 年秋天的选举结果只是历史错误。

4 个月后，欧洲即将大选，基民盟信心大增。朔伊布勒和默克尔在双重国籍之争后，甚至自嘲一番。"欧洲和我们一样：并非只有一种看法，但总归走同一条路"——他们在一张选举海报上这样写道，上面还展示了基民盟主席和秘书长。6 月份的投票为联盟党带来了胜利，他们获得了 48.7% 的选票，比科尔 1976 年和 1983 年出色的选举结果更上一层楼。

暑期结束后，一系列比赛继续进行：在萨尔州，基民盟政治家彼得·穆勒成为州长；在图林根州和萨克森州，基民盟的席位

---

① 德文为"Kotz"，意为"呕吐"。——译者注

大大增加，并将社民党挤到第三名，落后于民社党。在北莱茵－威斯特法伦州的地方选举中，基民盟首次成了鲁尔区的执政党，这里是社民党的传统根据地。在柏林，市长埃伯哈德·迪普根成功挫败社民党人沃尔特·莫珀卷土重来的企图。即使在基民盟支持者较少的地方，例如不来梅和勃兰登堡州，局势也朝着明显对他们有利的方向发展。在全国范围的民意调查中，联盟党 11 月的支持率接近 50%。

赫尔穆特·科尔认为这是一种肯定。朔伊布勒和默克尔衷心希望，这位名誉主席能够飘然隐去。科尔从联邦总理和党主席职位退下后，并没有甘于寂寞，他继续参加委员会的所有会议。在会议上，他虽然什么也没说，但面部表情更鲜明地发表了看法。在联邦议院的制宪会议上，他未经询问就坐在为第一任议会常务董事、朔伊布勒的好友汉斯－彼得·雷普尼克预留的座位上。他还要求在党总部有自己的扬声器。他抱怨道，在党代会上，讲台后面的墙不再是白色，而是蓝色。他也想念音乐家弗朗茨·兰伯特，兰伯特在电视节目《蓝山羊》中开始了他的职业生涯。在科尔时代，他会在党代会之夜演奏电风琴。

科尔仍试图分庭抗礼。1999 年春，基民盟想用"爱尔福特指导原则"更新党的纲领。这位名誉主席得意扬扬地走进党代会，深知朔伊布勒这位坐轮椅的继任者无法将他的风采比下去。"那时我就明白了，我不适合登台表演。"沃尔夫冈·朔伊布勒在回忆录中苦涩地总结道。正如前秘书长沃尔克·鲁赫说的那样，这也鼓舞了新的基社盟主席埃德蒙·斯托伊贝尔，"篡夺"党代会的主导权。

安格拉·默克尔不想因意外的选举成功使基民盟革新受阻。她想利用柏林和石勒苏益格－荷尔斯泰因州选举之间剩下的 4 个半月来实现这一目标。1999 年 10 月下旬，她和最亲近的党友来到前波美拉尼亚的达尔斯半岛召开内部会议。一项新的家庭政策象征着党的路线变化：扩建儿童托管所、协调家庭和工作、帮助单亲父母、初步认可同性伴侣关系。在融入政策的不快争端之后，基民盟总算更贴近德国的新局面了，这令默克尔很高兴。这些计划预计于 12 月中旬在一场小型党代会上进行最终表决。党主席想在 11 月初发表"千禧年演讲"。"2000"年激发了人们的想象力，喜忧参半。

政治献金

　　1999 年 11 月 4 日，星期四，朔伊布勒在背景讨论中，打算让记者在情绪上有所准备，他将于周日进行"千禧年演讲"。但记者们的注意力很快转向了别处。德新社援引《图片报》的报道称，奥格斯堡地方法院已对 1971 年至 1992 年担任基民盟财务主管的沃尔特·莱斯勒·基普发出逮捕令，他曾卷入 80 年代的政治献金丑闻。检察院指控他于 1991 年夏天在瑞士购物中心的停车场从军火商卡尔海因茨·施莱伯那里收到了 100 万马克，但没有按规定将这笔钱作为收入缴税。这听上去不像是新的政治献金丑闻，而是以前的贿赂案扩大了，涉及向沙特阿拉伯运送的 36 辆二手狐式侦察坦克。

　　基普居住在陶努斯山区的科尼施泰因，他本人于次日早上 7 点左右出现在地方法院，接受全面审讯。除了他的辩护律师外，还有基民盟财务顾问韦劳赫陪同。默克尔现在才知道，韦劳赫也是基普的个人税务顾问。审讯持续了一整个下午，长达 5 个小时。默克尔试图找出一些相关信息，但都没有收获。基普没有表现出与他自己的政党合作的意愿。另外，他告诉周日版《世界报》的一名记者，司法部门正在"诽谤"他，他将全面恢复名誉。

他还宣布，将按计划前往美国长期旅行。唯一可以确定的是，这笔钱没有作为捐款被列入基民盟 1991 年的账目报表中。

周五下午 6 点左右，默克尔在黑暗中摸索着出现在媒体面前。她不得不回答记者的提问。她没什么好说的，只能按惯例表示愿意保持透明：我们将从各个方面彻底澄清事情经过。由于资金已被存入托管账户，其他人很难拿到文件。令人费解的是，基民盟财务顾问霍斯特·韦劳赫也联系不上。这在外人看来，默克尔的话并不可信，也给人一种基民盟没有兴趣作出全面说明的印象。

调查部门不断泄露新信息，媒体和前负责人都知道这些信息，但现任领导层却不知晓。默克尔担任秘书长已将近一年，现在遇到了最大的考验。过去，基民盟总议会党团能够在前面挡着，而此次政治献金事件则把她这位党组织负责人置于聚光灯下。在接下来的几周内，基本态势没有什么变化：默克尔遭受了信息不对称的困扰。记者们总是知晓调查的进展情况，尤其是《南德意志报》的汉斯·莱恩德克；由于当时的大部分报纸还没有网络版，默克尔和她的部下必须在发布消息前的晚上搞到印刷清样。

默克尔知道，在丑闻事件中最好保持坦诚沟通。缺乏透明度只会使一切变得更糟。她别无选择，只能尽可能地让自己了解最新情况，并试图让公众相信，新的基民盟领导层愿意澄清事件真相。她几乎夜以继日地与老朋友贝特·鲍曼、新闻发言人伊娃·克里斯蒂安森一起工作：献金事件将团队凝聚在一起。党主席沃尔夫冈·朔伊布勒过于接近"科尔体系"，因此无法自信地做出正面或负面的回应。他后来回忆，如果他在 11 月 4 日辞职，则是更明智的做法。

此时，赫尔穆特·科尔表现得仿佛与这些问题无关。在随后的几年里，他几乎没有为澄清事实作过努力。他宁愿在内部会议上就全球政治发表演讲，而不是介入此事。11月9日正值柏林墙倒塌10周年之际，即基普在科尼希施泰纳接受审讯的4天后，科尔在大肆宣扬他"团结总理"的名声。科尔在联邦议院发表演讲，晚上与他的前对话伙伴老布什、米哈伊尔·戈尔巴乔夫共进晚宴。当时公众也没有将献金事件看作是科尔的丑闻或涉及基民盟核心。

在基民盟财务顾问韦劳赫于11月23日向奥格斯堡检察院作出全面陈述后——审讯持续了7个小时——科尔逐渐紧张起来。当联邦议院讨论成立一个调查委员会时，科尔从座位上跳起来，拿起麦克风说道："不能这样，这是诽谤。"

公众和基民盟秘书长直到两天后才知道韦劳赫审讯的结果。《南德意志报》当晚发布了预先通告。按照韦劳赫的供述，报纸称，人们发现"一些文件，这些文件涉及基民盟所谓的信托－托管账户系统，该系统分支广泛"。经科尔批准后，审计员开立了账户，并在全权代表乌韦·吕希耶的指示下，多次向各个党支部转账。作为遮掩，他打散了来自各公司的巨额捐款，因此党内的账目报表是不正确的。基民盟前秘书长海纳·盖斯勒第二天公开证实了这些指控，并尽力让自己不成为靶子。"除了联邦办公室的预算，还有其他账目，这是真的，"他在广播中说道，"我一直认为这是错误的。"

对默克尔来说，情况非常糟糕：最迟自1999年11月26日以来，基民盟一直处于丑闻旋涡中心，这让人极易联想到它的意大利姊妹党：意大利基督教民主党。7年前，该党也被揭露出捐赠丑闻。当时和现在一样，刚开始调查的时候并不起眼，只是米兰的一家养老院出现了舞弊行为。不久之后，这个曾经是世界上最强大的基督教民主党所剩无几，它从1946年到1992年统治着意大利第一共和国，几乎毫无竞争对手。基民盟与其他联邦议院政党不同，此时新的党总部尚没有完全安顿下来，在首都只有临时办公场所。这一危机具有象征意义。自此次捐献丑闻以来，施罗德－菲舍尔政府再次居高临下，庆祝新的"柏林共和国"已经到来，而基民盟似乎陷在了波恩的旧世界。

安格拉·默克尔意识到基民盟已危在旦夕。首先要做的是澄清事实。常务董事豪斯曼要求韦劳赫和基普，立即将所有文件交给基民盟。韦劳赫很快就交出了文件。安永公司的审计师受朔伊布勒和默克尔的委托，立即着手审查基民盟账目。朔伊布勒于11月30日召开主席团会议，在他的敦促下，科尔作了部分供述，这让基民盟领导层十分震惊。随后，科尔面见媒体。他第一次承认秘密账户的存在，并为这些账户承担政治责任。然而，他将问题留给了继任者朔伊布勒。第二天晚上，在议会党团的圣诞晚会上，科尔挨个桌子告诫议员，不要再为这件事愤怒了，毕竟各州基民盟也乐意收他的钱。这令默克尔非常不快。

主席团会议两天后，即12月2日，豪斯曼致电韦劳赫。鉴于反对党现在正在争取成立调查委员会，他想知道韦劳赫是如何拒绝向检察院提供证据的。韦劳赫对这个问题感到惊诧：他已将审讯记录发送给基民盟联邦办公室了。豪斯曼一无所知，默克尔和朔伊布勒也是如此。经过打听，他得知会议记录已交给部门负责人特林登，便立即通知了秘书长。默克尔乘火车找到特林登：文件已经不在他手上了，他已经交给了科尔。得知这一骇人的消息后，默克尔前往国会大厦找到朔伊布勒，朔伊布勒立即将特林登免职。科尔随后要会见朔伊布勒，被他拒绝了。

在这次全体会议上，党团主席发了言。这次会议涉及成立捐赠事件调查委员会，更准确地说：人们怀疑基民盟受贿后，才将狐式坦克卖给沙特阿拉伯。朔伊布勒本可以把事情处理得简单一些；政府和反对党已经同意提前成立委员会。但朔伊布勒认为，应当把这件事的关系搞清楚。在没有被问到的情况下，他就承认了曾见过军火商施莱伯：在 1994 年的竞选活动中，当时的财务主管鲍迈斯特邀请他们参加筹款晚宴。

调查委员会中的绿党主席、议员汉斯－克里斯蒂安·斯特罗贝莱冷静地问道："带没带手提箱？"朔伊布勒不想过于坦诚，说道："没有手提箱。"这改变了朔伊布勒坦白的目的，也犯了他政治生涯中最重大的错误。他没有按预期打算的那样解决问题，而是对议会撒了谎，因为当时他从施莱伯那里拿了 10 万马克。现在至少有两个关键人物不得不出面：科尔，他是捐赠事件的当事人；默克尔，朔伊布勒在她就任秘书长后也曾经告知她此事。

在接下来的两周里，审计员们审核了文件。第一个信息被揭露出来：黑森州基民盟在列支敦士登设有账户。记者们这几天注意到，默克尔正在"温和又严厉"地与科尔割席。她穿了细条纹西装外套，可能是看到了未来的职业发展；《图片报》称她为秘密总理候选人，因为她在捐赠事件中扮演着澄清者的角色。默克尔与朔伊布勒一起制定了一份需要科尔回答的问题目录。问题还涉及潜在的捐赠者姓名，对此科尔并没有回答。

为此，12 月 16 日，这位前总理出现在电视上，参加德国电视二台的一个名为"现在怎么办，科尔先生？"的节目。默克尔只能再次打开电视，随着电视中谈话的进行，默克尔越来越惊恐。科尔承认，在 1993 年至 1998 年，他接受了 150 万至 200 万马克的捐款，但没有按规定登记。与基民盟领导层的要求相反，他拒绝透露捐款者的身份，他说道："我不想透露他们的名字，因为我已经承诺了。"科尔想通过筹集新的捐款来弥补财政损失和信心下滑，这也是他用来维持政治机器运转的润滑剂。

最迟在这天晚上，默克尔意识到她必须采取行动。虽然她在采访中已经多次声明，她反对科尔，但显然没有穿透力。如果不明确地划分界限，基民盟作为一个全民党很快就会沉没，秘书长也会被拉下水。即便是基民盟在这个丑闻中幸存下来，党主席朔伊布勒的政治生涯也基本结束了。如果默克尔再没有作为，就会和他一起下台。

断 交 书

经过一个周末的考虑，默克尔决定做点什么。她周一写下了想法，周二，即平安夜的前三天，她亲自打电话给《法兰克福汇报》的议会编辑部负责人卡尔·费尔德迈耶，向他推荐自己的文章。卡尔·费尔德迈耶正在吃午饭，她等到了下午3点左右才联系到这位编辑。默克尔强烈希望在假期前发表她的文章，但费尔德迈耶怀疑这篇文章是否具有相关性：默克尔只是以"顺势疗法的剂量"批评了科尔，费尔德迈耶这样评价道。然而法兰克福的编辑们却有其他看法。第二天报纸上刊登的标题是："默克尔：科尔时代已经无可挽回地结束了"。原始文章出现在第二页：

这些由科尔授权的事件对党造成了损害。在合法交易的前提下，信守承诺并置身于法律和秩序之上，这是可以理解的，但在非法交易的情况下则不然。党必须学会走路，必须相信自己，即使未来没了老战马——赫尔穆特·科尔经常这样自称——也能与政治对手抗衡。就像青春期的少年必须离开家，走自己的路，但是仍然站在给他留下持久影响的人的身边——这种影响或许在未来更深刻。

从那时起，人们将这篇文章称为默克尔写给科尔的"断交书"。党主席沃尔夫冈·朔伊布勒正在从根恩巴赫的家中赶去参加主席团的另一次危机会议，他在途中阅读报纸时看到了这篇文章。这场会议本计划讨论审计员的中期报告，为此，他前一天还多次给秘书长打过电话。然而在电话中，默克尔没有提起她在报纸上发表这篇文章的事。

主席团会议上，在场的人对秘书长的态度还是比较友好的，但科尔的忠实粉丝们都待在了家里。前总理科尔本人也不知所踪。委员会此时正式要求科尔提供捐款者的姓名。朔伊布勒称，默克尔未经协商就发表文章是"不忠行为"。后来，他利用上次欧洲选举中的陈词滥调来躲避记者追问。"我们并不总是意见统一，但一直走同一条路，"他说，又补充道，"这是她的稿子，不是我的。"

他在私下警告秘书长，这样的事情在 10 年内不可再出现了。默克尔回答道，她无法事先与他商量："您不会允许我这样做的。""您说得对。"朔伊布勒回答道。一方面，他不能解雇他的秘书长；另一方面，基民盟的形势太微妙了，这件事使他自己的地位岌岌可危。是他自己任命默克尔担任秘书长，许多记者相信，秘书长的行动至少已经得到了基民盟领导人的批准。科尔也不会相信，他的继任者朔伊布勒不是幕后推手。总的来说，在重要情况下，默克尔经常自己拿主意。如果有人事先知晓的话，那么通常只有比特·鲍曼和丈夫约阿希姆·绍尔。

那天，默克尔突然一改往日的"灰老鼠"形象。公众第一次意识到她具备完成更高水平任务的能力。凭借勇气，默克尔拯救了基民盟，也拯救了她自己。"本质上就是把事情都拿到台面上来说，这也切断了朔伊布勒的仕途，他自己是不会这样做的。"好友们回忆道。他们强烈否认默克尔想推翻党主席，当时朔伊布勒的地位仍相当稳固：公众那时还不知道，他曾就施莱伯捐款事件向联邦议院撒谎；也不知道，他曾与前财务负责人布丽吉特·鲍迈斯特为此争吵不休。与默克尔相比，其他议员认为，罗兰·科赫更有希望成为继任者。而罗兰·科赫的希望在1月才逐渐破灭，当时他不得不承认，他的州协会将非法政治捐款伪装成"犹太人的遗产"。沃克尔·鲁赫的政治野心保持到了2月底：他在石勒苏益格－荷尔斯泰因州的州选举中落选。

假期期间，事情的发展方向仍不确定。秘书长得到很多年轻人的支持。有抱负的党团副主席弗里德里希·梅尔茨说，他愿意签名支持"她的每行字"。与默克尔同龄的其他政界人士也表示支持割席，包括：下萨克森州反对党领袖克里斯蒂安·伍尔夫、萨尔州州长彼得·穆勒、巴登－符腾堡州文化部长安妮特·沙万。在年长的一派中，科尔的前竞争对手库尔特·比登科普夫、固执的勃兰登堡州基民盟主席约尔格·舍恩博姆和柏林州的克里斯塔·托本都站在默克尔一边。

另外，科尔的老伙伴，例如：图林根州州长伯恩哈德·沃格尔、石勒苏益格－荷尔斯泰因州和北莱茵－威斯特法伦州即将举行的州选举的最佳候选人沃尔克·鲁赫和于尔根·鲁特格斯则发表了公开批评。他们认为，毫无保留的披露会在短期内对他们造成更大的伤害。巴登－符腾堡州州长埃尔温·特费尔以及德国西南部州协会的大多数成员仍然持怀疑态度。黑森州新任州长罗兰·科赫对此嗤之以鼻。一些科尔的忠实拥护者甚至指责，秘书长想把功绩赫赫的"统一总理"关进监狱。

人们很快就发现，默克尔的分析是正确的。1 月初，根据科尔的律师斯蒂芬·霍尔特霍夫－普弗特纳的说法，公众很快就会知道施莱伯还给哪些人捐了钱。

朔伊布勒本人认为，前总理想尽快打击他。他别无选择，只能自己坦白出来。2000 年 1 月 10 日，他参加了德国电视一台的节目"颜色坦白"[①]，他在上节目前一个半小时才告知默克尔。朔伊布勒谈到了 1994 年竞选期间的捐赠晚宴以及他与施莱伯的会面："第二天，他捐了现金，我把它交给财务处。我发现在这次调查的过程中，这笔钱没有被揭露出来，很显然——审计员仍在审核它——并记为其他收入。"

默克尔认为，这并不是什么新鲜事，但对公众来说无疑又是新闻。沃尔夫冈·朔伊布勒对联邦议院撒了谎：钱不是放在手提箱里，而是放在一个信封里。大多数人现在认为他无法继续担任政党领袖。好友们也透露，朔伊布勒抱有辞职的想法。人们的反应是毁灭性的，朔伊布勒决定在第二天召开新闻发布会。

默克尔还从黑森州收到消息。在调查过程中，调查人员发现了该州基民盟的秘密账户。黑森州基民盟前财务主管赛因－维特根斯坦宣称，这是以前法兰克福犹太人的遗产。朔伊布勒坦白几天后，州长科赫不得不承认，这个"犹太遗产"是虚构的。该党在瑞士和列支敦士登的账户中存入的是黑钱。科赫还用这笔钱资助了他反对双重国籍的竞选活动，默克尔当时不情愿地支持了这个运动。现在科赫作了"最残酷的供认"，而他的前任曼弗雷德·坎瑟则将所有责任都揽到自己身上。州长没有考虑辞职，他

---

① 源自德国谚语 "Farbe bekennen"，意为承认某事或公开说出想法。——译者注

的政治朋友们认为这是个坚持不懈的理由。

朔伊布勒 2000 年 1 月 17 日从根恩巴赫来到柏林，在政府搬迁 6 个月后终于搬进了他在首都的第二个家。他给秘书长带来了一个近期差不多可以预见的消息：他决心辞去党主席职务。默克尔阻止了他。

"秘书长非常关注，并恳求我改变决定，"朔伊布勒后来回忆道，"为这场危机牺牲一个党的领导人是不对的。他可能犯了错误，但不应该对这种不稳定的局势承担责任。除了现在的问题，党还会陷入可怕的人事争执，一切都会变得更糟。"默克尔此时不认为朔伊布勒还有美好的政治未来，但在她看来，这个顺序是错误的：科尔仍担任名誉主席，继任者朔伊布勒一旦辞职，基民盟的革新就无法继续进行。她要求朔伊布勒在作出决定之前，必须经过委员会讨论。朔伊布勒显然还没有下定决心，于是同意了。

党团理事会于周一开会。朔伊布勒的副手之一弗里德里希·梅尔茨对默克尔的观点最为支持。他坚定地站在他的支持者身后，当着所有人的面尖刻地批评前总理科尔，甚至那些对科尔深感失望的党和议会领导也私下劝他温和一些。

朔伊布勒已与科尔约好第二天早上 8 点 30 分见面。他想做最后一次尝试，让前总理透露捐款者的姓名，否则他还是坚持辞职。前总理在联邦议院办公室接待了朔伊布勒，心情很好。科尔解释说，整件事毕竟并没那么糟糕。大部分人都理解他对捐款的处理方式，黑森州的故事也没有那么悲惨，只是朔伊布勒从施莱伯那里拿了钱，把这件事变成了一场巨大危机。"你要辞职吗？"科尔笑着问道。朔伊布勒转动轮椅，离开了办公室。朔伊布勒向科尔道别，他短暂的一生里已经和科尔相处了太多时间。这是二人之间的最后一次谈话。

继而在基民盟主席团会议上，朔伊布勒提出辞职。但事情按照默克尔的意愿发展了，主席团一致阻止他辞职。在场者作出决议，要求科尔立即说出捐款者的姓名或暂停他的名誉主席职位。在之后规模更大的例行主席团会议上，只有两票反对和一票弃权。议会党团仍在开会时，科尔辞去了名誉主席一职。

默克尔赢了。4 个星期前她希望切断科尔的攀爬绳索，似乎是一个勇敢而冒险的举动。而现在这是党的决定。这个局外人比其他人观察得更早，看得更清楚。捐款事件的调查会给西德顶级政治家带来负担，这是意料之中的事，但默克尔却没有什么可担心的：秘密金库建立时，她还在墙的另一边。柏林墙倒塌后，尽管默克尔从基民盟中崛起，但直到此时，她和真正的权力中心还相距甚远。

过了不久，默克尔带着建议去见朔伊布勒。她发现，基民盟在目前的情况下，领导层应该给人一种倾听基层的感觉。与各州协会一起组织一些活动，难道不是个好主意吗？朔伊布勒回答道，这正是他长期以来思考的问题。他提到了社民党的例子，社民党在第一个执政期的危机后就组织了"地区会议"，为陷入困境的党员们提供发泄口。"我们很快就达成一致。"朔伊布勒回忆起担任党主席的那段时光，在书中这样写道。在下一次主席团会议中，这一提议正式通过。第一次会议于 2 月 18 日在沃尔芬布特尔举行，然而会议召开的背景与最初预期完全不同。

默克尔的前景一片光明，但朔伊布勒的未来却变得黯淡。没有迹象表明，秘书长故意推翻她的主席。就连朔伊布勒的好友也不认为，默克尔想用 12 月发表在《法兰克福汇报》上的文章把朔伊布勒推下台。科尔放弃了名誉主席一职，朔伊布勒也失去了最后的保护盾。对默克尔和她的主席团同事们来说，如果辩论朝着新的、朔伊布勒有罪论的方向转变，就没有迫切理由再保住他了。朔伊布勒以前是科尔的心腹，现在则成了他的死敌。

这个时刻终于到来。朔伊布勒在联邦议院全体议员前道歉，因为 12 月他对施莱伯捐款一事没有说真话。在基民盟总部，当他谈论托管账户的审计报告时，为保险起见，默克尔将手放在麦克风开关上，以便朔伊布勒再说错话时及时干预。当其他人仍在矛盾中纠缠前行时，默克尔已经基本接管了方向。在默克尔和科尔谈话之后，基民盟取消了即将举办的科尔 70 岁生日庆祝活动。由于基民盟账户报表作假，2 月中旬，联邦议院议长，即社民党人沃尔夫冈·蒂尔塞命令基民盟退回联邦拨款，金额超过 4100 万马克。

前财务主管布丽吉特·鲍迈斯特也更正了她关于施莱伯捐款一事的说辞。事情没有定论，就连默克尔的好友也不清楚背景细节。但这场风波损害了主席的可信度。朔伊布勒后来发布了一份宣誓声明，以提高自己的可信度，却又产生了相反的效果：党主席和前财务主管之间的法律争执造成了灾难性的画面。朔伊布勒越是小心翼翼地为自己辩解，就越是把自己拖入深渊。无论如何他都犯了两个错误：一是参与军火商移交的政治献金，这位军火商并不可靠，而且这笔钱也没有按规定登记；二是没有告诉议会这件事的真相。

议会党团对朔伊布勒的支持逐渐减少。施莱伯捐赠事件反反复复只是提供了一个诱因，更深层次的原因在于，朔伊布勒长达数月在革新派和妥协派之间摇摆不定，无论是科尔的人还是革新者对他都不满。北莱茵 - 威斯特法伦州和石勒苏益格 - 荷尔斯泰因州的议员们考虑到即将到来的州选举，甚至公开要求主席辞职。朔伊布勒作了回应，将很快在整个议会主席团内举行一次新的选举。他是否会再次参选，尚不得知。他像往常一样犹豫着，暗自希望能再被提名一次。但这次没有人推荐他了。

2月16日下午2：30，朔伊布勒宣读了一份准备好的声明。他宣布将不再竞选议会党团主席或党主席，以"开启新起点，提供新机会"。他确信，如果没有"明显的、人员方面的新变化"，基民盟将无法摆脱危机。

朔伊布勒对基民盟主席一职期待已久，却仅在任15个月。他自己将失败归咎于前总理的阴谋。朔伊布勒怀疑，在施莱伯和鲍迈斯特的行为背后，是科尔一派"精心策划"的"阴谋诡计"。"我讨厌科尔。"他的弟弟托马斯·朔伊布勒说道，托马斯·朔伊布勒当时是巴登－符腾堡州内政部长。

在科尔选举失败后，朔伊布勒这位等候已久的"王储"成为他的继任者。现在看来，这个决定有些悲惨。朔伊布勒曾是前总理最亲密的伙伴，现在却是尖锐的对手。或许，他比较接近科尔时代的核心，因此无法带领基民盟走向未来。另外，他本人性格复杂，喜欢斯芬尼克斯式的暗示和战术，使公众经常感到困惑。作为内政部长，他推测恐袭嫌疑人被针对性地杀害了，并且就欧元或难民问题反对默克尔。尽管他具有聪明才智，但这些都经常阻碍他的仕途。在关键时刻，朔伊布勒犹豫不决，1997年不敢推翻科尔，2015年也没下定决心对默克尔发动政变。一位评论员在朔伊布勒辞职后写道："不必抱有幻想。即使没有捐款事件，朔伊布勒也不会打破基民盟的科尔传统，并毫无龃龉地把党组织起来。只有新人才能谱写新篇章。"

地区会议

默克尔这位新人小心翼翼，没有亲自正式提交申请。不乏有人敦促她这样做。朔伊布勒辞职当天，默克尔首先会见了由明斯特联邦议院议员鲁普雷希特·波伦茨组织的一群自由派基民盟党人。他们在柏林的朔伊恩街区老勋豪瑟大街的德布林咖啡馆见面，当时那里还不算敞亮。这个圈子的许多议员曾在波恩的意大利餐馆里与绿党同事们经常会面。这是默克尔第一次参加这样的会议，议员们说服她：她得参加竞选。

但是趁这个时候冲到前面，只会使她的机运变得更糟。许多官员希望与一位较年长的州长达成过渡方案；即将在石勒苏益格－荷尔斯泰因州和北莱茵－威斯特法伦州举行的州选举中，最佳候选人沃尔克·鲁赫和于尔根·鲁特格斯也表现出兴趣。鲁赫在吕贝克竞选期间会见了基社盟主席斯托伊贝尔和德累斯顿政府首脑比登科普夫，商量如何阻止默克尔。"气氛很好，"萨克森州州长事后说道。这也不足为奇，几位州长一致认为：默克尔虽然功勋卓著，但各州政府首脑更适合当领导人。在图林根州州长伯恩哈德·福格尔——可能也受朔伊布勒影响——示意之后，这些人认为比登科普夫是最合适人选。基民盟再次与施罗德政府针锋相对，尤其是在税收、失业金和养老金改革方面。比登科普夫的能力受到大家认可，这或许意味着：默克尔不是合适人选。在人事登记表上，她应该继续谦虚地担任秘书长一职。

会议被公开后，默克尔得到了巨大的支持：科尔体系不久才被曝光，这些当事人又想再次主导幕后政治——这在党内和公众间激起了广泛愤怒。"至少在这一点上，过渡方案不复存在了，"朔伊布勒说道。

鉴于朔伊布勒投下的漫长阴影，毫无疑问，新的党主席不应来自老派系。这个职位还有一个受欢迎的候选人：负责财务的党团副主席弗里德里希·梅尔茨，他发表过反对红－绿政府政策的精彩演讲；在政治献金事件中，他对科尔的批评最尖锐，几乎毫无保留。他只在联邦议院任职5年，新人身份在这个特殊时期是一种优势，甚至超过了默克尔。当时几乎没有人考虑过默克尔－梅尔茨双重领导的可能性，从一开始就把他们看作是对抗角色。2000年2月29日，议员们选举梅尔茨为新党团主席。

朔伊布勒不得不接受一个副职位，负责的领域似乎最适合年长的政治家：外交政策。在这个职位上，他以惊人的纪律完成使命，在宣布辞职后，他只允许自己休息一个周末。他继续在议会党团和基民盟的人事决策中发挥影响力。

但是这位即将离任的主席并未参加他计划的地区会议。朔伊布勒辞职两天后，该会议在沃尔芬比特尔召开。即将退下的党主席再参加关于未来的讨论，将会十分奇怪。所以这个领域只属于默克尔。她对党员们的担忧作了答复，也接受了他们的敬意。没有竞争对手，是的，她也不是正式的候选人。默克尔不必以候选人的身份出现，她可以由别人推举自己。事实上：确实有人推荐她。她自己可能没有预见事态发展，这增加了她出场的真实性。她谦虚地表现出自己无私地服务于党，没有权力野心，因此赢得了大家的支持。

在沃尔芬比特尔的会议之后，紧接着又在雷克林豪森、不来梅、柏林、汉堡、凯泽斯劳滕、特雷富特和新明斯特召开了地区会议；接下来是斯图加特，施瓦本地区一直不信任默克尔。这里的基民盟向唯一一位在政治献金丑闻中站稳脚跟的女性致敬——就像见到救世主一样。地区会议很快被媒体称为"安吉的路演"。

一些参会者在摄像机前举着牌子，上面写着："默克尔登顶。""默克尔女士，我可以告诉您，当您微笑时，就像糖一样甜。"新明斯特的一名党员说道。即将卸任的主席朔伊布勒恰当地总结了地区会议的结果："只有聋子才听不到我们的基层党组织想要什么。"在人们对默克尔势不可当的热情下，基民盟高层官员陆续公开表示，他们的看法有所动摇。

3月8日，国际妇女节当天，议会党团领导人梅尔茨说："这个政党适合由女性来领导。"默克尔此时仍未提交正式申请，但她让人们知道，她不会不战而退，拱手将这个位置留给另一方。她看似无辜地说道：如果有几位候选人同时申请一个职位时，这样做并非违背，而是支持民主原则。我认为这没什么不好。权力稳固的州长们并不愿意因为争夺一个有风险的职位而危及自己的地位。

在上一次地区会议前不久，北莱茵－威斯特法伦州基民盟表示支持默克尔担任党主席，这是目前为止最大的州协会。默克尔在慕尼黑市中心的白啤酒厂接到了州主席鲁特格斯的电话，她刚刚参加了赫林德·科布尔主题为"权力的痕迹"的展览开幕式。早在1991年，科布尔就把当时新上任的妇女部部长列为未来有潜力的高层官员，选择她作为长期研究对象，该研究已出版成书。这也体现了这位摄影师的政治嗅觉。

默克尔与基社盟主席埃德蒙·斯托伊贝尔一起前往慕尼黑，参加诺克伯格烈性啤酒的开桶仪式，该仪式通常都是在基督教的斋戒期举行。[①] 斯托伊贝尔毫不掩饰他对默克尔履历的怀疑，不

---

① 由市长等高级官员拿着木槌，将水龙头敲入木桶，方便啤酒流出。——译者注

断警告基民盟，不要急着任用她，尤其要警惕默克尔的炒作。慕尼黑会议之前，两位高级官员通了电话，默克尔对这种遮遮掩掩的方式表示不满："如果您认为我是一个左翼东德娘们儿，就公开说出来。"斯托伊贝尔无话可说。无论如何，他也无法阻挡大势所趋。

党 主 席

地区会议之后，这一天到来了。2000 年 3 月 20 日，基民盟主席团召开会议，在即将召开的党代会之前提名一位主席候选人。朔伊布勒只推荐了一个名字：安格拉·默克尔。主席团成员无一例外地同意了。在没有秘书长本人正式申请的情况下，她成了这个在西德执政 36 年的政党的主席，而联邦德国此时才建国51 年。与所有前任主席不同的是，她面对这一挑战时，并不是议会党团的领导，也不是联邦或州一级的政府官员：正如她自己所说，没有人脉和双重基础。她只负责过简单的议会工作。会后记者问她，在党内是不是没有实权，以及她的性别是不是障碍。女人也是人。她冷静地回答。去年 11 月，当她在基社盟党代会上首次发言时，她自信地说：默克尔就是默克尔，各种风险和副作用并存。这无济于事，许多基社盟代表在默克尔演讲时低头看报纸，从而表明，他们不认可这位基民盟新主席。

3 月底，默克尔和部下返回达尔斯，为担任基民盟主席做准备。包括党代会讲话和挑选一位新的秘书长。作为东德人，她需要一位来自西德的基民盟党员，最好出自实力较强的州协会。巴登－符腾堡州的联邦议院议员沃尔克·考德尔已经提前拒绝，据说是因为西南部即将举行州选举，尽管尚不清楚默克尔当时是否考虑过任用他。党内保守派认为，出于修正党的路线，应该在党总部任用一位公开批评者。这种想法似乎有些荒谬。这种配额制可能适用于副主席或主席团职位，但不适用于秘书长一职，因为秘书长必须与主席建立密切信任关系。

因此，她首先考虑朔伊布勒推选的人：鲁普雷希特·波伦茨。他当时53岁，出生于上劳齐茨，在陶伯弗兰肯长大，自上大学以来一直生活在北莱茵－威斯特法伦州，这是他适合担任秘书长的一个原因。此外，他与默克尔在政治上比较亲近。然而，他不喜欢党政友敌思想，这与秘书长的职责并不协调。作为秘书长，首先必须在公众面前具有鲜明的意识形态倾向。党派工作不适合他。

默克尔得到了女权主义者爱丽丝·施瓦泽的支持。她比其他人更早地认识到，作为一个大型全民党的领袖，性别平等有多么重要。她后来也是默克尔竞选总理的支持者之一，类似的还有电视节目主持人萨宾·克里斯蒂安森、出版商弗里德·斯普林格。施瓦泽因此在左翼自由派阵营中受到严厉批评。基民盟已迈出勇敢的一步，而社民党或绿党则不敢尝试。

基民盟之所以愿意这样做，是因为该党正处于历史上最严重的危机之中。默克尔被认为是一个"瓦砾女人"①，她继承的是男性领导失败带来的沉重遗产，就像几年后社民党北莱茵－威斯特法伦州的汉内洛尔·克拉夫特和联邦政府的安德里亚·纳勒斯一样。默克尔打破了许多同事的职业规划。尤其是黑森州的罗兰·科赫，他成为州长后计划再进一步，但由于黑森州基民盟的捐赠事件，不得不暂时低调。地区会议的投票迫使他和其他人接

---

① 许多男性在二战中死亡或被俘，战后由妇女清理被炸毁的建筑物，参与重建工作。——译者注

受了默克尔这位新主席，他们仍坚信这是一个临时方案：默克尔将清理废墟，然后为男人们腾出道路——那些男同事在关键时刻却不见踪影。阿登纳时代结束后，不也有过三个过渡主席吗？直到 1973 年科尔当选党主席，才又开始了稳定的新阶段。

大部分竞争者都无法想象，这位来自东德的女子，能够长久保住自己的位子。人们普遍认为，当这些人摆脱政治献金丑闻的阴影时，这位基民盟救星将再次成为可有可无的人。科赫本人最先意识到，他不应该低估这个对手；他也坚定了决心，两年后要阻止她竞选总理。

4 月 10 日，在埃森举行的党代会上，代表们选举她为德国基督教民主联盟的第七任主席。这又是默克尔仕途中的一个里程碑。她获得 95.8％的赞成票或许并不意味着什么，这一结果在 2012 年和 2014 年她达到权力巅峰时又被超越：她将这个投票结果归功于特殊情况和深度危机带来的党内团结。持怀疑态度的人等着这位女主席犯错，他们期待，这个力量薄弱的上司不要打扰他们的圈子。正如批评者所盼望的，失败、厄运、不幸接踵而至。在很大程度上，这些挫折原本也是那些默克尔的批评者带来的。

政治献金事件不仅大幅恶化了基民盟的处境，红－绿政府在此期间也得以巩固。1999 年春天，财政部部长奥斯卡·拉方丹和好斗的总理府部长博多·洪巴赫辞职后，日常工作变得平静。社民党自从在联邦政府掌权以来，在州选举中又获得成功。2 月，石勒苏益格－荷尔斯泰因州州长海德·西蒙尼斯击败了竞争者沃尔克·鲁赫。5 月，北莱茵－威斯特法伦州州长沃尔夫冈·克莱门特维护了红－绿联盟的多数派，战胜了于尔根·吕特格斯。基民盟试图重新就双重国籍问题发起运动，以"要儿童而不要印度人"为口号，攻击红－绿联盟为外国信息技术专家发绿卡的项目。

基民盟面临的最大问题是施罗德已转向共识。他试图将他的旧格言延伸到所有政治领域，即经济政策不分左右，只分好坏。他并不强调一定要按照党派路线做决定，在争端中强制执行，而是设立了专家委员会，最好有基民盟党人或者与基民盟关系密切的专家参与。他任命前联邦议院议长丽塔·苏斯穆特担任咨询委员会主席，取得了令人瞩目的成就。这个委员会为未来的移民法提供意见参考。

赢得前一年的州选举后，在联邦参议院中处于僵滞状态的基民盟面临两种选择：默克尔的看法是，与政府进行建设性的谈判，并尝试为自己发声；而新议会党团领导人弗里德里希·梅尔茨的立场是，成为彻底的反对党，并拒绝任何政府提议，无论它们与自己的立场相距如何。党主席不这么认为：*如果我们放弃中间路线并转向其他领域，那么施罗德就会把我们逼到角落，在这个角落里，我们没法赢得多数票支持。*

第一个问题就是红－绿联盟的税制改革。默克尔受到党内压力，转向对抗策略。在这件事上，她没有完全获胜。经过最后一次谈判，政府计划将最高税率从政府更迭时的53%降低到未来的42%。默克尔和梅尔茨也不想保留科尔时代的高额税率，他们想比施罗德和他的新财政部长汉斯·艾歇尔降得更低。事实上，维持现状或许比德意志联邦共和国历史上最大规模的减税要好；但很难向公众解释。这个理由缺乏合理性，因此基民盟的政客虽然不乐意，但也同意作出财政让步，稍稍向政府那边妥协。

基民盟剑走偏锋。当基民盟主席团在联邦参议院决议的前几天开会时，所有州级官员都同意走强硬路线。但在投票前一晚，柏林市长、勃兰登堡和不来梅的两位副州长却缺席了，这三个州是基民盟支持率较高的州。默克尔在博登湖赴约时，在电话中得知此事。这个消息特别令人惊讶，因为人们不认为这三个"叛变"的官员支持红－绿路线。如果涉及金钱，那么实际做法当然不同。施罗德的计划还赢得了梅克伦堡－前波美拉尼亚的红－红政府的支持，这对大多数人来说已经足够了。税制改革已成定局。2000 年 7 月 14 日，施罗德这位社民党主席庆祝了他任期内最伟大的胜利之一。默克尔和梅尔茨都丢尽了脸，因为他们在没摸清自己阵营的情况下就选择对抗敌方。

默克尔在党内上任 100 天后，基民盟还没取得什么显著胜利。失败带来了截然不同的后果，党内思想开始分裂。梅尔茨坚持强硬路线。从一个纯粹的联邦政治家的立场，他可以轻松嘲笑党主席没能控制住她的州协会。对此，默克尔彻底转变方向：基民盟必须小心谨慎，准确地评估其优势，防止再三失败。

在同性婚姻等社会政策问题上，她考虑了党内保守派的意见，坚持对抗路线。在经济和福利政策上，她宣布愿意妥协。

失　策

困境尚未结束。10 月，梅尔茨开启了一场关于移民政策的辩论，与党主席的路线背道而驰。他在立法期的"中期审查"中要求，想要在德意志联邦共和国永久定居的移民必须"适应既定的、自由的德国主流文化"。它是否指政治制度或民族文化，尚不得知。几个月来，政治和文化上的辩论毫无结果。原本党内立场已经相当一致，梅尔茨又引发了新争论。在施罗德时代的后意识形态氛围中，人们一致认为，天真的多元文化主义已经过时了，正如这种说法：德国不是一个移民国家。无论如何，政府和反对派现在提出的理念并没有太大分歧。苏斯穆特领导的委员会代表政府方，而基民盟又成立了一个内部委员会，由彼得·穆勒领导。

梅尔茨开展的突进行动后不久，默克尔与她的秘书长波伦茨分道扬镳。波伦茨在任仅半年，缺乏进取精神，没有什么突出业绩。令人惊讶的是，这位来自明斯特的议员并没有因卸任而难过。他看起来像是摆脱了负担，直到最后，他都是默克尔最忠实的追随者之一。他评价自己："总的来说，我更像是一个架起桥梁的人，而不是先锋；作为秘书长，本应成为先锋。"默克尔需要务实的、冷静的心腹，这个职位很难找到合适人选。在她担任党主席的 18 年中，没有一个秘书长任职时间超过 4 年。几乎每任都觉得这是份苦差事。

波伦茨被解雇在外界产生了剧烈影响，他的继任者上任后又深化了这种影响。默克尔再次选择了北莱茵－威斯特法伦州的一名基民盟党人：劳伦茨·迈耶，他之前是位于杜塞尔多夫的州议会党团主席。当默克尔在 10 月 23 日向公众介绍这位新人时，迈耶立即表现出了他的先锋精神。然而，他攻击的对象不是政治对手，而是党主席。迈耶对安格拉·默克尔开玩笑地说，自己比前任秘书长强得多："您不能再失策一回了。"默克尔很惊讶，任命波伦茨不是失策，她低声说道。迈耶认识到自己说错话了。事实也确是如此：即使默克尔想再次解雇秘书长，她也不能这样做了。迈耶在这个职位上待了 4 年，直到出了违规收款事件：他从政后，前雇主莱茵集团向他支付了 16 万马克的补偿费，理由是"沟通错误"，他后来把钱退回了这家公司。无论这些款项是否合法：都给人留下他中饱私囊的印象。

迈耶后来为党主席挡下了所有攻击，来弥补这个错误。他上任两个月后，即 2001 年 1 月，迈耶在蒂尔加滕南部边缘的新的党总部展示了一张海报。红－绿政府刚刚提出了德国历史上最大的养老金改革计划之一。"人口因素"被删除，实际上是削减养老金，又加上了"可持续性因素"。作为应对措施，国家现在通过"里斯特养老方案"来促进私人养老。默克尔不希望该项目成为她坚持的经济自由改革计划的一部分，严厉谴责该项目，称之为养老金诈骗，因此再次受到议会党团主席梅尔茨的压力。据说，他正在为自己的竞选活动做准备。2001年1月23日，基民盟展示了一张海报，图片上有施罗德总理的三张头像，仿佛是犯罪记录，将总理展示成罪犯的模样。

在公众看来，默克尔和迈耶太过分了。将联邦总理描绘成罪犯：无论人们是否支持施罗德政府的政治立场，这都损害了公职人员的尊严和高雅品味原则。默克尔的反对者以前喜欢用粗俗的方式进行辩论，此刻却特别大声地批判默克尔的风格。基民盟撤回海报的第二天，秘书长揽下了所有责任，以偿还他在默克尔那里犯的一部分错误。

海报事件使人们更加觉得，新的党主席在上任后的9个月里运气很差。她试图建立"新社会市场经济"概念，与过去西德的福利国家概念作区别，却没什么反响。为了让公众们确信，她要改革俾斯麦－阿登纳式的福利国家制度的决心，2003年又召开了一次党代会。一方面自己要全面改变德国的福利模式，另一方面她又把政府的初步改革尝试评价为犯罪行为——这二者似乎太过于矛盾。

绿党外长约施卡·菲舍尔年轻时有一段激进的过往，在关于这段经历的辩论中，默克尔也出师不利。2001年1月初，"红军旅"恐怖分子乌尔里克·迈因霍夫的女儿，即记者贝蒂娜·罗尔公开了1973年法兰克福街头打斗的旧照片和录像片段。当时，占房者和警察为拆除西区历史建筑展开了激烈的打斗。照片显示，年轻的菲舍尔正投掷石块并殴打警察。

1月17日在联邦议院，基民盟主席和联邦总理之间发生了令人难忘的正面交锋。尽管约施卡·菲舍尔在会议上道歉（"我当时做错了"），但原东德公民默克尔像以前一样具有原则性，揪着不放：这场辩论持续的时间越长，我就越觉得有必要再探讨一下我们民主的基本特点。问题在于，当时由维利·勃兰特总理领导的共和国是自由国家还是独裁专制。要我来说：那是一个自由国家。我希望您这样说：当时，我对德意志联邦共和国的看法是完全扭曲的。我想错了。我当时的观点是错误的。那不是正确的想法，因此我必须忏悔。

"忏悔""探讨"民主的主要特征：默克尔用了高高在上的道德基调，因为她确实认真地看待这个话题，超越了党派战术。她将共和国的宪法视为宝贵财富，在处理日常事务时也会冷酷无情。她想象不到，勃兰特和施密特领导的社民党在执政的十来年间，激进左派会攻击联邦德国的"体系"。她将维利·勃兰特视为自由英雄。1970年，维利·勃兰特站在埃尔福特火车总站对面的酒店窗口，人们激动地欢呼，他的"华沙之跪"为德国的历史政治奠定了新的基础。

在辩论中，默克尔的高调被联邦总理轻易地驳倒了，使默克尔看起来像是一个浮夸的人。"我不怪您当时不在场。"施罗德说道，他指出：这位原东德公民和那个年代的西德人不一样，她并没有经历过70年代的冲突，从而暗示默克尔实际上没有发言权。这个东德人通过统一进程成为联邦德国公民，施罗德却将她从联邦德国的历史中踢了出去。

这得到了在场者的好评，外长菲舍尔极受欢迎，大家钦佩他的经历丰富。菲舍尔身着西装三件套，看上去很严肃：他是美国国务卿的亲密朋友，与施罗德不同的是，菲舍尔在上任前就作出过承诺，要与西方结盟。人们难道会责备他年轻时的冒失？与默克尔相比，菲舍尔无论如何都更符合西德保守派对传统政治家的印象。联邦议院辩论的照片展示了可怜的一幕：反对党主席像一位古板的家庭教师，而施罗德和菲舍尔坐在议员席上露出嘲讽的笑容。

对于那些喜欢根据外表评判女性的群体而言，默克尔仍是他们的嘲笑对象。5月初，席克斯特租车公司张贴了一张对基民盟主席不利的海报，上面写着："想换个新发型吗？租一辆敞篷车。"默克尔信心十足：新当选的自民党主席吉多·韦斯特韦勒邀请默克尔坐敞篷车穿越柏林，并邀请《图片报》进行独家报道。这标志着长期政治伙伴关系的开始，在8年后，双方组成联合政府共同执政。

下一次政治低潮很快又到来了。在默克尔坐敞篷车兜风时，颇有影响力的柏林州基民盟议会党团主席克劳斯·兰多夫斯基辞职。他长期担任州银行行长和议员，正是银行丑闻导致了他的辞职。兰多夫斯基为一位房地产商人提供了一笔风险贷款，而这位商人又向他捐了款，公众们明白了这种立场站不住脚。默克尔本可以接受这一点，毕竟，西柏林的客户政治被揭发，更反衬出东德年轻改革者的光芒四射。

在银行丑闻之后，柏林众议院准备选举柏林州的基民盟主席，默克尔又没能达到目的。一位申请人已准备就绪：沃尔夫冈·朔伊布勒。毕竟他在90年代初促成了将首都从波恩搬回柏林的决定。在辞去党和议会党团领导人职务一年半后，这是他重返要职的机会。在这个职位上，他不会挡住默克尔的路，因此获得了默克尔的大力支持。

另一个人正忙着给柏林的党内朋友打电话：赫尔穆特·科尔。科尔设法阻止他过去的同事朔伊布勒。而柏林州基民盟却选择了来自柏林雷尼肯多夫的弗兰克·斯特菲尔参加竞选。弗兰克·斯特菲尔无法与社民党候选人克劳斯·沃维雷特抗衡，后者是第一位在大选前公开自己同性恋身份的德国领导人。"我是同性恋，这也挺好。"这句话变成了流行语，一下子让这位社民党人在全国广为人知。默克尔作为最大的输家离开了座位：她对党内结构的影响力仍非常有限。

2001 年夏天，气氛终于对反对党有利。联邦总理在经过第一个任期内的忙碌工作之后，宣布了一项"稳妥政策"。默克尔后来非常成功地实践了这种执政风格。然而施罗德犯了一个错误，他公开将"无为而治"当作策略，从而给了对手可乘之机。自政治献金事件以来，在 9 月的汉堡州选举中，基民盟在右翼民粹主义政党席尔党的帮助下，首次在一个联邦州重新夺回权力。

紧接着到了 2001 年 9 月 11 日，美国纽约世贸中心塔楼和华盛顿五角大楼遭遇袭击。这次恐袭并没有让默克尔在党派政治上脱颖而出，因为施罗德立即向刚上任的美国总统乔治·W. 布什保证，德国将与美国"完全团结一致"，并宣布联邦国防军将参与在阿富汗推翻塔利班的军事行动。但袭击事件使联邦政府陷入窘境。中期来看，恐袭导致了经济不景气；短期来看，阿富汗的军事行动几乎冲破了总理的治理能力：施罗德赢得了联邦议院的投票，只是因为他将其与信任案联系起来。议员们这天开始讨论信任案，对施罗德的支持变得日益不稳定；施罗德不得不努力争取，通过了他认为"别无选择"的决定。基民盟再次看到了希望。这对默克尔来说，并不是只有好处。

沃尔夫拉特豪森

作为反对党领导人，默克尔原本可以因政府陷入摇摆、联盟党获胜机会增加而感到高兴。与自民党联合起来获得多数票，似乎也值得考虑。谁是来年竞选联邦总理的最佳候选人，这个问题成了党内关注的重点。假如这场比赛不可能获胜，长久混迹西德政坛的党内男议员们则很乐意，让党主席去当牺牲品。现在变了。最迟从 2001 年 11 月开始，"总理候选人问题"一直是联盟党内部辩论的焦点。

在基民盟有一项不成文的规定，党主席有"优先"成为总理候选人的资格，确切地说：担任党主席的人必须努力争取，巩固自己的地位。1972 年赖纳·巴泽尔、1976 年赫尔穆特·科尔都是这种情况。如果没有政治献金丑闻，朔伊布勒在 2002 年也会以同样的方式参加竞选。只有一次例外，1980 年基民盟主席将这个机会留给了基社盟主席，却并没有对自己产生不利：两年后，科尔担任联邦总理。

默克尔清楚这一切，采取了行动。许多基民盟党人，尤其是领导层，并不觉得她有可能成为总理。他们虽然未能阻止她在 2000 年的春天登上党内高层，但冷静下来细想，都觉得默克尔只是个临时主席。

2001 年初，议会党团主席弗里德里希·梅尔茨首次试探其他人的反应。当时默克尔因为施罗德的"罪犯"海报和菲舍尔投掷石块的辩论而处于守势，梅尔茨谈到总理候选人问题时说："正是因为涉及事情本质，才需要考虑议会党团主席。"党主席和议会党团主席之间潜在的竞争已变成了公开的冲突，尽管没有产生实际后果：人们认为基民盟没有大选胜算的机会，也不认为梅尔茨是最大的政治重量级人物。11月初，辩论到了激烈阶段，议院基社盟小组主席迈克尔·格洛斯冒险出击，攻击默克尔：他提议沃尔夫冈·朔伊布勒成为总理候选人。人们虽不必认真考虑这个具体提议，但格洛斯想借此激怒默克尔，并把永远犹豫不决的基社盟党主席斯托伊贝尔从候补队伍中引出来。

　　默克尔起初低估了这个问题。她认为，自献金事件以来，党内阵线没有发生严重变化。她相信那些支持她革新路线的、有影响力的州协会主席仍然站在她这边。12月8日，柏林《每日镜报》的报道让她更加震惊。在与记者的背景对话中，萨尔州基民盟主席穆勒表示，一些基民盟高层领导人想说服默克尔，放弃当总理候选人这个念头。在2001年12月2日至4日的德累斯顿党代会期间，该议题没有被正式提及，基民盟内部却达成了共同战略。

　　后来证明，这个战略并不完全正确。默克尔西德的同事们在"安第斯公约"圈子的策划下，早就召开了决定性的会议。不伦瑞克商业律师伯恩德·哈克，自称是"安第斯公约"的秘书长，邀请该公约的成员在德累斯顿党代会之前碰面，讨论总理候选人资格问题。该团体中当然有默克尔的拥护者。辩论来来回回，最终决定推选斯托伊贝尔。根据"安第斯公约"的规定，这意味着：从现在开始，大家要一起阻止默克尔参选。

　　默克尔当时对"安第斯公约"并非一无所知，公众直到2003年才知道。不久前，来自下萨克森州的伍尔夫还些许自豪地将这件事告诉了她。然而默克尔并没有意识到危险的程度，尤其是她觉得，伍尔夫是她的支持者。我低估了"安第斯公约"，她后来说道。渐渐地，成员们和其他怀疑默克尔的人站出来，表达他们对默克尔竞选总理的担忧。并非所有人都开诚布公。两年半以来，基民盟多次陷入窘境，默克尔虽然担任党主席，在议会党团中却没有实权。在这个阶段，党内原西德的同事们手中的权力愈加强大，但由于他们在权力政治利益和内容定位上存在分歧，凝聚力很快开始瓦解。默克尔喊出了口号，只有她来领导这个群体，才能使其迸发出最大力量。

巴登－符腾堡州基民盟的秘书长沃尔克·考德尔是最先公开身份的人之一，他很早就让默克尔知道，他的州协会将投票支持斯托伊贝尔。默克尔作了即将成为传奇的回答：很遗憾。考德尔的坦诚态度后来得到了回报。默克尔需要西南地区的盟友，那里对她的支持总是比其他地方少。2002 年，她让考德尔成为联邦议院党团的第一任议会常务董事；2004 年任命他为基民盟秘书长；2005 年开始，他担任党团主席长达 13 年。如果默克尔能够决定的话，考德尔会在这个职位上待得更久。

默克尔的反对者几乎没有在公开场合批评过她。一些所谓的党友曾在与记者的背景讨论中强调，他们的党主席能力不足。党团主席梅尔茨尤其热衷于此，尽管他本人并不被认为是合适的总理候选人。宣传起效了。很快，报纸上宣称基民盟主席根本无法胜任她的工作。她对党内朋友的不信任也是出了名的，因此也受到了谴责——她有充分的理由不信任他们。

后来加入"安第斯公约"的罗兰·科赫比所有人都更强烈地拥护斯托伊贝尔。科赫相信自己是未来的总理，他将良好的民意调查结果视为一种威胁。如果默克尔入主总理府，那么她会在那里待很长时间；科赫并没有低估他的对手默克尔，如果斯托伊贝尔成为候选人，则威胁较小。斯托伊贝尔在 9 月庆祝了他的 60岁生日，他比科赫大 17 岁，对后面的继任者来说，不会占位太久。科赫仍需要一些时间，以便人们淡忘牵扯到他的献金丑闻。

反对者只激起了默克尔从圣诞节假期回来时的好心情——在

跨年之际，即将引入欧元并告别德国马克。除了科赫，现在不是有太多人都说她没有机会竞选总理吗？在私人谈话中，她不是打算把参选资格从一直犹豫不决的斯托伊贝尔手中夺走吗？"安第斯公约"圈子里的许多人都怀有这种恐惧，因为他们了解斯托伊贝尔。在主显节的一个采访中，默克尔愉快地宣布：我准备竞选总理候选人资格。第二天她去了由莱因霍尔德·贝克曼主持的脱口秀，当时是以近距离的对白形式展开对话。她在那里的表现非常自然，阐述了她"成为联邦总理"会做些什么。她表示，会和斯托伊贝尔在私下、非常友好的对话中澄清总理候选人问题。自信的全民党基民盟不应该放弃总理候选人资格。

同样令人不安的是，默克尔开始让柏林名人美发师乌多·沃尔兹为她做头发，并对她的发型进行仔细设计，美发师公开谈论了此事。这也被人们看作是一个信号：默克尔的职业规划不会止步于党主席。1月8日，在威尔德巴德克鲁特的冬季内部会议上，联邦议院的基社盟议员对默克尔愉快的访谈感到震惊，在访谈中，她自荐为总理候选人。

这一切都让罗兰·科赫露出紧张的神色。他原本计划在蒂罗尔滑雪假期中，远距离地等着盟友们为他做这项工作，但现在他内心忐忑不安。1月9日，科赫致电默克尔。谈话被拖得很长，音量也很大，换句话说：两位顶级领导人互相朝对方咆哮。后来人们称这通电话为"尖叫电话"。科赫解释说，默克尔没有得到党内支持，她没有竞选的希望，也没有资格参加。"我们不会那样做，"他说道，"您不用再尝试了。"科赫宣布，他现在中断滑雪假期，参加即将在马格德堡的海伦克鲁格公园酒店举行的理事会内部会议。并非一切都按照他的计划进行，默克尔的追随者们反而异常高兴。

默克尔在电话中不为所动。她提到了已商定好的程序：春天，两个姊妹党主席之间会通过私人对话来澄清问题。她一直认为，过早地下决定只会导致频繁更换候选人。当然，她也意识到，事情已经超出了原计划，马格德堡内部会议会威胁和解。默克尔直到后来才知道，发言草稿早已被拟好。

基民盟主席启动了大概是基民盟联邦办公室历史上最壮观的秘密行动。员工们非常谨慎地组织了包机，飞往慕尼黑，并用假名安排了机场附近的酒店房间。原定在马格德堡的内部会议被他们取消了，借口是他们要去萨克森－安哈尔特州的企业访问。只有默克尔的心腹才知道这件事：鲍曼、克里斯蒂安森、豪斯曼、迈耶。其中也有人表示愤怒：您不能向科赫和他周围虚伪的那伙人屈服，不能把总理候选人资格拱手让给斯托伊贝尔。但默克尔已经下定决心，她不是凭直觉做事，而是用完全冷静的头脑筹谋。她不想被迫妥协，而是想平等地应对。成功的可能性还远不明确，但可能的失败更具危险性，因为部下们也会学她。

一切准备就绪后，默克尔从柏林向斯托伊贝尔致电：她当晚是否能在慕尼黑机场与他会面？斯托伊贝尔起初回避这个问题，因为他不明白默克尔的意思。"在这通电话中，我们可能没有聊到点子上。"他后来承认道。他的发言人乌尔里希·威廉更清晰地解释了默克尔的意图。他对上司说，默克尔希望谈话只意味着一件事：默克尔想建议他当总理候选人。这一事件会被载入联盟党的历史，机场不是个合适的场所。因此，乌尔里希·威廉创造了被载入史册的"沃尔夫拉特豪森的早餐"这个典故：在第二通电话中，斯托伊贝尔邀请默克尔第二天早上到家中做客。

这个突然的约定给州长夫人卡琳·斯托伊贝尔带来了一些麻烦：她头天晚上才从丈夫那里得知，安格拉·默克尔第二天会来吃早餐。幸运的是，沃尔夫拉特豪森的商店早上 7 点就开门了。因此，一切都"妥当"地准备好了，斯托伊贝尔后来说，早餐包括：果酱、香肠、奶酪、面包卷、椒盐脆饼、煮鸡蛋。

2002 年 1 月 11 日星期五，默克尔在早上 8 点准时按响门铃。一个小时后，一切都协商好了。正如斯托伊贝尔的支持者们担心的那样，默克尔坦诚地支持他成为总理候选人，斯托伊贝尔一开始没有受到诱惑。默克尔坦率地说，她很乐意这样做。她了解大多数人的意见，也尊重这些看法。她将全力支持这次竞选。斯托伊贝尔这才毫不犹豫地接受了。他长期以来一直保持低调，没有公开和姊妹党争辩。默克尔真诚地远道而来，终于使斯托伊贝尔吐露真言。斯托伊贝尔一直告诫基民盟的议员，他们要先与自己的党主席协商一致。

科赫阵营的人将斯托伊贝尔的话解读为犹豫不决，并担心斯托伊贝尔会因为默克尔的对话而退缩。这种担忧并非没有根据。在斯托伊贝尔的周围，很多人对总理候选人资格表示怀疑：联盟党春季的民意调查显示，他们的支持率尚未达到本应攀升到的高度。队伍中的许多人都认为，有了斯托伊贝尔当候选人，联盟党虽然会取得比默克尔当候选人更好的成绩——因为他具有更强的经济能力，毕竟他是拜仁州这个大"股份公司"的经理——但也许仍不足以赢得大选。人们担心，这位基社盟主席可能会重蹈 1980 年弗朗茨·约瑟夫·施特劳斯的失败。对党及党主席而言，战无不胜的光环会受到破坏。最后，果然不出所料。随着默克尔的让步，争论暂时停止。即使斯托伊贝尔想退缩，也几乎没有后退的余地了。

最重要的部门的部长候选人已经确定：朔伊布勒和梅尔茨将接管外交和财务，这是最负盛名的两个部门。业纳股份公司首席执行官、巴登－符腾堡州前总理洛塔尔·斯帕特负责经济部，下萨克森州反对党领袖克里斯蒂安·伍尔夫负责劳工部。如果选举获胜，默克尔将不会进入内阁，但会继续担任党主席，在整个政治领域领导基民盟。可能也会成为议会党团主席——这个问题已经妥善解决——现任议会党团主席梅尔茨将担任内阁职位。虽然传言四起，梅尔茨也暗示过，但默克尔和斯托伊贝尔没有讨论过，万一选举失败将如何进行人事安排。他们只假设了成功的情况。默克尔选择了最后一个能够采取行动的时间点，在这个时刻，她仍可以巩固自己的地位，大多数观察者和一些党内朋友稍后才注意到。基社盟主席清楚，只有在默克尔的忠诚支持下，他才有可能在 9 月赢得选举胜利。作为施特劳斯领导过的基社盟秘书长，斯托伊贝尔曾经目睹过，巴伐利亚州的总理候选人由于缺乏姊妹党的支持而失败。《明镜周刊》分析过，斯托伊贝尔参选的最大风险在于基民盟领导危机的延续，即来自默克尔反对者的攻击。

虽然出于"安第斯公约"圈子的支持，斯托伊贝尔才有机会成为候选人，但在沃尔夫拉特豪森的早餐过后，他改为对默克尔忠诚。罗兰·科赫是最先感受到这一点的人。在竞选期间，他试图将因黑森州献金事件而辞去州总理府主席职位的好友弗朗茨·约瑟夫·荣格安排在基民盟总部。默克尔否定了该提议，斯托伊贝尔立即站到默克尔那边。竞选顾问的工作由曾经当过记者的迈克尔·斯普伦接任，他的战略与默克尔一样，瞄准政治中心。在总理候选人问题决定之后，科赫就不再重要了。

斯托伊贝尔和默克尔在竞选期间的工作建立在相互信任上。默克尔在定期的电话会议中，机智而公正地为斯托伊贝尔提建议。她从未试图背叛他，甚至表示感同身受。在与施罗德的第二场电视辩论中，斯托伊贝尔并不顺利。结束后她立即联系了他：如果他需要找人说话——她正在和一个意大利人在餐馆吃饭，还有位子。然而，这种战术联盟并没有发展成持久的友谊。这位总理候选人在萨宾·克里斯蒂安森的访谈节目中透露，与这位来自东德的女人打交道十分困难，默克尔令人难以理解。他不小心两次把主持人错喊成"默克尔女士"。巴伐利亚人斯托伊贝尔和东德人默克尔生活在两个不同的语言世界，默克尔需要斯托伊贝尔的发言人乌尔里希·威廉的"口译服务"：她不时打电话给威廉，拜托他向斯托伊贝尔解释这个或那个。默克尔由此非常欣赏威廉，3年后任命他担任联邦新闻办公室的负责人。

从沃尔夫拉特豪森归来后，默克尔立即前往马格德堡参加基民盟理事会内部会议。在海伦克鲁格酒店中，默克尔无法成为总理候选人，但她的放弃似乎是世界上最自然而然的事。*我认为，与总理候选人埃德蒙·斯托伊贝尔建立联盟是极好的。* 她看上去坚定而充满信心，向目瞪口呆的在场人士说道。

有人问她，现在是否担心自己的党主席角色会被削弱，她坚决地回应：*我什么都不怕。* 很多记者把她当天表现出来的自信当作幌子，他们还没有看到棋局的高潮部分。《南德意志报》写道："安格拉·默克尔的拟化'实验'失败了。"其他人认为自己的判断被证实了：在政治献金事件后，默克尔已经完成了"瓦砾女人"的角色，现在可以走人了。很多人认为，默克尔是"跑到玻璃墙前"的女人[①]，换句话说，她在男人的团队中失败了。

没过多久，另一种解释又占了上风。有人说，默克尔在她

---

① 指女性或少数群体晋升到高层时，会遇到潜在的限制或障碍。——译者注

的处境下作出了最好的决定。她是一个"站起来的女人"，她让
斯托伊贝尔成为总理候选人，也使自己成了"党内无可争议的领
袖"。甚至科赫也觉得，有必要在采访中友好地评价这位竞争对
手。默克尔巧妙地让自己脱离了狙击手的火线。虽然她对斯托伊
贝尔表现出铁一般的忠诚并称赞双方的友好合作，但这种最初的
热情很快就明显冷淡下来。斯托伊贝尔这位犹豫者，据说是因为
害怕出错而吞吞吐吐。他在访谈节目中表现笨拙，与选民私下接
触的方式也不那么灵活，很快就受到了负面评价。这并没有改变
人们对红 – 绿政府的不满，民意调查中，联盟党的支持率持续上
升。一种情绪很快蔓延开来，仿佛斯托伊贝尔是未来的总理，连
同他的党派和议会党团主席默克尔似乎都胜利在望。在访问巴黎
和伦敦期间，斯托伊贝尔已经被视为未来的总理。在执政党可
能变更的情况下，红 – 绿党人所在的各部委开始专业地采取防御
措施。

反对党领袖

与两年前的税制改革不同，2002 年 3 月，联邦参议院再次
进行了充满争议的投票，基民盟内部的阵营仍处于摇摆状态。这
一次涉及《移民法》，默克尔出于纯粹的政党策略而反对该法。
在即将到来的竞选活动中，勃兰登堡副州长约尔格·舍恩博姆不
能背叛默克尔，但他也不想打破与波茨坦社民党的联盟。因此，
当州长曼弗雷德·斯托尔佩在州议会的全体会议上投赞成票时，
他只是小声抗议。这使得基民盟政府首脑们更加直言不讳地抗
议，联邦参议院主席克劳斯·沃韦雷特将这种模棱两可的投票视
为赞成票。来自萨尔州的彼得·穆勒后来公开将这些精心设计的
"义愤"称为"政治演出"。事情后来偏向了基民盟：联邦宪法法

院驳回了沃韦雷特的决定，在联邦选举之后，各方同意通过一项被大大削弱力度的法律。

基民盟似乎有机会再次赢得选举。不幸的是，对于红－绿党来说，联邦大选前唯一的重大考验出现在经济疲软的萨克森－安哈尔特州，看上去总是郁郁寡欢的社民党人莱因哈德·霍普纳在民社党支持下的"马格德堡模式"少数派政府中度过了4年。在4月21日的州选举中，社民党损失了大约15个百分点，而默克尔的基民盟则收获了同样多的涨幅。出乎所有人意料的是，深思熟虑的基民盟党人沃尔夫冈·博默从妇科医生一跃成了州长。默克尔毫无异议地断言，这个州出现了一种明显的情绪变化。根据民意调查，她的新盟友斯托伊贝尔有很好的支持率，联盟党可以在联邦层面松一口气了。"96天之后，柏林红－绿联盟的闹剧就要结束了。"他在6月中旬的基民盟选举党代会上喊道，而默克尔则提醒他不要狂妄自大。

默克尔的谨慎是有道理的。在竞选的最后几周里出现了两个问题，让时任总理格哈德·施罗德占了上风。一方面，随着对阿富汗的军事干预，美国总统乔治·W.布什想夏季在伊拉克发动战争的意图变得越来越明显。另一方面，在获得法国总统雅克·希拉克的支持后，8月5日，格哈德·施罗德在汉诺威歌剧院广场举行的社民党宣传活动开始时，决定走一条"德国之路"。

"在我的领导下，这个国家不会冒险"——5个月后，社民党人在戈斯拉尔剧院重申了这一路线，这两个地点后来在集体记忆中被合称为"戈斯拉尔市场"。斯托伊贝尔和默克尔批评施罗德把全球政治问题用作竞选工具，在这个时间点上，他们仍回避对内容下定论。这样的言辞手段并不能有效地抵消施罗德确定立场的果断性。

　　接着暴发了洪水。施罗德在汉诺威发表"伊拉克演讲"的那个星期一，捷克共和国开始下大雨。伏尔塔瓦河和易北河水面正在急剧上涨；一周后，埃尔茨山脉也出现了极端降雨。洪水从四面八方涌向萨克森州首府德累斯顿，当地政府却完全低估了危险。主要车站、森帕歌剧院、茨温格宫遭受洪水侵袭，居民们不得不逃离整个地区。这场发生在欧洲中部的洪水总共夺去 45 个人的生命，其中萨克森州就有 21 人丧命。仅在德国，财产损失就达到约 90 亿欧元，其中萨克森州损失 60 亿欧元。

　　施罗德反应迅速。就在自然灾害的严重程度显现出来的一天后，施罗德就访问了受灾严重的格里马市。他穿着橡胶靴从水中穿过，并承诺会提供紧急帮助。斯托伊贝尔没有跟上来，因为他是巴伐利亚州长，不负责萨克森州的具体援助。施罗德访问的两天后，斯托伊贝尔也来到了洪灾区。他先是从直升机上察看德累斯顿的整体情况，给人留下的印象是：这位高高在上的官员更喜欢通过鸟瞰来保持安全距离。当他真正穿着橡胶靴视察被洪水淹没的市中心时，看起来仿佛是在蹩脚地模仿施罗德。

　　战争和洪水使竞选局势有利于施罗德，政府阵营中的漏洞现在似乎无关紧要了。在选举前的最后 5 周，斯托伊贝尔的领先优势消失了。默克尔最终似乎决定，即使选举失败也要做好强权政治的准备。选举前一天，她乘飞机抵达慕尼黑，与斯托伊贝尔一起为慕尼黑啤酒节开幕。当斯托伊贝尔从慕尼黑市长克里斯蒂安·乌德手里接过第一杯啤酒时，他对胜利仍充满信心。随后，默克尔要求在州总理办公厅进行会谈。她告诉基社盟主席，即使选举失败，她也想领导联邦议院的联盟党团。斯托伊贝尔期待着胜利，在选举前一天处于高度紧张状态，却仍然认为这只是个假设性的问题。他表示，默克尔的愿望是可以理解的，但梅尔茨可能很难答应。默克尔回答道，他应当把这个问题留给她解决。

选举在周日举行，默克尔和斯托伊贝尔以及各自的心腹都在柏林基民盟总部会面。此时，局势变得难以估计。尽管如此，气氛还是十分热烈。尤其德国电视一台下午 6：45 尚且预测，联盟党和自民党仍占优势；德国电视二台认为双方阵营势均力敌。斯托伊贝尔欣喜若狂，和默克尔来到基民盟总部门厅里等候的记者和党友面前。"有一件事已经确定：基民盟、基社盟、联盟党——我们赢得了选举。"斯托伊贝尔说道，又补充了一句，"我还不想开香槟。"默克尔更加谨慎：现在让我们拭目以待，看看晚上情况如何。

她的克制再次是正确的。默克尔正在《柏林圆桌》电视节目上参与讨论，到了晚上 8 点 15 分到 9 点之间，预测发生了转变。官方初步最终结果显示，联盟党和社民党的支持率各占 38.5%，但社民党领先 6000 票；绿党远远领先自民党，而民社党没有跨过 5% 门槛，这足以让红 - 绿联盟维持下去。施罗德继续担任总理，菲舍尔继续担任外交部长，斯托伊贝尔还是巴伐利亚州长。

电视讨论结束后，默克尔、斯托伊贝尔、弗里德里希·梅尔茨悄然退场。与斯托伊贝尔的设想相反，默克尔在前一天的慕尼黑会议之后，尚未与梅尔茨交谈。联盟党在选举中失败了，这个结果现在非常明确。两位党主席告诉不安的梅尔茨，他的职位也保不住了。梅尔茨惊愕不已。作为补偿，默克尔和斯托伊贝尔提出让他担任议会主席，他立即拒绝了。

选举失利后的星期一，党委员会内部进行了辩论。令许多党友目瞪口呆的是，梅尔茨在主席团中斥责默克尔无法领导议会党团。他还没明白，事情已经板上钉钉。科赫提议，为梅尔茨专门设立党团第一副主席的职位，并没有解决争议。斯托伊贝尔抵达柏林时已经迟到了，他明确表示支持默克尔。梅尔茨的朋友们，包括前议会党团主席朔伊布勒，花了一番力气才说服梅尔茨退出竞争。第二天，在没有其他竞选对手的情况下，默克尔以92.2%的支持率当选议会党团主席。

与梅尔茨想象的相反，他不仅仅是后退一步。随着选举的失败，职位分配的根基已经彻底动摇。虽然梅尔茨对事态发展感到惊讶，但也再次说明，他在基本的政治谋划方面存在明显不足。默克尔事先拉拢了有影响力的党内朋友，而梅尔茨则闷不作声；梅尔茨错误地认为，默克尔声称自己要担任议会党团主席，"在一定程度上是随便说的"。斯托伊贝尔回想后，一针见血地指出："如果红－绿联盟被确定了，从默克尔的角度来说，她只能扮演联邦议院反对党领袖的角色——和赫尔穆特·科尔准备竞选总理时的做法一样。"否则，她在党内的领导地位就会处于危险之中。斯托伊贝尔对姊妹党的领导人感到负有责任，因为默克尔在竞选中不遗余力地支持他。由于联邦议院议会党团主席的职位是由基民盟和基社盟共同决定的，斯托伊贝尔旗帜鲜明的支持才是关键所在。在这个问题上，两个姊妹党都不能凌驾于对方之上，也不能以党内或议会中的多数票来解决。梅尔茨显然没有参透其中诀窍。

如果有一位像巴泽尔、科尔或朔伊布勒那样的西德男性要求担任党主席和议会党团主席，或许会被视为全然的政治本能。现在，默克尔这位东德女性也被媒体称作"天生争强好胜的党主席"。从长远来看，这并没有害处，相反：她为自己赢得了尊重。

1980年头号候选人弗朗茨·约瑟夫·施特劳斯选举失败后，赫尔穆特·科尔的职位与默克尔现在的类似。外界没有将9月22日的大选失败归咎于默克尔，而是责怪反应迟钝的斯托伊贝尔在最后阶段出错。除了党主席一职，她还获得了议会党团主席的职位，与她的心腹搬进了位于雅各布－凯撒大厦的代表处，那里视野广阔，可以看到国会大厦和施普雷河。她将日常党务交给她的秘书长，在议会中与总理唇枪舌剑。默克尔有权代表自己的队伍与政府谈判协商，在联邦议院和联邦参议院中也是如此。沃尔夫拉特豪森的这步棋更显得绝妙：默克尔把无望的候选人资格留给了巴伐利亚州长，以便能够毫发无损地进入下一次竞选。

但这并不代表后顾无忧。联盟党中默克尔的对手还没有放弃这场比赛。如果红－绿联盟在立法阶段失败，斯托伊贝尔仍会被看作是总理的最佳人选——一年后，他以超过60%的支持率赢得巴伐利亚州选举时更是如此，这让基社盟在州议会中获得了三分之二的多数票。斯托伊贝尔认为自己将会成为下任总理。2004年3月，经过长时间的考量，他甚至拒绝了格哈德·施罗德提出的前往布鲁塞尔担任欧盟委员会主席的提议，尽管该提议已与法国和英国取得一致。

按惯例应当在2006年举行大选，科赫自认为也可以成为候选人。当《明星》杂志问道，默克尔是否已自动成为下一届总理候选人，朔伊布勒明确地否定了，他说："这不是基民盟的立场。"

梅尔茨失去了议会党团主席的职位，和默克尔成了终生敌人。他从来都经受不住失败。默克尔习惯保持冷静客观的头脑，但梅尔茨无法克制自己的情绪，就像男性高层领导人经常表现的那样。两个月后，梅尔茨在接受报纸采访时向默克尔算账：他"从来不特别重视与默克尔的约定"，他咆哮着说，"因为就是这些约定让我看清了默克尔女士"。

尽管如此，他还是接受了党团副主席的职位，并为基民盟制定了一项税收草案。两年后，他放弃了所有重要职务；又过了5年，他放弃了联邦议院的职务。后来作为商业律师，他开始关注默克尔政策的每一个细节，并私下讲授，如果他担任总理，如何能做得更好。但就目前而言，梅尔茨不再是威胁。朔伊布勒同样如此，他也在默克尔的领导下担任党团副主席。

选举4周后，在德国卫星一台的柏林见面会上，默克尔展示了强硬立场。前交通部长马蒂亚斯·维斯曼受伙伴们的鼓动，邀请默克尔参加"安第斯公约"圈子里成员的一个会议。

这次会议并没有带来深厚的友谊。默克尔现在非常强大，不容小觑，这个小团体开始瓦解了。最迟在这次会议上，该集团不再具有威胁性。

议　程

红－绿联盟政府再一次阻挠了安格拉·默克尔革新基民盟的计划，正如4年前她还是秘书长时遭遇的那样。施罗德和菲舍尔第二次犯了严重错误，这让许多基民盟党人又一次过早地自信：赫尔穆特·科尔将自己1998年的落选看作历史错误，现在斯托伊贝尔也同样认为，虽然此次落选了，但成为总理的时机很快就会到来。

在第一届红－绿联盟政府成立之初，失业率有所下降，而一年半以后又不断上升。2001年4月失业率为7.6%，到联邦选举时上升到9%左右。它超过1998年的峰值似乎只是时间问题，而正是那时的失业率问题导致了科尔落选。在2002年的竞选中，施罗德很大程度上忽略了这些数字：政府在大选前不久就十分肯定，自己会失败，因此没有制定任何应对经济困境的方案，这也使国家预算和社保基金陷入窘境。施罗德却仍旧坚持"保持不变"

的策略。在联盟谈判中，财政部长艾歇尔要求进一步削减开支，使预算保持平衡，他却粗暴地说了一句"别管它了，汉斯"来阻止艾歇尔。

德国经济数据不佳，政府陷入困境，被认为是"欧洲病夫"。自 1990 年以来，德意志联邦共和国在经济发展方面与邻国脱钩。与西欧不同的是，统一的后续成本给国家预算带来了负担，特别是由于社保基金方面的政治决策，带来了更高的工资附加成本。

德国周围的国家都在蓬勃发展，因此政府被归咎为德国苦难的罪魁祸首。甚至文艺作者们也反常地爆发了情绪。"公民们，起义吧！"律师和名誉历史教授阿努尔夫·巴林呼吁道。他鼓励德国人抵制缴税、"积极或不积极地抵抗"，乃至"揭竿而起"。在那几周内，这种情绪一直蔓延。社民党在联邦选举中获得了38.5%的选票，而在民意调查中则跌至 30%左右。

反对党领袖默克尔当然要抓住这个主题。11 月中旬在汉诺威举行的基民盟党代会上，默克尔假装天真地批评道：这个政府为了谋取权力欺骗了我们，总理在竞选中隐瞒了糟糕的经济形势。默克尔对政府的立场更强硬，她采用了罗兰·科赫的想法，即在联邦议院设立"蓄意选举舞弊"调查委员会。

这个机构很快被称为"谎言委员会"，默克尔怀疑它存在的意义。默克尔的怀疑很快得到了证实。当时，政府总部以外的人都不知道，施罗德的心腹正准备改变施政策略。12 月初，总理府部长弗兰克－瓦尔特·施泰因迈尔提交了一份题为《向更多增长、就业和公平迈进》的文章。该提案涉及劳动力市场，基于大众公司人事总监彼得·哈茨在大选前提出的概念。这些建议成了后来备受争议的"议程 2010"的基本要素。

两周后，当这份提案公之于众时，内阁成员们仍然犹豫不决。"我认为不会有革命。"沃尔夫冈·克莱门特说道。施罗德已经任命他为新的"超级部长"，负责经济和劳工部，以期进行必要的改革。政府也开始让外界为施政策略变化做好准备。施罗德在 2002 年至 2003 年初的新年致辞中又迈进一步，呼吁勇敢进行"彻底改变"。

考虑到选举日程，施罗德暂时没有采取具体步骤。社民党的糟糕表现给基民盟带来了成功的幻觉。2 月初，在 1999 年反对双重国籍运动中上台的罗兰·科赫甚至赢得了州议会的绝对多数席位。他正处于成功的巅峰，但另一位来自过去"安第斯公约"圈子的成员成了他的竞争对手：43 岁的克里斯蒂安·伍尔夫在下萨克森州的选举中击败了西格马尔·加布里埃尔。他们二人都试图超越对方，这对默克尔有利。此外，伍尔夫还表明，可以通过温和的方式赢得选举，而不是像科赫那样使用粗暴的对抗措辞。

格哈德·施罗德觉得现在必须采取行动。后来，他将其形容为"我一生中最痛苦的失败"。3 月 14 日，总理在联邦议院发表了一份政府声明，标志着联邦共和国历史上的突破，核心句是："我们将不得不削减国家福利，要求每个人更多地自给自足，提高个人责任。"正是这番讲话使施罗德后来失去了总理一职，默克尔后来批评它不够雄心勃勃。她说，总理只作出了零碎回答，这对德意志联邦共和国来说肯定不是一个宏伟蓝图。

起初，这个提案似乎没有引发太大争议，恰恰相反：它在媒体上得到了相当积极的回应。经历了 4 年的犹豫不决，施罗德似乎已经找到了他的经济和社会福利政策路线，并兑现了"新中心"的承诺。根据民意调查结果，社民党的支持率仍在较低水平，但这并没有削弱人们的热情：施罗德变成了成功的"危机总理"和新英雄。鉴于施政策略上的巨大变化，他在竞选时是否撒谎，似乎已经不重要了：施罗德在竞选时没有提到削减开支，但他现在确实这样做了。7月初，当总理接受调查委员会的质询时，他轻松地摆脱了这些指控。反对党领袖默克尔站在那里，就像一个天真的女学生，只纠结于细枝末节，没有看到政治本质。

战　争

施罗德的政治复苏归功于另一个主题。在他的"议程"演讲6天后，美国开始攻击伊拉克，而他让德国远离了这场纷争。在竞选期间，默克尔批评他将外交问题用于国内政治。现在她却明确地站在美国一边。2003年1月，施罗德在戈斯拉尔露面时明确表示，德国政府拒绝加入战争；2月初在慕尼黑安全会议上发生了直接冲突：外长菲舍尔向美国国防部长唐纳德·拉姆斯菲尔德抛出了名言，说他"不相信"这场战争的理由。虽然菲舍尔坚定不移地拥护跨大西洋关系，与施罗德不同的是，他认为与最重要的盟友保持距离是件很困难的事。

默克尔对德国政府的理由不以为然。她批评德国作为联合国安理会非常任理事国，却拒绝参与任何军事干预行动。这削弱了西方对伊拉克统治者萨达姆·侯赛因的威慑力。*你们的态度没有促进团结，反而使伊拉克战争变得更具有可能性，而非更不具有可能性。*

2003年2月底，默克尔在一大群记者的陪同下飞往华盛顿，向华盛顿政府承诺她的支持。她几天前在《华盛顿邮报》上写道：施罗德并不代表所有德国人。虽然她没有在现场会见乔治·W.布什总统，但见到了副总统、国防部长和国家安全顾问。正如《纽约时报》的报道，对于反对党领袖默克尔来说，这是一个邀请了名人参加的非凡节目。

红－绿政府愤怒地回应：默克尔在国外从背后中伤政府。这种行为在以前并不常见。即使在联盟党内部，对战争看法也是有争议的。批评者包括许多高层领导人：从基社盟主席埃德蒙·斯托伊贝尔，到北威州主席于尔根·吕特格斯，再到默克尔的老对手弗里德里希·梅尔茨。

与美国结盟完全符合默克尔的个人观点；毕竟这位原东德公民认为，美国是她渴望自由生活的地方。她的伴侣绍尔在统一后，立即前往美国加州圣地亚哥工作了一年。德国辩论的普遍反美基调或许激怒了默克尔。人们广泛希望，自己的国家像大一号的瑞士一样，远离世界纷争。

默克尔在政治和战术上都对这个主题特别感兴趣：联盟党内的跨大西洋拥护者不会再怀疑这个东德人的意识形态是否可靠了。在这个问题上，默克尔能够以外交政治家的身份脱颖而出，因为红－绿政府几乎不再与美国这个强大的盟友对话了，她可以向自己队伍中的怀疑者证明，她拥有担任最高职位所必需的冷酷无情：没有比宣扬战争更好的方法了。突然间，她的批评者成了胆小鬼，他们逐渐失去了康拉德·阿登纳的政治遗产，即与西方联盟。

尽管默克尔的观点可以明显地总结为：将联邦国防军派往巴格达以防万一。但她从未用言语明确表达出来。此后，人们在很大程度上遗忘了，默克尔曾在 2003 年春季美化战争的这个插曲。学习效果再次非常彻底：与施罗德相比，默克尔成为总理后对新的海外任务更加谨慎。

进　击

就目前而言，伊拉克问题和社会改革被纳入外交和经济政策的框架，安格拉·默克尔以此巩固了她在党和议会党团中的地位，并准备在 2006 年竞选总理。在处理"议程"改革时，她采用了双重策略。一方面，她想在改革上胜过政府，比施罗德更彻底地改变国家保障体系。就像在伊拉克问题上一样，她对此全力以赴，表现得比自己党内所谓的强硬派更坚定。

另一方面，她表示愿意向政府妥协。梅尔茨要求，在理论上尽可能大范围地变革，但在实践中不进行任何重新调整：无论是做法本身，还是对于民众——这在她看来似乎都不合理。她对党内对手说：与其无所作为，不如作出不完美的妥协。故意让国家陷入困境——她不会这样做。

默克尔已经为德国福利体系重组做好了准备。年初，她成立了一个委员会，负责为基民盟制定提案，由德国前总统罗曼·赫尔佐克领导。早在 1997 年，他就在他的《进击–演讲》中呼吁，联邦共和国应该进行彻底改革，这在很大程度上引发了德国即将衰落的争议。他在 9 月底提出了方案。应当用固定的健康保险费取代按百分比计算的缴款，将医保费用与工资脱钩，从而克服就业危机。赫尔佐克和他的委员会同事还提议提高退休年龄。

默克尔考虑周详地选择了自己登台的时间和地点：10 月 3 日，德国统一 13 周年纪念日，在德国历史博物馆巴洛克风格的施吕特霍夫广场。她引用了自己传记中的话，作为她改革热情的动机。她还公开将德国目前的局势和民主德国后期的危险处境作了比较。我们生活在物质中，这是事实。那些以前生活在民主德国的人有过悲痛的经历，对这种苦涩的真相有着非常敏锐的直觉。

对保守党来说，这是一剂猛药。俾斯麦建立了福利国家，阿登纳和科尔对其进行了扩展，从动态养老金到长期护理保险，甚至不顾路德维希·艾哈德等市场倡导者的反对。在激烈的改革争论背景下，并不是每个人都理解这一点：默克尔即将对西德基民盟自联邦德国成立以来选举时的保障承诺发起正面攻击，这种承诺正是其赢得选举的诀窍。风险而不是假安全，这是她5年前就任秘书长时喊出的口号。现在，她正在把这句话具体化——并使她的经济政策也具备同样的特点，这正是她在2002年竞选总理候选人资格时所缺乏的。然而，这一进程在2003年12月初的莱比锡党代会上达到高潮之前，默克尔又与党内同事发生了冲突。

犯罪民族

默克尔的博物馆演讲两天后，黑森州东部的纽霍夫镇举行了庆祝德国统一日的活动。当时还是基民盟党员、后来加入德国选择党的联邦议院议员马丁·霍曼发表了节庆演说。他以如临世界末日般的口气谈到了德国福利国家的危机。但他的结论与默克尔的观点截然不同。他认为困难不在于社保缴费与工资挂钩，而在于"作为德国人，却不能在德国享受优惠待遇"。造成这种情况的原因是向欧盟缴费过多，以及为国家社会主义受害者支付的赔款，这些款项迫切需要"根据德国支付能力下降的现状进行调整"。霍曼呼吁，"至少要平等对待外国人和德国人"。

他解释说，问题在于"希特勒的后遗症对民族自信心造成了全方位的破坏"。"根源在于这个指控：德国人是'犯罪民族'。"他的同胞们以"神经质般的热情"把自己当作"有史以来最大的祸端"。作为应对，霍曼提出了一个问题："我们唯独认为犹太人是受害者，他们在近代是否也有黑历史？"接下来他进行了详细的推导，为什么布尔什维克革命中死亡数百万人是犹太人的杰作。这段话约占整个演讲的三分之一，可以总结成以下句子："因此，人们可以合理地将犹太人称为'犯罪民族'。这听起来或许很可怕。但是，这和把德国人称作犯罪民族是一个逻辑。"霍曼由此得出结论："把德国人称作'犯罪民族'是不符合事实的。"在演讲结束时，他突然大喊："要为德国伸张正义，要为德国人伸张正义。"

据了解，100 多名观众中没有人提出抗议。即使当地的基民盟把演讲稿放到互联网上，起初也没有引起任何动静。直到 3 个多星期后，德语犹太门户网站"加利利"关注到此事，将其评价为"最糟糕的反犹主义论点"，10 月 30 日，黑森广播电台才报道此事。其他媒体紧随其后。默克尔马上让人把文章拿来，十分惊恐。默克尔和她的同事们大体上知道霍曼观点粗鄙，他甚至在联邦议院全体会议上批评对强迫劳工的赔偿。但霍曼在演讲中的表述，使得默克尔现在第一次面对联邦共和国的极右主义思想。

作为论据，霍曼明确提到了比勒费尔德社会学家约翰内斯·罗加拉·冯·比伯斯坦的一本书《犹太布尔什维克主义》，人们对这位图书馆馆长褒贬不一。这本书于一年前在右翼民粹主义出版商格茨·库比契克的安泰奥斯出版社出版——从 2015 年起，格茨·库比契克就是右翼民粹主义运动的核心人物，也是报纸大幅描绘的对象；2001 年，他作为《青年自由》周报的前编辑和"国家政策研究所"的创始人，因极端主义行为而被联邦国防军解雇，那时他已是预备役中尉。

默克尔大吃一惊，起初她犹豫要不要将该议员驱逐出党团。在 11 月 3 日的主席团会议上，其他主要基民党领导人警告她，不要采取这种措施。只有在开除党籍的情况下将议员逐出党团才有意义，但程序冗长，且不一定会成功。他们向主席发出了一个明确的信息：如果开除霍曼，她会和党内右翼发生矛盾。因此，默克尔先是谴责霍曼，不让他继续担任负责强迫劳工赔偿工作的发言人，并将他从内政部调到环境委员会。第二天，党团内部出现分歧：对一些人来说，这个处罚有些小题大做；对另一些人来说，处罚则远远不够。因此，大部分人对默克尔的决定不太满意。

这个犹豫不决的处理决定是站不住脚的。在党团会议的当天，来自社民党的国防部长彼得·施特鲁克宣布解除联邦国防军将军兼特种部队司令部指挥官莱因哈德·冈泽尔的职务，后者曾以书面形式赞美霍曼的"诚实和鲜明的勇气"。这增加了默克尔的压力：如果仅仅是赞美演讲就足以作为解雇的理由，那为什么不是演讲者本身呢？

周中，默克尔决定与霍曼划清界限。但她想在公开之前先采取措施。她通过电话召集了党内盟友，唯独没有和负责的州长通话。罗兰·科赫于下一个周日，即11月9日在法兰克福西区犹太教堂举行的"打砸抢之夜"65周年纪念仪式上谴责了霍曼的言论。尽管如此，他呼吁人们理解，这场争端必须"在自己的队伍内"解决，由此间接反对将霍曼革除党籍。大约四分之一的在场者离开了大厅，以示抗议。第二天，当默克尔公开决定时，科赫怀疑，是她故意让他陷入这种窘迫境地。默克尔可能更担心这位州长会试图破坏她的行动——这是有充分理由的。

周一晚上，默克尔的计划得到了议会党团理事会的批准，然后她给各地区主席写了一封信，以宣传她的立场。在接下来的星期五，即11月14日，议员们在早上8点召开了一次特别会议，几乎就在霍曼的演讲变得广为人知的两周后。248名议员中有195名议员支持开除霍曼的党籍。其余人投了反对票或直接没有出席会议，表示弃权。默克尔因此获得了必需的三分之二多数票。她将许多弃权票视为对她的不信任投票。党团成员说："又一次这样的胜利，她做到了。"下周一基民盟主席团会议的参与者说道：会议有一种"冰冷的气氛"。

有人指责默克尔只是屈服于出版商弗里德·斯普林格的压力。斯普林格认为，坚定地与反犹主义作斗争是继承亡夫的遗志。一些议员似乎无法想象，一个政党和党团的主席会主动采取这种立场。所有那些与右翼相关的人都被主席冷落了。这是默克尔与党内保守派之间首次公开爆发的原则性冲突，后来在如何对待德国选择党的争议中，再次出现这种矛盾。

主席本人从这件事中得出了相反的结论。她认为与霍曼的决裂不是一个错误，但她最初不应该犹豫。从那时起，她对历史政治问题的反应迅速而清晰。2007 年，她批评了巴登－符腾堡州州长冈瑟·奥廷格，因为他将州长兼曾经的海军法官汉斯·菲尔宾格称作"纳粹政权的反对者"。2009 年，她公开批评出身德国的教皇本笃十六世，因为他拒绝将大屠杀否认者里夏德·威廉姆森逐出教会。里夏德·威廉姆森是英国主教，也是传统主义圣庇护兄弟会成员。在这几个例子中，党内都发生了巨大骚动，但最终默克尔占了上风。

在党代会前的剩余两周里，默克尔在两条线上作战：她必须为自己在霍曼事件中的行为辩护，还必须让党相信她的社会福利政策改革计划。后者使她无心再关注有关霍曼的争论。她重新确立福利国家的计划对原西德地区影响巨大，引起了所有人的注意，很快就消除了人们对她处理霍曼事件的批评，此外，也消除了有关伊拉克战争的争议。由于总理施罗德进行了改革，他在党内受到的压力越来越大。

莱　比　锡

2003 年 12 月 1 日，默克尔出席了在莱比锡举行的基民盟党代会，她的此次出场具有历史意义。她在这座城市上了 4 年学，捷克斯洛伐克生产的旧有轨电车仍隆隆作响，驶向会议场地——城外的新展览馆。默克尔几乎未做变动就采纳了赫尔佐克领导的委员会的激进建议，其中最重要的是健康保险费。此外，还有一个彻底简化的所得税概念，所有的手续都可以在一个啤酒杯垫上① 完成。这个概念由议会党团副主席弗里德里希·梅尔茨提出，这是他与默克尔的最后一次合作。从批评者的角度来看，在这种税收和缴费制度中，虽然收入微薄的护士们缴纳了全额健康保险，但她们的夜班津贴不再免税。

一些人认为，莱比锡党代会标志着默克尔努力战胜旧西德社会福利制度的高潮或低谷。方案制定具有很强的战术成分。默克尔冷静地分析了两年前大部分党内同事和民众不支持她竞选总理的原因。首先，几乎没有人相信这位前妇女部部长和环境部部长通晓经济，能领导德国这个最重要的欧洲经济国家。2003 年 2 月，她违心地建立了由赫尔佐克领导的委员会，发起了一场关于改革的辩论，并于 12 月在莱比锡通过决议。她知道，她必须有超越现任总理的改革热情，引起公众注意：不只有商界认为社民党的"议程"政策不够雄心勃勃，后来导致施罗德落选。基民盟的决议突然间变成衡量一切的标准。斯托伊贝尔在巴伐利亚州取得了辉煌胜利，也标志着他政治生涯的最后阶段。此后不到两个月，默克尔再次走上征途，准备与斯托伊贝尔争夺总理候选人资格。

---

① 指纳税申报表很短，可以在啤酒杯垫上完成。——译者注

她在伊拉克战争中表现出来的态度是：虽然她和党内的传统跨大西洋主义者不同，但没有人再指责她在外交政策上缺乏强硬或明确方针。

"莱比锡决议"非常接近默克尔的个人世界观。要想繁荣首先必须发展，德国人应该努力跟上全球化竞争：默克尔担任民主觉醒党新闻发言人时，她的第一篇报刊文章，就是基于这种经济和工作领域的文化新教理念；她后来担任联邦总理时的演讲，也具有这种特色。无论如何，这位原东德公民不需要说服任何人，使他们相信市场经济优于计划经济。1989 年至 1990 年的经验告诉她，一个国家的成功在很大程度上取决于它的经济表现，从长远来看，停滞不前可能意味着灭亡。但在这个过程中，她低估了西德社会墨守成规的惯性。

默克尔认为，任何经济学派意义上牢固的经济政治意识形态，都没有与普鲁士的劳动精神联系在一起。例如在人权和民主问题上，她敢于在必要时作出严厉和迅速的判断，不追求一劳永逸的固定议程。她必须根据当前的趋势和战略形势，在不同情况下调整自己的立场。在这方面，将默克尔与 1979 年至 1990 年的英国首相玛格丽特·撒切尔作比较是完全错误的，尽管默克尔在欧元危机期间有时被看作欧洲大陆的"铁娘子"。任何缴费率或税率是高几个百分点还是低几个百分点，以及市场和政府之间的平衡究竟应该是什么样子的，对她来说，这些都必须始终能够达成政治妥协。

她对待税收政策漫不经心，有时会惹恼朋友和敌人。在小圈子里，她偶尔会取笑南德党友们关于遗产税的激烈辩论：在东部，由于缺乏遗留资产，这个问题是无关紧要的。她成为总理后，这种态度使她更容易大幅削弱"莱比锡决议"对实际政策的影响。

该议程很快被人们称为"莱比锡决议"，它意味着与基民盟的社会福利保守主义从根源上决裂，而正是这种保守主义，才使得基民盟几十年来选举成功。默克尔低估了这种力量：保守派从未向追随者宣扬，生活的幸福只取决于社会地位的提高。他们在很长一段时间内，都坚持维护符合上帝意愿的秩序，在这个秩序中，每个人都能找到一个体面生活的位置。恰恰是那些要将德国的福利国家建立在"维持社会地位"原则上的人，现在背离了秩序原则。

默克尔是第一位在经济和社会政策方面倡导自由主义思想的总理候选人。在过去的西德，没有相应的政治组合。黑－黄党代表保守派和经济自由联盟，而红－绿党代表福利国家和社会政治自由相结合。默克尔在 1990 年是否转投到了错误的政党，这个提问本身是不正确的。她预见到一种趋势，几乎所有的民主国家都会这样发展：自由－世界主义和社会－民族环境之间的政治对抗。例如：在法国，埃马纽埃尔·马克龙是城市环境的破浪神，马琳·勒庞是偏远地区的最爱；在波兰，唐纳德·图斯克的公民纲领党（在大城市很受欢迎）和卡钦斯基兄弟的运动，后者起初主要在农村地区取得成功。这也使默克尔成为民粹主义者的完美仇恨对象。

考虑到时代精神，基民盟党员在莱比锡几乎是步调一致地跟随主席，许多人并不了解这一路线变化的根本原因。默克尔甚至在医疗保险费的福利补偿方面作出一些让步，使该党的社会福利委员会也支持该政策。她暂时忽略了巴伐利亚基社盟的反对意见，因为这次是基民盟的党代会。仅仅一年后，在初步准备共同竞选纲领时，基社盟健康专家霍斯特·泽霍夫辞去了议会党团副主席的职务，表示抗议健康保险费方案。由此开启了一场长期竞争。

在党代会上，只有一位真正有声望的基民盟党人抗议默克尔的计划：诺伯特·布鲁姆，他在科尔执政期间担任社会事务部部长。"这是被压扁的正义，一种颠倒的团结。"他面红耳赤地咆哮道。代表们先是冷淡地一声不响，然后喊道："意识形态！"布鲁姆在这里丢了脸，很长一段时间里他都不想谈论这件事。

后来证明他是对的，或者至少，他是这么想的。前秘书长海纳·盖斯勒此前曾嘲笑，默克尔根据她的东德经历采取了"典型的东德自由主义立场"：共产党人反对的一切肯定都是好的，也包括不受约束的资本主义。不管基民盟党人如何评判莱比锡改革计划：现在没人指责基民盟在默克尔的领导下没有自己的纲领了。

党代会之后，默克尔计划的第二部分紧随其后：批准施罗德的《议程法》。在 12 月 14 日至 15 日的长夜会议中，政府与联邦议院和联邦参议院调解委员会中的反对党达成一致，基民盟的州长们比默克尔发挥了更重大的作用；人们已经在讨论"非正式大联盟"了。反对党主要针对次要问题，这在政治上并没有妨碍，例如将已计划好的减税方案提前颁布。在默克尔看来，这既让政府作出一定妥协，同时又不用为改革僵局负责。默克尔在这一点上战胜了党内的强硬派。

2003 年 12 月 19 日，即圣诞节假期前会议的最后一天，在社民党、绿党和基民盟/基社盟的投票下，联邦议院和联邦参议院通过了德国历史上最大的社会改革法案之一。社民党虽然仍然对新法案争辩不休，却也只得妥协。默克尔可以安心地去度假了。她的党主席和议会党团主席的地位得到了巩固，比预期速度要快。在社会福利改革和伊拉克问题上，她对党内男同事们成功地采取了强硬立场。最重要的是，在年初的民意调查中，联盟党的支持率为48%，而社民党的支持率仅为28%。掌权似乎只是时间问题。

默克尔的总统

在议程改革决议之后，一个对默克尔来说非常敏感的问题引起了柏林的注意：下一年5月即将选举联邦总统，究竟谁应该接替来自社民党的现任总统约翰内斯·劳？选举委员会，即联邦大会中，联邦议院议员和各州议会代表各占一半。由于社民党在州选举中的一系列落选，联盟党和自民党的代表现在几乎占多数。默克尔想用它来准备2006年联邦议院选举后可能上台的黑－黄政府：就如同1969年古斯塔夫·海涅曼当选总统时，被认为是社会自由联盟政府的探路人。此外，她还试图阻止一位候选人，这位候选人可能会在她成为总理之后带来麻烦。

一旦沃尔夫冈·朔伊布勒成为候选人，可能会危及两个目标。过去他作为好斗的党团主席，并不受前联盟伙伴自民党的欢迎。也不能指望他会安分守己，心甘情愿当个纯粹的政府门面。这正是默克尔的对手让他上场的原因。黑森州的罗兰·科赫在新年前夜称赞，这位如今负责外交政策的议会党团副主席是理想的候选人，而巴伐利亚的埃德蒙·斯托伊贝尔则邀请他参加1月初在威尔德巴德克鲁特举行的基社盟议员会议。默克尔本想将斯托伊贝尔送进贝勒维宫①，但他不想竞选总统。他还惦记着，或许自己还有当联邦总理的机会。

---

① 自1994年以来，贝勒维宫就是德国的总统府。——译者注

朔伊布勒事后没有承认：默克尔的反对者让他参与进来，这令他很高兴。他认为自己被科尔不公平地剥夺了当总理的机会，而国家元首的角色则是迟来的补偿。原本朔伊布勒还有希望，但科赫和斯托伊贝尔的公开宣传则破坏了这个机会：自民党不愿接受联盟党单方面确定的候选人。朔伊布勒从一开始就只是权力游戏中的一个棋子，但这不是默克尔的责任。

默克尔的态度遮遮掩掩，朔伊布勒认为这是极大的羞辱。即使是一起旅行，她也没有提起这个话题，她的副手也没有。"她一直不希望朔伊布勒参加竞选，但她不想亲自阻止。"默克尔的传记作者写道。她不想主动攻击朔伊布勒的候选人资格，因为这会对她产生负面影响。但她也不想因强权政治与这位候选人联系在一起，而这个候选人可能会在联邦大会中失败。为了另寻候选人，自民党可能会背弃基民盟，转而与社民党联手，这对默克尔来说是一个威胁。

如果联盟党在总统选举中失败了，这可能会终结默克尔的仕途。即便是更有经验的政治家，也会在选总统上打错算盘。例如康拉德·阿登纳，他想在1959年亲自担任联邦总统；或者赫尔穆特·科尔，在1994年不得不撤回他的候选人斯蒂芬·海特曼，因为海特曼对大屠杀发表了不当言论。由于默克尔的难民政策，海特曼后来离开了基民盟。根据《基本法》，联邦大会多数党的领袖有权决定总统人选，这是项艰难的任务，因为总统在外交礼节上地位更高。

默克尔最初回避作出任何决定，她想等2月29日的汉堡州选举结果——虽然这个城市和选举委员会中的多数票没有决定性的关系，但她坚持自己的时间安排。投票站关闭两天后，她的公务车停在夏洛滕堡区的一栋住宅楼前。在德国工业联合会首席执行官位于格鲁内瓦尔德的家中吃过饭后，默克尔的司机开车飞快地超越一家私人电视台的摄制组，赶在他们前面抵达自民党主席吉多·韦斯特韦勒的阁楼公寓。不久，基社盟主席斯托伊贝尔也抵达。晚上，越来越多的记者和摄影师聚集在前门外。记者们好奇："秘密会面怎么会如此地引人注目？"

与人们后来记忆不同的是，当天晚上并没有确定总统候选人。但默克尔成功地做出了关键选择。正如预期那样，韦斯特韦勒不支持朔伊布勒成为候选人。默克尔表现得很惊讶。她与斯托伊贝尔进行了磋商，这两位政治家最后询问自民党想要的人选。韦斯特韦勒提了几个名字，包括：税法专家保罗·基希霍夫，西门子首席执行官海因里希·冯·皮埃尔，以及在公众面前几乎默默无闻的前储蓄银行总裁，即现任国际货币基金组织董事霍斯特·科勒。

第二天晚上，三个政党的领导层召开了特别会议。基民盟最为活跃。科赫和梅尔茨在抵达时公开表达了他们的不满。科赫批评说，确定候选人的整个过程"乱七八糟"；他那时或许还想着，他可以把默克尔作为一个失败者踢出局。沃尔夫冈·朔伊布勒看到自己的希望逐渐黯淡，为自己作了辩护演讲，他说：这种决定不能由较小的伙伴政党来决定。这句刻薄的话究竟是出现在他的演讲中，还是在他告别这个渴望已久的职位时说的，目前尚不清楚。但默克尔事先为她的支持者们做了思想工作。于尔根·吕特格斯、彼得·穆勒、奥莱·冯·博伊斯特都支持她。他们认为，自民党投票给朔伊布勒的想法是"可笑的"。事情已成定局。

接着是新提名。在这方面，默克尔也保持低调。一场激烈的辩论结束后，确立了三个候选人：前环境部长和联合国环境规划署时任主任克劳斯·特普费尔；巴登－符腾堡州的教育部长兼默克尔的好友安妮特·沙万；最后是霍斯特·科勒，这是唯一一个在自民党主席推荐名单中的候选人——当时基民盟主席团里只有默克尔知道。他们中的大多数人认为，默克尔可能会偏袒前任环境部长特普费尔或她的好友沙万，因此没必要再探讨科勒是否合适。梅尔茨以利益为导向，认为不应将科勒排除在这一重要的国际职位之外，但默克尔却不恰当地指出，这位候选人本来也不会在国际货币基金组织连任。

凌晨 1 点钟左右，默克尔联系了基社盟。姊妹党早就结束了主席团会议。斯托伊贝尔对科勒这个名字反应非常积极：科勒精通经济，还拥有国际经验。由于他是基民盟推出的候选人，没有人再说骄傲的基民盟向力量薄弱的自民党低头了。默克尔在凌晨 1 点到 2 点之间向主席团宣布了决定。*我充分利用了大家给我的选择余地。*她假惺惺地说道。

霍斯特·科勒成功当选，这极大地增强了反对党主席默克尔的实力。一些人在不久前批评默克尔与候选人朔伊布勒的关系冷淡，现在也称赞她战术英明。基民盟主席的成功愈加耀眼，而总理格哈德·施罗德因社会福利改革而面临越来越多的反对，不得不放弃他 5 年前从拉方丹手中接过的社民党主席一职。现在轮到弗朗茨·明特弗林使选民与《议程法》和解了。与之相反，默克尔在莱比锡党代会上通过了激进的改革方案。在那段时间，到处充斥着关于经济危机的可怕描述，人们普遍认为，国际货币基金组织主席科勒是一位理想的总统，默克尔因此在辩论中占了上风：在确定总统人选之后，《明镜周刊》作了有关德国经济衰落的系列报道。

媒体称赞这位"掌权的物理学家"具有"无畏的权力直觉"，文学评论家乌苏拉·麦尔茨在《法兰克福评论》上宣布，"默克尔主义的时刻"已经到来。评论员中，褒赏者称她为"安格拉·撒切尔"，批评者称她为"安格拉·马基雅维利"。《德国日报》分析道，和科尔类似，敦厚、和善的外表是默克尔成功的重要因素。文章写道："这个形象就像一个隐形斗篷。"在决定性的委员会会议之前，科赫和梅尔茨仍在假设，默克尔会在混乱的总统选举中下台——她早已牢牢地抓住了所有的线索。对手们再次低估了这位来自东德的女性，情况类似于她在政治献金丑闻中升为党主席，或在联邦议院选举后升为议会党团主席。

现在人们认为，默克尔成为 2006 年的总理候选人已确凿无疑。这不仅是图林根州州长迪特尔·阿尔特豪斯的观点，勃兰登堡州基民盟主席约尔格·舍恩博姆也这样看，后者在两年前支持斯托伊贝尔。默克尔正在为可能接管政府做战略准备。突然间，她开始接受私人访谈，使公众能够适度地洞察她的内心世界。她让人们知道，她曾经梦想成为一名花样滑冰运动员：我以前总是想做我做不到的事。现在肯定不一样了。

5 月 23 日的选举顺利进行，第一轮投票中尽管得票率很低，但霍斯特·科勒也赢得了绝对多数票。由于默克尔普遍被认为是未来的总理，德国和国际报纸对她以及她的随行人员进行了大量报道。在科勒当选后，《明镜周刊》批评了默克尔对红－绿政府的"建设性阻挠"："她想以参与的方式进行阻挠，尽可能地不让政府和选民知道她的真正意图。"

在 2003 年 12 月至 2004 年 5 月期间，默克尔成功地巩固了她作为强权政治家的声望。其实质内涵却非常短暂：莱比锡党代会上通过的方案使基民盟在接下来的联邦选举中险些落败，而默克尔推选的总统科勒于 2010 年辞职。科勒被提名后不久就表明，他不具备担任超党派政府总统所需的政治才能，他说：在他的任期内，"希望基民盟的人——默克尔女士——成为联邦总理"。

7月，当默克尔庆祝50岁生日时，这位成功的马基雅维利主义者暂时处在对她有利的氛围中。她受到极大好评，《图片报》甚至刊登了一系列文章。然而，庆祝活动引发了传统主义者们的不满。默克尔没邀请客人前往时髦的活动地点，而是在党总部单调的休息室里简单庆祝。脑部科学家沃尔夫·辛格作了开场演讲，他把人的自由意志与生化过程联系起来。默克尔拒绝宏伟的乌托邦似乎变得有理有据。

当晚，默克尔还给联盟伙伴吉多·韦斯特韦勒一个机会，向政界公众介绍他的伴侣，即他后来的丈夫迈克尔·姆隆茨。这对情侣此前曾一起参加社交活动，但这次媒体广泛地进行了报道。《图片报》的标题是"自民党领袖韦斯特韦勒爱这个男人"。这是预防针：默克尔借此澄清一个问题，如果黑-黄党掌权，同性问题可能会引起保守派选民的一些不满。她这样做的时候，风险已经降低了。德国最大的两个城市的市长都是同性恋，他们要么公开地谈论自己的性取向，要么让人们谈论他们的性取向：柏林市长克劳斯·沃韦雷特和汉堡市长奥莱·冯·博伊斯特。

不悦之秋

2004年7月19日，联邦劳动局发出了关于新的第二类失业救济金（即将被称为"哈茨IV"）的第一批问卷。申请人必须填写总共16页表格，这些表格上密密麻麻地印满了关于申请人具体生活条件的问题。问题不仅涉及填写者本人的情况，还包括在一个家庭中生活的人，新称呼叫作"需求共同体"。受理单位需要审查例如：救济金申请者住的公寓是否面积太大或者租金太贵，是否需要卖掉车辆，继承的财产是否超过了"储蓄资产"的最低金额。

这个政策以前被认为是积极的，并被抽象地称为"失业和社会福利的整合"，现在暴露出了它的缺点。以前领取救济金的人早就听说，新政策会调查个人细节，但那些经济条件稍好的领取者还是大为震惊。不光是失业者，雇员们也感到恐慌：他们担心万一失去工作，将被迫在12个月后向当局宣誓，交代全部财产情况，无论被推荐何种工作，都得接受。在当时的高失业率情况下，这是一个真正的危险。社民党人路德维希·斯蒂格勒在谈到中产阶级时声称："如果一个知识分子长期失业，还把自己当作知识分子，那他就错了。"

在调查表寄出一周后，即7月26日，大约有600人在马格德堡抗议"哈茨－政权"。通过"星期一示威"，他们有意识地回忆起1989年秋天对德国统一社会党政权的抵抗。又过了一个星期，6000人参加了这次活动，全国媒体进行了报道。不久，抗议蔓延到其他城市，示威者人数不断增加。反对党以退为进的战术并没有花费很长时间。尽管基民盟同意改革，基社盟却立即批评红－绿政府是"官僚怪物"。自民党要求推迟改革，该党副主席雷纳·布吕德勒将改革称作是一场"超级官僚主义恶作剧"。社民党考虑不再使用"哈茨"一词，因为它听起来"太生硬了"①。

默克尔在联盟党内的反对者抓住机会，从背后攻击她，指责她的改革路线。《明镜周刊》表示："对哈茨法案的抗议激起了基民盟内部的许多异议，他们怀疑默克尔冷酷的重建计划是否正确。"尽管所有基民盟州长都同意了联邦参议院的调解结果，但

---

① 德语中"hart"有"坚硬、艰难、冷酷无情"的意思，与"哈茨"（Hartz）仅差一个字母。——译者注

还是一个接一个地改变了立场。州选举即将开始也是一个原因。默克尔的反对者们遵循了西德时期就有的惯例，默克尔显然低估了这种力量：在两个传统全民党之间，选民们如果从一个党那里得不到想要的东西，他们就向另一个党要。

这在西德长期繁荣的几十年里效果显著，即使在经济奇迹已经结束的时候也是如此。最初在施罗德的"议程"改革之争中，选民们也效仿了这一模式。经过一段时间的抗争，他们才意识到，默克尔不再沿用旧计划，于是基民盟的崛起结束了。巴伐利亚基社盟尽其所能，使选民意识到姊妹党在社会福利方面的冷酷无情。

这场攻击始于 8 月初，基社盟主席斯托伊贝尔与负责社会福利的党内人士会面。斯托伊贝尔对默克尔和韦斯特韦勒是否能够成为"未来二人组"表示怀疑。"他们无法与施罗德和菲舍尔相提并论。我们的对手不是轻量级的。"他告诉与会者。轻量级选手——斯托伊贝尔想用这个词形容一个没有孩子的东德女人和一个同性恋。此后，"轻量级选手"默克尔的野心逐渐暴露。

选举日程让情况变得更糟。基民盟在红－绿联盟初始的混乱阶段取得了巨大成功，但那已是 5 年前的事了。公众将在即将到来的大选中，衡量基民盟当时梦想的结果。到那时，党主席不得不对损失辩解。即使在 2004 年 6 月的欧洲议会选举中，默克尔也被认为是失败的。基民盟的支持率为 44.5%，但仍比 1999 年低了四个百分点以上。在同一天举行的图林根州选举中，基民盟甚至损失了 8% 的支持率。夏季假期后，下降趋势仍在继续。在勃兰登堡州和萨克森州，基民盟的支持率分别下降了 7.1% 和 15.8%。在这两个州，极右翼政党成功进入州议会，包括勃兰登堡州的德国人民联盟党和萨克森州的德国国家民主党。

州选举失利后，萨克森州州长格奥尔格·米尔布拉特在基民盟主席团中公开表示，在东部地区，"哈茨 IV"已经成为害怕社会阶级下降的代名词，口号是："我们被忘记了——而且是永久的。"勃兰登堡州基民盟主席约尔格·舍恩博姆说，整个竞选都是"哈茨化"的。默克尔本人不得不承认，原东德地区还没有看到社会市场经济的成功。米尔布拉特的批评也是针对基社盟的，基社盟对默克尔直言不讳的批评，将对社会改革的愤怒从社民党转移到了基民盟身上。他总结道，斯托伊贝尔显然不在乎姊妹党是否能赢得选举。

那些希望基社盟停下火力的人都失望了。基社盟党主席斯托伊贝尔和党团副主席霍斯特·泽霍夫认为，东部地区的选举结果正是强化了他们的观点：基民盟对传统西德社会模式的攻击，危及了它作为普通民众的全民党的性质。在健康保险方面，他们提出了一种"阶梯式费率模式"，这与默克尔的统一费率完全不同。与默克尔不同的是，基社盟不想将保费与工资收入脱钩。一场自我毁灭式的争吵开始了，将默克尔推到了失败边缘，并迅速消解了基民盟的民调支持率。总统选举之后，5月基民盟的支持率仍然接近50%；而暑假之后，支持率跌至45%左右；到了年底，甚至跌到了40%以下。

默克尔权力的削弱使她的老对手们行动起来。斯托伊贝尔和科赫口头上对选举失利表示遗憾，实际上他们几乎不敢相信自己的运气。他们感觉到，有机会从默克尔手中抢夺总理候选人资格。报纸上出现了"追击安格拉·默克尔""崩溃者"的"孤独战斗""法力消失""冬女王的秋天"①等字样；默克尔自己要当德国的玛格丽特·撒切尔，是"注定要失败"的，她"拒绝现实"。

———————
① 腓特烈五世（1596—1632）在位时间很短，外号"冬王"。——译者注

一年前，许多人为默克尔的莱比锡改革方案欢呼，他们现在又选择随大流：仿佛自己早就料到会失败，因为默克尔并没有主宰政坛。

下一次的危机升级是由一个两年来从未担任过高层职位的人引起的。默克尔再次通过一系列地区会议寻求党内支持，10月11日她在辛德尔芬根发现了这一点。她的办公室发短信告诉她《图片报》的预先通知：老对手弗里德里希·梅尔茨第二天将宣布辞去党团副主席一职。媒体对梅尔茨的此举作了解读，梅尔茨别有用心：就在默克尔的地位被削弱的时候，迅速对她正面攻击。事实上，这不太合理。在基民盟改革方案的争议中，梅尔茨与基社盟意见不同，反而站在了默克尔一边。

几天后，第二次打击接踵而至：沃尔夫冈·朔伊布勒拒绝在议会党团中成为梅尔茨的继任者，接管财政和经济政策工作。默克尔随后将这两个领域交给当时名不见经传的议员罗纳德·波法拉和迈克尔·迈斯特，遭到梅尔茨和朔伊布勒的支持者的反对。

稍后在巴登－符腾堡州，人们对默克尔的权力正在消退的印象愈演愈烈。65岁的州长埃尔温·特费尔已在任13年，在州议会党团领袖君特·厄廷格周围反对者的坚持下，埃尔温·特费尔宣布辞职。尽管厄廷格在经济和社会福利政策方面的自由立场与默克尔关系密切，但他是"安第斯公约"圈子的成员，只能成为她强权政治的对手。自从与考德尔达成协议之后，默克尔一直与巴登－符腾堡州基民盟的保守派结盟，包括特菲尔和他的文化部长及有望继任者安妮特·沙万。朔伊布勒和他的女婿托马斯·施特罗布尔也形成了自己的势力范围，他们对默克尔感到失望和怨恨。

在外界看来，西南地区基民盟的情况可能显得模糊不清，但所有人都明白这一点：12月初的成员任命中，默克尔的好友沙万没能成为特菲尔的继任者，这也使得默克尔受挫。竞选期间，沙万也饱受流言，说她和一个女人住在一起。沙万将这些流言称为"名誉谋杀"，又激怒了那些支持同性恋的群体。

早在10月，反对行动就开始了。《图片报》给默克尔的一张照片起了个标题《她因为是个女人而被欺负？》。一些有名望的基民盟党人公开支持默克尔，地区会议带来了她期盼的基层支持，下萨克森州新任州长克里斯蒂安·伍尔夫采取了一些有利于默克尔的行动。就连原先批评默克尔的青年联盟的主席菲利普·米斯菲尔德，也反对基社盟要求的"社会政策推回"。

默克尔在媒体上的形象也逐渐明朗起来。这种常见的起起伏伏与默克尔的生活智慧是一致的，即生活中总是祸福相依。自由派大男子主义男性政客们发起的反对默克尔运动，激起了团结效应——这些反对者又一次自我夸大，反而搬起石头砸了自己的脚。

基社盟也由于民调支持率下降变得疲软。11月，默克尔和斯托伊贝尔进行了多轮谈判，就医疗改革达成妥协。结果变得非常复杂，他甚至失去了参加竞选的资格。协议与以前的医疗系统没什么不同，只多了大量繁文缛节。公众无法理解这一切。但对默克尔来说，这项协议达到了她的目的。第二天，在联邦新闻发布会前与斯托伊贝尔一起亮相时，默克尔实现了自己的想法。"我们接受统一保费"——斯托伊贝尔作了让步。"当然只是少量的费用"：他坚持认为，他也使默克尔让步了。已辞职的党团副主席梅尔茨尖锐地说道，在选择未来向左还是向右行驶的时候，不能径直决定，直接从绿化带上穿过去。企业家和经理人们也有类似的看法，他们现在对莱比锡的女英雄感到极度失望。

一周后，基社盟自己的健康专家也否认了基社盟占上风的说法：为了抗议这项协议，霍斯特·泽霍夫辞去了议会党团副主席的职务。最初，这被认为是对默克尔的又一次打击。两周后在杜塞尔多夫举行的基民盟党代会上，由于已与基社盟达成妥协，默克尔的地位变得稳固了一些，甚至被认为是最受欢迎的下一任总理候选人。在她的第二次党主席选举中，她却以88.4%的支持率获得了18年来最差的结果。

圣诞节前不久，默克尔的秘书长劳伦斯·迈耶辞职，因为他从前雇主莱茵集团那里收了好处，由此结束了灾难性的2004年下半年。取而代之的是来自巴登-符腾堡的保守派人士考德尔，他是默克尔信任的人，曾是联邦议院议会党团的第一任议会常务董事。

一些目光短浅的评论员在12月仍然认为，默克尔在得力副手梅尔茨和泽霍夫辞职后，政治生涯即将结束。他们忽视了一个事实，即这位总理候选人的强权政治立场有所改变。她的对手以辞职的方式，将自己置于替补席上。从那时起，他们只能从场外评论默克尔的举动。他们高估了自己的不可取代性，但默克尔现在可以任命自己的追随者，在党团中坐上有影响力的位子。

在新的一年里，联盟党之间的停火使得民调支持率逐渐上升，5月上升到了45%。然而，基社盟并没有与默克尔和解。当联邦议院中的巴伐利亚议员于2005年1月初在克罗伊特会面时，他们在政治词汇中添加了一个新词：称姊妹党的主席为"东德鹌鹑"①。这透露出一种挫败感，默克尔在过去的5年中坚韧地经受住了所有的敌意。

---

① 一种贬称。——译者注

默克尔在基民盟中的地位仍岌岌可危。局势逐渐对默克尔有利，主要是因为执政党社民党的危机急剧增长。哈茨改革方案终于在 2005 年 1 月 1 日生效，随着统计数据的变化，失业人数首次突破 500 万大关。由此产生的国内不良情绪对社民党产生了巨大影响，基民盟内部的不和暂时退居次要地位。在民意调查中，社民党的支持率只稳定在略高于 30% 的水平，即便加上绿党 10% 左右的支持率，总共也没超过半数。更糟糕的是，3 月，石勒苏益格－荷尔斯泰因州社民党州长海德·西莫尼斯因一位匿名倒戈者而连任失败。在原西德的 10 个州中，现在只有 3 个州的州政府由社民党领导：面积狭小的不来梅，中等规模的莱茵兰－法尔茨，以及社民党引以为豪的大本营北莱茵－威斯特法伦。决定性的州选举将于 2005 年 5 月 22 日在这里举行。

4. 试用期总理 (2005—2008)

权力更迭

下午，安格拉·默克尔就从选举后的民意调查中知道，她的政党赢得了北莱茵－威斯特法伦州的选举。基民盟支持率增加了近 8%，社民党减少近 6%：这足以使基民盟和自民党组成的联盟在州议会中占得多数席位。无疑，社民党州长佩尔·施泰因布吕克将下台。人们普遍认为，这不是他的错，而与联邦总理和他的改革政策有关。

2005 年 5 月 22 日，默克尔可能仍然认为，她取得了非常矛盾的胜利。在北莱茵－威斯特法伦，即将出现一个独立的基民盟权力中心，于尔根·吕特格尔斯担任州长。这位基民盟党人成为该联邦州的最高劳工领袖，但对默克尔的改革计划表示怀疑。除了斯托伊贝尔、科赫和伍尔夫之外，还有一位有竞争力的总理候选人。

事实证明，默克尔的担忧是毫无理由的。投票站关闭后不久，社民党主席弗朗茨·明特弗林发表了一条出乎所有人意料的声明：社民党计划提前举行大选。他说："现在是澄清德国局势的时候了。"两小时后，格哈德·施罗德出现在联邦总理府的电视摄像机前。他说："我认为，为了继续改革，这是必要的。大多数德国人的明确支持是绝对必要的。"

这意味着：施罗德和明特弗林真的很想了解现在的局势。经过长时间的私下会谈，直到下午两人才走了这一步，他们在周日之前就已经考虑好了。这让绝大多数社民党人大吃一惊，绿党外交部长兼副总理约施卡·菲舍尔也是如此，他们在宣布之前的最后一个小时才通知他。菲舍尔认为该声明是个错误，总理府主任施泰因迈尔也同样如此。

安格拉·默克尔立刻明白了：联邦总理暂时消除了她最大的担忧。从那天晚上开始，公众们见到的默克尔彻底转变了。以前，她大多向人们展示中性、空洞的表情，而现在，她的眼睛里有一种来自内心深处的光芒。当然她也通过美容手段来促进这种效果。她早就意识到，想要担任总理一职，必须在容貌上有一定的提高。默克尔开始小心地改变发型、妆容和服饰，以比原计划更快速地完成了这个过程。在这次选举的几周时间里，默克尔焕发出从未有过的光彩，甚至在选举结束后也不如此时光彩四射。评论员将其评价为"变形"，女主席"比以往任何时候都更有魅力"，几乎"容光焕发"。

由于施罗德带来了时间压力，社民党主席已经没有了选择余地。民意调查以及整个竞选态势都表明，联盟党占据上风。施罗德意外地给了默克尔施展空间。她永远不会忘记，入主总理府还要多亏了施罗德的帮忙——尽管是无意的。上台后，她禁止追随者们对前任总理恶言恶语。当 2015 年第一本内容全面的《施罗德传记》出版时，默克尔大大地赞美了这本书。出于政党利益，她在每个场合都对"议程"政策赞不绝口，因为这样可以很好地激怒社民党。她还牢记从前任总理的失败中吸取的教训：永远不要过早放弃。

默克尔知道，通往大选那天的道路上仍然潜伏着风险。但有一些危险是她没考虑到的，差点让她失去胜利。人们觉得她必然会成为胜利者时，事情又发生了转变：媒体和公众仿佛把默克尔当作了现任总理，要求她精确定位；而施罗德则扮演了挑战者的角色，饱受批评。许多记者认为，政府更迭是既成事实——与普遍推测不同的是——这产生了对默克尔不利的影响。此外，默克尔雄心勃勃的改革提议未能满足选民们的需求：许多选民认为，施罗德陷入困境，是因为他改变了太多，而不是太少。两者聚合在一起，几乎导致默克尔失败。

就在北莱茵-威斯特法伦州选举之夜一周后，默克尔被基民盟理事会提名为总理候选人。在媒体面前，与她此时的心情相反，她选择了一贯的冷静语气。施罗德和菲舍尔搬进波恩政府大楼时趾高气扬，而默克尔则展现了新教徒的责任感，与前者形成鲜明对比。人们认为，她的表述既谦卑又狂妄。

安格拉·默克尔在 2005 年 5 月 30 日解释她想成为德国总理的原因时说道：我愿意为德国服务。人们普遍认为，德国的局势是不明朗的，这种表述听上去是恰当的。她还引用了勃兰登堡选帝侯和普鲁士国王弗里德里希二世的话，她——至少在理论上——拥护这句格言："我想成为我的国家的第一仆从。"

默克尔以此为竞选定下基调。她不想唤起人们不切实际的期望——这可能会在选举胜利后成为负担。默克尔不再采用弗里德里希·梅尔茨的税收概念。巨额收入损失的风险与国家预算令人担忧的状态并存。2005 年，新债务连续第四次超过欧盟《稳定公约》规定的限额，即国民生产总值的 3%。劳动力市场改革并没有在短期内带来结余；由于过去的救济金领取者的福利提高，产生了额外支出，进一步加剧了这种情况。

7 月 11 日，默克尔和基社盟主席埃德蒙·斯托伊贝尔在党内的强烈反对下，提出了一项不合理的选举计划。与最初宣布的相反，最高税率将降至 39%，而不是 36%。大多数选民可能仍对此漠不关心。然而，将增值税从 16% 提高到 18% 的提议引起了轰动。从来没有哪个政党会将如此不受欢迎的计划带入竞选。在竞选期间，社民党高声反对新的"默克尔税"。但在秋季的联盟谈判中，社民党同意将税率提高到 19%。

凭借竞选宣言，默克尔并没有转变为社会民主派人士，《明镜周刊》嘲笑这位候选人是"改革者之光"。默克尔再次要求对福利体系进行全面改革，甚至考虑增加增值税和其他赋税来部分地支持改革。她想向德国人展示他们身处的困境，并强调彻底变革的必要性，以避免遭遇民主德国的"螺旋式下降"悲剧。该方案的中心句是："劳动创造福利。"几天后，默克尔在一次采访中，异常咄咄逼人地说：我不像施罗德那样作虚假承诺。许多评论家称赞这是"巫毒经济的终结"，这是一种假设，即减税可以在经济复苏的过程中自负盈亏。

在推进自己的选举计划时，格哈德·施罗德取得了良好进展。7 月 1 日，联邦议院对他提出了不信任案。基民盟和自民党一致同意了总理的要求。在来自社民党和绿党的议员中，只有不到一半的人弃权；其余的人则投票支持施罗德留任，反对新的选举计划。由联邦总统作出是否解散议会的最终决定，他必须判断总理是否真的失去了联邦议院的支持。在 3 个星期的期限后，由默克尔推选的联邦总统霍斯特·科勒同意提前解散议会。在科勒还是总统候选人的时候，他就赞成尽快进行政府更迭。这是联邦德国历史上第三次解散议会。他认为这与德国猛烈的改革呼声有关。从宪法的角度来看，科勒的决定似乎是有问题的；然而在政治方面，竞选活动已经开始两个月了，几乎没有其他选择。

现在已经明确选举提前举行，黑 – 黄党人变得严肃起来。在获得组建政府的机会之前，他们还面临着一场竞争激烈的对抗，这也是对未来执政者的考验。对默克尔的怀疑开始浮现。例如，默克尔在访谈中混淆了"总额"和"净额"的概念。她推测，较低的失业保险缴费额意味着雇员的工资总额增加 1%。一开始，负责提问的记者也没有注意到这一点，但经过敏锐的社民党竞争者的推波助澜，这一口误成了重大问题。11 年前，倒霉的社民党总理候选人鲁道夫·沙尔平也出了类似的致命失误。

继而，自己的队伍中也出现了不和。一段时间以来，基民盟党人一直反对默克尔的意愿，要求在原东德地区进行独立选举。勃兰登堡州内政部长约尔格·舍恩博姆和基社盟主席斯托伊贝尔展示了他们的设想：这挑起了论战，使德国东部地区的选民与基民盟更加疏远，甚至比默克尔的计划造成的影响更严重。勃兰登堡东部发生了杀害儿童的案件，舍恩博姆说道，"德国统一社会党的强制无产阶级化"是罪魁祸首。斯托伊贝尔在符腾堡地区阿尔高的一次露面时，也对德国东部的民意调查表示不满，在调查中，基民盟的支持率暂时低于新成立的左翼政党："我不同意由德国东部地区来决定，谁能成为德国总理。不该由受挫者们决定德国的未来。"几天后，在巴伐利亚州的德根多夫，他对已改名的民社党的东部支持者说："只有最蠢的牛犊才会亲自选它们的屠夫。"

这似乎还不够糟糕，斯托伊贝尔让默克尔陷入了更多的困境。他还不想决定，在赢得选举后是否以及以何种身份进入默克尔的内阁。以防万一，他坚持，她得给他留一个负责经济事务的超级部长职位。这使得整个竞选过程中出现了最严重的失误，差点让默克尔失去成为政府首脑的机会。斯托伊贝尔的犹豫不决耽误了组建有"专业团队"之称的影子内阁；还使默克尔无法将经济和财政中心领域委托给一位经验丰富的人选。她需要一个人临时占着位子，最好是来自商业或科学领域。刚刚离职的西门子首席执行官海因里希·冯·皮埃尔拒绝了这个职位。当时已62岁的前宪法法官和税务专家保罗·基希霍夫答应了，他在基民盟政治献金事件中担任顾问，由此结识了默克尔。8月17日，默克尔向公众介绍已组建好的"专业团队"，并强调，如果选举获胜，这位科学家将担任财政部长。所有的目光都集中到了他身上。

基希霍夫的税法意见更接近默克尔的对手梅尔茨的"啤酒杯垫"税收理念，而不是当前竞选纲领中的声明。这位政治上缺乏经验的宪法律师没有试图掩盖这一点。他提出3个所得税级别，即15%、20%和25%，并取消一切津贴，例如夜间或周日的补偿金。在一次报纸采访中，他称25%的税率为"上限"。默克尔不得不公开反对这位影子部长：她坚持初始税率为12%、最高税率为39%的方案，即较高收入群体累计缴税更高。但所有的解释都无济于事：基希霍夫仍然是默克尔竞选过程中的一个麻烦。

时任总理毫不犹豫地利用了对方的弱点。他从反学术的角度称基希霍夫是"来自海德堡的教授"，是一位超凡脱俗的学者，生活在田园诗般的大学城，看不到普通民众的需求。施罗德的攻击之所以产生深远影响，也是因为基希霍夫的理念让人想起了默克尔放缓了的统一费率：用施罗德的话来说，他的秘书不仅要付和他一样多的保险费，税率也差不多。政治上更加明智的经理人海因里希·冯·皮埃尔断言，基希霍夫为"敌方的言语攻击张开了侧翼"。为了避免出现最糟的情况，皮埃尔在过去3周里担任默克尔的首席经济政策顾问。

这一切使得黑-黄两党在8月就大幅失去了获胜信心。大多数民意调查都显示，基民盟从初夏的高支持率下降了大约40个百分点，加上自民党的支持率，总共勉强过半，并且仍有下降趋势。基民盟和社民党的高层官员公开表示，想组建一个大联盟政府，获得了许多选民的好感。默克尔试图制止这种动摇军心的讨论，部分原因在于，她认为在大联盟政府中无法实现她的改革目标。

公众和部分媒体对新选举的热情很快就消失了。在选举前10天，《明星》杂志声称，默克尔"原本"就没什么可输的了。然而，这种确定性早已消失。一位评论员分析道，许多选民不再想要施罗德，但也不相信默克尔；默克尔想从德国民众那里得到"更多，比她说的还多"。基希霍夫又加深了这种印象，使得"现在很多人都感到害怕"。柏林《每日镜报》紧接着问道："她对这个国家来说是不是太快了？"

当民意调查在选举前一周公布最后一次调查结果时，基民盟只比社民党领先7%至9%，而初夏大约领先20%。暂未公布的选举前最后一周的数据显示，这一趋势到了最后甚至更严峻。原

因不仅在于默克尔的竞选纲领，还在于相当多的选民不相信一位
来自东德的女性能够胜任总理一职。

涉及具体决策，许多德国公民显然疑问：她到底能当总理
吗？默克尔自己也知道，她"将近"能当。到底有多"将近"，
她也不知道：2005 年 9 月 18 日的大选中，联盟党只比社民党多
了 40 万票，即支持率只高了 1 个百分点。当官方最终结果在
凌晨 1 点 35 分公布时，联盟党的支持率为 35.2%，社民党为
34.2%。默克尔差点与胜利失之交臂。

强强联合

安格拉·默克尔又回到了面无表情的状态，这种表情是她在
读书时代就练习过的，用于对付危险境地。电视屏幕前的数百万
观众可以看到，她在选举之夜与党派领导人讨论时权衡利弊：施
罗德是否有她没掌握的信息？还是她漏掉了什么？似乎什么都没
有。没过多久，她就重新振作起来了，施罗德的突围甚至使她松
了一口气。默克尔和格哈德·施罗德的共同点是，在挑战中站稳
脚跟。

那天晚上，施罗德欣喜若狂。许多评论家都谈到了他。现在
他已经把分数拉平了：在一场史无前例的追赶赛中与挑战者平起
平坐。他并没有意识到，这仍然不足以维持总理这个职位，因为
在最后的几个小时里，他离第一名还是差了几个议席。他根据民
意调查而不是根据现实来衡量结果。他也许还抱着希望，通过超
额席位和补偿席位来达到平衡，至少可以达到僵持状态；特别是
因为德累斯顿一位候选人去世了，需要补选一名议员。此时还没
有最终结果，只有预测。

施罗德没有回应，他的政党比上次选举损失了 4 个百分点，

红－绿政府失去了多数席位，社民党也稍微落后于联盟党。"从人们所说、所写来看，这个国家只有一个明确的失败者，这个人就是默克尔女士，"这位心情异常好的德国总理在默克尔的开场白中露出了嘲笑的表情，看着他的指甲说道。这也是朝着两位主持人说的，他们负责竞选期间的报道。

"很明显，除了我之外，没有人能够使政府稳定，"他继续说道，"在目前局势下，您真的相信社民党会和默克尔对话，接受她成为总理吗？我的意思是，我们必须实事求是。毕竟，德国人在候选人问题上明确投了票。这一点不容置疑。"基民盟主席自然可以自由地与自民党和绿党商议。"但是在她的领导下，她不会与社民党建立联盟，这很明显，不用自欺欺人了。"

默克尔非常冷静地回答：一个很简单的事实是，您今晚没赢。社民党需要几天时间反思，之后也会认清现实。社民党的确这样做了，当然并不情愿。

无论总理如何打算，施罗德在一个问题上都非常符合公众的感受：在选举中，默克尔绝不是一个光彩照人的胜利者，这至少在一定程度上是她自己的原因；因为这位来自东德的自由派人士无视了基民盟的社会保守主义传统。问题不仅仅是百分比本身，根据当时的标准，基民盟的表现非常糟糕，几乎和 1998 年科尔落选时一样悲惨。困难主要在于失去了选项：联盟党无法与自民党组成理想的联盟，两个党加在一起只占 614 个席位中的 287 个席位。"默克尔执政的梦想破灭了"，《法兰克福汇报》写道，称之为"被夺走的胜利"。

那天晚上，默克尔和她的支持者寻找新的策略。施罗德的出现起到了帮助作用。施罗德反对总理从基民盟产生，这使基民盟的同事们和心烦意乱的默克尔站在了一起：与默克尔的内部争执

将削弱基民盟／基社盟与社民党对抗的力量。如果社民党无条件
地接受，更强大的党团有选择总理职位的优先权，那么至少联盟
党内部还会对默克尔批评一番——现在他们团结起来了。在5月
宣布提前选举之后，社民党总理此时第二次无意中促进了默克尔
的利益。《时代报》写道："格哈德·施罗德最终帮她走上了新职
位。"在默克尔的职业生涯中经常发生此类情况；男同事们缺乏
控制自己情绪的能力，这使她受益匪浅。

　　施罗德事后试图纠正他行为的后果，但为时已晚。选举3天
后，他派使者到斯托伊贝尔那里——显然没有与社民党主席协
商——以了解基社盟是否会在没有基民盟的情况下与社民党结
盟。斯托伊贝尔认为这是"不可理喻"的，拒绝了这个提议。明
特弗林此时正在探索另一种可能：与自民党和绿党结成"红绿灯"
联盟。他写信给这两个党的主席，并提供有吸引力的部长职位
安排。绿党反应迟疑；而韦斯特韦勒在选举当晚已经明确地排除
了这种联盟的可能性，他以最冷酷的方式拒绝了：他让秘书处转
达，他不想和明特弗林说话。通过这种方式，韦斯特韦勒挽救了
默克尔的总理职位。剩下的唯一选择是联盟党和社民党结合，总
理一职不从社民党产生。

　　默克尔出人意料地获得了微弱胜利，施罗德对此的愤怒并没
有那么深，因为她强权政治的直觉失灵了。选举两天后，她再次
当选党团主席。迫于社民党的压力，联盟党利用这段时间再次团
结起来，98.7%的议员对默克尔连任投了赞成票。面对施罗德的
狂妄，一种"反抗和愤怒混合而成的黏合剂"将联盟队伍凝聚在
一起。

　　在接下来的两周内，直到德累斯顿补选，施罗德和默克尔之
间新的"柏林封锁"仍然存在，默克尔同样要求担任联邦总理。

联盟党和社民党之间的两次初步探索性谈判仍未成功。默克尔试图通过与自民党和绿党结盟来巩固地位。然而绿党迅速拒绝了，默克尔的威逼利诱未能得偿所愿。他们不想受默克尔战术操纵。

　　不出所料，10月2日的德累斯顿会谈结果并没有推迟席位分配。社民党主席明特弗林现在接受了事实，并帮助默克尔成为总理。默克尔问他，两人是否可以谈一谈。10月9日，正好是大选后的第三个星期，两人在下午晚些时候在联邦议院的雅各布－凯撒大楼会面，他们的办公室正好交错分布。明特弗林告诉默克尔，两党组阁的主要障碍是她关于新社会市场经济的想法，即对传统的德国福利国家进行全面改革。如果她能够改变主意，则可以继续对话。默克尔以她的方式作出反应，既没有答应，也没有拒绝。只是看着她的社民党同事，问道：我们什么时候碰面？结束了这个话题。对于彻底改革福利国家制度，默克尔在莱比锡党代会上以及在竞选中的宣传都十分激进，而现在她不再那么激进了。在很短的时间内，默克尔和明特弗林——"冷静者和务实者"——建立了密切的信任关系。

　　随后举行了四人会议。明特弗林带来了正在待命的总理施罗德，默克尔带来了基社盟主席斯托伊贝尔。明特弗林使了个眼色说道，如果施罗德担任总理，联盟党可以选择三个部委。他目的在于引出斯托伊贝尔：如果默克尔成为总理，社民党将能够先选两个部委。四人就这样开始"谈生意"了。明特弗林想要外交部和财政部，之后让"石头二人组"①弗兰克－瓦尔特·施泰因迈尔和佩尔·施泰因布吕克负责这两个部门。他也担心，社民党会因

---

① 　社民党人弗兰克－瓦尔特·施泰因迈尔（Frank–Walter Steinmeier）和佩尔·施泰因布吕克（Peer Steinbrück），两人名字里都有"Stein"（意为：石头），被柏林政治圈称为"石头二人组"。——译者注

此失去重要的劳工部，但这种担心是没有必要的。埃德蒙·斯托伊贝尔想要经济部，并通过技术知识来提升这个部门，他原本就不想要社会事务部。因此社民党可以要求劳工部和社会事务部。默克尔第一次插手了部门划分：她无论如何都想要家庭部，随后派来自下萨克森州的乌尔苏拉·冯德莱恩负责这个部门。默克尔非常清楚，2002年联盟党落选就是妇女问题导致的。施罗德很快就接受了他无法再担任总理这个事实，以前总理的角色参加了谈判。

很明显：在七位男总理之后，一位女总理首次在欧洲中心的大国执政。《德国日报》给默克尔童年时期的一张照片起的标题是《这是一个小姑娘》。该报将默克尔一路走来必须克服的困难首先归于她的性别："没有一个选举胜利者像她一样，为进入总理府而苦苦奋斗。"基社盟和社民党的政客甚至试图发起一场辩论，在当前情况下——两个派别正在僵持——候任总理是否拥有《基本法》规定的发布指令的权限。

10月10日，默克尔首次以候任总理的身份出现在媒体前，表现得非常清醒。外国记者尤其对她的主观感受感兴趣。《国际先驱论坛报》记者问道："默克尔女士，您要当总理了，您感觉怎么样？"丹麦电视台记者想知道："您现在高兴吗？"未来的总理没有回答关于她心理状态的提问。*我已经说过了，我心情很好。但我知道眼前面临着什么。*

联盟谈判仍在进行，两个人从根本上改变了工作范围。后来显示，这对默克尔有利。社民党理事会提名前社民党青年社会主义者工作组主席安德里亚·纳勒斯担任秘书长，违背了弗朗茨·明特弗林的意愿，10月31日，他宣布辞去社民党主席职务，但仍然可以担任部长。社民党同意勃兰登堡州州长马蒂亚斯·普拉茨克成为新的党主席。他的年龄、自然科学家经历和出身勃兰登堡都与默克尔相似。一时间，这两个规模很大的政党似乎是由一对东德梦幻情侣领导的，仿佛是东德在为统一后的德国指明方向。也许这个从幻灭中诞生的联盟会发展成一个新政府。

社民党本身也支持普拉茨克，就像选党主席时经常发生的情况一样：在 11 月中旬的党代会上，99.4％的代表投票支持普拉茨克。默克尔没有因此得意忘形，她又对了：仅仅 5 个月后，新的社民党主席在两次突然听力丧失以及神经和循环衰竭后辞职。继任者是莱茵兰－法尔茨州州长库尔特·贝克。与默克尔起初的担心相反，动荡并没有损害大联盟，只是对社民党不利。

明特弗林辞职一天后，基社盟主席斯托伊贝尔就带来新消息，之前早已有传言：这位一直犹犹豫豫的州长宣布，他不打算担任经济部长。虽然这个职位是为他保留的，但他宁愿继续担任巴伐利亚州州长。在官方层面，他用明特弗林的部分退隐来解释这一点：社民党把党主席和内阁职务划分开来，他想保留基社盟主席的职位，因此不想进入内阁。他还抱怨道，新的大部门制定政策的权限过于狭窄。然而真正的原因是，斯托伊贝尔不想冒险跳入柏林，也不想受未来总理的领导，被约束在内阁部门。默克尔在选举后的几周内明显巩固了自己的权力和地位。内阁会议将不是制定重大政府方针的地方，而是"在总理的领导下，专业地执行政策"。斯托伊贝尔非常清晰地写道：显然，他以前认为默克尔不会在自己的政府中起带头作用。

明特弗林的辞职主要对巴伐利亚州州长不利。在慕尼黑，他愚弄了继任候选人；随着他的反复无常，他也无法在党内发展了。他似乎不能接受默克尔的强硬和决心。在拒绝承担责任之后，他又有何资格批评柏林的政府工作呢？斯托伊贝尔不惜拿自己的政治信誉冒险，来躲避危险。他的职业生涯即将结束。默克尔不再担心他是竞争对手。社民党和基社盟的动荡使默克尔有了更大施展空间。

与社民党的结盟使得默克尔摆脱了她改革计划中最不受欢迎的部分。她可以轻易地收回有争议的税收设想，并将其归因于社民党的否决。老派德国公民虽然在理论上呼吁大变革，但实际上拒绝作出任何改变——默克尔在 9 月份差点落选，之后才真正明白，对此她铭记于心。基民盟的"社会民主化"与人们经常提到的内容并无关系。默克尔多次放弃了对"以福利国家为导向"的改革尝试。选举研究员马蒂亚斯·荣格确切地形容，这是"联盟纲领的社会根源复兴"。

在社会政策方面，第一届默克尔政府就提出了新问题，这意味着基民盟的文化突破。新任家庭部部长乌尔苏拉·冯德莱恩推动扩大托儿所容纳量和育儿津贴，这将使劳动者在孩子出生后更容易重返工作岗位；同时，为父亲增加两个月的额外假期，鼓励男性为照顾孩子休假。默克尔最初并没有积极倡导该计划，但也同意了冯德莱恩的方案。奥格斯堡天主教主教沃尔特·米萨声称，部长将女性贬低为"生育机器"，默克尔只在这种紧急情况下进行了干预。她发起了一场文化变革，推翻德国的母亲神话，使德国更接近国际标准。1965 年，基民盟家庭事务部部长弗朗茨－约瑟夫·乌尔梅林认为，女性从事工作会破坏社会，他为孩子多的大家庭开创了折扣火车票。与此同时，新任内政部部长沃尔夫冈·朔伊布勒召开了一次伊斯兰会议，他在会上承认，该信仰也属于德国。由于朔伊布勒形象保守，他这样做时没有遇到较大阻力。

总而言之，联盟协议并不像许多人后来说的那样雄心勃勃。在人员安排方面，默克尔的第一个内阁也是联邦共和国历史上最强大的内阁之一，来自社民党的部长们也是如此。

道路已经畅通无阻了。2005 年 11 月 22 日，德国联邦议院选举 51 岁的议员安格拉·多罗特娅·默克尔（原姓：卡斯纳）担任德国政府的首位女总理。出版商弗里德·斯普林格和电视节目主持人萨宾·克里斯蒂安森等支持者坐在观众席，他们将饼干拼成了基民盟的缩写字母"CDU"。在前一排，默克尔的父母观看他们的女儿当选总理，默克尔的妹妹伊蕾妮和弟弟马库斯也在场，对于默克尔来说，这仿佛是"一场私人活动"。只有她的丈夫约阿希姆·绍尔不在场，他是从电视上观看的。

默克尔第一次参加这一仪式：联邦议院选举、总统提名、就职宣誓、部长提名，最后是部长们在议会宣誓就职。在这一天，默克尔四次在国会大厦和贝尔维尤宫之间穿梭。最终，大联盟党团中 51 票弃权，联盟党和社民党中各九分之一的议员投反对票。在绝大多数人看来，这只给胜利蒙上了片刻阴影。

安格拉·默克尔那天实现了不可思议的目标。她现在不仅是德国有史以来最年轻的政府首脑，而且还是担任这一职务的第一位女性和第一个东德人。更多的人尊重她的坚持不懈。许多人却还只将她视为过渡总理。当时大多数人都无法想象，她最终会像基民盟的偶像阿登纳和科尔那样，任职如此长久。

总　理

安格拉·默克尔现在搬进了柏林施普雷伯根的总理府，这是建筑师阿克塞尔·舒尔特斯为赫尔穆特·科尔设计的超大政府楼。4 年半前，格哈德·施罗德搬进了新大楼，他之前还在原东德国务院大楼待过一段时间。"柏林共和国"还很年轻，它的规矩具有可塑性，表现风格没有固定。施罗德当时还在波恩担任政府首脑，作为"巴斯塔总理"[①]，他有一种明显的男性领导风格，这种风格现在似乎已经过时了；这也可能是他失败的原因之一。对默克尔来说，这既是机遇，也是挑战；她能够而且也必须尽可能地重新定义政府。

在她漫长的任期结束时，"联邦总理"这个词的女性化形式变得理所当然；年轻人会开玩笑地问道："你能否想象一个男的当总理？"当然，一开始并非如此。德国并不是这方面的先驱。在较重要的西方国家中，英国、法国、波兰和以色列已经有女性担任首相，而意大利、西班牙和美国还没有。在印度或巴基斯坦，女性掌权也远早于在德国。然而，2017年1月，由女性担任国家元首或政府首脑的国家人口只占世界人口的6.6%。在国际范围内，女性执政还没有成为理所当然的事情。默克尔没有可以效仿的固定榜样。

关于女性的讨论首先始于外观，例如衣服和发型；当然男性的外观也被讨论过，但次数较少。对于赫尔穆特·科尔的转变，公众们的关注是非常少的。例如：他的老花眼戴眼镜显得很多余；或者他的西装从不好看的双排扣改为更时髦的单排扣；再或者，他在染发之争中，起诉关于他染过头发的言论。鲁道夫·沙尔平留了胡子，在社民党领导人中引起了不小的轰动；而库尔特·贝克也因为他的寸头发型，被称为"乡巴佬"；基民盟政治家兼默克尔的好友彼得·阿尔特迈尔在其从政之初就认为，由于兔唇和肥胖，他将无法登上政坛顶峰；外交部长海科·马斯因穿

---

① 意大利语"basta"，意为：够了，不要再说了；就这样决定了。——译者注

着皮夹克和白色运动鞋出现在社民党的内部会议上而受到批评。

总的来说，这些例子证实了一个规则：一个男人通常不必担心人们讨论他的外表。而安格拉·默克尔几乎在从政后的第一天，就面临着外界对她外表的批评。东德转型后的伙伴们至今想起还愤愤不平，默克尔当时作为东德的副政府发言人，穿着飘逸的短裙和"罗马凉鞋"出场。人们没有注意到的是，对于一个在科研岗位更喜欢穿毛衣、灯芯绒长裤和登山鞋的女性来说，默克尔的这种打扮已经向女性气质妥协了。越是要求她换衣服，她就越不想穿上商务套装。即使在民主德国，她也讨厌专门为女性设计的套装——与声名狼藉的男式"现代 20"西装[①] 相对应的服装。当形象顾问要为她重新设计服装时，她常常说，她不是模特，而是政治家。

这一切并不意味着安格拉·默克尔不考虑她的外表。最晚到了 2000 年春季，她成了党主席，这可能与未来竞选总理有关，她作了谨慎改变——非常谨慎，以至于同时代的人几乎没有察觉，只有在回顾老照片的时候才注意到。她现在穿的是汉堡设计师贝蒂娜·舍恩巴赫设计的外套，如同制服，电视节目主持人和默克尔的支持者萨宾·克里斯蒂安森也在她那买衣服。不久之后，《世界报》的"生活方式"版的专栏作家因加·格里塞称赞舍恩巴赫和她的顾客们："她设计的服装和穿着它们的女性一样优雅务实。"这是圈内人士对这位时尚设计师的重要评价，因此非常确切。据说约阿希姆·绍尔也曾表示，当时的汉堡绿党政治家克里斯塔·萨格总是穿着好看的外套。

---

① "现代 20"是为纪念民主德国成立 20 周年而开发的一种布料，用它制成的衣服抗皱、耐磨，但是僵硬、不透气。——译者注

　　总理的套装陪伴着她直到任期结束。《世界报》的作者格里
塞高兴地说道："她看起来端庄优雅，同时保持着务实的风格。"
舍恩巴赫解释道："位高权重的女性和掌权的男性不同。她们不
只是简单地穿着衣服，而是要穿着得体。"舍恩巴赫有时穿着裤
装："穿裙子的时候我感觉自己是物件。"尽管剪裁简单，但读者
们知道，这些外套是由意大利诺悠翩雅公司生产的最好的羊毛
和羊绒材料制成的。默克尔通常配上黑色长裤和轻便舒适的矮
跟鞋。乘飞机出差时，她把五颜六色的西装换成了一件深色的
开衫。

　　这些制服的主要优点是耐用，类似于男性的西装。它们偶
尔会遭到些许嘲笑，但由于缺乏新闻价值，也做不了大文章。
人们充其量根据外套颜色变化进行解读。有人说，总理的衣橱
看起来肯定像一个书架，就像苏尔坎普袖珍图书系列[①]：同样的
款式，各种颜色都有，合起来像彩虹。造型门户网站"时尚之
光"2014年曾统计，默克尔穿绿色衣服的次数最多，占22%；
红色、蓝色或鲑鱼粉色也很常见。她办公室里总放着一件黑色的
衣服，以备庄严肃穆场合之用。大多数情况下她穿三个纽扣的版
式（76%），偶尔穿四个纽扣的（20.5%），两个纽扣的版式非常
少见（3.5%）。此外，她还经常佩戴伊达尔－奥伯施泰因的设计
师乌尔里克·韦里奇和汉斯－彼得·韦里奇设计的精致项链，它
们完美地履行使命。这些项链从未被讨论过，只有一条例外：默
克尔在2013年的竞选电视辩论中戴着一条有黑色、红色、金色
串珠的项链，即德国国旗的三种颜色。在接下来的几天里，处处

---

①　苏尔坎普出版社的袖珍系列丛书，每年出版48本书，书皮颜色按照光谱
色设计。——译者注

都在议论默克尔的"德国项链"，很快又被称为"施兰德链"①。

安格拉·默克尔决定总穿着同样款式的外套是非常明智的。然而在新奥斯陆歌剧院开幕式或拜罗伊特音乐节开幕等喜庆场合，则不可避免地要换上其他衣服，毕竟总理不能在这些场合也穿职业装。2008 年在奥斯陆，她决定穿一件深领口的晚礼服，符合传统礼仪。对于不怎么熟悉此类习俗的公众来说，德国总理穿着"过于暴露"，这个话题连续好几天都受热议。2005 年竞选期间，她出席拜罗伊特音乐节时，连衣裙的腋下出现了黑色汗渍，也引得人们议论纷纷。而巴伐利亚广播公司在其网站上发布照片时，编辑过的照片上看不到汗渍，一时激起了德国记者协会的抗议。

默克尔的假日穿着有时也会引起轰动，引人注目的恰恰是她的朴素无华。直到 2017 年夏天，马路小报才注意到，总理在假期里总是穿着同样的衣服：她坐在缆车上，穿着七分裤和红色格子衫，天冷了再套上一件黑色粗呢外套。这和许多名人一样，认为将棒球帽拉低盖过额头可以保护隐私，当然每年还是会有一些狗仔队偷拍的照片进入公众视野。现在连写政治新闻的《图片报》记者也专程到南蒂罗尔——他像默克尔那样打扮——在电梯里拍照。

在 2005 年的竞选中，默克尔以新发型出现在公众面前。她从很多年前就开始渐渐改变发型，这个发型一直保持到任期结束。为了让她的外表保持不变，例如经过了漫长的工作后还要

---

① 德语为"Schlandkette"。"Schland"指德国，多与足球比赛相关，有幽默效果。该词来源于德国国家足球队比赛中球迷的欢呼声：德国，德国！(Deutschland, Deutschland!) 由于球迷轻读"Deutsch"，而重读"-land"，混在一起只能听清"-schland"的部分。——译者注

在镜头前公开露面，默克尔让化妆师佩特拉·凯勒全程陪伴。在出国访问的代表团名单中，化妆师被称作联邦总理的"私人助理"。

经过了一段时间，默克尔才解决了"手放在哪里"这个问题，公众也是后来才留意到。经常在媒体面前露面的男性也会遇到这个问题：如果不在说话和打手势，而是在倾听或为拍照摆姿势，那么手放哪里呢？有的人让手臂自然地垂下来；有的人双臂交叉，作防御状；有的人交叉双手，仿佛在祈祷。这些姿势都不好看：默克尔站立时，将指尖抵在一起，两只手摆成菱形。手怎么放，一直是个问题。最好是对称的。这个姿势或许可以帮她站直：这个姿势能够使我自动挺直上身。或许是她的妹妹提供了这个建议，她是一名职业治疗师；另一种说法来自公关机构；还有一位《明星》杂志的摄影师声称，她在 2002 年的一次拍摄中，向默克尔建议这个姿势。很快有一些多多少少深奥的"理论"流传开来：总理的这个菱形手势可以透露哪些深层次的心理状态，或总理想用它发出哪些秘密信号。

公众们很快认为，"默克尔菱形"象征着这位内心坚定的总理非常可靠，甚至比她五颜六色的外套更有代表性。在 2013 年的大选中，基民盟做了一幅 70 米 × 20 米的巨大宣传海报挂在党总部大楼侧面，画面展示了默克尔的菱形手势（"您认识我"），这次选举是默克尔最成功的一次选举。

当默克尔承受巨大压力时，她会在议员席上咬手指或啃指甲，她的政治对手立即用此攻击她，一些媒体也提到过这个习惯。接受采访的专家表示，与旧理论相反，这并不代表严重的心理问题。但单是把啃指甲当成问题来讨论，就使人们联想到女性的弱点：啃指甲似乎是胆小的小女孩的习惯。特别对于那些总是指责总理犹豫不决的人来说，这个描述很确切。

当她表现出权力意识并做决定时，这个描述就不对了。"科尔的小女孩"很快就被称为"妈咪"。尤其是基民盟的保守派，人们很快就这样称呼——至少从 2008 年斯图加特基民盟党代会开始，当时默克尔以一个节俭的"施瓦本主妇"自居。还有一种说法引起了共鸣，即默克尔没有孩子，而 8000 万德国人满足了她的教育愿望。在很长一段时间里，西德基民盟的"男孩们"都不敢相信，一个女人可以在高层站稳脚跟，围绕格哈德·施罗德和约施卡·菲舍尔的大男子主义红－绿党团更不愿意认真对待这位反对党领袖。

一开始，默克尔觉得很难与经济界的男性们建立可靠联系。她当了部长之后，只得到少数经理人的支持。直到她成了总理，才终于受到企业高管们的青睐。但这仍是一种脆弱的忠诚，在危机时期很快就消失了。与此相应，银行业和汽车经理们的失败也进一步降低了默克尔对这些行业的信心。

那些喊"妈咪"的人并不好伺候：无论是基民盟成员还是其他德国人，都是一群爱哭闹的孩子，需要一位亲切的母亲理性指导。2015 年秋季难民到来后，这个词又多了一个内涵——批评者说，她就像特蕾莎修女一样，照顾新来的人，却抛弃了自己的同胞。2017 年大选期间，东德广场上的抗议者们高呼："妈咪必须离开。"默克尔本人很少对"妈咪"这个标签发表评论：我学会了接受它。

人们对默克尔已做或未做的大部分事情，都会立即从性别角度来审视，尤其是那些反对"性别狂热"的批评者。特别在任命员工方面，在政治中心柏林，雇用女性担任办公室主任或新闻发言人并不罕见。但如果关系密切的女员工们和女老板一起工作，就会被当作"女孩营"①，滋生出疯狂的阴谋论。事实上，默克尔的大部分心腹都是比她年轻很多的男性，但也无法弥补这个所谓的缺陷，而且还为下一个傲慢的标签提供了契机：这些男员工被称为"男团"，仿佛总理府的新主人有个由男同伴组成的"后宫"。

默克尔本人没有就此发表任何评论。作为党主席以及在担任总理的头几年里，她对女性问题发表的言论非常坚硬，就像第一位非裔美国总统巴拉克·奥巴马对种族歧视的干预措施一样。默克尔在 20 世纪 90 年代初期担任妇女部部长时，内心上对旧联邦共和国的女权主义感到奇怪，后来才认识到，在西德社会中，无数男性化规定仍然存在。她作出改变，包括通过部长冯德莱恩制定家庭政策：在第一届政府中，基民盟的 6 个内阁职位中有一半由女性担任，而社民党有 8 个内阁职位，却只有 3 位女部长。

默克尔越是在权力政治中站稳脚跟，就越承认自己的女性身份，人们几乎称之为"出柜"。在她担任基民盟主席的早期，她隐藏了这个特点。2009 年初，就在默克尔第一次连任前不久，她在总理府举办了一场大型招待会，庆祝妇女获得选举权 90 周年。2018 年卸任党主席前不久，她公开抨击，男性仍持续统治德国社会的许多领域。她在贝尔维尤宫与当时的潜在继任者安妮格雷特·克兰普·卡伦鲍尔和欧盟委员会候任主席乌尔苏拉·冯德莱恩的合影，很快就成为她女性政治遗产的象征。默克尔对女性问题的关注也在选举中得到了回报。虽然女选民在总理任期开始时投票给基民盟的比例很低，但后来支持基民盟的选民中，女

① "女孩营"（Girlscamp），是德国卫星一台 2001 年的真人秀节目。10 名女性住在加那利岛海边的一栋豪华别墅中，由 57 台摄像机拍摄跟踪。——译者注

性占比很高：在默克尔 2017 年的最后一次连任中，36％的女性投票支持联盟党，男性只有 30％。

直到任期结束，默克尔对她的东德出身都十分谨慎。这也有算术上的原因：虽然女性占选民的一半，但东德人只占全德国人口的五分之一左右；公众对女性问题的接受程度有所提高，西德公众对东部的兴趣有所下降；由于德国选择党在东部各州获得了选举成功，这种傲慢甚至变得更加明显。虽然女性在平等机会政策上有着相对同质的利益，但东西德的环境却十分不同。

默克尔出身牧师家庭，无法代表典型的东德女性。甚至在 2015 年难民潮之前，她就被许多原东德公民视为叛徒和西方叛逃者；她与许多东德同胞的心态也逐渐疏远，随着时间的推移变得越来越明显。在 2019 年 10 月 3 日德国统一日的庆祝演讲中，*她表述的内容听起来像是责备：自由意味着有义务为自己设限，如果事情没有像预期那样达到目的，也要能够好好应对，而不是马上把失望发泄到其他地方。*

经过最初的困难时期之后，默克尔在女性中的支持率一直高于在男性中，她在德国西部的受欢迎程度也更高：2017 年，她领导下的联盟党在西部获得了 34.1％的支持率，在东部只有 27.6％。

社民党对女性担任政府首脑的看法也发生了变化。尽管社民党致力于男女平权，但男性在社民党中担任领导的传统更长久。施罗德身边年纪较长的官员没有把默克尔当回事，因为她是女人。而在年轻的社民党人中，很快出现了过度补偿心理，类似于基民盟把自己矮化成"妈咪"−党团：西格马尔·加布里埃尔、奥拉夫·朔尔茨和安德里亚·纳勒斯等社民党人走向了另一个极端，认为必须等到默克尔总理任期结束，他们才有机会再次进入政府总部。在确定总理候选人时，他们不是在竞争，而是试图设法避免白白成为牺牲品。

常 态 化

即使在担任总理期间，默克尔仍住在佩伽蒙博物馆对面的公寓里，这座公寓位于比德迈尔式的建筑里，她还是秘书长时就住在这里：阿姆库普弗格拉本大街6号，一位名叫约翰·特劳戈特·伯尔纳的柏林商人于1832年建造了这座建筑。作为三座历史悠久的住宅之一，它如今在国家博物馆和洪堡大学等宏伟代表性建筑之间似乎有些失落。默克尔不想搬进总理府；在2001年政府总部竣工之前，前任总理格哈德·施罗德一直住在达勒姆的别墅，这座别墅现在是联邦总统的府邸。

新总理希望她的生活能够尽可能地保持常态化，但公寓位置已被暴露，联邦刑事调查局出于安全考虑，在同一栋楼里租了另外四套公寓。默克尔公寓的门铃上写着她丈夫的名字"绍尔教授"（Prof. Sauer），而安全员的门铃上则贴上了令路人充满想象的名字："有趣"（Lustig）、"相当"（Ganz）、"不错"（Schön）、"或者"（Oder）。① 从那时起，警卫就站在门前。通常早上7点刚过，默克尔就从一条小道上的侧门被接去总理府。

该建筑最初属于房地产投资商亨茨·米尔曼，他在乌泽多姆岛也拥有房产，2008年因财务困难将公司出售给西班牙查马丁集团。根据《明星》杂志报道，2005年柏林房地产价格跌到历史最低点时，默克尔就在这个显眼的地点租下了公寓，并支付每平方米20欧元的高昂租金。她的前上级、原东德总理洛塔

---

① 合起来是"Ganz schön lustig, oder ?"（很有趣，不是吗？）。——译者注

尔·德梅齐埃在搬去选帝侯大街的联合办公室之前，他的律师事务所也在这栋楼里。为数不多的邻居包括社民党人奥特马尔·施赖纳，他在 2013 年去世，曾与格哈德·施罗德的"议程"政策作斗争，从而间接促成默克尔登上总理宝座。这个夜猫子喜欢在深夜听法国香颂、炸土豆，这让总理敏感的丈夫感到困扰：施赖纳曾在一个谈话节目中爆料，某一天晚上，约阿希姆·绍尔穿着拖鞋站在他的门前，抱怨噪音和气味的滋扰。

即使在默克尔成为总理后，绍尔也不愿意让自己的个人生活成为妻子显赫角色的附属品。作为第一任女总理身边的男人，他没有可以效仿的榜样。过去，男总理的妻子们尽管气质秉性各不相同，却总被视为丈夫的因变量，必要时还要作名誉性承诺；第一任总理康拉德·阿登纳上任时已经是鳏夫了。

现在，第一次由女性担任政府首脑，她的丈夫作为一名杰出的科学家过着独立的生活。绍尔不仅坚持这样做，还以近乎示威性的方式庆祝他的独立。他没有出席妻子在联邦议院的宣誓仪式，这让媒体忙活了好几天。在第一次出国访问中，安格拉·默克尔把飞机上的记者们逗笑了：她直接告诉丈夫，他的缺席会让他成为人们关注的焦点，还不如直接露面。直到第四次，即最后一次总理选举，绍尔才有了不同的举动。绍尔只在少数几次政治场合中陪伴妻子，或许因为对话伙伴的知名度较高，或着默克尔／绍尔夫妇想表示私人好感。

绍尔避免以"第一先生"的身份出现在公众面前。从外人来看，两人是典型的忙碌在职夫妇。总理说：经常有人问我，谁来决定我丈夫什么时候来，什么时候不来。答案是：我丈夫自己决定。绍尔也很少接受采访，即便接受采访，也是作为科学家。他礼貌而坚定地拒绝了其他采访请求："我决定不接受采访，也不与记者交谈，因为他们的采访目的不是我的学校工作和研究项目，而是我妻子的政治活动。"两人一起公开露面的场合为数不多，主要是文化活动。在拜罗伊特和萨尔茨堡的夏季音乐节上，以及在柏林的歌剧院、戏剧院或音乐厅等普通场所，观众偶尔也能看到这对夫妇。

　　默克尔追求的常态化受到了更严格的限制。她第一个总理任期结束时，《明镜周刊》的记者亚历山大·奥桑描述了这位总理试图逃离职位的束缚：但无论是尝试前往霍恩瓦尔德游泳，还是在没有安保人员的情况下离开总理府，都没有成功。政府发言人乌尔里希·威廉后来说，默克尔和绍尔没把那辆旧大众高尔夫汽车漆成红色，而是金属银色；威廉显然害怕奥桑会对红色这种革命色彩从政治角度进行解读。默克尔曾说过，她掌管政府之后，这辆车才留给她丈夫开。

　　默克尔成功的"逃脱"经历可能是因为记者没有注意到她的行踪。默克尔在柏林的漫长执政岁月里，经常去一个不显眼的地方——"黑泵"酒吧，这个时尚酒吧位于东德转型时期默克尔住的第二套公寓的附近；或者在绿党资产阶级的最爱——"手工作坊"分店里买圣诞礼物时——她也很少引起注意。当然，这些情况没有全然逃过公众目光，否则本书就不会提及了。

　　对于总理来说，度假旅行也是一种常态。她总是要值班，必须随时待命，即使在假期，也有一队安保人员和少数办公人员陪同。默克尔从不追求奢华度假，她以前确实向往异国情调。例如，当她还是民主德国公民时，曾去过高加索。虽然没有机会再次经历后者那种旅行，但她的假期仍然很接地气。默克尔任职期间的暑假大部分都在南蒂罗尔度过，在奥特莱斯山脉脚下的偏远山村索尔达。在那儿，她住在一家有 30 个房间的小旅馆里，

2010 年最贵的双人房旺季价格约为每天 200 欧元，包含两餐。

默克尔经常在意大利伊斯基亚岛南海岸的酒店度过复活节（偶尔会开车去戈梅拉岛），这儿价格稍贵一些，但和其他政府首脑的奢华假期相去甚远——例如意大利总理西尔维奥·贝卢斯科尼在科斯塔斯梅拉尔达的别墅。默克尔没有打高尔夫球的爱好，而是喜欢和丈夫在山里徒步漫行。冬天，她通常住在恩加丁的一家简朴的四星级酒店里，这家酒店在当地的价格略贵。所有度假目的地都有一个共同点：位于与德国相同或相近的时区，以便与柏林保持联系，能够在紧急情况下快速返回，但又都隐蔽在岛屿或山区。

默克尔在成为总理之前，偶尔会和观众分享她的烹饪偏好。在 20 世纪 90 年代，她每年都会接受摄影师赫林德·科尔布尔的采访，后者对李子蛋糕的提问成了一个经典笑话：科尔布尔想知道，默克尔在过去一年里烤了几次蛋糕。"次数太少了"——每次都是这个答案。

在其他场合，默克尔提起过土豆汤和肉卷，以巩固她脚踏实地的形象——但她其实并不需要特意伪装。在默克尔访问巴黎期间，当地记者批评她不懂享受精致美食，例如，吃完精致的法式大餐之后，她啃起了小红萝卜——这些萝卜实际上只是装饰。在总理府举行的联盟会议上，默克尔喜欢供应肉丸子；她招待足球教练约阿希姆·勒夫吃他最喜欢的奶酪夹心猪排；为银行经理约瑟夫·阿克曼举行的有争议的生日宴上，总理府的厨房为客人们准备了家常菜：芦笋和小牛排。

总的来说，这符合旧联邦共和国的谦虚风格。无论是赫尔穆特·施密特在汉堡 - 兰根霍恩的房子，还是赫尔穆特·科尔在路德维希港 - 奥格斯海姆的住所，都没有一丝奢华气息；一位德国总理的工资是 B11 职位等级的 1.67 倍，在默克尔时代，每年约为 25 万欧元——与商界领袖的收入相比十分穷酸。与其他政治人物不同的是，她并没有受到影响。格哈德·施罗德在上任之初，表示出对昂贵西装和雪茄的偏爱，并公开承认，他能品出酒的好坏。对他来说，这样做是不合适的。

根据《南德意志报》的报道，前网球明星鲍里斯·贝克尔曾问过默克尔，她想邀请谁参加晚餐派对。总理直接明确表示，我不组织晚餐派对。但我想请维森特·德尔·博斯克共进晚餐。乍一看，这只涉及足球话题。但在体坛之外，默克尔可能很难找到另一个与她的人生计划如此相似的人。在这位西班牙国家队教练的训练下，他的球队先是获得了世界冠军，然后是欧洲冠军，他在足球上的成就和默克尔在政治上的成就相似。尽管如此，他只保留了自己在马德里新住宅区的一套公寓。他说过："只有聪明谦虚的人才能获胜。"

默克尔没有假装亲近流行文化。在一次大型采访中，她表示自己热爱里夏德·瓦格纳的歌剧；同时也坦率解释，我对流行音乐一直不太了解。对歌剧的热爱或许激起了人们的反感，汉堡州的第一个黑－绿联盟被嘲笑为"歌剧爱好者联盟"：对绝大多数民众毫无意义。前几届总理执政时，热爱瓦格纳的作品似乎是个敏感问题，因为他背负了历史包袱，他们一直与拜罗伊特音乐节保持安全距离。似乎没有人担心，《女武神的骑行》会唤醒默克尔"入侵波兰的冲动"。纽约电影制作人伍迪·艾伦曾经描述过瓦格纳歌剧的危险性。

执 政

默克尔依赖身边的心腹。她把贝特·鲍曼带到总理府，鲍曼担任办公室主任已经有 14 年了。鲍曼对她的上司没有任何不满。在电视纪录片中，默克尔缺少这位最重要的顾问时，会显得非常无助，仿佛陷入了困境——例如在 2015 年难民到来的秋季。通过总理府纪录片，人们得知，总理每天早上给她的办公室主任倒咖啡，而不是反过来。这仿佛在暗示：谁手里还拿着其他东西，谁手里只拎着咖啡壶。

默克尔经常在关键转折点冒很大风险，而鲍曼常常建议她保持谨慎和克制。在危急情况下，她建议上司不要做任何事情，这样就不会出错。事实上，在不失去理智的情况下保持沉默是默克尔最重要的成功秘诀之一。脾气暴躁的基民盟党人有时会对此大发雷霆，其中一些人对鲍曼的愤怒甚至超过了对默克尔本人的愤怒。在搬到政府总部后，办公室主任严格远离公众。当她陪同总理参加活动时，似乎没有人注意到：她外表的全然低调是她最引人注目的性格特征之一。鲍曼很少与记者交谈，即使交谈了也严格保密。

伊娃·克里斯蒂安森则不同，她在 6 年前的政治献金事件中经受住了对新闻发言人的考验。也许人们已经料到，她现在不是政府发言人，也不是联邦新闻办公室的负责人，而是在默克尔的总理办公室工作。她先是担任媒体咨询部主任，后来担任政治规划部主任。克里斯蒂安森上任后休了产假，归来后的一段时间里每天只上半天班，这并没有降低她的重要性：默克尔周围的人实践了部长冯德莱恩的新家庭政策。

默克尔身边的其他职位都由男性填补，尤其是总理府的重要部门。与女员工相似，她喜欢一种特定类型的性格：以事实为导向，不爱出风头，不过分强调自我。记者伯恩德·乌尔里希曾描述，默克尔的心腹们具有"微创型"性格。令人惊讶的是，这种性格的员工反复出现在默克尔身边——虽然默克尔不得不让她原来的助手离开，而后来者并不总能达到她早期顾问团的水平。

外交政策由莱茵地区基民盟的职业外交官克里斯托夫·赫斯根负责，他学的是经济学，在外交部部长克劳斯·金克尔的办公室工作后，不久领导欧盟高级代表和前任北约秘书长哈维尔·索拉纳的政治团队。12 年来，赫斯根一直是默克尔在国际关系问题上最重要的顾问和心腹，比联邦总理办公室的其他同事待的时间都长。2017 年——就在他退休前不久——他被授予驻纽约联合国大使一职。赫斯根和默克尔一样，是一位深信不疑的跨大西洋主义者，他带给默克尔不具备的知识和人脉。社民党联盟伙伴有时怀疑，他就是默克尔对俄罗斯采取强硬立场背后的推动力。

在欧洲政策方面，默克尔依靠总理府的一个团队，这个团队久经考验：她任命乌韦·科塞庇乌斯担任部门主任，他从科尔的最后一个任期以来一直在政府总部工作，不久负责欧洲经济政策。默克尔那时还不知道，这个主题对她有多大的影响。在新形势下，人们可能怀疑科塞庇乌斯是否适合这个职位：但没有人质疑他的专业能力。欧债危机开始时，他有时在谈判中固执己见，其他人认为他是个典型的德国人。由此，他在很大程度上巩固了自己的阵地。

2011 年初，德国有机会派人去欧洲理事会秘书处当秘书长，该职位颇有影响力，默克尔将他派往布鲁塞尔，由一名内部官员取代他原先的职位：尼古拉斯·迈耶－兰德鲁特非常了解法国，是同姓女歌手勒娜·迈耶－兰德鲁特的叔叔。迈耶－兰德鲁特临危受命，于 2015 年担任驻法国大使，此时科塞庇乌斯返回德国；有人说，布鲁塞尔的岁月使科塞庇乌斯变得更加灵活。无论如何，德国在欧盟占主导地位的时代都即将结束。

经济政策顾问不久就发挥了重要作用。在八国集团[①]会议上，从施罗德任期开始就担任经济部国务秘书的伯恩德·普法芬巴赫担任"夏尔巴"这个角色。默克尔将德意志联邦银行主席阿克塞尔·韦伯的同事延斯·魏德曼调入总理府。魏德曼 37 岁，雄心勃勃，看起来仍很年轻。在波恩，他在韦伯和货币理论家曼弗雷德·诺伊曼的指导下获得了博士学位，这两位是德国经典"监管政策"的正统代表，严格拒绝政治甚至央行干预经济生活。

对默克尔来说，这似乎是一个忠告。在银行和欧元政策推行的过程中，尽管默克尔厌恶债务，但她的新教实用主义的经济伦理与德国经济学教义并不相符。2011 年，魏德曼回到德国联邦银行担任行长（从那时起，他与默克尔批准的欧元救助计划保持距离）。默克尔任命在美国受过教育、不受意识形态影响的拉斯－亨德里克·罗勒填补魏德曼离开后的空缺。在默克尔看来，罗勒还有一个优势，即他会尽可能地避开公众和记者，这一点和魏德曼相反。

出乎所有人意料的是，默克尔任命了一位老朋友担任总理府部长：托马斯·德梅齐埃。默克尔刚认识他时，他是德国统一期间"德国联盟"的西方顾问；公众原本期望诺伯特·罗特根担任这个职位，但默克尔认为罗特根缺乏政治经验。由于社民党早已提名部长，默克尔面临压力，不得不迅速解决这个问题。德梅齐埃只有 4 个小时的考虑时间。默克尔一直与德梅齐埃保持着联系，在他领导什未林和德累斯顿的州总理办公厅和部委期间也是如此。人们认为，这位胡格诺家族的后代有着一位尽职尽责的官

---

① 八国集团（Group of Eight），在七国集团的基础上加上俄罗斯，简称 G8。——译者注

员的理想形象。批评者指出，德梅齐埃有时把国家想得太过于理想化，或者他天生就不适合当一线政治家。两个因素都不会对领导总理府的工作产生不利。

在德国，这项工作可能比总理的工作更伤脑筋：德梅齐埃必须夜以继日地工作，包括在晚上和周末工作，处理总理本人没有时间研究的各种文件——最重要的是，在早期阶段查明和化解各部委、联盟党和议会党团之间的潜在冲突。就算工作做得好，也不会有人注意到；但是一旦出了问题，内部就会立即责怪"总理府大管家"没有尽到责任。在默克尔漫长的任期内，没有人能待在这个职位上超过4年；作为奖励，总理府部长可以获得一个正式的部长级职位，或者——例如罗纳德·波法拉——在国有铁路公司担任董事会职务。

默克尔任命了一位基社盟成员担任政府发言人，这是许多人没有料到的：巴伐利亚州科学部主任乌尔里希·威廉。默克尔在2002年联邦议院竞选期间认识了44岁的威廉，当时他是总理候选人斯托伊贝尔的新闻秘书。威廉不仅拥有适合在电视上露脸的外表和措辞天赋，还具有杰出的政治头脑，他曾经为斯托伊贝尔预测和解释默克尔下一步的计划。威廉很清楚如何代表上司利益向记者提供信息。

不言而喻，默克尔保留了基民盟主席的职位。作为联邦总理，她可以继续领导该党，她自己也觉得必须这样做：她认为前任总理施罗德在2004年辞去社民党主席职务是个严重的失误。默克尔还需要一位忠诚的管家来管理阿登纳大楼的日常事务。她首先想到了罗纳德·波法拉，他是默克尔年轻支持者中最倾向两极分化和敌友思想的人。这种气质似乎很适合秘书长这个职位，但如果4年后波法拉想成为总理的话，这种气质就不太适合了：

总理需要化解阵营内部的矛盾，而不是激化矛盾。波法拉有时在这方面处理得并不融洽。

默克尔还需要一个人来领导联邦议院的基民盟／基社盟党团。这个职位举足轻重，因为党团始终是默克尔权力结构中最薄弱的一环。联邦议院的议员们普遍比党内其他人更保守，这与德国《选举法》有关：作为相对最强大的政党，基民盟从农村地区获得了许多直接席位，但由于其选举成绩普遍下降，几乎没有获得任何名单席位。在大城市的自由派选区中，社民党以及绿党常常获得直接席位，因此联盟党党团在这类选区中代表性不足。

默克尔从一开始就不想让党内自由派的老朋友担任议会党团主席：他还惦记着这个职位。默克尔需要一个忠诚的保守派来完成这项工作——沃尔克·考德尔是个合适的人选。这位 56 岁的基民盟党人在巴登－符腾堡州长大，是一位虔诚的新教徒，与福音派运动有联系，他的父母是多瑙河施瓦本人。总理支持他，是因为他在 2002 年的总理候选人之争中比较坦诚。当其他人试图耍手腕时，作为西南地区基民盟的秘书长，他曾当面告诉默克尔，他的州协会不会支持她成为总理候选人。因此在 2004 年，默克尔就任命他担任基民盟秘书长，现在他升任议会党团主席。后来出现了吃力不讨好的局面：保守派认为他不留情面地执行默克尔意愿，而自由派也不把他当成他们中的一员。在领导国会议员 13 年后，他在 2018 年下台，这也是默克尔执政的最后阶段。

由于基民盟已经占了总理和总理府部长两个职位，还剩下 4 个部长职位。默克尔任命前任党主席为内政部部长；这是一个显而易见的决定，因为朔伊布勒曾经负责过这个工作。朔伊布勒承诺，他尤其会保护好保守派侧翼。默克尔把国防部交给了竞争对手罗兰·科赫的心腹弗朗茨·约瑟夫·荣格，毕竟，默克尔不能拒绝科赫的州协会在柏林拥有一个职位。现在只剩下两个位子。默克尔让老朋友安妮特·沙万担任教育部部长，并任命下萨克森州社会事务部部长乌尔苏拉·冯德莱恩负责家庭事务部，凸显她对该部门的重视，以便在大联盟谈判中为基民盟争取利益。

现在没有前排职位给"安第斯公约"圈子里的男孩们了，尽管这些议员已不再年轻，但他们很早就把希望寄托在默克尔身上。基民盟在大联盟内阁中没有足够多的职位，默克尔的党内权力也并不十分稳固。她可以把党内事务交给罗纳德·波法拉。诺贝特·罗特根担任基民盟／基社盟党团的首席议会董事，赫尔曼·格罗担任议会党团的法律顾问，埃卡特·冯·克莱登担任外交事务发言人。希尔德加德·穆勒是为数不多的女性之一，她被任命为总理府的国务部长；彼得·阿尔特迈尔则被任命为内政部议会国务秘书。将默克尔带入西德政坛的彼得·欣茨虽然只是经济部的议会国务秘书，但也是在联邦议院有影响力的北莱茵－威斯特法伦州小组主席，这准确地反映了他对默克尔权力体系的真正重要性。

默克尔担任总理的早期，每天早上都会在总理府召开会议。这个"晨会"被神话般地夸大了。出席会议的通常是鲍曼、克里斯蒂安森、总理府部长德梅齐埃、政府发言人威廉、总理府国务部长穆勒、规划参谋长马蒂亚斯·格拉夫·冯·基尔曼塞格（该职位后来被克里斯蒂安森取代），以及总理府中央部门主任迈克尔·韦滕格尔，他过去是朔伊布勒的心腹，对所有人的履历都十分了解。基民盟秘书长波法拉、议会党团主席考德尔和他的议会董事罗特根也会加入进来——在人们印象中，罗特根和他的继任者阿尔特迈尔每次都来。

参会人员的组成和交谈内容都不许外传——这是铁令。这并不像记者或联盟党中默克尔的批评者说的那样不寻常：前任总理施罗德和科尔也有自己的小集体，用于私下讨论政治程序。默克尔可以在这里坦诚讨论、权衡决策方案的利弊，不必担心未成熟的思想碎片会公之于众。不这样做的话，根本无法治理国家。这个圈子的成员虽然职位头衔不怎么响亮，对政治进程的影响却非常大，甚至超过内阁中的部长们。代价是，他们放弃了在公共面前表现自我的机会。

默克尔担任总理的时间越长，人们对这个"晨会"的关注就越少——在关于 2015 年"难民之秋"的电视片中，这个圈子的成员扮演了核心角色。随着它的重要程度变得有限，人们的关注度也有所下降。为了处理重大政治危机，政府成立了其他顾问团，包括"新冠内阁"。随着默克尔任期的延长，她倾向于自己做决定，或最多与她的办公室主任商谈一些决定。这与前任总理科尔有一定相似之处。

就像科尔一样，在默克尔担任总理的大部分时间里，她的体力似乎取之不尽用之不竭。如果缺乏毅力，任何政治家都无法进入高层；那些对睡眠有着强烈需求或抗压能力差的人，通常会在政治生涯的早期阶段遭遇失败。从无休止的夜间会议到艰苦的竞选过程，民主选举从古到今都是对精力的考验。领导人的适应度也存在显著差异。像霍斯特·泽霍夫和西格马尔·加布里埃尔这样的政治人物，虽然也担任党主席、部长和联邦的重要政府职位，却经常毫不解释地取消约定，单纯因为他们没有兴趣赴约。2005 年，格哈德·施罗德仓促决定提前举行大选，因为他的体力和精力都快竭尽了。电视机前的观众也可以毫不费力地看出，这位总理的身心饱受煎熬。

默克尔大概是最后一个挺身而出的人。在赫尔穆特·施密特和赫尔穆特·科尔去世后，除了施罗德之外，她是这个国家唯一一个能判断出其含义的人：轮到她来领导政府了。当默克尔的支持者在选举之夜的后半夜嘲笑施罗德的失败时，她变得非常严肃：连续7年担任总理，这是很长的一段时间。许多国内外官员都不如默克尔有毅力。由于她体格健壮，经常能够在没完没了的联盟谈判回合或布鲁塞尔的谈判长夜中获胜，起码能签订纸面协议。其他人想赶快结束谈判回家休息，而默克尔给人的印象是，她可以一直谈下去。当然，她的体力也是有限的。但在很长一段时间里，她都认为自己能在周末补觉，或者提前休息，为下周的政府工作储备睡眠：我有骆驼般的能力。

当然，这并不意味着她的周末总是悠闲的：竞选活动、节日演讲、国际会议或周日晚上的联盟会议占用了默克尔的休息时间，更不必说还有许多来自乌克马克乡间别墅的电话。默克尔从事的体育活动仅限于复活节和夏季休假期间偶尔徒步；在2013年至2014年之交的一次意外事故后，她放弃了越野滑雪。工作结束后的深夜，她有时会和朋友坐在一起喝葡萄酒。许多后来加入默克尔小圈子的人对此感到惊讶，因为这不符合总理普鲁士清教徒般的形象；北约秘书长延斯·斯托尔滕贝格也认为，默克尔在喝白葡萄酒方面的耐力值得一提。

和其他总理一样，所有这些都留下了痕迹，也包括身体上的痕迹。摄影师赫林德·科尔布尔在她的图集中，称之为"权力的痕迹"。和男性前辈一样，默克尔的体重也随着政治权力提高而增加，这与一周的奔忙有关。在联邦议院的会议期间，她的日常安排通常是：星期一基民盟委员会会议，星期二党团会议，星期三内阁会议，星期四全体会议，必要时还要发布政府声明。除此之外：在全国各地演讲和露面、竞选活动、联盟委员会、与州长会谈。此外，她还要乘坐政府专机出国访问，前往欧洲以外的目的地或参加国际首脑会议，通常伴随着庞大的代表团和记者群体；有时她需要接待来访的外国客人；她还要经常筹备各种会议，这些会议的数量也在逐渐增多，从布鲁塞尔的欧洲理事会到八国集团和二十国集团的会议，再到与法国、意大利、西班牙、俄罗斯、波兰、以色列、印度和中国等国家的政府磋商。就像外交术语形容的那样，一旦确立这种"形式"，只要合作伙伴关系没有严重降温，就不可能废除它们。这段时间里，总理需要做一些普通人眼中的具体工作：研究资料、打电话、与属下商量。

默克尔很少取消约定。对于已经约定好的露面场合，她几乎从不爽约，并且总是准时到达，她讨厌别人不准时。如果默克尔取消了约定，就说明情况非常严重了。她去外国度假时，也会把地点安排在邻近国家，这样就可以回柏林参加议会党团或执行委员会的会议——至少在她担任基民盟主席期间是这样做的。

缺席可能意味着失去控制权——这种担心对她的旅行计划产生了影响：大部分休假都不超过两天，没有一次连续超过三天。长途旅行时，默克尔的飞行时间和她在当地停留的时间一样长。在科尔的带领下，政府官员曾前往东亚或拉丁美洲考察一周，还包括旅游观光；默克尔没有这样做，出于双重考虑：要避免公众怀疑她借故游玩，更重要的是，她怕家里的什么东西烧着了。她从未感到安全，即使权力达到顶峰时也是如此。这是她长期执政的秘密之一。

外交大臣

在德国以稳定为导向的文化中，总理上任前几周的就职访问次序基本是固定的，但默克尔改变了做法。她在常规流程的基础上，先是小心翼翼，然后越来越明显地作出改变。许多冲突在一开始就显现出来了，这些冲突后来成了默克尔总理生涯中的重大危机，她不得不纠正一些误判。她打破了赫尔穆特·科尔和格哈德·施罗德的一些基本信念，部分是出于自己的冲动，部分是因为局势的发展。

在刚开始的一段时间里，很多事情都发生了变化。在布鲁塞尔，她首先访问了北约，然后才去的欧盟机构：颠倒了前任总理们的访问顺序。对于默克尔这位原东德公民来说，德国与美国的跨大西洋关系优先于与欧盟日益紧密的联系，这不是出于感情倾向——自从欧盟宪法在法国和荷兰的全民公决中失败以来，她在现实政治中也越来越不相信欧盟。

她没有与法国结盟，而是尝试与"新"欧洲人，即英国首相托尼·布莱尔和新当选的波兰总统接触。12月，在她当选不到一个月时，这帮助她取得了任期内的第一个重大胜利：在第一次欧盟峰会上，她成功地就新的欧盟预算达成协议；在预算争端中，法国在捍卫农业补贴、英国在坚持退税方面陷入了僵局。由于她事先没有明确地站在某一边，双方都甘愿让她扮演开诚布公的调解人角色。

在新的一年里，她继续登上世界舞台。2006年1月初，乔治·W.布什总统与她在华盛顿进行了整整三个小时的会谈，回报默克尔在伊拉克问题上展示的团结。默克尔并不认为这是一种逢迎，而是修复与自由世界领导人关系的机会，这种关系之前被施罗德轻率地破坏了。但她也用外交辞令批评了关塔那摩监狱的虐囚手段。

在与东方大国的关系中，默克尔设定了相反的基调：前总理认为，俄罗斯是"地道的民主国家"，中国是开放的国家。在就职访问中，默克尔除了谈论现存的商业利益关系，还提出了人权问题，就像前任总理维利·勃兰特做的那样。她在闭门谈话中保持强硬，至少她周围的人这样认为。事实上，这里出现了一些新情况。默克尔为真正的对抗做好了准备，也包括和社民党外交部部长的冲突，公众在默克尔上任一年后才看出这种对抗的后果。

2007 年 1 月 21 日，默克尔在黑海海滨度假胜地索契会见了俄罗斯总统弗拉基米尔·普京。这是她第三次以总理身份访问俄罗斯，这还不包括在圣彼得堡举行的八国集团峰会。但这次访问之行非常艰难。

普京接待默克尔时，他的拉布拉多犬康妮也在场。据小报消息，默克尔曾被狗咬过，之后一直怕狗，这一点广为人知。虽然我认为俄罗斯总统很清楚，我并不怎么想见他的狗，但他还是把它带来了。人们可以看到，我努力朝普京那边看去，而不是看那只狗。根据在场者回忆，普京说："我希望狗没吓着您。"这听起来好像他很清楚自己权力姿态的效果——9 年后，他在接受《图片报》采访时声称，自己并不知道默克尔怕狗。

这一天也标志着一段非常特殊关系的开始。尽管默克尔和普京在性格和政治定位上存在差异，但他们的人生经历有相似之处。普京于 2000 年 5 月首次当选俄罗斯总统，几乎与默克尔同时成为党派领导人，并且他们所在的政党都是西欧最强大的政党之一。早在 2002 年，普京这位前情报人员就在莫斯科接待过默克尔这位原东德人，她此时已是基民盟主席。两人第一次见面也是一场力量较量。根据一些人的描述，普京当时试了试，默克尔能够承受住他的目光多久。

两人年龄相差不到两岁，都会说对方的语言，默克尔在1970 年获得俄语奥林匹克竞赛冠军后前往莫斯科，普京在 20 世纪80年代末作为克格勃特工在德累斯顿生活。他们欣赏对方的文化，但不赞同对方的政治立场。基于二人长期的工作关系，他们能够不顾情面地坦诚交谈，这在国际关系上是罕见的。他们认为彼此都有一定的可预测性：无论俄罗斯总统采取什么举动，默克尔都认为其动机是理性的权力利益。

　　默克尔的个人经历使她与俄罗斯联系起来，这招致了特殊的抵触：施罗德对俄罗斯的内部环境漠不关心，而亲俄的东德人默克尔则相反。默克尔并不认为俄罗斯人是没有民主能力的民族。对默克尔来说，这个国家不只是抽象的世界政治战略对象。与大多数西德人不同的是，当谈到莫斯科或第比利斯时，由于默克尔早年游览过这些地区，她脑海里浮现的是非常具体的人民以及他们的向往和希望。但默克尔并没有公开表明她与这个国家有特殊关联，因为这可能会使一些西德基民盟党人感到不安。

　　2007年初，美国总统乔治·W.布什计划在东欧的北约成员国部署导弹防御系统，导致德国与俄罗斯关系紧张。默克尔主张将导弹防御视为北约的整体任务——但像往常一样——她并没有作出最终决定。外交部长施泰因迈尔则表示反对，这也是东欧反美主义者拉拢他的原因。此时尚在伊拉克战争期间，"旧"欧洲和"新"欧洲之间的冲突似乎正在德国政府内部蔓延。

　　普京则更进一步。索契会议三周后，他开始在慕尼黑安全会议上对西方进行正面攻击。他认为在过去几年中，北约东扩是西方违背了其在德国统一进程中的承诺；6年前，他在联邦议院的演讲中提出过构建共同安全框架，却没有被采纳。在这方面，他说得没错。对于俄罗斯在新的欧洲联盟体系中扮演什么角色，没有西方政客能给出令人满意的答案。

　　包括施泰因迈尔在内的旧的社民党缓和政策倡导者，都完全理解俄罗斯总统的立场。普京来到慕尼黑的第二天早上，人们可以看到年近 85 岁的埃贡·巴尔在魏玛的酒店吃早餐，尽管他患重感冒，但看起来还是非常愉快：终于有人谈到西方尤其是美国政策在 1990 年至 1991 年的时代变迁后犯的错误了。

默克尔对普京的反攻不以为然。一年多后，她在莫斯科会见了普京，就在他于 2008 年出于宪法原因将总统职位暂时移交给他的心腹德米特里·梅德韦杰夫之前。不久之后，德国总理在联邦国防军指挥官会议上发言，反对美国要求将格鲁吉亚和乌克兰纳入"成员行动计划"，因为这两个国家一旦被纳入计划，就意味着自动加入北约：我认为，一个国家要成为北约成员，不仅需要当前的政治领导层支持，还需要民众实质上明确的支持。在我看来，卷入区域或内部冲突的国家不能成为北约成员。

三周后，在布加勒斯特的北约峰会上，默克尔不顾美国总统乔治·W.布什的强烈反对，坚持这一立场。这是她任期内最重要的决定之一，不久之后，格鲁吉亚和乌克兰的冲突就证明了这一点。假如这两个国家已经是北约成员国，西方将只能从两个糟糕的选择中作出决定：要么冒险展开一场大战，要么袖手旁观——那么《公约》第 5 条规定的援助义务就完全失效了。从这个角度来看，布加勒斯特的决定暂时拯救了北约。

2008 年夏天，格鲁吉亚危机预示着乌克兰未来的冲突，当时围绕阿布哈兹和南奥塞梯这两个叛乱省份的潜在冲突演变成了一场热战。受俄罗斯激怒，格鲁吉亚总统米哈伊尔·萨卡什维利允许格鲁吉亚军队挺进南奥塞梯首府。俄罗斯进行反击，目的是切断第比利斯和黑海之间的格鲁吉亚主干道。

默克尔在布加勒斯特的北约峰会上曾对这种情况提出过警告。8 月 15 日，她在索契会见了俄罗斯新总统梅德韦杰夫，两天后她在第比利斯拜访了萨卡什维利。在黑海海滨度假胜地夏季的酷暑中，气氛依然冰冷，默克尔在第比利斯宣称：如果格鲁吉亚愿意，那么它将成为北约成员国，北约当然也乐意接纳它。默克尔虽然非常不信任萨卡什维利，但此时似乎也要展示团结——尽管默克尔只是重复了她在布加勒斯特安慰格鲁吉亚人被拒绝加入北约时的措辞。

默克尔只要求俄罗斯军队撤出格鲁吉亚腹地。至于两个要求独立的地区，默克尔未对它们今后的身份表明态度：她认为格鲁吉亚的领土完整只是谈判的"出发点"。当萨卡什维利在联合记者招待会上愤怒地反对俄罗斯时，默克尔的表情变得越来越冰冷。无论如何，她的访问在现实政治上没有产生结果。在默克尔访问索契和第比利斯期间，法国总统尼古拉·萨科齐以欧盟理事会主席的身份调解了冲突，促使各方达成停火协议。

默克尔在两次访问美国和俄罗斯之后，于 2006 年 5 月首次访问中国，开启了一段非常特殊的关系。她回避谈论政治制度，对中国的经济活力表示赞赏，在她看来，这与德国人不愿意改变的态度形成鲜明对比。与施罗德不同的是——和在莫斯科一样——她不只是为了贸易而访问中国。随行的还有庞大的商业代表团，默克尔批评不公平竞争，并会见了民间团体代表。

2007 年 9 月底，普京在安全会议上引起轰动的 6 个月后，默克尔在总理府接待了十四世达赖喇嘛，达赖曾与她的对手罗兰·科赫建立过友谊。出于对中国的感情，科尔和施罗德一直避免会见达赖，因为这是对中国拥有西藏主权的挑衅。默克尔宣布，这次会谈是私下交换意见，并立即保证，她不会质疑中国的领土完整，但北京很快作出了反应：几乎所有级别的会晤都被取消了。德国商界抱怨默克尔道德外交的代价，外交部长施泰因迈尔也对此不满，并表示自己"不是一个喜欢制造骚乱的人"——以示他与总理的不同。格哈德·施罗德表达了含蓄的批评：默克尔总理对北京和莫斯科的态度"较为情绪化"，因为她来自东德。

对于柏林接见达赖喇嘛，北京方面的不满持续了4个月。直到2月中旬，默克尔和中国总理温家宝在电话中结束了沉默。施泰因迈尔周围的人声称，外交部长煞费苦心地将默克尔打破的瓷器粘了起来。

这个事件在基民盟内部产生了影响。半年后，达赖喇嘛再次来到柏林，这次是一位社民党人接待了他：发展援助部部长海德玛丽·维乔雷克－措伊尔，她坚持以价值观为基础的外交政策。这种非最高级别的会晤可能不会危及与北京的关系，但会危及大联盟内部的和平。同样是社民党人的副政府发言人托马斯·斯特格在联邦新闻发布会上毫无顾忌地宣布，发展援助部部长将接见达赖，这引起了外交部部长的愤怒：施泰因迈尔对自己党友的这次会晤毫不知情，他认为这是默克尔的阴谋。实际上这次是维乔雷克－措伊尔自己主动安排的会面。

2006年10月，默克尔上任将近一年后才对土耳其进行了首次访问。默克尔与这个博斯普鲁斯海峡沿岸国家的关系比和其他任何国家都更紧张，因为她与两位前任总理的政策已公开决裂。赫尔穆特·科尔曾承诺，就土耳其可能加入欧盟一事进行磋商，格哈德·施罗德也在欧洲层面正式确定了这一步骤。几乎在默克尔升任为党团主席和反对党领袖的同时，当时被认为是伊斯兰温和派的正义与发展党在2002年底的土耳其议会选举中获胜，其领导人雷杰普·塔伊普·埃尔多安成为总理。

在大多数欧洲国家的政府看来，这位新首脑是土耳其彻底民主化的希望：凯末尔派精英的权力被剥夺，军队的影响力似乎有希望得到限制，同时可以用平和方式将以宗教为导向的部分人口纳入政治制度。埃尔多安在他的政党获胜两周后访问德国，受到了施罗德和外长菲舍尔的友好接待，当时埃尔多安还不是总理，也没有时间与反对派领导人默克尔会面。

当时默克尔在推行其他计划。早在 2000 年 1 月，在献金事件中，作为秘书长的默克尔和党主席朔伊布勒就在土耳其政策上与科尔分道扬镳。基民盟在"诺德施泰特声明"中称，给予土耳其欧盟候选国地位的决定"为时过早"。沃尔夫冈·朔伊布勒认为这是一个反对施罗德／菲舍尔政府的机会，两年后，默克尔与科尔的土耳其政策决裂。在埃尔多安访问柏林的同时，朔伊布勒写了一篇文章，从一开始就拒绝土耳其成为欧盟的正式成员，并提出"特惠伙伴关系"——默克尔立即采纳了这一设想。

土耳其理解这个委婉的表达：作为几个世纪以来都属于欧洲列强俱乐部的国家，却突然被关在门外。2004 年初，默克尔作为反对党领袖访问土耳其时引起了极大关注。此次访问在她就任总理的一年半之前，也在她将"特惠伙伴关系"正式列入基民盟／基社盟纲领之前。默克尔的反土耳其路线以及背离科尔的政策引起了德国和土耳其公众的广泛关注，人们认为她的做法主要出于国内政治动机。在莱比锡党代会上，默克尔与传统的德国福利国家模式进行了轰动的决裂；在前一年，她支持美国违反国际法对伊拉克发动战争；现在，她又与土耳其决裂——为了巩固自己在联盟党中的地位，这是默克尔以强硬派身份推行的第三个大议题。

当时，外交政界对默克尔的土耳其路线持否定态度，出于地缘战略原因，土耳其似乎有必要融入欧洲框架。默克尔周围的人后来十分肯定，她只是作为党派领袖拒绝土耳其的入欧谈判；默克尔成为总理后遵循欧盟的共同决定。

这个微妙的区别也带来了一定程度的内疚。德国总理的决定使土耳其的亲欧势力失去土壤：即使在民主和法治方面付出巨大努力，土耳其也没有机会成为欧洲国家共同体的平等成员了——这一事实变得越来越明显。在原西德的联邦州，约 300 万人有土耳其血统，来自东德的默克尔那时是否真正理解两国关系的特殊性，也值得怀疑。

在中东政策中，一个截然不同的誓言很快到来：2006 年夏天，默克尔上任 6 个月后，当黎巴嫩真主党和以色列在黎巴嫩南部交战时，德国政府首脑应以色列的请求和批准，首次派遣联邦国防军前往该地区。虽然这只是海军在海岸附近的一次行动，但是一个历史性的重大事件：第二次世界大战中对犹太人的大屠杀 60 年后，德国军队前往中东保护犹太国家。由此，德国保障以色列生存权的承诺上了一个新台阶。

不到两年后，总理的态度更加明确。2008 年 3 月 18 日，她成了第一位在以色列议会上发表讲话的外国政府首脑。她的演讲很有说服力。在我之前的每一届联邦政府和每一位联邦总理都致力于德国对以色列安全的特殊历史责任，尽管这一责任是以相当传统的方式开始的。德国的这一历史责任是我国国家利益的一部分，她继续说，然后非常明确地补充：我作为德国总理，对我来说，这意味着以色列的安全是绝对没有商量余地的。如果是这样，那么这些话在考察期决不能成为空话。

以色列当时正受到伊朗潜在的核威胁，这一承诺具有实际意义。对此，德国公众的反应分为两派。后来成为联邦总统的约阿希姆·高克对以色列进行国事访问期间，在记者面前背离了默克尔的立场。他在 2012 年表示，"国家利益"一词可能会让联邦总理陷入"巨大的困难"，此时的政治局势完全不同：以色列强硬派总理本雅明·内塔尼亚胡于 2009 年上台。然而，高克后来表示，他之前的表述是一个错误——因为他身为总统，在次要外交政策方面，不应该给人一种与政府首脑对立的印象。

默克尔早期外交总理的名声之所以能达到顶峰，要归功于日历上的一个巧合：2007 年，德国第五次担任主要发达国家集团（当时的八国集团）主席。同年上半年，德国还是欧盟理事会轮值主席国。默克尔利用这种不同寻常的双重机会塑造个人形象，并提前做好了战略准备。在八国集团的框架下，她把重点放在了她作为自然科学家和前环境部部长十分熟悉的问题上，这个问题实质上也是人类的生存问题：国际气候政策。在 1995 年柏林气候峰会上，默克尔证明了她能够在这一领域复杂的谈判中促成妥协。因此，早在 2006 年底，她就通过大型访谈让观众对这一主题产生兴趣。该主题在 6 月初达到高潮。国家元首和政府首脑峰会在波罗的海度假胜地海利根达姆召开，即默克尔的政治故乡梅克伦堡 – 前波美拉尼亚。

经过艰难的谈判，默克尔通过她的缓和政策收获了成果：尽管乔治·W.布什仍持怀疑态度，但默克尔还是促成了一项最终声明，在声明中，八国集团表示将"严肃考虑"到 2050 年使全球二氧化碳排放量减半。

默克尔后来被誉为"气候总理"，但不明确的峰会决议之后并没有产生具体行动。尤其在德国，减排可能会伤害选民利益或者损害至关重要的汽车行业。一年后，世界金融体系面临崩溃，其他问题似乎更为紧迫。

2009 年 12 月，在哥本哈根的气候大会上，各国没有达成妥协。默克尔看出，她在这个领域没什么可收益的了。在 2015 年的下一届七国集团峰会上，她谨慎地再次提起气候问题。直到2019年，这个话题才全面回归，但默克尔不再是气候英雄了。

欧盟的情况则更为复杂。默克尔上任前不久，即 2005 年初夏德国竞选活动开始时，法国和荷兰在全民公决中以明显多数否决了欧盟宪法草案。因此，在从国家联盟到建立欧洲联邦国家的道路上取得重大进展的尝试暂时失败。这两个国家非常重要，她无法简单地无视这场投票，欧盟机构进入了一个"反思阶段"。很明显，在德国担任主席国期间，将启动一项新的、更温和的宪法条约。在 2006 年夏季，该项目的时间表被正式确定下来。

默克尔已经在 2005 年 12 月就欧盟预算促成妥协，但这次她面临更大的挑战。她认为自己是个必须实际进行清理工作的"瓦砾女人"，而赫尔穆特·科尔或约施卡·菲舍尔等对欧洲政治有预见的政治家对此并不关心。与此同时，最大的阻力来自波兰。孪生兄弟莱赫和雅罗斯瓦夫·卡钦斯基成为波兰的总统和总理：在"平方根或死亡"①的口号下，两位高级官员要求波兰的投票权重不能落后于当前的情况。默克尔在担任欧洲理事会主席期间开展了访问外交，这成了她欧盟政策的长久特征：在担任总理期间，她拜访了几乎所有重要的欧洲首脑，或邀请他们前来柏林进行深入讨论。不光因为德国是欧盟最大的成员国，具有较高的影响力，这种做法也使默克尔在很长一段时间内扮演了领导角色，尽管她并不总是发挥领导作用。

国内公众和莫斯科、北京的执政者认为，默克尔以惊人的速度在外交界获得了知名度，她既有权力意识，也知道如何在各国

---

① 波兰认为，德国提出的新宪法条约的表决机制将削弱它的既得利益，要将第二次世界大战中受害者的人数"补上"。——译者注

之间斡旋。人们无法轻视施罗德的这位柔弱的女继任者，在一段紧张时期之后，各方立场再次趋于一致。人权活动人士经过最初的喜悦之后，对默克尔的举动越来越挑剔。对于俄德关系，默克尔坚持客观原则，并与俄罗斯保持一定距离，因此在心存疑虑的东欧国家和西方、南方的欧盟成员国之间取得了中间地位，没有引发这些国家对其生存问题的任何担忧。这也使得她能够在2014年乌克兰危机期间将欧洲人团结在一起。

外交政策闪电般的开局，使得新总理交出了一份鼓舞人心的"百日成绩单"。联盟党的民调支持率上升到40%，之前选举中令人失望的35%似乎被遗忘了。评论者赞扬默克尔的新风格，即她具有"亲切的客观态度和温和的坚毅果敢"。默克尔用以前对付党内对手"安第斯公约"圈子成员的方式来对付其他国家的领导人。人们赞扬她，觉得她之前又被低估了。类似她担任环境部部长期间的经历，这次专业观察者们再次承认——与许多前任总理不同的是——默克尔能够在国外访问期间用英语交流。人们已经受够了格哈德·施罗德的自命不凡和"巴斯塔"执政风格。就连政府中的社民党成员，尤其是女性，也称赞内阁的氛围变得更自由。此外，默克尔的外交政策分散了人们对许多国内问题的注意力，这是她受欢迎的部分原因。

内　政

最迟从2006年春季开始，德国的内部政治冲突无法再被忽视。问题主要涉及医保政策，此前在大联盟谈判中，基民盟和社民党暂时搁置了争议部分。两党能够达成意见统一，也被视为默克尔"执政期的得意之作"。该政策目的在于减缓工资附加费用的增长，从而振兴经济。2005年11月默克尔上任时，德国的失业率在所有欧盟国家中排名第四。虽然失业人数在春季开始下降，但这仍然是公众关注的重点：5 月的降幅比 1990 年以来的所有时期都严重。在 2006 年 6 月的预算讲话中，默克尔称德国需要"翻新"，这再次激怒了社民党：社民党认为这是攻击之前的红 – 绿政府。

经过两次夜间会议，联盟伙伴于 6 月 3 日上午就医改达成临时协议：新成立的"医保基金"今后应向被保险人收取统一费率，然后再分配给保险公司。收入不足的保险公司可以按百分比或统一费率的方式额外收取费用。这种模式的意义可能不为外人所知，但双方都能保住面子：社民党声称，他们向统一的全民保险迈进了一步；而基民盟则称，附加费标志着统一医保费率方案已经开始运行。

基民盟州长们立即要求改进方案，巴登 – 符腾堡州基民盟州长君特·厄廷格甚至称改革为"失败"。社民党认为总理缺乏领导力。当默克尔仍在与其他两位党内领导人贝克和斯托伊贝尔一起商议妥协方案时，社民党议会党团主席彼得·斯特鲁克喊道：默克尔屈服于自己党派州长们的压力，并没有遵守协议。"不应该经常出现这种情况。本不该出现这种情况。"斯特鲁克说道。他这样做并非只出于现实政治原因。他故意说了一些类似"无法胜任的弱女子"的陈词滥调。《德国日报》形容他是"受委屈的阿尔法男性"。针对默克尔的狩猎行动再次开启。

关于医保改革达成的协议并没有持续多久。由于持续争议，总理不得不将项目推迟到下一年，州长们再次表示批评。在德国举行的足球世界杯暂时分散了人们的注意力。由于天气良好、气氛轻松，这届世界杯作为"夏季童话"被载入史册。默克尔很早就为这场赛事做好了准备，这也对第一位领导德国政府的女性提出了特殊挑战。前任总理格哈德·施罗德已经为这场世界杯准备了一场名为"FC 德国 06"的预热运动。而默克尔上任后，则用自己的方式进行足球公关。她在跨年夜的采访中谈到了她对足球的热情；3 月，她在总理府接见了国家队教练于尔根·克林斯曼。随着世界杯开始，她又多次接受采访。

然而，夏季欢乐很快就烟消云散了。到了秋天，联盟党在民意调查中的支持率跌至不到 30%。默克尔的个人受欢迎程度也跌到了整个任期内的最低水平，即使在欧债危机或难民争端的低谷期，她的公众人气也比现在高。情况慢慢有所好转。10 月初，谈判代表们又一次艰难地在夜间会议上就新的医保协议达成一致。经过进一步修改，500 多页的法案于 2007 年 1 月在内阁通过，3 月在联邦议院通过。之后，公众很快就不再抱怨默克尔碌碌无为了。经济形势好转本身也改善了保险公司的财务状况。

渐渐地，这位总理在国内也重新站稳了脚跟。在 2006 年 11 月底的党代会上，93% 的代表投票支持基民盟主席连任，这比两年前增加了近五个百分点。党内反对者仍坚持自己的立场。保守派领袖罗兰·科赫和自由派新人克里斯蒂安·伍尔夫都充满野心并互相提防对方。北莱茵 - 威斯特法伦州新任州长于尔根·吕特格斯将自己定位为工人领袖，在福利政策上站在左翼一侧。他要求部分取消哈茨改革计划，并向年纪较大的失业者支付更长时间的失业救济金。在出席党代会的代表中，默克尔的副手们大多投了反对票，但最终还是吕特格斯获胜。

2007 年上半年，所有人都在关注默克尔的外交政策，她继续巩固自己的权力。1 月，埃德蒙·斯托伊贝尔在威尔德巴德克鲁特的基社盟州议会党团闭门会议上下台。在回答一位记者的提问时，斯托伊贝尔莽地宣布，他将继续任职，直到 2013 年的下一次州选举，即再任职近 7 年。对于那些在他拒绝柏林内阁职位后打算给他宽限期的人来说，这也太过分了。此前不久，人们还得知一条丑闻，斯托伊贝尔的办公室主任监视了菲尔特地区行政长官加布里埃尔·保利的私人生活，因为这位基社盟官员要求在下一次州选举中对最高候选人进行意见征询。现在斯托伊贝尔别无选择，只能宣布在 2007 年秋天辞去两个最高职位。空出来的官衔由对手埃尔温·胡贝尔和君特·贝克施泰因继任：胡贝尔成为基社盟主席，贝克施泰因担任巴伐利亚州州长。默克尔摆脱了一位长期竞争对手。

两周后，已不再担任要职的国会议员弗里德里希·梅尔茨也看到了时代迹象。在他反对联邦议院对医保改革的决议几天后，宣布自己将不再参加下次联邦议院的竞选。告别议会党团主席职位后，他得出了合乎逻辑的结论：他费了很大一番功夫才知道，自己暂时对默克尔无可奈何。"默克尔对男士们并无害处，而是教会了他们耐心。"记者哈乔·舒马赫评论道。

两个月后，巴登－符腾堡州州长君特·厄廷格（"安第斯公约"圈子的成员）自己犯了错误。正值复活节假期过后不久，他在弗莱堡大教堂为已故的前任州长汉斯·菲尔宾格的葬礼作演讲。由于菲尔宾格在第二次世界大战结束时曾当过海军法官，这位基民盟党人不得不于 1978 年辞职。厄廷格认为有必要捍卫逝者，称他是抵抗运动的战士："汉斯·菲尔宾格不是国家社会主义者，相反：他是纳粹政权的反对者。"这种对历史的错误解释立即引起了强烈的反对。

起初，厄廷格顽固地为自己辩护，直到追悼会结束的两天后，他接到了默克尔从伊斯基亚岛打来的电话；此时，厄廷格和家人正在巴登的鲁斯特地区的游乐园。默克尔让党总部公开了谈话内容：她告诉厄廷格，我本来希望，您在赞赏菲尔宾格州长的伟大人生成就之外，还能讨论与国家社会主义时期有关的原则性问题，特别是遇难者和受害者的感受。

默克尔已经学会了，要立即明确清楚地反对自己队伍中将历史相对化的倾向。又过了几天，厄廷格才终于理解到默克尔的目的。演讲 4 天后，德国犹太人中央委员会要求他辞去州长一职，他才设法明确道歉。第二天，这位新教徒甚至拒绝前往罗马拜访教皇本笃十六世，以便能够参加在柏林举行的基民盟主席团会议。"我没有坚持我的措辞，我正在纠正它。"他在抵达时澄清道。这一次，对党主席的批评停止了。即使是默克尔的批评者也不会否认，厄廷格犯了一个令人毛骨悚然的错误。就连在联邦议院有影响力的巴登－符腾堡州基民盟主席、拜访教皇活动的组织者格奥尔格·布伦胡贝尔也承认这一点，他后来收回了对默克尔的批评："安格拉拯救了我们。"

厄廷格之前就已经饱受非议，这件丑闻发生之后，他的地位显著恶化。此外，他在一次采访中表现笨拙。他认为柏林官员的水平较低，自己才是担任内阁职位的人选："他们只是用水做饭。"[①]2009 年联邦议院选举后，默克尔推荐他担任德国欧盟专员一职，他在那里提升了自己的形象。州长一职被巴登－符腾堡州基民盟议会小组主席斯特凡·马普斯取代，他是默克尔的心腹沃尔克·考德尔的朋友，马普斯甚至让考德尔当自己大儿子的教父。马普斯以"棱角分明"自居，在日本核电站事故发生前不久，他策划了反对"斯图加特 21"铁路项目的示威活动，并用稳健的手段使得核电站运行时间更长久。后来，默克尔和马普斯

---

① 表示不比自己更好。——译者注

在无意中促成了一位绿党人士在一年半后成为巴登－符腾堡州的州长。

2008 年 1 月，随着黑森州基民盟的惨败，罗兰·科赫也失败了。对默克尔来说幸运的是，批评者们将责任归咎于该州协会。在威斯巴登也是如此。这个州从来都不是基民盟的可靠据点，此时又被严重削弱了。科赫决定依靠修改后的新排外活动，这曾在 9 年前为他成为州长铺平道路。慕尼黑发生了一起事件：两名拥有希腊和土耳其公民身份的年轻移民侮辱了一位老人，这位老人提醒他们不要在地铁站吸烟，他们骂她是"德国混蛋"，并严重踢伤了她。科赫随后在《图片报》上要求，对未成年暴力罪犯进行更严厉的惩罚："我们有太多年轻的外国犯罪者。"这一次，他激起了人们对这个话题的关注。来自下萨克森州的伍尔夫试图在竞选中保持平和的腔调，他鲜明地划清了界限。在主席团会议之前，他走近等候的记者。"孩子就是孩子，"他说，"我认为改变惩罚力度是错误的。"在这个过程中，他还在摄像机前表示，"安第斯公约"圈子已成为历史，默克尔不再需要担心这个小团体了。

选举当晚，黑森州基民盟的支持率暴跌 12 个百分点。罗兰·科赫不仅失去了他在州议会中的绝对多数席位，还失去了与自民党结盟的机会。这对默克尔来说也是一场失败。科赫的竞选活动招来了各种批评，他已经在为离开州长职位做准备了。但由于社民党的不灵活，科赫幸免于难：该党的联邦主席库尔特·贝克提到了在左翼党的帮助下让党内朋友安德里亚·伊普西兰蒂成为州长的计划。然而社民党议会党团中的 4 个阻挠者出于个人动机，妨碍了伊普西兰蒂的当选。科赫知道，这场社民党的惨败只是给他提供了一个宽限期。虽然他赢得了新选举，但还需要绝对多数的支持，这一点目前尚不明朗。他在 2010 年夏天辞去政治职务。此时，符合默克尔意图的新格局出现了。2008 年春季，汉堡市长奥莱·冯·博伊斯特建立了第一个州级黑－绿联盟。

在基民盟州长中，默克尔只剩下两个竞争对手。在科赫失败的那天，下萨克森州的克里斯蒂安·伍尔夫以明显的自由派运动赢得了州议会选举。这并没有改变两人的对立关系，但在内容上强化了默克尔的路线。两年后，默克尔将这位竞争对手提升为联邦总统，从而使他退出总理竞选。

北莱茵－威斯特法伦州州长于尔根·吕特格斯引发的冲突给默克尔带来了更大的问题。他在 2005 年 5 月的杜塞尔多夫选举中获胜，使得联邦选举提前举行，并使默克尔上台。从那以后，他一直试图在经济政策方面从左翼而不是从右翼的角度攻击总理，以使这个社民党执政的联邦州脱颖而出。他的冒进行为带来了危险。

吕特格斯修改哈茨改革的运动削弱了社民党劳工部部长弗朗茨·明特弗林的地位。现在，社民党内部的情况也开始下滑，他的冒进立即得到了党主席库尔特·贝克的支持。习惯上更保守的贝克知道这个话题的爆炸性，尤其是在脚踏实地的选民中：在工作了几十年后，老员工和职业新手一样，拿到的补助都很少。这与德国福利国家社会保障的原则相矛盾。

默克尔起初拒绝了这一举措。她在 2005 年与选举灾难擦肩而过，之后搁置了对德国经济和福利体系进一步自由化的计划，她不想扭转已经确定好了的改革方案。但她几乎无法对抗吕特格斯和贝克的联合力量。2007 年 11 月 12 日至 13 日，大联盟在夜间会议上同意向年纪较大的失业者支付更高的失业救济金，并且支付时间更长，直到他们落到"哈茨 IV"那一档。

通过这种方法，默克尔骗过了她的社民党劳工部部长明特弗林，后者第二天宣布辞去部长一职，以照顾他患癌症的妻子。在辩论开始时，默克尔向他保证，她将阻止基民盟对哈茨改革方案的攻击。她曾经要求进行更彻底的削减，但现在却脚底抹油，躲避了责任。联盟党和社民党在大联盟协议中商定的一个项目也出现了类似的结果：到 2030 年，退休年龄将从 65 岁提高到 67 岁。该提案是在谈判期间由一位基民盟代表提出的；明特弗林立即表示同意，因为他认为预期寿命有所增加，这个改变是必要的。作为负责该领域的部长，他不得不独自在公开场合为这个不受欢迎的举动辩护。默克尔没有参与辩论，因为她无法从中获益。她可能永远不会主动去推动它，这不符合她的政治风格。

在延长失业救济金发放期限半年后，福利改革继续倒退，这次是养老金政策。距离下一次联邦选举还剩一年的时间，大联盟政府在 2008 年 4 月暂停了养老金公式，以便养老金可以增加 1.1%，而不是原计划的 0.46%。退休金多年未涨，而退休人员理应分享经济蓬勃发展的成果。但默克尔阻止了对红－绿福利政策的进一步修正。在关于失业救济的决议通过半年后，吕特格斯采取了下一步行动，想提高低收入者的养老金。当时仍然忠于默克尔的议会常务董事诺伯特·罗特根大力干涉：他认为"基督教的福利教义"处于危险之中，在接受"共济会"的救助之前，要做到"个人责任先行"。

第三部分
危机岁月：世界政治家
（2008—2021）

1. 金融危机（2008—2009）

扁 豆 汤

做完最重要的事情后，安格拉·默克尔吃了一盘扁豆汤。她刚刚作出任期内影响最深远的决定，打破了常规立场。在她执政开始后，她经历了一段相对平静的时期；现在，她担任危机总理的岁月开始了。在这段时间里，她熟悉的秩序基础反复受到质疑，政治不得不诉诸过去难以想象的手段。2008 年 10 月 10 日，这个星期五是她担任总理时期的转折点：默克尔和心腹决定，为了挽救德国的银行并维持德国的货币流动，国家将提供巨额贷款和担保，总金额达到 5000 亿欧元，几乎是当时年度联邦预算的两倍。

此时正是傍晚时分，一切都安排妥当：工作已经分配，日程安排也确定了。整个立法过程以创纪录的速度完成——只花了一周时间。下午会议结束后，总理府恢复了平静，法兰克福证券交易所即将关闭，周一早上才重新开放，这给了政府工作人员大约60个小时的喘息时间。在这种情况下，默克尔从政府总部的厨房点了份平时冷冻储存的扁豆汤，和贝特·鲍曼在总理府7楼书房的会议桌上吃了起来。*在这种特殊情况下做一些平常的事。这对我来说总是很重要。*

就在几个小时前，即下午3点30分，默克尔从德累斯顿基民盟的地区会议返回后，立即召开了决定性会议。除了默克尔和她的办公室主任外，总理府部长托马斯·德梅齐埃、默克尔的经济顾问延斯·魏德曼和政府发言人乌尔里希·威廉也参加了会议。默克尔与财政部长佩尔·施泰因布吕克通了电话，后者正在华盛顿与主要工业国家的同事们进行磋商。

自美国投资银行雷曼兄弟公司失控破产以来，已经过去了将近4个星期—— 在这几周里，默克尔逐渐接受了新现实：世界金融体系即将崩溃，如果没有国家的帮助，它将无法摆脱危机。总理府的专家们担心，如果资金供应崩溃，联邦国防军可能得在德国城市中设立施粥所，以确保人民的食物供应。

其他国家已经行动起来，或至少已经作出宣告，德国也应该付诸行动：为陷入困境的银行提供救助，以恢复市场信心，并重启机构之间的货币交易。联邦共和国从来没有承担过如此巨大的财政风险，过去只有三次以如此快的速度通过一项法律：1973年的能源危机、1977年的"红军旅"系列恐袭事件和世纪之交的疯牛病。

第二天是星期六，默克尔与法国总统尼古拉·萨科齐进行了会谈。这天，在前总统戴高乐位于科龙贝双教堂村的故居附近，举行了戴高乐纪念碑落成典礼，这个日期早已定好。周日，在巴黎举行的一次特别会议上，欧元区和英国的国家元首以及政府首脑希望协调各国的银行救助计划。当晚，默克尔的经济顾问延斯·魏德曼与财政部国务秘书约尔格·阿斯穆森一起，与一家律师事务所合作起草了《金融市场稳定法》；魏德曼和阿斯穆森两人曾是大学同学。

周一，联邦内阁作出决定，之后召开新闻发布会；周三，联邦议院首次讨论该法令；周四，议会党团和总理进行了讨论。到了周五，议会通过了对银行的救助计划；两小时后，参议院跟进；又过了两小时，联邦总统签署法令。随后，联邦印刷局加班工作：在《联邦法律公报》上公布后，这条法律开始生效——它可能是联邦共和国历史上最昂贵的法律。几乎就在一周前，默克尔刚提出计划并吃完了扁豆汤。

即期执政

一年前，默克尔和大多数政治家、经济学家一样，只是略微注意到美国房地产贷款出现严重问题的初步迹象：2007年夏天，先是美国投资银行贝尔斯登、德意志工业银行，最后是英国北岩银行陷入了严重困境。在英国，甚至出现了银行挤兑，大量客户在柜台前要求取回存款。央行的介入使得分支银行前的排队现象迅速消失了。在外人看来，2007年秋季的危机似乎是可控的，并且已被成功遏制。

但事实并非如此。2008年秋天，金融领域的问题卷土重来，程度更加严重。最迟到了2008年9月7日，美国政府接管国内最大的两家抵押机构"房利美"和"房地美"时，所有人都看到了这一点。一周后，美国第四大投资银行雷曼兄弟公司不得不根据美国《破产法》第 11 章申请债权人保护，换句话说：它破产了。这一次，乔治·W.布什总统和他的财长汉克·保尔森的反应与其他人不同：他们决定不用国家援助干预，让该机构破产。这样做主要有两个原因。一方面，政府越来越觉得，如果银行经理人可以依靠政府救助，他们就会像往常一样继续下去；另一方面，与两家抵押机构不同的是，雷曼兄弟公司的业务并不集中在美国，而是遍布全球。华盛顿方面不想用自己的钱来使外国债权人免受损失。

但是这种做法并没有成功。不仅德国媒体，其他媒体也认为，美国政府犯了一个"世纪错误"。2008 年 9 月 15 日被视为近代世界史上的转折点之一。不仅银行业，整个国家都面临着金融崩溃的威胁，房地产所有者失去了他们的房子，政治极端主义在世界范围内上升。银行高管们估计，更多的机构也会破产，因此不再在短期内通过贷款互相帮助。如果"银行间市场"没有再融资的可能性，那么即使是目前仍稳定的机构也会面临倒闭的危险。因此，第二天华盛顿政府决定对下一个即将破产的机构采取不同的处理方式：由国家接管保险公司美国国际集团，而不是任其无序破产。

几周后，默克尔确切地总结了这些问题：在美国，银行多年来将房地产贷款不负责任地发放给没有正常还款能力的银行客户。参与其中的每个人都依赖于不断上涨的房价和低利率。这些贷款产生的风险被转售、重新包装、分散到世界各地，成为造成全球金融市场危机的种子。一夜之间，美国历史悠久、名气赫赫的投资银行从市场上消失了。信任——这个金融市场上最重要的货币——不复存在。银行之间互相不信任，几乎不再互相发放贷款。鉴于金融领域参与者之间的联系特别紧密，稳健的机构也受到了金融市场危机的影响，德国也不例外。

默克尔花了一段时间才得出这个结论。她先是认为这场危机是纯粹的美国现象；当危机蔓延到德国时，她将危机视为银行之间的问题，她不认为德国政府要负担责任。雷曼兄弟公司破产两天后，在联邦议院的预算讨论中，默克尔不得不对她的政策进行一般性辩论。2008 年 9 月 17 日，她进行例行讲话，内容是已经准备好的，涵盖了从德国作为教育共和国到联邦国防军在阿富汗部署的几乎所有日常话题。

关于银行业危机，默克尔基于错误的认识，只说了几句话——与雷曼兄弟公司相比，幸运的是，德国信贷机构的风险尚在可控范围内。由此她得出了一个结论：因此，到目前为止，对德国和其他经济体的影响很小。她以惯常谨慎的态度加上了"到目前为止"这几个字。她还提到了政府自去年出现危机迹象以来所做的监管努力；上届红 - 绿政府释放市场力量与这届基民盟领导人小心约束市场力量形成了鲜明的对比。

又过了一个半星期，默克尔和她的社民党联盟伙伴都抱有一种错觉，认为欧洲大陆不需要迫切采取行动。在默克尔的政府声明发布后的第二天，美国财长保尔森和美联储主席本·伯南克启动了一项 7000 亿美元的大规模救助计划，而德国财长施泰因布吕克一周后仍然忠于默克尔的言辞。他在 9 月 25 日的政府声明中说道："幸运的是，德国的银行在雷曼兄弟公司危机中的风险是可控的。"他把问题的根源完全归咎于："我认为，英美地区不负责任地夸大了自由放任原则。"他甚至没有提到，前任部长汉斯·艾歇尔在红 - 绿政府时期，为了符合时代精神，也以类似的方式放宽了对银行的监管。施泰因布吕克和默克尔都没有提到这可能会对德国银行业造成的影响，也没有提到几天后把大量危机带入德国的机构：裕宝地产银行，缩写为"HRE"。

2008 年 9 月 28 日，在巴伐利亚州进行选举的周末，这家几乎不为公众所知的银行首次引起了默克尔的充分关注。这个周末只是开了个头：在随后几年众多的周末中，默克尔不得不忙于寻找解决危机的方案，直到周一早上证券交易所开盘。裕宝地产银行是德国股票指数中的 30 家大公司之一——尽管几乎没有人注意到它——是欧洲最重要的房地产金融机构之一，因此与其他机构有着广泛的联系。它的业务主要是基于建筑贷款的债券，即所谓的抵押债券；这些债券有些保守，但特别能抵御危机。人们认为，不动产作为抵押品，它们可能会升值，而不会贬值。这也是德国金融机构非常渴望从美国购买基于建筑贷款的证券、然后毫无顾忌地将其出售给客户的原因之一。

默克尔只是顺带关注了巴伐利亚的消息：基社盟失去了州议会中的绝对多数席位，这个记录已保持了 46 年。5 年前，基社盟赢得了三分之二的席位，这让主席埃德蒙·斯托伊贝尔变得傲慢，以为能随心所欲地改革他的州，而不必考虑受选民欢迎的传统；他甚至废除了自己州的最高法院，让巴伐利亚的起诉人像其他普通德国公民一样，到卡尔斯鲁厄的联邦法院提起诉讼。对于两位潜在继任者来说——州长君特·贝克施泰因和党主席埃尔温·胡贝尔——选举之夜的结果标志着他们失去了机会。基社盟的失利为默克尔的老对手霍斯特·泽霍夫登上慕尼黑政治顶峰铺平了道路。

换作其他时候，姊妹党基社盟的选举失败会引发一场大讨论，人们会认为基民盟主席也负有共同责任，因为她在选举期间拒绝回应巴伐利亚对减税的呼吁。但这次情况不一般。在基社盟为自己的政治未来苦苦挣扎时，9 月 28 日，法兰克福北部鲁吉大街上的联邦金融监管局召开了一场危机会议。除了该机构负责人约亨·萨尼奥之外，德国商业银行和德意志银行的首席执行官马丁·布莱辛和约瑟夫·阿克曼以及银行业协会主席，即布莱辛的前任克劳斯－彼得·穆勒也参加了会议。起初，政府官员们尽可能地不干预，财政部国务秘书约尔格·阿斯穆森直到下午才来。默克尔和她的财政部部长从远方了解最新情况。回想起来，这个会议参会者的组成似乎很奇怪：萨尼奥的监管显然失败了，德国商业银行稍后不得不申请国家援助；而德意志银行也并没有像首席执行官阿克曼在会议上暗示的那样出色地摆脱危机。

在那个星期天晚上，这些负责人和总理还没有完全弄清状况。就目前而言，首先要接管裕宝地产银行，以免金融市场在周一早上陷入危机。在接下来的几周、几个月和几年里，这种情况经常重复："例行救援"这个词后来在欧债危机期间被评为"年度词汇"。而在那天晚上，这个进程对每位参会者来说都是新的。根据有关人员估计，陷入困境的裕宝地产银行大约需要 350 亿欧元贷款，这是一笔巨款——但人们仅在一周之后就发现，钱仍不够。银行业起初不愿意承担部分风险。午夜过后，总理终于出面干预了。凌晨 0 点 45 分，她打电话给阿克曼，询问银行业是否愿意提供救援的金额。她开始提出 100 亿欧元。经过来来回回的讨价还价，她最后降到 85 亿欧元。阿克曼说，他要考虑一下。半小时后，他回了电话，他说："我们就这么做吧。"剩余贷款的最大部分，即 265 亿欧元，由政府负担。

默克尔仍然相信，她可以通过这样一个简单的行动来解决危机。第二天传来了更糟的消息。美国众议院暂时否决了政府的救援计划，进一步破坏了局势的稳定。银行业陷入一片恐慌。银行间短期贷款利率飙升至前所未有的 11%。周三晚上，约瑟夫·阿克曼在法兰克福施泰德博物馆举行的赞助活动中表示，现在轮到国家伸出援手了。第二天，《德国商报》发表了对法国财长克里斯蒂娜·拉加德的采访，她目前担任欧盟理事会主席。她提出了一项规模为3000亿欧元的欧洲救助计划，德国要分担的份额约为750亿欧元。但默克尔仍不想参与，她通过《图片报》让人们得知她前一天在内阁说的话：她不能开这种空头支票。

萨科齐随后也否决了3000亿欧元计划。他正式声明，拉加德提出计划之前并没有得到他的同意。但萨科齐继续推动欧洲解决方案，主动应对，使得德国总理处于守势。10月4日，星期六，萨科齐邀请欧洲四大经济体的国家元首和政府首脑前往爱丽舍宫。除了萨科齐和默克尔，英国首相戈登·布朗和意大利首相贝卢斯科尼也参加了。由于德国反对，最后没有产生具体决定。

默克尔的观望态度并没有坚持到这周结束。她仍在巴黎时，就得知了裕宝地产银行的新问题。在周五和周六，德意志银行的员工仔细查看了这家抵押贷款银行的账簿，于周六下午传出消息：之前计划提供的350亿欧元远远不足以避免银行破产。裕宝地产银行本身并没有事先通知政府，就发布了有类似内容的临时公告。默克尔认为这是再次背信弃义：由于证券交易所在周末关闭，在她看来，没有理由仓促通知投资者。

10月5日，星期日，情况变得更糟。当天下午，默克尔在总理府召开联盟峰会。会议原本要讨论近期提上议事日程的话题，例如遗产税的新规定。但现在这些议题都变得不那么重要了，因为默克尔刚从她的经济顾问魏德曼那里得知，根据联邦银行的记录，德国自动取款机上提现金额有所增加。面额最大的500欧元纸币最受欢迎。这是一个明显的迹象：银行储户们不是想用这些钱在周末购物，而是希望保护他们的存款，万一银行崩溃了，也能免受影响。

因此，联邦银行和金融监管机构建议，由国家为储蓄提供担保。法国和意大利已经承诺这样做了。建议被迅速采纳，在金融危机发生后，政府作出这个决定的速度比其他决定都要快，因为默克尔尚没有将其纳入法律。不用给出具体金额，也不用明确规定：政府说句话应该就够了。默克尔和她的社民党财长佩尔·施泰因布吕克仅在由谁来扮演救世主角色的问题上争论不休。下午2点30分，两人一起走到了镜头前，凸显了局势的紧张性。我们告诉储户，他们的存款是安全的。联邦政府也对此负责。默克尔作出承诺。"这是一个重要的信号，可以让事情平静下来。"施泰因布吕克补充道。

记者们想询问，在需要时，德国（当时的年度预算为2800亿欧元）如何为数万亿欧元的储蓄担保，但电话和周一新闻发布会前的采访都被政府发言人阻止了。乌尔里希·威廉说："我呼吁大家不要提出各种详细问题，以免削弱这个声明的效果。"呼吁记者放弃批判性的追问以支持国家，这让人们想起了20世纪70年代"红军旅"恐怖主义期间的新闻封锁。更重要的是，这种封锁清楚地表明了情况的严重性，也说明了对储蓄担保的真正含义。几个星期以来，许多人尚不了解金融危机的严重程度，此时被总理和财政部部长戏剧性的露面唤醒了。

这并没有解决裕宝地产银行的问题。必须再次在周一银行和证券交易所开盘之前找到解决方案。当默克尔仍在总理府与联盟领导人讨论其他日常问题时，银行负责人和金融监管局再次召开危机会议，这次地点是柏林的财政部，部长施泰因布吕克也在场。默克尔一直跟进最新状态。晚上11点左右，银行负责人同意再提供150亿欧元的担保。默克尔最后一次放弃了尽可能让国家远离的路线。周一，在威斯巴登基民盟老年公民联盟组织的一次活动中，她第一次公开抨击世界各地不负责任的银行家们干的好事。下午，她通知了柏林议会党团主席。绿党的弗里茨·库恩批评道，总理"直到最后都认为德国是免疫的"分析是正确的。

因为危机现在已经全面向德国袭来。政府对储蓄的担保以及对裕宝地产银行的新救援似乎没有效果。到了周一，德国股票下跌了7%以上。长期的政治战略变得没有必要——已经为时太晚。没有人知道第二天会发生什么，也不知道他们所熟悉的世界能否坚持到晚上，还是只能通过超出目前政治想象力的决定才能挽救这个世界。渐渐地，默克尔开始改变方向。但她还没有找到应对危机的措施。几家报纸为此创造了"即期执政"一词。

2008年10月7日，星期二下午，默克尔在德国联邦议院发表了政府声明，这是金融市场危机全面到达德国以来的首次。她发表了冷静的演讲——她在危机初期尚未找到解决办法时经常这样做。其他人，例如前任总理格哈德·施罗德，也许会用坚决的言辞来掩盖不确定性，比如在2001年9月11日恐怖袭击事件后表示与美国保持"无限团结"。相反，默克尔避免使用过于肯定的措辞，以免将来后悔。

她重申对储蓄的担保，将美国的房地产贷款和银行家们的失败列为危机的原因：国际金融市场形势严峻。过去从来没有出现过这种形式，许多被视为理所当然的事情受到了质疑。这场危机证实了一些与金融领域有关的问题：贪婪、不负责任的投机、管理不善。但默克尔没有提出可能的解决方案，只说了她拒绝的对象：泛欧解决方案，即由27个成员国撑起保护伞，所有成员国都向一个基金捐款。

联盟党议会党团的首席执行董事诺伯特·罗特根当天没有到

场，在议会特别会议上，他就这场危机发表了主题演讲。许多人呼吁恢复传统的社会市场经济模式，反对已过时的"自由市场信仰"。最重要的是，罗特根给出了国家必须介入破产银行的一个原因："这并不关乎私人利益，而是涉及公共利益"，金融市场的运作是一种"公共财富"。就在几个月前，这位基民盟政治家批评总理的讲话缺乏修辞，并为她树立了一个光辉榜样：美国民主党总统候选人巴拉克·奥巴马。此时，罗特根对他想表达的意思进行了实际示范。

这周的局势越来越清楚：对个别银行的援助已不再能够满足需求。为了让金融市场的参与者相信任何银行都不会破产，需要制订一个全面的救助方案，即使不是欧洲范围的计划，至少也要针对国内市场。仅在三天后就出台了方案：10月10日，星期五，默克尔启动了对德国银行的救助计划，所需金额达到5000亿欧元。她在办公室里又以一盘扁豆汤结束了一天的工作。

接下来几天，政府按照议定好的时间表处理事务。周日，欧元区国家首脑和英国国家元首制定了稳定国家银行的框架。周一，联邦内阁召开特别会议，通过了德国的《金融市场稳定法》，默克尔随后将其展示给公众。她的老对手弗里德里希·梅尔茨吸引了眼球：在资本主义的失败被全面揭露的同一天，他向大家展示了他的新书，书的标题为《敢于向更多资本主义迈进》。

10月15日，星期三，联邦议院首次就救助方案进行讨论时，安格拉·默克尔找到了自己的表达方式，试图摆脱上周的胆怯形象。在这几周里，全球经济正在经历自20世纪20年代以来最严峻的考验。她用数周时间评估该事件对德国的影响，并否认需要采取国际行动，她说：在上个礼拜，我们经济体系的关键市场，即货币市场，实际上无法运作。前天，多国政府出台了综合协调方案，德国也采取了行动。接着，默克尔说了一句话，标志着她的世界观又一次发生了转变。这位长期信任资本主义自我调节能力的女性说：国家过去是，现在也是恢复银行间信任的唯一权威。她表示，市场运作有时会偏离轨道，而国家是秩序的守护者；后来又强调，任何金融市场产品都应受到监管。

就在同一天，默克尔犯了个严重的错误：在她的演讲中，她建议前德国联邦银行行长汉斯·蒂特迈尔领导一个金融市场改革专家委员会。"这是对的。"绿党党团主席蕾娜特·库纳斯特由衷地说。她说对了。蒂特迈尔多年来一直在裕宝地产银行的监事会任职，却没有注意到那里的潜在风险。他还是 1982 年著名的《兰布斯多夫经济政策方案》①的作者之一，因为这项方案，当时自民党经济部部长与社民党决裂。该方案被视为"新自由主义"计划，以英国首相玛格丽特·撒切尔和美国总统罗纳德·里根为榜样释放市场力量——这项政策目前正因金融危机而遭遇惨败，声名狼藉。

从许多社民党人的角度来看，这个未经表决的人事建议表明，自 2005 年以来，总理只是出于战术原因放弃了影响深远的改革计划，但她本质上仍然是一个市场激进分子。这种说法可能有点夸张，但他们的分析并不完全错误，默克尔此时可能还没有达到转变的程度——她后来从当前的危机经历中得出了自己的结论。由于联盟伙伴的抗议，蒂特迈尔并没有担任改革委员会主席。

《金融市场稳定法》被提出后，因为没有人反对而缩短了时

---

① 即《克服增长疲软和失业的政策理念》，1982 年联邦经济部在奥托·格拉夫·兰斯多夫指导下制定的一项经济政策，是西德社会模式持续存在的关键文件。——译者注

间，联邦议院仅用了两天时间就通过了该法律。在同一个礼拜的星期五，联邦总统签署了法令并在《联邦法律公报》上公布出来，于星期六生效。这个涉及内容如此广泛的立法提案在如此雄心勃勃的立法时间计划内得以通过，这是前所未有的。

德意志银行董事会主席约瑟夫·阿克曼为默克尔带来了新的坏消息。尽管他在安排救援计划方面发挥了关键作用，但在接下来的周末，他开始与救援计划疏远——至少就他自己的银行而言。他在周末版《图片报》的采访中强调："德意志银行不需要来自国家的任何资金。"面对德意志银行的高管们，他甚至说："如果我们不得不承认我们需要纳税人的钱，那将是一种耻辱。"令默克尔恼火的是，他给其他人留下了印象：使用国家担保是不光彩的，这也会阻止其他银行接受援助，从而破坏法律的稳定作用。默克尔立即向副政府发言人说道，阿克曼的言论"绝对令人无法理解和无法接受"。更糟糕的是，这位银行家后来在电视上随口透露，默克尔在雷曼兄弟公司破产前几个月曾在他 60 岁生日时为他设宴；而在银行救助行动开始后，情况变得完全不同——总理请他吃芦笋和小牛排还得向联邦议院的管家说明，这笔费用开支是合理的。她又一次从商业领袖的"可靠性"中得到了教训。

随着一揽子援助计划的通过，资本市场的严重危机结束了，银行之间的信任逐渐恢复。像雷曼兄弟公司这样多次破产的机构，似乎不在各国的国家担保范围内。11 月 3 日，德国商业银行作为最重要的机构正式接受国家援助。国际层面也进一步讨论对金融领域的监管。

随着银行业危机的爆发，全球金融体系一度岌岌可危，世界的继续存在也受到了威胁——西方社会几十年来，人们认为这种存在是理所当然的。一个充满不确定性和需要持续危机管理的时期开始了。

雷曼的教训

在危机的严重阶段，人们预计银行系统会在可预见的时间内崩溃，除非采取救援行动。几乎没有人知道，银行崩盘会带来什么样的长期经济和政治后果。这场危机不仅为许多欧洲国家带来了主权债务危机，也导致了未来十年的政治运动广泛爆发。金融危机造成的动荡导致英国退出欧盟；在美国，数百万房主因危机而失去家园，他们的不满情绪在很大程度上促成唐纳德·特朗普当选总统；在其他国家，右翼民粹主义政党正在崛起，此前人们认为这些政党已经衰落了。

德国人相对较快地度过了这场危机，他们几乎不知道这场危机在其他国家造成了什么样的破坏。在欧洲南部遭受危机浩劫的国家中，有一半年轻人经历了失业；即使是像荷兰或捷克这样的近邻国家，也花了很多年才恢复到危机前的状况；匈牙利房主难以偿还外币贷款。在德国，即使是了解政治的人，也只是因为随后的政治不稳定才意识到这一点。雷曼兄弟公司破产起初经常被拿来和1929年的"黑色星期五"类比，后者引发了历史上最严重的世界经济危机，导致德国民主消亡和第二次世界大战爆发。这一点在德国很快就被遗忘了。

根据默克尔的分析，金融危机的深层原因可以追溯到更近的历史阶段。从赫尔穆特·施密特到罗纳德·里根的政治家们在20世纪70年代初战后经济结束后，试图继续采用高水平公共和私人债务战略，以继续保持高增长率；美国在2001年9月11日的恐怖袭击事件后推行了这一政策，以避免经济再次下滑。重要的是，各国不应当受诱惑，用债务换取经济增长。

金融危机使得许多问题退居次要地位，原本这些问题会被讨论数月之久，执政联盟以惊人的速度解决了由联邦宪法法院裁决引发的关于遗产税的原则之争。尽管发生了划时代的危机，政府并没有在国内的小型政治争端中迷失方向。由于股市暴跌，政府也顺便取消了德国铁路公司筹备多年的首次公开募股。

除了默克尔之外的其他参与者也知道，任何错误的举动都可能导致人们原本熟悉的世界坍塌。一个政治家的等级地位越高，掌握的信息越多，似乎就越忧虑。虽然普通民众的生活几乎没有受到影响，但身在柏林的媒体人知道，那些日子并不平静。未来几年的危机中也经常出现这种模式，直到 2015 年的难民问题才开始改变。人们不安地发现，许多德国人的经济水平变低了。人民的平静帮助了总理，尽管她的表现更多的是出于漠然而不是英勇的镇定：在接下来的 10 年，德国成了欧洲和世界的坚固避风港，默克尔发挥了重要作用——起码问题仍保持在抽象水平。

18 年前，民主德国加入联邦德国，安格拉·默克尔成为西方公民。过去受东德人钦佩的资本主义制度，现在面临覆灭的威胁。默克尔比西方领导人更能适应这样的危机局面。在 1989 年至 1990 年的转折点，她目睹了一个看似稳固的体系如何在短时间内迅速垮台。一位东德女性领导着西欧最大的国家，默克尔的优点是她充分了解新形势，在德国政府随后几年的危机管理工作中发挥了作用；然而缺点是，她过于不信任西方危机战略的既定机制。

欧洲的联合救援行动能否减轻随后的严重危机，仍悬而未决。在短期内，金融市场的信心无疑会更快、更持续地恢复。从中期来看，这可能会减少对实体经济的负面影响，减少公共赤字的快速增长，并减少危机后果在欧洲国家之间的不平等分配；从长远来看，它可能有助于遏制欧盟的离心力，避免共同货币走向崩溃边缘。

人们只能猜想，心系欧洲的赫尔穆特·科尔在这种情况下会如何行动。与后来的主权债务危机不同的是，他在银行崩盘后没有公开发表评论，可能因为他在 2008 年 2 月的一次严重摔伤之后几乎不能说话。与科尔不同的是，理性派欧洲人默克尔对泛欧危机解决方案表示了极大的怀疑。

在拯救失败的欧盟宪法时，默克尔认为自己是在收拾烂摊子——将科尔对欧洲的热情转化为可行的现实政策。这种情况在此次银行危机中再现——后来又在货币联盟和无国界申根地区的危机中重演，即难民问题。起初，总理并不明白为什么她应该在欧洲问题上给予法国比其他 4 个大成员国更大的影响力：包括欧元区的意大利和西班牙，欧元区外的英国和波兰。2007 年才上任的萨科齐过度活跃的政治风格让她感到不安，他让她想起了神经质的基民盟对手，而不是国际政治家。她的顾问们说，为了更好地理解这位法国同事，她正在看喜剧演员路易·德·芬埃斯的电影。

默克尔的犹豫还有更具体的原因。如果她无法对一种现象合理估计，就会避免作出影响深远的决定，在其他重大危机中也是如此。此外，把数亿欧元用于民众生计尚且被争论不休，现在却要用数十亿欧元的国家援助来弥补高薪银行经理人的失误，这无疑是不受欢迎的。

在默克尔自己的党派中，尤其是议会党团中的议员们普遍反对国家干预市场。第二年春天，内政部部长沃尔夫冈·朔伊布勒在收购裕宝地产银行剩余股份的问题上提出了宪法上的担忧，股份已变得一文不值，但股东们甚至还能得到补偿。人们对泛欧援助计划的反对呼声可能会更加强烈。

随着 2008 年 10 月德国《金融市场稳定法》的出台，默克尔政府启动了用于救助银行的"金融市场稳定基金"。该基金存在了 7 年，2015 年底，其职责被转移到欧洲层面。在提供的 4800 亿欧元总额中，银行最多使用了 1700 亿欧元。除裕宝地产银行和德国工业银行外，主要受益者还包括几家州银行和德国商业银行；德国政府于 2009 年 1 月向德国商业银行注资。在"金融市场稳定基金"进行结算时，仍有 220 亿欧元的未偿债务。拯救银行的成本比人们担心的要低，但比拯救欧债危机中的国家要高：在这本书付印之前，没有一分钱流向这些国家。

施瓦本主妇

2008 年底，危机对"实体经济"的影响突然成为总理关注的焦点，人们对 2009 年的预测变得越来越悲观。最终德国国民生产总值下降了 5%，这是联邦共和国历史上从未有过的。在采取刺激措施之前，默克尔很早就作出了反应。其他欧洲政府首脑，首先是萨科齐，一直在推动大规模的政府刺激措施。默克尔与她的财政部部长一道，对她认为过于奢侈的支出计划进行解释。11 月初，她批准了第一个相对温和的刺激方案。除了一些较小的税收减免措施，主要包括将短期工作津贴从 12 个月延长到 18 个月，例如针对家庭手工业者。这项措施甚至能节省开支：因为雇员失业将使国家付出更大的代价。

该法案还未在议会上清除所有障碍。总理要向陷入困境的经济注入更多资金，因此遭受的压力有所增加。12 月 1 日，《明镜周刊》发表了文章《胆怯的安格拉——总理在经济危机中的危险拖延》。这天是基民盟联邦党代会召开的日子，代表们聚集在斯图加特机场旁边的展览场地上。总理和以前一样反抗压力：态度依然强硬，在银行救助之后，她第二次被人们叫作"'不'女士"。

她在党代会的演讲中描绘了一幅场景，这个场景一直萦绕在她脑海中：在斯图加特或在巴登－符腾堡州，随便问一个施瓦本的家庭主妇，她都会告诉我们一个简短而正确的人生智慧——一个人不能长期过着入不敷出的生活。这是危机的核心。人们常常相信那些根本不是专家的专家，而不是简单地遵循现实理性。许多刺激计划的建议都自相矛盾，一个老龄化国家的政府不应忽视预算平衡。

在随后的一段时间里人们经常读到，默克尔在斯图加特把自己比作"施瓦本主妇"。她显然不是施瓦本人，也没有孩子；她从事物理学研究之后，一直忙于工作，没有家庭主妇经验——与一些人喊她"妈咪"完全相反。通过"施瓦本主妇"的比喻，人们可以洞察默克尔的经济政策思想，这种思想基于对日常生活的扎实理解，受到新教文化的影响。信仰路德教的家庭以其勤奋和节制的氛围，塑造了总理的朴实生活方式和对经济政策的基本态度，但又不以狭义的宗教信仰为转移。

在随后的几年里，默克尔坚持这样的观点：过度的债务和入不敷出是当前危机的首要原因；德国和欧洲必须首先创造出财富，然后才能分配给他们的公民。默克尔喜欢引用统计数据，欧洲人口占世界人口的7%，占全球经济产出的四分之一，能够将足足50%的社会福利分配给自己的公民。

两德统一时期的经验发挥了作用。在默克尔看来，民主德国之所以灭亡，主要是因为它入不敷出，提供了缺乏经济基础的社会福利。作为后共产主义欧洲东部的公民，总理以批判的目光审视西欧人。西欧人认为自己有权要求提高福利待遇，而许多波兰人和捷克人为了更低的工资却必须付出更多的努力。

斯图加特党代会半年后，默克尔飞往意大利拉奎拉参加八国集团峰会时，向随行记者展示了刚刚去世的德裔英国社会学家拉尔夫·达伦多夫在《慕尼黑信使报》上发表的一篇文章，标题是《危机过后：重回新教伦理?》。在这篇文章中，这位学者抨击了猖獗的"赊账资本主义"，这种资本主义通过分期付款方式得以贯彻实施，其"大部分情况下能够接受的范围"使得人们认为自己有能力偿还。达伦多夫的评判完全符合默克尔的经济政策信念。

公众以极大的恶意看待默克尔的讲话：从尼古拉·萨科齐到戈登·布朗，在众多有远见的世界经济学家之间，一个"施瓦本主妇"怎么能站稳脚跟呢？更别提已经当选美国总统的巴拉克·奥巴马了。一些关于女性"犹豫不决"的陈词滥调又引起了广泛共鸣，批评家们认为，这些"女性弱点"与强有力的男性危机管理风格相比实在相形见绌。

抵挡各方的怒声需要更多的耐力。尽管默克尔在救助银行方面的犹豫不决引发了争议，但她的经济刺激计划却是正确的：其他国家在应对危机过程中积累的债务水平更高，经济从衰退中走出来也比德国慢得多。

在金融和债务危机的后期，批评者指责总理正在推行一种意识形态上的"紧缩政策"，这种政策不惜一切代价地要求推行所谓的"新自由主义"节约手段；而自称保守派的党内人士声称，他们正在有针对性地推动基民盟的"社会民主化"。这两种解释都是错误的。默克尔从不带着意识形态考虑经济问题，在关于"啤酒杯垫"税收政策和医保费用的争议中也是如此。经济学把各种具体的日常现象束缚在两种相互角逐的世界观里——在她看来不可理喻。高学历的经济学教授们没有料到的是，金融危机加重了默克尔对他们的怀疑。

在党代会之后，默克尔很快就不再明确反对另一项经济刺激计划。基民盟和社民党商定，在 1 月初的联盟峰会上讨论可能采取的进一步措施，但实际上从 12 月就开始讨论了。外交部部长弗兰克－瓦尔特·施泰因迈尔作为社民党总理候选人接纳了来自汽车行业的建议，通过给旧车发放"报废津贴"的方式，吸引德国消费者购买新车，以弥补国外市场的不景气。在巨大的危机中，这种补贴看似微不足道，但该措施目的是刺激德国经济模式中的核心行业。

在 2008 年至 2009 年初的新年致辞中，默克尔开启第二个经济刺激计划，她说：我不以此刻谁的呼声最响亮下决定，因为这是大家的钱，是纳税人的钱，我们在政治上对此负责。她补充道：我们的目标是确保和创造就业机会。

圣诞假期过后，以默克尔为首的联盟委员会就一长串刺激计划达成一致，这些计划有大有小，内阁立即将计划转化为具体决议。为了实现额外的经济发展效果，联邦各州和市政当局不得把资金用于已计划好的项目，而要用在有意义和紧急的项目上。这增加了投资失败的风险：完好无损的道路被重新铺上了沥青，最破烂的坑洼道路却在等待修复。默克尔在金融危机开始前就宣布教育政策是新重点，却在州长那里碰了壁，因此她将翻新教室和学校厕所作为对"德意志教育共和国"的贡献，同时达到刺激经济的目的。

默克尔起初并不想要这个刺激方案，无论是作为整体还是作为单个措施。基社盟和社民党、商会和基民盟部分成员的要求在谈判时反复摇摆不定。默克尔的系统机制在这里得到了例证：她让别人迫使自己让步，这样即使背离了自己原先的经济政策原则，批评者们也不会怪到她头上。这些决议最迟在 9 月的联邦议院选举中让默克尔从中受益，也被视为"选举大礼"。

政府计划用 368 亿欧元的新债务为刺激经济提供资金。财政部部长施泰因布吕克最初比默克尔更强烈地反对增加支出，但在过去的一年里也发出了缓和信号：自己主动稍稍打开门比被破门而入更明智。作为对应手段，默克尔政府希望在《基本法》中为公共预算设置"债务刹车"。在"联邦制改革 II"的背景下，经过与各州的谈判，这个想法得以实现：2009 年，联邦议院和联邦参议院各自都以三分之二的多数通过了宪法修正案。

政府起初打算节省预算，然而这一年的债务水平却是建国以来最高的——这似乎是个奇怪的自我暗示。新规则还规定了一些"严重衰退"的例外情况，联邦、州和地方政府一直遵守债务刹车的要求，直到新冠肺炎疫情暴发。

一个在实践中微不足道的问题引发了一场针对默克尔经济政策的大讨论。早在 1 月的第二个周末，就在经济刺激方案最终决议前不久，基民盟领导层在埃尔富特召开会议。担任北莱茵－威斯特法伦州部长近 4 年的于尔根·吕特格斯提出了自己的建议：他主张建立一个"德国基金"，向陷入困境的公司提供贷款，甚至在紧急情况下将这些公司置于国家保管之下。他这样做的目的是向选民发出信号，即国家愿意拯救那些不负责任的银行经理人，也愿意拯救工人和他们在工厂的工作。

经济自由主义的守护者对这个想法感到愤怒，但默克尔很快就逆风前行。会议结束时，基民盟领导层决定了一项"埃尔福特宣言"，其中包含吕特格斯提案的重要部分。联邦政府在经济刺激计划中设立了一个短期的"德国经济基金"，由于危机被迅速克服，它只支付了少量资金，不到两年就完成了使命。从政治上讲，这个主题仍然具有很强的象征意义：5 年前，默克尔还在主张政府应当完全退出经济生活，而她如今正向一个"关爱型国家"的愿景靠近——尽管步履蹒跚，而且经常靠党友推着。这并没有破坏基民盟。一方面，他们非常推崇权力实用主义；另一方面，危机政策意味着要回到前总理康拉德·阿登纳的父爱式关怀。

第二个经济刺激计划结束了德国危机管理的紧急阶段，但仍无法预见未来几年经济是否能够蓬勃发展。政府在 4 月底的预测中首次正式承认，德国 2009 年的经济产出与上一年相比下降了 5%，标志着德意志联邦共和国正在经历建国以来最严重的衰退。重点出口行业的订单下降幅度更大，因为金融危机的后果对美国等重要销售市场的需求影响更加明显。

局势突然发生逆转。由于出口份额占比较低，东部联邦州在很大程度上没有受到危机影响。一向以成功典范自居的德国南部城市严重依赖出口，汽车和机械工程等关键部门经历了剧烈冲击。市政当局不仅没有营业税收入，还不得不提前向企业退还预付款；许多员工有生以来第一次担心自己的饭碗。

财政部部长预计 2009 年会出现约 490 亿欧元赤字，第二年甚至会达到约 860 亿欧元。危机对公共预算产生了双重影响：一方面，税收收入大幅下降；另一方面，社会事务、短期工作福利和经济刺激计划的支出有所增加。2010 年，超过四分之一的联邦预算通过新的债务筹集，这在联邦历史上从未发生过。

在制定经济刺激计划一年半后，默克尔和她的新联盟伙伴自民党决定施行广泛的紧缩措施。渐渐地，看上去保守落时的德国，由于工业占比高，比其他西方经济体更迅速地摆脱了危

机，因为后者更依赖金融业、服务业等符合时代精神的行业。从
2010 年开始，欧洲主权债务危机促进了德国的独特繁荣：德国在
银行崩溃后负债比其他国家少，因此被当作投资者的避风港，国
家和企业能够以极其优惠的条件为自己融资。如果其他国家没有
衰落，可能不会出现这种局面。

德国的就业形势相对稳定，且公众未受到经济下滑的困扰，
但人们在 2009 年春天尚无法料到这种景象。尽管如此，这场危
机还是产生了一些政治后果。2 月初，经济部部长迈克尔·格洛
斯意外辞职了。这位基社盟官员在危机中表现被动，招致不少批
评，他还与新任党主席霍斯特·泽霍夫闹翻了。他辞职的举动不
是针对默克尔，而是针对泽霍夫。泽霍夫起初认为，他可以直接
拒绝部长的要求，后来格洛斯承认："我几乎不知道这个部门的
任务是什么。"格洛斯象征着经济部的结构性弱点，默克尔和她
不断更换的财长使得经济部在危机管理中放任自流。即使像社民
党主席西格马尔·加布里埃尔这样自信的强权政治家也无法在经
济部脱颖而出。

格洛斯的辞职使总理获得了一位非常特别的内阁同事：2 月
9 日，她为年仅 37 岁的基社盟新星卡尔－特奥多尔·楚·古滕
贝格起草了任命书。古滕贝格来自上弗兰肯地区，父亲是一位
非常富有的指挥家，他自 2002 年以来一直是联邦议员，主要负
责外交政策。他在 2007 年底的候选人竞选中获胜，成为上弗兰
肯基社盟主席，并在一年后升任该党秘书长，受到了更广泛的关
注。在柏林，人们认为他是一位杰出的政治天才。泽霍夫重点培
养这位非常受保守派欢迎的年轻政治家：他想让基社盟中的其他
竞争对手望而却步。副作用是，古滕贝格很快被视为潜在的总理
候选人，因此对默克尔构成威胁。

新上任的经济部部长很快有了第一次重要的露面机会。美国汽车公司通用汽车和欧洲子公司欧宝公司因危机而陷入困境。2月底，欧宝监事会制订重组计划，但缺少两个关键因素：母公司的批准和超过 30 亿欧元的必要财政支持。联邦竞选迫在眉睫，这个话题很快成为焦点，掀起了一场关于国家援助的辩论。

社民党总理候选人弗兰克－瓦尔特·施泰因迈尔立即驱车前往位于吕塞尔斯海姆的欧宝总工厂，并在他的前上司格哈德·施罗德的咆哮声中向工人们保证了社民党的支持。

在德国政坛，没有人比穿着衬衫去工厂的政府首脑更具有男性气质了。汽车是所有男人梦想的化身；挥洒汗水、长着老茧和胡髭的工人：默克尔的对手在这个琴盘上演奏，让她陷入了艰难境地。不仅施泰因迈尔，还有辛苦连任的基民盟州长科赫或吕特格斯，后者同样也必须保护波鸿的欧宝工厂。新任经济部部长加入这个行列，他于 3 月中旬在大型媒体的陪同下飞赴纽约，与通用汽车的管理层进行谈判。此行带来的唯一结果是一张照片，照片显示，他在灯火通明的时代广场张开双臂：世界属于我。

把直接的国家援助拨给一个不成功的汽车品牌，这与默克尔的政治本能相矛盾。但是，选举即将到来，她不能表现得无所作为。默克尔在 3 月 31 日按一贯风格作出了决定：她来到了现场，并与欧宝家族合影。她访问吕塞尔斯海姆时观看了儿童合唱团的表演，欧宝公司的标志被编入歌词："闪电来自一个世界，在那里，友谊和家庭至关重要。"绝望的经理用沙哑的声音向总理求助。默克尔谈到了寻找投资者，说了关键的半句话：*政府当然会帮忙，我明确同意。*当老板们向她展示新电动汽车的样车时，她说了一句典型的默克尔式的句子：*那就加油干吧！*

对默克尔来说，另一个大问题刚浮出水面，广大群众还没有注意到。在世界范围内，金融危机扩大了公共赤字，刺激计划又进一步增加了债务，尽管默克尔也认为过度借贷是导致崩溃的主要原因。几周前批评她过分节俭的人，现在又批评她提高了债务。《明镜周刊》在12月初曾呼吁政府慷慨解囊，现在又突然关心这些措施的高额成本。"国家什么时候会破产？"该杂志在1月底问道。

2月中旬，默克尔在柏林工商会发表关于经济政策的演讲，明确地表达了她的担忧，即银行业危机之后可能会因为众多救助和经济刺激计划而引发新的债务危机：就目前而言，其他地方的债务比我们这里的债务多得多。

尤其是美国和英国，国家和中央银行各自向国内注入了大量新资金，以刺激经济。欧元区的许多国家也是如此，这些国家在自己没有印钞机的情况下大幅增加了政府支出。

默克尔参加了二十国集团会议，由于金融危机，这些国家的国家元首和政府首脑都亲自出席了会议，主要呼吁制定退出高债务局面的战略。就像所有的金融市场产品都要受监管的愿望一样，这显然也是不现实的。旧大陆的金融市场制度仍然比美国宽松得多：更严格的规则会在短期内让更多银行陷入困境，包括德国的银行。

默克尔的对话伙伴更不愿接受全球债务刹车的想法；他们的利益各不相同。美国的政治家和经济学家成功地用新的货币过剩来对抗危机，他们认为默克尔的提议彰显着德国粗陋的稳定意识形态。随着大量资本在西方老龄化社会寻找投资机会，越来越多的贷款似乎不会构成实际问题。如果各州突然削减开支，反而更有可能导致经济进一步下滑。这种政策引发的混乱后来才显现出来。

幽灵选举

2009 年夏天，德国近乎经历了一场幽灵选举。至少在德国西部地区，人们遭受了历史上最严重的经济衰退，但在日常生活中却几乎没有感受到。金融资本主义勉强躲过了崩溃命运，德国仍处于坚忍的平静中。就在欧洲其他地区的高层政治人物已经开始根基动摇的时候，安格拉·默克尔甚至在德国赢得了声誉，更重要的是：她此时才真正成为一位成熟的总理。

在 2008 年 9 月雷曼兄弟公司倒闭之前，默克尔被认为是临时总理。她在欧洲和国际舞台上的初步战绩已经耗光，国内政治项目也没有起色——除了不受欢迎的提高退休年龄或部分取消哈茨改革方案；与家庭事务部部长乌尔苏拉·冯德莱恩联合推出的社会政治现代化提案在基民盟内部仍存在争议。默克尔的执政风格已经达到了极限，她虽然没有放弃价值观和目标，但的确放弃了影响深远的政策草案。

1989 年至 1990 年大剧变之后，默克尔渡过一系列危机才胜任为总理；这些危机在一定程度上被推迟了，但并没有停止。正是出于这些外部挑战，能够维持现状就算是一项功绩。她与赫尔穆特·施密特有着共同点，在许多德国人看来，后者在面对经济危机和恐怖主义威胁时已成为了领军人物，而默克尔散发出的果断光环也是无可替代的。她摸索着准备了应对新危机的答案，然后再坚定不移地采取计划。

在争取首次连任的过程中，默克尔坚持金融危机前的战略。早在 2008 年夏天，彼得·欣茨就在内部圈子里表示，这次竞选将是一场纯粹的个人竞选。换做其他现任总理，这是理所当然的；但到了默克尔竞选连任时，党内反对者对这个说法感到愤怒。他们仍然认为这位来自东德的女性是历史错误,必须向基民盟的主流选民隐瞒这个错误。

这个时间点让人耳目一新,默克尔早就确立了竞选策略。即使是崇拜她执政风格的人,常常也只能见到她在短期变化中的灵活反应,而非长期计划。默克尔的成功只能通过两个因素一起解释,即军事作家卡尔·冯·克劳塞维茨的格言:好的战略必须始终对现实世界的摩擦作出战术性反应。这种模式在后来的竞选中反复出现。

德国人坚持久经考验的做法,倾向回避总理更选的不确定性,这帮助了默克尔。同胞们的这种避险情绪差点让默克尔在2005年与总理之位失之交臂,却让她在2009年、2013年、2017年受益,尽管2017年的情况有些不利。她努力平息人们的情绪,趁离选举日期还剩足够长的时间,推出不受欢迎的决定,或者干脆推迟到新的立法任期再作决策。她后来在布鲁塞尔就欧元救助方案的期限进行谈判时,总是密切关注国内的选举日程,并试图设定最后期限,以免将有争议的决议拖到大选期间。在应对金融危机时,她在竞选前及时处理了短期危机策略中有争议的部分。

她的政治竞争对手没有这种长期战略。2008年9月初,社民党的理事机构在波茨坦附近的施维洛湖召开了一次政治会议。不久前有消息泄露,外长弗兰克-瓦尔特·施泰因迈尔将成为该党次年大选的最高候选人。没有人对此感到惊讶,这也是党主席贝克的一部分意图。对于贝克来说,重要的是他自己决定了此次的候选人,凸显出他的自由意志。然而泄密使得施泰因迈尔不可能再担任候选人了,这也成了贝克在施维洛湖会议上主动辞职的原因。关系较密切的领导人打算前往费尔奇乡间旅馆进行协商,然而旅店老板表示,下午还要接待一个旅行团,因此把德国历史最悠久的政党的领导们拒之门外。社民党的领导人站在停车场决定了临时调整：施泰因迈尔将按照原先说法，继续挑战默克尔，而明特弗林将再次担任党主席。

默克尔对候选人施泰因迈尔的畏惧是有限的。他和她一样既深思熟虑又愿意协商一致，因此选民们想知道，为什么还有必要换总理。此外，传统派社民党人憎恨这位"议程"政策的真正发明者，甚至超过对默克尔这位对手的憎恨。施泰因迈尔无法依靠党内的权力实用主义，此外，他领导的竞选活动建立在大联盟的基础上。社民党曾参与制定所有重要决策，换句话说：所有提高福利方面的政策，例如延长失业救济金，都归功于基民盟；而不受欢迎的政策，例如将退休年龄提高到 67 岁，都算在了社民党头上。

默克尔和她的秘书长罗纳德·波法拉首次成功地尝试了"不对称复员"①的策略，这要追溯到曼海姆选举研究员马蒂亚斯·荣格。默克尔没有以对抗的激励措施来动员自己的支持者。根据计算，选举越像是一个方向之争，政治对手的支持者就越有动力投票。默克尔试图冷却政治热情，例如，接管部分社民党或绿党的项目。她有意识地接受了较低的投票率：与基民盟相比，这对其他政党的伤害更大，因为基民盟的大部分支持者都是可靠的投票者。

直到最后，"不对称复员"仍然是默克尔执政风格中最具争议的策略之一，批评者指责她破坏民主。事实上，自 2013 年以来，随着德国选择党的成立，政治上出现了新的两极分化，选民

---

① 一种竞选策略，避免对有争议的问题发表声明来阻止对手的潜在选民，使得他们不投票。——译者注

投票率再次上升，这一策略的负面影响变得显而易见——对以共识为导向的自民党不利，至少在东部的许多地区，人们并不反对德国选择党的崛起。

默克尔的执政风格并不是这种社会发展的更深层次原因，而是其结果：联盟党和社民党的形象变得模糊，因为社会中出现了新的分歧，例如世界主义者和保护主义者之间的分歧，这些分歧与传统全民党之间的冲突路线背道而驰。即便没有默克尔的参与，许多西方民主国家也都出现了这种趋势，社民党的衰落更多要归咎于自身。

此次联邦选举的新颖之处还包括默克尔本人的精心策划，使公众对她的个性进行一些深入了解。很长一段时间以来，在公开场合，这位来自滕普林的女士都表现得仿佛她是一个来自明斯特地区的男人。在 2005 年的选举中，女选民和东德选民对默克尔的支持率都低于平均水平，而西德保守派中的强硬派也与她不和。现在她正计划公开承认自己的身份，首先是更能为她收获好感的话题：作为女性的角色。

2009 年初，选举年伊始，她在总理府主持了妇女参政 90 周年庆祝活动。女权主义者爱丽丝·施瓦泽出版了一本选集《女性参选——从争取女性选举权到第一次当选总理》，将默克尔成功担任总理描绘成漫长历史中的一场解放运动的高潮。大约在同一时间，默克尔接受了作家亚娜·汉塞尔的采访，她在采访中故作无辜地解释道：我认为，我从政的时间越长，我就越公开谈论我的女性身份。

默克尔对她的东德出身也采取了类似的做法。但她对待这个问题更加谨慎，她用矛盾的方式恭维西德：当我穿越旧联邦州时，我看到许多六七十年代的市政厅、学校、行政楼，而在东部，很多建筑都是新的。这句话在东部引起轰动，人们觉得她拒绝建设东部。事实上，这是在挖苦自傲的西德人，默克尔慷慨地为东部重建提供了帮助。在魏玛的竞选活动中，由于那里的出口行业受危机影响，经济变得不景气，她甚至讽刺了一向以成功者自居的施瓦本人：让我们看看巴登－符腾堡州的人民如何应对这种危机。

在一个议会任期后，默克尔更积极地处理了这个问题。在她担任总理的第八年，她已具有足够的安全感，可以在观众面前谈论东德小众电影的卓越：1973 年的《保罗和宝拉传奇》。她这样做，目的是从多个层面发出信息。在与电影导演安德烈亚斯·德雷森的交谈中，她沉迷于对东德日常生活的回忆，表明她也会怀旧。同时她也表明，在毕业那年，她和电影里描述的一样，渴望过上更美好、更自由的生活，她完全没有屈服于东德制度。最后一点，这也暗示了她认同不符合传统关系模式的非传统女性形象。

在其他场合，她也比以前更清楚地显露她的东德出身。在《南德意志报》的采访中，她讲述了十几岁时做的"最蠢的事"：穿着一件从西德寄来的新运动服爬进了黏糊糊的树洞。听到这样一句话，西德读者也许想抱一抱小安格拉——即使他们不太了解，对于当时的东德小女孩来说，西德的东西有多么宝贵。

默克尔也认可西德的传统。她利用德意志联邦共和国成立60 周年之际，将自己塑造为基民盟英雄康拉德·阿登纳和赫尔穆特·科尔的接班人。在联邦议院选举前一个半月，她前往奥格斯海姆拜访了年迈的科尔，并让人发布一张两人会晤的官方照片。她乘坐怀旧的"莱茵之金号"列车穿过旧西德地区，在波恩附近伦多夫的阿登纳之家停了下来，并将其与即将到来的柏林墙倒塌20周年纪念联系起来。我们一起走过了联邦共和国历史的三分之一：她一遍又一遍地重复这个略微冗长的句子，希望将自己融入广义的德意志联邦共和国的历史长河中。

2009年竞选的重大变化之一是如何处理联盟问题。担任反对党领袖时，默克尔长达5年一直致力于与自民党结盟。2004年，她与自民党主席韦斯特韦勒一起乘坐敞篷车，并在自己的生日聚会上给他"出柜"的机会。这一次她保持了距离。在竞选期间，她还没有决定与哪个党一起从秋天开始执政。基民盟和绿党在文化上存在很大差异；如果要获得过半选票，黑－黄党的结合大概是无法避免的。

总理个人偏向与绿党结盟，她在议会中总是非常友好地对待绿党。后来她在小圈子里讲述竞选中的一个插曲时，惊人地公开了这一点。在她自己的选区施特拉尔松德，一位西德游客向她走来问道：他非常想要黑－绿政府，那么应该选哪个党呢。她顿了一下，勇敢地说出她在所有采访中都说过的话：如果您想让我继续担任总理，那么两票都得投给基民盟。

在必要时，只能继续与社民党合作。如果在接下来的四年中，社民党候选人施泰因迈尔继续当默克尔的副手，无疑会对他的支持者造成巨大伤害。9月，选民们的投票并没有决定总理能否留任，在后来的几次选举中情况也是如此。联盟党的支持率并没有过半，只能和其他政党一起组阁。

这个情况为自民党提供了战术优势，却对基民盟／基社盟不利。在选举前一周，韦斯特韦勒最终决定了他的偏好，这个决定原本就非常明显：与联盟党组成经典的执政联盟。"我们不想和红－绿党组成多数。"他说。这对默克尔有利，她的竞争对手施泰因迈尔最终失去了仅有的上台希望：与绿党和自民党建立一个理论上可行的三党联盟。但韦斯特韦勒对总理的许诺也有不利之处，因为这意味着告诉选民，他们只能通过给自民党投票来表达他们支持黑－黄联盟。韦斯特韦勒将选举变成了对大联盟政府的全民公决：任何对黑－红联盟不满的人，无论出于何种原因，都必须按照这种逻辑投票给自民党。根据选举分析，甚至连工人、失业者或东德人——这些传统上不支持自民党的群体——也响应了这个呼吁。自民党借助这些群体的支持获得了两位数的支持率。

黑－黄联盟

2009 年 9 月 27 日，安格拉·默克尔在黑－黄联盟选举胜利的晚上犹豫不决。社民党领导人已经承认他们的失败，绿党也接受了他们作为反对党的角色。电视台多次切换到基民盟总部，但徒劳无果，因为除了一堵蓝色的墙，什么也看不到。党主席待在楼上，正在和她的部下们商量。

晚上 7 点 04 分，她谦逊地走出来。她知道选举结果对她来说是危险的。在这次选举中，基民盟获得了历史上第二糟糕的支持率，只有阿登纳在第一届联邦选举时的结果比这次更差：基民盟／基社盟此次获得了 33.8% 的选票，比上次选举的结果更低，尽管后者已经非常令人失望了。与上次不同的是，默克尔不用担心来自党内保守派的批评。毕竟，这次的任务不是与社民党妥协，而是在新的联盟中实现长久以来的愿望：韦斯特韦勒的自民党这次赢得了 14.6% 的选票，赫尔穆特·科尔时代的黑－黄政府多数派再次崛起。默克尔需要这个多数席位来巩固自己的党内地位，并摆脱她作为过渡总理的名声。但它也带来了新问题。

默克尔特别担心，在与自民党组成的新联盟中，她能否保住作为共识总理的人气。那天晚上她在党总部说道：我想成为全德人民的总理。我以前是这么想的，现在也是。历届联邦总统在当选那天都会说这句经典的话。但对于一个处于党派纷争之中的政府首脑来说，这句话听起来很不寻常。

第二天，默克尔继续这样做。下午早些时候，已经有许多媒体车辆在外停着。即便是漠不关心的旁观者，也能从这个场景推测出，前一天举行了联邦议院大选，一个新的联盟将会诞生。默克尔领导的这届黑－黄联盟在4年前就渴望改变政策。人们问默克尔，她与新伙伴结盟后是否会展现新面貌，她给出了一个非常典型的答案：大家了解我是什么样的人。

默克尔再次不愿为了短期的胜利而冒险失去自己的人气。她知道，她连任主要是因为许多德国人认为她能够维持稳定，新的联盟伙伴将会给她的受欢迎程度带来风险。黑－黄联盟晚来了4年：自民党一直支持经济自由改革计划，默克尔作为候选人时，曾因该计划差点在2005年搁浅，此后更加强烈地背弃它。大选后的第二天，大多数记者都想知道，到底什么时候大幅削减福利，所有人都猜测黑－黄政府会采取这个行动。默克尔只是回答说：我会确保基民盟的多数席位不受到联盟协议的干扰。

由于基民盟一直声称，与自民党组成的联盟是他们的"梦想联盟"，因此总理希望联盟谈判能够尽快结束。在不到4个星期的时间内，默克尔以前所未有的速度结束了谈判。默克尔在联邦选举后经常陷入疲惫也是一个原因。金融危机后长达数月的危机管理，第一次作为在任总理参加竞选——所有这些都消耗了她的精力。由于谈判草率仓促，使得基民盟与自民党存在长期纠纷。两党之间原本就存在巨大分歧，即便是经过长时间的谈判，也不可能消除分歧。

　　这些分歧主要涉及自民党竞选的核心问题：渴望彻底改革税制，目标是"简单、低廉和公平的税收制度"。他们认为，取消所有优惠并大幅降低一般税率，这一步骤在政治上是可行的。金融危机已经使国家预算变得紧张，税制改革将会使财政部损失数百亿美元。现实政治家默克尔没有表露自己的倾向，人们无法知晓，她是否打算取消受欢迎的税收优惠政策，并通过减税来限制自己的回旋余地。自民党过于大胆的举动激起了基民盟州长们的反对，这使得默克尔更容易防守。人们已经忘记了，默克尔自己的竞选纲领也呼吁减税。

　　因此，总理从一开始就打算拒绝自民党的提议。自民党主席韦斯特韦勒在他的领路人汉斯－迪特里希·根舍的建议下，寻求担任外交部部长一职，双方关系有所缓和。默克尔因为税收问题与自民党的财政部部长发生争执，但并未因此感到不快。出乎所有人意料的是，她将沃尔夫冈·朔伊布勒调至该部门，以阻挠自民党的税收计划。默克尔和她的党内批评者都希望限制自民党的权力：他们正在寻求报复的机会，因为自民党挖走了一部分原本属于基民盟的选民。

　　默克尔让朔伊布勒担任财长是有风险的，但也经过了深思熟虑。朔伊布勒在担任内政部部长时，一开始取得了成功，例如召开了一次伊斯兰会议；但他提出的建议越来越严厉，例如有针对性地杀死恐怖分子。他提议国家有权对私人电脑进行在线搜索，使得一个新成立的"海盗党"获得了短期成功，该党因呼吁互联网自由而成功进入数个州的州议会。那时，没有人建议默克尔再次任命朔伊布勒担任部长，尤其是在这个相当于副总理的中央部门。朔伊布勒没有料到，他还有这种后期崛起的机会。默克尔向好友讲述了他得知这个消息时的反应：他简直高兴坏了。

默克尔和朔伊布勒有着近 20 年的错综复杂的交情，后者性格执拗，正好用来遏制自民党。朔伊布勒作为科尔时代的老部长，以保守著称；他也不被看作是默克尔的代理人。因此，他能够以自己的权威反对联盟伙伴的建议，并阻止基民盟党内的经济派与自民党结盟。这个决定也有风险：默克尔在欧债危机和难民问题中多次与他发生冲突。

在联盟谈判期间，默克尔和泽霍夫在税收问题上与韦斯特韦勒发生了争执。2009 年 10 月 23 日，即选举后不到 4 周，他们聚在北莱茵－威斯特法伦州代表处的简陋房间里，在凌晨 2 点钟精疲力竭地达成了协议。最后，默克尔说服自民党，联盟希望"将所得税税率改为累进税率"，基民盟认为这更简单：税率不应随着收入的增加而逐渐增加，而是在达到几个收入门槛时，跳跃式增加。新规定应"尽可能"于 2011 年 1 月 1 日生效，即一年后；计划中的 240 亿欧元减免应在"立法期间"进行。

未来的财政部部长朔伊布勒在最初的几个采访中表示，联盟协议已经谈妥，但尚未签署。鉴于当时创纪录的债务水平，他解释道："我们谨慎前行。"人们希望"尝试"减税。他"不太确定"累进税率的优势。

韦斯特韦勒和他的党内同志们仍陶醉在选举胜利之中，没有意识到即将到来的危险。他们作为反对党工作了 11 年，几乎没有联邦级的执政经验。此外，他们也高估了自己的谈判地位。在上届政府中，社民党至少理论上可以在联邦议院进行权力选择，而自民党则不然。

周六上午，三位党主席召开联邦新闻发布会，他们在谈判之夜过后还有些疲倦。默克尔此时像选举后一样冷静。记者问默克尔，她与 2005 年有什么不同，她只说：我变老了，也变成熟了。

她立即明确表示，想把外交新手韦斯特韦勒安排在外交部。默克尔认为，这位候任副总理的表达过于冒失："我们希望德国成为一个无核国家。"默克尔补充了两次：在与我们的合作伙伴交谈后，这位新人还没有完全掌握国际舞台上的要领。

在卫生政策方面，默克尔让泽霍夫来遏制自民党。这位基社盟主席谈到自民党希望引入按人头计算的费率，表示："目前，医保领域没有任何变化。"默克尔早已放弃了这一想法。她听着，脸上泛着空洞的表情，在政治上她比所有人都更熟练地运用这种表情。如果泽霍夫能够遏制自民党，只会对她有利。两个小联盟党之间因争端留下可乘之机，为基民盟主席提供了足够的回旋余地，能够根据自己的想法制定具体方案。

在强权政治中，人事安排至关重要。2005 年的选举结果对总理产生的限制已经逐渐褪去。自她担任反对党领导人以来一直陪伴在身边的"男孩们"已进入关键岗位。默克尔任命罗纳德·波法拉为总理府部长，诺伯特·罗特根为环境部部长，赫尔曼·格罗为基民盟秘书长，彼得·阿尔特迈尔为联盟党议会党团首席议会执行董事。开始时，默克尔的心腹彼得·欣茨被任命为总理府的国务部长，但他仍然是经济部的国务秘书，也是联邦议院中有影响力的北莱茵－威斯特法伦州基民盟小组的主席。默克尔的好友安妮特·沙万仍留任教育部。默克尔的许多追随者都是 90 年代黑－绿"比萨联盟"的推动者，自民党的人可能对此感到困惑。格罗赫第一次出任秘书长时，就积极评价绿党的转变。

默克尔把相对微不足道的部委留给了自民党。在她的上个任期，已把外交部的大部分权力收回总理府。雷纳·布吕德勒得到了一个没什么影响力的经济部。萨宾·莱塞尔－施纳伦贝格将她重返司法部更多地视为个人满足，而不是一项政治挑战。年轻的下萨克森人菲利普·罗斯勒负责吃力不讨好的卫生部。最后，前自民党秘书长德克·尼贝尔接管了发展部，他的政党在竞选中原本承诺要废除这个部门。

对默克尔和泽霍夫来说，放弃经济部也很容易，因为时任总统卡尔-特奥多尔·楚·古滕贝格在执政的几个月里表现得过于冒失。默克尔将他安排到棘手的国防部，以压制他。泽霍夫现在与默克尔分享这一利益。就目前的力量悬殊而言，默克尔可以把竞争对手罗兰·科赫派来的人轻易推开：弗朗茨·约瑟夫·荣格不得不让位给古滕贝格。在国防部工作了四年之后，前者被派到劳工部。

弗朗茨·约瑟夫·荣格仅担任劳工部部长一个月，就因阿富汗平民遇袭事件而辞职，因为这一事件是他担任国防部部长期间负责的。雄心勃勃的家庭事务部部长乌尔苏拉·冯德莱恩接管了这一部门，科赫失去了他在柏林的心腹。作为替代，科赫的州协会接管了权力较小的家庭事务部。即使在这个部门，科赫也无法派遣自己的嫡系就职：默克尔选择了克里斯蒂娜·施罗德，她年轻时在科赫的阵营中几乎从未获得过任何支持。很明显，科赫的影响力已大幅下降。

最让人意外的是德国欧盟专员的职位。自四个多月前的欧洲选举以来，默克尔一直未处理这个问题，直到联盟谈判。人们进行了许多猜测，但都没有猜对：巴登-符腾堡州州长君特·厄廷格。默克尔不光是为了把一个竞争对手赶出原来的"安第斯公约"小圈子，该职位和一年半之后州议会选举的前景、默克尔的西南地区盟友考德尔和沙万的愿望都有关系。可以预见的是，巴登-符腾堡州州长的继任者将是斯特凡·马普斯。但马普斯因为性格缺陷，后来也失败了，经验丰富的观察者们早就看出了这一点。

默克尔对 2011 年春季巴登－符腾堡州基民盟失去权力负有部分
责任，但马普斯这个"保守派"跌跟头，对她没什么不利。

现任政府发言人乌尔里希·威廉想跳槽到巴伐利亚广播电台
担任台长，默克尔不得不在第二年寻找一位新的政府发言人。该
职位由电视节目主持人斯特芬·塞伯特接任，他之前曾在德国
电视二台主持过《今日新闻》。塞伯特答应了，默克尔和同事们
简直不敢相信这份好运气。塞伯特长相英俊，讨人喜欢，并且很
受欢迎；他有快速理解的能力，能够代表德国资产阶级自由中间
派：是传达这个群体信息的理想人物。塞伯特并没有成为一个决
策者，随着时间的推移，他成了深受默克尔信任的密友。

默克尔对人员的任命揭示了许多观察者一直没有探明的情
况：她是一位媒体总理，她与媒体打交道的方式与前任施罗德不
同，或许更有效。默克尔任职的时间越长，联邦新闻办公室展示
出的照片就越重要——无论是她在 2009 年以和解为目的前往奥
格斯海姆拜访赫尔穆特·科尔，还是 2015 年向美国总统张开双
臂的姿态。此外，她与文字类记者的背景讨论越来越少，因为她
希望能掌控自己散播出去的信息。

尽管要忙于联盟谈判，默克尔还是花时间亲自为她公寓对面
的新博物馆揭幕。在那里，记者精心拍摄了她欣赏法老王后娜芙
蒂蒂（前 1370—前 1330）半身像时的照片。这位埃及王后的政
治活动至今仍迷雾重重。可以肯定的是，除了克利奥帕特拉七世
（约前 70—约前 30）之外，她拥有古代所有女政治家中最坚实的
权力意识。默克尔再次证明，她在这个方面没有落后。

2009 年 10 月 28 日，她第二次当选德意志联邦共和国总
理。她是第一位在执政期间更换了联盟伙伴的政府首脑；在康拉
德·阿登纳的内阁中，只增减了政党。从那时起，这种权力政治

的灵活性就为她的执政风格打上烙印。与第一次当选不同的是，她的支持者们这次避免得意忘形，并没有在看台上把饼干摆出字样。

他们似乎有先见之明，因为在新一届议会任期中，扬扬得意的行为只会给总理带来麻烦：默克尔的新联盟伙伴非常难以相处，他们不仅把意识形态置于实用主义之上，还犯了一系列错误，在内部争吵不休。基民盟、基社盟和自民党只能就很少的新法规达成一致。法律类专业出版社几乎不需要补充他们的法律活页集，于是抱怨生意不好。这种情况也出现在默克尔本人身上，她的个人支持率在大选后不久就开始下降，在 2012 年秋季之前都保持在较低水平——即使是难民问题也没有对默克尔的支持率产生如此负面的影响。在柏林，人们相信下位总理将从社民党中产生。

除了对税收政策的长期公开争论之外，新政府的开场还受到一个因素影响：2010 年 5 月 9 日北莱茵 - 威斯特法伦州即将举行州选举。于尔根·吕特格斯在这个联邦州与自民党联合执政了 5 年。由于当时的总理施罗德的哈茨改革方案备受争议，吕特格斯才在 2005 年成功当选，施罗德随后宣布提前举行新的联邦选举。这一次，柏林和杜塞尔多夫的政府担心，柏林饱受非议的决定可能会妨碍吕特格斯的内阁竞选。因此，默克尔和韦斯特韦勒决定在他们执政的头 6 个月里对重大问题保持沉默，在税收问题或延长核电站运行期限方面，都没有作任何决定。

新联盟在执政之初通过的少数决定引起了更多的关注。作为紧急措施，政府通过了一个小型刺激计划，名称为"经济增长促进法案"。它包括减少遗产税和提高所得税中的儿童免税额，主要惠及收入较高的群体。这个法案令当时的人们印象深刻：联盟政府实现了长期以来的愿望，特别是巴伐利亚州的基社盟一直希望像邻国奥地利那样，只对酒店旅馆征收7%的增值税，因为边境地区的酒店行业抱怨存在竞争劣势。巴伐利亚州的绿党也提出了这一要求。

自民党也一直呼吁为酒店行业减税，民愤因此被发泄到自民党身上，人们称它为"客户党"。支持减税的其他人默默退到一边，总理也和这条法令撇清了关系。更糟糕的是，自民党和基社盟一样，在上年接受了来自亿万富翁奥古斯特·巴龙·冯·芬克公司的大笔捐款。他是莫文匹克酒店的股东，后来成为德国选择党的支持者。不久，新规定被称为"莫文匹克税"，自民党被称为"莫文匹克党"。

2月初，当联邦宪法法院要求重新计算"哈茨Ⅳ"救济金的发放标准时，默克尔的新伙伴已经处于守势。一场关于提高福利标准的辩论开始了，这让该党领袖韦斯特韦勒感到震惊：他注意到，联盟党企图推翻自民党的税收计划，理由是这将产生额外成本。他在一篇报纸的文章中肆无忌惮地发泄了愤怒："那些向人民许诺，毫不费力就可以变得富足的人，是在邀请他们进入罗马晚期的堕落时代。"

他的话过于苛刻。即使是不通晓历史的人也知道，"堕落"这个词与上流社会的奢靡生活有关，而当时每个月359欧元的"哈茨Ⅳ"救济金很难和"奢靡"沾上半点关系。"莫文匹克税"和"罗马晚期的堕落"的结合，使得广大民众对这位自民党领袖感到不满。环境部部长罗特根当着记者的面说，韦斯特韦勒的形象已经"无可挽回地受到了损害"。这个分析是正确的。但默克尔认为，大声宣扬此事对稳定政局不利。

2.欧债危机（2009—2013）

希　腊

2009 年 10 月 20 日，默克尔仍在进行艰难的黑 - 黄联盟谈判中，从希腊传来一条消息：总理乔治·帕潘德里欧领导的泛希腊社会主义运动政府宣布，前任保守党在美国高盛投资银行的帮助下伪造了预算数字，后来得到了证实。本年度的国家赤字不是预期的国民生产总值的 3.7%，而是 12%—13%。

这动摇了人们对希腊政府的信心：此事被揭发之后，雅典财长不得不支付比以前高得多的利息才能找到投资者，进一步恶化了财政状况，一个恶性循环迫在眉睫。去年的银行崩盘带来了根本性变化：金融危机提高了人们对风险的认识。投资者不再理所当然地认为欧元区国债是安全的。

一开始，安格拉·默克尔不认为这会对她造成直接影响。她比其他领导人都更加严厉地警告过，不要在金融危机期间夸大支出政策，以免陷入新的债务危机。这些警告主要针对大经济体的政府，她没有预料到，一场新的重大危机会来自体量较小的希腊。她原本预计，在新一届议会任期内，欧洲政局不会出现震荡性事件。她在欧盟宪法失败后的第一个任期内，凭借极大的努力和外交技巧为《里斯本条约》扫清障碍，该条约重塑了欧洲的体制结构。这项任务被认为是她担任总理期间最艰难的欧盟任务。

但总理和许多人都想错了。拉脱维亚之前的预算危机没有影响到其他欧盟国家，与现在的希腊问题之间的区别在于，拉脱维亚不属于欧元区，而希腊是欧元区成员国。希腊可能不得不退出货币联盟，由此威胁到整个欧元区：投资者也不愿购买其他成员国的政府债券，这些国家也可能会退出欧元区。

年初后不久，德国总理不得不进行第一次调整。2010 年 2 月 11 日，她和欧盟其他政府首脑一起，宣布愿意在必要时进行干预：欧元区成员国将在必要时采取果断、协调的行动，确保整个欧元区的金融市场稳定。但默克尔的点头是有条件的，希腊政府必须在 2010 年将预算赤字削减至少 4 个百分点。《责任、团结和制约性》：默克尔曾在这份早期文件中提到过她在欧债危机中坚持的原则。

由于默克尔强加了严格条件，先是产生了一个影响：希腊政府一开始拒绝接受援助，又加剧了危机。此外，德国总理也表示，她希望国际货币基金组织也能参与援助计划。她认为，国际货币基金组织是唯一具有处理主权债务危机丰富经验的机构。到目前为止，该机构一直推行严厉的重组政策：例如在拉脱维亚，紧缩政策在短期内严重恶化了经济形势，大约十分之一的人口离开该国外出谋生。

2008 年银行业崩溃后，默克尔现在又得应对第二次重大危机，这次同样涉及经济政策的基本理念。与前任总理康拉德·阿登纳或赫尔穆特·科尔相比，原东德公民默克尔更愿意相信资本主义的力量和市场的更高理性，她的顾问以及联盟伙伴自民党也这样认为。在他们看来，希腊和其他欧元区国家为其国债支付的利差不断上升，给这些政府带来了有效压力，使得他们开始进行必要的改革。与布鲁塞尔的欧盟委员会相比，表面上中立的市场权威能够更清醒地评价结构改革的成败。过去，对违反《稳定与增长公约》中规定的稳定标准的处罚手段经常失败，至少在涉及德国或法国等大型有影响力的成员国时是这样。

默克尔的经济顾问延斯·魏德曼支持她的这些观点，他还向她推荐了有关金融问题的假期读物。默克尔并不将经济问题视为道德问题，随时准备在形势或政治环境需要时妥协和改变政策：经济世界观之间的原则性争议，在随后的几年里分裂了整个大陆。默克尔不仅与南欧的欧盟国家发生了冲突，还与法国和美国发生了矛盾。

对希腊进行必要援助的讨论被推迟到 2010 年 5 月 9 日北莱茵 - 威斯特法伦州选举之后。当时人们没有料到，在 2012 年秋季之前，共同货币危机都是盘旋在欧洲政坛的主题。这个问题在 2015 年再次猛烈地卷土重来——总理亚历克西斯·齐普拉斯和财长亚尼斯·瓦鲁法基斯当选后领导的希腊新政府。

在接下来的两年里，德国总理带着详细的经济和生产力数据与欧洲首脑们进行了无休止的磋商。她认为，问题在于希腊消费的商品超出自己生产的；由于希腊已经加入欧元区，无法通过贬值本国货币来减少这种不平衡，因此必须暂时下调物价和工资来恢复平衡。

默克尔只是偶尔把她的数字艺术变成了民粹主义，比如 2011 年 5 月在绍尔兰地区梅斯切德举行的一次党内活动中，她说：关键是，像希腊、西班牙和葡萄牙这样的国家不能比德国提前"退休"，所有国家都要同样努力工作。在使用同一种货币的前提下，不能一些国家埋头苦干，而另一些国家总是休假。提起退休，默克尔可能是对的，希腊的退休制度弥补了其他社会福利匮乏的事实：希腊人的确比其他欧洲人提前退休。但其他福利，例如年假，却比北欧国家要少得多；在危机之前，甚至根本没有对失业者的补贴。希腊的问题是福利国家发展不足，这助长了侍从主义结构，阻碍了经济开放。

正如在金融危机中一样，默克尔再次低估了市场的非理性，即使是市场主义的忠实追随者后来也承认这一点。在危机之前，投资者低估了风险，现在他们却夸大了危险；他们也没有区分导致每个成员国出现问题的具体原因。希腊的主要问题是真正的管理不善。而其他国家的情况是：爱尔兰的银行体系崩溃；西班牙的房地产繁荣结束；东欧的新竞争对手使葡萄牙面临低工资模式危机；意大利最后自己偿还了债务，甚至还能为其他地区提供担保。

尽管如此，一些证券交易所交易员却断然称这些国家为"欧猪国家"，即"pigs"，由葡萄牙、意大利、希腊和西班牙的首字母组成。如果没有之前的银行崩溃和希腊的预算欺诈，这些国家都不会在这个时候陷入严重的困境。危机正是始于最难控制的地方：从国家结构不完善的希腊开始。总理的顾问们花了很长时间才得出这个结论。

自1948年以来，默克尔和德国人从未当过货币投机的无助受害者。时任欧洲央行行长的让－克洛德·特里谢与总理会谈时偶然提到了这一点。德国公民认为德国马克天生就稳定，这是他们自己的功劳。法国人和意大利人对货币政策的记忆完全不同：他们从来没有像1923年或1948年的德国人那样经历过恶性通货膨胀和货币毁灭。意大利里拉从1816年被皮埃蒙特－撒丁岛王国推出到2002年被欧元取代，没有经历过货币削减；1960年，法国法郎只是划去两个零。这两种货币更频繁地受到市场波动的影响，而市场波动并不总是理性的。意大利或法国的政客们理所当然地认为，在发生危机时，必须采取政治对策。

由于持观望态度，默克尔将自己置于艰难的国内政治局势中，因为北莱茵－威斯特法伦州的选举日期越来越接近。朔伊布勒在 3 月初就公开呼吁，要建立自己的欧洲货币基金组织，但默克尔坚持要求国际货币基金组织参与。经过她的确认，财长们于 4 月 11 日就此类支持措施的细节达成一致。在国际货币基金组织和希腊政府之间的谈判没有完成前，默克尔连续几周告知人们，德国不能也没有必要作出决定。

到了 2010 年 4 月末，很明显她不能再观望了。就像朔伊布勒两个月来一直建议的那样，默克尔不得不进行干预。鉴于情况越来越紧急，希腊政府终于在 4 月 23 日正式申请援助计划。这项决定的公布时间对总理非常不利，距离北莱茵－威斯特法伦州选举还有两个多星期。此后不久，评级机构标准普尔将希腊政府债券的评级下调至"垃圾级"。默克尔在总理府接待了货币基金组织和世界银行行长，讨论短期援助计划。

4 月 29 日，默克尔以基民盟主席的身份前往锡根和科隆附近的赫尔特，仿佛什么危机都没发生过。她在无法预见结局的情况下，和往常的做法一样：避免谈论希腊问题，至少不提前承诺。只要总理还没想出应对新形势的策略，她就总是犹豫不决，回避给出答案。

回到柏林后，她开始让公众对新形势有所了解。这天是 5 月 2 日，星期日，也就是州选举前一周，她为财长们的救援决定扫清了道路：货币联盟和国际货币基金组织国家总计提供 1100 亿欧元。总理和基民盟主席推迟了选举日期。她借此表明，北莱茵－威斯特法伦州的选举不会如期举行。为了维持基民盟在北莱茵－威斯特法伦州的权力，或者至少不需要为她的竞争对手吕特格斯的失败负责，因此要避免任何不确定性。但一切努力都是徒劳的。周一，默克尔没有去亚琛或门兴格拉德巴赫附近的阿尔斯多夫，而是去了电视演播室，解释她180度大转弯的原因——她周三在联邦议院重复了这句话：这不仅仅是欧洲的未来，也是德国在欧洲的未来。

之前作为主角的话题现在居于次要地位——此前人们都在讨论州长的有偿会面或可能在北莱茵－威斯特法伦州建立黑－绿联盟。在剩下的6天里，竞选活动的重点是欧元的未来和整个国家的偿付能力。与此同时，希腊无法再在市场上进行融资，也无法在没有外界援助的情况下履行其支付义务。由于缺乏历史先例，德国总理也不知道这意味着什么。令人担心的是最糟糕的情况：由于欧元区私人银行的货币扩张与所谓安全的国债交存有关，希腊的信贷机构和货币供应都有崩溃的危险。为了将自己的货币投入流通，该国不得不放弃欧元作为货币，回归德拉克马。

其他欧元国家的银行因持有大量希腊国债而有破产的危险，对于法国来说尤其如此，默克尔猜测，法国政府也有拯救希腊的动机。她担心会出现多米诺骨牌效应，以前稳定的国家也会受波及。一旦希腊成为退出欧元区的榜样，投资者就会撤回他们的资金，甚至趁其经济崩溃进行投机。一旦共同货币崩溃，德国储户的资产也不安全。一年半前，在没有政策干预的情况下，美国总统乔治·W.布什让投资银行雷曼兄弟公司陷入破产的局面尚隐约可见。对默克尔来说，无所作为不再是一种选择。随着希腊破产，危机卷土重来，安格拉·默克尔开始扮演危机总理的角色。她最先警告过，国家过度负债会带来新问题，却是最后一个提出解决方案的人。

默克尔立即在内阁批准了224亿欧元的德国担保份额。同一周的星期五，即2010年5月7日，联邦议院和联邦参议院通过紧急程序批准，联邦总统立即签署了该法律。所有这些都让人想起 2008 年秋季金融危机达到顶峰时的几周。默克尔再次与联盟伙伴一起出现，只是这一次不是社民党的施泰因布吕克财长，而是自民党的外交部部长韦斯特韦勒。总理把他带到镜头前，让人们看到，他们共同执政。她看到了更大的危险：在欧洲的危机中，她的联盟伙伴对任何国家干预市场的行为都表示怀疑，认为这是一种社会主义行为。总理也受到部分媒体的压力。数周以来，《图片报》新闻的大标题都使用希腊特色餐厅的字体，谴责所谓的浪费金钱。

另外，亲欧人士指责总理数周来拒绝提供帮助，从而加剧了危机。朔伊布勒以及赫尔穆特·科尔都这样认为。默克尔站在两派中间，经过长期抵制之后提出了经济上可行的解决方案，尽管条件非常苛刻：希腊一开始必须支付利息远高于救助基金在市场上再融资的利率。其他欧洲人首先从欧元救援中获利；他们花了一段时间才同意将这些盈余返还给希腊政府。

默克尔的第一个救援计划来得太晚，规模也太小：当联邦议院议员在北莱茵－威斯特法伦州选举前的周五投票决定援助希腊时，事件已经超过了法律涵盖的范围。仅对希腊的承诺不足以安抚市场并防止危机蔓延到其他欧元区国家。

2010 年 5 月 7 日，就在议会作出决定后，默克尔飞往布鲁塞尔。总理不得不向法国总统尼古拉·萨科齐让步，同意一个重大解决方案。基本上，各个国家元首和政府首脑同意为整个欧元区设立救助基金，而不仅仅为希腊。接下来需要讨论该援救方案的范围。总理离开布鲁塞尔时没有向新闻界发表声明，她不想在北莱茵－威斯特法伦州的投票站关闭之前惊动公众。周六，她前往莫斯科参加了俄罗斯纪念反法西斯战争结束 65 周年的胜利庆典。

180 度大转弯

周日下午晚些时候，州选举即将结束，安格拉·默克尔再次致电法国总统尼古拉·萨科齐。这让他大吃一惊。2010 年 5 月 9 日，她没有任何迟疑，也不再与萨科齐讨价还价。萨科齐建议了一个数字，这还不够，根据她之前的立场，她说出的数字令人难以置信：货币联盟成员国应在发生危机时为其他国家提供高达4400 亿欧元的资金。

默克尔的态度发生了 180 度大转弯，这是他们在之前的危机谈判中从未见过的。"我们原本打算接受更少的金额，"爱丽舍宫的一位员工后来说道。在谈判中，这位总理总是以"'不'女士"的身份出现。在很长一段时间里，她都不愿意对危机国家提供援助，并且尽量压低援助金额。因此总统一直相当谨慎地进行谈判。

按照默克尔的说法，总额为 4400 亿欧元，其中 27% 来自德国。2010 年 5 月 9 日标志着德国应对欧元区风险的方式和态度到达了一个深刻的转折点。总理对自己的错误作出过度补偿，这已经不是第一次了：她不想再次纠正自己，所以她现在瞄准大解决方案，而不是再次零敲碎打。

默克尔又一次作出戏剧性的转变，就像一年半前一样，在长期抵制之后，她准备为德国银行设立一个巨大的援助基金，然后吃掉了那盘扁豆汤。这次，她转变的时间点特别容易理解：默克尔与萨科齐通电话后不久，北莱茵－威斯特法伦州的投票站关闭，她的决定不会对基民盟在最大的联邦州的选举结果产生负面影响。

随着默克尔的妥协，三年期"欧洲金融稳定基金"诞生，后来成为永久性的"欧洲稳定机制"。援助计划的反对者指责，总理背叛了她自己的原则并越过了她划定的红线。而亲欧派则认为，德国总理长期反对导致危机恶化，她最后同意的巨额援助是必要的。不管怎样，这个决定是她5个月前无法想象的。和她非常亲近的一名员工后来说："如果人们在12月告诉我，将会有个欧元救助基金成立，我会说：伙计们，你们不能幻想点其他事吗？"

欧元区的财长们周日在布鲁塞尔举行会议，就救助计划中的细节进行谈判。朔伊布勒刚到这个欧洲首都时，就不得不住院。作为截瘫患者，他在接受了一个常规手术后对药物不耐受。根据正式的代表规则，默克尔本应派她的经济部部长前往布鲁塞尔。但她不相信自民党的政治轻量级官员雷纳·布吕德勒能够继续谈判，因为自民党对援助计划过于严苛。总理对外宣布，她无法联系到布吕德勒，并派了她的新内政部部长和老朋友托马斯·德梅齐埃前去谈判。德梅齐埃原本正在德累斯顿与家人共度周末，联邦国防军的飞机前往德累斯顿接他，他于晚上8点抵达布鲁塞尔，参加已经开始了的会议。在去机场的路上，朔伊布勒从医院打电话告知他谈判的进展情况。

当欧洲救援基金的第一个细节公开时，北莱茵-威斯特法伦州的投票站还没有关闭。在欧洲中部时间凌晨2点东京证券交易所开盘之前，只剩下几个小时：正如默克尔在金融危机中所做的那样，她不得不再次向事态发展屈服。当天晚上，财长们决定，欧洲金融稳定基金应取代对希腊的双边援助，并向所有无法偿还债务或无法自行稳定银行体系的成员国开放。为了能够获得足够的贷款，救助基金本身也应该在资本市场上发行债券。

为了使基金能够在可接受的条件下发行债券，所有欧元区国家都必须根据人口和经济实力提供担保。就规模而言，德国承担的份额并不比其他成员国多或少。一切都取决于默克尔的同意：如果没有这个欧洲最重要的经济体的合作，担保声明在资本市场将毫无价值。后来，爱尔兰、葡萄牙、塞浦路斯以及西班牙的银行业务也获得了援助。除希腊外，所有受危机影响的国家都能够按照最初商定的条件成功地结束项目。直到默克尔任期结束，这些担保都没被动用；与银行救助计划不同，稳定欧元暂时没有花费一分钱。

北莱茵－威斯特法伦州选举后，默克尔组织了对布鲁塞尔救援决定的内政审批。这一次，她放弃了紧急程序，以免给外界留下非常紧急的印象。2010 年 5 月 21 日，联邦议院以政府多数批准成立欧洲金融稳定基金。只有 7 名基民盟成员和 3 名自民党成员拒绝投赞成票。此次投票结果中，虽然比上次希腊援助计划的支持者少，但比后来对欧洲援助项目的支持者更多。人们极度担心本国货币的价值会跌，甚至怀疑者也深受影响。这标志着欧元危机管理稍作停顿。

理性派欧洲人

在默克尔态度大转变前不久，默克尔前往路德维希港参加赫尔穆特·科尔 80 岁生日庆祝活动，事情变得更糟。他的生日恰逢德国欧洲政策的紧张阶段。他的新妻子宣布，前总理不能来柏林。因此，默克尔不得不在 5 月 5 日前往路德维希港，即议会对援助希腊进行投票的前两天，以及她与萨科齐通电话的前四天。默克尔并不期待这次会面，因为这位前总理批评她在救助欧元问题上犹豫不决。

鉴于科尔健康情况不佳，默克尔并不确定他是否会谈论这件事，或者会说些什么。但他这么做了。"我对当前的希腊问题不太了解，"科尔用虚弱的声音说，"我们中的许多人假装这不关他们的事。当然，这一切都不容易。但我们现在必须做这些事。"他"比以往任何时候都更加相信，欧洲一体化涉及欧洲的战争与和平，此外，欧元是我们和平的保证"。他说这段话之前，回忆起他在第二次世界大战中的青年时代。在这几天，默克尔本人还没有想出这个表达，即欧元的失败将意味着欧洲的失败。又过了两年半，默克尔才与科尔和解，她此时还对科尔在政治献金事件中扮演的角色耿耿于怀。

鉴于默克尔的社会化过程，她在内心深处不认为自己是欧洲人。科尔的欧洲悲情对这位原东德公民来说仍然比较陌生。她很能理解贫穷的斯洛伐克人不想为相对富裕的希腊人担保，并认为自己不得不为科尔这位好大喜功的梦想家在现实中收拾烂摊子。她接手了失败的欧盟宪法，并费力地挽救了《里斯本条约》中的遗留问题。现在她又在承受科尔作出的决定的后果——引入货币联盟却没有引入政治联盟。几年后在难民问题中，类似的设计缺陷体现在内部边界开放的申根体系中。

这也引发了默克尔与朔伊布勒的冲突。尽管财政部部长和科尔之间的关系已经破裂：但他仍然忠于前任总理的欧洲政策，并寻求更紧密的核心欧洲一体化。他将危机视为机遇，将债务危机视为加强欧元区团结的工具。对于朔伊布勒这位法学家来说，这场危机也意味着控制和明确规则。为了换取财政援助，这些可能在金融危机最严重的时候得以实现。

朔伊布勒的目标是与萨科齐达成协议，他在担任内政部部长期间就认识了萨科齐。与法国的龃龉与他的欧洲政治思想背道而驰。他自信地告诉葡萄牙财长，不必担心葡萄牙会怎样得到帮助；他忽略了附近还有电视摄像机。67 岁的朔伊布勒认为自己是政府的看门人，确保年轻一代不会破坏阿登纳和科尔的欧洲政策遗产。他后来对希腊态度强硬，是因为他觉得希腊是欧洲一体化的破坏者。他还希望，希腊退出引发的冲击效应能够拉近其他欧元区国家的距离。

但默克尔不想建立新的欧洲机构，她不想扩大布鲁塞尔"共同体方法"，即欧盟机构有权制定超国家决策。她更愿意将决策权置于政府首脑的掌控之下，这实际上确保了德国这个最大和最重要的成员国拥有否决权，即使对于形式上不需要一致同意的问题也是如此。

放弃共同体方法也有一个实际原因：当时，欧盟委员会向欧元救助计划提供的超过 600 亿欧元的资金根本无法从共同体资金中筹集，其余的资金必须从各个国家筹集。德国宪法法院要求联邦议院的预算官员保留对德国担保份额的控制权。默克尔的官员们对宪法法院的表述感到非常高兴：如果宪法法院再次否决救助计划，市场和各个国家的混乱就很难想象了。在宪法法庭判决之前，默克尔在制定救援决议的过程中就已经估计到了自己能走多远。"卡尔斯鲁厄"这个词对欧洲谈判伙伴产生了近乎创伤性的影响，尤其是巴黎，那里的人们无法想象政治决策权会受这种限制。

通过这种方式，默克尔在政府首脑之间平衡了国家利益，包括在 2015 年的最后一场希腊危机中，她清醒地计算了希腊退出的风险，宁愿放弃这一危险的举动。2010 年至 2015 年的 5 年间，默克尔和朔伊布勒在希腊问题上的立场变得截然相反。

在欧债危机中，德国总理和她的财长之间的分歧导致了不信任，这是默克尔和社民党人施泰因布吕克在金融危机中从未有过的。有传言说，总理府偶尔会向其他欧洲国家政府询问朔伊布勒在布鲁塞尔危机会议中的立场。尽管如此，当朔伊布勒在最敏感的时刻因病缺席时，默克尔并没有让他辞职。朔伊布勒后来说，在此期间，他两次向总理提出辞职，都被她拒绝了。尽管默克尔在联邦议院议会党团的所有成员面前保证，朔伊布勒有时间休养，然而他还是不相信默克尔的忠诚。直到默克尔打电话给朔伊布勒的妻子时，他才相信。

默克尔在挽留朔伊布勒方面做得很好。在她看来，更换生病的部长只会进一步证明，她在政治权力方面冷酷无情。保守派认为朔伊布勒是他们中的一员；而亲欧派认为他是统一大业的守护者。对默克尔来说，特别是在与科尔的老右翼支持者的冲突中，朔伊布勒仍是抵御指控的盾牌。这些人拒绝为希腊提供任何帮助，自相矛盾地想要与科尔的欧洲理想彻底决裂。

默克尔并没有幻想朔伊布勒会一直支持她。二人之间的关系太复杂了，他们从未停止怀疑彼此言行背后隐藏的不可告人的动机。这两位杰出人物之间的关系是竞争和依赖的独特混合体，在德国政坛上非常罕见——尤其因为默克尔现在是德国总理，许多人过去认为，朔伊布勒才是这个职位的合法接替者。

杜塞尔多夫大败

默克尔的欧洲政策拖延战术也无法挽救基民盟在北莱茵－威斯特法伦州溃败的局面。5 月 9 日下午 6 点投票站关闭时，基民盟和自民党失去了政府多数席位。基民盟损失了 10 个百分点，仅获得 34.6% 的支持率。经过一番犹豫，社民党头号候选人汉内洛尔·克拉夫特在左翼党的容忍下组建了红－绿政府；两年后的选举提前，让这种宽容变得多余。

对于默克尔和黑－黄联邦政府来说，这意味着基民盟失去联邦参议院的多数席位。在前 6 个月，默克尔／韦斯特韦勒内阁考虑到州选举即将到来，几乎没有开展任何立法活动；而这次选举结果使这些活动变得完全不可能。这并非对总理不利：她现在可以通过提及联邦参议院来阻止自民党不受欢迎的计划。州长于尔根·吕特格斯自己犯了足够多的错误，不能将失败仅归咎于默克尔。随着吕特格斯的下台，默克尔的又一位竞争者和对手告别了政治舞台。默克尔从她自己政党的失败中受益——这不是第一次，也不是最后一次。

5 月 25 日，黑森州的罗兰·科赫宣布辞去所有政治职务。这使得人们对总理议论纷纷，即她容不下基民盟内部的竞争者。她最终把这位最危险的对手抛在了身后。科赫后来担任比尔芬格建筑公司的经理，在新职位上也遭遇失败，不再是个威胁。

令默克尔想不到的是，北莱茵－威斯特法伦州的选举结果对不可靠的联盟伙伴自民党产生了影响。自联邦选举以来，该党的民意调查下降了一半。之前由于州选举，自民党官员不愿批评自己的主席，现在默克尔冷眼看着吉多·韦斯特韦勒在自己的队伍中失去越来越多的支持。党主席又坚持了一年。尽管存在各种意见差异，总理仍将其视为政府联盟的支柱。

在北莱茵－威斯特法伦州的投票站关闭后，安格拉·默克尔仅在 19 个小时 30 分钟后就公开驳回了自民党的核心计划。选举后的第二天，她向党总部谈起国债和整合的必要性。然后她说出了自己期待已久的正式声明：这意味着在可预见的未来，减税是不可能的。通过这样的方式，默克尔回归到她的新教商业道德，这与她拒绝举债密切相关。此时，韦斯特韦勒似乎是一个失败者，是一个与现实脱节的幻想家，因为他在政府组建后的 6 个月里没有取得任何成就，并且希腊债务危机也表明了减税可以导致哪些问题。默克尔再次等到时机成熟。

总而言之，总理否定了联盟伙伴在整个议会任期内最重要的话题。韦斯特韦勒接受了。为了避免给人一种向总理低头的印象，他把责任归咎于联邦参议院的新僵局："我们必须承认，联邦参议院多数派比例变化使得这个项目变得复杂。"他的党内批评者后来指责他没有反击默克尔，也没有立即退出联盟。韦斯特韦勒并不是在 2010 年 5 月犯的关键错误，而是在过去的几个月和几年里：尽管金融危机后政治局势发生了变化，该党在税收问题上的定位仍十分单一。这位自民党主席缺乏对当前现实的务实定位能力，而这正是默克尔的长处。在杜塞尔多夫选举前的几天里，希腊债务危机的恶化程度变得很清楚，德国也省不了钱。

当时，朔伊布勒预计该年的新债务约为 860 亿欧元，几乎是前一年的两倍，并且比德意志联邦共和国历史上的任何时候都多。总体而言，联邦、州和地方当局正在计划新贷款，总额为国民生产总值的 4%，超过了《稳定与增长公约》所允许的数额。年底，债务总额达到了历史最高水平，占年度经济产出的 80%，比目标高出三分之一。自民党要求的每年 240 亿欧元的减税额可能会使整个大陆陷入混乱，正如默克尔和朔伊布勒所见：德国在危机中发展成稳定之锚的目标可能会失败。

紧急状态

2010 年 5 月 31 日，北莱茵 – 威斯特法伦州选举结束三周后，默克尔坐在她的公务车里，前往泰格尔机场军事区。德国国家足球队正在南蒂罗尔训练营为即将到来的南非世界杯做准备。默克尔期待一次轻松的旅行。联邦总统打来电话。霍斯特·科勒告诉她，他将在不久之后公开宣布辞职。默克尔返回总理府，取消了对足球运动员的访问计划。她立即意识到这位厌倦了公务的总统给她带来了什么问题：在危机时期，她又得选出一位新的国家元首，而这位总统的失败将被视为她个人的失败。毕竟早在 2004 年，默克尔就在自民党主席韦斯特韦勒的私人住宅里准备推举科勒担任总统，为筹备黑－黄政府预热。

这个联盟现在已经实现，但不再是一个梦想联盟。最迟自金融危机以来，科勒竞选时推崇的自由经济政策已声名狼藉。从他前一年连任以来，默克尔推选的这位总统在贝尔维尤宫变得孤立无援。他的举止有时略显笨拙，在民众中博得了很多好感；但他在日常政治中的不幸偏离为他的政治前途减分。辞职的最后推动力来自一次采访，在采访中，科勒将保护德国经济利益列为联邦国防军的任务之一。尽管政府在其官方的联邦国防军战略中也表达了同样的想法，但他还是在外交政策界引起一场愤怒。在这场辩论中，他感到被总理孤立了。现在正是对默克尔最不利的时候，他申请辞职，仿佛欧债危机和杜塞尔多夫大选失败还不够麻烦。总理正在寻找一种解决方案，既能控制伤害范围，又能保证权力政治利益。

默克尔在选择德国总统的问题上总是失败。早在 2004 年，她准备组建黑－黄联盟时就招致党内大量批评，因为许多人宁愿看到沃尔夫冈·朔伊布勒成为国家元首。2012 年和 2017 年，她又不得不接受约阿希姆·高克和弗兰克－瓦尔特·施泰因迈尔的申请，她不久前才拒绝了二人。默克尔又一次面临艰难的任务——选一个在外交礼节上比她地位高的人。

在公众眼中，劳工部部长冯德莱恩是合适的总统候选人，她已经收到了泽霍夫和韦斯特韦勒的祝贺。朔伊布勒也像往常一样是被讨论的对象。但结果并非如此。科勒辞职后的第二天，默克尔与汉诺威通了电话。当晚，她与州长克里斯蒂安·伍尔夫在总理府会谈，他是基民盟副主席之一。伍尔夫原本打算前往汉诺威展览中心听"蝎子乐队"的演唱会，只得作罢。晚上 7 点 31 分，他和妻子贝蒂娜坐上了去柏林的城际快车。据说，他原本以为默克尔会提议给他一个柏林的部门。伍尔夫事后回忆，在火车上，他"没有想过"默克尔会提名他当联邦总统。她确实这么做了。*你说呢？你觉得怎么样？你和我们在一起工作已经很久了，很有经验。*

　　伍尔夫后来声称，他不知道默克尔为什么提名他，而不是冯德莱恩。总理的考量和下萨克森州的利益是显而易见的。后来伍尔夫回忆道，默克尔预测：*人们会说，我要赶走你。*在过去的 9 个月里，默克尔迫使几乎所有来自联邦州的党内敌手都退出了内部权力斗争：巴登 - 符腾堡州的厄廷格被派往布鲁塞尔担任欧盟专员，北莱茵 - 威斯特法伦州的吕特格斯在州选举中落败，黑森州的科赫已辞职。贝尔维尤宫的空缺提供了一个可喜的机会，把最后一位竞争者提升到一个安全位置。如果她让伍尔夫担任总统，没有人会指责她想伤害这位对手。她的权力意识并没有受到科勒危机的影响。

　　这个职位对伍尔夫也很有吸引力。毕竟，他在汉诺威担任州长已经 7 年了，几乎没有哪位州长能够连任两次以上。如果他不想像科赫那样结局落寞、在联邦州内逐渐黯淡，那么联邦总统一职是个理想的机会——毕竟，接替默克尔的时机已经过去了。就在科勒辞职三天后，默克尔公开介绍了这位候选人。

　　冯德莱恩的野心因此受挫。两天来，总理让这位伙伴相信，她是最有可能获得这个职位的人选。与其他候选人不同的是，冯德莱恩并不认为总统职位是一个边缘职位。她很想承担这项任务，成为这个国家的第一位女总统和最高教育者、诠释者。

事后，她表明自己受到了伤害。从此以后，她只表现出有限的忠诚。在下一次选举前不久，她甚至与反对党绿党达成协议，为监事会规定女性配额，默克尔出于对联盟伙伴自民党的考虑而拒绝过这一配额。为了化解争议，总理最终不得不将该条目列入竞选纲领，并在与社民党的新联盟中将其纳入法律。在下一届政府组建期间，冯德莱恩主动要求负责国防部，这给默克尔在内阁职位分配上带来一些困难。与她的政治发掘者伍尔夫不同，冯德莱恩从未公开谈论过总统选举一事。

反对党在权力战术游戏中通过巧妙的举动增强了力量。默克尔早就决定好要推举伍尔夫，周三她收到了社民党主席西格马尔·加布里埃尔的短信。他问她，能否让约阿希姆·高克成为共识候选人，高克是处理斯塔西档案的第一任专员。这个想法可以追溯到绿党政治家于尔根·特里廷，并且很巧妙：作为原民主德国的民权活动家，高克与绿党关系密切；他受社民党欢迎，自民党也喜欢他推崇自由；作为反共产主义者，他还受到基民盟支持者的尊敬。

就目前而言，高克的履历足以让默克尔在追随者中丢掉面子。与高克这位和平革命英雄相比，她提名伍尔夫似乎是狭隘的，纯粹出于党派动机。这年年初，默克尔才对高克的 70 岁生日发表了非常私人化的祝词。她在丈夫的陪同下参加了庆祝活动，并且逗留了很长时间，在场的人都认为这是表明好感和个人欣赏。然而，她反对高克担任国家元首；联盟伙伴自民党两年后将候选人强推给她时，这些反对意见仍然存在。此时是 2010 年 6 月，她留下了一个可怕的印象。加布里埃尔公开了总理的简短回复，情况变得更加糟糕。她回了一条短信：谢谢你的消息。致以亲切的问候。am。"am"是安格拉·默克尔的缩写。过了一段时间，她才原谅她未来的副总理破坏了信任。

兵　役

联盟中的困难依然存在，包括逐渐接近惨淡的财政现实。2008 年金融危机造成的创纪录的债务水平和相应的紧缩仍对 2010 年造成负担。欧洲主权债务危机又加剧了结束高额借贷期的压力。在 6 月的第一个周末，默克尔与联盟领导人举行了一次紧缩闭门会议，这是在科勒辞职之前安排的。更重要的是，现在至少要给外界一种政府具有执行能力的印象。

默克尔政府希望在本财政年度借入超过 800 亿欧元的新债务。未来 4 年里，赤字将减少 266 亿欧元。这个目标可能看起来很温和，但鉴于联盟内部相互冲突的愿望，紧缩计划实际上十分困难。自民党削减了"哈茨 IV"救济金：决定不再为领取者支付养老保险金和父母津贴，并取消旨在缓冲从失业救济金（类型一）向基本保障过渡的附加费。此外，对失业者的资助项目也被取消。

联盟政府发现，寻找新的收入来源比削减开支更困难。为了平衡福利削减，基民盟中的许多人赞成提高最高税率。自民党反对这一点，但愿意接受一系列新的税收计划，这些税收计划似乎更符合红－绿党的方案。例如，对金融交易征收交易税，但不出所料，该税无法在国际层面执行。此外，在计划延长核电使用期限之前，政府创立了一种新的燃料税，以撇取部分额外利润。由于宪法法院在 7 年后推翻了该税，这一收入来源也枯竭了。

黑－黄联盟最后作出一项决定，影响了企业和收入较高的人群：向机票征税，这也是环保组织多年来一直要求的。第二天，总理明显疲惫不堪且心烦意乱，她宣称，政府决定让商界积极参与必要的修复工作。

当晚，最重要的决定并没有得到应有的关注。朔伊布勒的社民党财政国务秘书维尔纳·加策尔要求，国防部每年应节省20亿欧元。卡尔－特奥多尔·楚·古滕贝格起初表明，这是不可能的，直到他被逼到角落里，说道："如果非得这样，那就没法征兵了。"随后，工会代表进行了简短但激烈的辩论。默克尔以一句话结束了讨论：我们不能在一个周日下午废除兵役。古滕贝格感到被冒犯了，在接下来的几天里，关于他要辞职的谣言四起，这进一步加深了人们对这场内阁会议的灾难性反应。

古滕贝格这位拥有童话般的显赫家世的贵族又一次以激进的姿态脱颖而出，当然，他不是首次提出这个想法的人。无论如何，应当成立一个特别委员会，在秋季之前对联邦国防军的根本改革提出建议。许多邻国早已迈出了这步，从法国到奥地利都免除了征兵义务。随着征兵人数的减少，军事行动的正义感受到侵蚀；军队在遥远的国家执行反恐任务，传统的国防似乎不再发挥作用。

这一举动在选民中产生了影响：过去，年轻男性需要用9个月时间来服兵役或做社区服务，这一举动既不受男孩们欢迎，也不受他们亲属的欢迎。此外，人们认为尽早开始工作是国家竞争力的一个关键因素，因此大多数联邦州都缩短了高中时长，并在大学引入三年制本科。

总理没有什么理由反对一个受欢迎的提议，也不会主动冒险这样做。她的行为与之前的堕胎或同性婚姻之争没有太大不同：她满足古滕贝格的愿望，没有把这个建议据为己有。她认为，部长应该在秋天之前提出一项关于联邦国防军改革的建议，不必有任何思想限制。在闭门会议结束一周后她补充道：顺便说一句，我是征兵的支持者，这对联邦国防军和德意志联邦共和国都有好处。由于该提案来自党内保守派的一位主角，预计不会有任何反对意见，至少人们会瞄准部长，而不是把怒火发到总理身上。一位《法兰克福汇报》的读者愤慨地写道："一位被看作是有原则的基民盟国防部长把斧头架在了兵役上。"

左翼自由派也提出了反对意见，他们提到的问题是：一支职业军队是否会像魏玛时期的帝国军队那样成为国中之国？这一观点提醒人们，兵役部队原本是革命军，而雇佣军是一种保守的工具。直到后来，当古滕贝格的干预早已被遗忘时，保守派的批评者才把所谓的"背叛自己的理想"怪罪到默克尔头上。

这也是导致国防部部长很快就辞职的一个原因。8个月后，即2011年2月，一位法学教授对古滕贝格提出严重指控：古滕贝格博士论文中的很多内容是抄袭的。许多批评者评价他金玉其外、败絮其中，这个指控恰好加深了这个印象。讨论开始一周后，默克尔不得不为这位内阁成员辩护：她任命古滕贝格当部长，而不是当科研助理。她本人或通过她的发言人至少三次保证，她对古滕贝格充满信心。这并没有平息学术界的愤怒，默克尔的秘诀再次凸显：2011年3月1日古滕贝格辞职，所有人都认为，他失败的原因在于自己本身，并不是因为缺乏总理的信任。

他说了最后一句大话，声称他留下了"一座井然有序的房子"。古滕贝格发起的大项目，即把联邦国防军转变为一支职业军队，实际上情况非常糟糕。因此，默克尔将她的老伙伴德梅齐埃派往这个危机频发的部门。古滕贝格这位年轻的政治明星在心血来潮地实施改革之后不堪重负，问题又落到了总理和她的亲信肩上。

默克尔在 2010 年 6 月的紧缩政策之后，才勉强拯救了自己，度过了黑 - 黄执政期内的第一次暑假。许多人要求整个内阁辞职，总理的支持率降至新低。然而，她并不想辞职。目前大家可以放心，假期结束后你们还能见到我，她在 7 月中旬的例行新闻发布会上回答了关于她政治前途的提问。整个夏天，她都在考虑一个救援计划，这次是为她自己。

阵营总理

假期结束后，默克尔想好了一个计划。经过她深思熟虑地分析后，觉得巩固权力的途径只能通过稳定与自民党的联盟来实现，因此改变了风格和语气。她选择延长核电使用期限作为帮助自民党取得成功的信号，并将黑 - 黄阵营与红 - 绿阵营区分开来。她过去没有这样做，而此时特别关心这个问题。这是总理在暑假期间得出的结论，否则联盟内部的冲突无法平息，也无法赢得即将在巴登 - 符腾堡州、莱茵兰 - 法尔茨州和萨克森 - 安哈尔特州举行的州选举。如果绿党的温弗里德·克雷奇曼或社民党的无名候选人成为巴登 - 符腾堡州的新州长，那将是一场灾难。默克尔暂时搁置了上次选举当晚的宣言，即她想成为所有德国人的总理。

基民盟和自民党过去在联盟协议中规定了更长的核能使用期限，但没有写明具体日期。由于民众的预期反对和政府内部的分歧，他们推迟了具体决定。早在年初，环境部部长罗特根就要求，期限延长不应超过 8 年；基民盟必须"仔细考虑，是否把核能当作一个独特的卖点"。这不仅激怒了自民党和基民盟的经济派人士，也激怒了所有关心联盟政府凝聚力的人。另外，环保组织也不信任这位部长，因为他在就职前不久写道，坚持在全国范围内逐步淘汰核能是"既无知又危险的"。

默克尔本人主要从战术上处理这个问题。作为前环境部部长，她在 20 世纪 90 年代初就探讨过核废料运输问题，她知道许多西德人对此的恐惧。这位原东德公民是否完全知晓西德人的恐惧程度，仍值得怀疑。这位科学家认为危险是可控的，她两年前已经做了计划，让公众接受核能的继续存在：2008 年夏天能源价格上涨，根据短期民调，多数人赞成核电站运行更长时间。秘书长罗纳德·波法拉说："对基民盟来说，核能是一种生态能源。"

在议会季开始前，默克尔于 2010 年 9 月 5 日在总理府聚集了联盟领导人。会议的过程很是奇怪，与其说是走向温和的妥协，不如说各方竞相要求延长核电站运营期限。环境部部长罗特根在多次公开冒进之后孤立无援，更重要的是：除了对自民党的让步之外，他能够留在自己的位子上是延长核能期限的主要动机之一。联邦议会党团主席沃尔克·考德尔作为基民盟内部的推动力，在联邦议院选举后一直盯着他的职位。现在是打击环境部部长的时候了。其中一位参与者说："按照竞技精神来看，诺伯特·罗特根不适合当这个部门的部长。"联盟各领导人达成决议，与过去红–绿联盟的逐步淘汰核能的计划相比，核电站的平均运行时间延长了 12 年。凌晨 4 点 30 分，政府与能源公司签署了相应的协议。

这是金融和欧债危机的危机管理中众所周知的一种内政模式：精疲力竭的官员们在夜深人静的时候作出重要决定。只有第一批人因体力不支而退却、想上床睡觉时，才会更加愿意妥协。由于默克尔耐力较长，她在这一过程中长期占优势。然而，这并不总对决策的质量有利，默克尔执政的时间越长，随后必须修改决策的次数就越多。

在核能问题上，政府的大力支持令核电站运营商们感到意外。就在两周前，一个由 40 名德国商界领袖组成的小组还认为，他们在德国报纸上刊登广告能够向总理施压。这种行动大概只得到了相反的效果：默克尔和她的政府再次怀疑，自己已向单一客户群体屈服。默克尔和她的盟友试图通过制定核燃料税来驳斥这种印象：公司起码要将部分额外利润返还给国家。

在接下来的几周和几个月里，这个国家经历了一丝怀旧。80年代的红黄色贴纸再次出现在汽车或前门上，上面写着"核能？不，谢谢"；对核能的表态性承认对默克尔的支持率不利。她如何摆脱这种形象仍然是一个悬而未决的问题，答案在半年后才浮现。

10 天后，默克尔在联邦议院的一般性辩论中大显身手。她发表了她的第一次黑-黄演讲，完全震惊了在场议员。她把围绕巴登-符腾堡州首府斯图加特大型地下车站项目（即"斯图加特21"）的争论作为一个符号：绿党总是赞成增加铁路。然而每当建设一个新火车站时，他们又必然反对，她开始说道，接着从原则角度继续说：议院的整个左派对德国作为科技国家的真正复兴毫无贡献，反对一切，这是不行的。"整个左派"：听起来像是在最严酷的阵营对抗时期。

各方强硬派简直不敢相信自己的运气。"在能源峰会上，她的做法都正确，"基民盟经济政治家迈克尔·福克斯热情洋溢地评价。"现在她正在扮演党派总理的角色，"社民党一位主要领导人这样认为。"那是大联盟的告别演说，"自民党的一位同事高兴地说道。政府阵营中那些认为黑-黄联盟是一个工程的人，以及反对党中那些渴望明确政策的人都认为，默克尔表现出了迟来的洞察力。一年后，总理终于意识到，在新的联盟中，她不能像以前那样继续下去。一个黑－黄政府的总理不能指望在所有政治环境中都同样受欢迎。

这仍然是一种误解。默克尔化作黑－黄阵营总理是出于实用主义，而不是出于信念。合情理政、理性认知：研究默克尔的专家对她的行为如此解读。有人指责她等了太久才真正认可黑－黄联盟，并因此给联盟带来损害，她的支持者们为她辩护：韦斯特韦勒最初是一个反对党政治家，为人傲慢，几乎没有执政能力。直到凝视深渊他才恢复理智。除了激动的核能游说者之外，几乎没有人愿意回归莱比锡党代会的经济自由主义，那次党代会后，默克尔完成了最后蜕变。"真正的默克尔，"一位非常了解她的人说，"只存在于某些情况下。"

福　岛

2011 年 3 月 11 日，星期五上午，日本太平洋沿岸发生海啸的消息和高达 15 米的海浪的可怕图像传到了德国。海啸本身就是一场造成数千人死亡的灾难，并不会迫使德国政策制定者采取行动。上午，默克尔收到了第一份报告，指出直接位于海边的日本福岛核电站存在问题。德国时间上午 10 点 46 分，有消息传来，说该核电站的冷却系统出现了故障；中午 12 点 03 分，有人说发生了火灾；中午 12 点 16 分宣布进入紧急状态。

不久之后，日本政府决定疏散发电站周围地区的居民；下午 3 点 40 分，德国新闻社报道，冷却系统的供电只能维持几个小时。默克尔和许多其他基民盟官员明白这意味着什么：德国民众原本就对核能持怀疑态度，政府才刚刚决定延长德国核电站的运营期限，人们可能因此愤怒——在像德国或日本这样的高度发达国家，核能理应是一种完全安全的技术。

当有关日本核电站灾难的第一批消息传来时，默克尔正在前往布鲁塞尔参加欧元区特别峰会的途中。上午 11 点左右，欧洲领导人抵达理事会大楼，讨论的主要议题是"欧元附加条约"和货币联盟的未来。在随后的记者招待会上，总理仅承诺，德国联邦技术救济署的专家会向日本海啸造成的洪水和地震灾民提供援助。核电站的问题还没有成为焦点。

对于大多数欧洲同事来说，这种情况在接下来的几天里没有变化。大多数欧盟成员国要么像意大利或奥地利那样没有核电站，要么像法国那样，在技术上几乎没有任何争议。瑞典、比利时和瑞士等国家随后也作出了逐步退出核能的决定，其中一些后来又进行了修订；但这些政府并没有在近期延长核能使用期限。随着福岛事件在德国引发了政治危机，默克尔在同僚中孤立无援。

周六晚，国家元首和政府首脑通过了永久性欧元救助计划"欧洲稳定机制"的大纲。同事们见到了一位不同寻常的妥协总理。在布鲁塞尔会议期间，默克尔正密切关注来自日本的消息。下午 6 点 33 分，各机构报告一座涡轮机所在建筑的辐射水平不断上升；下午 7 点 47 分，他们报告说，日本政府正在考虑排放放射性蒸汽，以降低反应堆中的压力。消息并不完全确定。但正是这些信息的相互矛盾和运营公司东京电力公司明显束手无策，在德国引起了恐慌。"就是这样，"默克尔在她的心腹圈子里谈到核能的未来前景时说道。

总理意识到，日本的核事故将在未来几天吸引德国公众的注意力，因此，此时在欧元救助问题上让步比在任何时候都更有利。默克尔 1 点 30 分在布鲁塞尔举行的第二次新闻发布会上向记者解释说，我们已经就欧洲稳定机制的总体轮廓达成协议。尽管仍然存在一些关于救助计划细节的原则性问题，但当时公众并不感兴趣。

周六，默克尔回到柏林，来自日本的消息越来越令人紧张。上午过去了，有消息说发生了爆炸，炸毁了一个反应堆外壳，释放了放射性物质。在随后的几天里，日本政府发言人成为这场灾难的代言人，他第一次称形势非常严峻。下午和晚上，各种消息接踵而至：日本计划用海水紧急冷却、疏散区扩大到 20 公里、向民众发放碘、高辐射水平、另一个冷却系统也出了故障，等等。

默克尔周六下午晚些时候在总理府会见了外交部部长韦斯特韦勒、环境部部长罗特根、基社盟新任内政部部长汉斯－彼得·弗里德里希和总理府部长波法拉，这次洽谈还没有制定计划就破裂了。当默克尔和韦斯特韦勒在晚上 7 点左右一起出现在媒体面前时，总理仍然没有作出选择。她只是说，我理解大家都担心德国国内也会发生这种不幸。但她也阐明了后来突然调整其能源政策的辩护论点：如果像日本这样一个安全要求和安全标准非常高的国家都无法避免地震和海啸导致的核灾难，那么像德国这样一个安全要求和安全标准也很高的国家同样不能简单地照常进行。这起事故是世界的一个转折点。

一场危机在斯图加特同时发生，巴登－符腾堡州州长斯特凡·马普斯召集内阁和州内党派领导人。大约 6 万人走上斯图加特的街头示威反对核电。这位基民盟党人之前非常自信，尽管他只有 44 岁，但他认为自己属于保守派，此时他显然惊慌失措。除了他在巴伐利亚和黑森州的同事之外，他也是去年夏天支持延长核能使用期限的推动者之一。现在州议会选举即将到来，这是他作为州长的第一次选举。由于粗暴对待"斯图加特 21"铁路项目的反对者，他的受欢迎程度已受到损害。

此外，他刚刚安排州政府回购巴登－符腾堡州能源公司的股份，一开始就绕过了议会和负责的财长。如果该公司提前关闭核电站，这将变成一项亏损业务。马普斯和他的顾问们认为，如果基民盟不想输掉选举，就别无选择，只能在核能问题上改变路线。关于核能的未来，州政府内讨论意见不一，但很明显：必须在总理的帮助下采取一些行动。

当马普斯与默克尔通电话时，这位顽固的核能倡导者几乎不知所措。总理周围的人后来传言，他很紧张，甚至惊慌不已；而州长事后表示否认。他立即同意关闭内卡韦斯特海姆核电站 1 号机组，不久之后他又关闭了菲利普斯堡核电站 1 号机组。他甚至试图比默克尔行动更快。就在同一天，他宣布召集一个专家委员会，对巴登－符腾堡州的所有发电厂进行安全检查，承诺："不符合安全标准的核电站将被关闭。"在剩下的两周竞选活动中，他补充了一句之前从未说过的话："我们必须认真对待公民的恐惧。"巴伐利亚州州长霍斯特·泽霍夫很少被选民的情绪影响，他比马普斯更快地转变了方向。黑森州州长沃尔克·布菲耶没有过多透露自己的意图，当时他与自民党一起执政，还没有转向黑－绿联盟。在周末的讨论中，三位州长一致认为：我们必须作出反应。默克尔认为，就核电站问题而言，没有人比这三位南方的州长更具发言权了。

另一个因素发挥了作用：自民党及其主席吉多·韦斯特韦勒决心不再被总理驱使。去年的失败不应该重演，因为默克尔在北莱茵－威斯特法伦州选举失败后，独自否决了自民党的减税计划。自民党只有在一定程度上迎合新的反核运动，才能保持主动权，这是韦斯特韦勒周末时想到的。他让他的秘书长克里斯蒂安·林德纳起草了一份主席团决议："对我们来说，核能在过去和现在都只是一种临时性的过渡技术，直到它最终被淘汰。"

周日晚上，相互矛盾的消息仍不断从日本传来。当天的通话之后，私人的危机会晤仍在继续。默克尔请德国电视一台的记者乌尔里希·德彭多夫到总理府采访。我目前不认为我们的核电站是不安全的，否则我就会在就职宣誓时立即关闭它们。在接受采访的过程中，她对是否作出改变（"目前"）保持开放态度，并暗示：如果形势发生了变化，她可能会在就职宣誓时承诺放弃核能。

电视播出后，作出具体决定的时刻到了。晚上 9 点左右，联盟领导人再次在总理府会面，决定暂停延长核电站运营期限的计划：政府将暂停 6 个月前才制定的延长期限决定，并关闭几座最旧的核电站，直至另行通知。默克尔打算在周二与州长会面时宣布这一决定。州长们同意暂时保持沉默。

周一上午，基民盟委员会在柏林党总部召开会议。环境部部长诺伯特·罗特根在最紧密的领导圈子内作了慷慨激昂的演讲。他认为，先前给他带来众多批评的评估可以证实：在能源政策方面，基民盟作为一个全民党的未来岌岌可危。他形象地警告，一场"海啸"可能会席卷基民盟。事件证明他是对的。但他犯了一个错误，他在演讲时过分炫耀自我。公众不喜欢刚愎自用的人，总理也不希望以前的忠实追随者在公众面前显得比自己聪明。

在主席团会议上，默克尔拒绝了"海啸"这个比喻，但在内容上与部长一致。劳工部部长冯德莱恩、联邦议院议长诺伯特·拉默特和北莱茵－威斯特法伦州议会党团小组主席卡尔－约瑟夫·劳曼都支持新计划。党团主席考德尔和黑塞·布菲耶仍表示怀疑。

财政部部长朔伊布勒担心核燃料税的收入。没有人坚决反对暂停。从日本传来的消息暂时让怀疑者们陷入沉默。上午，日本的机构报告宣布，另一个冷却系统出现故障；中午报道燃料棒出现问题、导入海水和"部分熔毁"。到了晚上，消息说燃料棒完全暴露在外，用于紧急冷却的海水被放射性污染后，被电厂运营商排回海洋。

默克尔在主席团会议上读到的消息不光涉及日本的事故，她还了解到一些关于自己的惊人传闻："政府正在考虑暂停核电决议。"韦斯特韦勒将他的意图付诸实践，他不想被视为被驱策的人，便把前一天晚上答应的事抛之脑后。在自民党主席团会议开始之前，他的话就被德国新闻社引用了。"我们需要一个新的风险分析，"他这样宣布。关于是否可以暂停的问题："是的，我是这样认为的。"默克尔对这种背信弃义的行为感到愤怒。她走出房间，打电话给韦斯特韦勒，韦斯特韦勒不得不离开他的党领导会议。

这位亲核派自民党主席韦斯特韦勒曾经推动核事业发展，然而告别核能却成了他事业的推动力。下午，默克尔和副总理向新闻界发表讲话，正式宣布暂缓"延迟令"：政府将暂停最近制定的延长德国核电站运行期限的决定。更重要的是总结句：毫无疑问，暂停后的情况将会发生变化。

并非联盟中的每个人都这么认为。同一天，自民党的经济部部长雷纳·布吕德勒会见了德国工业联合会的负责人。原本应当探讨宏观产业政策，现在经理们向部长咨询刚刚宣布的核电站暂时关闭计划。布吕德勒表示该项目仅仅是针对竞选活动，并暗示工业界不必担心核能的未来，目的是安抚自己的听众。部长显然误判了形势，他的预测无法实现：当会议纪要在一周后发布时，布吕德勒的言论激怒了公众。就算是巴登－符腾堡州政府在选举后真打算取消暂停计划，这条路也被布吕德勒的轻率言论堵死了。

周二，有核电站的联邦州的州长们在总理府举行了第一次"核峰会"。对他们中的大多数人来说，关闭旧反应堆的速度还不够快。在会议之前，计划关闭四到五个，后来增加到七个；在暂停期结束后，这些核电站都没有被再次投入使用。就在前一天，默克尔随口说出"能源转型"这个词，现在它变得更明确了：我们想利用核电站暂时关闭的间隙来加速能源转型。"加速"一词的含义在于，执政党一直希望改用可再生能源，核能只是一种"过渡技术"。这虽然符合官方的决策立场，但并不符合许多经济政治家和管理者的主观评价。尤其是能源公司，并没有为核电的迅速终结认真做好准备，他们用世界末日般的口吻警告：大规模停电即将到来。但后来并没有发生这种情况。

可再生能源的份额，特别是风力发电的份额，后来的增长速度超过了预期。然而，由于突然放弃核电，只能暂时采用燃煤发电，对气候无利，因此二氧化碳排放量的下降速度明显减慢。此外，对风能和太阳能的财政支持尚未适应新的繁荣趋势，导致电价上涨，在许多地方安装新的风力涡轮机或电力线也存在阻力。总理觉得，她对德国人在政治上变幻不定的判断得到了证实：她已经屈服于人们对核能的普遍恐惧，但他们又抱怨不可避免的后果。

未来的方案已经确定。日本地震发生6天后，默克尔在联邦议院证明她改变方案的合理性，她从那时开始就一直使用这种论证模式。福岛核事故表明，根据一切科学标准被认为是不可能的事情都有可能发生。在日本这样一个高度发达的国家，当看似不可能成为可能、绝对不可能成为现实时，情况就会发生变化。

3月22日，即海啸发生11天后，默克尔再次召集州长，最终确定了这一程序：将成立一个"道德委员会"探讨德国能源供应的未来。会议由联合国环境规划署长期执行主任、前任环境部部长克劳斯·特普费尔和德国研究基金会主席马蒂亚斯·克莱纳主持。这个由17名成员组成的委员会不仅包括前政治家和活跃的科学家，还包括一名工业经理和工会成员，还有几名教会代表，他们在"保护万物"的口号下可靠地支持核能问题新路线。

接着是执行。4月中旬，默克尔首次与州长们讨论了未来能源转型的主要基础，并于5月底收到了道德委员会的总结报告。与州领导人再次会晤后，联邦内阁于6月6日决定对法律进行必要的修改。

总理很好地解释了她的方案改变是合理的。不管理由是否对她有利，她一再强调：日本的教训表明，即使在高科技国家也无法安全控制核能风险。显然，这位东德公民以前将切尔诺贝利事故视为苏联的制度失败。6月9日，联邦议院第一次宣读繁多的待修改法律条文清单时，她补充道：只有相信核能风险在常情评判范围内的人才能接受核能。一旦风险超出常情评判范围，就会在空间和时间方面造成毁灭性后果，因此它们的风险远远超过任何其他能源的风险。

6月30日，在联邦议院，反对党社民党和绿党也通过了这些法律；但左翼党不赞成，因为电价上涨缺乏社会补偿，并希望将禁止核电站纳入《基本法》。这为默克尔解决了一个战略难题。自从决定核电站于2010年9月延长运行期限以来，总理一直在思考，如何摆脱这个有争议的承诺。在正常情况下，她本可以在下一次联邦选举后与绿党结盟，修改她的能源政策或许是一个诱惑手段。来自日本的消息提供了重返社会主流呼声的机会。

此时，救援工作已经错过了短期目标：3月27日，基民盟在巴登－符腾堡州选举中失败。这对总理不利。悲伤的州长斯特凡·马普斯至少间接证明，基民盟在极端保守的立场下无法赢得选举。更广泛的公众既没有要求默克尔对延长核电站运营期限负责，也没有要求她对巴登－符腾堡州糟糕的人员选择负责——这在很大程度上要归功于福岛灾难。日本的不幸在政治上对她来说是一个有利的机会，她果断抓住了这个机会。

只有保守派和自己党内经济派的代表对她评价消极，这在两个方面都令人惊讶：一方面，人们自然会问，利用哪些能源形式是保守的，社民党最初对其抱有乌托邦式的希望，而联盟党只是拖延地遵循了这种能源形式；另一方面，像斯特凡·马普斯和霍斯特·泽霍夫这样的保守派领袖在福岛核事故之后，率先改变了对核能的态度。默克尔认为没有理由阻碍这些愿望。"所以她很务实地对自己说：为什么我要比他们更严格？"一位好友回忆道。这场辩论的方式与古滕贝格提出取消兵役后的方式相似：批评者们成功将自己阵营领头人作出的决定推卸到总理身上。

利 比 亚

在日本核反应堆灾难发生的日子里，默克尔一直都在关注突尼斯三个月前发生的事件：2010年12月17日，西迪布齐德的蔬果贩穆罕默德·布瓦齐齐给自己浇上汽油，自焚抗议当局的肆意刁难；两个半星期后，他因伤势过重而死亡。这一事件引发了一场反对总统本·阿里独裁统治的抗议运动，总统不得不于2011年1月中旬离开突尼斯。

  "阿拉伯之春"始于突尼斯的革命，很快蔓延到其他国家。在埃及，长期统治者胡斯尼·穆巴拉克于 2 月 11 日辞职。两周后，默克尔的外交部部长吉多·韦斯特韦勒探访了开罗解放广场的示威者，表示他对自由运动的声援。总理本人仍然持怀疑态度。她后来在小圈子里回忆道，在她看来，西方要唤醒希望，但这些希望最终都无法实现。

  默克尔特别关心利比亚。与突尼斯或埃及的总统不同，利比亚的统治者穆阿迈尔·卡扎菲并没有在示威者面前退缩。相反：2 月 22 日，他宣布将"逐尺逐寸、逐家逐户、逐街逐巷、逐老逐少地清理利比亚，直到这个国家不再藏污纳垢"。

  总理决定采取不寻常的手段：与美国总统通电话后，她和巴拉克·奥巴马呼吁卡扎菲于 2 月 26 日辞职。如果卡扎菲没有按预期要求准时离开，会发生什么？二人也不知道答案。军事干预尚不明确：尽管华盛顿的第一批国会议员希望建立一个禁飞区来保护平民，但奥巴马和他的顾问们仍不确定。五角大楼的战略家们也不太愿意投入另一场军事冒险。

  3 月，情况发生了变化，当时默克尔正忙于处理其他问题：在柏林，她准备逐步淘汰核能；在布鲁塞尔，她赞成永久性欧元救助计划，即欧洲稳定机制。在利比亚问题上，此前一直支持卡扎菲的西方官员也遭遇压力。华盛顿仍然犹豫不决，法国总统萨科齐和英国首相戴维·卡梅伦希望成立禁飞区来保护起义者免受独裁者的攻击，并使用军事手段。他们受到了来自本国公众的压力，在法国，知识分子伯纳德－亨利·莱维领导了干预运动。

  默克尔很紧张。她赞同伊拉克战争的时代已经过去很久了，现在对北约以外军事行动的怀疑早已占了上风。一方面，东西部德国人都不太欢迎这种军事干预；另一方面，军事行动的费用也发人深省：德国在伊拉克和阿富汗参与行动，投入巨大，都没有实现稳定的收支平衡，在索马里也是如此。关于科索沃，她仍看不到和平的愿景，军队也无法在可见的未来内撤出。

总理越来越以怀疑的目光看待被西方支持的活动分子：她认为，德国和欧洲只能通过训练士兵和警察或提供武器来帮助人们自救，就像几年后伊拉克库尔德人的情况一样。记者很快将这一概念称为"默克尔主义"。这是对局势的清醒分析，但也能看作是某种双重道德标准的表达。

就利比亚而言，德国政府比以往任何时候都更加明确地采取了这一立场。3月9日，即日本地震的前两天，默克尔与韦斯特韦勒以及新任国防部部长德梅齐埃在每周一次的内阁会议上进行了讨论，三人都对军事行动存在疑虑。欧洲国家元首和政府首脑3月11日在布鲁塞尔商议后，默克尔公开表态：我从不掩饰我的怀疑。我在原则上持怀疑态度，因为总归要考虑结局。她也留了余地：如果所有条件都满足了，我们再考虑是否把它当作一个选项——是或否。默克尔当时仍然认为她与华盛顿的领导层一致。在与美国国防部部长罗伯特·盖茨的初始对话中，德梅齐埃得到了这样一个信息：这位同事和他本人一样，都对军事行动持批评态度。

就盖茨的个人评估而言，这是真的。然而，奥巴马总统稍后改变了主意。他3月15日晚上在白宫战情室召开会议，即默克尔在柏林总理府与州长们讨论核能问题的那一天。国务卿希拉里·克林顿比她的国防部同事更赞同军事干预，几个阿拉伯国家也赞成可能的军事行动。美国常驻联合国代表苏珊·赖斯和总统顾问萨曼莎·鲍尔也本着这种精神与奥巴马交谈。如果卡扎菲的军队围攻班加西市，他们担心会发生大屠杀。他们甚至大胆地将这种情况与卢旺达的种族灭绝作了类比；如果美国不介入，那么后果自负。在总统顾问中，年长者反对干预，年轻人和女性支持干预。总统最后被说服了。

默克尔得知这一消息时，想改变政策为时已晚。奥巴马的摇摆不定或许再次强化了她对美国总统的不信任，奥巴马和克林顿都认为没有必要将默克尔或韦斯特韦勒直接纳入行动。只有常驻联合国代表赖斯通知了她的德国同事彼得·维蒂希，后者又将信息递给了柏林。因为时差，柏林直到 3 月 16 日下午才收到消息。即使政府想参与行动，德国的立场也无法改变了。当天早上，韦斯特韦勒在联邦议院公开表示他的反对立场，他的话与默克尔几天前说的类似："联邦政府对设立禁飞区进行军事干预的形式持高度怀疑态度。"与此同时，默克尔的员工还公开消息，总理接受了《萨尔布吕克报》的采访，采访内容将于第二天发布。在采访中，总理非常明确地反对军事干预：*我对军事干预存疑。作为联邦总理，我不能带大家进入一个结局极其不明确的赌局。*

由于德国不是联合国安理会的常任理事国，这个问题就显得特别重要。一旦委员会通过一项使军事行动合法化的决议，人们的注意力将会集中在德国的投票行为上。默克尔无法躲过目光。更糟糕的是，她的外交部部长韦斯特韦勒再次发起呼吁，争取使德国成为安理会常任理事国。不幸的是，对利比亚行动的讨论朝着促使西方行使否决权的方向发展：这表明，德国在国内和国外的全球政治中十分难以定位。

柏林时间下午 5 点，就在联邦政府得知华盛顿的政策改变后不久，联合国安理会于 2011 年 3 月 16 日在纽约召开关于利比亚问题的第一次会议。尽管进行了数小时的协商，但并未产生任何结果。俄罗斯显然不会否决任何旨在保护平民的行动，这些行动并不是促使利比亚政权更迭。想必中国也不会反对这样的决议。

默克尔也不会代表德国说"不"。唯一的问题是，德国是否会在弃权的情况下不参与军事行动，还是会转而同意，避免与西方盟国决裂。默克尔认为毫无疑问：虽然葡萄牙也不是安理会的常任理事国，但是作为联合国的会员国德国与体量较小的葡萄牙不同，德国这样的大国一旦表示赞同，就必须亲自参加军事干预。默克尔想不惜一切代价避免这种情况。后来证明，她的怀疑在另一个方面是合理的。

萨科齐加快了速度。那天晚上，他致函联合国安理会常任理事国成员，主张制定一项新的决议草案，该决议草案已与美国商定。草案规定，盟国应采取"一切必要措施来保护平民"。

星期四早上，默克尔就联邦议院刚刚通过的核暂停发表了政府声明。韦斯特韦勒借此机会探听党团领导人对利比亚的看法。不出所料，社民党、绿党和左翼党的大部分人都对军事行动表示担忧。下午2点，外交部部长召集他的顾问；顾问的意见各不相同，但韦斯特韦勒最终坚持己见。

默克尔与韦斯特韦勒、德梅齐埃达成一致。从联合国总部传来令人欣慰的消息，即使没有德国投票，大多数国家也会赞成干预。总理和她的部长们确信，盟国的恼怒将会有所平息。德国政府向北约秘书长承诺，由于德国不参加利比亚行动，将在其他方面进行补偿，例如在阿富汗减轻北约的压力。由此，骰子已被掷下。①2011年3月17日，纽约时间下午6点左右投票开始，柏林是星期五黎明时分。德国常驻联合国代表彼得·维蒂希投了弃权票。

---

① 意为事情已经决定了。——译者注

德国公众的辩论并未就此结束：这才刚刚开始。德国人几乎没有注意到柏林与巴黎、华盛顿、纽约的紧张斡旋；他们仍对默克尔在核能政策方面的惊人转变十分迷惑。现在政府受到了抨击——不是来自公众，而是来自跨大西洋外交政界。对方发言人以尖刻的语气抨击德国政府作出的所谓错误决定。"在方向迷失和能力不足的双重混合下，这种行为摧毁了基民盟政策的支柱"，前国防部部长沃尔克·鲁赫抱怨道，政府犯了"历史性的严重错误，具有不可避免的长期后果"。许多报纸还表示，德国过去从未与俄罗斯和中国站在一起反对西方盟友，这次对跨大西洋关系的损害是不可估量的。

从理论上讲，这样的讨论可能会给总理带来更大的问题，尤其是在基民盟内。幸运的是，她的外长不太懂战术。因为韦斯特韦勒比她更积极地为这一决定作辩护，从而招致了各种批评。媒体界早已习惯将自民党看作败党，因此趁机煽风点火。

直到利比亚行动的失败变得显而易见，默克尔才更加明确地坦白，德国在联合国投了弃权票。她感觉这样做是正确的，因为法国、英国和美国并没有将军事行动局限于保护平民，而是越来越直白地以推翻卡扎菲政权为目标，最后实现了这一目标。他们的行为超出了联合国的授权范围。4月中旬，法国国防部部长热拉尔·隆格在电视上异常冷漠地解释说，该程序"肯定"超出了安理会的决议。英国下议院外交事务委员会在5年后提交了一份关于该行动的报告，报告中甚至怀疑，之前所描述的威胁程度是否真的存在，这份报告产生了灾难性后果。

奥巴马后来称，这是他任期内"最大的错误"，即他"没有为干预利比亚后的第二天做好计划"。如果美国逐条遵守决议，就不需要这样的计划，换句话说：原本没必要推翻卡扎菲政权的。

默克尔后来从北约盟国的这种行为中看到了西方与俄罗斯关系的关键转折点：普京表现得很有建设性，没有提出任何反对意见，并因放弃行动而获得称赞。2019年底，她在西方国防联盟的主题演讲中再次谈到这一点：我们记得：2011年——我们是安理会的非常任理事国——北约执行了一项任务，负责监视利比亚的领空。德国当时弃权。行动超出了原定范围，是超出安理会决议的最后几个任务之一。从那以后，俄罗斯很少参与进来，安理会从此变得非常无能为力。我们当时看到，这个行动超出了决议，可以说，卡扎菲是被赶走了，不稳定因素在利比亚爆发。即使在今天，仍然无法预见政治解决方案。过了很久，在2020年初，由德国与联合国首次在柏林举办利比亚问题国际会议，她在柏林总理府接待了参加利比亚会议的冲突各方。正是因为默克尔没有参与军事干预或推翻政权，才被当作合适的调解人。这是对她在2011年遭受的各种批评的补偿。

总理向已故的外交部部长道歉，他身处无理批评之中，而默克尔一开始却置若罔闻。我们共同作出了在联合国安理会弃权的决定，2016年她在韦斯特韦勒的葬礼演讲中说道。她还明确表示，在共同执政的几年里，他们的私人关系一直比在公共场合要好。这位自民党政治家于2001年升任党内高层，比默克尔升任基民盟主席晚了一年。两人都坚定地致力于共同治理，直到2005年基民盟差点失败，才被迫与社民党结盟。在政府共同度过的艰难岁月中，这种职业关系一直持续。总理认为，自民党中那些在利比亚决议中试图推翻她的人，才是真正的威胁。

利比亚行动、核能政策转变、欧洲稳定机制：2011年3月，危机前所未有地堆叠在了一起。在这些日子里，几乎没人特别关注一个事件，其后果成为总理政治生涯中最大的挑战之一：阿拉伯世界的抗议运动已经蔓延到了叙利亚，在约旦边境附近的德拉镇，叙利亚安全部队在纽约联合国总部为利比亚投票的当天首次使用武力镇压示威活动，造成 5 人死亡。这一天被视为叙利亚内战的开始，这场内战使数百万人逃离家园。

顺应市场的民主

2011 年，欧债危机重新成为人们关注的焦点。2010 年 5 月救助基金决议带来的稳定并没有持续多久。各方很快就明白，在临时援助计划到期后，他们需要找到一个解决方案。这对德国总理的影响比对其他人更大。欧洲金融稳定基金已成立三年，默克尔原本最反对成立开放式救助基金。利益攸关方意识到，这些问题无法在这段时间内得到解决。默克尔并不希望在 2013 年新一届联邦大选期间对新的救援计划展开辩论。

因此，在希腊临时救援决议制定后不久，她就开始为永久性欧盟援助基金做准备。她设定了条件：将对未来参与担保的国家设定更严格的规则。默克尔在布鲁塞尔推动了新协议，例如"六项规则"或"财政协定"，旨在加强《马斯特里赫特条约》的债务上限。一场旷日持久的原则之争开始了，因为德国的稳定思想与法国的治理传统、盎格鲁－撒克逊的扩张性货币和预算政策发生了冲突。

默克尔以惊人的速度与法国达成了初步协议，尽管其他欧洲人抱怨法德"独裁"。萨科齐已经认识到，法国不能与德国对抗，而应合作，只有这样才能在欧洲和世界上获得影响力。自第一批希腊决定以来，已经过去了近半年。2010 年 10 月 18 日，萨科齐和默克尔在诺曼底海滨度假胜地多维尔的海滩上散步，之后公开宣布，二人已达成了妥协。默克尔表示接受，在布鲁塞尔没有政治决定的情况下，不应对违反预算规定进行自动制裁。作为回报，萨科齐同意了德国的一个意见，他的顾问们最初强烈反对这个想法：在未来的救助中，不仅政府应该介入，私人债权人——尤其是银行——也应该分担成本。各国未来可以在债券发行条件中规定这一点，现在只能通过谈判来实现。

银行的参与符合默克尔自金融危机以来一再提出的口头禅，即在市场经济中，责任和风险必须始终并存。但在短期内，它加剧了危机，因为投资者更加不愿意购买危机国家的国债。默克尔的坚持使得局势暂时无法平静下来。2011 年 4 月，希腊国债大幅下跌，收益率溢价扩大 24 个基点。在为希腊准备的第二批援助计划中，默克尔首次试图让银行承担责任。

在国内，总理在两个人辞职后面临压力。2 月，德意志联邦银行行长阿克塞尔·韦伯宣布辞职；随后，来自德国的欧洲央行首席经济学家于尔根·斯塔克于 9 月宣布辞职，两人都抗议中央银行购买国债，他们认为这是政府通过后门融资。这在短期内激起了援助计划反对者的情绪，他们将韦伯和斯塔克视为英雄。从长远来看，这让默克尔更轻松：她的经济顾问延斯·魏德曼已成为德意志联邦银行行长，他也提出了批评，但在实践中表现得更加灵活。总理府现在少了一名能够在国家层面上独当一面的顾问。继任者拉斯–亨德里克·罗勒并没有那么吸引公众。

此外，联盟伙伴自民党的内部坍塌成为欧元政策的一个严重风险因素。由于自民党的民调水平一直低于 5%，韦斯特韦勒无法坚持下去。在 2011 年 5 月的罗斯托克党代会上，他不得不辞去党主席和副总理的职务，仅担任外交部部长。前两个职位都被没有经验的菲利普·罗斯勒取代，罗斯勒在一年半前才作为卫生部部长登上联邦政治舞台。其他潜在的候选人，例如秘书长克里斯蒂安·林德纳则谨慎地退缩了，她知道自己没什么胜算。

因此，自民党中不再有人能够遏制对政府欧元政策日益增长的抵制情绪。在罗斯托克党代会上，大约三分之一的代表同意一项反对永久救援基金的动议。这使得一些带头者在夏季休会后重新行动：9月，他们宣布了关于欧洲稳定机制成员资格的决定。三个月来，这场辩论使基民盟的联盟伙伴陷入瘫痪，直到12月中旬，结果终于确定下来：反对欧元的"起义"失败了。这并没有改变党内的混乱。在欧债危机最微妙的阶段，默克尔无法确定自己能够获得多数支持，这在很大程度上导致她在布鲁塞尔的谈判中犹豫不决。欧洲各地不禁要问，自由派政府的参与让欧洲大陆付出了多少代价。

联邦宪法法院也限制默克尔的自由。长期以来，卡尔斯鲁厄的法官们往往对欧洲一体化进程表示怀疑。只要欧洲层面没有类似的民主合法性依据，他们就会按规定与联邦议院据理力争。这也是出于制度上的利己主义，即不将所有权限移交给卢森堡欧洲法院的同事们；还有一个更古老的传统：由于德国人很早就建立了法治国家，后来发展成民主国家，他们比其他西方国家更喜欢将法院判决置于政治决定之上；国家社会主义的历史深化了这一观念。整个欧洲后来都用焦虑的口气谈论"卡尔斯鲁厄"，它最终没能阻止旨在稳定欧洲共同货币的措施。但法官们让这条道路变得更加艰难，他们给批评者们留下了新把柄——《基本法》的序言中明确将"统一的欧洲"列为目标。

默克尔一方面要面对宪法法院的怀疑态度；另一方面要在议会中艰难的斡旋。联盟伙伴又是摇摆不定的执政新手：她在欧元危机中的回旋余地受到了很多限制。或许是德国的宪法结构延长并加深了市场的不确定性，主权债务危机的解决方案变得更加昂贵。总理在 2011 年 9 月初拜访葡萄牙总理佩德罗·帕索斯·科埃略，在此期间她发表了任期内最具争议的评论之一：我们将会找到使议会参与的方式，使其与市场保持一致。

人们可以将其理解为：默克尔想把金融市场置于民主原则之上，这是《基本法》中没有提到的。但实际上她想表达另外的意思，这也是左翼自由主义批评者所希望的：联邦议院不应单独作为本国议会，不断对欧洲政府首脑的民主合法决定提出新质疑；而应为促进欧洲凝聚力采取必要措施，不阻挠对危机国家的声援。

2011 年 6 月 29 日，希腊议会在长达 5 小时的马拉松式谈判中批准了所需的改革方案，这一天也是德国联邦议院最终决定逐步淘汰核能的前一天，但仍没有解决危机的永久方案。7 月 21 日，在欧盟特别峰会上，默克尔原则上同意对危机重重的希腊进行第二次救援。前一天晚上，她在柏林总理府与法国总统萨科齐就私人债权人"自愿"免除债务的细节进行谈判。欧洲央行行长让-克洛德·特里谢深夜从法兰克福赶来，严肃强调了事态的严重性。峰会决议本应成为安抚金融市场的信号，此时又变成无穷无尽的财务细节堆叠。在布鲁塞尔新闻发布会上，即使是平时非常注重细节的总理也没有完整地看完文件。转期，贴现债券交换 30 年，通过保险机制贴现债券交换 15 年，债券交换 30 年。你们都是专家，你们里面找几个人再检查一遍吧。显然，让安格拉·默克尔不堪重负的金融科技也没能让市场参与者看到希望：期盼已久的平静并没有来临。

默克尔越来越担心受危机威胁的国家中最大和最重要的国家：意大利总理西尔维奥·贝卢斯科尼继续不采取任何措施，避免旨在缓解危机的立法决议降低他的支持率。直到欧洲央行行长特里谢发送了一封警告信，2011 年 8 月初，贝卢斯科尼才首次宣布紧缩措施，原因是股票下跌。自 2008 年秋季银行危机以来，整个欧洲在 8 月 5 日一天内出现了前所未有的暴跌。

默克尔因其欧元政策而陷入内政困局，加剧了事态的不确定性。在暑假期间，德国的讨论越来越集中在黑－黄政府是否会在 9 月 29 日欧洲金融稳定基金临时扩大救助计划的投票中赢得"总理多数席位"；自民党内异见议员反对的永久性救援计划欧洲稳定机制直到次年才付诸表决。默克尔的好友彼得·阿尔特迈尔是基民盟／基社盟党团的议会常务董事，在一对一的对话中打消怀疑者的疑虑，并在他宽敞的柏林威廉风格的公寓里亲自做饭招待他们。

神经紧张起来。在投票的那一周，总理府部长罗纳德·波法拉对议员沃尔夫冈·博斯巴赫进行抨击，后者整个夏天都在脱口秀节目中表达他对欧元救助的厌恶："我再也不想见到你了。我再也不想听到关于你的废话了。"在波法拉看来，博斯巴赫只负责内政，并不是货币问题专家，他之所以声名鹊起，完全在于他走少数派路线。为了吸引更多眼球，很多媒体自然会给"异端分子"提供更大的舞台，而不是给那些投票支持一揽子援助计划的同事——他们大多数不是出于机会主义，而是对机会和风险进行过仔细衡量。欧元政策的支持者和反对者之间的争论变得情绪化，仿佛在为后来争论难民问题作预热。

安格拉·默克尔本人也心情烦躁。8 月底，在议会党团委员会的一次会议上，她难得地情绪爆发：她表示不会承担欧元失败的历史罪责，并警告，如果希腊退出共同货币，会产生多米诺骨牌效应。这是她首次在更广泛的受众面前表达其欧元政策的指导原则之一。

2011 年 9 月 29 日，在联邦议院，基民盟／基社盟和自民党的 315 名代表投票赞成扩大欧洲金融稳定基金，比达到"总理多数席位"高出四票。基民盟的 11 名议员和自民党的 3 名议员拒绝投赞成票。由于局势微妙，党团领导人甚至在前一天晚上对试验投票的结果保密。现在国内政治紧张局势有所缓和，主要是因为在三周前，联邦宪法法院驳回了对欧元救助的第一批控诉。

但这并没有带来债券市场的持久平静。在 10 月的两次危机峰会上，默克尔与其他欧洲国家元首和政府首脑就希腊新援助的更多细节和私人债权人参与达成一致，债务减记 50%。

这反过来又加剧了意大利等其他国家的动荡，因为投资者要考虑这些地区可能出现的违约情况。财长们动员私人资本（"杠杆"）参与进来，以增强欧洲金融稳定基金的财政实力，但也没有平息危机。

泪流戛纳

正是在这种情况下，2011 年 11 月初在戛纳举行了二十国集团首脑会议，目的是再次为未来扫清障碍：法国总统尼古拉·萨科齐希望，在明年 5 月的选举之前将自己塑造成一个独立自主的世界政治家形象。默克尔在启程前往蔚蓝海岸的前几天，于 10 月 31 日星期一晚上 7 点 20 分收到消息：希腊总理帕潘德里欧在雅典向社会主义国会议员宣布，要对欧盟新财政救助计划的条件举行全民公决。

默克尔对这个消息完全感到意外：就在 5 天前，她还在布鲁塞尔与帕潘德里欧商谈了该计划的最后细节，直到凌晨 4 点，并迫使银行放弃一半债务；最后，帕潘德里欧亲自感谢默克尔的努力，对公投的想法只字未提。但在他返回后，他遇到了示威和罢工以及自己党内的反对。出于困境，他希望与希腊选民协商，使紧缩和改革要求变得合法化，或者干脆放弃改革。

默克尔立即致电萨科齐。两人很快决定：他们将在戛纳 G20 峰会前一天晚上与希腊总理对话。朔伊布勒也与希腊财长埃万耶洛斯·韦尼泽洛斯通话，后者在公投消息宣布后因严重腹痛暂时住院。欧元区的财长们仓促决定，暂停对希腊的所有援助。

11 月 2 日傍晚，与希腊总理的危机会议在节庆宫的会议室召开，这里每年 5 月都举办群星闪耀的电影节。当帕潘德里欧和生病的韦尼泽洛斯到达时，默克尔和萨科齐已经在现场。萨科齐怒气冲冲，他斥责道：欧洲人为帮助希腊人做了能做的一切事，现在他们被雅典政府欺骗了。随后，默克尔给希腊人两个选项：要么留在欧元区，要么退出共同货币。如果帕潘德里欧认为他必须通过公投来使他的政策合法化，那么只能让他的人民对这两个选项进行投票——最迟在 12 月，以避免更长久的不确定性。条件不会再改变了。默克尔说，我们必须做选择。她不赞成仅对紧缩要求进行公投——但并不反对希腊人对欧元区一揽子计划进行投票，但当时公众并不这么看。

几位与会者事后表示，他们从未经历过这样紧张和艰难的会议。人们并不清楚默克尔是否真的将希腊退出视为一种选择，或者只是像一位法国政府官员说的那样，与萨科齐一起打"心理战"——相信雅典政府不会拿欧元区成员资格来冒险。

无论如何，威胁奏效了。会议结束后，欧盟委员会主席若泽·曼努埃尔·巴罗佐将希腊财长韦尼泽洛斯这个强硬派社会党人拉到一边："我们必须阻止公投。"显然，巴罗佐已经从保守的希腊反对党那里赢得了对专家政府的支持。当天晚上，韦尼泽洛斯和他的总理一起飞回雅典。他刚抵达就发表声明：希腊加入欧元区是一项历史性成就，不应在全民公决中受到质疑。这意味着帕潘德里欧的政治终结。几天后，由卢卡斯·帕帕季莫斯领导的技术官僚内阁上任。

帕潘德里欧并不是唯一一位在戛纳失去职位的政府首脑。在峰会间隙，默克尔和萨科齐也与意大利总理贝卢斯科尼进行了会谈。周三晚上前往法国之前，他在罗马宣布了改革——正如欧洲政客和意大利债券购买者认为的那样，他过于犹豫不决，现在为时已晚。在市场和同事的共同压力下，他接受国际货币基金组织对意大利的监督。但一切已经结束了。他再也无法为他的选民提供物质利益了，这些正是他政治成功的基础。

几天后，贝卢斯科尼宣布辞职。11 月 16 日，总统乔治·纳波利塔诺任命米兰经济学教授马里奥·蒙蒂为总理，过渡政府由党外专家组成。许多意大利人认为，纳波利塔诺与默克尔达成协议，自今年夏天以来一直在努力取代贝卢斯科尼。这一闻所未闻的事件具有历史意义：欧洲公众认为，默克尔似乎能对其他国家的政府组建产生决定性影响。此后，她在意大利的活动受到非常密切的关注——无论是她说"佛罗伦萨市长"马泰奥·伦齐是总理府的新希望承载者，还是在 2019 年政府组建期间，她致电温和派总理朱塞佩·孔特。

然而，德国总理在戛纳最艰难的时刻还在后面。这一幕再次发生在节庆宫的一间会议室里，外面下着倾盆大雨，气氛早已触底。法国总统萨科齐和美国总统奥巴马联手劝说总理。奥巴马不明白，为什么欧洲人在 2008 年银行危机后没有像美国那样做，当时政府和美联储以巨额资金过剩来平息市场。他担心欧洲经济衰退可能蔓延到大西洋彼岸，危及他 2012 年秋季连任。围绕欧元的不确定性，欧洲的经济形势开始恶化。

在这种情况下，奥巴马和萨科齐想再次增加欧洲救助基金，为此他们计划：用欧洲人在国际货币基金组织的资产来应对危机。但在德国，联邦银行对此负有责任，行长延斯·魏德曼严厉拒绝了该提议。联盟伙伴自民党、基民盟／基社盟议会党团和宪法法院也表示反对。尽管如此，奥巴马和萨科齐仍然坚持己见。

默克尔开始哭了。她担任环境部部长时曾当众哭过一次，当时的科尔总理在内阁前反对她针对夏季雾霾的计划。这一次她也处于类似的境地，有着相同的感受。更有权势的政治人物让她完成做不到的事：美国总统和其他政府首脑要求她作出让步，这在内政上可能意味着她的总理任期终结。默克尔表示，她的多数票优势很微弱，如果她的总理位子被欧洲怀疑论者推翻，那么下一位总理肯定不会愿意提供援助。这不公平。我不能代替联邦银行下决定。我不能这样做。如果不从意大利那里得到一些好处，我不会冒这么高的风险。我不想自我毁灭。

会议就这样结束了。出门时，奥巴马把手放在总理肩膀上，白宫摄影师拍下这一幕。看上去他想安慰这个德国人。第二天早上，没人再谈到这个话题。默克尔的眼泪让参会者相信，德国政府首脑的手脚确实被束缚住了，而不仅仅是施展空间受限。总理同时也总结出了结论，并在不久之后采取行动。一时间，仿佛一切都混乱不堪。

在戛纳，欧洲社会迎来了最黑暗的时刻。那段时间里，几乎没有人相信若干年后欧元还会存在。对默克尔本人而言，这是她担任总理以来最艰难的一年，它即将结束。欧债危机给她带来的负担比前一年更重，尽管她努力施救，却看不到出路。人们都对她不满：有些人把她看作铁娘子，自私地捏着钱包，对欧洲的未来不管不顾；而另一些人则认为，她把德国人的血汗钱扔进了无底洞。自去年黑-黄联盟错误开局以来，她的支持率一直保持在较低水平，甚至比在难民政策之争中的支持率还低。

戛纳会议标志着默克尔处理欧元危机的转折点，新的 2012年是决策之年。在金融危机之后，她不得不再次看到，自由市场并不总是像她想象的那样理性运作。她要求债权人参与，一开始看起来非常合理，反而加剧了混乱；在那几个月的恐惧气氛中，各个成员国对金融市场的参与者来说没什么不同。默克尔不得不承认，政治方法的可能性是有限的。在危机国家，改革进程越来越受民众抵制；在德国，脆弱的联盟、宪法法院和联邦银行的角色让总理事事掣肘。

11 月 24 日，即戛纳会议三周后，默克尔在斯特拉斯堡与萨科齐和蒙蒂会面时得出了第一个结论。三人首次发出信号，欧洲央行可能会填补政治僵局造成的真空。会谈结束后，法国总统向新闻界表示："我们既不向欧洲央行提出消极要求，也不向欧洲央行提出积极要求。"默克尔立即表示：我同意这一点。在德国人看来，似乎理论上央行能够保持政治独立。实际上：政治并不会阻拦欧洲央行尝试通过购买国债等措施来确保货币区的稳定。8 个月后，当欧洲央行新任行长马里奥·德拉吉承诺不惜一切代价捍卫欧元时，这一承诺的全部意义就显现出来了。

又过了两个月，到了 2012 年 2 月末，在德国联邦议院讨论第二批希腊援助计划时，默克尔更加明确：作为德意志联邦共和国总理，我有时应当且必须承担风险；但我不能冒险：我的就职誓言禁止这种行为。她通过这种做法，对欧元区的凝聚力作出了非常深远的承诺。她的顾问们一直在为撰写措辞冥思苦想，公众最初并未认识到其全部含义——希腊问题在夏季会再次全面袭来，在此之前，国内政治问题是议论重点。默克尔所说的"当大麻烦停息时，小问题就会浮出水面"的说法也应验了。

伍尔夫和高克

默克尔的小问题在年初变得非常醒目，问题的来源是克里斯蒂安·伍尔夫。在过去的一年半时间里，这个下萨克森人一直担任联邦总统，他在该职位上显然比以前的经济专家霍斯特·科勒更游刃有余。同样出于战术目的，默克尔第二次任命总统显然比第一次的选择更幸运。伍尔夫的一句话引起了争议，这句话与前内政部部长朔伊布勒的话相呼应："伊斯兰教现在也属于德国。"他遇到了反对意见，尤其来自基民盟右翼保守派的默克尔的批评者。总理本人最初以善意的沉默作为回应。三年后，当第一批欧洲爱国者抵制西方伊斯兰化示威者抗议所谓的"西方伊斯兰化"时，她明确采纳了这句话：*就是这样；我也这么认为。*

早在2011年12月，即戛纳峰会之后的几周，默克尔注意到了《图片报》对伍尔夫获得私人住房贷款的报道。这场风波尽管与刑事犯罪无关，但人们质疑联邦总统的行为是否符合他的职业尊严。在伍尔夫担任州长期间，就有人指责他没有明确区分公务和私人事务。先是他在选举前到佛罗里达州度假，获得了免费的航班升级，并住在他"父亲般的朋友"埃贡·盖尔肯斯的房子里，后者是奥斯纳布吕克的珠宝商和房地产投资者。

在回答议会提问时，伍尔夫的州长办公室宣布他与盖尔肯斯"在过去10年中没有业务关系"。现在人们发现，伍尔夫是从盖尔肯斯的妻子那里借钱买的私房。这意味着他没有告诉州议会全部真相。就像在古滕贝格事件中一样，第二天，默克尔急忙让她的政府发言人宣布，她对联邦总统本人和他的职业作风"充满信心"。直到后来她向国家元首转告她的"完全"信任时，这才被看作伍尔夫即将辞职的迹象。

但这不是事情的终点。不幸的是，伍尔夫不仅试图阻止《图片报》的主编报道，还给后者发了电子信箱留言，因此他的威胁被完整地记录在案。"我正在去见酋长的路上，"伍尔夫正在对科威特进行国事访问。随后，他表示已提起刑事诉讼，称"已经委托律师"，并要求报纸推迟出版，直到他返回德国与编辑进行私人谈话。"然后我们可以决定如何发动战争。"

此外，伍尔夫悄悄地用斯图加特巴登－符腾堡银行的低息货币市场贷款取代了盖尔肯斯的贷款。这家银行属于巴登－符腾堡州，当时他的亲密政治伙伴君特·厄廷格是那里的州长。总统在下萨克森州富有的朋友和熟人的庄园里不止度过了一个假期，而是度过了一系列假期，这些朋友和萨克森州有商业利益关联。伍尔夫最后聘请了一家律师事务所来回答大量媒体提问。在1月初的一次电视采访中，总统亲自为每个细节纠缠不清，从而使总统形象变得更加荒谬。克里斯蒂安·伍尔夫后来抱怨，自己成了被"狩猎"的对象。

伍尔夫在媒体旋涡中越陷越深。在人们眼中，这位总统利用一切有利条件，寻求和名人、富人接触的机会。伍尔夫和比他小14岁的妻子贝蒂娜在政坛上显得非常有魅力，他们与《图片报》合作了很长时间，显然双方的信任已经耗尽。夫妇俩带着两个儿子搬进贝尔维尤宫时，公开展示了他们的现代拼盘家庭。两个儿子：一个7岁，一个2岁，大儿子来自总统夫人的第一段婚姻。总统夫妇的举止与魅力四射的卡尔－特奥多尔·楚·古滕贝格和他的妻子斯蒂芬妮的行为有些相似之处，斯蒂芬妮是俾斯麦－舍恩豪森家族的女伯爵，他们都被看作柏林的上流社会夫妇。

伍尔夫的外表和举止与默克尔的习惯完全相反。所有人都认为她对闪光灯和聚光灯毫无兴趣。从长远来看，这或许是伍尔夫下台并未伤害到默克尔的原因，反而让她与众不同的个人风格更讨人喜欢。

当汉诺威检察官办公室宣布展开调查时，伍尔夫不得不于2012年2月17日辞职。他在审讯中为自己辩解，甚至可能必须出庭，这是令人难以想象的。后来，关于他曾收受好处的刑事指控不成立，但几乎没有人觉得他是无辜的受害者：他的行为与总统的威严不符。默克尔第二次选错了联邦总统。

总理在考虑总统继任者时遵循了熟悉的政治权宜之计。这次德国联邦大会的组成比例发生了变化，只能选一名超党派候选人。她再次使用驱逐战略：试图把令她不快的宪法法院院长安德烈亚斯·沃斯库勒挪去贝尔维尤宫。在她看来，沃斯库勒把他的权力过度扩展到了政治领域，危及德国的欧洲政策；7年后，他在一项欧洲央行购债计划中否定了欧洲法院的首要地位。按照默克尔的估计，由于沃斯库勒被社民党提名为宪法法官，社民党不会反对他。

星期五，即伍尔夫辞职的那天，默克尔试图联系沃斯库勒。他没有接电话。星期六，他终于接听了总理的电话，经过短暂的思考后拒绝了：他显然不愿意将具有政治影响力的法官一职换成贝尔维尤宫里的纯粹代表性职位；第二年，《明镜周刊》将他描绘成"默克尔的上司"。

在默克尔看来，有希望达成两党共识的候选人有两位：前联邦环境部部长克劳斯·特普费尔和德国新教教会前任理事会主席沃尔夫冈·胡贝尔。基于特普费尔以前的工作经历，他被看作黑－绿党候选人，而胡贝尔是社民党党员，被当作黑－红党候选人。默克尔目前的联盟伙伴，即陷入困境的自民党，可能对两人都不满意。两年前支持约阿希姆·高克的社民党似乎准备与基民盟谈判，绿党上次也推荐高克。一开始，默克尔没有理由紧张——尽管在伍尔夫辞职两天后的周日中午，总理办公室的联盟谈判回合没有结果。

自民党主席菲利普·罗斯勒在过去 9 个月里一直不走运，他决定发动攻势，对总理进行报复。各党派和议会党团领导人齐聚总理府，对总统问题进行磋商。在会谈期间，罗斯勒从自己党派主席团的电话会议上获得授权，支持红 - 绿党候选人高克。默克尔从通讯社的报道中得知这件事，因此非常愤怒。她大声斥责这位副总理，威胁要打破联盟：罗斯勒令她大吃一惊，她看不透对方在使什么招数。罗斯勒的目的是复仇。在政府日常事务中，这位自民党领袖觉得自己不得不对基民盟低声下气，而此时在总统提名问题上又十分憋屈。黑 - 黄联盟再次处于破裂的边缘。

罗斯勒不能也不想退缩。社民党和绿党决定支持高克，他们对黑 - 黄联盟内部的裂痕感到高兴。默克尔的愤怒不了了之，不得不掉转身来。当她与霍斯特·泽霍夫商议时，后者只含糊地说："我们同意。"现在一切都进展得很快。默克尔在基民盟主席团的一次电话会议上同意这一转变。接着，她用手机亲自打电话给候任总统高克。她乘出租车找到高克，他从维也纳回来，刚抵达柏林 - 泰格尔机场。"您现在给新上任的总统开车，我们换个方向，"高克虚荣地嘱咐司机。晚上 8 点，默克尔与基民盟、基社盟、社民党、绿党和自民党的领导人一起向公众展示她的候选人。

由于选总统时的争吵，总理与自民党之间原本已紧张的关系进一步恶化。在默克尔看来，罗斯勒公开庆祝他的胜利并没有让事情向好的方向发展。在"政变"三天后，罗斯勒被电视节目主持人马库斯·兰兹带入政治浅滩。一个视频片段让人想起他在竞选自民党主席时的演讲宣言：他想像温水煮青蛙一样慢慢软化政治竞争对手，这样他们就不会注意到高温，直到自己被煮熟都没有反抗。"默克尔女士什么时候意识到'我是青蛙'？"兰兹问道。罗斯勒没有像政治智慧要求的那样审慎，理应避免将结论说给听众，他满不在乎地回答："估计在前面提到的基民盟主席团的电话会议上。"在默克尔看来，她对这个年近40的自民党主席的判断是对的。她让她的政府发言人简洁明了地宣布："用动物来比喻总理和副总理之间的关系是非常不恰当的。"

2012年3月18日，除了左翼党，联邦议会的所有政党都投票选举约阿希姆·高克为第十一任联邦总统。默克尔不想让高克成为总统的原因在过去两年几乎没有变化：她仍然担心，在政局困难时期，这位自恋、四处演讲的总统我行我素，可能是个不可预测的风险因素。在早些时候，她的保留态度似乎得到了证实。5月底，就在高克当选两个月后，他在首次正式访问以色列时，对默克尔的声明提出了疑问，即这个犹太国家的安全是德国国家利益的一部分；事后，他认为这是一个新手错误。第二年，由于人权问题，高克取消了前往俄罗斯索契奥运会的行程，这让正在努力缓和俄德关系的默克尔大为恼火。2015年，在"难民之秋"中，他谈到了德国人的胸怀宽广和有限的可能性，人们普遍认为这是批评默克尔的政策。

总的来说，默克尔和高克相处得比她预想的要好得多。在霍斯特·科勒和克里斯蒂安·伍尔夫辞职后，高克成了一位受人尊敬的联邦总统，据说他恢复了总统一职的威严。绝大多数人对这位罗斯托克的牧师感到满意，默克尔也从这种满意中受益。5

年后，她甚至希望高克能够竞选连任，以免去她再次选总统的麻烦。

罗 特 根

2012 年 3 月 18 日，联邦议会在选举高克担任总统时，默克尔和其他高层领导人已经在思考另一个完全不同的题目：四天前，北莱茵－威斯特法伦州议会的红－绿少数派政府未能得到过半支持，这意味着 5 月将要进行新选举。总理可能对此无动于衷，因为在基民盟领导的政府落选两年后，没人觉得它还会再次上台。紧张的是，这关系到环境部部长的未来。诺伯特·罗特根试图在该州建立自己的势力。2009 年，他击败了一位老朋友，赢得了莱茵河中部地区基民盟地区协会的主席职位，并在 2010 年初选中击败阿明·拉舍特，接管了整个地区协会的领导权。提前举行选举让总理的老伙伴和新对手陷入困境：他想留在柏林担任部长，但作为州主席，他很难拒绝杜塞尔多夫的最高候选人资格。

在总统选举的间隙，默克尔和基社盟主席泽霍夫在联邦议院总理办公室与罗特根交谈：在竞选期间，他必须确定，无论如何都要搬去杜塞尔多夫，无论是成为州长还是反对党领袖。其他任何选择都会损害基民盟的选举机会。这种说法的确没错，但罗特根却感觉到，两位党派领导人正试图排挤掉一个令他们不舒服的对手。他不愿意照做。在竞选活动中，他回避了这个问题：他解释道，由于他无论如何都会赢得选举、成为州长，成为反对党领导人这个选项根本就不会出现。在一次采访中，由于他措辞不当，选民"不幸地"作出了选择。他宣布州选举是对柏林欧元政策的投票，让默克尔为可能的失败承担连带责任。第二天，他收回了这句话，但人们一直到现在都认为，他与默克尔的关系已经永久地破裂了。

罗特根输了选举，甚至比预期的还要惨烈。2012 年 5 月 13 日，基民盟以 26.3％的支持率获得了该州历史上最差的选举结果。第二天，当默克尔和罗特根一起在柏林的党总部面对媒体时，记者们直截了当地问她是否还想让罗特根继续任职。总理用了一个复杂的句子作为回应，避免说"是"：为了能够合理设计能源转型，完成任务的连续性是必要的。基社盟主席霍斯特·泽霍夫的表达更明确。当晚，在与电视节目主持人克劳斯·克莱伯的对话中，他将联盟政党的危机全部推到落选的罗特根头上：由于罗特根在柏林和杜塞尔多夫之间犹豫不决，基民盟在北莱茵－威斯特法伦州的优势"像阳光下的冰淇淋甜筒一样融化了"。泽霍夫说这句话时，采访原本已经结束了，只有镜头仍在继续拍摄，泽霍夫随后说出了传奇性的话语："您可以把我说的所有内容全都播出去。"

默克尔随后采取行动。周二下午 5 点，她让罗特根前往总理府，建议他辞职。二人发生了激烈争论。罗特根指责默克尔在竞选期间未能保护他免受泽霍夫的攻击。无论默克尔强调她自己的需求（"现在是关于我"），还是特别提到罗特根"拒绝建议"，后来圈子里的观点各不相同。最后，默克尔给他一天的考虑时间。第二天内阁会议结束后，她把他拉到一边。罗特根明确表示他不会辞职，默克尔随后说她会解雇他。下午 4 点 30 分，她发布了一份冰冷的声明，这个声明只花了不到两分钟：能源转型是本届议会任期的核心项目，因此需要重新配置人员。

因为选举失败，罗特根的力量被削弱了。自从他在 2010 年初批评核能以来，他一直被商界部分群体看作是刺激因素，但一些环保人士并不信任他。2006 年他被调去德国工业联合会，并在 2011 年的一本出版物中为核电辩护。默克尔提到的能源转型充其量只是故事的一半，她对权力政治方面的原因保持沉默：不只是泽霍夫和议会党团主席考德尔，她自己也要与罗特根算账，后者已成了她的负担。

公众认为，这些都不足以成为罗特根辞职或被解雇的原因。罗特根没有像前国防部长弗朗茨·约瑟夫·荣格那样错误地向议会通报军事行动，也没有像前司法部长赫塔·多布勒－格梅林那样将美国总统与阿道夫·希特勒相提并论。公众有些不知所措。

总理冷酷地辞退罗特根使她受到非议。她解雇之前的盟友似乎是一种非同寻常的暴行；面对老对手，她总是需要等待，直到对方自己走向毁灭。不留情面的坦率在权力政治中很少见，在德国，很少出现正式解雇部长的情况，上一次是 10 年前：2002 年，格哈德·施罗德将国防部部长鲁道夫·沙尔平免职，当时联邦国防军正要执行危险任务，沙尔平却和女友在泳池嬉戏。

在接下来的周二，联盟议会党团的会议上争吵不断。即使是与环境部部长立场不同的同事们，也批评了他被解雇一事，例如北莱茵－威斯特法伦州议员沃尔夫冈·博斯巴赫。比例代表制也发挥了作用：基民盟最大的州协会失去了唯一的独立联邦部门，只剩下罗纳德·波法拉担任总理府部长。面对大范围的批评，两位最重要的基民盟部长朔伊布勒和冯德莱恩不得不在议会党团会议期间为默克尔辩护：他们称解雇罗特根是"可以理解的"。在正式发放解聘书时，联邦总统高克安慰了罗特根，祝愿他在未来的政治框架中有一席之地。在默克尔信任的伙伴彼得·欣茨的斡旋下，默克尔允许罗特根一年半后担任议会外交事务委员会主席。

总理任命她忠实的伙伴彼得·阿尔特迈尔成为罗特根的继任者。阿尔特迈尔作为联盟议会党团的议会常务董事，到目前为止一直在为欧元投票争取多数票。他已向人们证明，尽管他支持自由主义，但也能与保守派的代表人物打交道。他过去不敢奢望在政治生涯中能够成为联邦部长，因此非常高兴并心怀感激。与罗特根不同的是，他目前并没有进一步的野心，一方面是因为他来自一个小得多的联邦州。而另一方面，他曾说过："长得像我这样的政治人物，在今天的大众媒体中是进不了前排的。"他体重过重，上唇有先天裂痕，认为自己没有伴侣的单身生活是一个障碍："慈爱的上帝让我单身，独自度过一生。"

阿尔特迈尔上任后，对罗特根被免职的批评很快平息下去。内部政治纷争掩盖了一个危险景象，即欧洲主权债务危机正在走向另一个悬崖。

霸权的终结

联邦议院 2 月批准的希腊第二次援助计划没有维持多久。公投计划失败后上台的雅典技术官僚政府仅在 4 个月后就失去了议会多数席位。具有讽刺意味的是，基民盟的希腊保守派姊妹党新民主党的主席安多尼斯·萨马拉斯认为新选举是进一步实施紧缩措施的先决条件。选举于 2012 年 5 月 6 日举行，在北莱茵 - 威斯特法伦州选举的前一周，德国环境部部长正是因此下台。

幸运的是，另一件事在雅典动荡中受到了很多关注：同一天，社会党人弗朗索瓦·奥朗德在法国总统决选中击败保守党现任总统萨科齐。萨科齐近来是默克尔在欧洲事务中相当可靠的盟友。今年早些时候，默克尔和萨科齐甚至达成协议，默克尔会在法国的竞选活动中露面。然而，当萨科齐意识到默克尔会使他的名誉受损时，他反过来说："竞选活动是法国人的事。"

奥朗德的胜利标志着默克尔的转折点。这位候选人曾公开批评她要求减少国家债务和建立一个更具竞争力的欧洲，激起了虚幻的期望。在布鲁塞尔的舞台上，默克尔和萨科齐占主导地位的时代在很大程度上暂时结束了，但不仅仅是因为奥朗德上台。她也不能像对待贝卢斯科尼那样轻易地忽视意大利新总理马里奥·蒙蒂的愿望。毕竟，他是一位受人尊敬的专家，她自己也曾为他的上任作出过贡献。

巴黎的政权更迭让人们暂时忘记希腊问题的再度失控。社会党和保守党这两个之前受欢迎的政党在 5 月 6 日的选举中遭遇惨败，他们失去了 45 个百分点，加起来只得到了三分之一的选票。10 天内所有组建政府的尝试都失败了，因此总统宣布再次进行新选举，这次是在 6 月 17 日。金融市场和欧洲各国政府都情绪紧张：如果愿意与欧洲机构合作的政党再次落选，希腊就有可能以不受控制的方式退出欧元区——给其他危机国家带来无法估量的后果。当时意大利、西班牙或葡萄牙等国的情况非常脆弱，无法自保。因此，一些观察家认为，雅典重新选举对共同货币的威胁比之前或之后的任何事件都大。

经历了去年的动荡之后，相关机构决定为各种风险做好准备：自 2012 年 1 月以来，欧洲央行、欧元集团、欧盟委员会和国际货币基金组织的专家一直在制定紧急计划，以应对希腊人可能退出欧元区的情况。制定这个 "Z 计划" 时严格保密：工作组从不交换书面文件；国家元首和政府首脑也不知道危机的全部景象；外界一直强烈否认备选方案的存在。实际上没有一个参与者希望希腊退出欧元区。除了为紧急情况做好准备之外，该计划还有另一个功能：它在内部推测了后果的灾难性。这个信号产生了影响，对默克尔也是如此。

6 月 5 日晚，即希腊投票的前两周，默克尔在总理府接见了欧盟委员会主席若泽·曼努埃尔·巴罗佐。默克尔询问，布鲁塞尔是否已为紧急情况做好了准备。委员会主席点头，并提出要向她展示计划。她回答道，他的话对她来说已经足够了。巴罗佐补充说，希腊退出将导致一场灾难，但萨马拉斯将赢得选举。默克尔回答道，这正是问题所在：在竞选中，保守党成员正在破坏与各机构商定好的重组计划。

两人的看法都是正确的。安东尼斯·萨马拉斯在 6 月 17 日的选举中获胜，新民主党的支持率增加了 10 个百分点，获得了近 30% 的选票。此外，泛希腊社会主义运动的支持率为 12%，至少没有进一步下降，按照希腊的选举权，二者加在一起足以获得多数议会席位。37 岁的政治攀登者亚历克西斯·齐普拉斯领导的激进左翼联盟在 5 月大选前，曾是一个微不足道的小派别，其支持率增长至 27%，但在组建政府的过程中被排除在外。尽管选举结果不是对改革方案的有力承诺，但希腊人的投票结果已有力证明，他们支持愿意保留共同货币的政党。默克尔不想主动将希腊赶出欧元区，因此骰子已经落下。

希腊大选后的第二天，G20 峰会在墨西哥的洛斯卡沃斯召开。安全起见，默克尔选择了比平时更紧凑的行程，她一直待在柏林，直到收到雅典的选举结果——这让她有机会在家里观看德国队在乌克兰利沃夫以 2∶1 战胜丹麦队的欧锦赛预赛。她午夜才起飞。其他人也做好了准备，以防希腊大选引发新的动荡。欧洲央行行长马里奥·德拉吉待在法兰克福的办公桌前、欧元集团首席执行官让–克洛德·容克留在卢森堡、欧盟货币事务专员奥利·雷恩留在布鲁塞尔待命。

默克尔在一个僻静的海滨度假胜地度过了这关键的几小时，这里原本是美国客人的高档度假屋。从会议酒店的窗户可以看到大海，这些天墨西哥军队的巡逻艇扰乱了海滩上的乐趣。参会的国家领导人无论如何都没有心思去游泳，默克尔也是如此，她喜欢跳进乌克马克度假屋附近的湖中。当默克尔周一与美国总统进行双边会谈时，德国那边正是要上床睡觉的时间。

2012年6月18日，奥巴马递给她一份文件，他之前与意大利新任总理马里奥·蒙蒂达成一致：如果金融市场对欧元国家投机，欧洲央行应自动购买该国国债。在戛纳事件6个月后，美国总统再次与一个欧洲政府密谋反对德国总理。默克尔无法回应，央行的独立性在德国被认为是神圣不可侵犯的，尤其在执政党中。

当奥巴马和萨科齐在戛纳向总理施压时，她曾泪流满面，现在她只是表达愤怒——以至于奥巴马立即决定后退。他问他的经济顾问迈克尔·弗罗曼，为什么不事先将这份文件给其他代表团传阅，由此挽救了局面。弗罗曼后来领导了跨大西洋贸易及投资伙伴协议（TTIP，即美欧双边自由贸易协定）谈判，承认了所谓的疏忽。因此，该提案暂时被搁置。仅仅过了两个半月，理事会就于9月6日决定了一项影响深远的国债购买计划。但这是央行自己的决定，而不是根据政府首脑的指示。考虑到局势危急，默克尔表示能够接受这项计划，而且非常欢迎。

总理周三回到柏林-泰格尔时，欧元区的问题远未得到解决。接下来的一周里举行了欧盟峰会，紧接着联邦议院就欧洲稳定机制进行投票。6月26日，默克尔参加了联盟伙伴自民党的议会党团会议。议员们询问了欧元债券的可能性，即欧洲共同政府债券。默克尔表示，在德国过去的63年里，也未曾出现过各州联合债券；因此，欧洲也不会出现这种情况。她补充道：*只要我还活着*。人们立刻将其解读为：她严厉拒绝和欧洲人靠得更近。

6 月 28 日，在欧盟峰会上，默克尔在布鲁塞尔的一次晚间和夜间会议上，要求就计划中的欧洲银行联盟达成协议。谈判变得越来越艰难。总理先是取消了原定的新闻发布会，然后取消了与德国记者在峰会第一天结束时通常举行的背景讨论。凌晨 4 点 50 分，她精疲力竭地离开了议会大楼，新的一天在比利时首都开始了。出门时，她对着电视摄像机只说了几句简短的话：*已经决定的所有方案都在我们的方法框架内。并没什么新鲜情况*。

其他首脑没有停下公关工作。法国总统奥朗德在新闻发布会上宣布，已经就西班牙和意大利的紧急措施达成协议。意大利总理马里奥·蒙蒂谈到了货币联盟的不断强化：他已看到欧元债券的曙光正在从地平线上浮起。所有这一切听起来像是德国人的大撤退。在周五下午的新闻发布会上，即峰会举行的第二天结束时，柏林政府立即表示否认，总理也予以反驳。但德国总理的失败形象早已传播开来。

该协议的确具有公平互让的特点，也没有提到欧元债券。安格拉·默克尔从这次经历中吸取了教训。此后，无论她有多累，未举行记者招待会就离开理事会大楼——这种情况没有第二次出现。惯常的背景讨论成了这个新原则的牺牲品。她执政越久，就越不允许人们把目光伸向幕后。

周五早上，峰会继续进行了几个小时，默克尔只能在常去的阿米戈酒店作短暂休息。下午早些时候，她飞回柏林。她于下午 4 点 30 分左右抵达国会大厦，在对欧洲稳定机制和财政契约进行投票之前，先访问了联盟党团。下午 5 点 45 分，疲惫不堪的总理开始发表政府声明，长约 20 分钟。她辩称：布鲁塞尔对银行的决定受到严格限制，很不幸的是，今天的讲话仍会引起怀疑。

默克尔身体上的疲惫与投票结果所表达的政治疲惫相对应：联盟差点错过了具有象征意义的总理多数席位，即绝对多数。这表明，总理的地位已被削弱——即使这一结果没有产生任何政治后果，因为两个亲欧反对党社民党和联盟 90/ 绿党都一致投票支持欧洲稳定机制。在重要问题上，尽管默克尔并未有意识地追求，但她越来越能够依靠变化中的多数席位应对危机：从第一个欧元决议和逐步淘汰核能，再到 2015 年的难民问题都是如此。

希腊问题的解决方案

对默克尔来说，由于欧洲新的权力平衡以及国内政治原因，欧债危机中的政治即兴发挥已走到尽头，这一点变得越来越清晰。明年秋天下一次联邦选举的日期无情临近，情况变得更加如此。政府首脑们在建立欧洲稳定机制方面迈出了重要的一步，但希腊问题仍然悬而未决，因为该国在当年的两次竞选活动中未能达到预算目标。今年夏天，默克尔与来自欧洲及其他地区的许多政治和经济人士进行了磋商。她不乏尝试施加影响力。7 月底，美国财长蒂莫西·盖特纳在叙尔特岛的度假屋中会见了朔伊布勒，想让他同意宽松的货币政策，美国迄今为止通过这种政策缓解了各种经济衰退。朔伊布勒回答道，只有排除希腊，才能走向更紧密整合的财政联盟道路。盖特纳离开时，比任何时候都更忧心忡忡。

东方的经济强国也施加了类似的压力。8 月底，在默克尔飞往北京进行德中政府磋商之前，中国政府向德国发出了明确的信号。中国从一开始就欢迎引入欧洲共同货币，因为该国希望减少对美国的依赖。即使在欧债危机期间，中国领导层也没有偏离这项政策，他们购买了南欧国债并帮助遏制投机。投资者乔治·索罗斯在 2010 年甚至说，中国通过购买拯救了欧元。现在，中国政府宣布，与希腊的交易是一个测试：向德国政府明确表示，会把希腊退出欧元区视为"失败的信息"，即共同货币失败的明确信息。

默克尔身处的环境向她提出了两种理论。一个是"受感染的腿"理论：必须截去希腊，以便保持欧元区其他国家的健康，朔伊布勒赞成这个想法。另一个是"多米诺骨牌"理论：如果希腊倒台，其他受危机影响的国家也会一起被拖入深渊，甚至像意大利、法国这样的重量级国家也是如此；欧元将会完蛋，对金融市场和经济造成严重后果，最终也会对政治稳定造成影响。不仅华盛顿和北京相信这一点，欧洲央行执行委员会的成员也相信这一点。

2012 年 7 月 25 日，和往年一样，默克尔出席了拜罗伊特音乐节的开幕式。甚至知名媒体也以批评的语气指出，她穿着与几年前相同的衣服。4 天后，她到达了南蒂罗尔的度假屋。这不是她第一次利用空间距离来做决定。英国《经济学人》在 8 月 11 日的期刊中阐述了这一困境。杂志的封面图片展示了总理正在对着一个文件夹沉思，上面贴着标签"如何打破欧元"。大标题是《受诱惑了，安格拉?》。封面设计具有轰动性，编辑团队得出的结论是"救援比崩溃便宜"：一场新的"巴尔干地狱"的政治成本还没有算在其中；由于打破共同货币不符合德国的利益，总理最终会阻止它。

等到这版《经济学人》发行的时候，默克尔已经下定决心。

她于 8 月中旬从南蒂罗尔返回柏林，内心变得更加清晰。在与顾问的一轮交流中，她解释希腊退出欧元区的后果：你们都说：抱歉，最后我们不知道。如果你们不知道，那我就不会冒险。默克尔在一个小型会议中表达了她的另一项指导原则：我是一个实用主义者，也支持朔伊布勒的思维方式，他说，应该从最后的角度来思考问题，而不是从当前流行的角度。重要的不是今天媒体报道了什么，而是两年后人们会怎么想。换句话说：即使她现在选择对希腊强硬，并因此受到称赞，也会因为德国人在货币混乱中失去储蓄，最后被赶下台——这在选举策略上毫无意义。

外部框架条件促成了默克尔的让步，其中包括欧洲央行的行动。7 月 26 日，在假期开始之际，欧洲央行行长德拉吉用一句话安抚了市场。"在职权范围内，欧洲央行会不惜一切代价维护欧元。"他在伦敦的一次投资者会议上表示。无论怎样，"不惜一切代价"：没有什么承诺比这句话更有力的了，使得南欧国债的利差直接下降。这意味着暂时找到了一条出路，使进一步的援助计划变得多余。

由于央行在权力范围内行事，并以维护货币稳定为理由，默克尔默许了这一行动。根据人们掌握的信息，没有出现正式的交易，德拉吉温和地提出了总理可以接受的建议。一位同事描述，她与欧洲各国政府的会谈就像处在耶稣会信徒之间：重要的不是那些参与者说了什么，而是他们没说什么，以及他们不反对的对象。这种解决方案的魅力在于，不必立即用政治手段干预，这与在法国的戛纳和墨西哥的洛斯卡沃斯法国和意大利获得美国支持后对她提出要求的做法不同。

9 月，联邦宪法法院最终驳回了反对批准欧洲稳定机制条约的紧急动议。永久性救助计划因此得以开始运作，欧元区稳定的另一个障碍也被消除了。

默克尔故意发出象征性的政治信号，而不是正式宣布改变策略。9 月 26 日，她在朔伊布勒 70 岁生日的庆祝活动上发表讲话，联盟议会党团受邀到德国剧院参加庆祝活动。演员乌尔里希·马特斯朗读了席勒的《人质》和库尔特·图霍斯基对柏林的赞美诗。正是朔伊布勒 1991 年在联邦议院发表演讲才使柏林成为新的政府所在地。后来成为欧洲央行行长、现任国际货币基金组织总裁、前法国财长克里斯蒂娜·拉加德与这位来自巴登的政治家关系密切，并对这位前同事赞不绝口。随后，默克尔说道：我们都知道，欧洲在您的心中。她这样做也是明确地承诺。她强调了欧洲一体化的首要地位，并在这方面遵循朔伊布勒的原则。如此一来，两人就化解了 2010 年的分歧。在欧债危机之初，朔伊布勒支持果断的欧洲解决方案，而默克尔犹豫不决，后来又强迫国际货币基金组织参与进来；但朔伊布勒对希腊的同情很快就消退了。

作为和解的标志，在她的"不冒险"演讲之后，总理向寿星提出了一个不寻常的提议。朔伊布勒的妻子向她介绍优秀电影《纯真友谊》，影片里公正地讲述了一位截瘫患者和他的护理员之间的故事，她还提到，沃尔夫冈·朔伊布勒由于太忙还没看过这部电影。默克尔立即领会，并邀请她最重要的部长去看电影。现在去是不是太蠢了？她迟疑地问道。朔伊布勒回答说："哈，我们为什么不去电影院呢？" 2012 年春天，两人前往亚历山大广场附近的一家电影院。他们没怎么说话，因为他们在餐厅里看了一场足球比赛。这个姿态就够了。

朔伊布勒生日派对后的第二天，一场更加惊人的和解接踵而至。在德国历史博物馆的天井，康拉德·阿登纳基金会组织了一场仪式，纪念赫尔穆特·科尔自 1982 年起执政 30 周年。2007 年也曾举办过 25 周年纪念活动，但是默克尔没有留意到。这次仪式正好能够列入她的计划，她的决定也是科尔的心愿：希腊应该留在欧元区。还有什么比前总理的支持能够更好地保护新策略免受保守派批评呢？默克尔赞扬了赫尔穆特·科尔的亲欧立场，科尔回应道："欧洲万岁！"

　　两周后，即 10 月 9 日，默克尔自危机开始以来首次飞往雅典。她拜访了保守派同事萨马拉斯，萨马拉斯愿意继续施行紧缩计划。很长一段时间以来，德国总理的顾问们一直在考虑该旅行的合适时机。默克尔使用了她以前避免使用的照片，她认为这些照片现在是没问题的。在飞机上，面对同行记者，她承认了"多米诺骨牌"理论，即希腊的离开可能危及整个欧元区；并表明自己是"受感染的腿"理论的坚定反对者，即只需要摆脱希腊，便可以保证其余货币区的健康。她说，如果脚一直疼，人们可以很轻易地认为截肢是最好的解决办法。这总归是一个谬论：你既不能走得更好，也不能毫无痛苦地生活。

　　默克尔的政策改变也伴随着德国公众意见的突然转变。在 2012 年 10 月的德国电视二台"政治晴雨表"中，46% 的受访者支持希腊留在货币联盟中，45% 的人表示反对。两个月前，这一比例还是 61% 比 31%。2011 年夏天对扩大临时救助计划的投票颇有争议，现在仅过去一年，德国对欧元的怀疑达到了高潮。根据阿伦斯巴赫的一项调查，只有 21% 的德国人认为，加入欧盟主要给德国带来不利。联盟中的联邦议院成员也注意到，来自民众的抗议邮件数量急剧下降。早在夏末，默克尔的随行人员就表示，欧元危机应该在 2013 年大选年开始之前从公众视野中消失。这愿望在很大程度上已经实现了。

德国选择党

尽管如此，默克尔还是无法阻止反欧政党的成立。2013年2月6日，18名男子在奥伯鲁塞尔基督教堂的教区大厅会面，将已成立5个月的"支持2013年选举替代方案协会"改成一个政党。伯恩德·卢克担任发言人，他是汉堡大学的经济学教授，迄今为止默默无闻，他与妻子和5个孩子住在卢厄河畔温森的一栋排屋里。卢克建议，将新政党改名为"德国和欧洲选择党"，但没有获得多数支持。同伴们抱怨后，他不得不将其更改为"德国选择党"。

在关于名称的辩论中，一种国家主义基调显现出来，这种基调在该党的初始核心问题上总是产生共鸣：对欧元的根本性批评。德国选择党4月召开第一次党代会时，制定了一份极为简洁的选举宣言，核心是要求"有序地解散欧元区"。

从一开始，德国选择党就不只针对某项政策，而且针对代表这些政策的人：反对安格拉·默克尔。党派的新名称暗示了默克尔在2010年春季说过的话，即除了对希腊的援助计划之外别无选择。长期以来，经济自由主义者和民族保守主义者一直将基民盟主席视为头号敌人。一些人指责该党所谓的"社会民主化"；而另一些人则批评，默克尔早在2010年就让她的政府发言人宣布，畅销书作家蒂洛·萨拉钦的伊斯兰恐惧症论点对融入讨论"毫无帮助"。在这些圈子里，总理被看作是背叛了德国保守主义的女性，而温和派则以冷静的善意看待她。

憎恨默克尔的人认为她的政策跨越了"红线"、毁了国家或整个大陆的政策；更重要的是，没有一个主流政治力量反对她的决定。反对党社民党和绿党认为欧洲一体化是德国国家利益的一部分，他们在大多数情况下都同意为负债累累的成员国提供担保。

一开始，两股主要的力量汇合到德国选择党。例如记者康拉德·亚当或前基民盟党人亚历山大·高兰等人在全国范围内持更保守的观点，他们认为默克尔背叛了国家和家庭传统观念；其他人，除了卢克，还有前德国工业联合会主席汉斯－奥拉夫·汉克尔或图宾根的经济学教授约阿希姆·斯塔巴蒂，主要从经济角度攻击总理。他们中的许多人从一开始就批评引入欧元，并警告不要建立一个资金从北向南流动的"财政转移联盟"；像欧元区这样的异质结构，共同的货币政策是不可能的。这一派系的前提是，德国这个建于 19 世纪的民族国家是所有经济活动的合法范围；该党后来的发展及其创始人的思想都体现了这一点。

在更广泛的公众中，纯粹的经济论点几乎没有引起共鸣。德国选择党在全国范围内唤起了怨愤之后，越过了 5% 的门槛。如果他们所谓的"另一个欧洲"的请求被理解为"反对欧洲"的呼声，围绕卢克这个创始人也会欣然接受。如果没有这些教授们头上的可靠光环，这个右翼政党可能不会出现。他们由此成为这场运动的助产士，但这场运动离他们的初衷越来越远。

在 2013 年 9 月的联邦大选中，默克尔再次算对了：欧债危机的平息使得这个新成立的政党未能越过 5% 的门槛。但随后选举日程的巧合帮助了该党：一年后，即 2014 年夏末，三个东德联邦州的州选举即将开启。

在勃兰登堡、萨克森和图林根，德国选择党很快得到了大约 10% 的选票。这是难民问题前一年的政治突破。在这些州，德国选择党获得了许多支持原动力。与默克尔的党内批评者的说法相反，这些支持者中的大部分，以前并不是基民盟的选民。根据分析，在勃兰登堡的 8.8 万名德国选择党选民中，只有 1.8 万人过去曾支持基民盟；其余选民则来自左翼党、自民党、社民党、德国人民联盟或非选民阵营。只有绿党——在社会政治方面与德国选择党最为对立——其选民没有流向后者。尽管德国选择党的干部中有一些前基民盟成员，但与基民盟的右翼分支有着根本区别。

四分之一个世纪已经过去，西德左翼自由派对德国民主文化的担忧似乎得到了证实，因为中东欧的其他国家中也出现了类似趋势。默克尔执政阶段的后期一直在与这种现象打交道。

欧元体系中期结算

德国选择党的成立并没有改变这样一个事实，即欧债危机的严重阶段最迟在 2012 年秋季结束。问题是，人们能否更早地以更低的成本获得这一成果。假如默克尔在 2010 年春季向法国总统萨科齐或前任总理科尔屈服，并同意对希腊提供大量援助，情况会怎样？其他欧元国家是否会最先丧失投资者的信心，尤其是经济实力雄厚的意大利或当时公债水平相对较低的西班牙？默克尔为希腊发起的债务削减是否真正助长了市场恐慌？如果德国采取不同政策，南欧是否还会出现欧元剧变和重大社会危机？

默克尔助长了欧洲大陆的危机——这是一个沉重的指控，也是她任期内遭受的最严重的指控。这个话题引起了基民盟内部亲欧派的关注。唯一公开谈论此事的基民盟人士是被默克尔解雇的环境部部长诺伯特·罗特根。"如果我们发出欧盟团结一致的信号，刚开始就不会出现信任危机"，他在 2012 年底说道，当时危机已在一定程度上平静下来。"根据现在掌握的情况，有一些迹象表明，这个信号并没有失去它的作用"，这位前部长补充道：

"那时，我并不是说这话的人之一，但现在可以批评联邦政府那时的态度了。"

波兰外长拉多斯瓦夫·西科尔斯基也发表了类似的声明。作为经济自由派波兰公民平台的成员，没有人认为他会沉默。"柏林坚持紧缩和改革是可以理解的，但如果压力过大，就会扼杀经济增长，"他在2012年的秋季说道，"在这方面犯了非常严重的错误，例如，在对希腊的第一批救援方案中，按非常高的比例强制要求大幅紧缩来换取贷款。修复这些错误将使欧洲付出相当大的代价。"在前一年的一次演讲中，西科尔斯基已经表示，与德国的无所作为相比，他更害怕德国的力量——暗指德国是一个不愿屈服的霸权，并且没有在欧洲发挥它应有的作用。

事后很难回答这些问题。在经济政策方面，默克尔的路线或许不是"别无选择"。与她的前任、"巴斯塔"政治家格哈德·施罗德相比，总理使用这个词更加谨慎。2004年，她将莱比锡党代会决定的按人头计算的医保费率称为别无选择的方案，2007年她用这个词形容欧洲一体化进程。2009年2月，她谈到收购裕宝地产银行：我们已经仔细权衡过了。我认为除此之外别无选择。2010年5月初，在联邦议院制定希腊救援计划时，她最后一次用了这个表达：为了确保欧元区的金融稳定，除了批准对希腊的援助之外，别无选择。两周后，她弱化了关于欧洲金融稳定基金的政府声明中的措辞：为了确保整个欧元区的稳定，没有其他合理的替代方案了。

在6月的银行联盟峰会之后，美国《时代》杂志的欧洲版为总理辩护，标题是《为什么每个人都要憎恨安格拉·默克尔——为什么大家都错了》，文章里写道："她有充分的理由反对宏大的计划，接受规模较小的可行性方案。"

8 月，罗马左翼自由派报纸《共和报》欣喜若狂地评论正在发生的变化。"现在是从爱国者到欧洲人的转变吗？或者说是对'时代精神'的适应，用奥朗德和蒙蒂代替萨科齐和贝卢斯科尼？"报纸问道，并且给出了答案："可能两者兼而有之。安格拉·默克尔并不是从昨天开始才表现出愿意转变和大胆跳跃的性格。"

不管默克尔的政策会产生何种经济代价：她在向时而非常抗拒的德国人介绍欧元援助政策时使用的政治手段非常令人惊讶；直到时机对她有利，她才暂时结束这个话题。在与巴罗佐谈话时，默克尔本人曾表示，作为最后手段，她不排除针对国内的欧元怀疑论者采取下一步行动。她慢慢地让同胞们适应了新现实。

德国人对欧洲的态度总是比民调结果更加矛盾。他们并没有分裂成两个尖锐的阵营；在调查中，许多德国公民本身也摇摆不定。例如 2012 年 7 月，德国电视一台的"德国趋势"调查显示，54%的受访者表示，他们可以设想为所有欧元区国家的债务承担共同责任，五分之四的支持者表示要确立明确规则。这似乎意味着欧盟可以拥有更多的权力，但再详细询问时，大多数德国人又拒绝了这一点。这大概正像民意调查员马蒂亚斯·荣格推测的那样：德国人不想被细节困扰。他们想保留自己的货币，不让危机影响自己国家的人民，但如果可能的话，不需要付出任何代价。这为政治领导创造了空间，默克尔只是在有限的范围内填补了这一空间——或者只是打算这样做。

在国内，人民变化无常，联盟受到侵蚀，反对党步步紧逼；在欧洲，同事们争强好胜；在华盛顿，奥巴马强人所难，专家们为危机管理的正确方向争论不休：一次又一次，总理仿佛已经失去了目标。

这场危机使得从荷兰到希腊等许多欧洲国家的政府垮台，但大多数德国人更愿意在困难中坚持久经考验的做法。一方面，在欧元区动荡期间，德国仍然保持经济繁荣；另一方面，德国人根深蒂固的恐惧导致了对安全的强烈需求。此前，默克尔的支持率在黑－黄政府执政期间跌至最低；然而调整欧元政策之后，人们对她的满意程度上升到了新高度。2012 年夏天，66% 的德国人对默克尔政府的工作感到满意，是 2009 年联邦大选以来的最高水平。60% 的绿党选民和超过 50% 的社民党选民认为默克尔的危机策略是正确的。

12 月初，基民盟党代会在汉诺威召开。在该会议上，基民盟原本打算为第二年的选举做准备，然而这个话题仅排到次要地位。默克尔在讲话的后面部分提到了这个问题：我现在可以松口气了。可以说，欧元已经被拯救了，它至少是安全的。她表达了国内很多人的想法，然后继续说：我想明确说明：我们应该保持谨慎。最重要的是，她要保证自己的安全，因此她暗示，德国人可能需要一位久经考验的危机总理，在 2013 年 9 月的大选之后也是如此。默克尔偶尔会提醒她的人民，风险仍然存在。另外，反对党社民党回避了欧洲主题。在默克尔看来，她在这个领域是无懈可击的，社民党也表示支持，并赞同她在关键问题上所推行的政策。

有那么一瞬间，默克尔似乎想做她在 2010 年春天避免做的事情：利用危机推进欧洲统一。11 月初，她异常严肃地在欧洲议会前宣布，要支持更紧密的欧洲一体化进程：我将努力确保我们能够在 12 月制定关于新经济和货币联盟的宏伟计划。我赞成委员会有朝一日成为一个欧洲政府。我赞成理事会成为第二议院。我赞成欧洲议会拥有处理欧洲事务的权限。在我看来，没有别的途径可以走得很长远。这几乎是她的心愿，即欧盟从一个国家联盟转变为一个联邦国家——换句话说，建立乌尔苏拉·冯德莱恩部长去年就主张的"欧罗巴合众国"。

直到 6 周后在布鲁塞尔举行的 12 月峰会之前，这些想法并未付诸行动。默克尔再一次转变态度，避免公开发表评论。在峰会召开前夕，很明显，实现更紧密一体化的道路比预期要困难得多——而且以新的财政要求为前提，尤其是来自法国。默克尔不想在大选前给德国人带来负担。

由此产生了一个自相矛盾的局面。默克尔告诫世界不要沉睡，欧洲迫切需要改革，欧洲人必须跟上全球竞争的步伐；然而，当涉及德国的具体变化时，她什么也没做。重要的是：她的受欢迎程度很高，因为她让德国人远离了各种形式的不合理要求和焦虑不安。即使在柏林墙倒塌、冷战铁幕落下的 20 年后，旧的安全思想仍主导着西德人的头脑。这位物理学家在 1989 年至 1990 年的东欧剧变后开始从政，她很晚才明白这一点，并将其烙在心中。这使她变得保守。

3. 乌克兰危机 (2013—2015)

凯旋之前

2005 年，默克尔在获胜希望渺茫的情况下进入总理府，现在已经是她任职的第八个年头了。她执政的时间比所有人最初设想的都要长。很明显，她将在 2013 年联邦大选中再次作为基民盟候选人参加竞选。2011 年夏天，她在电视采访中顺带讽刺了反对党社民党的领导问题：*所以，我希望在下次联邦大选中，我*

有一位社民党对手，她说道——并暗示她已经确认参选了。

"社民党对手"——总理的嘲讽戳中了社民党的痛处。首批候选人是社民党主席西格玛尔·加布里埃尔和前外交部部长弗兰克－瓦尔特·施泰因迈尔，当时二人都不太愿意参选。加布里埃尔的人气低下，正在苦苦挣扎；施泰因迈尔不想再遭遇第二次失败——他无疑没有获胜的希望。面对这种情况，一位退下政坛的人物突然凭借畅销书成功地重返舞台：在2008年的危机中颇有声望的财政部部长佩尔·施泰因布吕克。他在著作《结余》中与自己的政党达成和解，受到公众的欢迎。一方面，他为总理候选人的前景感到陶醉；另一方面，他也具备这个角色的特质。前总理赫尔穆特·施密特在接受《明镜周刊》采访时对他表示认可："他能做到。"这句话也成了文章的标题。

施泰因布吕克公开对加布里埃尔表示不满。在默克尔成功扭转希腊局面后，根据民意调查，原本社民党较高的支持率悄悄蒸发。总理的竞选对手出现的时间比预料的更早。早在2012年9月底，即大选前一年，社民党就匆忙宣布施泰因布吕克作为默克尔的挑战者。总理并未低估对手，她一如既往地平静，这次甚至比任何时候都更加镇定。她冷静地观察，施泰因布吕克如何在近似毫无准备的情况下搬进一个同样不专业的党总部。

在反对党社民党没落的同时，默克尔的联盟伙伴自民党在危机中也越陷越深。党内大多数人早就背弃新主席菲利普·罗斯勒。默克尔与一个饱受打击的伙伴一起参加选举：许多基民盟党人认为，这种联盟难以延续，同时也不受欢迎；甚至保守派的支持者也不再称之为"心愿联盟"。2009年，自民党获得了创纪录的14.6%的支持率，之后恢复到正常水平。基民盟各个部门都把赢回流失的选民当作目标，没有人愿意再把选票"借给"自民党。

此外，自民党的雷纳·布吕德勒先是从副总理降级为议会党团主席，现在又被"重新激活"，有望成为首席候选人。不久后他被指控性别歧视，在竞选的最后阶段由于严重摔伤而影响力下降。这位年长的西德男子自己退出了比赛，他性格亲切和蔼、平易近人，与默克尔截然相反。这种情况不是第一次出现。布吕德勒在选举前一周发起了一场"借用选票"的运动，结果令人失望，使这场溃败更加不幸。即使默克尔想帮助联盟伙伴，她也不能再这样做了。她并不缺替代联盟的人选。

一个意想不到的外交因素给竞选带来危险。6 月初，英国《卫报》开始公布美国国家安全局的文件，这些文件由吹哨人爱德华·斯诺登曝光。人们怀疑美国对德国公民的电子邮件和电话进行了大规模监视。对默克尔来说，竞选中出现丑闻是一个危险。她执政之初作为"外交总理"与美国走得很近，对伊拉克战争的支持差点让她付出严重代价，因此需要特别谨慎。她与美国总统巴拉克·奥巴马的关系刚刚有所缓和，现在不得不公开表示疏远。

在奥巴马 5 年前的第一次竞选中，德国总理拒绝这位民主党总统候选人在勃兰登堡门前登台露面。很长一段时间以来，她都对这位在德国很受欢迎的政治家的执政风格表示怀疑。奥巴马后来在勃兰登堡门西边的胜利纪念柱举行演讲，吸引了大批民众前往围观：默克尔认为，他讲话时的高昂基调已埋下了未来失望的种子，违背了理性期望管理的所有原则。奥巴马的第一个任期伴随着关于医疗改革的激烈争论，证实了她的猜想。

这位出生在夏威夷的政治家最初奉行太平洋外交政策，很大程度上忽视了旧大陆。在开始的 4 年里，他没有对德国首都进行访问，只在 2009 年春天前往巴登 – 巴登参加北约峰会，并于同年参观了德国图林根州魏玛附近的布痕瓦尔德集中营，作为重视犹太群体的象征性姿态，以平衡之前针对穆斯林世界的开罗演讲；他拒绝了为该目的前往以色列的想法。在德累斯顿王宫与默克尔会面并不是此行的重点。奥巴马在第二个任期才与欧洲人接触，最迟在 2014 年乌克兰危机之前，他才与德国总理建立了紧密的信任关系。

2013 年 6 月 19 日，在德国大选之初，奥巴马终于来到柏林，开始了期待已久的访问。当总统和总理出现在媒体面前时，美国国家安全局的丑闻成了主要话题。作为外交掩护，默克尔客观地指出，全球网络中的许多法律问题仍未得到解答：互联网对我们所有人来说都是新领域。这句不合时宜的表达引来了全网嘲讽，甚至暂时超过了监听丑闻的风头。两周后，即 7 月 1 日，她的政府发言人的表述更加明确："在朋友之间窃听是不可接受的。这根本行不通。"默克尔稍后亲自重复了这句话。

在那几周里，总理不得不进行政治表演，但方式与公众想象的不同。她公开提出了华盛顿无法执行的要求；更糟的是：她对一个根本没有激怒她的话题感到愤怒。在与奥巴马的内部会谈中，默克尔只是对自己的"公关问题"感到恼火，而"不是因为窃听事件本身"，后来总统顾问本·罗德斯这样说道。虽然窃听丑闻最初由盎格鲁－撒克逊媒体圈曝光，但德国人的讨论最为激烈，并表达了许多天真的愤怒。

柏林的行家们并不相信，美国这个仅剩的超级大国是在"9·11"袭恐怖击事件之后才开始在世界各地进行强有力的间谍活动。德国情报部门并不急切致力于结束这种局面：对他们来说，与美国的合作是克服自身法律或技术障碍的好机会。目前尚不清楚的是，美国国家安全局及其德国合作伙伴是否真的严重违反德国法律，到了斯诺登揭露的那种程度。联邦检察院于 2017 年秋季停止了此类调查。默克尔对美国的三个行为感到不安：美国无法保护自己情报部门的信息；这个丑闻发生在联邦选举之前；他们没有对德国公众作出公开让步。

经验丰富的竞选家奥巴马以自己的方式表达了对总理身处窘境的理解：他没有反驳德国政府空洞的保护声明，也没有对因愤怒引发的示威姿态表示不满。2013 年 7 月 2 日，外交部部长吉多·韦斯特韦勒向盟友迈出了不寻常的一步：召见美国大使。8 月初，德国总理派出一个由德国政府官员组成的代表团前往华盛顿。"美国方面提议我们签署《无间谍协议》"，罗纳德·波法拉在 8 月的议会审查委员会会议后表示。

这样的提议是否存在，以及它的意义有多大，人们无从知晓。5 个月后，总理收到了谈判失败的正式"结果报告"，两周后她告知联邦议院。2017 年 2 月，默克尔在监听事件调查委员会露面，并在这里嗅到了危险：她像模范学生一样做好了准备，一丝不苟地整理了所有引述和会议记录。由于十分激动，她在校对个人资料时不经意说出了娘家姓：*我的名字是安格拉·多罗特娅·卡斯纳*。

从长远来看，与奥巴马发生冲突会产生更严重的后果，国内公众对此却很少关注。去年，德国总理对美国总统在叙利亚内战问题上的决定感到恼火：如果那里的统治者巴沙尔·阿萨德对自己的人民使用毒气，他将越过"红线"；这将产生"极大后果"。这种断言与默克尔的行为座右铭不符：在尽可能长的时间内预备尽可能多的选择。另外，总理也对军事干预持怀疑态度。

2013 年夏天，就在联邦大选前不久，出现了紧急情况。8 月 21 日，就在奥巴马发表"红线"演讲一年后，叙利亚东古塔地区发生毒气袭击事件，造成数百人死亡。这给总统带来了压力，人们不知他会作何反应。默克尔派去了外交部部长。在被问到德国是否会派兵时，韦斯特韦勒说："没人提这种派兵要求，我们也不考虑。"默克尔的政府发言人补充道，韦斯特韦勒的发言代表"整个联邦政府"："我们不考虑进行军事打击。"

并不需要费很大力气去说服华盛顿。奥巴马正在努力带领美国走出损失惨重的海外任务泥潭；他不想将美国拖入新的冒险。在抛出"红线"说辞之后，问题变得棘手。最终，俄罗斯总统弗拉基米尔·普京出手相助，他对美国的干预或进一步削弱阿萨德力量不感兴趣：9 月初在圣彼得堡的 G20 峰会上，他作为东道主促成妥协，即销毁叙利亚的化学武器，从而使美国总统摆脱了困境。

对安格拉·默克尔来说，叙利亚后来扮演着特殊的角色，但当时仍是一个非常遥远的话题。在默克尔前往圣彼得堡之前不久，她和施泰因布吕克进行了电视辩论，冲突并不是焦点。人们记住了两句话：有我在，就不会收汽车通行费。默克尔驳回了基社盟的要求，这项费用在巴伐利亚以外地区非常不受欢迎。该项目最终失败的原因不是她，而是欧洲法院。另一句话为她赢得了大量德国选民的支持：您认识我。在国际危机期间，德国人相信一位能够作出惊人转变的女性的判断。自 2008 年以来的 5 年危机证明，她能够轻松地领导德国度过全球政治风暴。但下一个立法期出现了意想不到的事。

大获全胜

选举当晚，基民盟高层举行了前所未有的庆祝活动。他们在 2013 年 9 月 22 日一起登台：议会党团主席沃尔克·考德尔拿着麦克风，劳工部部长乌尔苏拉·冯德莱恩跳起舞，秘书长赫尔曼·格罗挥舞着一面小国旗，默克尔从他手里把小国旗接了过来：在热情洋溢的欢呼声中，一切看起来都像是耀武扬威的德国新胜利主义。在这个欧洲大陆上最成功的保守党的总部里，响起了朋克乐队"死裤子"的歌曲，仅此一点就说明社会发生了变化。"在这样的日子里／人们希望无限，"考德尔唱道，"在千千万万个夜晚中／这一夜充满希望／我们经历了最精彩的时刻／永无止境，"党主席默克尔也小心翼翼地随着音乐节拍舞动。在这个不寻常的政治场合，甚至她的丈夫也一起欢庆。

这天晚上，默克尔和她的团队有理由庆祝。联盟党获得41.5％的选票：这不仅比上次增加了7.7个百分点，这也是一个超出预期和长期趋势的结果。欧洲各地的记者和政治学家都认为这个全民党的选举成绩是超越性的，并解释了为什么它长久以来的支持率都低于40％。1994年，赫尔穆特·科尔成功连任时的选举结果也和这次一样喜人，至今已过去了将近20年。这个结果来之不易，默克尔的上个任期几乎在债务危机中迷失了方向，黑–黄联盟也陷入混乱。她的坚持再次获得了回报，末日预言家们又一次失算了。

党内干部和记者中的怀疑者认为，此次执政将会更加困难。尽管德国选择党勉强未能进入议会，但他们从自民党那里夺走了决定性的选票，使其不幸成为议会外的反对党，这是自联邦共和国成立以来的首次。正是那些批评欧元援助项目的人使默克尔不得不与社民党或绿党一起执政，至少这两个党的选举宣言表现得比总理本人更亲欧。人们说，默克尔要对其中一个党在其他政治领域作出痛苦让步。

经历了4年的艰难岁月之后，她离开自民党实际上为她提供了一个可喜的机会，能够再次扩大政治基础。最容易实现这一点的方法是与绿党结盟。有很多理由支持这种组合，尤其人们普遍认为，从长期来看，一个大联盟政府会危及民主。与自民党长达4年的联盟经验表明，这种结合存在着社会两极分化的风险，可能会突然再次出现左派多数政府：在新当选的联邦议院中，红－红－绿① 三党议员总共占了631个席位中的320个席位。在联邦层面，这三党目前没有组阁意向，主要是因为左翼党对与西方联盟和北约成员身份持怀疑态度，但社民党和绿党认为这是国家利益的一部分。

在联盟党内部，黑－绿组合这个选项仍存在争议。议会党团主席考德尔和总理府部长罗纳德·波法拉都对此表示怀疑。基社盟和工人派系也倾向与社民党结盟，社民党承诺在社会和工业政策问题上达成更大的共识，而不是与以生态为导向、受过学术教育的资产阶级精英结盟。黑－绿联盟的支持者包括巴登－符腾堡州，北莱茵－威斯特法伦州和莱茵兰－法尔茨州的基民盟主席：托马斯·施特罗布尔、阿明·拉舍特、朱莉娅·克洛克纳。施特罗布尔的岳父沃尔夫冈·朔伊布勒长期以来一直努力与绿党建立联系，1994年他担任议会党团主席时，促成绿党人士首次当选联邦议院副议长。

由于新的绿党领导层缺乏勇气，并且首席候选人于尔根·特里廷缺乏意愿，最终黑－绿联盟没有成功。尽管特里廷辞去了党团主席的职务，但他在谈判中仍有决定性的发言权，因为只有他能够为这样一个联盟争取党内左翼的支持。基民盟的领导层后来表示，他们早就应当把特里廷争取过来，但为时已晚。

---

① 社民党的代表颜色是红色，左翼党倾向于使用红色或深红色。——译者注

10 月 15 日到 16 日的晚上，即大选后的三周，最终决定出炉。下午 5 点左右，默克尔召集各代表参加议会协会的第二次试探性会谈，参会者包括基民盟和基社盟各 7 人，绿党 8 人。之后，参会者都称赞会谈气氛专业，但绿党还没有为新的联盟做好准备。又过了一个半小时，他们退回再进行内部协商，之后作出了决定。

"这还不够，"第二位最高候选人卡特琳·戈林－艾卡特疲倦地对着电视摄像机说道。"特里廷阻止了联盟，"朔伊布勒后来表示惋惜。据称，绿党暗示过，如果大联盟组阁失败，联盟党可以再找他们试一试。

默克尔并不这样认为。对她来说，黑－绿联合的失败是个人的失败，她比当时公众看到的要深刻。参会者回忆道，默克尔向绿党代表道别时说：历史上会出现这种情况，一扇门先是打开了，然后又关上了。她后来在党代会的演讲中表示：太可惜了。

4 年后，联盟党和绿党加在一起没有足够多的选票；三党联合组阁的计划也因自民党的固执而失败。在 9 月 22 日同一天，黑森州举行了州议会选举，诞生了该州的第一个黑－绿联盟；3 年后，巴登－符腾堡州也是如此。道路已经畅通。但在 2013 年，由于两党的部分追随者在思想和精神上相距甚远，尚缺乏这样的组阁先例。第一个州级黑－绿联盟（汉堡州）早在 2010 年底就失败了，两党仅共同执政两年半。

默克尔别无选择，只能在她的总理任期内第二次与社民党结成大联盟。与 2005 年相比，情况发生了变化。当时两个全民党的实力大致相同，现在联盟党的议员人数几乎是社民党的两倍。正如 8 年前施罗德在选举那晚的经历一样，没有人再质疑默克尔担任政府首脑的资格。混乱的黑－黄联盟的教训更重要：默克尔这一次希望更全面、更从容地商谈联盟协议，而不是肤浅、草率地谈判，以便从一开始就减少未来冲突的可能性。自民党惨败后，相关人士得出结论，各党派也必须履行关键的选举承诺：自民党承诺过要进行重大税制改革，但后来甚至没有接管财政部门，这也是他们失败的一个原因。不管这些教训是否正确：默克尔都采取了相应的行动。

基民盟和基社盟带着一堆选举承诺开始了联盟谈判，他们自己最初并不相信这些承诺能够实现。在上届基民盟党代会上，妇女联盟要求，为1992年之前出生的孩子的父母在养老金中加入额外一年的育儿期抚恤金。劳工部部长冯德莱恩要求在竞选纲领中加入这一条，即在监事会中引入具有约束力的女性配额，否则就在反对党的投票中通过该法律，并威胁辞职——这是对总理的直接"叛变"。最后，经过长时间的讨论，联盟党在计划中引入了具有约束力的工资下限，即一种最低工资。

基民盟的经济派在选举前一直保持沉默，因为他们预计黑-黄联盟会继续存在，并且无论如何都会因为自民党而计划失败。基民盟经济委员会主席在竞选中冷静地说："选举承诺从来都不被逐条纳入政府纲领。"他错了。在谈判中，未来的联盟伙伴没有反对他们的愿望，而是把它们加入协议中。作为让步，默克尔也同意了社民党的一项要求，这在养老金政策中尤为明显：社民党同意了基民盟提出的"63岁退休"政策，同时基民盟同意了社民党的"母亲养老金"[1]。这对默克尔没有坏处，此类决议只会增加她的声望。"最低工资"得到了民众更热烈的欢迎，绝大多

---

[1]　对生育子女的父母补贴养老金，金额不固定，按养老金积点核算；多为母亲申请，对男性也适用。——译者注

数西方工业化国家都存在这种制度。

比协议更重要的是人事安排，这决定了默克尔在随后几年的施展空间。默克尔首先保留了财政部部长朔伊布勒的职位，因为社民党没有涉足该部门：党主席加布里埃尔不想当严厉的财务主管，避免使自己不受欢迎，他更愿意待在经济部，为社民党获得更多的经济权力。社民党的前任秘书长安德里亚·纳勒斯负责劳工部，因此总理不得不为该部门的前负责人乌尔苏拉·冯德莱恩寻找新的职位，她毕竟被视为默克尔的潜在继任者。冯德莱恩不想被一个二等职位打发。由于社民党负责外交部，内政部已为一位法学人士预留，还剩下国防部。国防部提供了在世界舞台上露面的机会，冯德莱恩将成为第一位女国防部部长，引来额外的关注。

但这意味着前任国防部部长、默克尔的长期伙伴托马斯·德梅齐埃的职位难保。他的声誉最近因失败的无人机项目丑闻受损。正是出于这个原因，他觉得自己的职位被替换掉是件很丢脸的事，很不情愿地回到了内政部。德梅齐埃很难再适应这个部门，原来的基社盟部长汉斯－彼得·弗里德里希不得不让位，先是去了农业部，但很快就辞职：在与社民党人聊天时，他透露了对他们的议员塞巴斯蒂安·埃达西的调查，虽然是出于善意，但仍然是违法的。尽管如此，基社盟中的许多人都对默克尔让他辞职感到不满。

默克尔的另一位伙伴彼得·阿尔特迈尔比德梅齐埃更快地接受自己的命运。他先是很晚才被任命为环境部部长，随后又被召回"机房"，担任总理府部长。这个决定也是顺应需求——波法拉不想继续负责这份工作了。按照既定惯例，默克尔奖励了前任党总部"大管家"、基民盟秘书长格罗，并授予他卫生部部长一职。制定完这份名单后，默克尔几乎用完了她作为党主席能够自由分配的部门。默克尔的好友安妮特·沙万原本是教育部部长，现在由数学家约翰娜·万卡负责德国联邦教育与研究部。

沙万的辞职是年轻的基社盟政治明星古滕贝格博士论文抄袭事件的一个后续结果。"反抄袭猎手"检查了几乎所有德国政治人物的论文，也在沙万的论文中发现了端倪。尽管人们认为这起案件并没有那么严重，但大学还是取消了她的博士头衔。作为教育部部长，沙万之前批评过古滕贝格论文抄袭，她的辞职在所难免。默克尔于2013年2月接受了她的辞呈，当时距离大选还有半年多的时间；默克尔表示非常遗憾，很快用驻罗马教廷大使一职补偿她，与前一年她冷酷辞退环境部部长罗特根形成鲜明对比。

这表明默克尔在政坛也能交到朋友。在古滕贝格辞职之际，很多公众注意到：默克尔在参观汉诺威电子展时收到了古滕贝格发来的辞职短信，她将手机拿给沙万看了一眼，二人会心一笑，表示默许。同样在2018年夏天，当默克尔考虑放弃党主席职位时，她也在乌克马克和沙万商量过。

担任总理8年和领导政党13年之后，默克尔的人际关系大幅萎缩。这是长期执政的磨损迹象。与4年前不同的是，总理无法再用她的老追随者们填补所有职位。埃卡特·冯·克莱登、罗纳德·波法拉和前国务秘书希尔德加德·穆勒由于政治游说而失去职位，彼得·欣茨在任期内身患重病。诺伯特·罗特根和安妮特·沙万由于不同的原因失去了部长职位，托马斯·德梅齐埃仅能有限地充当默克尔权力体系的支柱。只有彼得·阿尔特迈尔无条件地离开了旧环境，默克尔给他派了新任务。

2013年12月17日，联邦议院第三次选举安格拉·默克尔为德意志联邦共和国总理。她的新任期以异常平静的方式开始，这种情况持续了两年，各党派的民意调查结果一直保持在联邦选举时的状态，直到难民问题到来。从大获全胜那天开始，到下一次重大危机来临之前，总理在政治舞台上逐渐走下坡路。在与社民党和自民党联合过后，她与绿党建立新联盟的愿望没有实现。新的大联盟加速了政党格局的改变。从金融危机和欧债危机中幸存下来之后，熟悉的世界秩序继续受到侵蚀，即使是经验丰富的政府首脑也无能为力。

骨 折

总理一开始并没有特别重视臀部的疼痛。10 年来，她一直在上恩嘎丁过圣诞节假期。她住在蓬特雷西纳的"施韦茨霍夫"酒店里，这是一座直线型的新建筑，高雅但绝不奢华。在这里度假是她年度日程的一部分，其他的还包括去伊斯基亚岛南端过复活节假期，或在南蒂罗尔一个隐蔽角落过暑假。总理喜欢在其他季节徒步，在冬天进行一项悠闲的运动：越野滑雪。记者们偶尔会挖苦这件事。毕竟，默克尔在政治领域摸爬滚打，大多是极其谨慎的，在户外似乎也应该这样做。

默克尔正是在户外运动时受了伤。当她在越野滑雪中臀部朝下摔倒时，起初认为并无大碍，最多只是常见的瘀伤。回到柏林后，她像往常一样录了新年致辞。直到疼痛一直没有消退，她才在 1 月 3 日拍 X 光检查关节：正如政府发言人所说，X 光显示她的"骨盆左后环部分骨折"。除了止痛药，只有一种治疗方法：卧床休息。医生建议总理在三周内尽量不要走动，她只能照做。

上任 8 年以来，默克尔从未请过长假，甚至在 2011 年接受膝关节半月板手术后也没有休息。这一次，她连续取消了行程安排，过去只在危机最严重的时候这样做过。默克尔迫切需要休息一下。每次联邦选举后，她都有一段状态低落期。许多政治人物认为，默克尔在竞选时肾上腺素激增过后，所有的精力都消失了。上一届任期是迄今为止最艰难的一届，她夹在难以合作的联盟伙伴和欧洲共同货币危机之间。

受伤迫使默克尔得到了休息的机会——类似于她在 1991 年1 月担任妇女部部长时摔断了腿。总理现在利用意外的闲暇，读了大部头著作，包括澳大利亚历史学家克里斯托弗·克拉克撰写的关于欧洲列强陷入第一次世界大战的《梦游者》，还有康斯坦茨全球历史学家于尔根·奥斯特哈默于 2009 年出版的代表作《世界的演变》，整本书将近 1600 页。默克尔认为这位学者是精神上的知己，邀请他为自己 60 岁生日的庆祝活动作主题演讲；而在50 岁生日时，她邀请了一位脑部研究人员担任主讲人，很明显，默克尔这位自然科学家已经转变为具有历史意识的全球政治参与者。

实际上，两场讲座都围绕着同一个主题：人类意志和活动的局限性。奥斯特哈默将专业视野拓宽到全球，拒绝解读历史的宏大举措，无论是西方的全面现代化理论还是东方的共产主义学说。这与总理的想法是一致的，她越来越融入世界政治舞台，同时也更喜欢"小步走"的政策——这只是表面看起来矛盾，实际上，全球的各种问题相互交织使任何激进转变都变得困难。

没过多久，她从冬季阅读中获得的知识就得到了实际应用。在默克尔被迫休息期间，乌克兰周边的政治危机正在积聚，欧洲很快又面临新的东西方冲突。尽管她对东欧的抗议活动特别感兴趣，但这位东德政治家与大多数欧洲同事一样，几乎没有预见到这一形势的发展。此时恰逢黑-红联盟谈判的最后几天，德国公众对乌克兰局势也缺乏关注。2013 年 11 月 27 日，默克尔与社民党敲定了合同的最终细节。11 月 29 日，早上 5 点，她飞往立陶宛首都维尔纽斯，参加和欧盟东部邻国一起举行的欧盟峰会。实际上，欧盟原本打算与苏联解体后独立的国家：格鲁吉亚、摩尔多瓦和规模较大的乌克兰在维尔纽斯签署结盟协议。

但乌克兰总统在最后一刻改变了主意。一周前，在访问维也纳的途中，维克托·亚努科维奇停止了协议的准备工作。当国家首脑们一起坐在立陶宛大公宫的大厅里时，他想要更多的钱："我们需要数十亿欧元的快速援助。"默克尔说：我感觉像是在婚礼上，新郎在最后一刻提出了新条件。她认为乌克兰总统是一个腐败的寡头，把自己国家的未来卖给欧洲和俄罗斯之间出价最高的一方。默克尔低估了背后的地缘战略冲突，以及俄罗斯总统弗拉基米尔·普京对亚努科维奇施加的压力。

自 2004 年乌克兰"橙色革命"以来，一直有警告信号称俄罗斯试图施加影响。在 2008 年的布加勒斯特北约峰会上，以德国总理为首的西欧人违背了美国和东欧人的意愿，阻止乌克兰立即加入"成员国行动计划"，该计划将使乌克兰自动成为北约正式成员。在默克尔看来，她在考虑俄罗斯利益时已经尽了自己的责任。

同年，欧盟国家领导人确定了"东方伙伴关系"的概念，其中包括与苏联西部边缘的国家签订结盟协议。这与默克尔提出的与土耳其建立"特惠伙伴关系"的想法类似，对于长期被拒绝成为欧盟正式成员的国家来说，算是一种安慰。这种做法更多是出于欧洲内部考虑，而不是出于俄罗斯的原因。除少数东欧国家外，政治上支持乌克兰加入欧盟的并非多数；民众中的绝大多数都反对进一步扩大欧盟。

　　然而，欧洲政要都避免向亲西方的乌克兰公众明确表达拒绝。这种虚情假意在与东部邻国的关系中一直存在。对莫斯科来说，即便是这种"安慰"也非常过分，这是参与者们没有想到的。无论是从客观上还是从主观上，西方显然低估了俄罗斯对安全的深入需求。莫斯科方面认为，西方并没有领会普京 2001 年在联邦议院演讲的内涵，这使得他 2007 年在慕尼黑安全会议上大发雷霆；一年半后，俄罗斯在格鲁吉亚的冲突中采取了咄咄逼人的行动。

　　乌克兰国内政治局势近期不再是默克尔等西方官员关注的焦点。2004 年"橙色革命"后，苏联时代的旧精英们重新巩固了自己的权力地位，亚努科维奇在 2010 年初成为总统。2012 年重新当选总统的普京认为，乌克兰滑入西方势力范围的危险目前已经消除了。他低估了商业利益对亚努科维奇的重要性。乌克兰总统上任后，接待的第一批客人就是布鲁塞尔的代表团，并让他们详细计算，他可以从与欧盟的协议中获得哪些财政优势。但克里姆林宫仍然确信，寡头亚努科维奇不会在民主和人权问题上向欧盟作出必要的让步。

　　直到 2013 年夏天，莫斯科的评估才发生变化，后果立即显现：7 月 29 日，俄罗斯消费者权益保护局警告，不要从亲西方的寡头彼得·波罗申科的工厂里购买乌克兰巧克力。在基辅和布鲁塞尔的谈判中，欧盟愿意补偿乌克兰与俄罗斯贸易下降的经济损失。然而欧盟发现，所需的补偿金额被严重夸大了。就在不久之前，欧盟才在严格条件下向希腊等成员国提供了援助，现在很难再慷慨地向第三方国家拨款。另外，欧盟对支持其东部边缘地区的民主化有着浓厚的兴趣。

　　转折点始于 2013 年 11 月 9 日，普京和亚努科维奇在莫斯科附近的一个军用机场会面。俄罗斯总统先是提出优惠条件，然后以制裁作为威胁；或许他还透露，他已经掌握了一些关于乌克兰总统的信息。12天后，在维尔纽斯（立陶宛首都）的欧盟会议上，亚努科维奇临阵变卦似乎并不意外。

德国总理在很长一段时间里都表现得非常被动。联邦议院选举和联盟谈判吸引了她的注意力。她仅在10月中旬与普京交谈过一次，并未涉及乌克兰问题。她也并没有寻求与亚努科维奇的直接接触，至多关心一下人权问题：在为数不多的公开声明中，联邦政府要求释放"橙色革命"的主角、前总理尤利娅·季莫申科。回想起来，这似乎只是荒谬地关注了一个次要问题。柏林政界不假思索地认为，基辅领导层迫切希望与欧盟结盟，因此欧盟可以提对自己有利的条件。欧洲人很晚才意识到，情况早已逆转。

结盟协议失败后，默克尔在维尔纽斯改变了语气。她说道：欧洲人必须与俄罗斯就未来如何摆脱非此即彼的局面进行更多对话。这也是德国的任务。这只是委婉地承认了自己的疏忽。恰巧在12月初的关键时刻，联邦总统约阿希姆·高克因俄罗斯的人权状况决定不出席索契冬奥会，打乱了默克尔的调停努力。在此期间，她与乌克兰亚努科维奇总统和反对派领袖克利奇科以及俄罗斯和美国的总统在冬天打了第一通电话。她目前专注于支持乌克兰反对派，同时将其维持在温和的水平。

在亚努科维奇首次宣布不签署结盟协议后不久，第一批示威者聚集在基辅市中心的中央广场。在接下来的几周里，集会继续扩大。据估计，在12月1日，有40万至80万人参与抗议；一周后，反对派称，示威者人数增加到了100万。一开始，这些抗议并没有改变国家的执政纲领或者推翻政府。

默克尔青睐乌克兰职业拳击手维塔利·克利钦科，她和她的欧洲人民党的同事们将其视为总统候选人。默克尔的前总理府部长波法拉与东欧反对派成员有多年接触，曾多次与克利钦科会面。他们暂时希望，乌克兰在 2015 年初的下一届总统选举中实现权力更迭，绝不是更快地推翻政权。默克尔反复声明，缔结结盟协议不受任何时间条件的约束。

2014 年 1 月 31 日和 2 月 1 日，当三位主要领导人在慕尼黑安全会议上呼吁改变德国安全政策路线时，几乎没有人想到乌克兰。约阿希姆·高克再次打破总理的计划。长期以来，联邦总统一直在寻找机会，在醒目场合批评德国在国际冲突中的保留态度。安全会议提供了机会。高克花了 6 个月时间准备演讲，并得到了计划负责人托马斯·克莱恩–布罗克霍夫的支持，克莱恩–布罗克霍夫是跨大西洋主义者，也是德国马歇尔基金会的前工作人员。与取消索契之行相反，高克的部下很早就将演讲稿发送给了总理府以及外交部和国防部。

默克尔的部下显然认为，保持沉默最为明智；但外交部部长施泰因迈尔和国防部部长冯德莱恩支持这种做法，并为他们在慕尼黑的露面准备了类似主题的演讲。冯德莱恩表示，德国在军事行动方面不能"总是谨慎行事"。外交部部长施泰因迈尔解释道，军事上的克制"不应被误解为置身事外的原则"。联邦总统高克警告说："无所作为的后果可能与插手干预的后果一样严重。"三位高层领导人的表态源自许多动机，至少含蓄地反对了总理及她的军事克制政策。自从三年前德国在安理会对利比亚投弃权票以来，这种政策一直被视为新"默克尔主义"。

德国第一次在全球政治中发挥更大作用的机会即将到来，尽管禁止对俄罗斯使用武力。乌克兰的事态发展并不像德国总理期望的那样缓慢。虽然天气寒冷，示威者仍在迈丹广场上坚持了数周。2月中旬，亚努科维奇命令警察清场，约有80人丧生。警察和军队的强硬干预产生了与预期相反的结果：亚努科维奇失去立足之地，于2月21日流亡俄罗斯。2月27日，政府在阿尔谢尼·亚采纽克的领导下成立新内阁，普京的对手彼得罗·波罗申科于5月25日成为新总统。因此，与欧盟签署结盟协议的道路已被扫清，其中涉及政治的内容于3月21日签署完成，6月27日最终敲定经济部分的内容。

到目前为止，事件的进程符合德国总理的期望。但俄罗斯总统没有袖手旁观。就在亚努科维奇出逃几天后，一群自称"俄语人民自卫者"的武装人员占领了属于乌克兰的克里米亚地区议会。3月1日，普京使俄罗斯联邦委员会通过决议，动用俄罗斯的武装力量。仅仅两周后，克里米亚就该半岛的未来地位举行了公投——据称，大约96%的投票者赞成加入俄罗斯。鉴于克里米亚与俄罗斯有着密切的历史联系，西方有声音表示对此理解。但这种行为显然违反了国际法。

不久之后，乌克兰政府也失去了对东部工业区的控制，那里有大量说俄语的人口。2014年4月6日，亲俄分裂分子占领了多处政府大楼。一开始，乌克兰军队在反攻中取得的胜利非常有限，分裂分子显然得到了莫斯科的帮助。5月初，顿涅茨克和卢甘斯克市举行了脱乌公投。与俄罗斯正式吞并克里米亚不同，乌克兰东部处于各种政治势力混合的状态。

身处危机管理中心

当时，默克尔和大多数其他西方政界人士或外交政策专家一样，预计普京不会干预。2月底，在飞往以色列途中，她告诉随行记者，她不认为俄罗斯会军事干预。几天后，局势恶化。在2014年3月的头几天，对外政策中的常规路径已经走不通了，新的对抗掀开帷幕。

德国人关于对外政策的讨论比70年代初期的"东方政策"争论更加热烈。民意调查显示出矛盾的结果：大多数人谴责俄罗斯的做法，但同时很大一部分德国公民表示，他们理解俄罗斯的受威胁感。受访者们一致反对任何形式的军事参与：75%的人反对北约在东欧加强军事部署；89%的人甚至拒绝直接向乌克兰运送武器（例如美国国会有人提出该要求）。这种结果不是出于德国人对俄罗斯的浪漫渴望，而是出于与东方大国对抗的历史恐惧。总理感到恼火的是，东德人尤其对乌克兰人争取自由的愿望缺乏理解。

乌克兰冲突的开端恰逢第一次世界大战爆发100周年纪念，使得这场冲突变得戏剧化：它加剧了人们的担忧，即相关国家可能发起1914年那样的大战，但尚未下定决心。历史的相似之处比精心规划的第二次世界大战的记忆更令人不安。第二次世界大战的阴影一直贯穿西德历史文化。

与美国密切配合是默克尔危机外交的重点。2014年夏天，美国互联网门户网站Vox统计了美国总统自年初以来公开与国外领导人的通话次数。统计中写道："迄今为止，与奥巴马通话最频繁的外国政府首脑是德国总理安格拉·默克尔。"为了说明这一点，编辑团队添加了一张地图，德国被涂成很深的颜色，而中国等更重要的国家则被涂成最浅的颜色：奥巴马只给北京打过两次电话。

对奥巴马来说，将乌克兰问题的危机管理重担放在别人肩上是有理由的：默克尔比她的任何西方同事都更了解俄罗斯总统，并且德国最有能力在东西方不同立场之间作调解。奥巴马在国内也面临压力。他在 2008 年的第一次当选归功于民众对战争的厌倦——并且他承诺让美国更多地置身于国际冲突之外。他致力于多边主义，但不是因为越来越不愿意为其他国家承担负担，这一点与继任者唐纳德·特朗普不同：他认为欧洲人应该首先自己解决冲突。

另外，许多共和党议员深受冷战思想的影响，呼吁采取最严厉的手段，主张直接向乌克兰军队提供武器。这意味着冲突将会以无法估量的形式升级。奥巴马认为，将主动权交给德国总理更为明智，正如默克尔主张将行动控制权掌握在欧洲手中一样。

默克尔在 2014 年危机期间多次致电俄罗斯总统，联邦新闻办公室就其中的 27 次谈话发表了公开声明。两人 4 次亲自会面，始终在中立地点——6 月初在法国纪念 1944 年盟军登陆之际，7 月中旬在巴西世界杯期间，10 月在米兰的亚欧峰会上，11 月在布里斯班的 G20 会议上。因为没有成功的希望，默克尔暂时回避亲自前往莫斯科；在普京那里碰壁的风险对她来说似乎太高了。这也发展成了一种特殊形式的电话外交，几乎史无前例。除了普京和奥巴马，乌克兰总统波罗申科也是她的对话者之一，法国总统奥朗德很快也加入其中。

过程本身耐人寻味，总理的通话方式也不寻常：对话者一次又一次提出同样的论点，双方都用坚忍的耐心听完同样的理由，谈论着已经费力达成的文件中枯燥乏味的空话。对于经常听取谈话的员工来说，这个程序有时会显得怪诞。由于过去与大男子主义的党内对手进行过斗争，默克尔已掌握了必要的经验，又在欧元救助计划谈判中完善了策略。与罗兰·科赫或西尔维奥·贝卢斯科尼等对手的对抗为她与普京的较量做好了准备——不是在政治内容上，而是在谈判策略方面。

默克尔和普京已经学会了相互接受对方，但这并没有使会谈变得更加愉快。普京了解默克尔的坚韧，他知道在可预见的未来，她将被视为欧洲的主导政治家——德国的经济实力一目了然。默克尔猜疑普京的意图，但把他视为一个可预测的政治家，在坐标系内有目的地行事。两人总是能够相互评估，即使他们不赞成对方的行为。普京作为前特工，对权力的纯粹本质更感兴趣，而不是其外在，默克尔也持这种观点。

2014 年的通话常常剑拔弩张。"普京谈了很多，有时毫不停歇，超过一半的时间都是他在说话，"无意中听到谈话的官员说道。在棘手的情况下，他会变得"非常情绪化、激动，甚至恼怒"。这背后是真实的情感流露，还是纯粹的算计，尚有待观察。无论如何，他都吓唬不到总理了。她回答得比他更简短，更冷静，同样清楚明了。"他们当面讨论一切，"工作人员说，虽然总理和总统在电话中无法见面，也许这让事情变得更容易了。两人直言不讳，并不遵循通常的外交惯例。换句话说，他们偶尔也会朝对方怒吼。

例如 2014 年 3 月 2 日晚上的通话，即俄罗斯占领克里米亚后的星期天。联邦新闻办公室随后发表的声明中没有任何空洞的套话。据说，犹豫不决的总理下定了决心。在声明中，仿佛默克尔的每句话都尽可能地言辞犀利：她"指责"，普京的干预行为"令人无法接受""违反"了国际法。该声明至少实现了一个小目标：普京同意一个联络小组参与进来，在欧安组织领导的"实况调查团"的协助下澄清事件。但这并没有改变克里米亚的归属。但就乌克兰东部冲突而言，9 月在白俄罗斯首都明斯克的谈判进程至少促成了一项初步协议，后来的所有和平努力都可以参考这个协议。

另一个决定是在危机的最初几天作出的，默克尔发挥了关键作用：这次，西方最重要的工业国家在没有俄罗斯的情况下召开会议——从八国集团变回到冷战时期的七国集团。四个欧洲人、两个美国人和一个日本人组成的小组认为自己属于一个价值共同体，这与最近的一轮二十国集团形成鲜明对比，后者由内部宪法截然不同的国家组成。这次会议没有选在俄罗斯的海滨避暑胜地索契，而是在布鲁塞尔。相比于默克尔在乌克兰危机期间的所有其他决定，这个决定受到了最猛烈的抨击。德国外长不久前强调，八国集团是西方与俄罗斯对话的唯一形式，他在电视采访中问道："我们真的应该牺牲这种唯一形式吗？"紧接着，包括默克尔在内的7位西方国家元首和政府首脑决定暂停索契峰会的筹备工作。

总理和她的外长之间的分歧没有持续，两人在乌克兰问题上保持了一致。新协议令人震惊：在第一个大联盟政府中，默克尔和施泰因迈尔在对俄罗斯政策和中国政策上相互不信任。当时社民党是最大的反对党，而他们之间的信任却在黑－黄联盟时代增长，总理不得不担心联盟伙伴自民党是否会同意欧洲救援协议，而社民党却在关键点上支持她的政策。默克尔对此表示赞赏。

双方的外交立场也发生了变化。默克尔逐渐放弃用人权政策进行攻击性示威，日益增长的实用主义塑造了她与中俄政府的关系。而施泰因迈尔竭力摆脱与前总理、普京的朋友格哈德·施罗德在这个问题上的紧密关联。围绕乌克兰问题的事态发展极具威胁性，领导层有必要团结一致。两人都心领神会。

最重要的是，安格拉·默克尔要将欧洲人团结在一起，就像她在债务危机中的做法一样，这仍然是乌克兰问题上最大的挑战。一方面，这次涉及东欧成员国，他们担心自己的安全，西方政要也担心波罗的海国家：爱沙尼亚、拉脱维亚和立陶宛有相当多的俄罗斯少数民族，可以成为莫斯科干预的借口，特别是其中许多人都有俄罗斯血统。波罗的海领导层在这个问题上不是很有把握，他们的国家，例如乌克兰曾经是苏联的加盟共和国，与欧盟和北约的其他成员国完全不同。另一方面，在发生冲突时，盟国是否真正感受到了《北大西洋公约》中"协助义务"的支持，这个问题一直存在疑问。特别是西欧大国，为里加（拉脱维亚首都）开战的意愿似乎不那么明显。

默克尔与西欧人打交道时发现，他们不觉得受到了俄罗斯的威胁，认为继续做生意没有问题，例如法国军备贸易。在德国，经济利益很重要。诚然，对俄罗斯的出口在整个德国经济中没有起到决定性作用，但是一些大公司积极参与进来，通过德国经济东部委员会传达他们的声音。此外，德国东部的一些小公司特别依赖与俄罗斯的业务。经理们认为默克尔的严厉指责是一种多愁善感的人权激进主义，将其与格哈德·施罗德对德国经济利益的坚定承诺进行对比。默克尔从未在公开场合评论这些声音，但她周围的人明确表示，许多经理的态度激怒了总理。过了不久，她本人因坚持德俄管道项目"北溪二号"而遭到西方盟友的大量批评。

面对利益分歧，让欧洲人团结在一个共同的立场上，可能是默克尔在乌克兰危机中的最大成就。他们不仅成功启动了对俄制裁，而且还决定轮番延长制裁，防止东欧成员国孤军奋战。起初，即使是对默克尔友好的评论员也不相信她会成功。有人表示："她冒着自己出丑的风险。'担任领导'和'出风头'二者有时离得很近。"

普京错误地认为欧盟会分崩离析。3 月 6 日，国家元首和政府首脑在布鲁塞尔会晤，首次讨论如何对克里米亚事件作出反应。首先欧洲方面暂停了对"俄罗斯签证便利化"的谈判和八国集团峰会的筹备工作。其次，旅行禁令、资产冻结和取消即将举行的欧盟 - 俄罗斯峰会；11 天后，外长们决定采取这些措施。最后，如果俄罗斯进一步破坏局势稳定，欧洲各国威胁要"在一系列经济领域"产生深远后果，换句话说：实施更多制裁措施。

布鲁塞尔决定中最具争议的部分将于 7 月 31 日生效，主要涉及石油工业的军用物资和设备，也旨在使俄罗斯公司更难进入金融市场。普京对欧盟农产品进口限制作出反应，因为该限制明显打击了一些生产商，导致俄罗斯食品价格上涨。这并没有使俄罗斯人民反对普京；据调查，大多数人甚至认为他正在为俄罗斯的大国崛起而努力。

欧洲人想要发出团结一致的信号，而不仅仅是袖手旁观，目睹违反国际法的行为——尤其要防止东欧人或美国国会的鹰派单独行动。跨大西洋记者们批评了总理的绥靖政策，该政策实际上接受了克里米亚并入俄罗斯的事实，并暂时冻结乌克兰东部局势。这符合与一个超级核大国发生冲突时的独特准则，默克尔在实际行动中作出了更多的努力，比国内经济和社会领域的大多数人要走得更远。

与往常一样，总理花了一些时间想出面对德国公众的说辞，然后更加积极地捍卫这种说辞。2014 年 3 月 13 日，即克里米亚公投的三天前，俄罗斯试图通过公投使半岛并入俄罗斯变得合法化。在欧盟峰会的政府声明中，默克尔明确提到媒体将其与第一次世界大战作类比的说法，这似乎很不寻常。普京引发了一场关于势力范围的冲突，人们在 19 世纪或 20 世纪已经见识过了，我们原本认为这场冲突早已结束。俄罗斯总统将自然法则放在了法律力量的对立面。

默克尔的讲话不仅得到了基民盟的称赞，也得到了正在逐渐远离施罗德的社民党的支持，绿党尤其赞不绝口：绿党的人权活动家显然站在乌克兰一边。默克尔双重战略的第二部分得到了广泛的认可：军事行动不是一个选项。在与核大国俄罗斯打交道时，这一点不言而喻，默克尔明确提到的事实凸显了局势严峻——类似于她过去为银行储蓄作口头担保，恰恰揭示了事件的危险性。

排除军事手段仅适用于乌克兰问题，而不适用于北约对其东部成员国的保证。所有当事国都知道，如果北约不遵守它对波罗的海国家的援助义务，它将不复存在。在默克尔的大力干预下，北约成员国制定了一套滚动部队部署和演习的系统，该系统没有违反与俄罗斯的现有协议，但明确展示了盟国的团结。8月，总理飞往拉脱维亚以示支持。她说，《北大西洋公约》第5条规定的援助义务不仅仅是纸上谈兵，如果情况令人疑虑，无疑也要唤醒它们。我们必须为此做好准备，而且这些准备要比我们几年前设想的更加充分。

从诺曼底到明斯克

迅速应对危机的阶段逐渐接近尾声，但距离解决冲突仍遥遥无期。西方对俄罗斯行动的反应并没有阻止普京的做法。克里米亚依然被吞并，乌克兰东部局势仍十分脆弱。5月底，欧洲大选后不久，默克尔有机会通过私人会面补充数周以来的电话外交：6月6日，几乎所有第二次世界大战参战国的国家元首和政府首脑都聚集在诺曼底，纪念盟军登陆70周年。

默克尔积极参与筹备工作。她鼓励法国总统邀请普京参加会议。5月24日，她第一次与奥朗德一起给俄罗斯总统打电话。长期以来相互猜疑的两位欧洲顶级政治人物，如今通过乌克兰问题上的合作，缩短了彼此间的距离。在接下来的几天里，默克尔还与新当选的乌克兰总统波罗申科通电话，奥朗德也邀请他参加诺曼底的纪念活动。作为东道主，法国人尽其所能地为化解乌克兰危机提供适当的平台。奥朗德特别翻新了贝努维尔的新古典主义城堡，从那里可以看到卡昂运河上的飞马桥。1944年6月，该桥是双方激烈争夺的重点。法国外交部门与德国同事密切协作，精心安排了会谈。

乌克兰危机爆发以来，默克尔第一次亲自会见普京。她确保这次会晤看起来不像是和解会议，并且在摄影师面前显得极其严肃。愿意保持对话，但不同意吞并：她想通过视觉图像来传达这一信息。最重要的是，默克尔和奥朗德第一次成功地将普京与乌克兰新总统波罗申科聚在一起。就在纪念诺曼底战役打响之日的丰盛宴席于12点开始之前，两人在城堡的一个房间里坐下，默克尔和奥朗德也加入了会谈。

由此诞生了"诺曼底模式"，成为进一步建立危机管理的框架。解决冲突的重担不再仅仅落在默克尔的肩上。对于总理来说，让奥朗德参与进来有几个好处：这样做能够缓解其他国家对德国扮演大国角色的误解，将犹豫不决的西欧人和南欧人纳入对抗普京的防御体系，并在一定程度上克服欧债危机以来欧盟的分裂。外部威胁似乎正在为欧盟注入新的活力。

平静并没有持续多久。6周后，即7月17日，一架载有298人的马来西亚航空公司波音777从乌克兰东部的雷达屏幕上消失。调查委员会后来发现，那里的叛乱分子向从阿姆斯特丹起飞的航班号为 MH17 的飞机发射了一枚从俄罗斯运来的火箭。飞机坠毁后，默克尔不仅给波罗申科和普京打电话，还与荷兰首相马克·吕特以及其他有公民遇难的国家的政府首脑取得了联系。法国总统弗朗索瓦·奥朗德最终被说服，取消了向俄罗斯交付法国直升机航母的计划。法国后来向莫斯科赔偿近 10 亿欧元，并将这些航母卖给了埃及。

坠机事件发生之时，乌克兰政府军正试图夺回亲俄叛乱分子占领的地区。8 月 12 日，俄罗斯向争议地区派遣了由 280 辆卡车组成的车队，据称是运送救援物资。与此同时，越来越多的报道称，没有国家标志的士兵和军事装备越过不受控制的边界，进入乌克兰东部。俄方后来称，这些人只是休假的士兵。8 月 24 日，乌克兰政府军不得不首次撤离；显然，莫斯科已经派出军事增援部队，防止分裂主义分子失败。乌克兰和俄罗斯之间爆发公开战争的危险及其不可估量的后果，使得这段时期的局势变得无比紧张。

总理再次以打电话的方式辗转于政要之间。就像在欧债危机中那样，她深入研究细节：熟悉前线的布局、被围困的城市以及具有战略意义的道路。在前往里加进行声援访问的途中，她向随行的记者们详细解释了乌克兰的情况。6 个月来，这个话题一直处于她政治议程的首位。关于最低工资或 63 岁退休的国内政治辩论已不是默克尔关注的重点，也不是公众关心的焦点。记者尼科·弗里德在《南德意志报》中写道：世界一团混乱，"有人在联邦政府的门上贴了'清扫周'标志"。①

---

① 施瓦本和符腾堡地区的传统，每周清洁一次住宅的公共区域，以保持周围整洁。——译者注

8 月 23 日，默克尔亲自飞往基辅，在宏伟的斯大林式的政府大楼内进行会谈。她带着双重使命来到这里：一方面，她想向乌克兰保证，在这个敏感的时期，西方会支持乌克兰的领土完整和福祉；另一方面，此行的目的也是为了防止波罗申科轻举妄动。当然不应为军事冲突花费力气，而是要把精力放在早日停战上。

在德国的调解下，由俄罗斯、乌克兰、分裂主义分子和欧安组织的代表组成的联络小组于 2014 年 9 月 5 日同意停火。冲突各方并未完全遵守协议，在顿涅茨克机场的第二次战斗中，他们甚至公开破坏了协议。但升级为国际冲突的危险性似乎不再像以前那么高了。

10 月中旬，默克尔在米兰欧亚峰会前夕会见了俄罗斯总统。从塞尔维亚赶来的普京让总理等了几个小时。晚上 11 点 15 分，她终于在米兰酒店的一间简朴的会议室里见到了俄罗斯总统；她之前曾允许波罗申科进入她的套房。会议在夜里两点半结束，并没有带来更多的象征意义。一个月后，在澳大利亚布里斯班的 G20 峰会上也举行了类似的会议。这次默克尔来到普京的酒店，会议按计划在晚上 10 点前开始，持续了大约 4 个小时。这一次两人同样公开对峙：普京事先接受了德国电视一台的采访，默克尔第二天在悉尼的一家智库发表演讲，再次指责俄罗斯以 19 世纪的方式思考势力范围。

默克尔轻松自信地期待年底在科隆举行的基民盟党代会。经济派从她那里夺走了消除"财政拖累"的承诺，即减税。她知道，鉴于全球政治危机，这只是一个小问题；无论如何，在任期内不会达成决定。代表们以 96.72% 的支持率再次选举默克尔担任基民盟主席，这是她 18 年任期中第二好的成绩。人们猜测，默克尔可能会在 2015 年将她的职务交给其他人。在党代会演讲中，默克尔甚至谈到了未来的联盟，斥责了目前的合作伙伴社民党，为前联盟伙伴自民党辩护，并对未与绿党结盟表示遗憾。大多数代表认为，她正在打算于 2017 年再次参选。

乌克兰的下一场对抗即将到来。1 月再次爆发战斗，2 月初，6000—8000 名乌克兰士兵被困在德巴尔采夫，德国总理已经学会了流利地拼写这个地名。这批士兵大约是基辅政府可支配作战力量的四分之一。由于局势再次升级，有影响力的美国参议员约翰·麦凯恩等共和党人希望向乌克兰军队运送武器。这给美国总统奥巴马带来了压力，如果亲俄分裂主义分子继续推进，他将无法坐视不管。

默克尔决定迈出异常大胆的一步。危机已经持续了将近一年，她尽了全力，但一直避免亲自前往莫斯科拜访普京。在她看来，空手而归的危险太大了，现在却不得不冒这个险。默克尔事先推迟了对乌克兰的访问，然后和法国总统一起前往俄罗斯，这也是"诺曼底模式"调解过程中有象征意义的一步。

访问周开始了，即使是经验丰富的外国政要也喘不过气来——再次考验了总理健壮的体魄。2015 年 2 月 6 日，默克尔和奥朗德飞往基辅会见波罗申科，第二天前往莫斯科拜访普京。周一，默克尔前往华盛顿与奥巴马进行了计划已久的会晤。她在三场会谈之间返回柏林，周六又参加了慕尼黑安全会议。一年前，该安全会议就德国是否应当采取更主动的对外政策进行了非常理论化的辩论，而此时事态变得异常严峻。在巴伐利亚酒店，总理首次尝试从个人角度解释她应对乌克兰危机的策略。

华盛顿参议员尖锐地质问，默克尔为什么坚决拒绝向乌克兰政府提供武器，默克尔这个德国人以一个伟大的历史题外话作为回应。她回忆起冷战期间在东德的日子，当时没有人相信可以通过军事手段帮助东德人过上自由的生活：柏林墙建成时，美国并未参战，而是表现出了持久的耐力，正是美国的坚持，我今天才能坐在这里。12个月后无法判断制裁是否成功，从长远来看，民主制度是优越的。我对我们如此快速地气馁感到惊讶。向乌克兰交付武器可能不会让普京总统觉得他会在军事上失败，除非——但我不想谈论它。"核武器"这几个字大概就在她的舌尖上，她宁愿闭口不提。《明镜周刊》随后判断，默克尔已经变成了一个"地地道道的现实政治家"，以前的外交政策理想主义已经一去不复返了。这是赞美还是责备，取决于旁观者的视角。无论如何，默克尔的调解是成功的。在她对基辅和莫斯科的两次短暂访问中，她和奥朗德带来了谈判意愿。

2015年2月11日，"诺曼底模式"各方在白俄罗斯首都明斯克会晤。默克尔先是在德国大使馆与奥朗德商定了谈判基调，然后两人又与波罗申科商量，最后与普京谈判。下午6点30分，谈判正式在独立宫开启，这是一座卢卡申科以苏联风格建造的宏伟建筑。

默克尔整夜与对手角力，丝毫没有沾酒。在这期间，普京和波罗申科出去进行了一对一的交谈。早上6点30分，经过12个小时的谈判，协议似乎已经商定。然而，又过了一个半小时，欧安组织驻乌克兰代表带着东乌克兰分裂主义分子的灾难性消息回来了，他们没有直接参加谈判，但都在附近的旅店，能够随时联系得上：这些亲俄分裂主义分子不愿接受谈判结果。默克尔与奥朗德和波罗申科一起找到普京，普京随后给叛乱者打电话。两个小时后，他们同意了谈判文件，未作任何改动。上午11点左右，经过了将近17个小时的无眠谈判，默克尔和奥朗德在明斯克的媒体面前展示了协议。普京事后说，这是他一生中经历的最艰难的夜晚。

经历了大约一年的时间，默克尔要处理的首要任务终于不再是乌克兰危机了，尽管《明斯克协议 II》并未得到充分执行，小规模战斗也一再发生。在接下来的几年里，即使面临其他重大危机，总理也经常在必要时与冲突各方交谈，但联邦新闻办公室随后发布的通告已不像以前那样尖锐，大多只是刻板地重复提醒各方遵守在明斯克签署的协议。敌对行动似乎不会升级到有灾难性后果的程度。

对于默克尔个人和整个德国来说，2015 年发生了根本性的变化。在欧洲之后，德国又肩负起对世界的新责任——或者至少起到了补充美国的作用，德国总理被评为世界一流政治家。美国作家兼明星记者乔治·帕克于 2014 年底在《纽约客》上，用超过 20 页的紧密文字描绘了"世界上最有权势的女人"，这个称呼早已为人熟知。与前两届不同的是，议会任期已经过半，她的受欢迎程度仍没有下降。

当默克尔试图在明斯克遏制乌克兰冲突时，下一个大问题已经到来：希腊是否留在货币联盟再次成为辩论的焦点。在明斯克签署协议后，默克尔和奥朗德立即前往布鲁塞尔，这次没有经过各自首都。默克尔在飞机上待了将近三个小时，稍作休息并准备迎接新的话题。下午，非正式的欧盟峰会在比利时首都召开。在会议上，虽然乌克兰危机仍是一个主题，但最重要的是希腊问题。默克尔认为，现在是需要她插手干预来避免欧盟解体的时候了。

齐普拉斯

当默克尔于 2015 年 2 月 12 日下午抵达布鲁塞尔理事会大

楼时，她遇到了一位新同事。左翼激进联盟的领导人亚历克西斯·齐普拉斯在两周半前赢得了希腊议会选举，并承诺放弃与欧洲捐助者商定的紧缩计划。政府中首次没有保守派新民主党或泛希腊社会运动党的代表。除了前任总理与欧盟商定的预算计划外，新总理每年还想支出约 100 亿欧元。

由于银行崩溃、债务危机以及"紧缩政策"，希腊选举只是在整个欧洲政治版图上一系列选举中最新的、最引人注目的一个。危机开始时的掌权者不幸下台。在第一阶段，传统的全民党已相互取代。随着希腊大选的结束，欧洲政党体系改变进入第二阶段，新的阵营取代了原来的政党：后来当选为法国总统的埃马纽埃尔·马克龙创建了"前进！"运动；西班牙诞生了"我们能"左翼政党和"公民党"自由主义政党；希腊出现了"激进左翼联盟"，缩写为"Syriza"。

在希腊选举新总统失败后，必须再进行一次选举。2012 年，激进左翼联盟获胜，柏林政府担心的事情发生了。老牌希腊政党面临着格哈德·施罗德已经描述过的一个问题："人们会立即感受到改革带来的不愉快后果，但要在三到四年内才能感受到积极影响。这造成了一个空隙，民主合法化的政策可能会落陷其中。"有很多迹象表明，这也适用于希腊的情况。

正常选举日期是在一年半之后，这位保守派的希腊总理原本有很好的连任机会。经过多年的经济和社会衰退，出现了初步的向上发展趋势。国民生产总值停止下滑，国家预算首次出现少量盈余，失业人数也在下降。但在日常生活中，绝大多数希腊人还没有感受到 2014 年至 2015 年之交的轻微回升，民众的耐心已经耗尽。

选举后的第二天，齐普拉斯与较小的右翼民粹主义政党"独立希腊人"就联合政府达成协议，一天后他公布了自己的内阁。他任命雅典经济学教授亚尼斯·瓦鲁法基斯为财政部部长，后者在左翼经济学家中享有一定的声誉，但对现实的政治事务知之甚少，许多保守派的德国经济学专家也是如此（当然，这些人并没有成为部长）。教授涉足政坛的尝试再次失败。起初，国际媒体对瓦鲁法基斯的关注甚至超过了齐普拉斯。他把衬衫穿在裤子外面，再套上一件皮夹克——显然是个独一无二的无视默克尔紧缩政策的人，很快就成了国际明星。他和妻子有一张标志性照片：两人坐在露台上，背后可以看到雅典卫城的景色。

就在被任命三天后，瓦鲁法基斯在欧元集团主席杰罗恩·迪塞尔布洛姆访问雅典期间表示，他将不再与国际货币基金组织、欧洲央行和欧盟委员会"三驾马车"合作。在与委员会和中央银行的通话中，齐普拉斯不得不明确表示，只是不再与这"三驾马车"合作，但"机构"的工作仍在继续。

2月5日，也就是默克尔对明斯克和布鲁塞尔进行访问的前一周，瓦鲁法基斯首次访问柏林。财政部部长朔伊布勒只是用外交辞令简短地掩饰了他的不悦。"我们同意反对意见"，他在随后的新闻发布会上说道，在朔伊布勒担任财政部部长期间，前来的记者比其他部长时期都多。朔伊布勒很恼火：他认为，观众赞美的并不是他的实质内涵。将近三年后，在他作为财政部部长的告别采访中，这个话题仍然让他愤怒不已。瓦鲁法基斯2月11日在欧元集团的自信首秀也加深了这一印象。他没有与同事讨论，而是就先前救援计划的失误演讲了一个小时。后来，其他财长们对这位博弈论领域的教授的"就职讲座"进行了嘲讽。

尽管希腊新财长的出场看上去脱离实际，但对于那些从一开始就反对默克尔的欧元政策的人来说，他很快成为希望承载者。

因为他们不接受默克尔的改革信条，认为这只是路德派的舍弃思想，或者说是一种新自由主义的信条，即各国应首先将自己定义为国际竞争中的市场参与者。不仅左翼指责默克尔的欧元政策，美国的主要政治家和经济学家也对此进行了严厉批评，德国总理未能简单地在不设立进一步先决条件的情况下用更有偿付能力的成员国和央行的资金应对危机——尽管奥巴马逐渐了解默克尔的困境，在乌克兰危机中的合作也增加了二人之间的信任。

朔伊布勒的强硬立场并非出于反欧情绪，相反：德国政界中几乎没有人像沃尔夫冈·朔伊布勒那样坚定地致力于欧洲一体化，包括放弃国家主权。但与总理不同的是，他设想的是一个更紧密的核心欧洲，一个具有类似先决条件的国家联盟，作为一位法学家，他认为遵守共同商定的规则是未来构建"欧罗巴合众国"不可缺少的要素。经历了过去 5 年的危机之后，他认为希腊留在欧元区会阻碍其欧洲愿景。他还希望，希腊退出欧元区后即将出现的混乱可以作为一种有益的冲击，迫使其余国家更加紧密地团结在一起。这是一场高风险的游戏，默克尔认为既不合理也不可取——她根本不考虑欧盟最后只剩下欧共体创始成员国这个选项，特别是波兰、捷克和匈牙利这些国家，曾对她获得个人自由作过贡献。

在这个问题迭起的时期，总理再次尝试释放理性的声音，并认为这种分歧是危险的。在雅典竞选期间，《明镜周刊》援引默克尔圈子里的观点，写道：德国政府首脑"宁愿接受希腊退出货币联盟，也不愿向新的左翼政府作出更大让步"。在新闻中，这变成了"柏林的威胁"，是对另一个国家选举的外部干预，只会导致反抗，由此引起了证券交易所的动荡。金融市场的参与者原本对宣布重新选举反应平静，因为他们相信德国总理会坚持她

2012 年让希腊留在欧元区的决定，但《明镜周刊》的文章动摇了这种确定性。总理因此感到不安，特别是这次报告显然没有根据：没有可靠的迹象表明政策发生了变化。

默克尔不会简单地免去希腊新政府的改革承诺——这一部分消息才是正确的。尤其是葡萄牙和西班牙等其他危机国家，这些国家的政府也实施了激进的紧缩计划，并受到左翼反对派运动的抵制。这激怒了东欧的担保人，因为其中一些国家人民的平均收入远低于希腊人。欧元区其他地区的银行和国家在希腊退出后会像多米诺骨牌一样倾覆——自 2012 年以来，这种风险也有所降低。货币联盟再次得到加强，它甚至在 1 月 1 日接受了一个新成员：立陶宛加入了共同货币区。立陶宛是三个波罗的海国家中最后一个与欧洲关系密切的国家，面对俄罗斯的扩张主义雄心，欧洲又多了一层保险。

2015 年，与俄罗斯的冲突是默克尔更加担心希腊离开的原因之一。她看到了危险：希腊退出欧元区后，可能会受到俄罗斯的影响。毕竟，希腊与俄罗斯有着密切的历史联系，而这在西方经常被忽视：二者都是东正教国家，都使用源自古希腊的文字。普京的大国政策呼应了莫斯科作为"第三罗马"的构想，暗示了希腊君士坦丁堡的传统。大约 5 万名希腊共产党人在 1949 年内战失败后逃往苏联或其卫星国，并在 1974 年军事独裁结束后返回希腊。

总理已经成为世界政治家，不想让已经脆弱的东地中海面变得更加不平静。另外，越来越多的中东难民已经通过爱琴海抵达希腊。与法国达成的新协议反对将希腊排除在外，也出于这种更深层面的考虑。尽管希腊退出从而导致欧元区崩溃的风险已经降低，但仍存在这种危险，即使是那些强烈要求希腊退出欧元区的经济学家也无法排除这种可能性。慕尼黑经济学家汉斯－维尔纳·辛恩是援助基金的最尖锐的批评者之一，在 2012 年就间接承认了这一点——记者问他，如果换个人当联邦总理，是否会与现任总理作出不同的决定？"默克尔做错了什么吗？我不认为有什么严重的错误，"他回答记者，"我不想经历她正在遭遇的困境。"

默克尔不想成为让欧洲分裂的罪魁祸首，也不想作为前总理毕生事业的破坏者被载入史册。基民盟内部因此责备她，并呼吁尽可能地对希腊强硬。欧元怀疑论者还会将之前损失的援助资金摆在她面前。如果希腊退出欧元区，那么只能通过齐普拉斯断然拒绝新援助计划的条件来实现。问题是，其他欧洲国家，尤其是德国，是否会为希腊总理架起一座桥梁？德国总理和法国总统都愿意这样做，而默克尔的财政部部长有不同的看法，并打算在谈判中表示反对。

当总理从明斯克抵达布鲁塞尔时，是时候进行干预了。到 2月 28 日，即当前援助计划到期的那一天，还剩下两周时间。默克尔利用会议开始前的媒体讲话作为预热，从后门进入议会大楼时向蹲守的记者发表声明：欧洲正在寻求让步，这也是欧洲的成功之处。当利益大于弊端时，就能够达成妥协。德国已经为此做好了准备。午夜前不久，在峰会上她与齐普拉斯的第一次会面之后，她对希腊总理说了一些善意的话：我们互相友好地打了招呼，我祝贺他当选，并告诉他，我已经做好了准备，非常愿意通力合作。好像这还不够，她又补充：气氛非常友好。默克尔的调解努力产生了具体结果：齐普拉斯允许布鲁塞尔、法兰克福和华盛顿的专家们核查他的预算数字。

该协议并没有持续多久，或者更确切地说：在几天后欧元集团会议上，它没有在朔伊布勒和瓦鲁法基斯的冲突中幸存下来。
"28日凌晨，一切都结束了，"德国财政部部长用德式英语说道。
荷兰欧元集团领导人迪塞尔布洛姆绕过希腊财政部部长，直接转
向雅典首相，双方就希腊正式要求临时延长援助方案的信函草案
达成了协议。然而，瓦鲁法基斯在未经授权的情况下擅自改动了
这封信函，然后才在2月19日寄出。

这又一次刺激了朔伊布勒。"雅典的来信不是解决方案的实
质性建议，"其发言人在一则非常严厉的通告中表示。默克尔再
次介入。她打电话给齐普拉斯，之后财政部部长们继续谈判。2
月20日，即截止日期前一周，欧元集团将现有的援助计划延长
了4个月。决议没有解决问题，只是将其延缓：总理和朔伊布勒
之间的冲突继续发酵。

在3月的前几周，对抗的迹象再次显现，其他国家转而反对
德国人："德国盛气凌人"——《明镜周刊》总结了许多欧洲人
的感受。偏向激进左翼联盟的希腊《黎明报》画了一幅身着二
战纳粹国防军制服的朔伊布勒作为讽刺，画面中，他用希腊语
说着纳粹屠杀犹太人的话。朔伊布勒的发言人称这幅漫画"令人
作呕"。

默克尔对这幅画感到震惊，也担忧德国现在面临的角色。她
打电话给齐普拉斯，邀请他到柏林首次访问。她在激烈的辩论中
刻意发出政治信号，希望让希腊留在欧元区，这是她继2010年
和2012年之后的第三次尝试。3月23日，齐普拉斯来到总理府，
大楼前聚集着一群抗议默克尔欧元政策的示威者。

默克尔很冷静。更重要的是：她对齐普拉斯从根本上存在好
感。与瓦鲁法基斯不同的是，这位总理具有务实主义精神和令人
惊讶的转变能力，总理想帮助他。她认为他的当选不只是一种危

险，也是一种机会；与老牌的希腊政治精英打交道的经历使她清醒。即使遇到了一些困难，她还是说服了前任总理安东尼斯·萨马拉斯接受改革计划，后者至少是欧洲保守派全民党中基民盟的伙伴，并实施了部分改革计划。默克尔期盼着齐普拉斯能够有新突破。尤其是左翼政治家应该适当地向希腊船东征税，或者利用富有同胞的外国资产来补贴国家预算，这也能够使德国总理免于指责，即只坚持削减希腊人微薄的养老金或压榨医院的贫困患者。但齐普拉斯没有实现这部分期望。

总理看到了齐普拉斯面临的客观困难。他用无法实现的承诺赢得了选举，现在无法在一夜之间摆脱困境，但更不能给人一种在德国财政部部长的攻击面前退缩的印象：他公开发表的言论使自己难以让步。在柏林接见希腊总理这一具有象征意义的重大姿态之后，默克尔在幕后进行了数周的努力。朔伊布勒粗鲁地攻击齐普拉斯后，默克尔安慰了这位欧洲同事；如果齐普拉斯表现出缺乏妥协的意愿，她会友好坦诚地劝说他。齐普拉斯动用地方政府和社保基金用于捉襟见肘的中央政府，受到广泛批评，默克尔甚至表现出敬意和一丝羡慕：德国总理永远无法做到这一点，这也表明了她对权力的真正渴望。齐普拉斯希望保住他的职位，而不是在退出欧元区的旋涡中迷失方向。默克尔告诉她的顾问，正是这个原因让齐普拉斯变得可预测，因此她才会与他达成协议。

4月26日，在拉脱维亚首都里加举行的会议上，政府首脑们再次在财长们那里栽了跟头。瓦鲁法基斯跳过了与欧洲同事们的正式晚宴，公众们也发现了这一点，因为他在街上遇到了一名德国记者。他宣称，与朋友和同事在一起比应酬欧洲的部长们要"更加愉快"。瓦鲁法基斯这次过火了。齐普拉斯还没来得及解雇瓦鲁法基斯以挽回面子，但已决定剥夺他的权力。此后，外交部副部长欧几里德·察卡洛托斯领导了谈判。

在观察者们看来，默克尔似乎对待她的财政部部长也是如此。据报道，她已经从朔伊布勒手中夺去了权力的剑柄。部长本人没有明确表明他对默克尔的立场，只是出于战术目的说了句带刺的话。事实上，瓦鲁法基斯被剥夺权力并没有安抚朔伊布勒。在 5 月 10 日的报纸采访中，他建议希腊人对他们是否留在欧元区举行公投，他说："希腊人民究竟选择走哪条路，是他们的主权自由。"他的语气清楚地表明，他希望希腊人投反对票。

到了 5 月底，误解已经到了德国总理需要公开回应的程度。2015 年 5 月 21 日至 22 日，欧洲国家元首和政府首脑在里加召开峰会，原本会议主旨是为了探讨东方伙伴关系。在脆弱的明斯克协议之后，希腊问题又成了首要话题。默克尔和奥朗德这次没有与普京和波罗申科交谈，而是与希腊总理齐普拉斯进行联合对话。联邦新闻办公室随后发布了一张官方照片，照片显示德国总理与齐普拉斯心情非常愉快，奥朗德看起来酸溜溜的。媒体总理默克尔再次用照片作为宣传，而不是用文字。

雅典的态度和朔伊布勒的反对不再是阻碍。与此同时，"三驾马车"不再有统一的立场。国际货币基金组织将削减开支作为进一步援助的条件，否则从长远来看，雅典将无法承受信贷负担。欧洲央行拒绝这样的削减措施，因为它本身持有大量的希腊政府债券，不想遭受损失。欧盟委员会出于对希腊政府的考虑，拒绝了更严格的紧缩措施，这是在其他两种立场之间进行调解的唯一途径。毕竟，在内政方面，希腊总理能够坚持之前的协议已经非常困难了。

默克尔看到了摆脱这种局面的唯一办法：她邀请了"三驾马车"的负责人于 6 月 1 日深夜来到柏林总理府，即克里斯汀·拉加德、马里奥·德拉吉和让－克洛德·容克。法国总统奥朗德也在场，但财政部长不在。几方达成妥协：国际货币基金组织同意放慢偿还债务的速度，欧洲央行同意延长援助贷款期限，欧盟委员会对希腊社会支出的削减提出了一些更严格的要求。但希腊尚未同意妥协方案。

在尝试调解中，默克尔不仅考虑了 6 月 30 日这个日期，即现有的希腊援助计划到期的那一天；她还想到了 6 月 7 日和 8 日——这两天将会在上巴伐利亚地区的埃尔茂举行七国集团会议。戛纳峰会的创伤仍记忆犹新，在那次阴郁的二十国集团峰会上，奥巴马总统让总理泪流满面。

在埃尔茂，奥巴马敦促德国总理更慷慨地救助希腊，因为欧元区再次出现危机将会对世界经济以及美国经济构成危险。过去几周的事件让华盛顿更加相信，解决危机的关键不仅在于柏林，也在于雅典——问题可能不是那么容易解决，超出了美国长期以来的想法。默克尔和奥巴马之间关系的改善也促成了这种更为温和的观点。

默克尔在讨论的间隙中做了短暂休息。她与奥巴马在附近克鲁恩村的啤酒花园会面，联邦新闻办公室后来发布了一张照片，照片显示，美国总统正随意地背靠长椅坐着，德国总理站在他前面，穿着红色的西装外套，张开双臂向他解释世界正面临着的问题。

8 年前，默克尔曾在海利根达姆的八国集团峰会上取得了成功；此次作为东道主，她再接再厉，在短时间内重新扮演气候总理的角色。2007 年，她从当时的美国总统乔治·W.布什那里获得了承诺，即"认真考虑"将全球变暖控制在两摄氏度以内。这一次，她与奥巴马一道为西方主要国家制定了到 2100 年完全放弃化石燃料的目标；而在欧盟，4 年后布鲁塞尔的委员会将目标提前至 2050 年。

峰会一结束，希腊问题再次成为辩论主题。《明星》杂志写道："不愿为欧洲末日负责"的"总理的命运之日"。6 月 20 日，《明镜周刊》以假定即将发生的"震动"开场："欧洲的失败：代价和后果。"当首脑们于 6 月 25 日至 26 日在欧盟理事会大楼开会时，整个欧洲大陆的未来似乎岌岌可危。默克尔此前在联邦议院声称，希腊不在欧洲理事会的议程上，至多只是表面上这样说。

理事会主席唐纳德·图斯克曾违背默克尔的意愿，应希腊的要求在布鲁塞尔召开了一次欧元区特别峰会。4 个小时后，会议无果而终，因为总理想暂时把问题留在财长层面上，在此期间财长们聚在一起进行洽谈。根据德国的评估，瓦鲁法基斯和察卡洛托斯是故意提交未完成的文件，目的是将问题上呈政府首脑的议程中；公众们期待他们就希腊问题作出决定。但默克尔并没有参与其中，而是提起 2013 年 3 月塞浦路斯的援助决议：即使在这个岛国的银行已经关闭的紧张时刻，政府首脑也没有干预，而是将谈判留给三个机构的专家和财政部部长。

晚餐时，默克尔和她的同事就另一个话题谈论了几个小时，当时德国公众仍未关注到：越来越多的难民抵达意大利和希腊，打算前往欧洲大陆的其他地区。面对国内压力，意大利总理马泰奥·伦齐在欧洲同事们面前大声呼救，抱怨其他成员国不团结。默克尔对此非常重视。晚上在媒体面前，她称难民问题是她在任期间看到的针对欧盟的最大挑战。这意味着：难民问题比希腊问题更严重；起码在这种背景下，希腊问题可以找到友好的解决方案。当然，在场的大多数记者都不想听到这个话题。他们不厌其烦地询问债务争端，并将默克尔关于难民问题的言论视为逃避手段，因为这个问题尚且遥远。

第二天早上，德国政府首脑同意就希腊问题举行一次简短的会议，以示诚意，但没有透露任何细节。她和奥朗德在法国代表团办公室与齐普拉斯进行了 20 分钟的交谈。之后她表示，他们都非常鼓励总理接受这些机构特别慷慨的提议。该决定本身在一天后由财政部部长们作出，即在雅典援助计划最终结束前三天。危机正在朝有利的方向发展。自从 5 年前决定救助希腊以来，局势从未如此紧张，甚至在 2012 年夏天针对希腊退出欧元区的辩论中也没有如此艰难。默克尔与齐普拉斯在布鲁塞尔道别，她认为，很快就能对新的援助计划达成一致。

希腊决议

和其他多数欧盟各国领导人一样，默克尔又错了。当齐普拉斯接通她和奥朗德的电话时，总理刚到柏林几个小时。他第一次谈到让希腊选民对新的希腊协议进行投票。德国总理理所当然地认为，齐普拉斯会向他的选民建议支持协议，但事实并非如此。当齐普拉斯在午夜前后公开宣布举行公投时，她才发现，齐普拉斯的建议是"不"。默克尔低估了齐普拉斯面临的国内政治压力：如果他说"是"，但公投失败了，他的职业生涯就会结束。他给出"不"这个建议，反而能够保留操作空间。默克尔似乎有些不知所措。成员国公民首次在主权债务危机中对她的原则进行投票：改革才给援助。默克尔的整个欧元政策可能都会失败。

默克尔原本以为，已经与希腊总理建立了稳定的工作关系；她现在更加愤怒，这在她的任期内是很少见的。在接下来的 6 月 29 日星期一，她在基民盟主席团会议上发火：齐普拉斯的政策是强硬的和意识形态的，他睁大眼睛让他的国家撞墙。公投也磨尽了默克尔的耐心。齐普拉斯夜间电视讲话后的第二天，欧元集团财长决定停止所有的调解努力。"目前的援助计划将于 6 月 30 日到期，"他们说道，相关负责人将"尽一切可能确保欧元区的金融稳定"。这个决定几乎是一致的，只有希腊自己没有加入。这似乎意味着希腊退出欧元区已成定局，至少朔伊布勒这样看。

只要希腊公投还要进行，所有的谈判都是多余的。默克尔是这么看的，几天后在联邦议院也如此说道。她表示，整个欧洲没有受到希腊公投的威胁。与副总理兼经济部部长、社民党人西格玛尔·加布里埃尔相反，她并不认为如果公投结果反对协议，希腊会离开欧元区。她只是反对要不惜代价地达成一致，这为妥协敞开了大门。接下来是一周的等待，在此期间，德国公众认识了希腊语中的"不"：óχι。

欧洲整整一周都在紧张地猜测，直到投票站于 7 月 5 日晚关闭。根据默克尔在塞浦路斯的经历，她看到了达成协议的机会，而不是谈判希望的终结：希腊向停止支付往来又近了一大步。在信贷机构周一开门之前，仍在任的瓦鲁法基斯原先拒绝资本管制，现在终于开始实施这个措施，每位银行顾客每日只能从账户中取 60 欧元。

这也没能阻止希腊民众拒绝可恨的最后条件。默克尔原本希望这能迫使希腊人民投赞同票。特别是那些受过良好教育的公民投了反对票，结果比预期更加清晰：只有 62.5% 符合条件的选民参加了投票，但其中 61.31% 的人投了反对票，这或许代表着最后的反抗——在屈服之前维护自尊。但这也是对亚历克西斯·齐普拉斯的公民表决，在很大程度上给他留下了回旋余地：如果他都无法在不设条件的情况下将希腊留在欧元区，那么没有人能做到。希腊人的"不"为齐普拉斯在布鲁塞尔说"是"创造了条件：

默克尔在小圈子里谈到了超辩证法，她先是怀疑，然后看出了齐普拉斯的目的。

过去一周里，人们对希腊退出可能带来的经济动荡有不祥预感。尽管人们反对增税、削减养老金或所谓的外国控制，绝大多数希腊人仍希望保留欧元。只有一位主要的政府官员对此持不同看法：财政部部长瓦鲁法基斯。他正在计划用一种期票形式的过渡货币取代欧洲央行提供的少量欧元。

默克尔整晚都在打电话，但没有和齐普拉斯通电话。希腊总理起初只打电话给巴黎寻求帮助。法国媒体后来报道，奥朗德笼统地说：你必须帮助我，这样我才能帮助你。他设定了条件：瓦鲁法基斯必须离开。实际上瓦鲁法基斯也不得不离开：齐普拉斯获得公民投票这个靠山后，得以在政治上冒险迈出一步。新的财政部部长是欧几里德·察卡洛托斯。作为负责经济关系的副外长，自4月以来，他一直主持着与欧元集团的谈判。察卡洛托斯是激进左翼联盟的创始成员，公开承认马克思主义，但同时与保守派的国家银行行长是朋友。与瓦鲁法基斯不同，他准备深入了解此事的细节并进行务实的谈判。人事变动向其他欧元国家发出了一个信号，即齐普拉斯试图达成协议。时钟停摆一周后，谈判的窗口再次打开。又过了几天，默克尔开始利用这个机会。

星期二下午3点35分，齐普拉斯终于来到柏林。他已经和普京谈过了，早在4月就拜访过普京。齐普拉斯甚至不需要明确表达这个微妙的威胁：如果欧盟放弃希腊，那么希腊将为俄罗斯打开大门。自春天以来，普京显然无法在经济上提供欧盟迄今为止所做的一切；但地缘战略仍然很重要。默克尔非常认真地读了新闻：叙利亚和伊拉克难民在希腊得不到食物，因为希腊政府不再向供货公司付钱。在公投后的第二天，当希腊政府发言人被问及新的援助计划时说："目前还没有给出条件"，但他不排除情况会有变化。齐普拉斯在欧洲议会露面时，受到了左翼和右翼极端分子的赞美。这并没有改善情况，而是使自由派党人居伊·伏思达非常愤怒。

事情出现了转机。美国总统再次发言，就像在埃尔茂一样，催促欧盟与希腊人达成妥协。7月7日星期二下午晚些时候，默克尔飞往巴黎会见奥朗德，晚上在布鲁塞尔参加首脑会议。默克尔、奥朗德和齐普拉斯三方再次进行短暂的会谈，这是宣布公投以来的首次，齐普拉斯承诺在第二天提交具体方案。立陶宛总统达利娅·格里包斯凯特批评雅典政府，"永远把事情推到明天"。

首脑们决定将会议延期到7月12日星期日，只剩下5天时间作出决定。法国的专家们赶往雅典，包括欧洲稳定机制救援基金理事会的巴黎代表，希望帮助希腊人写一份有望成功的援助申请。德国部长朔伊布勒不同意援助，仍希望他们退出欧元区。默克尔知道，援助申请取决于内容而不是作者：*我不在乎是谁写的*。她尽可能地避免谈判破裂，不想被看作是推开希腊的始作俑者。

起初默克尔不确定希腊会采取何种行动。她于7月8日星期三开始了计划已久的巴尔干之旅，途经地拉那和贝尔格莱德前往萨拉热窝，那时她仍然心存疑虑。她的欧洲政治顾问发来希腊人的第一稿申请草案，只有一页：在她看来，这是远远不够的。星期四下午，形势发生了变化。很明显，希腊政府在法国的帮助下，制定了一项可行提案。欧盟机构的愿望得到了满足，甚至有些超出预期。消息传来时默克尔正在萨拉热窝——20世纪大灾难开始的城市。

经过不到两个小时的飞行，默克尔抵达柏林泰格尔机场的政府航站楼，并立即赶往总理府。工作正式开始了。默克尔认为要完成的工作内容主要是促成协议，但朔伊布勒仍希望抓住机会将希腊排除在欧元区外。

7月9日晚，联盟领导人在总理府会面。默克尔和朔伊布勒都在场，社民党主席加布里埃尔和外交部部长施泰因迈尔也来了。如果希腊政府拒绝遵守改革要求，朔伊布勒建议希腊在有限的时间内退出欧元区。默克尔和社民党的几位领导人并没有立刻认识到该建议的爆炸性，认为这只是个不切实际的理论联想，因为希腊人无论如何不会自愿放弃共同货币。社民党不明白，为什么朔伊布勒认为这是一个可行的目标，而且还想把希腊人的妥协方案从台面上抹去。因此他们没有反对，这可能会给社民党主席带来很多麻烦。

朔伊布勒想剔除希腊人，不是出于反欧情绪，而是因为他想构建一个合作更紧密的核心欧洲；他再次遵循自己的想法，即告别希腊只会有益处。这是最高级别的冒险游戏，完全不符合默克尔的风格，因为人们还会觉得：出于战术原因，朔伊布勒充当煽动者，默克尔扮演妥协者——实际上总理和她的财政部部长之间存在明显冲突。这种冲突可能会变得非常危险。

朔伊布勒的部下为7月11日的欧元集团会议准备了一篇文章，从文章中就能看出二人的分歧之深。《对最近希腊提案的评论》——标题无伤大雅：如果债务可持续性得不到保证，就无法可靠地实施改革，"建议"希腊暂时退出欧元区。默克尔和社民党部长们称，这超出了周四晚上在总理府讨论的内容，毕竟，对长期债务可持续性的评估差异很大。按照欧盟的理解，朔伊布勒的文章已经为希腊离开欧元区制定了时间表。这引起了世界范围内的抵制。在"This Is A Coup"标签下（"这是一场政变"），网民对朔伊布勒的行为感到愤慨：他们认为，德国人绕过了雅典政府和欧盟，已经接管了希腊未来的指挥权。

尽管如此，朔伊布勒还是在欧洲财长的圈子里推动计划，即通过苛刻条件，让希腊人无法接受新的救援计划。他提议设立一个总部在卢森堡的信托基金，使希腊私有化的收益流入该基金，作为援助贷款的担保。朔伊布勒认为，希腊政府不会答应。在政府首脑开会之前，财长们会晤了两次。最后，他们给上级留下一份文件，里面包括朔伊布勒的提议，尽管提议被放在方括号里。按照布鲁塞尔的惯例，这意味着没有达成共识。

当周日下午政府首脑会议开始时，谈判陷入僵局。2015 年 7 月 12 日，不仅希腊要对阵大多数欧元国家，还有德国对阵法国，德国总理对阵她的财政部部长。默克尔发现自己处于困境：如果新的援助计划得以实施，朔伊布勒的反对将危及联邦议院基民盟议员们的一致意见。由于朔伊布勒，默克尔已被欧洲人描绘成一个想肆意把希腊赶出欧元区的人。法国《世界报》撰文称，奥朗德希望让希腊继续使用共同货币，以打破德国思想在欧元区的霸权地位。默克尔真实的目的是实现两个目标：留住希腊和紧缩政策。

从下午刚过 4 点到第二天早上 9 点多，扣人心弦的谈判持续了 17 个小时。正如理事会主席唐纳德·图斯克计划的那样，晚上退场三次，夜里又开启了第四轮会谈：他自己、齐普拉斯、默克尔、奥朗德。其间，齐普拉斯表示想去请教他的财长察卡洛托斯；默克尔回答道：那她现在就得去找朔伊布勒了。气氛瞬间凝固，默克尔表示她只是在开玩笑：察卡洛托斯可以加入会谈。

最后谈到了朔伊布勒提出的私有化基金。很显然，总部不应该在卢森堡，而应该在希腊国内。齐普拉斯还获准将部分资金用于投资。但是多少钱呢？希腊总理想要一半，默克尔提议十分之一，其他人建议四分之一。默克尔要求休会，但欧洲理事会主席唐纳德·图斯克拒绝了。这个价值 860 亿欧元的援助计划已经在原则上达成共识了，不应再为几十亿欧元又出波澜。欧元集团领导人迪塞尔布洛姆请求他的社民党朋友加布里埃尔劝说总理，加布里埃尔照做了，并且产生了效果。上午不到 9 点，达成协议的消息传到大厅里，其他国家的首脑们正紧张地等待四方会谈的结果——立陶宛总统和斯洛文尼亚总统则愤怒地离开了。

齐普拉斯作了更多妥协，不得不放弃了他在公投前对希腊人的大部分承诺：他先是在援助申请中放了一部分，然后在夜间会谈中放弃了剩下的承诺。在此期间，他与雅典的官员保持通话。就像默克尔一样，对齐普拉斯来说，重要的是自己的阵营不失去国内支持。到了晚上，希腊语的"不"变成了"是"。

星期一早上 9 点 21 分，默克尔站在德国媒体厅的麦克风前，宣布谈判成功：我认为利大于弊。由此，欧债危机的严重阶段结束了。受危机影响严重的国家的经济逐渐复苏。爱尔兰、葡萄牙和塞浦路斯很快就能够在市场上再次融资；西班牙的情况也有所改善，该国只为银行申请了一项援助计划。希腊得到了一个全新的援助计划，与 11 月之前的临时援助不同。新计划一直持续到 2018 年夏天，即下一次德国联邦议院选举之后。与 2012 年一样，默克尔避免让这个问题成为下一次大选中的争议问题。

亚历克西斯·齐普拉斯在反对派的帮助下通过议会提出了新的改革法案，然后利用新选举使他的惊人转变获得了合法性。

希腊开始进入政治稳定阶段。2015 年上半年受不确定因素影响，经济出现萎缩，现在得以再次增长，当前的国家预算产生了盈余。当援助计划于 2018 年 8 月到期时，希腊能够再次在资本市场上融资。尽管齐普拉斯在 2019 年夏天的选举中输给了保守派的基里亚科斯·米佐塔基斯，但这次政府更迭并不引人注目。默克尔在主权债务危机中的政策取得了成功。与 2012 年一样，如果更早、更果断地采取行动，是否会降低危机国家的成本？这个问题仍没有答案。

在党内，对希腊的新援助给默克尔带来了负担。朔伊布勒并没有屈服，在布鲁塞尔峰会后的一段时间里，他在采访中坚持自己的观点——从而加剧了联盟党内的不满。直到 5 周后联邦议院对新方案进行投票，他才妥协，并表示同意。并非所有队伍内的议员都愿意和他一样妥协：基民盟和基社盟的 63 名议员更加反对默克尔的欧元政策，占整个议会党团人数的五分之一。由于两个联盟党在联邦议院共同拥有绝大多数席位，因此决议并未受到威胁。为数不少的反对票表明，在第三个任期内，世界政治家默克尔与国内政治力量疏远了很多。

4. 难民（2015—2016）

罗斯托克

2015 年 7 月 13 日，星期一，安格拉·默克尔在第三次援助希腊的谈判之夜后返回柏林。回来后不到 48 小时，她就前往另一个地点，换作其他人大多都会取消这个约定：星期三下午 1 点

15 分，她来到罗斯托克南城的保罗·弗里德里希·舍尔小学[①]。在希腊危机再次爆发之前的平静时期，她设计了一项名为"在德国生活得很好"的"公民对话"活动，自春季以来一直在进行。她想了解德国人的愿望和关注重点，同时也着眼于未来的竞选。在 2017 年的联邦议院选举中，默克尔的竞选口号源自一场"公民对话"："为了一个我们愿意在其中生活并且生活舒适的德国。"

几乎没有哪个德国政要像默克尔一样纪律严明地工作，她也无法忍受别人的不守信。她偶尔解释，自己会非常谨慎地作出承诺，一旦答应了，就会信守承诺。否则，那些准备了数周的学生和老师们就会失望了。由于默克尔不喜欢爽约，她取消约定会轻易被人们当作危机来临的信号。

所以默克尔如约前往罗斯托克，似乎可以表明，德国目前没有较大的危机。在与市民的密切接触中，默克尔一直表现得很好，她有些木讷的行为在群众看来是一种魅力，也包括她的一些严厉暗示，例如建议一个年轻的失业者：学着去工作吧，您不该等着娶一个工资高的老婆。访问罗斯托克这所学校也按计划进行。15 岁的女学生雷姆·萨赫维尔说道：她 4 年前随父母从黎巴嫩来到德国，现在害怕被驱逐出境，不知道未来会怎样。她想和其他同学一样上大学，但自己一家能否得到居留许可仍悬而未决。父亲多年来被禁止打工，也无法探望在黎巴嫩的亲戚。

默克尔显然还没有从希腊的不眠之夜回过神来，她偶尔说话时冷静且具有指导意义，喜欢使用抽象语言。在对待成年失业者

---

① 这是一所与小学相结合的全日制学校，为罗斯托克及周边地区残障学生提供支持。——译者注

时，人们赞同她的做法，但以这种口气与孩子交流却引发了公关灾难。总理只是对申请程序复杂表示歉意，并承诺将来会加快审核速度。对于那些已等待多年的人，她不想夸口会给他们居留许可，也没有承诺会审查个案。有些人将不得不回去。

这番话让雷姆·萨赫维尔以为，总理是亲自威胁要将她驱逐回黎巴嫩，远离她在罗斯托克的学校、选她当班长的同学、她因行动不便而需要的特殊照顾。雷姆开始哭了。默克尔看到了，停下说教——并说了句让情况更糟的话：啊，别哭，你做得很好。此时，主持人插话了。"总理，我认为这和做得好不好没关系，这是一个非常艰难的境地，"他说。我知道，默克尔回答道，显得有些不知所措。所以我还想再安慰安慰她。接着她谈到解决中东冲突，让你们的国家再次成为你们的好家园，她对女孩说道。而女孩觉得她的家就在梅克伦堡。

在所有"公民对话"节目中，这一期引起了最多的关注。在社交媒体上，视频成了默克尔冷酷无情的证据。《德国日报》的政治记者深刻地评论道：这段视频展示了"一位精疲力竭和劳累过度的女性，在来的路上，她可能一直在问自己，为什么非得过来"。

这个解释对总理没有帮助，因为视频情节令人难忘。默克尔后来没有坚决拒绝巴尔干地区的难民，并非完全出于罗斯托克的经历；她注意到，自90年代初关于庇护权的辩论以来，起码一部分德国人的态度发生了根本变化，人们越来越不愿意以强硬的态度驱逐那些已很好地融入德国社会的移民。此时浮现了一个问题：如果突然遭返大量难民或将其拒之门外，德国公众会如何反应？

心怀仇恨

在罗斯托克事件发生时，德国还远未将难民问题视为主要的政治问题。在过去几周里，希腊债务"大戏"完全吸引了德国人的注意力。媒体研究人员发现，大多数公民不能同时关注多个政治主题。由于工作、家庭和新媒体耗费了一定时间，人们对政治的兴趣有所下降。这在一定程度上与默克尔的论断相对应：她有时说，人们对德国总理的要求基本上是一样的，如果没有大危机，那么小问题就会被放大。这反过来又得出一个结论：一位政治家不可能同时解决所有问题，以前没有重视的弊端可能又被放在聚光灯下——而且她仍没有拿出解决问题的办法。在许多时候，作为务实的政治家，她等到出现了危机才对一个主题作出反应：因为那时问题会变得非常清晰，才能得出正确的结论。然而，在难民问题上，这种逻辑却是致命的。

在德国，自 1993 年联邦议院限制基本庇护权和 1997 年《都柏林公约》生效后，寻求庇护者的人数长期下降，《都柏林公约》将接收难民的主要责任分配给欧盟外部边界的国家。1992 年，波黑战争最激烈的时候，将近 44 万名难民来到德国；2006 年至 2009 年，在默克尔的第一个任期内，当局每年仅登记大约 3 万名新难民。因此，庇护问题从公开讨论中消失了。联邦政界人士和记者几乎没有注意到，在接下来的几年里，数字刚开始缓慢增长，然后急剧增加。联邦移民和难民局在 2013 年登记了近 13 万份申请，2014 年超过 20 万份申请。五分之一的寻求庇护者来自战乱国家叙利亚，另有五分之一来自阿尔巴尼亚和尚未加入欧盟的原南斯拉夫共和国。后者的文化接近德国文化，那里的公民常常会说德语，但当时没有合法的劳工移民途径前往德国。

早在 2014 年，市长和地区官员就表示，已经逐渐没有地方收容寻求庇护者了。默克尔在同年的科隆党代会演讲中谈到，这将给市政当局带来全新的挑战。2014 年 9 月，联邦参议院在绿党执政的巴登 - 符腾堡州的投票下，同意将波斯尼亚 - 黑塞哥维那、马其顿和塞尔维亚等原南斯拉夫地区列为安全来源国，从而简化了拒绝程序。在此之前，总理府部长彼得·阿尔特迈尔与巴登 - 符腾堡州州长温弗里德·克雷奇曼进行了长时间的谈判。作为应对措施，默克尔表示要促进寻求庇护者的融合，特别是要加快审核过程。

在大城市和大都市区，尤其是在德国西部，这种现象几乎没有引起人们的注意。无论是已经在德国做客工的原南斯拉夫公民，还是已经相对西化的叙利亚难民，在街景中都没有引人注目。小城镇的情况完全不同，尤其是在原东德地区：除了战后被驱逐过来的人、东德时代的越南合同工或两德统一后的个别西德人外，这些人是来到该地区的第一批外国人，会遭到当地人的质疑。在 1991 年至 2018 年，图林根州的外国人数量甚至增长了 728%；汉堡仅增长了 45%——原因很简单，以前就有更多的移民住在汉堡。东边的居住环境和生活场景发生了显著变化——以前空荡荡的广场上突然聚满了人。萨克森州州长斯坦尼斯拉夫·蒂利希曾嘲讽道，现在他的同乡们晚上不一定要在家看电视，还可以出门逛逛："我们度假时也是这么热闹，不是吗？"

在这种情绪下，在有入室盗窃、贩毒和人身伤害犯罪记录的活动家卢茨·巴赫曼的倡议下，一个团体通过脸书聚集在一起，很快自称"爱国欧洲人反对西方伊斯兰化"运动，简称"Pegida"——此时来德国的移民大部分受基督教文化影响：大多数来自波兰、保加利亚、罗马尼亚或者只有部分受穆斯林文化影响的西巴尔干地区；叙利亚人的人数只是缓慢增加，甚至低于被遣返的土耳其人数。

2014 年 10 月下旬以来，该运动成员在德累斯顿森珀歌剧院前的广场上组织了示威活动。警方称，在圣诞节前不久示威者的人数有所增加，约有 1.5 万人。他们从一开始就辱骂媒体是"撒谎的媒体"，诋毁政要是"叛徒"，后来又增加了"默克尔绞刑架"，上面显示总理的脖子上缠着一根绳子。尽管示威者人数相对较少，但抗议活动引起了媒体的广泛报道。12 月 15 日，勃兰登堡州的德国选择党主席亚历山大·高兰乘坐一辆租来的小巴士前往德累斯顿——据说只是作为一名"观察员"——以表明他和新运动有密切关系，并将自己的政党从民意调查的低谷中拉出来。

2014 年的最后几天，人们可以清楚地看出，这些事件激怒了总理。一方面，这不合乎人道主义；另一方面，这些事件也在国际上引发了毁灭性的反响。过去，默克尔的新年致辞无足轻重，令听众沉沉欲睡。然而这一次，当联邦新闻小公室像往常一样在 12 月 30 日将演讲稿提前发送给编辑部时，记者们完全清醒了。默克尔在讲话中提到了"爱国欧洲人反对西方伊斯兰化"运动的示威活动：不要响应那些人的号召！因为他们心中常常带有偏见、冷漠，是的，甚至仇恨！不久之后，她又向激进的反伊斯兰分子发出了停止示威活动的信号。1 月 12 日，当她和土耳其总理艾哈迈德·达武特奥卢一起出现在总理府的媒体面前时，她提到了前联邦总统克里斯蒂安·伍尔夫的话：伊斯兰教属于德国。是的。我同意这个的看法。

这些都是新声音，在接下来的夏末，部分公众更加感到惊讶。"他们给默克尔灌了什么迷魂汤？"一名记者问道。默克尔突然变成了直言不讳的总理——这让人们感到惊讶。在意识形态方面，默克尔一直与所有形式的种族主义、反犹主义或否认历史的行为划清界限。2003 年，她对当时的基民盟议员和后来加入德国选择党的马丁·霍曼过于犹豫不决，后来她宁愿尽早地表明态度，而不是太晚。

后来"爱国欧洲人反对西方伊斯兰化"运动的声势逐渐减弱，但这个主题仍然存在；此外，对寻求庇护者及其住所的暴力袭击有所增加。2015 年春天，萨克森－安哈尔特州南部特罗格利茨的市长辞职，因为反对他建设难民收容所的人在他的私人住宅前示威。不久之后，难民收容所的大楼遭到纵火袭击。一年后，对肇事者停止搜索，但仍没有结果。

2015 年 4 月 19 日，一艘难民船在地中海沉没。次年打捞残骸证实，至少有 845 人死亡，只有 28 人幸存。这是迄今为止最严重的一次。第二天，欧盟理事会主席唐纳德·图斯克召开了一次关于难民政策的特别峰会。当国家元首和政府首脑们于 4 月 23 日抵达布鲁塞尔时，默克尔已经发生了转变。多年来，她一直坚定地捍卫欧洲难民政策中的《都柏林公约》，该条例赋予第一接收国处理庇护申请的专属权限。这加重了意大利或希腊等国家的负担，同时也减轻了德国等内陆国家的负担。默克尔呼吁建立一个机制，根据人口规模和经济实力在整个欧洲分配难民：我认为都柏林规则需要改变。

默克尔看到南欧的局势正在失控，并有可能破坏欧盟的凝聚力。不堪重负的希腊如此，意大利也是如此，那里的难民问题威胁到以改革为导向的亲欧政府马泰奥·伦齐的稳定地位。但最重要的是，新机制符合德国的利益。德国内部难民人数增加与都柏林系统停止运作有关。由于希腊难民营的条件恶劣，联邦宪法法院禁止将难民遣返希腊。意大利的登记不完整，在个别情况下，无法再证明意大利对庇护程序的管辖权。德国早已从受益者变成了受害者。

默克尔在布鲁塞尔表示，四分之三的寻求庇护者分摊到五个成员国。德国现在是这五个国家之一。因此，柏林政府只要求在难民政策中公平分配负担，它将从中受益。早在主权债务危机和希腊谈判期间，默克尔就被认为是一位狭隘无情地维护德国利益的政治家，尤其是在针对南欧。

80 万

默克尔与黎巴嫩女学生在罗斯托克对话时，难民问题尚未成为德国公众辩论的主题。但在 2015 年 7 月中旬，即达成布鲁塞尔协议后，人们对希腊欧元"大戏"的兴奋迅速消退。不久之后，媒体的注意力完全集中在人数越来越多的难民问题上。早在 5 月，内政部部长托马斯·德梅齐埃就让人们做好准备，预计 2015 年将有大约 45 万名难民到来，是前一年的两倍。8 月，这一预测水平显然太低了。内政部部长面临着越来越大的压力，他公开承认这一点，并列出了一个新的数字。联邦各州都朝着这个方向努力，因为他们需要根据官方预测数据来扩大接收能力。

自 2014 年以来，纽伦堡联邦移民和难民局一直未能审核完越来越多的庇护申请。过去，由于庇护人数下降，当局大大减少了负责这方面工作的人手，并自 2005 年以来承担了额外的融合任务，以弥补核心业务的丢失。在政治上，突然改变方向是不可取的，因为更快的决定会引发新的冲突：拥有居留权的难民人数上升，但被驱逐出境的人数也在上升；反对接收难民的人在抗议，支持者也在抗议。

对于德梅齐埃来说，他还在为自己被调回内政部苦苦挣扎，越来越多的叙利亚难民并不是他关注的焦点，因为他把注意力转向了来自西巴尔干的新移民。由于德国移民政策的限制，这些移民工人选择了庇护程序，直到 2015 年，他们在寻求庇护者中占了相当大的比例。而来自阿尔巴尼亚和前南斯拉夫的申请人数量则大大减少了。

德梅齐埃和他的员工对这个所谓的成功感到满意，他在 4 月不得不处理搬迁事务，因而迟迟没有注意到新的情况：在"巴尔干路线"上，来自巴尔干地区的寻求庇护者所占比例越来越小，寻求庇护者大多来自叙利亚、伊拉克和阿富汗，这三个国家多年来一直饱受战争和内乱的蹂躏。许多难民长期待在邻国的难民营中，那里的生活条件明显恶化，部分原因是缺乏西方的援助，返回家乡的可能性也越来越小。来自阿勒颇、摩苏尔或喀布尔的难民比来自地拉那的寻求庇护者更难遣返，因为后者属于和平地区。

8 月 19 日，内政部部长终于屈服于公众压力。刚过 12 点，联邦议院批准了对希腊的新援助计划；下午 5 点，德梅齐埃走到了他所在部门的摄像机前："我们预计，今年将有多达 80 万的寻求庇护者或难民来到德国"，并补充了一句，总理后来也这样说："我们将克服这一挑战。"默克尔曾建议他报最高的实际数字——她不想反复修改数字。

德梅齐埃后来埋怨这种做法。他在 9 月底与《华盛顿邮报》的谈话中说道，他的预测被人们误解了，人们以为他的意思是：请快点过来，因为大门将在 80 万这个数字后被关闭。与后来备受争议的总理与难民的自拍照相比，这个因素可能发挥了更大的吸引作用。默克尔在秋天也表示：我们在夏天说，预计将会有多达 80 万难民时，这使得远处的人们产生了错误的印象，即德国正在等待 80 万难民。

一年后，对难民人数的最终分析表明，2015 年约有 89 万名难民来到德国，远低于同期假设的 110 万——此外还有大约 5 万名新抵达的人已经离开了德国。最终的数字相对接近预测。

海 德 瑙

默克尔本人也面临越来越大的压力，不得不在难民问题上打破沉默。在她的 10 年任期内，她刻意避免将自己与有争议的庇护问题联系起来，在罗斯托克与学生雷姆·萨赫维尔的会面完全是意外。但现在越来越多的声音要求，她必须亲自访问难民收容所，了解情况并确定解决方案。默克尔仍然犹豫不决。8 月 16 日，她在德国电视二台的夏季采访中迈出了试探性的第一步：这些问题将比希腊问题和欧元区的稳定问题更加令人担忧。她宣布，将调动所有人力资源，扩大初期接收营地，加强与西巴尔干国家的合作，并在欧洲层面主动采取行动。

接下来的周末，第一批难民在德累斯顿南郊海德瑙的收容所安顿下来，这里原来是建材市场。8 月 21 日，该地区的右翼极端分子在德国国家民主党登记的集会上进行了示威，包括使用暴力。他们来到基民盟市长的私人住宅周围，辱骂他是"民族叛徒"；接着，他们试图堵住建材市场的入口，向警察投掷石块、酒瓶和鞭炮。周五晚上发生骚乱后，他们在周六再次采取行动。直到周日情况才平静下来，可能因为暴徒们是"老实公民"，周一还得正常工作。

不堪重负或者不情愿的萨克森警察未能恢复安全和秩序，甚至试图阻止民主人士示威，包括为难民举办的"欢迎派对"。当局以"警察紧急状态"为由禁止了集会，称现有的应急服务部门无法"满足预测的事态发展"。这在全国引起了毁灭性的反应，警察工会称这是"对法治国家的公开宣战"，联邦宪法法院随后取消了集会禁令，认为这是非法的。总体而言，人们觉得法治国家正在失败。鞭炮爆炸、烟雾弥漫的照片在世界范围内流传，"整个国家都胆战心惊地看着海德瑙"，该地区的报纸写道。右翼分子没有料到的是：他们引起了自由民主派公众对难民的声援，收紧接收政策几乎是不可能了，因为这代表着向右翼极端主义暴徒屈服。

8月24日，星期一，社民党副总理西格玛尔·加布里埃尔是第一位来到海德瑙的联邦政治家。他每年都在记者陪同下进行"夏季之旅"，原本就计划前往德累斯顿。他谈到"右翼极端暴徒"和"在这里游荡的一群人"，称暴徒是"我能想象到的最不德国式的一类人"；这样的人必须被"关进监狱"。萨克森的司法机构没有遵循这个建议：最终只有个别人被定罪。

总理不得不采取行动。她在附近有个约会，即周三参观格拉苏蒂的钟表厂。在周末的骚乱和副总理访问之后，她只能响应呼声，去海德瑙探望难民营。反对示威者骂她是"叛徒""你这个蠢婆娘"，或者"露出你那张丑陋的脸"。同时还传来"我们是那群人"的呼喊声，这是暗指加布里埃尔两天前用的词。所有这一切都被镜头记录下来，展现在全球公众面前。由于筹备时间短，这次访问之行在组织上准备得很差，默克尔无法避开与反对示威者的正面对视。

这种粗野的、未经掩饰的仇恨对总理产生了影响。去年冬天，她遭遇了来自"爱国欧洲人反对西方伊斯兰化"运动示威者的相同行为，现在她亲自在现场体验到了。抗议者不想就正确的难民政策进行客观的辩论，纯粹的怨恨驱使着他们。默克尔坚定

了想法，不愿向这种情绪屈服。在现场，她尖锐地回答：在需要
法律和人道主义援助的地方，对于那些不准备提供帮助的人，我
们是不会容忍的。这是对暴力和仇外心理的谴责。

第二天，总理面临更大的压力，要为难民做更多的事情。在
靠近匈牙利边境的奥地利东部高速公路的紧急停车区，警察发现
了一辆载有死亡难民的卡车，其中有 71 人死亡，包括伊拉克人、
阿富汗人、叙利亚人和伊朗人。这一事件震惊了德国公众，表明
在难民人数不断增加的情况下，过境非常危险。虽然随着匈牙利
于 2007 年底加入申根区，奥地利东部边境管制已不复存在，但
警方继续在该国搜寻根据《都柏林公约》本应留在匈牙利的难民。
可以预见的是，加强边境管制将促进走私者的生意，并导致更多
人死亡。

"我们能做到"

默克尔和前任总理一样，每年举行一次关于"当前国内外政
策问题"的夏季新闻发布会。由于希腊谈判，她已经推迟了今年
的发布会日期。接下来的星期一，即 8 月 31 日，毫无疑问是"夏
天"的最后一天。默克尔知道，她必须明确难民政策的基本立场，
并决心接受挑战。发布会于下午 1 点 30 分开始。

在开幕词中，默克尔提出了一个计划，即保护战争难民，呼
吁更多地驱逐被拒绝的寻求庇护者，并进行管理改革，简化建造
收容所的建筑法规，更新难民局的结构。即便是几年后，人们
再读一遍这场长达 100 分钟的发布会文稿，都很难从中读出默克
尔"邀请"难民来德国的意思。默克尔说道：我们后面还会探讨
初步收容机构、处理时间、遣返、在欧洲的公平分配、安全来源
国、找到产生难民的关键因素等问题。

在详细讨论这些问题之前，她需要澄清两项原则。第一，受政治迫害者获得庇护的基本权利仍然适用。第二，我们以法治国家的严正态度，反对那些挑衅他人、攻击他人、放火焚烧难民营或使用暴力的人。接着她谈到了具体步骤：加快庇护程序审批，迅速遣返被拒绝的申请人，尤其是来自巴尔干地区的申请人；联邦、州和地方当局之间公平分担负担；促进那些极有可能留下来的难民融入社会。对于上述这几个方面，她补充道：德国是一个强大的国家。我们处理这些事情的动机无疑是，我们已经取得了如此多的成就——我们能做到。我们可以做到，如果有什么困难阻碍了我们，就必须克服它，我们必须为之付出努力。

"我们能做到"——这句话在默克尔担任总理期间变得独一无二。它脱离了特定的语境，成为一种"天真的"欢迎文化的同义词——我们可以独自拯救整个世界。从那时起，对难民的仇恨与对默克尔的仇恨结合在一起，两年后，在东德广场上的竞选宣传中，"默克尔必须离开"的口号反映了这种仇恨。2017 年 9 月，被看作是"反默克尔党"的德国选择党以 12.6% 的支持率进入联邦议院。在德国政治中，对默克尔的憎恨成为新的情绪化和两极分化的焦点，二者被锁定在一位"没有感情"的总理身上。

这种特殊局面一时间还看不到尽头，许多公民认为总理对待难民的态度过于保守。9 月 2 日之后，即默克尔夏季新闻发布会的两天后，一张照片在社交媒体上迅速传播：照片上显示，2 岁的叙利亚男孩艾兰·库尔迪溺水身亡，尸体被冲到土耳其地中海沿岸博德鲁姆附近的海滩上。

在这家人冒险出海之前，亲戚们曾试图合法地移民到加拿大，但没有成功。这一事件增加了西方政府接收叙利亚内战受害者的压力，就连此前强硬的英国首相戴维·卡梅伦也稍稍让步了。"作为一名父亲，我被死去男孩的照片说服了，"他说，"英国是一个始终履行其道德义务的人道主义国家。我们正在接收几千人，我们将继续接收数千人。"

从布达佩斯的火车东站也传来了可怕图片。作为匈牙利最大的铁路枢纽，现在已成为滞留在巴尔干线上的难民的聚集地。根据电视和报纸的报道，难民在布达佩斯恶劣的条件下露营，其命运越来越受到关注。2015年，匈牙利约有1000万人口，登记了近18万名寻求庇护者，按人口比例计算，比欧盟其他任何国家都多，甚至超过瑞典；德国在统计数据中只排在第六位。匈牙利总理欧尔班·维克托在夏季收紧了法律，并在匈牙利与塞尔维亚的边界上竖起了围栏。现在看来，他似乎有意让局势升级。

决策之夜

9月4日，星期五，一名滞留在布达佩斯的难民提出了一个影响深远的建议：为什么不走到奥地利边境呢？25岁的叙利亚人穆罕默德·扎塔雷问他的同胞。他们中的1000多人沿着高速公路出发，队伍不断壮大。安格拉·默克尔正在出访德国各地，先是参加了北莱茵－威斯特法伦州的政党会议，接着参观了巴伐利亚州的学校和公司；但她没有参加前基社盟主席弗朗茨·约瑟夫·施特劳斯诞辰100周年的纪念仪式，引起了姊妹党的不满。由于担心匈牙利局势升级，她带着她的办公室副主任一起离开了。下午6点30分，她抵达科隆植物园的节日大厅，北莱茵－威斯特法伦州基民盟在此处庆祝成立70周年，默克尔为庆祝活动发表了讲话。

在上午的联邦新闻发布会上，匈牙利总理欧尔班·维克托处理难民问题的方式成了主要话题。默克尔让她的发言人宣布，该国有"具有法律约束力的义务"，即"按照欧洲标准执行庇护程序，在匈牙利正确登记和安置难民"。联邦政府认为，"作为西方价值观共同体的一部分，匈牙利应当像德国一样履行其法律和人道主义义务"。总理在科隆演讲中也谈到了这个问题，她变得更加明确——也用了亲身经历作为说明：那些 25 年前向我们开放边境的人，今天却对那些前来需要帮助的人非常强硬，这是很难想象的。

演讲结束后，办公室副主任伯恩哈德·科奇立即将总理拉到一边，奥地利总理维尔纳·法伊曼急着找默克尔通话。她刚上车，在去科隆机场的路上，就接到了同事的电话。大约三刻钟之前，法伊曼收到了匈牙利大使的信息，将近 1000 名难民前往奥地利边境，他们需要对局势进行评估。对于法伊曼来说很清楚：欧尔班希望他决定，是要强制阻止难民队伍前进，还是让他们西行。如果是选择前者，可能会出现残酷场面，甚至死亡，至少有丑陋的画面。对于社会民主党人法伊曼和他的党派来说，这是不可取的。

第二个选择：奥地利接收难民。只有当德国愿意分担一部分难民时，法伊曼才愿意这样做，因此他不想在没有和默克尔商量的情况下作出决定，并且没让欧尔班转述（欧尔班必须在当天晚上出席一场国际足球比赛）。欧尔班将责任甩给了批评他难民政策的西方领导人。默克尔同意奥地利总理的观点：如果不使用暴力手段，就无法阻止向西行进的难民队伍。

默克尔继续打电话，包括在从科隆返回柏林的飞机上。在这个关键的星期五晚上，主要领导人都不在柏林。内政部部长德梅齐埃因发高烧卧床不起；总理府部长彼得·阿尔特迈尔刚刚前往日内瓦湖畔的依云，参加第二天早上的法－德经理人会议；外长弗兰克－瓦尔特·施泰因迈尔在卢森堡与欧洲外长例行会晤；副总理兼社民党主席西格玛尔·加布里埃尔在戈斯拉尔的家中；基社盟主席霍斯特·泽霍夫在他位于阿尔特米尔塔尔的周末别墅里。

默克尔先给阿尔特迈尔打电话，他收到了匈牙利驻柏林大使的一封电子邮件，并通过电话与他交谈。直到此时，默克尔才了解欧尔班和他的总理府部长的计划的全部内容。大使说，匈牙利无法登记这些人，他们将乘坐大巴前往奥地利边境，据说一个晚上就有4000—6000名难民。在默克尔和阿尔特迈尔通电话后不久，欧尔班的总理府部长宣布了这一措施。

默克尔想确保能够获得支持，以及其他欧洲政府的支援。但她很快发现，时间太紧迫了。她原本想等到第二天再作决定，不是出于犹豫，而是出于政治考量：如果迅速地独自作决定，将会孤立无援。如果默克尔独自揽下应对危机的担子，德国政客们将会推卸责任，欧洲同事也会拒绝支持。但她别无选择。法伊曼恳求她快点行动，毕竟从匈牙利来的大巴再过几个小时就到边境了。欧尔班为默克尔设了个圈套。

总理随后打电话给她在卢森堡的外交部部长施泰因迈尔。详谈之后，施泰因迈尔回了条简短的信息，似乎也准备拒绝她。他让部下审查了法律状况，律师们当晚宣布了结果：欧洲法律规定了缔约国的"自行介入权"，每个受益于《都柏林公约》的国家都可以自愿放弃由此产生的利益。

随后，默克尔联系上了在戈斯拉尔家中的社民党主席西格玛尔·加布里埃尔。他会同意将多达8000名难民从布达佩斯火车站接到德国吗？加布里埃尔在询问施泰因迈尔的意见后表示同意：这是次例外。默克尔回答道，她也这么认为。随后，他们就火车站和高速公路上的紧张形势进行了简短的交流。两人的谈话没有超过5分钟，因为在加布里埃尔看来，这只是对被困在布达佩斯火车站的难民的唯一一次人道主义行动，因为匈牙利当局对待他们的方式越来越糟。后来，在联盟委员会关于边境管制的夜间会议间隙，默克尔将副总理拉到一边："加布里埃尔先生，您向我保证一件事：我们不会建造围栏。"加布里埃尔觉得这一幕令人感动，他认为，关于总理没有价值观的说法根本是无稽之谈。

9月4日，默克尔的副总理令人费解：默克尔无法联系到基社盟主席泽霍夫，也许他根本不想被联系到。默克尔给他发了一条短信，要求他回电话。泽霍夫没有回复。然后阿尔特迈尔试图通过泽霍夫的慕尼黑办公室负责人联系他，依然没有成功。之后，泽霍夫说，他和往常一样在休息日关闭了手机，任何真正想联系他的人都可以联系警察。还有人说，泽霍夫故意充耳不闻：因此，他可以自由地批评默克尔的举动；总理是否接受了他的批评，公众无从知晓。

在电话交谈后，默克尔给法伊曼开了绿灯，准备接收难民。法伊曼在晚上11点后给欧尔班打电话，距离匈牙利大使传来消息已经过去了三个半小时。法伊曼说，高速公路上的难民可以过来了。第二天早上，基社盟主席泽霍夫终于联系了默克尔。他声称，他只是刚刚看到她的消息。几天后，他公开表示："这是一个错误，我们需要花费很长一段时间来处理它。我想不出有什么办法可以把瓶塞塞回瓶子上。"

接下来，默克尔给欧洲同事打电话。她的欧洲顾问乌韦·科塞庇乌斯联系了奥朗德。自春季在明斯克对乌克兰问题进行谈判以来，奥朗德和默克尔已成为盟友，他承诺将象征性地接收

1000 多名难民。如果得不到支持，问题就只能靠奥地利和德国自己解决了。希腊和意大利已经不堪重负，西班牙通过强有力的边境制度控制住了麻烦。周三，英国人卡梅伦给出愿意提供的条件之后，不准备作进一步妥协；东欧人无论如何都不愿意让步。只有斯堪的纳维亚人和荷兰在没有任何正式协议的情况下愿意继续接收难民。众人指责默克尔没有让其他欧洲人参与决定；在欧尔班把难民送到边境时，也没有呼吁召开特别峰会。

在这个星期六，安格拉·默克尔考虑过在电视摄像机前露面，就像 2008 年秋季为储蓄担保那样。最后，她决定不这样做：太戏剧化了。取而代之的是，阿尔特迈尔作为总理府部长在返回柏林的途中在日内瓦机场发表了简短声明，并在晚上回答了德国电视一台的问题。默克尔暂时没有公开解释她任期内最具争议性的决定。

欢迎文化

慕尼黑中央车站发生了惊人的一幕。周六下午，当第一批来自匈牙利的难民抵达时，迎接他们的是欢呼声。2015 年 9 月 5 日，人们举起了自己绘制的"欢迎来到慕尼黑"的标语，叙利亚儿童从路人那里得到了毛绒玩具。慕尼黑市市长、社民党人迪特·莱特说："当你看到快乐的面孔时，就知道我们在做正确的事情。"匈牙利高速公路上难民队伍的照片激起了人们的共情，特别是老年人回想起，在第二次世界大战结束时，德国人流离失所，不得不逃离家园。此时人们谈论起一种新的德国"欢迎文化"。一开始，总理只是受到这种情绪感染，而不是有意识地激发这种情绪。

媒体的报道异常积极，包括周日版《图片报》，这是人们最没料到的。"默克尔洗刷了布达佩斯的耻辱，"该报欢呼道。《法兰克福汇报》评论：吸引难民的不是总理，而是德国——"因为它是一个富裕而友好的国家"，默克尔是这个国家在世界上的代表。

商业组织也对年轻人的涌入感到高兴，他们可以减少德国的人口问题，并缓解可预见的劳动力短缺。加布里埃尔副总理在访问萨克森州海德瑙的庇护中心时说过，他们让这个国家"更年轻、更有吸引力"。虽然有些人对德国人表现出来的轻松心态感到高兴，但另一些人则抱怨称，这不符合德国人典型的务实态度。在那些日子里，积极报道占了主导地位，国际评价也是如此：《纽约时报》评论说，默克尔比其他欧洲领导人更具有远见卓识，根据她的个人经历，只有她能感知欧洲正在面临的挑战。12 月，《时代周刊》将"自由世界的总理"评为"年度人物"。

20 多年前，波黑战争导致少数寻求庇护者进入德国时，人们的接纳意愿很小，联邦议院最终通过了限制庇护权的决议。自 90 年代以来，词语的使用也发生了变化。当时人们所说的"寻求庇护者"很快就成了贬义词，现在用的大多是"难民"这个词——至少暗示了真实的逃难理由。德国语言学会建议使用"逃亡者"（Geflüchteten）而不是"难民"（Flüchtlingen）来称呼这群人，因为以"ling"结尾的词语听起来通常略带贬义——这似乎很荒谬。嘲笑者说，"亲爱的"（Liebling）或"蝴蝶"（Schmetterling）这些词也是以"ling"结尾。

尽管内政部部长在两周半前就已经预测到了新难民的数量，但在组织工作方面，德国仍然准备不足。在接下来的几周里，每天有多达 1 万人抵达巴伐利亚，政府需要把他们送往住处并提供饮食。由于有志愿者帮忙和联邦结构的优点，实际运作良好。

　　但这种联邦制阻碍了中央统筹和协调。各级政府之间没有信息交换：据称，这仅是出于数据保护的原因；但实际上，各个机构都不想让对方了解自己的内部情况。造成混乱的另一个原因是，联邦移民与难民局仅在接收庇护申请的工作上就不堪重负。因此，联邦内政部开始公布"最初接收庇护申请"的临时数字。然而，这一数字显然过高，因为许多难民多次登记，或在没有注销登记的情况下又前往欧盟其他国家——几乎花了整整一年的时间才弄清楚 2015 年的难民人数。投机行为也激增。

　　由于庇护程序的拖延，人们并不清楚有多少庇护申请是合理的，批评者误导性地谈到，通过率只有 1% 到 2%，根据《基本法》第 16a 条，这是指个人政治庇护。根据《日内瓦公约》，2016 年包括内战难民在内的总体庇护率几乎为三分之二，当时大多数申请获得了批准，对叙利亚籍难民的通过率有时几乎为100%。但管理的混乱和沟通的不明确在很大程度上造成了一种印象，即政府已经失去了对局势的控制。

　　默克尔较晚才开始采取反制措施。9 月 18 日，在决策之夜两周后，她任命弗兰克－于尔根·魏泽担任联邦移民和难民局局长。10 年前，他改革了德国的就业服务，当时德国的就业服务与现在的难民管理一样声名狼藉。10 月 7 日，默克尔委托彼得·阿尔特迈尔"对当前难民局势的各个方面进行全面的政治协调"。这也表示了她对托马斯·德梅齐埃的不信任，后者作为部长，不仅对行政混乱负有部分责任，而且有时甚至在难民政策方面反对她。阿尔特迈尔成了万能武器。在执政 10 年后，默克尔的老拥护者已所剩无几。

　　阿尔特迈尔请来了一位他在内政部认识的同事，共同负责难民政策工作——前社民党人扬·赫克，现在是联邦行政法院的一名法官，他曾被奥托·席利带入安全部门；在总理府，他后来担任首席外交政策顾问，接替默克尔长期信任的克里斯托夫·赫斯根。这位谦逊的法学家同样不受意识形态影响，拥有欧洲政策领域的博士学位，除了对本职工作要求严苛外，他还在大学授课，几乎完美地符合了默克尔喜欢的那种顾问类型。

由于默克尔之前公开沉默，人们再次指责她没有充分解释她的政策。她的行为遵循以往的模式：在明确该怎么表达之前，她宁愿什么都不说。直到后来，她才开始采取攻势，在联邦议院发表讲话、出访全国各地，并在必要时参加访谈节目。这一次，她全力以赴，而且比以往任何时候都更加情绪化。她做了批评者们一直要求她做的事情——这正是让她陷入困境的原因。

9月7日，星期一，默克尔谈到了当前的情况。联盟委员会在前一天晚上召开了会议，默克尔和加布里埃尔在总理府展示结果。泽霍夫正在参加葬礼，因而缺席。在讨论技术细节之前，总理说：*我们已经度过了一个动人的、也令人惊叹的周末。* 她赞扬了公民的行为和当局的承诺：*这让我们为我们的国家感到自豪。回想起我们的历史，国际社会对德国开放的认可是非常有价值的。* 她感到高兴的是：*德国也成为一个许多德国以外的人都寄予厚望的国家。*

总理周三出现在联邦议院。巧合的是，关于联邦预算的一般性辩论定于本周举行。因此，默克尔不得不在她的新闻发布会9天后，即她决定不关闭与奥地利和匈牙利的边界5天后，再次下定决心。与全体会议的气氛相比，总理仍然犹豫不决，副总理则迅速拍板："我们帮忙。"绿党领袖卡特林·戈林－艾卡特批评政府仍然打算封锁欧盟的外部边界，而不是为难民创造"通往欧洲的安全通道"。

默克尔比以往任何时候都更清晰地勾勒出了对待难民问题的基本路线。和以前一样，她谈到了促进和要求难民融入社会、援助战争难民，并拒绝所谓的经济难民。她在演讲中用大幅片段强调了欧洲的作用。目前的难民危机不能仅在国家层面解决。这是对欧盟的挑战。然后，她明确表示，她最关心的是将欧盟与外界隔离开来，这一点——后来几乎被遗忘了——从一开始就引起了左派的强烈批评。我们必须与过境国和原籍国进行更密切的合作，并加强与土耳其的对话。她说，她希望与土耳其在难民问题上进行理性合作，以避免难民穿越爱琴海逃亡。前一天，她与土耳其总理艾哈迈德·达武特奥卢通了电话，达武特奥卢是一个头脑冷静的人，与总统雷杰普·塔伊普·埃尔多安相比，默克尔和前者更谈得来。

朔伊布勒是政府中最著名的保守派："我告诉总理，您非要自己和埃尔多安谈判的话，对事情毫无帮助。"半年后，朔伊布勒在汉堡回忆道："那是在暑假期间的某天，她说，我将再次与库尔德人进行讨论，接着土耳其会想要重启加入欧盟的谈判，等等。我说，默克尔女士，这一切都无济于事。"

这也是在帮助总理，因为默克尔的"土耳其交易"已经广受批评。当然，这也可以被视为对总理不忠，因为很少有内阁成员把与总理进行的内部讨论轻率地透露给外界：她自己还没想出如何在未来拒绝难民的策略——尽管会引发争议。

在联邦议院的演讲结束时，默克尔谈到了德国在欧洲的角色。欧盟一次又一次地面临挑战，在这些挑战中，特别重要的是我们，是德国，是德国的力量和德国的优势。即使在欧元危机期间，各个国家也并不总是团结一致，德国有时会孤立无援。人们一次又一次地看到，正是德国的这种意愿和力量，最终为欧洲解决分歧扫清了道路。

当晚，在柏林天主教会举行的年度招待会上，默克尔因其难民政策而受到颂扬。第二天，她开始了项目的第二部分，当她在危机中找到自己的方向时，她常常这样做：前往原点。在中世纪，君王会通过巡游和亲自视察来行使统治权，在媒体时代，这种传统又回来了，只有亲临现场才能知道存在哪些问题，并承诺解决这些问题。在难民问题上，默克尔比以往任何时候都更加坚持这种做法。多年来她一直与受灾群众和施救者交谈，或者视察当地，并经常出国访问。她之前拒绝访问难民营，因而错过了一段时机；现在，她又过度补偿。

由于局势紧张，长时间不在政府所在地似乎不可行，因此她选择访问柏林的两个地点。周四中午，默克尔参观了难民局在施潘道的一个分支机构，并接受工人福利会的简单接待；然后，她乘车前往克罗伊茨贝格，参观了马海涅克市场大厅附近的一所学校，那里为难民提供课程。后者没有引起过多报道。

在施潘道的难民营，默克尔受到了热烈的欢迎，这一点后来逐渐成为她的麻烦。前一天，她在联邦议院被批评，过于疏远新来的难民。在施潘道：难民蜂拥而至挤到前排与默克尔合影，默克尔显然很高兴，因此保安并未阻拦。这基本上只是例行公事，这位矜持的总理也在党代会等其他场合与民众自拍。她和以前的总理们一样，试图控制自己的公众形象，手机拍的私人自用照片并不会构成威胁。新闻摄影师则捕捉到了总理与难民合影留念的情景。就这样，总理和三名难民自拍的照片流传了下来，这三人分别是：来自伊拉克北部的沙凯尔·凯迪达（40岁）、来自阿勒颇的哈桑·阿拉萨德（40岁）和同样来自叙利亚的年轻高中毕业生阿纳斯·莫达马尼。

后来，当出现反对难民的情绪时，没有什么比这三张照片更能激起人们对总理的仇恨了。自 60 年代反对维利·勃兰特的运动之后，默克尔本人成为诽谤对象；这让人想起了魏玛共和国对民主政治家的追捕。在难民争论中，任何 50 岁以下的人都从未经历过这样的事情。政府首脑在东德的广场上被侮辱为"荡妇"，"默克尔绞刑架"在"爱国欧洲人反对西方伊斯兰化"运动组织的示威活动中很受欢迎。社交媒体上充斥着针对默克尔的讨伐檄文，说她正在有计划地对德国进行"民族转化"①。

当德国选择党再次崛起时，"默克尔必须离开"的口号成了一种口头语。当然，这也使得民主党人更加团结，尽管默克尔的权力受到了侵蚀，但她在担任总理的最后几年里仍然享有盛誉。

反对者称，默克尔用照片"邀请"了难民。大多数难民早已前往中欧；甚至在柏林的决策之夜之前，布达佩斯火车东站就能听到"安格拉，安格拉"的呼声。默克尔回想起来表示，如果照片能吸引难民的话，无疑是德国人在慕尼黑火车站热烈欢迎难民到来的照片：我访问难民营时拍的照片并没有传遍世界，而是在我作出决定之后的第二天早晨，德国公民前往慕尼黑火车站和其他火车站迎接难民，这时的照片才真正起了作用。

正如批评默克尔难民政策的记者所判断的那样，情况确实如此。在总理饱受非议的自拍之前，巴尔干线上的难民人数已经明显增长。根据后来的一项评估，"在德国寻求庇护"的谷歌搜索量在早期的增长速度最快。这并没有说服默克尔的反对者。每当伊斯兰恐怖袭击发生时，在社交媒体上，叙利亚人莫达马尼就会被指责为刽子手：看这里，总理和一个谋杀犯合影。这位年轻的

---

① 纳粹词汇，意为强制改变人口的种族构成。——译者注

难民花了一些力气，才成功地用法律手段摆脱这些指控。

关闭边境？

就在视察施潘道难民营两天后，即布达佩斯最后通牒的一周后，2015 年 9 月 12 日至 13 日，默克尔又迎来了一个危机周末。她面临着修改政策的压力。基民盟执政的各州内政部长、各地政界人士都表示，他们接纳难民的能力已经接近极限。他们希望在不引起公众注意的情况下，说服默克尔改变她的难民政策，既保住面子，又要显得是出于自愿。

霍斯特·泽霍夫之前只是通过缺席来表达他的抗议，现在他公开表示反对。他让《明镜周刊》发布了他在内部批评总理决策的言论，即那个"瓶塞和酒瓶"的句子。基社盟主席与有抱负的财长马库斯·索德尔正在进行党内权力斗争，他显然受到了这种力量的驱使。索德尔是当时的强硬派，后来成为共识政治家，66 岁的泽霍夫急于阻止他成为继任者——也担心该党在巴伐利亚州的绝对多数席位。基社盟其他政治家的言论表明，泽霍夫受到了巨大的压力。索德尔警告不要接纳"内战难民"，前内政部长汉斯－彼得·弗里德里希也称，接纳难民是"愚蠢和幼稚的"。

在海德瑙的右翼激进暴徒和匈牙利总理欧尔班之后，还有其他活跃人物的出现使默克尔无法实施更严格的难民政策，即便是她想收紧政策也做不到。周六早上，默克尔在基民盟的"公开党员大会"上为她的难民政策辩护。在周一的党委会议上，她准备了一份文件，呼吁为德国制定移民法，将德国描述为"移民国家"，并降低入籍难度。

此外，还应考虑从庇护程序向劳务移民程序的"转变"。基民盟认识到，战争难民或政治难民与经济难民之间的界限并不总是十分清晰。经常受到谴责的"经济难民"的接收国希望利用这些劳动力增加国民生产总值，从中获得更多物质利益，这比接收政治难民更能获益，因为他们出于纯粹的人道主义动机而接收后者。早在2000年，巴伐利亚内政部部长君特·贝克施泰因就曾说过，"那些有益于我们社会系统的人应该优先于那些利用我们社会系统的人"——他用修辞手法划出了一条界线，这条界线在实践中并不总是容易辨认。人们只顾着讨论外国计算机专家，却严重忽视了对低技能水平劳动力的需求。默克尔难民政策的批评者经常指出，来自叙利亚的不仅仅是医生。的确如此，但德国不仅需要医生，还需要快递员、护理人员或餐馆和旅馆的服务人员。

面对日益增长的阻力，默克尔开始作出让步。她很快就放弃了移民法的计划，至少在本届议会任期内是这样。短期内，可能的边境管制成为人们关注的焦点，州长和地区领导都催促默克尔赶快采取行动。

与第一个周末相比，总理在9月的第二个周末过得更好。她要求党主席加布里埃尔和泽霍夫以及部长阿尔特迈尔、德梅齐埃和施泰因迈尔通过电话联系。周六下午五点半，她与四位高层领导人召开了电话会议。这次主题是如何处理难民问题。与会者后来说，没有人反对引入边境管制，甚至总理也不反对，但这不是重点。关键问题是，是否应该全面拒绝难民。在这方面，有关各方的理解存在很大差异。

临时边境管制本身并没有违反《申根协定》，即使协定的文本不得不扩大到更广泛的范围。根据第23条，成员国可以在有限的时间内对其边境进行系统的人员检查，"在公共秩序或内部安全受到严重威胁的情况下"——最多30天或"严重威胁"持续的时间。无论是德国在埃尔茂的七国集团首脑会议期间管控与奥地利的边界，还是法国警察后来在从意大利驶来的火车上搜寻不同肤色的乘客——成员国可以根据自己的意愿使用这一条款。

联盟正在考虑关闭边界时，信息并未保密。听到风声的记者询问内政部，这给相关人员带来了时间压力：政府要么否认这一消息，要么立即关闭边境，否则在最后一刻想要前往德国的难民就会恐慌。这种情况类似金融危机和债务危机，当时政界人士必须在东亚证券交易所开盘前达成协议。

在这种情况下，身体状况不佳的德梅齐埃于周日下午在柏林内政部情况中心会见了他的部下。国务秘书、部门负责人、联邦警察局局长于 2015 年 9 月 13 日抵达现场，联邦移民和难民局局长已接通电话，总理也准备好接听电话。会议讨论的重点是，德国是否应该至少拒绝来自巴尔干地区的难民。安全专家给出肯定回答，宪法专家予以否认：根据《都柏林公约》，德国必须首先确定哪个欧盟国家负责审批庇护程序，只有这样，才能把难民送回该国。官员们拒绝接受把《都柏林公约》已经失效当作理由，如果都柏林规则不再适用，强硬派将如何解释拒绝难民的理由？

在会议期间，德梅齐埃给总理打了三次电话。只有总理和她的部长知道会谈的内容，但参加会议的人都能猜到。因为德梅齐埃带着问题回来了，主要涉及两点：拒绝难民是否有法律上的保障，是否会在法庭上败诉？如果出现对政府不利的照片，公众舆论是否会反对政府？联邦警察局长迪特·罗曼虽然坚决拒绝难民，却无法回答这两个问题，他不知道联邦警察会有何种反应，例如面对抱着幼童的难民。几个月后，德国选择党主席弗劳克·佩特里提出了替代方案。她说，联邦警察必须"在必要时使用枪支"，来阻止非法越境。最后，默克尔想知道，需要关闭多久边境，直到难民不再通过巴尔干路线涌入，并且此举会给邻近地区的国家带来多大困难。总理没有收到任何可靠的答案。

由于默克尔既不想违反法律，也不想激怒公众，因此作出了决定。在为联邦警察准备的部署命令中，官员们添加了一个关键句：如果已"提交庇护申请"，即使缺少"合法居留文件"也允许入境。在强硬派看来，整个行动会因此失去意义；但自由难民政策的支持者有不同的看法：为了正确登记已抵达的寻求庇护者并结束管理混乱，临时管控可能很有意义。

安格拉·默克尔坚持自己的立场，警察当局不得不妥协。这后来被简单看成纯粹的公关问题，即总理目前还没有负面新闻，因此不想承担任何责任。但是，如果还没有考虑好法律和现实后果，总理怎么会支持这样一个决定呢？

德梅齐埃随后对新闻界说的话使得这次行动听起来很像军事行动。"在几分钟后，德国将在内部边境临时恢复边境管制，"他说，"这项措施的目的是限制目前计划涌入德国的人潮，并恢复有序的入境程序。"德国将继续遵守庇护难民的规定，但根据欧盟的规则，德国"对绝大多数寻求庇护者没有责任"。

这到底是什么意思？他故意含糊其词，也没有提到行动命令的限制条件。在随后的交接会议上，社民党主席加布里埃尔向党内领导明确指出，"控制"不等于"关闭"。鉴于德梅齐埃故意模糊信息，公众过了一段时间才意识到这一点。

在默克尔的批评者看来，对关闭边界说"不"仍是默克尔在难民问题中最具争议的决定，比一周前回应欧尔班的最后通牒更具争议性。泽霍夫表示，在9月第一个周末的"错误"之后，事情已无可挽救。更冷静的难民政策支持者同意接纳匈牙利难民，但他们批评总理没有宣布这一决定作为例外。"我们挽救了欧洲的荣誉，"朔伊布勒在11月底表示，"但这是一个特殊情况。也许在沟通方面还不够明确。"

安格拉·默克尔并不想作澄清。在接下来的几天里，总理的措辞和举止比半公开的边境管控之争更让公众关注。内政部危机会议结束两天后，默克尔在柏林接待了她在"匈牙利之夜"同病相怜的伙伴法伊曼。接着，默克尔被问到，她是否向世界发出了错误的信号，即德国过于开放。她表示，海德瑙的骚乱是她行动的主要原因之一。在海德瑙事件之后，现在要展现能够代表许多公民的特定德国面孔。她再次称赞慕尼黑中央火车站的场景。世界会说：这是一个美丽的姿态。这是人们发自内心的。她随后发表了整个任期内最有力的声明。我必须非常诚实地说：如果我们此时要为在紧急情况下展现友好面孔而道歉，那么这里不是我的国家。她觉得可能有些不妥，然后在电梯里问政府发言人，她是否做得太过分了。斯蒂芬·塞伯特予以否定。

动　机

那么这里不是我的国家：这仍是默克尔整个任期中最不寻常的句子之一，似乎暗示了辞职的可能性。然而，问题不在于她不信任自己的国家，而是她在那几周使用的"友好面孔"和类似的措辞。默克尔给支持者和反对者的印象是，她从一位冷静的政治家一夜之间变成了拍脑袋作决定的人，不再进行理性的考量，不顾政治后果而沉迷于人道主义感情。人们说，她从新教家庭中吸收了基督教慈善的思想，甚至有人把她比作去印度贫民窟的特蕾莎修女。

默克尔作出的决定基于她典型的务实考虑和一些基本政治信念，后者多与她在东德的特殊印记有关，而不是宗教或人道主义信念。这与许多人的看法大不相同：默克尔在那几周的决定也是清醒而理智的，她低估了部分民众以及党内朋友的情绪。

当时每天都上演着《圣经》中的场景，她首先考虑的是关闭边境在实践中意味着什么。此前早有"预演"：在巴特赖兴哈尔，警察曾试图封锁一座桥梁，难民们直接跳入水中。默克尔被问到，联邦警察是否应该向包括儿童在内的难民开枪？新来者的数量巨大，他们出于绝望和由此产生的意志，使警察无法轻易地将他们阻拦在外。后来与总理争论难民政策的内政部部长德梅齐埃回顾说："警察只有用盾牌和橡皮警棍才能阻止包括妇女和儿童在内的难民越过边界进入德国，只有接受这种非常丑陋的画面，才能坚定地将其拒绝在外。"

这在技术上应该如何操作？如果德国对叙利亚内战中需要帮助的难民使用防爆坦克和高压水枪，这种画面将在国内外产生怎样的影响？偷渡卡车上的死者和海滩上的男孩尸体在德国公民中引发的震惊已经给出了答案。在国际上，这种做法将会印证几周前人们在希腊债务危机中产生的印象：德国人在他们冷酷无情的"冰女王"的领导下，自私地将自己与其他国家的问题隔绝开来。欧洲在无情地捍卫自己的利益的同时，对待那些死去的叙利亚人，就像以前对待困境中的希腊人一样。联邦警察局长可能从他的专业角度忽略这些方面，而德国总理则不能——尽管批评者只是认为德国的内外形象是个纯粹的公关问题。

默克尔和平时一样，在具体情况下进行了权衡，而不是随意张开双臂。关键是难民已经在门口了，如果内战受害者刚从地中海出发，情况就会大不相同：巴尔干路线关闭半年后，总理对滞留在希腊边境城镇伊多梅尼的难民并不关心了。

在默克尔看来，欧洲开放边界的未来也有待商榷。主权债务危机之后，默克尔要为赫尔穆特·科尔未完成的欧洲项目负责。欧债危机之后是申根危机——两种情况相似，欧洲在没有政治框架的情况下创造了一种共同货币，又在没有共同庇护体系的情况下创造了无国界制度。与欧元一样，默克尔不想成为申根问题中破坏欧洲一体化的罪人。至少与货币一样，开放的边界代表着欧洲大陆的实际统一。早在 1947 年，在魏森堡附近的普法尔茨－阿尔萨斯边境，17 岁的赫尔穆特·科尔就与志同道合的朋友们一起象征性地抬起了路障。

奥地利、丹麦或瑞典等较小的国家在同年晚些时候实行了边境管制，德国在个别情况下使用了这一权利。根据默克尔的分析，如果德国作为大国从根本上质疑申根制度，这不仅意味着无国界欧洲的终结，也会结束高度发达的内部市场——在科尔开放边境之前，每辆卡车过境时都要等待检查，这将使欧洲范围内的供应链与普遍存在的准时制生产不复存在。最大的受害者将是德国，因为德国繁荣的出口生产依赖邻国的供应商。

还有一个外交政策问题。如果奥地利和德国关闭边境，但难民继续穿越爱琴海和希腊，默克尔担心巴尔干国家的稳定会受到威胁。她不想冒着再一次出现"巴尔干地狱"的风险——这个问题曾在希腊主权债务危机中扮演着角色。10 月中旬，在一次争吵的联盟党团会议上，她警告巴尔干国家将面临"毁灭性后果"；在 11 月初的基民盟地区会议上，她谈到了在这种情况下产生"军事冲突"的威胁。6 个月后，当有关国家协调一致关闭边界时，虽然没有发生军事冲突，但并不能反驳这一论点：由于默克尔与土耳其进行谈判，后来难民人数大幅下降。在后来的新冠肺炎疫情中，也出现了一个"预防悖论"。

此时，默克尔的欧洲政策计划是实现共同的外部边界安全，而不是各个民族国家混乱和不相配合地关闭边界，这也能使剩余的难民分布在整个欧盟。她想通过难民进入德国而给欧洲争取时间，直到建立起整体性欧洲边境安全体系。在过渡时期，有意愿接纳难民的国家就得先接收难民，一开始包括奥地利和瑞典，与匈牙利一样，就其人口而言，这些国家的负担比德国更多。

需要采取的措施给默克尔带来了很多困难。大多数难民从土耳其通过短途海路抵达希腊群岛，从而抵达欧盟。似乎只有与土耳其政府进行谈判才有可能达成这一地区的边界安全，默克尔顶着国内和欧洲层面的强烈反对推动了会谈。如她所愿：难民人数确实急剧下降，再也没有达到 2015 年秋季的高峰值。这对难民意味着什么，以及土耳其警察用什么方法阻止他们前往欧洲，大多数欧盟国家的公众——以及安格拉·默克尔本人——几乎并不关心。

在政治上，默克尔对日益独裁的雷杰普·塔伊普·埃尔多安更加依赖。在随后的一段时间里，她无法就德国公民被监禁的问题作出必要的严厉反应。当欧盟于 2016 年 3 月批准与土耳其签订的难民协议时，德国总理正朝着她宣告的目标前进。半年来，她以非凡的精神力量经受住了所有的批评，同时也付出了高昂的政治代价，此外，在德国和别处遭受的附带损害也相当严重。

在欧盟内部，难民问题导致了联盟的逆转：南欧人曾在欧债危机中与默克尔争论不休，现在站在她那一边，因为他们都是不堪重负的最初接收国。与默克尔长期保持友好的东欧人变成了激烈的对手，他们强烈批评德国关闭边境是假仁假义，总理和对待希腊危机一样铁石心肠。匈牙利总理欧尔班尤其如此，他在 9 月的那个晚上故意让德国总理陷入必败境地——正如记者罗宾·亚历山大所说，这是他"与自由民主国家的文化斗争"中的一步棋。

9月22日，内政部理事会就难民分配问题作出多数决定，但该决定并未执行，局势也没有得到改善。

不关闭欧洲境内的边界——除了所有务实的权衡外，难民问题也触及了默克尔更深层次的记忆和基本信念，特别是因为"决策之夜"涉及一个非常特殊的边界。1989年夏天，匈牙利和奥地利之间的围栏被打开，加速了民主德国的垮台——是给这位35岁的物理学家带来个人自由的事件之一。这对她来说非常重要，从副总理向她保证不设置围栏就可以看出。她在10月份的欧盟峰会上对匈牙利同行提出了这一观点：我在围栏后面住得太久了，不想再这样了。甚至在2020年初柏林美国研究院因默克尔对美德关系作出的贡献而授予的"亨利·A.基辛格奖"获奖感言中，她再次提到了难民问题：由于我的个人经历，不言而喻，我不支持建墙。

从奥登堡附近的"泛欧野餐"到布拉格和布达佩斯大使馆的难民，最后到柏林墙倒塌时的移民潮，默克尔上了一堂课：一旦人们开始行动，就再也阻挡不住了。尽管东德政权下令开枪，并且关闭了与捷克斯洛伐克的边界，但也未能阻挡人潮。

和即将到来的难民一样，总理关心国内社会的开放性和自由度。在就任总理之前，默克尔就在莱比锡党代会上制定了经济改革方案，在她看来，该方案的所有战术组成部分都意味着新事物的开始。在她的总理任期可能结束之前，她认为难民的到来是对德国社会意愿的考验，即接受陌生事物。在11月中旬于总理府举行的融合峰会上，她推测，德国社会可能在一定程度上也希望变得更加多元化，吸收其他文化，并且愿意将其视为进步。

在这两种情况下，在2003年和2015年，默克尔都高估了德国人对变革的开放程度，从而将自己推向了失去权力的边缘。东德人过去因边境开放而获得自由，但现在东部地区的许多人却不愿意加入开放潮流——这一事实或许持久地破坏了她和前同胞之间的关系。

2015年9月，《南德意志报》写道，总理希望"成为一位现代、国际化的德国政治设计师，让德国震惊内外"，慕尼黑中央车站和2006年世界杯"夏季童话"都代表着这种形象。甚至在唐纳德·特朗普当选美国总统之前，默克尔就致力于她的自由主义政治遗产。作为对全球化的回应，她不希望德国在经济或政治上被孤立。在随后的几年里，她在很长一段时间内抵制了党内日益高涨的呼声，即以贸易保护主义的姿态，使自己免受中国不断上升的经济实力的影响。

争论愈演愈烈，在所有政治考量之外，还有个人因素：显著的固执己见。从孩提时代起，它就是安格拉·默克尔的性格特征之一。在东德教育系统中，自上而下的教育方式激发了她的不妥协和保持精神独立的意志。就像物理定律那样，外界的压力总会产生反作用力。这也是她在千禧年之初抵抗党内对手的内在动力。在她担任总理的后期，她认为没有理由放弃自己的信念。她已经实现了自己设定的任期10年的目标，当时她并不打算再次参选，这赋予她内心自由。

难民政策的批评者中比较聪明的人知道，总理受到的党内公开攻击越是猛烈，她就越不会改变战略——根据客观的政治标准，不可失去面子和权力。基社盟主席泽霍夫没有考虑到这种关联，他的指责使默克尔至少在口头上更加坚定自己的立场。她在实施具体计划时进行了修正，而非只做表面工作。对她来说，对德国内部自由主义的象征性承诺显然比难民的命运更重要。

安全局的行为也强化了这种反抗。警方和特勤局根据自己的逻辑，设定了与默克尔想法不同的优先项。他们或多或少地公开反对政府的政策，并开展有针对性的公关工作，甚至超出了以前的常规范围。在与记者的背景讨论中，特勤局的代表批评了总理的难民政策，并警告难民中包括可能有暴力倾向的"伊斯兰主义"者，公共安全面临威胁。许多人从一开始就不想拥有无边界欧洲的申根系统，他们利用6月初在巴伐利亚阿尔卑斯山地区举行的七国集团峰会等机会，暂时重新引入边境管制——但与奥地利联合，而不是单方面针对邻国。安全机关的这种行为也使总理难以改变政策：她不能通过事后批准使他们之前的肆意妄为变得合法化。

影　响

随着困惑的加深，默克尔开始关注她的批评者对"我们能做到"这句话的看法。在当时的处境下，她还能说什么——我们做不到？对于一位追求成功的总理来说，这样合适吗？还有人说，她"打开"的只是一个没有关闭的边界，她"邀请"了已经在路上的人。在德国从政25年后，对于哪些事物会引起公众关注，默克尔从来不抱幻想；然而，后真相认知不仅在德国选择党圈子里流行，后来几乎成为主流——这令她极为震惊，其程度远远超过她向外界透露的。这更加巩固了她在难民政策上的立场——在接下来的一年里，她认真地考虑放弃竞选下一届总理，比公众想象的更加认真。

在个人层面上，固执是可以理解的，但在政治上却是致命的。问题不在于决定本身，而在于沟通。争论持续的时间越长，默克尔就越不愿解释和说明她的政策：她认为这是徒劳的，有时会以惊人的坦率公开表明这一点。更糟的是，她不相信实用主义观点在公众中具有可行性：债务危机引发了太多的欧洲怀疑论；其他欧洲领导人的指责过于严厉；"申根"的理由过于抽象——普通公众难以接受"维持欧洲开放边界"作为支持默克尔难民政策的合理论据。

这就是默克尔把重点放在人道主义方面的原因，在某些情况下，这也是公众看法的驱动力。她特别针对基民盟选民中与教会有关的群体发表了讲话。这为总理带来了新的盟友，他们此前与总理保持着相当疏远的关系。天主教主教会议新任主席、慕尼黑和弗赖辛大主教莱因哈德·马克思强烈支持总理的难民政策，这尤其激怒了基社盟。

总理低估了许多人对陌生人的深刻恐惧感，这种恐惧是一种原始的本能，很难用道理来说服它。因此，难民问题与欧元救助之争有明显的区别，后者涉及抽象的金融工程，对公民的生活态度没有直接影响。10 年的总理经验使她明白，作为顶级政治家也会对旧偏见和陈词滥调无能为力的。公众已经发生了变化，传统媒体也面临压力。在职业生涯的后期，默克尔不再在意每一次指责，这种反应并非不寻常。但在政治上，这种失败主义仍然是一个错误。

从可衡量的指标来看，难民政策总体上是成功的。仅仅三年后，2015 年抵达的新移民中就有 35% 找到了工作，这一比例高于之前的任何难民群体。有利的经济形势、人口变化和低技能服务工作的繁荣促进了劳动力市场的吸收能力。除了少数例外情况，融合过程出奇地安静。

附带损害包括德国选择党的崛起——该党之前已被宣布"死亡"，以及社会氛围的两极分化。从欧洲范围来看，右翼民粹主义者获得了成功，德国总理并非是唯一因素。毕竟，奥地利自由党在 2000 年已经崛起成为执政党；让-玛丽·勒庞在 2002 年的法国总统大选中进入第二轮选举；意大利北方联盟在 1994 年就进入了媒体企业家西尔维奥·贝卢斯科尼的内阁。但在德国，迄今为止，对纳粹反人类罪行的记忆一直是反对右翼民粹主义的堡垒，2015 年秋季的难民之争起到了催化作用。

不仅是基民盟和基社盟，左翼党、社民党，时而自民党都在新形势下失去了的选民。只有绿党，作为自由派——世界主义环境中的政党，是德国选择党的另一极，在很大程度上没有受到影响。在随后的几年里，每当基民盟党人偏离默克尔的中间路线时，他们就会让许多选民远离基民盟。在这个新局面中，总理设法让基民盟的支持率保持在远高于欧洲其他中间偏右政党的平均水平之上：即使在 2017 年的议会选举中，"失败者"安格拉·默克尔在德国的支持率也比奥地利的同期获胜者塞巴斯蒂安·库尔茨高出 1.4%。

总理的东德同胞促进了德国选择党的崛起。自从民主德国加入联邦共和国以来，东德人经历了一个融合过程，这与移民的情况有许多相似之处；但他们中的许多人都认为，默克尔忙于照顾难民而忽视自己。柏林墙倒塌四分之一个世纪后，东部出现了一种典型的融合现象：一代人在进入新社会后，由于没有实现愿望、遭遇挫折而心情沮丧；许多人开始觉得，他们没有获得应有的权利。默克尔始终明白整合过程的艰辛，尽管她很少公开谈论它。

在可预见的未来，政治两极分化并没有消失。即使中间有较平静的阶段，但难民之争仍然反复不休。总理低估了这种影响。这个问题使默克尔陷入了艰难境地，类似于赫尔穆特·施密特的北约"双重决议"或格哈德·施罗德的"哈茨 IV"救济金，只是政党不同：这加深了固有印象，即她是一位"在错误政党中"的总理。基民盟中的右派怀疑论者掉转身去，再次崛起的自民党的主席克里斯蒂安·林德纳也将她视为敌人。

另外，红－绿选民中也出现了左派默克尔主义者，他们钦佩默克尔的自由主义和实用主义；西德联盟党的"老白男"对默克尔的每一次意识形态攻击都加强了这个群体的团结。然而，这些选民中只有少数人是为了总理的利益而支持基民盟——党内反对默克尔难民政策的声音越大，支持者就越少。

"难民之秋"标志着默克尔与德国选民关系的一个转折点，远远超出了具体事件本身。十年来，默克尔的成功建立在一个自相矛盾的格局上。1989年至1990年，在经济发展停滞的东德并入西德后，她渴望进入一个充满活力的社会，然后不得不看到，她的同胞们很少愿意作出改变。

默克尔在一场尖锐的变革运动中差点输掉2005年的选举，之后就与这种心态相去甚远。从那时起，默克尔就尽可能地保留自己的意见。德国人之所以选择她，是因为他们觉得和她在一起很安全，不必担心细节。这种默契让人们想起一家银行的广告："忙您的吧！细节交给我们。"正是默克尔与选民不同的特征，使她在很长一段时间内都非常受欢迎。"您认识我"：这句话伴随着她在两年前的选举中大获全胜，那次也是她最成功的一次选举。

现在已经结束了。总理再也无法让德国人远离世界上的纷争，也许在她任期即将结束时也不想让这种情况继续下去。财政部部长朔伊布勒谈到了"与全球化的汇合"，默克尔甚至在小圈子内也采用了这一措辞。如果我们在外交政策上无所作为，那么可能会给国内带来严重后果。她借此劝诫国民，这将是21世纪的现实，她补充道：这是发展的起点，而不是终点。再也不会像

过去那样了，她先是在内部这样说，后来越来越响亮地公开表达
这个观点。在银行崩盘和欧债危机之后，作为政策制定者，她的
危机意识与德国人的惊人平静自若之间出现了鸿沟。这是一个稳
定的因素，但也令人担忧：如果潜伏的危机意识变成了臭名昭著
的"德式恐惧"，会出现什么局面？答案显而易见。

沮丧的秋季

深秋，由于抵达德国的难民人数持续上升，联盟党内的争吵
不断。就连左翼自由派媒体也问："她知道自己在做什么吗？"在
10 月 13 日的联盟议会党团会议上，议员们首次公开批评默克尔
的政策。来自巴尔干地区的寻求庇护者人数减少之后，大多数新
抵达者来自内乱国家叙利亚、伊拉克和阿富汗。不可否认，他们
中的大多数人都需要庇护；在怀疑论者看来，缺点是这些难民无
法快速返回原籍国。虽然刚开始时，难民跋涉的照片唤醒了德国
人的流亡记忆，博得了他们的同情，但也引发了其他联想：有人
谈起了"民族大迁徙"，正是这种迁移结束了古典时期的高度文
明。事实证明，这种说法与最近的历史研究相矛盾。

看到赤裸裸的数字，人们不禁要问，如何才能解决问题？哪
里才是这一切的终点？从 1 月到 8 月的 8 个月内，约有 40 万名
寻求庇护者来到德国，仅 2015 年 9 月就有 16.4 万人，10 月为
18.1 万人，11 月甚至有 20.6 万人。早在 9 月之前，基民盟内部
就安排了一系列"未来会议"作为讨论平台。在会议上，人们并
非只有消极论点。在伍珀塔尔、施塔德和达姆施塔特的西德地
区党员论坛上，人们提出了许多批判性问题；但也有许多赞同的
声音，尤其来自那些致力于教会事业的基民盟党员——特别是女
党员。

  只有在东德地区，在 10 月 14 日于莱比锡附近的施科伊迪茨举行的会议上，默克尔处于不利地位：零星的赞许被愤怒的否定淹没了。那里的人们说，必须"推翻默克尔"；总理"打开了闸门"，所有人都涌向"极乐世界德国"。默克尔第一次有这种经历。从那时起，默克尔在东德地区的所有露面都是这种模式，她不得不面对抗议活动中的愤怒人潮——这种抗议往往与事实相去甚远，最后以粗鲁的咒骂落幕。

  然而在整个秋季，特别是在西部，人们对默克尔政策的支持度仍然相对较高。数以百万计的人参与了对难民的援助，即使只是一次性的实物捐助。直到年末，难民人数已有所下降，默克尔的受欢迎程度才触底，但也比 2010 年至 2012 年黑-黄联盟时期要高。10 月中旬，《明星》杂志委托进行的一项民意调查显示，基民盟的追随者对该党的支持率仍保持在较高水平：82%的受访者表示，总理仍然忠于基督教民主原则，81%的人支持默克尔再次竞选总理。

  也有一些原来的或新的默克尔追随者认为，"她的举措是不明智的，这几乎是不可想象的"。但绝大多数德国人并不认为她"失去了理智"，或者像社交网络中德国选择党或"欧洲爱国者抵制西方伊斯兰化"运动说的那样，她故意对这个国家进行"民族转化"。许多人认为，默克尔是第一次公开表明立场，这为她赢得了新的尊重：《明镜周刊》为"比德迈尔的终结"欢呼；柏林歌舞团的艺术总监克劳斯·佩曼赞扬了总理"出人意料"的行为，这"完全违背了她的本性"，并间接地将她在难民问题上的姿态与维利·勃兰特的华沙之跪相提并论。10 月 7 日，默克尔直接在"安妮·威尔"访谈节目中露面，又获得了更多的赞美。

  根据她平时的行为模式，她在电视上迈出了这一步，说明她当时身处困境。一些高级官员现在也加入了怀疑论者的行列。在基社盟不断发表批评之后，联邦总统意外地发表了声明。10月3日，在美因河畔的法兰克福举行的统一日庆典上，约阿希姆·高克说了一句话，此后，批评默克尔难民政策的人也喜欢引用这句话："我们心胸宽广，但我们能力有限。"自民党主席克里斯蒂安·林德纳也引用了这一措辞。他在9月支持总理的难民政策，现在却准确地觉察到了公众的观点开始倾斜。一个月后，前总理格哈德·施罗德紧随其后，他在9月同样赞扬了默克尔的政策，而在11月9日的演讲中说道："默克尔女士有善心，却缺乏计划。"具有讽刺意味的是，施罗德又用常见的陈词滥调来形容冷静精明的继任者，即所谓的"女性更加感情用事"。

11月11日，在柏林举行的欧洲智库活动中，财政部部长朔伊布勒说："一位粗心的滑雪者走上斜坡并踩动一点雪，就能够引发雪崩。"所有人都明白这是指总理，很多人还记得她两年前的越野滑雪发生的意外。一些人甚至认为，如果默克尔的难民政策失败，朔伊布勒就会出于国家政治责任替代总理发挥作用。乌尔苏拉·冯德莱恩和托马斯·德梅齐埃曾经为了长远利益而自愿移交权力，由于他们近来在部长职位上表现不佳，几乎不可能成为继任者。朔伊布勒在暗示之后没有采取任何行动，他在赫尔穆特·科尔担任总理的后期也是如此。他的行为进一步削弱了默克尔的地位。

如果说朔伊布勒一直是默克尔权力游戏中的一个自变量，令外界惊讶的是，德梅齐埃最近也是如此。在9月的那个周末，当默克尔不愿在边境拒绝难民时，他作了妥协，并且继续回避直接对抗。但在接下来的几周里，他一直在推动限制性更强的难民政策。这也确实是内政部部长的职责所在。

11 月初出现了争吵。默克尔试图结束与基社盟在难民政策上的争执。她拒绝了泽霍夫提出的最后通牒，即在 11 月 1 日之前放弃开放边界的政策。但她在 10 月 31 日晚上召开了联盟党会议，准备在联盟中达成一致意见。在会议中，泽霍夫只是顺便重复了他对默克尔 9 月决定不关闭德奥边境的批评："你知道，我认为这个决定是错误的，因为它带来了越来越多的难民。"默克尔回答说：我知道你总是这么说，但无论如何他们都会来的。两人都不打算再提及过往之事了。

现在讨论的重点是"过境区"，即居留机会渺茫的难民等待庇护审核的集中安置区。默克尔欣然接受这一提议，因为她知道这一提议会被社民党驳回，第二天她就与社民党首次讨论了这一提议。联盟党各方尤其试图限制家庭团聚：在德国只有临时（"附属"）居留权的难民不应获准将其子女和伴侣接到德国。这不仅意味着，受影响的人将与他们最亲密的家庭成员隔绝多年；这也与反对自由主义难民政策的人经常发出的警告相矛盾：单身青年男子对公共安全和秩序构成威胁。

11 月 3 日，星期二，默克尔与泽霍夫一起出现在联盟议会党团会议上。与 10 月中旬不同的是，议员们不再公开发表任何批评意见。总理谈到联盟党联合文件时表示，这是一个"好议程"；泽霍夫也承认，无法通过单一的措施阻止难民涌入。考德尔称赞了两人的"精彩演讲"。与会者似乎已经认识到，继续争执将削弱两党在 2017 年的选举前景。

周四晚上，默克尔在总理府会见了加布里埃尔和泽霍夫，最终达成解决方案。11 月 5 日，总理认为两位主席提出的意见都有建设性。泽霍夫同意暂缓过境中心这个提议；加布里埃尔赞同限制家庭团聚，他认为这是一个次要问题。当时只有 1700 名难民享有附属庇护权，其余的则不会受到影响。一切看起来都像是个折中方案，通过这种方法，默克尔在 12 月的党代会之前既没有冷落社民党，又使基社盟满意。

　　总理决定在 11 月 7 日至 8 日度过一个平静的周末，她已经连续忙碌两个多月了。有人谈到难民政策的新"共识"，但这种共识只维持到周五早上。内政部发言人确认了《法兰克福汇报》的询问，即今后所有叙利亚人都将获得较弱的庇护地位，因此不得申请家庭团聚。德梅齐埃正在阿尔巴尼亚访问，在接受电台采访时，他对新举措作出解释："在这种局面下，其他国家同样也只给有限期的停留许可。"他接着说："我们将会告诉叙利亚人，你们会得到庇护，但只是通常所说的附属庇护权——停留时间有限，不得家庭团聚。"

　　部长在党内领导层审议后立即向难民局发出了相应的指示。默克尔对此一无所知，德梅齐埃也没有将这一影响深远的举措告知她。由于总理将难民政策的协调权移交给阿尔特迈尔之后，不再让德梅齐埃参与她的高层会谈，后者现在独自作出了决定。他只是间接了解默克尔、泽霍夫和加布里埃尔之间的妥协。德梅齐埃究竟是按照他们的想法行事，还是假装不知情而推行自己的议程，目前无人知晓。第二种说法似乎更合理。

　　社民党内一片哗然，总理不得不作出反应。首先，她让阿尔特迈尔通过短信向社民党主席保证，一切都会保持不变。上午 11 点 09 分，她的政府发言人在推特上写道："关于庇护叙利亚难民：联邦移民和难民局的决策并未改变。仍按原有规定执行。"一刻钟后，阿尔特迈尔也在推特上说："重要提示：联邦内政部刚才明确表示，联邦移民和难民局对叙利亚难民的决策不会改变。"晚上，德梅齐埃亲自在电视上作澄清。内政部部长丢了面子，但默克尔认为，这是他自己出的错。

公众直到很久以后才知道这件事的后果。总理邀请内政部部长到总理府一对一面谈。她问他这么做的意图是什么。她还想知道，他是否仍然赞同她的难民政策。部长说："是的。"其他任何答案都涉嫌挑战总理权威，有可能成为默克尔解雇他的理由。德梅齐埃得以继续担任内政部部长，但两人长久以来的信任关系已经不复存在。

但这场风波已经对总理造成了伤害，并在社民党中引起了极大的怀疑，同时泽霍夫也认为：严厉的辟谣使降低叙利亚人庇护地位、限制大规模家庭团聚的希望化为乌有。在党内批评者眼中，默克尔又成了"邀请"数十万难民家庭成员来到德国的始作俑者。各方原本在上周已达成妥协，此时又出现了相反的效果。泽霍夫不久开始对此进行报复。

巴伐利亚受辱

11 月 13 日，星期五，欧洲又被严重的恐怖氛围所笼罩。至少 132 人在巴黎及周边地区的袭击中失去生命，300 多人受伤，其中大部分人在巴塔克兰音乐厅遇难，当时乐队"死亡金属之鹰"正在表演。很明显，"伊斯兰国"组织策划的欧洲恐袭将重新引发关于默克尔难民政策的争论。主犯几十年前出生在比利时或法国，并在那里长大，他们的父母是从摩洛哥移民过来的。这是"本土恐怖主义"，一种与这两个国家的具体历史有关的国内现象。默克尔的批评者称，由于难民登记不完整，"危险分子"也可能进入德国；其中更激进的人认为，来自伊斯兰国家的移民本身就是一种危险。

法国总统弗朗索瓦·奥朗德曾是默克尔在难民政策方面的盟

友，此时采取了严厉措施。他宣布进入紧急状态，并暂时实行边境管制，该管制持续了近两年。默克尔以自己的方式回应。袭击发生 4 天后，当她在总理府接待融合会议的参与者时，几乎固执地说出了"社会渴望变得更加多元化"这样的句子。

在这种心情下，巴黎恐怖袭击事件一周后，即 11 月 20 日，她前往慕尼黑参加基社盟党代会，向姊妹党代表致以问候。没有人指望她会在这个场合改变政策，尤其是在她最大的对手的地盘上。在她的发言中，她明确反对单方面规定的国家接收难民人数上限；在过去的两个月里，基社盟都在反对她 9 月关于基本庇护权没有上限的言论，泽霍夫 6 周后提到，寻求庇护者的具体上限应当为每年 20 万人。作为回应，默克尔在慕尼黑提出了欧洲和多边解决方案的概念：与设置国家接收上限人数相比，通过这种方法，我们能够基于所有人的利益行动——欧洲、国内救援人员和难民的利益。

泽霍夫拒绝接受基民盟主席的观点。甚至在默克尔离开讲台之前，他就亲自发言。刚开始听起来像是简短的结语：泽霍夫先是表面上礼貌地感谢了她对巴伐利亚接收难民工作的认可，接着他强调，"减少"新来者人数是共同意愿。随后他的讲话深入，他越来越怒不可遏：在代表们经久不息的掌声中，他再次要求设置接收难民人数上限，指责默克尔忽视"国家利益"。他威胁地补充道："我们还会再讨论这个话题。"

基社盟主席的批评足足持续了 10 分钟，默克尔就像一个女学生一样站在他身边，在全班同学面前被老师责备。由于没有麦克风，她无法作出反应，而且她由于十分震惊，无法及时离开讲台。一开始，她点头认可泽霍夫的说辞，接着表情僵住了。她的双手先是紧握在一起，然后向上滑动，最后紧紧地托住肘部，仿佛想武装自己抵御攻击。在讲台上，她保持风度，甚至从泽霍夫手里接过一束鲜花——当然，她很快就顺手把它搁在一旁。她以最短的距离匆匆走出大厅，准备返回柏林。

但泽霍夫失算了。默克尔遭遇姊妹党的羞辱，一时间引发了基民盟党人对主席的声援——这种模式在默克尔的职业生涯中经常出现。在这种情况下，维护基民盟的自尊是有必要的。任何批评默克尔难民政策的党内人士，在道义上都被视为不礼貌和不讲规矩的人。

毋庸置疑，特别是因为民意调查报告显示，总理的支持率一直很高。"即使是难民危机也无法改变这一事实，即安格拉·默克尔被视为一位有能力的总理，"民调机构阿伦斯巴赫分析道。在民意调查中，基民盟的支持率上升了 3 个百分点，达到 39%，几乎与 2013 年的选举结果相同。巴黎的恐怖袭击事件是一个因素，该事件对广大民众和对基民盟中默克尔的批评者的影响完全不同："在巴黎恐怖袭击事件之后，和过去所有恐袭事件发生之后一样——'充当国家基石'的主要政党获得了更大的信任。"

与泽霍夫相比，总理现在似乎是一位具有必要强硬态度的政治家，能够对本国人民提出更苛刻的要求，以支持长期的政治战略。从夏末争论难民问题到次年春天与土耳其达成协议，她鼓起勇气，在长达半年的时间里坚持自己的立场：解决难民问题的关键不在德国外部边界，而是欧洲的外部边界——无论人们如何在道德上评价这一点。相反，基社盟主席给人的印象是胆小、软弱、惊慌失措，他因为害怕对手马库斯·索德尔和德国选择党的可能获胜而失去勇气。

11 月 22 日，在默克尔就职 10 周年之际，她的地位再次得到了巩固。她没有公开庆祝。默克尔对土耳其的战略取得了初步成果，尽管并非毫无指摘：欧盟和土耳其代表于 11 月 30 日就"限制通过土耳其移民行动计划"达成一致，欧盟表示愿意支付高达 30 亿欧元。设法使穿越爱琴海逃离的人数首次出现下降。但人们一开始并不完全清楚，这是归功于冬季的到来还是布鲁塞尔和安卡拉之间的协议。

12 月中旬，泽霍夫再次越界，帮助总理通过了卡尔斯鲁厄的基民盟党代会决议。鉴于党内动荡，柏林政治界人士近来一直在猜测，默克尔能否安然无恙地度过这一天。与前任总理赫尔穆特·科尔不同，党内对她的态度从不一致，党代会也并不是纯宗教式的"大弥撒"。她紧贴德国民众的主流情绪，因此与自己的政党发生冲突，这一点和前任社民党总理赫尔穆特·施密特相似。但自从 15 年前担任党主席以来，默克尔通常能够在党代会召开之前及时化解冲突。

这一次，"平息"冲突的速度很快。由于之前的争论，默克尔在卡尔斯鲁厄庆祝了胜利。2015 年 12 月 14 日，她发表了一场关于基民盟的利益和德国的民主的演讲，如果这场演讲在 9 月举行，效果会更好。现在，她终于尝试将她的难民政策融入基民盟的传统路线。她列举了阿登纳对自由的维护、艾哈德追求的全民繁荣、科尔的盛开风景——这些例子表明，无所畏惧、积极向上地谋求最大成就是联邦共和国的特色。她以 2025 年为视角：如果 10 年后人们觉得，我们甚至没有尝试给自己 4 个月的时间来完成这项任务，而是在此之前就缴械投降，那时人们会怎样看待我们呢？她谈到了不可思议的 2015 年：乌克兰谈判、希腊危机和难民问题。她赞扬了她的批评者朔伊布勒关于"与全球化的汇合"的言论；她甚至提到了上帝。《南德意志报》后来嘲笑："说得好像上帝当过联邦总理似的。"

代表们的鼓掌经久不息，不仅因为会议摄像师要求他们这样做，而是因为在经历了过去一年的麻烦后，默克尔给他们指明了方向。"下面的人以前从未对上面的人如此心怀感激，"《每日镜报》指出。默克尔几乎并未向批评者们让步，但她选用了一些软性措辞，包括她希望明确限制难民人数。代表们对她的支持度无法用数字来衡量，因为这次会议不进行领导人选举。

美国《时代》杂志在其圣诞版中宣布默克尔为"年度人物"。封面上印着油画风格的默克尔画像，并用 20 多页的篇幅描绘这位"自由世界的总理"。同一天，《纽约时报》专栏作家罗杰·科恩称赞了这位"'我们能做到'国家"的总理，他反对犹豫不决的美国。在德国，《明星》杂志称赞总理是"陌生人"，她第一次对她的人民感到满意，并经受住了持续的批评。《图片报》在 12 月 30 日用双版面展示了一张海报，中间是默克尔，背景是黑色、红色和金色以及"我们能做到"的横幅，而这一年的其他人物：从希腊总理亚历克西斯·齐普拉斯，到土耳其总统雷杰普·塔伊普·埃尔多安只作为配角。经过一年的波折不断，默克尔完全有理由在除夕之夜再次乐观地展望未来。

除夕之夜及其后果

年初似乎没有什么消息。假期也很平静，既没有发生自然灾害，也没有在这个新闻贫乏的时期进行的重大国内政治辩论。在新年的早晨，一个星期五，广播里报道着除夕夜的普通新闻。唯一的例外似乎是慕尼黑，由于恐袭警告，中央车站关闭了数小时，后来被证明是误报。

在科隆，警方也在元旦宣布，新年已平静地到来。然而，随后约有 30 名女性报警称，她们在除夕之夜受到了性侵犯。这些罪行显然不是孤立的，警方于1月2日成立了调查组。一天后，他们在火车总站附近逮捕了5名涉嫌骚扰妇女并抢劫的男性。1月4日，星期一，在新年的第一个正常工作日中，《科隆城市报》讨论了这个话题。该报称，这是"一群明显失控的年轻人"，他们对"受害者大吼大叫"。

科隆警察局长称，这是"全新维度的刑事犯罪"。大约1000名男子聚集在科隆大教堂附近，"从外表上看，他们来自阿拉伯或北非地区"。起初，人们不清楚如何分辨这些"北非人"；直到过了一段时间，人们才发现，警方多年来已经确定了"北非密集型罪犯"的类型——这些人大多在德国生活多年，并没有工作许可证。当晚《每日新闻》首次就这个话题展开讨论；周二，全国各大报纸纷纷跟进。周二晚上，德国电视二台甚至播出了"专题报道"，来反驳新闻隐瞒报道的指控。

现在这个话题也转到了总理身上。党代会之后几周的快乐时光已经逝去。默克尔立即明白，德国人对其难民政策的态度将会受到这场争论的影响。她后来表示，她料到公众情绪会发生变化，但没想到会这么迅速。默克尔知道，这次她需要作出改变，并不仅仅因为她对科隆之夜的确切过程知之甚少。

更棘手的是，默克尔对事件的任何定性都将被视为遮掩和自我辩解。她不能说，作案人并非是她的格言中"我们能做到"所指的那群人：前者由于没有合法的劳务移民身份而通过申请庇护入境，然后不得不等待数年才能得到审核结果，即使庇护申请被拒仍留在德国，因为原籍国条件不允许，他们也无法返回——由于他们不被允许工作，而且随时有可能被驱逐出境，因此无法从事有意义的工作，也无法融入社会。相比之下，叙利亚人、伊拉克人和阿富汗人是在默克尔同意之后才进入德国的，根据现有的调查结果，他们中参与作案的人数很少。默克尔又陷入岌岌可危的处境，一方面，是科隆警方的疏忽，他们在夜间几乎没有进行干涉，另一方面，他们认为这种放纵行为是狂欢节的习俗。

周二，当除夕之夜的事件成为最重要的国内政治话题时，总理与科隆市长亨里埃特·雷克尔进行了电话交谈。在科隆市长的竞选中，这位无党派政治家受到持刀袭击——根据袭击者的说法——因为她支持"疯狂总理"的难民政策。在公开交流中，默克尔不同寻常地使用了一个激烈词汇：她称除夕之夜发生的事件令人作呕。她在特别发布的新闻稿中这样形容，第二天她的政府发言人又重复了一遍；周四，她在与罗马尼亚总理一同举行的新闻发布会上又说了类似的句子：这些是令人恶心的犯罪行为。是否存在共同的行为模式，在某些群体中是否也存在对女性的轻视，这是一个非常严重的问题。

几乎在一夜之间，对难民问题的争论从一个极端转向另一个极端；与去年秋天相比，左派默克尔主义者中受过高等教育的自由派中产阶级现在也被激怒了。以前针对政治经济层面的抽象辩论，一夜之间就转移到了日常生活和个人安危层面。上千名年轻的穆斯林男性对德国女性动手动脚：这似乎证实了激进派伊斯兰批评者以前设想过的最糟糕的情景；也是"洪灾"来临前的凶兆——默克尔的反对者在过去的三个多月里早已提醒过这种危险。

科隆除夕之夜到底发生了什么，永远无法得到澄清。然而，这强化了人们受到威胁的紧张感。这不再是一个需要理性辩论的问题，例如：如何登记难民和识别"危险分子"、融入社会的机会和成本有多大、为难民提供的服务是否比为本地人提供的更多。现在的问题是公众情绪，这才是最大的危险。

　　报道延迟使警察、政界人士和媒体受到指责，即他们试图隐瞒一些有损难民移民正面形象的事实。在某种程度上，延迟可能是由于事件尚未定性，或尚不明确事实根据。此外，由于元旦假期，编辑部和新闻办公室人员不足，无疑助长了现在淹没总理的愤怒浪潮。报纸和广播公司希望首先排除自己涉嫌隐瞒移民不当行为的怀疑。一年后，新闻委员会改变了关于在何种情况下应当报告嫌疑人国籍的政策。在过去，只有"对所报道事件的理解存在合理事实联系"的情况下，新闻报道才能透露嫌疑人的国籍；而现在，只要符合"合理的公共利益"即可，其定义更为宽泛。

　　从那时起，通常被视为刑事案件的犯罪现象，并且在传统上属于严肃媒体的"杂项"报道板块，现在成为"政治"板块的主题，因为嫌疑人是寻求庇护者。例如在弗莱堡，一名阿富汗难民在强奸未遂后将一名女学生扔进一条河里，该学生在河里溺水身亡。从长期来看，德国此类性犯罪谋杀案件的数量正在持续下降，从2014年的18起下降至2019年的4起，无法从统计上证明这是难民移入的影响。

　　原来被夸大的"欢迎文化"现在被一种更糟糕的悲观情绪所取代，这种悲观情绪有充分的理由。认为默克尔的难民政策在各个方面都失败了的假设开始蔓延；总理的批评者欢欣鼓舞，昔日的盟友也与她渐行渐远。

　　1月20日，奥地利设定了每年3.75万名难民的上限。推算到德国，大约相当于35万名难民，几乎是基社盟承认的两倍，而且远远超过从此时开始的实际接收人数。尽管如此，德国总理似乎还是被她最后的欧洲盟友抛弃了。瑞典在犹豫了很久之后，于11月重新实施了边境管制，以减少新来者的数量。

　　奥地利边境关闭当晚，默克尔在克罗伊特的威尔德巴德疗养院与基社盟州议会议员进行了讨论。议员们最后一次在这座巴伐利亚国王的疗养院会面。由于租金大幅上涨，与基社盟密切相关的汉斯·赛德尔基金会不久后不得不放弃该疗养院：这是该党为生存而斗争的另一个征兆，根据目前的民意调查，基社盟大约有45%的支持率。基社盟认为这是灾难性的，担心会失去绝对多数，因此顽固地反对总理的难民政策。双方在克罗伊特无法心平气和地"讨论"问题。默克尔与议员们坐了将近三个小时。26名议员发言，全都批评了总理。默克尔仍然坚持：当奥地利或瑞典关闭边境时，他们的情况与欧洲大陆中部的最大经济体是不同的。默克尔解释了她的欧洲政策核心动机。泽霍夫在会议上什么也没说，而是在电视上抱怨总理不愿妥协。第二天，他在克罗伊特的代表面前补充说："高高在上的总理现在只相信自己。"

不到一周后，默克尔收到了泽霍夫的一封信，州长此前在巴伐利亚内阁中作出决定——这很不寻常：如果总理不回应关于难民人数上限的要求，巴伐利亚州将向联邦宪法法院提起诉讼。为此，泽霍夫用前宪法法官乌多·迪·法比奥的专家意见书武装自己。后来，默克尔的批评者一直将这份报告当作证据，以证明她的整个难民政策都是非法的。然而，仔细阅读这份文件就会发现，默克尔的批评者并没有明显的"胜诉"机会。乌多·迪·法比奥写道，联邦政府的"政治自由裁量权""只有有限的可诉性"。默克尔并没有回应基社盟的要求，巴伐利亚州政府也决定不去卡尔斯鲁厄——联邦宪法法院所在地。

这并没有阻止泽霍夫稍后称默克尔的难民政策是"非法统治"。这接近于"非法治国家"的概念，是一个令人发指的指控。正如律师斯蒂芬·德特珍和马克西米利安·施泰因贝斯后来表明的那样，巴伐利亚州长深入研究了新右翼和德国选择党毫无法律依据的思维模式。这种阴谋论后来在社会中根深蒂固，成为默克尔执政后期出现的一部分幻灭景象。自 2018 年起担任内政部"宪法部长"的泽霍夫从未正式收回这一指控，更没有为此道歉。

在实践中，尽管默克尔强调了她的"我们能做到"政策的局限性，但由于基社盟高层的行动，她更加不可能象征性地改变政策或承认错误。萨克森州再次发生仇外袭击事件时，情况更是如此：2 月 18 日，在克劳斯尼茨，哭泣的难民受到一群暴徒袭击；三天后，身份不明者在包岑放火烧毁了一个尚未入住的难民收容所。3 月初，巴伐利亚的一起事件引起了轩然大波：一名来自刚果的牧师在遭受死亡威胁后离开了他在慕尼黑东部佐尔内丁的教区。2016 年前 7 个月，联邦刑事调查局登记了 665 起针对庇护收容所的犯罪，其中暴力事件 118 起，纵火案件 55 起。

德国选择党崛起

2016 年 3 月 13 日，巴登 – 符腾堡州、莱茵兰 – 法尔茨州和萨克森 – 安哈尔特州共举行了 3 场州选举。自从难民之争开启以来，这个周日一直被认为是决定总理命运的日子。在马格德堡，基民盟必须捍卫执政权；在斯图加特，基民盟必须维护其作为最强大政党的地位；在美因茨，人们对基民盟主要候选人朱莉娅·克洛克纳寄予厚望，她最初在民意调查中遥遥领先。据说，如果这些希望无法实现，默克尔将很难坚持下去。然而，批评默克尔难民政策的人再次犯下错误。

在默克尔出席克罗伊特的基社盟会议 3 天后，莱茵兰 – 法尔茨候选人克洛克纳宣布了一项旨在减少难民人数的"A2 计划"，巴登 – 符腾堡州的主要候选人吉多·沃尔夫也加入了该计划：设定每日配额，并设置"边境中心"，新来者必须在那里等待庇护申请的审批。克洛克纳说，这是对默克尔政策的"补充"，而不是替代方案。这只是文字游戏。其真实目的是在竞选活动中脱离总理。

过去，州级领导人也尝试过反对自己政党在联邦层面的策略，但几乎没有成功过。选民们理解了这些策略的本来面目：旨在讨好选民的机会主义。过去，社民党的哈茨改革之争中也出现过这种情况：2003年，下萨克森州州长西格玛尔·加布里埃尔因与当时的联邦总理疏远而失败；而勃兰登堡州州长马蒂亚斯·普拉茨克则在2004年勇敢地捍卫柏林执政方略，因而保住了他的政府多数席位。

在西部各州，红-绿阵营的现任者延续了这一策略。来自绿党的巴登-符腾堡州州长温弗里德·克雷奇曼一直赞扬默克尔的难民政策，他在一次报纸采访中说，除了默克尔之外，他"看不出任何其他人"能够将欧盟团结在一起："这就是我每天都祈祷总理身体健康的原因。"他的莱茵兰-法尔茨同事、社民党人马鲁·德莱尔放弃了宗教信仰，她明确表示，赞同总理的观点——愿意促使难民融入社会。

总理在州竞选活动中坚持她的难民政策。她出现在两个西部联邦州时，积极地捍卫自己的政策，最近一次是在莱茵兰-法尔茨州巴特诺因纳尔的一次备受瞩目的集会上。针对奥地利外长塞巴斯蒂安·库尔茨表示关闭边境，而这将影响到整个巴尔干地区，她宣称：这不是解决整体问题的办法。正如当地报纸报道的那样，人群"为总理热烈鼓掌"。在哈勒举行的萨克森-安哈尔特州竞选活动结束时，默克尔的发言很简短。我今天不想过多谈论我们如何处理难民问题，她在一个人员占一半的房间里说道。

显然，她已经不愿再尝试说服东德同胞中的反对者。

选举日即将来临，或许预示着默克尔时代的结束。事实上，再次安然无恙，总理的权力地位至少在短期内没有受到威胁。基民盟在这三个联邦州失掉很多选票，但由于各自的最高候选人与默克尔分道扬镳，总理可以假装她与此事无关。在巴登－符腾堡州和莱茵兰－法尔茨州，现任者强烈捍卫默克尔的难民政策：绿色的克雷奇曼和社民党的德莱尔。

在选举当晚，国防部部长乌尔苏拉·冯德莱恩在"安妮·威尔"访谈节目中表示，总理的难民政策已经获胜。第二天，默克尔本人更加谨慎地表达这个想法：如果能得到全社会的认可就好了。这种观点也反映在许多报纸的评论中。《南德意志报》指出："如果这些选举能够决定默克尔的命运，那么她似乎注定要继续担任总理。"

然而，这些选举也标志着德国的转折点。德国选择党进入了德国西部各州的议会，过去该党只勉强进入汉堡和不来梅这些较小的联邦州的议会，现在却取得了两位数的显著成绩。在萨克森－安哈尔特州，它甚至以24.3%的支持率成为第二大政党，在该州南部的许多地方都位居第一，选区支持率最高达到了31.9%。

这改变了政治格局。三个联邦州只能在不寻常的态势下组建政府。在巴登－符腾堡州，基民盟不得不在绿党州长的领导下扮演副手的角色；在经历了5年的红－绿组合之后，基民盟能够再次进入政府，也算是一种安慰了。在莱茵兰－法尔茨，社民党人德莱尔不得不把自民党纳入红－绿联盟中。萨克森－安哈尔特的变化最大：由于之前两个全民党的"大"联盟席位不够，基民盟和社民党需要绿党作为第三个伙伴。3个党因别无选择而团结在一起，这个不稳定的联盟被称为"肯尼亚"联盟①。黑－红－绿是这个非洲国家的国旗颜色。

历史学家保罗·诺尔特写道，2016年3月13日，德国经历了"自1930年9月14日国会选举以来最猛烈的冲击和最戏剧性的转变"——那次选举之后，魏玛共和国最后一个议会制政府草草结束，纳粹党一下子成为第二大政党，并阻止了议会多数政府的形成。

这可能略有夸张，但周日的选举是一个预兆：在联邦层面，组建政府很快就会变得更加困难。毫无疑问，这与默克尔及其政策有关。这几周的民意调查显示，德国人的基本态度几乎没有激进化，大多数选民仍然认为，没有其他可靠人选能够替代安格拉·默克尔。然而，关于难民问题的争论使得民众潜伏的情绪被公开地、无拘束地释放出来。

德国选择党的崛起也意味着一种消极意义上的联邦共和国的欧洲常态化。他们在东德取得的好成绩与其他后共产主义国家的模式相对应，在这些国家，右翼民粹主义运动早已统治多年。在西方国家，这些政党在选举中很早就取得了成功，而且常常远高于德国西部的德国选择党选举结果。中产阶级的文化霸权似乎走到了尽头，他们得益于战后的长期繁荣，并支持社会自由化。

历史学家诺尔特谈到了支持"默克尔制度"的"受过教育和热心事业的中产阶级"——无论他们是投票支持基民盟、社民党还是绿党。"'默克尔必须离开'不仅反对难民政策，而且反对塑造默克尔时代的自由经济和社会模式。"现在，保守派和新的下

---

① 肯尼亚国旗主要是由黑色、红色和绿色组成，对应德国的联盟党、社民党和绿党。——译者注

层阶级、西德人和东德人、右派和左派、那些感到自己被国家主要阶层忽视的人，联合起来抗议全球化和资本主义，支持民族国家和强大的政府。

与往常不同的是，默克尔 5 周后邀请基民盟委员会对选举进行分析。她展示的结果支持了她的路线。像往常一样，选举研究小组主席马蒂亚斯·荣格发表了演讲。在巴登－符腾堡州，正如他在地区基民盟委员会上所说的那样，基民盟输给绿党 4.5%，输给德国选择党 4.7%；现在每个人都要问问自己，怎样更容易赢回哪个选民群体？当地基民盟的反难民路线反而增强了德国选择党选民的抵触，反而鼓励他们投票给选择党，而温和派基民盟选民则被推入值得信赖的绿党州长克雷奇曼的怀抱。

土耳其困局

在过去的几天里，默克尔试图将欧盟与外界隔离开来，而不是关闭德国边界。她的目标还没有实现，但已经走了很长一段距离了。自 11 月底就欧盟和土耳其达成行动计划协议以来，经由爱琴海抵达希腊的难民人数急剧下降。这也对德国产生了影响：2015 年 12 月，只有 12.7 万名新来者抵达德国边境，比上个月减少了三分之一。2016 年 1 月，人数为 9.2 万人；2 月有 6.1 万人；3 月有 2.1 万人；此后，数字一直维持在每月略高于 1.5 万人的水平。

在德国州议会选举之前，奥地利外长，即后来的总理塞巴斯蒂安·库尔茨在维也纳召开了巴尔干国家会议，他和其他国家领导人同意于 2 月 24 日关闭从马其顿到奥地利的边界。由于与土耳其的谈判大大减少了抵达的难民人数，因此这种行动是可行的；如果大量难民继续抵达希腊，该行动将难以持续。

由于这些事件同时发生，部分公众的印象是：导致难民人数进一步下降的不是默克尔的土耳其协议，而是库尔茨关闭巴尔干边界的倡议。从此，这位奥地利人被右翼默克尔批评者视为英雄。但总理不以为然。如果你问我，关闭巴尔干路线是否解决了这个问题，我显然会说不，她在半年后的一次采访中坚持这个看法。在欧盟－土耳其协议生效前的几周内，它确实减少了抵达德国的难民数量——但有 4.5 万人在希腊。按德国人口换算，这将是 36 万名新来者，几乎是最艰难的 11 月的两倍。

巴尔干国家的行动让希腊人感到担忧，他们现在担心留在自己国家的难民会遇到困难。希腊总理亚历克西斯·齐普拉斯终于找到德国总理这个盟友。难民滞留在伊多梅尼附近的希腊－马其顿边境的照片传遍了世界。3 月初，默克尔不得不为自己辩护，为什么她不允许绝望的难民进入德国，这与她之前对待布达佩斯火车东站难民的态度不同。我不认为这种情况具有可比性，她冷静地说。希腊提供了住宿安排，难民也得用这些设施。

2016 年 3 月 18 日，德国州议会选举 5 天后，欧盟国家元首和政府首脑在布鲁塞尔正式批准了与土耳其的难民协议。然而，大部分德国公众认为，协议的缔结并不成功。关于难民问题的争论从安卡拉绕了一圈又意外回到了德国。

2016 年 3 月 17 日，也就是协议签订的前一天晚上，德国北部电台的讽刺节目"特别 3"根据流行歌手尼娜的歌曲《何故，何处，何时》（*Irgendwie, irgendwo, irgendwann*）的曲调编写了一首讽刺土耳其总统埃尔多安的歌《Erdowie, Erdowo, Erdogan》。它用漫不经心的语言描述了这位土耳其政治家的行为，但基本上是准确的。例如，作者写道："一位记者／他写了埃尔多安不喜欢的内容／明天就要被送进监狱了。"这次攻击与其说是针对遥远的土耳其统治者，不如说是针对柏林的总理。因为欧盟就难民协议进行的谈判使埃尔多安的方法成为德国内政问题。

每个人都在谈论与险恶当权者的"交易"。默克尔曾以人道主义作为论据，说明保持欧洲内部边界开放是合理的。左翼批评者认为，她把以肮脏手段维护外部边界的任务留给了土耳其；默克尔的右翼批评者厌恶这个位于博斯普鲁斯海峡边上的伊斯兰国家。国内双方政治分歧的结果是一样的：人们怀疑默克尔在维护土耳其，以免损害她的"难民协议"。

事情不断发酵。由于"特别3"节目的讽刺，土耳其外交部两次召见德国大使。土耳其总统通过外交手段压制电视节目的嘲讽，再次引起了其他电视媒体人的关注。3月31日，主持人扬·伯默曼在德国电视二台的"ZDFneo"频道上解释不违法的政治讽刺与违法的诽谤之间的区别。为了证明在德国"不允许做"的事情，他朗诵了一首关于埃尔多安的诗，其中有一些不雅的词句。

这是一种讽刺，但既不能逗乐土耳其总统，也不符合德国总理的幽默感。事情变得很敏感，由于默克尔现在才发现有一项法律规定：德国刑法第103条规定，"侮辱外国机关和代表"将受到处罚；根据第104a条，是否提起诉讼取决于联邦政府的授权。默克尔担心埃尔多安会提出相应的惩罚要求，使她处于尴尬境地：在土耳其总统的好感和艺术自由之间作选择。

伯默曼的节目播出3天后，她给土耳其总理达武特奥卢打电话。默克尔周围的人称，这通电话是以前就约好的。默克尔希望能够大事化小，小事化了。和达武特奥卢通话时，她称这首诗是"故意让人颜面扫地"，她的发言人在第二天中午的联邦新闻发布会前，未等提问就宣布了默克尔的这句话——显然是希望借此安抚埃尔多安，避免他提起诉讼。人们认为，默克尔预先定罪的行为越界了。她虽然是出于好意，这种行为却是德国大使严格拒绝的：她评价了德国媒体的工作，而不是让司法机构对可能的侮辱指控作出裁决。

此外，默克尔误判了土耳其总统。不久之后，外交部收到了土耳其大使的口头照会，他在信中要求刑事起诉。经过几天的考虑，默克尔违背了社民党内阁成员的意愿，同意了土耳其的要求。为了传达她的决定，默克尔发表了一份新闻声明，仿佛和宣布参加战争、保证储蓄或解雇部长的情况一样。第二天，一些报纸修改了头版的布局，恰当地报道这一重大新闻。默克尔不仅表示同意土耳其的要求，还宣布，将在本届议会任期内废除有争议的刑法第 103 条。

默克尔在这件事上捞不着好处，只能限制其危害程度。她公开为与达武特奥卢的电话交谈中的两句灾难性的话道歉：我在 4 月 4 日谈到了"故意让人颜面扫地"这句话，给人的印象是，我的个人评价在这里很重要。在过去的几天里，我一直为此懊恼。回想起来，这是一个错误。两天后，默克尔飞往叙利亚边境附近的加济安泰普，向土耳其对照顾难民的承诺表示敬意。

这样就结束了伯默曼危机的严重阶段。但人们继续对她进行指控，将难民政策交到一个独裁者手中。埃尔多安在 7 月未遂政变后采取严厉镇压手段，并于次年 2 月监禁了德国记者丹尼兹·尤塞尔，这个指控又回来了。直到 2018 年初尤塞尔获释，埃尔多安与欧洲人的关系缓和，这个问题才退居次要地位。然而，默克尔在这个问题上仍然容易受到攻击。

默克尔的行动是出于现实政治考虑，而不是对埃尔多安的个人好感。土耳其总统不顾法院的各种裁决，在首都安卡拉的休闲区建造了毫无品味的总统府，从这一点就可以看出，他丝毫不符合住在柏林比德迈尔式公寓的政治家的风格。默克尔的顾问们对这位当权者的奇怪行为嗤之以鼻：即使在小圈子里，他也像在公共场合一样进行演讲秀；他往往反应冲动，说话带刺，有时还会收回说过的话。

这将他与深思熟虑的弗拉基米尔·普京区别开来，默克尔与普京的关系也非常复杂。与普京的情况不同，还有一个语言问题：默克尔和埃尔多安不会说对方国家的语言，埃尔多安也无法用英语交流。他们仍然依赖口译员——无论是逐字句翻译，还是概括性地转述，在记者尤塞尔获释问题上，默克尔派格哈德·施罗德前往土耳其调解。施罗德更容易与这位专制统治者打交道，最重要的是，他一直支持土耳其加入欧盟，这一点和默克尔不同。

在2016年的危机中，也出现了一个问题，即土耳其背离欧洲是否在欧洲背离土耳其之前，默克尔对此负有相当大的责任。关于哪个是原因，哪个是后果，人们对此意见不一。一些人认为，埃尔多安的激进化证明了他们对土耳其加入欧盟的怀疑一直是正确的；另一些人认为，特别是德国人错过了一个很好的机会，因为他们总是向土耳其发出防御信号：土耳其的亲西方势力希望向欧洲靠拢，却无法实现这个愿望。布鲁塞尔向一个几个世纪以来一直与欧洲大国协作的国家敞开了大门，在穆斯塔法·凯末尔·阿塔图尔克（土耳其共和国缔造者，第一任总统、总理及国民议会议长）的领导下，与希腊或保加利亚等其他后奥斯曼国家相比，土耳其更加彻底地实现了现代化。正如《法兰克福汇报》编辑于尔根·考贝强调的那样，防御态度导致土耳其国内同意加入欧盟的比例从超过80%下降到了略微超过30%。

默克尔在这个问题上并非问心无愧。担任反对党领袖时，她提出赋予土耳其"特惠伙伴关系"而非欧盟成员身份，并因此在最大的党派团体——欧洲人民党——中产生了决定性的影响。土耳其在短期内似乎不可能成为正式成员：欧洲大陆最重要的中间偏右政党明确拒绝了这个请求，主要出于国内政治动机。在2016年的危机中，默克尔的一位顾问驳回了这种指控：作为总理，默克尔从未破坏土耳其加入欧盟的谈判；她只是在担任基民盟主席时主张建立"特惠伙伴关系"。这听起来不像是对上司的有力辩护。

在所有人中，这位一直与土耳其保持最大距离的女士现在被指责离得太近。在德国，人们对于如何与专制统治者打交道的看法不一。不愿妥协的道德外交倡导者普遍要求，联邦政府只与明确的自由民主政府合作；另一些人对不同国家采用了非常不同的标准：他们要求在与俄罗斯总统普京打交道时更加宽容，但在土耳其问题上更加强硬。伊斯兰恐惧症也是一个因素。

默克尔对这些言论并非一无所知：她从一位强烈以价值为导向的外交政治家逐渐转变为一个全球政治实用主义者，这暴露了许多可供攻击的薄弱环节。默克尔在难民政策中的理想主义言辞引发了一些人的期望，在伯默曼事件中，《时代周刊》将其诊断为"政治上的疲劳性骨折"，"经过令人费解的半年理想主义之后，总理陷入了现实政治的泥潭，她向一位日益专制的当权者献殷勤，付钱让他帮忙干脏活"。

默克尔并不认为自己身陷泥沼，而是将确保欧洲外部边界的安全设为目标。在这个问题上，她从来不关心纯粹的道德政治，而是关心国家的内部自由和无国界欧洲的继续存在。在第一个问题上，她无意中激起了对抗力量；在第二个问题上，她取得了惊人的进展（尽管由于其他原因，暂时关闭边界很快就成为欧洲的一项常规做法）。事实上，抵达爱琴海希腊岛屿的难民人数相对较少，不知是因为与土耳其签订了协议，还是因为欧洲的抵制态度，导致前往欧洲的难民人数原本就不多——至今没有答案。默克尔本人感到恼火的是，她的右翼批评者几乎没有注意到难民人数在下降，还是千方百计地诋毁生活在德国的新公民的融入社会的能力。*令我恼火的是，有些人会为新公民融入失败而感到喜悦*，她在不久后的一次采访中说。

在外交政策方面，默克尔的境遇并没有变得轻松。5 月初，埃尔多安使他的温和派总理达武特奥卢辞职，默克尔与后者相处得很好。几天后，默克尔在 2015 年秋季难民危机期间最紧密的盟友、奥地利总理法伊曼也辞职了。前奥地利联邦铁路公司总裁克里斯蒂安·克恩当了一段时间总理后，议会提前选举，默克尔的劲敌塞巴斯蒂安·库尔茨在一年后入主鲍尔豪斯广场上的总理府。

国内的政治辩论再次回到基民盟和基社盟的难民之争上。有传言称，两党领导人之间将举行"和解会议"，类似朝鲜和韩国之间的会议形式：双方都不想来到对方的地盘，泽霍夫不愿意前往柏林，默克尔也拒绝了慕尼黑之行。因此，应当选个中间的交汇点或中立的地点会面。

最后，双方同意在柏林附近的一个地方召开会议。他们于 6 月 24 日和 25 日在波茨坦的赫尔曼斯韦德会面。至少在地点上，默克尔占了上风，但也有一个重要原因：在前一天，即 6 月 23 日，英国举行了脱欧公投。默克尔并不觉得英国脱欧的支持者会成功，但稳妥起见，她想留在总理府附近。

5. 多事之秋 (2016—2017)

英国脱欧

默克尔实际上并没有为这一结果做好准备。51.9%的英国人投票支持退出欧盟，这意味着一个国家在历史上第一次离开欧盟，她没想到真的会发生。大多数其他欧洲人——以及英国脱欧的支持者本身也是如此：他们似乎对自己获得成功最为困惑，尤其是他们最著名的领导人鲍里斯·约翰逊。与普通议会选举不同，由于缺乏经验，晚上没有任何针对该投票的预测，人们在周五清晨才知道结果。默克尔于2016年6月24日立即开始与法国总统奥朗德、欧洲理事会主席图斯克以及她的部长通电话。她也咨询了各党派的领导人。下午12：30，她发布了一份简短的新闻声明；下午1：00，基民盟／基社盟议会党团召开了一次特别会议。

党团主席考德尔称这一结果"令人难以置信"；关于戴维·卡梅伦，考德尔说出了默克尔想说但又不能公开谈论的想法：当英国首相和他的英国保守党在2009年离开欧洲人民党，加入欧洲怀疑论者的阵营时，这场灾难就已经开始了。考德尔说，那些一直说欧洲坏话的人不应对最终结果感到惊讶。政治领导层并非如此。默克尔和党团主席认为卡梅伦是一个政治轻量级人物，他原本没有必要安排这场致命的公投，就像泽霍夫在难民争论中所做的那样。

与卡梅伦失败的冒险策略相反的是，默克尔宣扬谨慎行事。

她的主要目标是将其余 27 个成员国凝聚在一起，并遵循了一种方法，不久后就被人们称作"包容性方法"。在固执的英国人离开后，一些鲁莽的亲欧人士试图推动更紧密的核心欧洲一体化，默克尔认为，这个想法太冒险了，也不可取；另一方面，缩减一体化进程也不能作为对英国脱欧的回应。卡梅伦以退为进，却恰恰加速了冲蚀过程。因此，德国总理在她的第一份声明中警告说，不要从英国公投中得出快速而简单的结论，这只会进一步分裂欧洲。

在接下来一段时间里，默克尔开展了活跃的穿梭外交。英国公投结束两周后，她在勃兰登堡的梅泽贝格宫（联邦政府的国宾馆）秘密会见了波兰政界强人雅罗斯瓦夫·卡钦斯基，公众直到 9 个月后才得知这件事。在反对进一步的一体化步骤上，波兰失去了英国这个最亲密的盟友。波兰不仅依赖欧洲的财政援助，还寻求与欧盟和北约的密切合作，以此作为应对俄罗斯日益增长的权力野心的安全保证。默克尔希望，波兰不会在英国之后也离开欧洲。

因此，她认为社民党外交部部长弗兰克－瓦尔特·施泰因迈尔的倡议活动益处很少。施泰因迈尔在柏林博尔西格别墅接待了来自欧洲经济共同体其他 5 个创始国的同事，而默克尔则向南行驶了近 40 公里，前往波茨坦的赫尔曼斯韦德，与基社盟主席泽霍夫一起探讨联盟党的未来。德国人、法国人、意大利人以及卢比荷三国的会晤引起了人们的怀疑，认为他们正在密谋打造核心欧洲。

默克尔本人邀请法国总统弗朗索瓦·奥朗德和意大利总理马泰奥·伦齐前往总理府，与欧洲理事会主席唐纳德·图斯克一同讨论局势。这次会晤也引起了其他国家的关注，但给外界留下了包容的印象：自明斯克和谈以来，她一直奉行"法德团结"的欧洲政策，但她现在不想让人们觉得，欧洲的未来由柏林和巴黎决定。因此，她希望"双驾马车"变成"三驾马车"，至少在 6 个月后伦齐倒台之前是这样。默克尔几乎不希望奥朗德从漠不关心的状态中醒来，并且认为伦齐是一位改革者和建设性的欧洲人。旁边坐的图斯克是一位东欧人，尽管他不代表现任波兰政府。

虽然表现平静，默克尔还是在周末的会谈中作出了转变，这一点随后变得显而易见。她周二在联邦议院发表政府声明，然后飞往布鲁塞尔参加欧洲国家元首和政府首脑会议。默克尔比以前更明确地催促英国人尽快安排好离开事宜。无论以正式或非正式的形式，英国必须先提交正式的退欧申请，然后才能开始谈判，而不是先开始谈判。《法兰克福汇报》评论说，这对英国人来说"几乎是道别"。默克尔同意欧盟委员会的立场，她不得不承认，她最初提倡的"观望"可能会在其余 27 个成员国之间引发难以估量的离心力。

假如其余欧洲人拼命挽留英国，那么这个印象对欧盟的未来将是致命的，与向英国再度让步一样致命：默克尔和其他欧洲大陆人拒绝了这种利己主义的做法，以免鼓励更多国家退出。如果英国必须在谈判开始前就不可撤回地宣布退出——正如他们在 2017 年春季的做法——他们会自动处于弱势地位。

2016 年 6 月 28 日至 29 日，默克尔和其他领导人尚未作出任何决定，他们同意 9 月中旬在斯洛伐克首都布拉迪斯拉发召开一次特别会议，斯洛伐克是下半年的欧盟轮值主席国。自 2004 年，由于对安全要求的增加，国家元首和政府首脑几乎只在布鲁塞尔召开会议。但欧债危机开始后，那里的理事会大楼就成了沉闷的夜间会议和无休止的争吵的化身。多瑙河畔的布拉迪斯拉发或许能够传达出更积极的团结形象。

人们并没有非常关注布拉迪斯拉发峰会，因为它没有引起太多争议。这对欧洲来说恰恰是成功的，默克尔认为这在很大程度上是她的功劳：整个夏天，除了在南蒂罗尔度假外，她都在访问或接待欧洲的领导人。8月底，她再次见到了奥朗德和伦齐，这次是在意大利文托泰内岛附近的一艘航空母舰上。二战期间，反法西斯主义者在那里写了一份宣言："为了一个自由而统一的欧洲。"

随后，在需要处理的各种政治事务中，英国脱欧不再是头等大事。由于欧洲人的团结——默克尔发挥了重要作用——英国脱欧似乎很快就成了英国人自己的难题，他们的议会为此争吵不休。

虽然欧洲人仍保持着凝聚力，但默克尔再次面临一个令她不安的问题：她的难民政策是否推动了英国脱欧？ 2016 年 6 月 24 日，基民盟 / 基社盟议会党团举行了特别会议：在英国脱欧公投宣布后几个小时，她第一次面对这一指控。这个问题是由莱比锡议员贝蒂娜·库德拉提出的——3 个月后，库德拉指责默克尔正在推动"德国的民族转化"——这明显是德国选择党的措辞；在2017 年的选举中，库德拉没有被提名为莱比锡第一选区的直接候选人，取而代之的是前自行车手延斯·莱曼。默克尔在党团会议上以异常尖锐的态度反驳了这一指控。我不接受这个批评，她说。她认为，英国的争论与来自东欧加入欧盟后的劳务移民有关，而不是难民。

英国人曾针对约 100 万东欧移民进行过激烈的辩论；而在德国，至少有同样多的人有波兰移民背景，但并没有引起人们的注意；由于两国关系密切，确切数字难以确定。在英国，能干的

"波兰水管工"被视为当地手工业者的可怕对手，后者经常以高价维修漏风的窗户或漏水的阀门。当然，这是英国与德国的区别——人们曾经问默克尔，她特别喜欢德国的哪些方面，她回答：我想到的是严实的窗户！其他国家造不出这么紧密又美观的窗户。欧盟东扩后，英国立即无条件地向波兰人和其他东欧人开放了劳动力市场，这可能是造成英国摩擦的一个原因，而德国则规定了一个过渡期。

最后，对英国公投的另一种解释占了上风：发达工业国家之间的文化差异第一次变得十分尖锐——在受益于全球化的城市环境中，小城镇或农村人口认为，起主导作用的精英阶层无法再代表他们。不仅存在地理上的差距，还有社会差距：64%的工人和失业者投票支持英国脱欧，而受过高等教育的投票者中，只有43%投票支持英国脱欧。

这并不意味着欧洲和全球化怀疑论者的运动只得到了穷人的支持。其他国家的选举分析也表明，许多投反对票者认为，自己没有得到应得的认可——即使他们在物质上没什么可抱怨的。在接下来的15个月里，这种现象在其他国家也很明显。在美国，唐纳德·特朗普成为总统。在法国，玛丽娜·勒庞在第一轮总统选举中名列第二。在奥地利，奥地利自由党的候选人差一点就进入了维也纳的霍夫堡宫。在荷兰，尽管选举结果相当温和，但自由党主席基尔特·威尔德斯仍对其他政党的政策产生了决定性的影响。而在德国，德国选择党于2017年9月以12.6%的支持率进入了联邦议院。

新的社会问题让德国总理措手不及。自2005年上任以来，她确实将经济自由化议程置于次要地位，并与西德的共识模式达成一致。但从本质上讲，她仍然是后物质主义城市环境的代表，现在正是那些被抛弃或所谓被抛弃的人所仇视的。当德国选择党的代表们咒骂"被左翼绿党搞乱的德国"时，他们也针对总理。默克尔未实现的政治联盟愿望大概就是与精英政党——绿党结盟。

恐袭阴云

2016 年 7 月 13 日，总理开始了一段异常漫长的旅程。她打算离开柏林整整 72 个小时，访问吉尔吉斯斯坦和蒙古。这是一个很好的机会，因为这个时候是柏林政坛的夏季休假时节，不会召开一些对她产生不利影响的会议。

乌兰巴托即将举行第十一届亚欧首脑会议，默克尔此行的目的是增强对该地区为数不多的半民主国家的支持，首脑会议提供了与许多国家领导人进行非正式会谈的机会。会议还关系到欧盟在世界上扮演的角色：在亚洲人看来，如果欧洲最重要的政治人物不来参会，与其他欧洲人的会晤将变得没有意义，因为这象征着兴趣索然，欧盟将无法巩固自己在这个新兴大陆上的地位。

但会议的真正目的很快就退居幕后，因为默克尔在此期间收到了许多惊人的消息，这次旅行也成了她最不寻常的旅行之一。英国女王任命保守党领袖特蕾莎·梅为新首相，这是意料之内的。晚上，默克尔从比什凯克的酒店打电话给唐宁街 10 号，祝贺新首相当选。她与梅私下里没什么交情，主要出于公务礼仪。两人都有非凡的意志力，除此之外没有太大的联系；在即将到来的脱欧谈判中，默克尔没有礼物要送。

乌兰巴托的早晨已经破晓。在遥远的尼斯，一辆卡车驶入人群，那里正是深夜，人们在盎格鲁大道庆祝法国国庆节。这辆车沿着海边宽阔的人行道行驶了两公里，碾过了数百人，直到司机在著名的内格雷斯科酒店与警察交火，然后在地中海宫酒店附近被击毙。袭击导致 86 名路人死亡，400 多人受伤。司机是一名在法国生活了 11 年的突尼斯人，家人称他没有宗教信仰，曾因精神问题接受治疗。在亚欧会议的蒙古包里，默克尔与坐在旁边的法国外长让－马克·艾罗进行商谈。她向记者们谈到，在座所有国家在打击恐怖主义的斗争中应保持团结，并表示，尽管存在种种困难，我们仍将赢得这场斗争。

次日凌晨四点半左右，默克尔在乌兰巴托"阿西姆村"的 5 号别墅收到消息，土耳其军方发动政变反对埃尔多安政府。他们是否会成功，目前还不清楚。默克尔想迅速作出反应，以免被指责出于机会主义观望，并惹怒埃尔多安。"土耳其的民主秩序必须得到尊重"，政府发言人斯蒂芬·塞伯特在推特上写道；不久之后，为了排除误解又加上："支持民选政府。"聚集在乌兰巴托的其他政治人物也是这么认为。"必须采取一切措施保护生命"，塞伯特补充道。其他人将其理解为暗示，即告诫埃尔多安不要过度镇压。

当默克尔启程返回柏林时，土耳其政变之夜已接近尾声。与此同时，埃尔多安从安卡拉飞往伊斯坦布尔，并在那里的机场发表讲话。很明显，政变失败了。政府专机在柏林降落两小时后，默克尔在总理府的媒体前露面。她表示，必须在政治机构的框架内，并按照民主规则来推动政治变革。仅这一点就明确说明，与推翻埃尔多安相比，默克尔更加不支持政变分子使用的手段——军事暴力。默克尔的立场更加清楚：特别是对待那些对昨晚的悲惨事件负有责任的人时，能够并且应当使用法律手段。默克尔并不指望这个愿望能够实现。事实上，埃尔多安利用这次未遂政变来解决实际或假想的对手。德国公民很快就察觉到了这一点。

似乎尼斯袭击事件和土耳其政变还不够悲惨。默克尔回国后的一周内，德国在 2016 年 7 月 19 日至 24 日出现了四起暴力事件，再次激起了民众对默克尔难民政策的批评。在维尔茨堡以南的一列区域列车上，一名未成年难民用斧头和刀袭击了四名刚从香港返回罗腾堡的中国人，并在逃跑时袭击了一名路人。受害者伤势严重，在医院接受了长达 4 个月的治疗。在罗伊特林根的一家小吃店，一名 21 岁的叙利亚人将烤肉刀砍向 45 岁的波兰女友，造成其头部致命伤害，两人都在土耳其餐馆工作。在中弗兰肯地区的安斯巴赫老城，一名 27 岁的叙利亚人在酒吧前引爆了一枚背包炸弹，造成 15 人受伤，袭击者死亡。仅仅几个小时后，慕尼黑一家购物中心又有一名 18 岁的枪手作案。除了 9 人死亡外，还有 5 人受伤，因为不专业的危机管理机制引起了全市恐慌，又造成 32 人受伤。

这四起案件差别很大——在正常情况下无法联系在一起。慕尼黑的袭击者是一个有着伊朗血统的年轻德国人，他对德国的"低等外国人"感到不满。在施瓦本的罗伊特林根发生的案件没有政治动机。维尔茨堡和安斯巴赫的两次袭击都有伊斯兰背景；与罗伊特林根袭击案一样，两名肇事者都来自叙利亚，但他们都是在默克尔于 2015 年 9 月作出有争议的决定之前进入德国的。福尔萨研究所的一项调查显示，69%的受访者认为，默克尔的难民政策对袭击并不负有共同责任。

然而，在许多媒体和呼声响亮的少数群体中，几起案件并无不同。维尔茨堡和安斯巴赫的伊斯兰主义袭击、罗伊特林根的关联行为、慕尼黑的右翼极端分子滥杀无辜——造成了一个危险全面袭来的景象。就像科隆除夕之夜过后一样，小事件逐渐积累，给人们留下了印象：越来越多的移民正在从根本上改变德国的日常生活。在两起案件中，"刀"也扮演了一个角色，这与德国选择党的支持者画的讽刺画相吻合：穆斯林"持刀袭击者"在暴力洗劫德国城市。尽管德国 2016 年短期内暴力犯罪数量略有上升，但长期内仍呈下降趋势。

默克尔再次面临压力。2016 年 7 月 28 日，即安斯巴赫袭击事件发生四天后，同时也是默克尔历史性的"我们能做到"登台讲话 11 个月后，她在夏季新闻发布会上不得不为自己辩解。整体而言，她再次为自己的难民政策辩护，至少在非常重要的口头层面和象征层面上。她称叙利亚难民的行为是对东道国的嘲弄，袭击者无论是什么时候来的德国都没有区别。她的目的是优雅地提醒民众，袭击者并不是应她的"邀请"而来。她重复了几次"我们能做到"这句话，并自信地补充道：顺便说一句，在过去的 11 个月里，我们已经取得了很大的成就。此次露面再次引发了联盟党内的激烈辩论，尤其是基社盟的议员批评了总理。这一次，联邦总统站在她那边。"我无法想象一个政府首脑站在人民面前说：我们做不到，"约阿希姆·高克说，"为什么要选这种人呢？"

总理的露面也给公众留下了深刻的印象。专栏作家认为，默克尔肯定会在一年后的联邦议院选举中再次当选。尽管过去一年动荡不安，但除了基民盟之外似乎没有真正的替代方案。在对默克尔进行了近一年的严厉批评之后，基社盟想以何种方式参加竞选——问题似乎又回到了巴伐利亚人自己身上。人们认为，默克尔于 2017 年 9 月再次参选是理所当然的。一方面，基民盟内部缺乏替代人选；另一方面，她的难民政策还没有定论，默克尔可能不想匆匆结束自己的政治生涯。

柏林政坛的政客和记者都错了，包括那些近距离观察默克尔的人。与往常一样，总理利用她在南蒂罗尔的假期来思考。8 月底回到柏林后，默克尔在接受德国电视一台的暑期采访时明确表示，她还没有确定：至于我是否决定再次参选，我将在适当的时候发布通告或声明。根据"默克尔心理学"的规则，她含糊的句子结构表明，她还有一些不想公开谈论的想法。

一瞬间，这句话把人们以为的确凿无疑的事实变成了一个悬而未决的问题，在接下来的三个月里，新闻记者们反复讨论了这个问题。这给默克尔带来了风险，因为这种不确定性可能会削弱她的地位。自由派基民盟成员，例如：州长朱莉娅·克洛克纳、沃尔克·布菲耶、安妮格雷特·克兰普－卡伦鲍尔和阿明·拉舍特，都立即表示支持默克尔再次参选。克洛克纳说出了许多人的想法："如果您问我个人的看法，我想不出除了安格拉·默克尔以外的人。"

基社盟主席泽霍夫表示愤怒："我认为这是罕见的蠢话"。据说，他其实想把正式提名推迟到春天，以便有时间作出一些能保住面子的转变。这几乎没有现实意义，因为默克尔必须在12月的基民盟党代会之前决定她是否想连任党主席。对时间安排的计较说明了泽霍夫的困境。

坦　言

在整整三个月的时间里，默克尔都未向基民盟透露，她是否继续参选。她利用这段时间理顺了关于难民问题的讨论。在一次采访中，她试图弱化"我们能做到"这个有争议的句子的含义：有时我也认为，人们过度拔高了这个句子，赋予它过多的含义。太多了，以至于我不想再重复这个句子，因为它已经变成了一种纯粹的口号，几乎成了一个公式化的表达。与其说，总理试图与这个被广泛引用的句子本身保持距离，不如说，她试图与它在过去一年中被赋予的内涵保持距离。

一方面总理的言论被扭曲了一年，这使她非常震撼，尽管她几乎没有公开承认这一点。因此她也考虑过放弃下一次的竞选。另一方面，被完全夸大的论战使得她后来也对合理的批评产生了免疫。这在心理上是可以理解的，但对政治家来说是危险的。

2016 年秋天，默克尔承认了错误。但她不是指对难民辩论的尖锐阶段，而是指之前的时期。她谨慎地选择了认错的时间，即柏林众议院选举后的星期一，也是该年最后一次州议会选举。她又一次在基民盟联邦总部站在失败者一边。

默克尔的自白在一句话中达到高潮：*如果可以的话，我希望让时光倒流很多年*。这意味着，在难民人数增加进入公共视野之前，她已经犯了真正的错误。她对难民局的明显无能睁一只眼闭一只眼，后者无法在合理的时间内对庇护申请作出裁决——因为朝任何一个方向加速都会疏远一部分公众。长期以来，她对"都柏林体系"给意大利或希腊带来的过重负担无动于衷——因为德国从这些规则中受益。她只是半心半意地支持结束叙利亚内战的努力——因为她无论如何都不考虑军事干预，因此这种努力成功的机会非常有限。这份清单还能够继续列下去。

这份自我诊断是准确的，它瞄准了默克尔本人政治风格的核心。能够从头到尾地思考问题一直被认为是总理的杰出美德。但这也意味着：她不想承诺她认为难以实现的事情，宁愿完全避免可能遇到太多阻力的政治倡议。对一个尚未深入公众意识的问题进行前瞻性研究，平白无故地使其成为有争议的辩论主题，这不是她的政治风格。

这是她对政治的务实理解。默克尔喜欢在小圈子里说，政治难题的数量基本不变：如果没有什么大问题，那么小问题就会被突然放大。这确实是所有政治进程的基本模式，抱怨无处不在，缺乏改革努力也并不那么令人惊讶。公众的注意力总是有限的，当整个社会突然惊人地将注意力集中在某个问题上，那时才有解释的必要。

默克尔坦白的时机也很合适。对于 2015 年夏天之前的几乎所有错误决定，她并不负全部责任。她参与制定了很大一部分国内外政策，许多她回想起来觉得有必要施行的措施，都被卷入对难民政策的批评声音中。他们拒绝以牺牲德国为代价修订都柏林规则，也没有更快地承认和接纳有居留可能性的寻求庇护者。从默克尔的自责中，人们也能听出她在批评政治对手。对于她自 2015 年 9 月以来制定的有争议的决议，她并未退让分毫。因此这次登台并不能平息与基社盟的争执。

内政部部长托马斯·德梅齐埃一周后公布了最终的入境数字，由此给 2015 年难民年算了最后一笔账。在这一年中，共有 89 万难民抵达德国，其中约 5 万人随后前往其他国家。一年之内 84 万难民：这是自从二战后难民人数最高的数字，但远低于政府当时假定的 100 万人。

总理提到，要把解决难民问题的根源作为她难民政策的核心，在实践中意味着阻止人们前往欧洲。2016 年 10 月 9 日，默克尔开始了对非洲的大型访问，随后几年又出访数次。她来到了马里、尼日尔和埃塞俄比亚。访问马里主要是因为联邦部队在那里有部署；前往埃塞俄比亚首都亚的斯亚贝巴是为了探访非洲联盟的新总部。而探访尼日尔是出于特别的原因。尼日尔是世界上最贫穷的国家之一，在人类发展指数排名上倒数第二。这个国家不被视为难民的原籍国，仅仅因为其公民无法支付高昂的旅费和偷渡费用。

然而，由于缺乏其他收入来源，供应和运输移民已成为该国的一个重要的经济因素：由于地处中心位置，该国是从西非沿海国家前往地中海的枢纽，船只随后再驶向意大利。这位所谓的慷慨博爱的德国总理，后来在很大程度上没有参与激烈的国内政治辩论：究竟是营救难民还是让他们在海里淹死。而她的基社盟对手泽霍夫三年后担任内政部部长，致力于接收获救者，这让他自己的政党很恼火。

默克尔在尼日尔只停留了 5 个小时，但这次访问给她留下了深刻的印象。在第二年的旅行中，她还向随行记者讲述了她在尼日尔首都尼亚美的经历，以及她与尼日尔总统穆罕默杜·伊素福的会面，伊素福是一位几乎与她同龄的数学家和土木工程师。她将自己的任务与尼日尔面临的巨大挑战进行了比较——无论是全面配备学校，还是针对恐怖主义肆虐的马里与不稳定的乍得湖地区之间的局势所带来的巨大安全问题。她将 100 万新到德国的难民带来的冲击与这个贫穷的非洲国家面临的更艰巨的困难联系起来。默克尔指出，相比之下，德国面临的问题几乎"没什么大不了的"。

对默克尔来说，非洲之行实际上意味着发现了一个新大陆，她通过会见政要和研究统计数据来探索这个地区。在此之前，她对欧洲南部邻国的关注很少，不像维利·勃兰特曾发起过南北对话；或者联邦总统霍斯特·科勒，他对非洲感兴趣，有时让别人觉得很奇怪。直到难民问题来临时，总理才意识到德国与南欧在地理上的接近。2017 年 3 月，她从开罗飞往突尼斯，这一点变得尤为明显。她着迷地从窗户往下看，先是克里特岛，然后是西西里岛的埃特纳火山：许多代表团成员也没有意识到，从北非飞往北非的航班，大部分时间都是沿着欧洲海岸航行。

　　总理此时面临着一个与尼日利亚的困境相比似乎无关紧要的国内政治问题：选新一任联邦总统。甚至在暑期之前，现任总统约阿希姆·高克就宣布，他不想再连任 5 年。他年事已高，当时仍享有盛誉，第二个任期可能会使自己失去声望。但他的决定让安格拉·默克尔陷入窘境：因为需要在下一次联邦选举的 6 个月前确定总统人选，因此任何约定都会被看成未来联盟意图的信号。此前由于梅克伦堡－前波美拉尼亚和柏林的选举，联邦大会的成员可能会在暑期后发生变化，这成了各方暂时推迟确定总统人选的好借口。

　　但现在问题不能再拖了。早在 2016 年 10 月 1 日，社民党秘书长卡塔琳娜·巴利就推荐广受欢迎的外交部部长弗兰克－瓦尔特·施泰因迈尔作为社民党候选人，三周后该党主席西格玛尔·加布里埃尔最终决定：施泰因迈尔担任社民党候选人。起初，他因为孤注一掷受到了很多党内批评，但后来证明，他的冒进让默克尔承受了很大的压力。默克尔这次犹豫了太久。在选总统的问题上遭遇三连败后，她不想再冒任何风险，而想寻求一个全面的解决方案。默克尔拒绝将一名纯粹的基民盟候选人送入一个结果不确定的比赛。许多基民盟党人推荐联邦议院议长诺伯特·拉默特，她并没有迫于压力接受这个提名。10 月中旬，拉默特退出这场比赛，从而恶化了默克尔的谈判地位，因为她现在失去了战术上的退路。

　　与公众想象的相反，对于总理来说，拉默特从来都不是一个严肃选项。她不想让这个自恋的波鸿人、她的老对手进入贝尔维尤宫对她指手画脚。鉴于基民盟／基社盟和绿党在联邦大会中拥有多数席位，她在考虑黑－绿解决方案以及未来的联盟可能性。然而，这正是泽霍夫不希望的，因为巴伐利亚州的绿党对基社盟的地位造成威胁。默克尔让 68 岁的巴登 – 符腾堡州州长温弗里德·克雷奇曼担任总统的想法由于泽霍夫的否决而失败：他不想选举一位活跃的绿党政治家。

默克尔也寄希望于同样 68 岁的玛丽安·伯特勒。她也是绿党的成员，但自 2000 年至 2011 年担任负责斯塔西档案的官员以来，她一直有一种超党派的气质，这也得益于她作为东德民权活动家的经历。根据她的履历，她似乎是约阿希姆·高克的理想继任者，两人都曾负责过斯塔西档案的工作——这与默克尔几乎没有创造性的倾向相对应，即直接重复已被证明过的做法，尽管她原先也不愿意选高克当总统。更重要的是，在联邦共和国成立 68 年后，第一次选一位女性担任联邦总统，似乎很有吸引力。但候选人本人不愿意。伯特勒表示，要考虑一下；然后告诉总理，她觉得自己无法胜任。绿党也没有采取任何行动来说服她接受候选人资格：伯特勒几乎没有政治经验，在某些问题上持非常保守的立场。与克雷奇曼不同的是，绿党领导人认为伯特勒担任总统是一个风险，而不是机会。

默克尔现在别无选择，只能接受社民党的提议，并同意施泰因迈尔担任总统。11 月 13 日，星期天晚上，默克尔在总理府与加布里埃尔和泽霍夫进行一轮谈判。后者认为施泰因迈尔的威胁性较小，对于默克尔的一再失败，他并没有感到不悦，5 年前选约阿希姆·高克时也是如此。默克尔周一向基民盟委员会通报了情况。财政部部长朔伊布勒直言不讳，称这是联盟党的"失败"。一年后，默克尔的地位在联邦议院选举中岌岌可危，施泰因迈尔扮演了重要角色：这一次，国家元首在组建政府过程中发挥了德意志联邦共和国历史上从未有过的积极作用。

特　朗　普

2016 年 11 月 8 日至 9 日晚上，安格拉·默克尔和许多其他德国人一样，关注着远方的动向。一个州又一个州的多数派倒向了唐纳德·特朗普，这位民粹主义共和党候选人在初选中出人意料地获胜了。她看到，民意调查人员仍然认为，在数完所有选票后最终希拉里·克林顿会获胜。早晨，事情有了定论：美国公民欢庆唐纳德·特朗普成为他们的第 45 任总统。历史学家克里斯托弗·克拉克曾将他与德国皇帝威廉二世作比较，两人都性格不羁，并且缺乏政治经验。尽管特朗普比希拉里·克林顿落后 300 万选票，但他以 77 张选举人票的优势领先。

11 月 9 日，当默克尔走到电视摄像机前时，她冷静而清晰地表达了这次选举的重大意义，并为未来的合作奠定了前提：德国和美国的价值观是联系在一起的：民主、自由、尊重法律和人的尊严，不分出身、肤色、宗教、性别、性取向或政治态度。*基于这些价值观，我愿意和未来的美利坚合众国总统唐纳德·特朗普保持密切合作。*

特朗普的当选改变了跨大西洋关系的基础，并意味着与自联邦共和国成立以来影响其外交政策的许多方面的决裂。与美国保持密切联系一直是德国国家利益的一部分，即使在冷战结束时也是如此。总理本人也必须重新调整她的外交政策坐标系。美国曾经是她向往的地方，一直是她的锚点，对她的意义比对亲欧派政治家科尔更深刻。2003 年，红－绿联邦政府在第二次伊拉克战争中背离了传统盟友，她曾对此猛烈抨击。

她的语气听上去很专横，也可以理解为告诫这位新当选的美国总统。白宫工作人员偶尔抱怨，当特朗普暴露出对乌克兰冲突的知识空白时，默克尔表现得过于傲慢。许多人一开始以为，法国总统埃马纽埃尔·马克龙在次年上任后会更加巧妙：他用明显友好的姿态拉拢特朗普。然而，他并没有通过这种方法获得任何实质性的让步。

两个月后，在特朗普就职典礼的当天，默克尔特意提出对立点，用她自己的方式评论就职典礼。她按计划前往波茨坦，为旧市场上的巴贝里尼博物馆揭幕，她在演讲中提到了华盛顿：巴贝里尼博物馆代表着生命价值、责任、慷慨、世界主义等等。这也暗示着，在她看来，唐纳德·特朗普违背了这些崇高目标。

默克尔的严厉语气不仅瞄准德国选民的情绪，也基于她对形势的分析。因为特朗普是一个坚持自己观点的人，无法通过友好的劝说作出改变。她研究过商人时期的特朗普在1990年接受《花花公子》杂志的采访。他指责欧洲人，特别是德国人：他们只是在利用美国，以不公平的价格卖给美国人汽车，作为回报，他们躲在美国的保护伞下。

默克尔并没有沉溺于幻想，即可以用某种方法来使新总统放弃这种世界观。2017年春天，当她第一次飞往华盛顿会见特朗普时，她仍然尝试过。她带来了德国企业高管和他们的美国学员，希望能够影响总统的女儿伊万卡·特朗普，后者也致力于女权事业。一年后，在第二次访问中，默克尔放弃了零敲碎打，只进行了一场鞭辟入里的对话。

不仅是特朗普本人，这次选举结果的分析也撼动了默克尔的世界观。与英国脱欧投票类似，美国的选举结果也表明，全球化过程中的真实失败者或自我感觉失败的人发出了声音。与后社会主义社会的动荡平行的是，在旧西方也出现了一种怀旧，怀念所谓的更美好的过去；或者说是一种焦虑的愿望——至少捍卫已取得的成就。在社会问题上，新右翼民粹主义与传统左派之间的界限变得模糊。

面对华盛顿即将到来的权力更迭，美国人对默克尔寄予的厚望甚至比德国人还多。"唐纳德·特朗普的当选将使安格拉·默克尔成为自由西方的最后捍卫者，"《纽约时报》写道。"德国和平的曙光：不管喜欢与否，安格拉·默克尔现在都是大西洋联盟规则、价值观和机制的守护者，"《外交政策》杂志评论。"自由世界的领袖？难以置信！"德国《时代报》感叹道，这恰如其分地反映了总理的情绪状况。

2016年16日至18日，总统巴拉克·奥巴马对柏林进行了告别访问，人们对默克尔的狂热达到了高潮。这次会议被视为一种权力转移，西方的领导角色从魅力四射的美国男总统转移到这位脚踏实地的女总理身上。这不是自然而然达成的默契：当初两人都无法理解对方。奥巴马在以太平洋为主导的第一个任期内，避开了德国首都；在第二个任期结束时，他才把柏林作为告别的中心地点。

奥巴马称赞了德国总理，作为一位外国国家元首，这是很罕见的。他谈到"我的好朋友和盟友"，回顾过去几年，他补充说："我认为在世界舞台上没有其他更坚定、更可靠的合作伙伴了。"这不仅是对总理的赞美，也是对德国的赞美："如果你想要一个典范，看看什么是可能的，如果你想要创造一个和平、活力四射的社会，那么看看柏林，看看德国，看看默克尔总理。"他几乎毫无掩饰地宣布支持默克尔竞选的第四个任期。"如果我在这里，如果我是德国人，我就会投她的票，"他说。奥巴马在被提问时说得更清楚："如果她决定再次参选，她实际上需要承担很大的责任。我希望我能帮助她，减轻她的负担。但她是位坚强的女性。她很顽强。我知道接过这份责任意味着什么。她有坚韧不拔的品格。"

默克尔反应冷静——因为这是她的风格，也是出于考量。当然，我们合作过，说再见不是件容易的事，她向奥巴马说道。但我们都是政治家，民主取决于更替。当人们问她，作为"自由世界的领袖"有什么感受时，她回避了这个问题：幸运的是，仍然有很多人致力于同一个目标。

理智告诉她，职务和这个国家使她不堪重负，她一开始也倾向于不再竞选：面对恭维，在内心深处，她可能已经习惯了自己无可替代这个想法。这对政治家来说尤其危险，她的脚踏实地一直是她最大的优势之一。默克尔曾经用赫尔穆特·科尔的后期行为警醒自己：他认为除了自己之外，其他人都不能胜任总理这个职务。

默克尔认真地考虑退出竞选，超出公众的想象。但她拖延了太久，也准备不足。关于是否再次参加竞选这个问题，她想了无数遍，后来她自己说道。据报道，这年秋天，她甚至在一个很小的会议中提到退出：她脑海中一直浮现希望自由退出的想法，而不是像前任总理那样退场。她的丈夫约阿希姆·绍尔也回答过，如果她自愿放弃自己的职位，应当不是出于虚荣心，逃避责任不是她的风格。

许多评论员认为，总理肯定会再次参选，才能向所有人证明她的难民政策是成功的，而不是向"默克尔必须离开"的呼声屈服。事实上，她把自己在这个问题上被曲解的经历当作一个退出的理由。历史才有资格评价她的难民政策，而不是她自己。

她知道，如果她再次参加竞选，会出现什么结果。她还知道，如果她在选举中获胜，她可能会在总理府再工作四年，因为

《基本法》不允许中途自愿交接。这也符合她对民主的基本理解，即坚持到底、履行任务。

自 2013 年第二次成功连任以来，默克尔已经实现了一位政治家在职业生涯中梦寐以求的一切。她 36 岁时就进入德国政坛，所向披靡，先是成为基民盟主席，然后又入主总理府，团结各联盟伙伴共同治理国家，先后度过了金融危机和欧债危机：这样的一位女性不会被当作失败者。当默克尔意识到自己不是非得参加下一次竞选时，她变得信心十足，面对从泽霍夫到特朗普的批评者时不再让步。无论如何，人们在 2016 年的秋天可以看到，她在前去参加议会会议的途中爬上国会大厦的楼梯时，比以往任何时候都更高兴、更轻松、更快活。公众几乎可以相信，她那个时候已经决定不参选了。

但是她无法放弃参选，至少不是很容易。甚至在默克尔宣布她的决定之前，《南德意志报》就分析说："她还得再去一次。"无论奥巴马的赞扬和美国媒体的评论是否夸大其词：可以肯定的是，默克尔目前是一个拥有自由民主信仰的主要西方国家中唯一无可争议的领导人。英国人正在为脱欧投票的后果而苦苦挣扎；法国人不得不在 6 个月后通过一场结果不确定的总统选举；意大利总理的命运取决于即将举行的公投的结果。即使是体量较小的国家，情况也没有好到哪里去。波兰政府在法治方面受到质疑；西班牙首相是刚刚被选出的少数派政府的领导人，执政困难重重；荷兰即将举行议会选举，右翼民粹主义者可能崛起。12月初，奥地利总统选举将进行重新投票，奥地利自由党候选人似乎有可能胜出。

在这种局面下，一旦默克尔退出，就像是最后一位拥有可靠导航系统的领航员离开了西方民主这艘即将沉没之船。2016 年

11月16日，美国总统在阿德隆酒店的三个小时的晚宴上，也本着这种精神劝说她。奥巴马过去从未与默克尔进行过如此漫长的谈话。联邦新闻办公室随后发布了一张照片：两人独自面对面坐在圆桌旁，没有多余的椅子，总理坐姿笔直且专注，总统则毫无拘束地看着她。灯光打在默克尔身上，让这位仍有所作为的女性熠熠生辉；而即将离任的奥巴马则坐在半阴影中。在默克尔的旁边有一个文件夹，没人知道它究竟是菜单、工作文件还是作为世界领袖的任命书。

自由世界总理

当被问及她是否再次参选时，默克尔认为，全球政治因素比国内的难民之争更重要。她不能再等了。基民盟委员会于11月20日召开会议，为即将召开的党代会做准备。最迟到了这个时候，默克尔不得不宣布她是否愿意再次担任党主席，这个职位实际上与总理候选人资格挂钩。

鉴于已经连任三次，默克尔公开宣布再次参选时显得非常平淡。我留下来，是因为周围熟悉的世界正在消亡：她试图通过末日预言来提醒大家避免走向灭亡的命运。她谈到了一些她自己都不相信的事务，由于她不善伪装，众人也看出来了。当被问及在未来四年的任期内，她打算实现什么目标时，她提出了一些与数字化相关的工作。这个主题无疑非常重要，对默克尔也是如此，但这肯定不是她再次参选的决定性因素。

记者的询问揭示了这一决定的风险。默克尔用她以前的自白作为回答，即她不想作为半死不活的残骸离开政坛。一位记者问道，总理是否会在四年后按同样的逻辑进入第五个任期。这位记者曾用同样的问题导致巴伐利亚州州长埃德蒙·斯托伊贝尔垮台，斯托伊贝尔愚蠢地宣布，他还要再留任六年。默克尔没有犯错，但她温和的回应表明，她自己也并非没有疑虑。

2016年11月20日，随着默克尔宣布决定，她进入了迄今为止最艰难的竞选。"默克尔必须离开"一派的喧闹者一直伴随着她的出场。随后是联邦共和国历史上最困难的政府组建，因为除了绿党之外，没有一个政党希望与基民盟主席结盟。一年多后，在探索性谈判和联盟谈判的混乱中，《时代报》这样评价："对默克尔来说最痛苦的是，她目睹了这一切的到来，这也是她犹豫了那么久才决定再次竞选的原因，现在出现了她不想看见的局面。"

宣布再次参选并没有带来任何轻松。西方民主国家的危机仍在继续。默克尔寄予厚望的意大利总理马泰奥·伦齐在12月的第一个周末辞职。他鲁莽地将他的留任与关于削减参议院规模的公投联系在一起，后者无法在短期内为这个经济萧条的国家带来任何实际利益，由于牵扯到众多政治利益，引起了强烈反对。伦齐的党友保罗·真蒂洛尼领导了几乎没有行动能力的过渡政府，真蒂洛尼与默克尔的务实风格相似；一年半之后，左翼和右翼民粹主义者在意大利共同掌权。欧元区第三大国家的失败并没有被绿党的亚历山大·范德贝伦在奥地利总统选举中的微弱胜利抵消，一年后政府更迭：此后，保守派的塞巴斯蒂安·库尔茨与右翼民粹主义政党奥地利自由党结盟。对于基民盟和基社盟中默克尔的批评者来说，库尔茨是他们心中的典范。

与前一年难民争论的高峰期不同，2016年12月5日至7日在埃森举行的基民盟党代会并没有使总理感到轻松。默克尔获得了89.5%的支持率，被再次选为主席，这是她获得的第二糟糕的成绩，也是自担任总理以来最差的结果。更糟的是，雄心勃勃的财务国务秘书延斯·施潘身边围绕的党内批评者，支持青年联盟要求废除双重国籍的提议：父母是外国公民且在德国出生的孩子，必须在成年后选择一个国籍，这和 2014 年之前的情况一样。默克尔本人没有在党代会上提出反对意见；她把这项任务留给了内政部部长德梅齐埃。随后，默克尔在摄像机前表示：她认为这一提议是错误的，在选举之前不会有任何改变，基民盟不会在竞选中对该主题大做文章。这标志着她与党内多数派尽量保持距离。

此时，她还有底气这样做；在这一年的各种麻烦过后，她在普通民众中的受欢迎程度再次上升。在《明镜周刊》的政治家排名中，默克尔上升了 7 个百分点，这是很长一段时间以来，她第一次超过了财政部部长朔伊布勒。现在，她无可争议地排在第二位，仅次于候任总统施泰因迈尔。年初，联盟党的民调支持率达到 37% 左右的临时高点，而社民党则下滑至 20%。

2016 年 12 月 19 日晚上，默克尔完成圣诞节前的最后一项工作时，她对选举年还算乐观：社民党人、总理府负责融合工作的国务部长艾丹·厄茨奥乌茨向那些为移民融入作出贡献的人颁发奖章。默克尔借此机会再次呼吁公众更加开放：融合不是单行道，新来者也须抱有开放心态和好奇心。随后，她与获奖者合影留念。

当默克尔在八点一刻开始讲话时，她知道出事了。简短的致辞后，副政府发言人把总理拉到一旁：在柏林威廉皇帝纪念教堂的圣诞市场上，一辆卡车冲进了人群，现在似乎已经确定，司机是蓄意袭击。继 5 个月前尼斯的恐怖事件之后，这是首次在德国领土上发生的恐怖袭击，最终导致 12 人遇难，55 人受伤。

袭击重新激起了公众对默克尔难民政策的讨论。这一年由科隆的除夕之夜揭开帷幕，现在似乎又以同样的方式结束了。由于案件正在调查过程中，默克尔用虚拟语气发表了评论，防止袭击者真的是难民身份：对于每天参与难民援助的许多德国人来说，这可能是件特别令人反感的事。令人反感：总理使用了年初用过的词语，以便尽可能地和事件保持距离。也许这次距离太大了：一年后，受害者的亲属们用一封公开信引起了人们的注意，默克尔才在总理府接见了他们。

这一次，对手们的极端行为帮助了她。"他们是默克尔的死难者"，北莱茵－威斯特法伦州的德国选择党负责人、德国选择党联邦主席弗劳克·佩特里的伴侣马库斯·普雷泽尔在推特上写道。荷兰右翼民粹主义者吉尔特·维尔德斯传播了一张照片，上面显示默克尔张着嘴，双手沾满鲜血。它起到了作用。原本对迎接难民持怀疑态度的人，现在也跳到了总理的一边：现在有人说，任何将难民视为危害的人都在强化圣战逻辑。

与科隆的跨年夜相比，布赖特沙伊德广场的袭击并没有在社会争论中产生持久的影响，因为各个阵营都认为自己的观点得到了证实。在科隆事件中，人们认为德国的日常文化生活已发生了变化，而这次却没有带来这种印象。问题不在于默克尔的难民政策，而在于调查机构的失职。袭击者是自2011年以来居住在欧洲的突尼斯人——由于联邦权限混乱，关于袭击者的重要信息再次不见踪影。几天后，意大利警方在米兰附近击毙了嫌疑人。

西方的终结？

2016年的事件，特别是唐纳德·特朗普当选美国总统，从根本上改变了默克尔对世界的看法。这并不意味着总理低估了德国、欧洲和西方一段时间以来面临的挑战。但她一直相信，只要有信心和改变的意愿，就能战胜挑战。她曾两次冒着相当大的个人风险，此后便从未有过：在 2003 年至 2005 年，她倡导雄心勃勃的经济和社会改革议程；在 2015 年的难民年，她为一个向世界开放的德国而奋斗。

即便如此，人们还是怀疑旧西方，尤其是富裕的旧欧洲，是否能够应对新兴社会带来的挑战——或者，它是否会像曾经的苏联制度那样，因自身僵化而走向灭亡。但这似乎是一个长期的过程，此外，像中国这样的国家，随着财富的增加，也会萌发对自由和话语权的渴望。德国公民的惰性在很大程度上促成了默克尔的选举成功，但这并不一定意味着自由民主的终结。随着唐纳德·特朗普的当选，剩余的乐观情绪逐渐消散。

这也适用于这个问题：国际社会从 20 世纪的灾难中到底汲取了什么教训？关于国家社会主义的历史对联邦共和国意味着什么，总理不需要任何指导。然而，现在她自己将魏玛共和国的后期与当前的政治环境相提并论，这是未曾有过的。一切都取决于民主党派在右翼极端主义抬头的背景下采取行动的共同能力：基民盟总理比包括媒体在内的一些左翼自由派更清楚地看到这一点，后者长期过于轻率地针对法西斯主义发出警告，现在当形势变得严峻时，他们因自己的危言耸听变得迟钝。

为了说明这场灾难迫在眉睫，安格拉·默克尔深入回顾了历史。柏林政治学家赫弗里德·明克勒对 30 年战争的近千页研究于 2017 年 11 月出版，即唐纳德·特朗普当选整整一年之后，默克尔阅读这本历史书籍后受到启发。几个月后，总理在基民盟 / 基社盟议会党团的一次会议上向更广大的听众提起：随着 1555 年达成《奥格斯堡宗教和约》，有人认为中欧血腥的教派争端已经结束。默克尔在党团面前讲到：随后，达成宗教和平之前经历过所有苦难的那一代人逝去，新一代人说，我们不想作出这么多妥协。不久，在天主教徒代表大会上，默克尔解释得更清楚：新的参与者可能这么想：我可以在这方面提出更多的要求，还可以在那方面采取更强硬的态度。然后"砰"的一声——所有秩序都不复存在，30 年战争由此爆发。2018 年 7 月 13 日，联邦政府勉强组阁成功，默克尔在总理府接见了明克勒，就这个主题谈论了两个小时。

默克尔指出的相似之处显而易见：《奥格斯堡宗教和约》与布拉格"第二次掷出窗外事件"之间相隔 63 年，后者引发了 30 年战争的灾难；第二次世界大战结束再到唐纳德·特朗普当选，71 年已经过去了。在西方国家，将政治坐标系定位在"永不重演"的那一代政治家已经退出了舞台。人们可能会争论戴高乐（法国第十八任总统）的强硬风格和朱利奥·安德烈奥蒂（曾七次任意大利总理）的不择手段；毫无疑问，他们这代人的钢铁意志使得国家主义狂热无法再次抬头。

但是现在，从残酷战争教训中产生的多边主义机制——联合国、北约、欧盟——正在失去凝聚力，因为第二次世界大战的见证人已经所剩无几。默克尔从未像康拉德·阿登纳或赫尔穆特·科尔那样与欧洲统一有着情感纽带，但至少在维持现状方面，她成了这个项目的捍卫者。她可能是最后一位经历过强硬统治的西方政治家；年长的波兰多数党领袖雅罗斯瓦夫·卡钦斯基或年轻的匈牙利总理欧尔班·维克托从这段历史中得出了完全不同的结论，那则是另外一回事。

2016 年 11 月，这种悲观的世界观使得默克尔决定竞选第四个任期。从党派政策来看，这一决定不算有利；就默克尔在国内外的个人声誉而言，她从这种悲观的预期中获益匪浅。此后，她得到了无数的奖项和荣誉，并毫不犹豫地接受了其中的大部分。在她看来，亮点可能是 2019 年 5 月底在哈佛大学的演讲，这是在唐纳德·特朗普的国家获得的个人胜利。在民意调查中，大多数德国人也一直表示，希望默克尔留任至 2021 年秋季，这是总理允许自己停留的最长"剩余任期"。

与金融危机或欧债危机不同的是，广大民众已经意识到，他们熟悉的世界正面临着挑战，并把默克尔看作是自由民主原则的最后担保人之一。因此，不再是德国人惊人的平静，而是他们日益增长的焦虑为默克尔提供了条件。她原本去意已决，此时又走上了竞选总理的道路。

舒 尔 茨

按照惯例，未来的联邦总统必须向联邦议院的党团进行自我介绍。2017 年 1 月 24 日下午，轮到基民盟 / 基社盟议员时比平时更早，因为共识候选人施泰因迈尔随后还要去见绿党议员。总理像往常一样坐在前面。这位深思熟虑的社民党人当选总统已成定局，对他的提问并没有让议员们放下各自的手机。下午 2 点 34 分，"Meedia"媒体公司发布了一条令人惊讶的消息，引起了一定程度的骚动。这家公司并不以发布政治新闻而闻名。

该媒体网站刊登了新一期《明星》杂志，比平常提前一天。议员们看到，杂志封面上印着社民党主席西格玛尔·加布里埃尔的面孔。大标题是"退出"，下面几行小字："社民党主席西格玛尔·加布里埃尔谈及放弃竞选总理、他的继任者、他对默克尔的指控以及他的个人新幸福"。继任者的名字是马丁·舒尔茨，他最近担任欧洲议会主席，现在是社民党的候任主席和总理候选人。

对默克尔来说，这些信息也很新鲜；加布里埃尔在发布之前才告知她，对他在社民党高层的副手也是如此。正在开会的社民党议员和基民盟的联盟伙伴都感到惊讶。在议会党团会议上，总理没有发表任何声明。参会者描述她的反应："从容而饶有兴趣。"这符合她的基本政治姿态：不必为自己无法改变的事情心力交瘁。

三天前在莱茵兰－法尔茨州蒙塔鲍尔的一次会议上，加布里埃尔才将他的决定告知马丁·舒尔茨。第二天，他接受了《明星》杂志主编的采访，他们是朋友。在过去的一年里，人们对马丁·舒尔茨可能成为总理候选人有很多猜测。从年初开始，加布里埃尔给人的印象一直是，这一次他要亲自参加竞选。他想让权力交接看上去是出于自由意志，而不是迫于压力。在《明星》杂志的采访中，伴随着长篇肖像式对话，加布里埃尔争取掌握解释权。

在此之前，加布里埃尔曾委托进行了民意调查，结果再次证明他的人气很低。施泰因迈尔搬入贝尔维尤宫，现在空出了接管外交部的机会，这有望提高受欢迎程度。默克尔很难估计此举对她竞选的影响。舒尔茨在布鲁塞尔期间，默克尔与他合作得很好。尽管舒尔茨批评了她的紧缩政策，但他始终支持一揽子援助计划。在2014年欧洲大选联盟层面的最高候选人之争中，他与卢森堡前首相让－克洛德·容克一起击败了德国总理。

许多媒体最初对舒尔茨能否成功含糊其词：选出这位总理候选人的过程过于匆忙，他现在必须在没有任何准备的情况下进入竞选，他还没有得到联邦议院的授权或发言权。无论如何，人们认为舒尔茨当社民党的候选人比人气较低的加布里埃尔更有优势。急躁的舒尔茨会寻求正面出击，挫败默克尔的麻痹战术。

社民党宣布总理候选人后，基民盟和基社盟认为，他们在竞选期间搁置两党在难民政策上的冲突是明智的。2017 年 2 月 6 日，在慕尼黑举行的会议上，基民盟、基社盟宣布默克尔为共同总理候选人。默克尔和泽霍夫坐在电视摄像机前，面色苍白，筋疲力尽，但毫不掩饰彼此间的反感。基社盟主席承认默克尔被提名联合候选人时颇受煎熬："作为基社盟主席，我通知您，在我党理事会的同意下，并且今天也在我党主席团的同意下，我向德意志联邦共和国总理安格拉·默克尔宣布，基社盟支持她作为总理候选人参加即将举行的联邦议院选举，两党主席团都明确且持久地支持她的总理候选人资格。"泽霍夫终于说完这个句子，中间"呃"了 14 次。

这一天，许多政界人士和记者首次认为，默克尔也有可能在大选中落败。社民党总理候选人公布后的两周里，发生了惊人的事情。支持者和媒体为舒尔茨在 1 月 29 日的首次演讲欢呼雀跃，紧接着，一张带有马丁·舒尔茨风格化头像的海报流传开来，让人想起奥巴马的竞选，只是把"希望"（Hope）一词替换为"MEGA"：让欧洲再次伟大（Make Europe Great Again），这是对唐纳德·特朗普口号的回应：让美国再次伟大（Make America Great Again）。甚至社民党的官方口号"公平时刻"也引起了共鸣。"有了马丁·舒尔茨，安格拉·默克尔终于又有了对手"，《明星》杂志欣喜若狂地写道；《明镜周刊》谈到了"默克尔的黄昏"，并起标题为《她会下台吗?》；《德国日报》宣布："有可能，甚至很有可能，马丁·舒尔茨将成为下一任联邦总理"，文章中提到了政治周期的起起落落。在民意调查中，社民党在 2 月底达到了32% 左右的峰值，而联盟党则下降到了 31%。

对舒尔茨的大肆宣传揭示了很多与默克尔和德国人相关的心

态。在初始阶段，相互对立的情绪都流向了舒尔茨。一方面，坚定的亲欧派和许多受过高等教育的年轻人有厌倦情绪，认为欧洲在欧元拯救者默克尔的领导下畏手畏脚，并将舒尔茨视为欧洲大陆统一的先锋；另一方面，默克尔难民政策的反对者们希望舒尔茨推翻默克尔，这是他们期待已久的机会。

舒尔茨在这个阶段传播了一个模糊的公平概念，避免立场悬浮不定，因此他没有吓跑任何目标群体。他赢得了绿党和德国选择党选民的好感，这两个政党在自由主义和世界主义方面立场相反。两个政党在民意调查中的支持率都有所降低，绿党担心自己能否进入联邦议院，而老牌政党则希望德国选择党能被5%的门槛挡在外面。小党派支持率的下降与人们的预期有关，即在这次联邦选举中，默克尔和她的挑战者之间会出现一场势均力敌的竞赛。此外，人们明确希望革新。默克尔与泽霍夫的沉闷出场强化了这样一种印象：现任总理在12年的任期中已经取得了所有功绩。基民盟党人日益紧张，有许多人敦促默克尔接受挑战，早早启动对抗行动。

《南德意志报》写道："总理在竞选中很难定位"，"基民盟中的一些人担心可能为时已晚。"默克尔本人依然坚持她以前的计划，毫不动摇。舒尔茨越是脱离格哈德·施罗德的"议程"政策，她就越赞扬他的改革。她还继续进行外交活动。2月，她与英俊的加拿大总理贾斯汀·特鲁多在柏林宪兵广场的丽晶酒店的餐厅合影；3月，她在总理府接待了法国总统候选人埃马纽埃尔·马克龙；一天后，她飞往华盛顿，第一次与唐纳德·特朗普面对面交谈。所有这些都足以传达一个信息：默克尔将自己定位为自由西方的前锋。

经过数周的内政防御策略，总理的理念似乎终于在3月底奏效了。对舒尔茨的炒作戛然而止。在萨尔州的选举中，基民盟获得了40.7%的支持率，而社民党只有29.6%。德国选择党的表现非常糟糕，仅勉强进入了州议会。安妮格雷特·克兰普－卡伦鲍尔继续担任州长，总理非常欣赏她务实的政治风格。

6周后，总理在内政上的成功延续下去了。意外的是，5月初，43岁的基民盟州协会负责人丹尼尔·君特在石勒苏益格－荷尔斯泰因州的选举中获胜。他属于基民盟中较年轻的一代，其职业规划针对默克尔之后的时期。但他与总理的思想一致，是务实的日常政治和社会政治自由思想的倡导者。此外，他为联邦选举后开启了一个新的联盟选项：他与当地的绿党和自民党领导人罗伯特·哈贝克和沃尔夫冈·库比奇结成了政府联盟。这个联盟被称为"牙买加"，因为这个加勒比国家的国旗颜色是黑黄绿三色组合。

又一周后，即5月中旬，基民盟出人意料地在北莱茵－威斯特法伦州取得了胜利。与上次选举相比，它的支持率上升了7%，达到了33%，而社民党则下降了8%，跌至31%。近期一直不走运的阿明·拉舍特成为州长，并有可能获得总理候选人资格。在内容上，他代表默克尔一派。1994年至1998年，他在联邦议院的短暂期间是波恩"比萨联盟"的成员，和基民盟以及绿党的同事们会面。由于他对移民和融合政策持自由主义观点，以及他是全国范围内第一位州级融合部长，党内批评者嘲笑他是"土耳其人阿明"。对于默克尔的党内反对者来说，拉舍特的胜利是一个重大打击。"如果你输了，我当然会试着推翻你，"施潘对获利的对手说道。

默克尔对北莱茵－威斯特法伦州选举结果发出的联盟政治信号表示担忧。由于批评默克尔政策的自民党主席克里斯蒂安·林德纳在这个州也获得了好成绩，除了令双方都忧心忡忡的黑－黄联盟外，几乎没有其他选择。2009 年至 2013 年的合作瓦解过后，这个组合已经声名狼藉，再次合作可能会让选民望而却步。该联盟不仅在难民政策方面，还可能在策略上束缚住总理。正如林德纳抽象地向欧洲承认的那样：具体来说，他反对所有深化货币联盟的提议。而在联邦选举的前几周，人们刚要制定一个更加雄心勃勃的欧洲政策，现在情况变得似乎非常棘手。

马 克 龙

早在 3 月，荷兰议会第二议院的选举就让许多欧洲人松了一口气。右翼民粹主义者基尔特·威尔德斯的"自由党"排在第二位，但以 13％的支持率远不足以获胜。尽管损失惨重，总理马克·吕特领导的右翼自由主义派仍保持了第一名的地位。这里的党派体系变得支离破碎，受打击最严重的是社会民主党，他们的支持率跌至略低于 6％。以前规模较小的政党受益，尤其是绿党及其年轻的最高候选人杰西·克拉弗；在阿姆斯特丹，他们成为了最强大的力量。两个自由党和两个基督教民主党花了整整 7 个月的时间才组成一个政府，并且在联盟协议中加入了阻止"扩大欧洲"的措施。

2017 年 4 月 23 日和 5 月 7 日的法国总统选举更为重要。在这里，经典的党派体系也被侵蚀了。在奥朗德不走运的任期之后，社会党人被远远甩在后面，而保守党候选人则因涉及挪用公共资金雇用家庭成员的丑闻而被边缘化。在第一轮投票中，右翼民粹主义候选人玛丽娜·勒庞和对欧洲持批评态度的左翼民粹主义候选人让－吕克·梅朗雄共获得超过 40％的选票。因此第二轮投票需要从勒庞和 39 岁的埃马纽埃尔·马克龙中作出决定，马克龙曾在奥朗德时期担任经济部长，并在一年前发起了"前进！"运动。默克尔知道，如果勒庞获胜，对欧洲来说就意味着政治灾难。5月7日，马克龙以三分之二多数票当选总统，投票给他的法国人也是这种看法。

就政治理念而言，默克尔和马克龙可能有些接近，即支持社会政策现代性与适度的经济自由化相结合：总理也赞成这个竞选计划。但在行事风格上，两位政治家有着根本的不同。马克龙激情洋溢，喜欢声势宏大场面，这对默克尔来说是陌生的。在选举之夜，《欧洲之歌》伴乐响起，马克龙英雄般孤独地大步穿过卢浮宫的庭院：这种景象不会出现在默克尔的脑海中，它也不适合联邦共和国的政治文化。

马克龙的竞选活动激起了年轻人的热情，这让人想起巴拉克·奥巴马在2008年的情景。在这两种情况下，默克尔都以怀疑的态度看待人们溢起的希望。在奥巴马的第一个任期内，默克尔认为他只是夸夸其谈，他的远大愿景不可避免地被现实粉碎。直到奥巴马的第二个任期，两人的关系才更加密切；面对全球政治危机，风格差异不再重要。默克尔也无法对马克龙的政治风格作出判断。他寄托着一个可持续的法国和一个稳定的欧洲的希望。当时人们认为，能够巩固欧洲机制的明确时间窗口已经出现：在2017年秋季的联邦议院选举和2019年春季的欧洲议会选举之间。如果德国能够迅速组建政府，事情可能会从11月开始。

机会所剩无几：联邦大选6个月后，2018年春季组成的德国新政府无精打采，机会窗口几乎再次关闭。由于大联合在新的联邦议院中仅占微弱多数，默克尔不得不考虑自己派系中反对者的意见；此时尚不清楚她在多大程度上赞同马克龙的想法。与此同时，与自民党的探索性会谈使前景更加黯淡。在联邦大选前不久，法国《世界报》刊登了总统说的关于默克尔的一句话："如果她与自由派结盟，我就死定了。"

默克尔对法国的示好反应谨慎，不仅出于国内政治考虑和个人怀疑，也关系到与其他欧洲人的凝聚力。特别是在欧洲北部，马克龙关于建立更紧密的货币联盟的想法遭到强烈抵制，荷兰的新政府并不是唯一一个反对扩大欧盟权力的政府。自称"新汉萨同盟"的 8 位财长于 2018 年春季向布鲁塞尔写了一封内容类似的信。此外，波兰、匈牙利和捷克政府对法国的计划持怀疑态度还有另一个原因：他们担心欧洲会永久分裂，而马克龙则加重了他们的怀疑——无论是拒绝来自东部成员国的劳务人员，还是他反对欧盟在巴尔干地区的扩大。

在国际舞台上，新总统抢走了德国总理的风头。这位法国人一直赞扬默克尔的难民政策，他的胜利乍一看似乎是这位总理的胜利。但他改变了重心。马克龙宣布进行国内改革和他对欧洲的承诺产生了预期的效果：法国作为一个有影响力的角色重返国际舞台，并受到世界政治局势的青睐。英国离开后，法国是欧盟成员国中唯一的核大国，也是联合国安理会欧盟成员国中唯一的常任理事国。在典型的强权政治危机时期，这给了法国额外的权重。

德国对欧洲的半霸权阶段似乎暂时结束了。在默克尔看来，这可能也有好处：自欧债危机以来，德国非自愿地获得了压倒性的影响力，从而唤醒了过去的幽灵。与年轻的法国总统相比，这位执政 12 年、已 62 岁的总理显得很苍老。年长的观察者回忆起年轻的托尼·布莱尔，他在 1997 年当选英国首相时，对科尔的落选也产生了影响。

转　折

默克尔和马克龙在对待美国总统的策略上存在显著差异。法国总统给人的印象是注重个人魅力并保持实质内容上的强硬，德国总理则是与美国总统保持距离，并准备进行具体谈判——例如在关税方面。目前，各个国家普遍对美国的新政策感到恐惧，虽然唐纳德·特朗普对德国的攻击远远超过针对其他西方国家；他哀叹外国列强剥削美国，并把德国看作主要对手。早在1月，《图片报》就刊登了对刚宣誓就职的特朗普的采访，他在采访中再次批评了德国总理和她的难民政策。新鲜的是，他直截了当地称北约"过时"。

几天后，默克尔与特朗普通电话，商讨防务联盟事宜：两人随后宣布，他们"就北约联盟对跨大西洋关系的重要意义以及它在维护和平与稳定方面发挥的重要作用达成一致"。在电话中，默克尔还批评了特朗普的入境禁令，这是对一些以穆斯林为主的国家的公民实施的第一项政治措施。在那些日子里，她再次与波兰多数党领袖雅罗斯瓦夫·卡钦斯基秘密会面，这次是在华沙。波兰人希望接近欧洲人，因为波兰不再信任特朗普领导下的跨大西洋保护伞。

在法国大选后的初夏几周里，默克尔的担忧得到了证实，特朗普很可能会执行他的声明，这与许多人的看法不同。5月底，总理在西西里岛陶尔米纳举行的七国集团首脑会议上见到了这位总统。在前往布鲁塞尔的途中，特朗普首次在北约和欧盟停留；从欧洲的角度来看，这次访问的结果是灾难性的。新总统不仅质疑协议，而且表现得非常粗鲁。在对欧盟的短暂访问中，特朗普多次批评德国的贸易顺差（"糟糕，非常糟糕"），并在北约总部将黑山总理推到一边，以获得前排位置。

　　巧合的是，默克尔从陶尔米纳回来后的第二天，就在慕尼黑的特鲁德灵参加了一次会议。5 月 28 日，"节日周"——类似在春天举行的十月啤酒节结束了。距离联邦议院选举还有 4 个月，基民盟和基社盟希望公开庆祝他们的和解，也是为了让人们忘记默克尔和泽霍夫在提名联合总理候选人时的沉闷表现。默克尔前往巴伐利亚，作为回报，泽霍夫放弃了对难民政策的攻击。在正常情况下，联盟党的内部运作将是当天的主要议题，结果之所以不同，是因为默克尔由陶尔米纳峰会产生了新印象。在特鲁德灵的啤酒帐篷里，她直言不讳地描述了跨大西洋关系的转折点：我们可以完全依赖他人的时代已经有点远了。

　　她的社民党挑战者舒尔茨试图嘲笑这句话：请问，"有点"是什么意思？他还没有认真看待局势的严峻性。默克尔对这句话的考虑非常仔细，其辐射范围非常广阔。也许默克尔特别强烈地感受到了特朗普任期的转折性，因为她以前曾违心地将美国夸大为西方民主的祖国。对于相当一部分德国公众来说，这位纽约房地产商人的崛起只是证实了反美偏见。许多人谈到白宫的"白痴"①，仿佛西方的未来是一个适合文字游戏的主题。默克尔喜欢冷幽默，她喜欢在小圈子里模仿特朗普这样的政客，但人们几乎没听到过她开特朗普的玩笑。在她看来，情况太严重了。

　　以下事件证实了默克尔的猜测。2017 年 6 月 1 日，特朗普在白宫花园宣布，美国将退出《巴黎协定》。一个月后，总理在德国接见了总统，世界上最重要的经济体的国家首脑在汉堡召开

---

① 原文为"Trumpel"，在德语方言中有"笨蛋""白痴"的意思，用于取笑特朗普（Trump）。——译者注

二十国集团峰会。起初，默克尔希望在联邦议院选举前作为女主人大放异彩，但是对于特朗普来说，她的方法不再奏效。最后，当总统离开汉堡时，她都没有从他那里得到任何口头上的让步。峰会以对气候保护存在公开异议而告终。在经济政策方面，双方一致反对"保护主义和不公平的贸易手段"。由于特朗普认为现有的自由贸易体系是"不公平的"，这一承诺毫无价值。

左翼暴乱分子几乎将所有注意力从峰会本身转移到了汉堡警方的错误部署上，否则，默克尔的失败可能会成为竞选中的一个重大问题。暴力肇事者首先在易北河畔的优美郊区放火焚烧汽车，其次砸毁阿尔托纳步行区的商店橱窗，最后在珊泽区设置路障。在第一个晚上，警察对违反蒙面禁令的行为进行了非常严厉的惩罚后，却在第二天的暴力骚乱中表现得惊人地无所作为。公众批评的不是东道主默克尔，而是社民党市长奥拉夫·朔尔茨。总理公开为他辩护，显得自己更加无可指摘。社会舆论围绕暴力事件展开，几乎没有人再谈论峰会的失败。

赫尔穆特·科尔的逝世也深化了一种时代变迁感。默克尔正和安妮特·沙万一起前往罗马拜访教皇，这时传来消息，默克尔的早期支持者和后来的对手科尔去世了。默克尔给前总理的第二任妻子迈克·科尔－里希特打了电话，科尔－里希特此前严格控制丈夫与外界的接触渠道，并被怀疑是邀请默克尔的反对者欧尔班·维克托前往奥格斯海姆探望科尔的幕后推手。科尔－里希特在没有考虑默克尔的情况下就计划了葬礼的过程，并与欧盟委员会主席让－克洛德·容克协商，准备举办一场"欧洲葬礼"。通过这种形式，她想阻止德国代表们参与进来。这不仅针对默克尔，也针对德国总统：施泰因迈尔在1998年政府更迭后搬进总理府的办公室时，曾指责前任故意销毁档案。

　　科尔－里希特改变了她关于默克尔的安排，可能是她的朋友们建议不要将现任总理拒之门外，默克尔被考虑进来。7月1日，葬礼在斯特拉斯堡欧洲议会的全体会议厅举行，接着，棺材由一艘船运往施派尔安葬。与赫尔穆特·施密特的追悼会不同，默克尔不是主要致悼词的人。尽管如此，她还是发表了非常私人的讲话。她承认曾与科尔之间发生过分歧和摩擦，她坦言道，两人并不总能轻易地说服对方。她赞扬前任对柏林大屠杀纪念馆的承诺，因为这也是她关心的问题。默克尔直接向他致意，*感谢您给我的机会*。在欧洲政策方面，她与他的分歧非常明显。她说，*每一代人都得找到自己的答案，让欧洲为未来做好准备*。

　　科尔在很长一段时间内几乎无法表达自己的想法：对于某些人来说，他的去世象征着一个旧时代的彻底消逝，那个时代在一些人看来更加美好。这位身材魁梧的法尔茨人是旧联邦共和国安全感的化身，许多人现在渴望回到那个时代。科尔时代晚期的"改革积压"曾经受到同时代人的严厉批评，但也有一定的吸引力，因为现在很多德国人都对变革的步伐感到不知所措。3个月后，长期担任基民盟秘书长的海纳·盖斯勒去世。人们回想起，赫尔穆特·科尔曾经也是一位革新者，盖斯勒在1989年与他的前支持者发生过争执。科尔以仁慈的态度看着年轻政治家默克尔的崛起，更看重她在社会政策方面的自由主义观点，而不是在经济政策方面；毕竟，在莱比锡党代会上，他谈到了基民盟主席的"典型东德人的自由主义"观点。在过去的几周里，随着塑造旧联邦共和国的那代人的逝世，人们对时代转折的印象更加深刻。

同性婚姻

　　2017年6月末的一个晚上，默克尔开始进行竞选宣传。像

4 年前一样，应《Brigitte》杂志的邀请，她在马克西姆·高尔基剧院的观众面前以脱口秀的形式发表了演讲，观众中挤了许多记者。直到一位观众提出了一个默克尔不得不考虑的问题。她在类似"公民论坛"的节目中遇到过这个问题。这位来自柏林的业务经理乌利·科普（28 岁）想知道："如果我想娶我的男朋友，我什么时候可以称他为'丈夫'？"

默克尔本可以避免明确回答，将这个问题敷衍过去。但她进行了相当漫长且含糊不清的演讲，讲述她思想转变的经历。她说，她近期在施特拉尔松德选区遇到了一对女同性情侣，这对情侣正在准备收养孩子。毕竟，这比孩子受到亲生父母的虐待要好。因此，默克尔重新考虑了自己对同性夫妇收养权的立场。在婚姻问题上，她没有确定自己的立场，但她为修改法律打开了大门：她希望大家更多地朝着良心决定的方向进行讨论。这是一个轰动：联邦议院将在没有联盟或党团约束的情况下进行投票，无疑有利于"同性婚姻"。所有其他党团和相当少数的基民盟议员都赞成改变法规，这就是基民盟和基社盟的领导层一直拒绝公开投票的原因。

新的辩论由绿党发起，他们在一周前的一次党代会上，把"同性婚姻"作为可能参与政府组阁的条件。过于谨慎的党主席曾试图说服科隆的联邦议院议员沃尔克·贝克放弃这项提议，因为她认为这个问题不适合多数人。她大错特错。自民党和社民党立即宣布，他们只想加入一个能够通过相关法律的政府。基民盟面临压力。

默克尔与基社盟主席泽霍夫达成协议，宣布这个问题是一个良心问题。在《Brigitte》杂志采访的前几个小时，他们在基民盟委员会前宣布了新决定。在默克尔晚上的谈话中，她小心翼翼地想让公众对决定改变抱有好感。默克尔尚不知晓，联邦参议院已经提出了一项由红 - 绿联盟执政的各州提出的法律草案，该草案已准备就绪。社民党让总理大吃一惊：他们在联邦议院将这一提议付诸表决。星期五上午 8 点将会作出决定，然后再开始常规日程。

事情如愿发生。2017 年 6 月 30 日早晨，联邦议院以 393 票对 226 票通过法案，废除同性婚姻禁令。现在，德国的每个人都可以与自己的伴侣结婚，无论性别如何。总理投了反对票。她没有在全体辩论中发言，但随后在电视上发表声明说，她确信《基本法》第 6 条中对婚姻的保护适用于男女婚姻。因此，我今天没有投票赞成这项草案。尽管如此，她还是希望这一决定能够使人们相互尊重，并且恢复一些社会和平。

默克尔再次给观众上了一堂权力政治课。从短期来看，这对总理的形象没有好处。她在处理这个问题时的傲慢引起了双方自发的不满。在同性婚姻的争论中，默克尔长期向基民盟中的许多保守人士屈服，因为她认为这个问题是次要的。法案的受益者厌恶默克尔居高临下的语气，尽管所有人都为这一历史性转折点欢呼雀跃。"谢谢你什么忙都没帮上，"汉堡社民党议员约翰内斯·卡尔斯在联邦议院抱怨道，这激起了场内的广泛共鸣。但从长远来看，总理再次成功地化解了一场社会政治冲突。默克尔表现得像是被逼无奈才改变决定，通过这种方法，她既安抚了"同性婚姻"的反对者，又让支持者们得偿所愿。

重返难民问题

在竞选的早期阶段，对难民政策的讨论一直保持着奇怪的安静。两个事件表明，在这个问题上采取强硬手段并不一定适合竞选。5月31日，德国驻阿富汗首都喀布尔的大使馆附近发生严重的恐怖袭击，造成80人死亡，不得不暂时停止工作。同一天，纽伦堡发生骚乱，职业学校学生抗议将一名同学遣返阿富汗。默克尔立即暂停了飞往这个内战国家的遣返航班。公众对袭击有了新的印象，很难断言阿富汗是安全的，因为即使是外交官在军事保护下也无法正常工作。

默克尔并不认为积极宣传她的难民政策仍有希望成功。那会使这个问题再次成为争论的中心，并立即引起批评者的注意。她认为，这样的话，德国选择党将会是受益者。2013年，默克尔成功地挽救了欧元，因此抱有一种幻想，即她能够将难民问题排除在竞选活动之外。"为了一个我们愿意在其中生活并且生活舒适的德国，"基民盟的口号是从"公民对话"中衍生出来的。社民党领导层得出了类似的结论，直到7月，他们也一直在难民问题上犹豫不决，这让两党的支持者产生了分歧。

事情变得不同，从默克尔的角度来看，两个人对此负有最大的责任：马丁·舒尔茨试图在绝望中利用这个话题对抗总理，电视节目主持人克劳斯·斯特伦茨把这个问题设置为选举前电视辩论的中心话题。

舒尔茨于7月23日开始了他的尝试，他访问了意大利南部难民的抵达点，并在周围接受了《图片报》周日版的采访。"2015年，超过100万难民来到德国——基本上未加控制，"他说，"当时总理向奥地利开放了边境，出于善意的人道主义原因，但不幸的是，没有与我们在欧洲的伙伴协商。如果我们现在不采取行动，情况可能会重演。"默克尔看到了，出于无奈，倒霉的挑战者又将难民问题拖回了政治舞台，他的论点接近民粹主义者的思想。他还为不久的将来描绘了一个危险情景：一位迷失方向的总理将再次失去对局势的控制。由此，他向德国选择党提供了一个样板。选择党在民意调查中迅速崛起，而左翼自由派社民党选民则倒向绿党。社民党继续衰落。

在南蒂罗尔度过暑假后，默克尔开始进行竞选宣传。她准备了一个强有力的计划。从 2017 年 8 月 12 日在多特蒙德的开场到 9 月 22 日在慕尼黑结束，她完成了 55 场宣讲，其中 16 场在东部联邦州。默克尔接受了许多采访，不仅在全国性的媒体上，还包括许多地区性的报纸。有时，甚至政府发言人在没有要求的情况下就提出了对话的倡议。默克尔还首次作为采访对象出现在《德国日报》上，这个方法可以建立信任，即可能与绿党结盟，也是在她的难民政策支持者中争取选票。与记者的背景谈话数量比以前更少，她想用自己的原始声音传递信息，而不是通过中间人传话。

总理知道：这次竞选对她来说是一个特殊挑战。她在 2016 年 11 月宣布参选时已经说过，不会有常规的竞选活动。默克尔不想以辩论的方式回应对她的侮辱性批评，她出现在全国各地便是对这些责难的回应。

东德的集市上充满了口号，随处可见抗议者，其中一些人沿着她的宣讲路线跟在后面。他们拿着德国选择党的海报甚至是国家民主党的宣传材料；他们组织严密，吹着口哨，肆无忌惮，辱骂总理是“民族叛徒”或“荡妇”，共同口号是：“默克尔必须离开！”而那些安静的抗议者，则目睹着这一切发生。默克尔表现得仿佛都没有注意到抗议，无视示威者的咆哮以及后来联邦议院中德国选择党的质问。人们不得不找来声音更大的扩音器，以便总理的声音能够盖住噪音背景。她在前面宣讲养老金政策的细节，后面的观众则举着“默克尔绞刑架”，场面非常怪诞。

9月初，默克尔和她的挑战者进行电视辩论，其影响力更广泛，这里靠近她以前在柏林－阿德勒斯霍夫的上班地点。4年前，她以"您认识我"这句话赢得了连任。鉴于她的难民政策，无论好坏，人们都产生了一些怀疑。尽管如此，默克尔还是让所有的批评都针对自己。但是主持人，尤其是卫星一台的克劳斯·斯特伦茨，则把重点放在了难民政策上。他们花了整整一个小时就这个问题向默克尔和舒尔茨提问，只剩下30分钟留给其他问题。现在，难民问题又成了竞选的中心问题。

然而，默克尔和舒尔茨在辩论中根本没有争吵。两人的和谐表现给人的印象是，联盟党和社民党即将结成新的大联盟。没有人对默克尔回避所有争议感到惊讶，但舒尔茨也过于谨慎，没有进攻。在他的第一个回答中，他撤回了非常正当的指控，即总理通过她的麻痹手段损害民主，而他自己现在也加入其中。第二天，一幅漫画描绘了默克尔和舒尔茨坐在公园长椅上和谐相处："你的表现很棒，马丁，"总理说道；舒尔茨回答："你的也是，安格拉。"这幅漫画有个讽刺意味的标题《竞选进入激烈阶段》。

由于基民盟和社民党之间的竞争似乎早已确定，人们的注意力现在集中在小党派上。自民党和绿党成功地将选举转化为黑－黄和黑－绿之间的比赛。两个党都在宣传，德国选择党不应该成为联邦议院的第三大力量。策略起效了。在竞选的最后几周，自民党和近期不走运的绿党的成绩都有所提高。但并不是以牺牲德国选择党为代价，而是牺牲了两个大党。默克尔领导的基民盟也受到了影响。

德国选择党两位未来党团主席的挑衅给自身带来益处。8月底，亚历山大·高兰在图林根州艾希斯费尔德的一次集会上宣布，他的政党希望"在安纳托利亚清除"融合国务部长艾丹·厄茨奥乌茨。两周后，一封电子邮件曝光，其中爱丽丝·魏德尔将政府成员称为"猪"，他们"只不过是战胜国的傀儡"。在竞选的最后阶段，媒体对此事件的报道比其他政党的竞选活动更加详细。事件受到的高度关注并没有伤害到德国选择党，反而促进了他们的进一步崛起。总理也惊讶地注意到了这一点。

德意志联邦共和国历史上最奇特的竞选之一就这样结束了。这场竞选始于围绕社民党人马丁·舒尔茨的大肆宣传，然后似乎成了安格拉·默克尔的胜利，最后以双方的不满告终。这是一场默克尔原本不想参加的竞选，尽管情况发生了变化，但她仍通过自己的方式在竞选中领先。在所谓稳定的联邦共和国，新的政治时代已经开启。默克尔究竟是误判了这个新时代的迹象，还是恰恰相反，她为了熟悉世界的稳定挺身而出，对于这个问题似乎仁者见仁，智者见智。

6. 落日余晖（2017—2020）

权力边缘

安格拉·默克尔位于库普弗格拉本的公寓和洪堡大学历史悠久的主楼南餐厅之间只有几百米，下午两点半左右，总理在那里为第十九届德国联邦议院选举投票。2017年9月24日，下着蒙蒙细雨。当她回到自己的公寓，不久之后又抵达基民盟总部时，第一批较为可靠的选举后调查结果已经出来了。结果证实了竞选最后几周出现的情况：联盟党损失了近9个百分点，现在只获得了近33%的选票，甚至落后于2009年的糟糕结果，只比1949

年第一次联邦议院选举的表现略好。寻找合作伙伴也很困难：社民党以略高于 20% 的支持率遭遇历史性惨败；自 1890 年以来，它只在 1932 年 11 月的一次自由选举中获得了更差的成绩。绿党和议会外的自民党赢得了比预期稍多的选票，但两党之一加上联盟党的选票并未过半。

更值得关注的是，二战以后，一个至少在某些方面是极右翼的政党首次进入德国联邦议院。德国选择党在联邦范围内获得了近 13% 的选票，在萨克森州获得了 27% 的选票，甚至以微弱优势领先于基民盟。在难民之争开始前，早在 2014 年，朔伊布勒就称该党是"德国的耻辱"，因为它助长了针对外国人和少数群体的偏见。此后，德国选择党变得越来越激进，他们的代表人物公开用种族主义和偏激的语气表达观点。该党构思了一个后真相平行社会，在这个社会中，"持刀男子"劫掠德国城市，"头巾女孩"榨取社会福利；总理在这个社会发挥了核心作用：德国选择党的领导人和支持者确信，安格拉·默克尔在 2015 年"邀请"难民来到德国，因为她正在推行"民族转化"计划。在竞选中，该党煽动反对"谎言媒体"和"制度党"，其领导人亚历山大·高兰一年后公开表示，他希望推动制度改革。

与默克尔的担忧相比，联盟党的选举结果算是相当温和。联盟党比社民党高了 12 个百分点，与上次选举相比，领先优势略有下降，但仍高于 1961 年至 2009 年的所有选举。因此，默克尔认为其他人很难否定她的政府主张。在选举后的第二天，来自不同背景的选举研究人员也都确信，在长期趋势中，联盟党的成绩相当不错。2013 年的好成绩是个例外，2017 年的结果在意料之中。纵观许多其他欧洲国家，几乎没有一个传统政党的选举结果超过 30%。

默克尔第三次经历了不及预期的选举结果，这也解释了她那天晚上的行动轨迹，并非是为了夸耀。默克尔看到，她的批评者在难民政策上的表现明显比那些仍然忠于她的同事糟糕：基社盟在巴伐利亚州经历了最大的倒退，而选择党则在西德取得了最好的成绩。根据默克尔的分析，基社盟党主席泽霍夫一直向他的选民灌输，自己的政府在柏林推行错误的政策，直到他们最终相信这一点，并投票给右翼民粹主义者。

但这些论调还不足以平息许多基民盟党人的失望，更不能传达给公众。投票站关闭约50分钟后，默克尔在党总部门厅发表讲话，许多观众认为这次讲话并不恰当。她走向她在州议会选举中使用过的讲台，当时她旁边的一位首席候选人不得不为自己的失败辩解——就好像默克尔今天只需要评价别人的选举结果一样。我们当然希望能有更好一点的结果，她说。"一点"这听起来太委婉了，无论出于何种理由，都跌了将近9个百分点。部分观众产生一种印象，即默克尔在执政12年后，与已故的赫尔穆特·科尔当年相似，都看不清当前现实。

她镇静地继续说：因此，我很高兴我们已经实现了竞选的战略目标。我们是基民盟和基社盟，有着最强大的力量，我们有组建政府的使命，除了我们之外没有其他选择。在联盟党执政12年后，不言而喻，我们又一次成为最强大的力量。来自青年联盟成员的激动欢呼声增强了场面的超现实感。

唯一令她感到不安并且她可能已经接受了的事实是：右翼激进分子已成功进入联邦议院。我们希望通过解决问题，化解他们的担忧和部分恐惧，特别是通过良好的政策，把选择党的选民重新赢回来。默克尔说，她只想化解选择党支持者们的"部分"恐惧，很明显她厌恶被恐惧驱动的政治——就像赫尔穆特·施密特一样，他一生都认为恐惧是个糟糕的顾问。2010 年，在欧债危机的第一个高峰期，她曾在小圈子里谈论过欧洲同事们的心理状态。有人问她害怕什么，她不假思索地回答：男人们的恐惧。

在党总部的讲话结束后，默克尔驱车前往电视演播室，参加"柏林回合"的党主席对话节目。社民党候选人马丁·舒尔茨之前在同事的建议下表现得过于回避冲突，投票站关闭后突然又切换回对抗模式。他突然再次指控默克尔在竞选活动中破坏了民主。他重复了不久前在党总部宣布的决定，这个决定受到党内同志们的赞同：社民党现在的立场是反对党，而不是留在政府中。舒尔茨的表现让人回想起 12 年前的选举之夜，当时格哈德·施罗德不愿意承认基民盟主席默克尔能当总理。

电视回合结束后，与往常不同的是，总理返回了基民盟总部。她想让基社盟对选举失利和组建政府负责，尤其是泽霍夫在选举之夜取消了原本约定好的电话会谈。于是她把基社盟首席候选人、准备申请内政部部长一职的约阿希姆·赫尔曼拉上讲台。总理的一位同伴悲伤地站在选举派对的边缘：现任内政部部长托马斯·德梅齐埃知道，这一状况很可能意味着他的职位不保。

第二天，基民盟主席团和理事会的会议出奇地平淡，因为组建政府艰难，党内必须团结一心。在随后的新闻发布会上，总理仍保持着昨天晚上的基本态度。我就知道这会是一场特别的竞选。我觉得这证实了 2016 年秋天在我脑海中浮现的东西：她暗指那些几乎阻止她再次参选的理由。她驳斥了对自己的批评，即她的竞选促进了德国选择党的崛起：但是如果现在要我也对此负责，那么——随你们说去吧。

自 2015 年秋季以来，人们把所有事情都算在了默克尔身上，这种夸大的批评使得她对合理的异议也产生了免疫。这给一位总是脚踏实地的政治家带来了特殊的危险。当人们问起，她在竞选活动中是否犯了错误时，公众认为她的回答很傲慢：*我不认为我们现在应该做些不同的事*。

默克尔此时受到了多方批评，来自德国选择党的批评最不令人惊讶。未来的党团主席亚历山大·高兰在选举派对上向支持者呼吁："我们要追捕她，我们要追捕默克尔女士和他们那些人，我们要把我们的国家和我们的人民夺回来。"新当选的社民党党团主席安德里亚·纳勒斯几天后也发出新声音。"从明天开始，他们就要受到打击了，"她谈到联盟党的同事时说道。她是在开玩笑，但也表明社民党人期待未来成为反对党。社民党主席马丁·舒尔茨也承诺："很明显，我不会加入安格拉·默克尔领导的政府。"

自民党主席克里斯蒂安·林德纳并不渴望获得默克尔领导下的部长职位，出于战术原因，他没有说得那么大声。只有基民盟/基社盟和绿党直接表现出执政意愿，他们加起来共有41.8%的选票和709个席位中的313个席位。被大肆吹嘘的西德时期和政府搬来柏林初期的稳定已经不复存在。《基本法》生效之后，近70年以来最艰难的政府组建开始了。

联邦大选后的第二天，法国总统埃马纽埃尔·马克龙提醒，柏林的联盟谈判不只是国内政治问题。在索邦大学的一次演讲中，他表达了对欧洲未来的看法，这次演讲主要针对德国。马克龙有意等待邻国选举结束，以免受到政治干涉的怀疑。在某些方面，他与德国的想法相差不大，例如：边境保护和庇护，研究和教育；或者在相当有限的范围内，外交和国防政策也是如此。他甚至表示要向巴尔干地区扩大欧盟，两年后又中止了这一想法。

默克尔最初并不同意马克龙提出的在欧元区设置统一预算和共同财长的提议。在新的联邦议院中，任何稍微看起来像重新分配和使国内议会失去影响力的事情都无法通过。默克尔不仅要考虑基民盟党团中越来越多的反对者，如果组建"牙买加"① 政府，自民党也会反对这些提议；对她来说，马克龙的提议也不是头等大事。按照总统的说法，默克尔向他承诺，她将发挥建设性的作用：我不会重蹈覆辙。她用否定的方式表达了自己的心境：从东德时期到担任总理，她经常看到宏大的政治愿景遭遇失败。德国方面一直没有完成政府组建，随后马克龙自己在国内陷入了困境。

甚至在第一次联盟尝试之前，默克尔就感受到了她权力的新限度。当重新选举党团主席时，沃尔克·考德尔获得了迄今为止最糟糕的成绩，246 名议员中只有 180 人投了赞成票。几周后，她的老朋友安妮特·沙万不得不放弃康拉德·阿登纳基金会主席的候选人资格。一位因抄袭指控而失去博士学位的人很难成为基金会的负责人，该基金会尤其为博士提供奖学金：在这方面，默克尔背离了她的政治本能；她的人事推荐招致了学术界的批评。

"牙买加"模式太缺乏经验，默克尔暂时不想进入正式的联盟谈判。直到 3 个星期后，10 月 15 日，下萨克森州举行州选举，他们才进行第一次试探。在汉诺威，由于一名绿党议员投奔基民盟，红-绿政府失去了多数席位。基民盟起初认为，这是一场成功的政变。现在风向发生了变化。一方面，人们不喜欢叛徒；另

---

① 牙买加国旗由黑色、黄色和绿色组成，对应德国的联盟党、自民党和绿党。——编者注

一方面，联邦议院选举给人的印象是，总理和她的政党正在走下坡路。基民盟得以进入汉诺威政府，但与预期相反，只是作为一个较小的合作伙伴。从 3 月底在萨尔州开始，基民盟取得了一系列选举胜利，现在暂时告一段落。

奥地利与下萨克森州在同一天投票。奥地利社会民主党和人民党的联盟被打破，按照德国的标准，副总理莱因霍尔德·米特勒纳是和默克尔一类的自由派，外长塞巴斯蒂安·库尔茨敦促他辞职。年仅 31 岁的库尔茨自 2015 年秋季以来一直反对德奥难民政策，并寻求与右翼民粹主义政党奥地利自由党建立联盟，就像 2000 年那样。奥地利长期以来一直是德国总理在难民政策方面最可靠的盟友，此时已经投向了她对手的阵营。

对于联盟党内默克尔的批评者来说，库尔茨很快成为他们心中的榜样——尽管他在奥地利的选举结果不及德国的联盟党。财政部的议会国务秘书延斯·施潘作为有影响力的默克尔怀疑论者，也没有错过与库尔茨合影的机会。基社盟和自民党也表现出亲近。库尔茨的支持者包括基社盟交通部部长亚历山大·多布林特和自民党主席克里斯蒂安·林德纳。这种欧洲范围内的紧密团结主要针对 63 岁的默克尔，他们以库尔茨为典范，准备在德国也作出转变。

安格拉·默克尔和塞巴斯蒂安·库尔茨相差 32 岁，似乎代表不同的两代人，也代表两种不同的政治理念，超越了狭义的难民问题。库尔茨想与右翼民粹主义者结盟，默克尔想与后者划清界限；默克尔是政治实用主义的理性辩护人，库尔茨是新政治运动的领袖；基民盟主席争取走中间路线获得多数席位，而奥地利人民党的主席——至少暂时——领导了一场阵营竞选活动。

至少从外部看来，默克尔正冷静地看待一些人崇拜这位年轻的总理。她在 2018 年 1 月首次拜访奥地利总理时说道：人在某些时候会注意到，随着时间的流逝，自己在一天天变老。这是生活的一部分。两年后，库尔茨不得不与绿党结盟，默克尔或许对此感到满意。尽管库尔茨在很大程度上坚持他的移民政策，但在环境政策方面，他已成为雄心勃勃的气候保护先锋，他的许多德国粉丝目前正在反对这一政策。

默克尔利用等待探索性会谈的机会，再次化解了与基社盟的冲突，并为联盟党与自民党和绿党的谈判制定了共同立场。她与泽霍夫对抗了将近两个星期，于 10 月 8 日晚上 9 点 50 分达成妥协：双方商定了每年 20 万难民的"参考值"，但这不应被称作"上限"。对于人数超过这个数字的情况，双方尚未商议。泽霍夫还要求，不允许已在其他欧盟国家登记过的寻求庇护者进入德国。他无法说服默克尔，并且也承认："拒绝入境是个非常复杂的问题，也是个法律问题，需要改革都柏林程序。"然而，这种认识只持续了 8 个月，泽霍夫之后再次提出这个问题时，几乎提前结束了默克尔的总理任期。

"牙买加"

下萨克森州选举三天后，即 10 月 18 日，基民盟、基社盟、自民党和绿党之间的试探性会谈开始了。起初各方都十分谨慎。为表示诚意，基社盟主席泽霍夫在谈判前夜访问了绿党总部，第二天早上又去会见了自民党。在议会协会所在地，即前国会主席府，谈判人员召开内部会议为谈判做准备。前两天是一对一讨论，之后各方才聚在一起。一共召开了 7 轮全体会议，直到 11 月 3 日，才将所有议题都讨论了一遍。

在这个阶段几乎没有进行真正的谈判，但至少拍摄了看起来不错的照片。人们可以望到，大楼靠近施普雷河那一侧有个阳台，从第一天开始，谈判代表就心情不错地出现在那里。这些照片给公众留下了谈判进展顺利的印象，但几乎没有实质性的进展。在谈判间隙，参会者还通过推特向公众通报，并不断接受采访，采访的内容又再次遭到另一方反驳。

在潜在的执政党中，只有一位知名女政治家没有露面，她几乎完全从公众的视线中消失了两星期：安格拉·默克尔。在目前的联盟谈判期间，由于媒体持续报道其他政要，她的不露声色尤为引人注目。参会代表说，默克尔在会谈中仍然占主导地位，尽管她的话不多。她主要在收集其他人的立场，找寻可能的交叉点，几乎没有提出自己的建议。

这让那些探索"牙买加项目"的人感到惊讶。自民党和绿党的竞选纲领至少为两个重大社会问题开辟了跨越阵营边界的和解机会：默克尔原本可以在移民政策方面，将制定更严格的庇护权和降低劳务移民难度结合起来；为绿党提供雄心勃勃的气候政策目标并为自民党提供市场经济手段。但是她不想事先激起期望，事后再让这些小党派失望。与默克尔持不同观点的心腹后来透露，默克尔从一开始就不信任克里斯蒂安·林德纳。

林德纳在 2015 年秋季出于战术动机正面攻击默克尔的难民政策，此后"心愿联盟"之间的关系已经破裂。总理可能也收到了前副总理韦斯特韦勒的警告，她一直与韦斯特韦勒保持着友好关系，直到后者于 2016 年去世。韦斯特韦勒或许用最阴暗的色彩向她描绘了林德纳是如何进一步推动自民党走向衰落，以便夺取废墟，并实现独裁。自民党在试探性会谈中的表现也没有让总理信服。由于已经 4 年未进入议会，林德纳的人对许多主题的细节知之甚少。在谈判结束后，默克尔称赞绿党了解事实：例如，国防政策发言人对关于阿富汗的每项决议都了如指掌。这有时会让其他人心烦意乱，但它符合总理的风格，并且有利于达成妥协。

作为一位权力政治家，默克尔看到了林德纳的客观利益：他必须首先在联邦议院巩固自民党，而不是在政府参与中再次削弱该党。因此，默克尔认为最好的策略是首先让自民党参与漫长的试探性会谈，而不是给它一个中断谈判的借口。林德纳参与的时间越长，退出的代价就越高。

10月24日，联邦议院立宪会议结束后，联邦总统正式免去默克尔总理职务，并委托其继续执行公务——这是一个例行程序，鉴于她的处境岌岌可危，这一次引起了特别的关注。11月3日，她首次公开谈论试探性会谈：我仍然相信我们最后可以结盟。现在，正式谈判开始了，形式不断变化，甚至超出了大回合的范围。11月4日，一家报纸起的标题是《决定即将到来》。自民党主席林德纳发出了矛盾的信号，他的话听起来满怀信心。"'牙买加'联盟有望达成，"他在11月的第二个周末说。

谈判代表表示，11月中旬似乎能达成协议。默克尔原定于11月17日和18日参加基民盟理事会的一场闭门会议，进行选举分析，现在准备进行最后会谈；绿党同时召开了特别党代会。主要参与者也约好了事后接受采访的时间。11月16日，星期四，似乎各方最迟能够在夜间达成协议。

然而谈判拖了很长时间，却没有结果。林德纳失望地发现，其他人并没有争吵。周三，基民盟和绿党领导人就逐步淘汰煤炭达成妥协。默克尔用历史作为论据，敦促北莱茵－威斯特法伦州州长阿明·拉舍特作出妥协：魏玛共和国在1930年因失业保险缴费增加四分之一而争吵不休，最后政府破裂。作为欧洲最重要的国家，不该因为一千兆瓦煤电而无法组建政府。拉舍特让步了，令自民党主席大吃一惊。

林德纳现在对默克尔采取了更严厉的批评语气。在关于欧洲政策的讨论中，他要求采用右翼自由派首相马克·吕特在荷兰联盟协议中的一部分内容：不要共同债务，不要共同危机机制。他不仅得罪了总理，也得罪了自民党的亲欧派人士。默克尔不会答应。尽管默克尔也不想为其他欧元国家担保债务，但她不想从一开始就被束缚在谈判中。她认为，作为欧元区最大的国家，德国和荷兰的情况无法相提并论。这个问题暂时搁置。

然后是难民政策。林德纳希望基社盟和绿党之间的冲突升级。但事实并非如此。绿党不惜一切代价想进入政府，对于当时的那代领导人来说，这似乎是最后的机会。泽霍夫也需要一个协议，因为基社盟在惨败后，他需要一个柏林的部长职位来挽救自己的职业。最后，8名代表坐在一起，每方两名代表。泽霍夫对绿党的困境表示理解，并公开询问绿党，如何在有争议的难民家庭团聚问题上作出妥协。

林德纳觉察到了危险。他不想冒险让基民盟和绿党在煤炭淘汰后的第二大争议问题上达成一致。未经询问他就插入该主题：如果基社盟在这方面改变主意，自民党将采取强硬政策反对家庭团聚。这与他自己的声明相互矛盾：林德纳一直说，任何能够自己承担生活费的人都应该有权利接来家属团聚。林德纳的政策改变在基社盟中达到了预期效果，基社盟不再愿意让步。至少在民主范围内，基社盟不想在移民政策上被右派超过。

尽管如此，基民盟和绿党都不想让谈判破裂。但林德纳继续希望谈判失败，他不必为此承担责任。当他周五早上将近5点离开会场时，他比以往任何时候都更加乐观。他称"牙买加联盟"

是一个"历史性项目"，不应在几个小时内失败，并且宣布将在规定的最后期限之后继续会谈。基民盟理事会的会议和默克尔原定的选举分析都被暂时取消了。

周六早上，林德纳公开发出最后通牒：谈判应当在周日下午6点之前结束。各方在2017年11月19日又谈了几小时，最后一轮谈判在绿党的巴登-符腾堡州代表处进行。傍晚时分，各党领导人再次谈到难民、欧洲、取消团结附加费。自民党主席越来越愤怒。他看到自民党面临两种选择：要么像2009年一样，被毫无价值的形式上的妥协方案搪塞过去，要么对组建政府的失败负责。林德纳不想重蹈覆辙，但他又犯了一个新错误。当谈判代表在晚上11点左右最后一次会面时，他宣布谈判失败，没有必要再继续谈了。默克尔问他：现在是什么原因？林德纳笼统地回答：目前达成的共识中没有体现创新、竞争和现代化理念。"他说不出他想要什么，"一位绿党谈判代表评论道。

默克尔看了看她的手机。她说，媒体已经在报道会谈的失败了。泽霍夫说："现在是晚上11点26分。我牢牢记住这个时间，因为目前事态发展的意义已经远远超出了德国和欧洲的范围，我们无法预见它的结果。"林德纳回答说，我们应当和平分开。他和他的副手库比奇一起站起来，与其他6名谈判代表握手，然后离开了房间。默克尔告诉他：我们得对自己和国家负责。他的代表团似乎为新局势做好了准备；谈判代表拿着外套和手提箱离开了。

默克尔和她的党团主席考德尔、基社盟主席泽霍夫和多布林特、绿党的戈林-艾卡特和厄兹德米尔留在了后面。晚上11点48分，各新闻社报道自民党发言人已确认谈判失败。林德纳在州代表处的电视摄像机前宣读了一份准备好的声明："宁可不执政，也不要以错误的方式执政。"默克尔和剩下的黑－绿谈判代表在会议室的电视上看到了这一幕。

基社盟主席泽霍夫事后说："安格拉·默克尔真的很严肃，人们很少见过她这样。""她的确受到了打击。"房间里其余谈判代表们的震惊很快就被黑－绿之间的情谊取代。由于自民党的抗拒立场，基民盟和绿党走到了一起。在大厅里，记者和政要们混杂在一起，在夜晚的混乱中，没有人注意平时的隔离线。默克尔走出时，记者问她为什么不待在里面，默克尔说：记者太多了。记者问她是否生自民党的气：我没有生气，我很冷静。

基民盟和绿党坦率地表达了对快速重新选举的渴望：由基民盟和绿党分开领导一场快速而果决的新选举，来决定谁想在这个国家执政，以便事后达成一个联盟：他们应当能获得多数票。毕竟，经历了数周毫无结果的谈判之后，谁还会选自民党或社民党呢？这两个政党似乎突然忘记了他们在联邦共和国 68 年来的政治责任。

大 联 盟

总理现在切换到了战斗模式。在大选后的几周里，默克尔看起来很疲惫，在"牙买加"谈判期间，她几乎从公众视线中消失了。现在她又充满了能量。有人说，如果新联盟无法实现，默克尔时代就会结束。自民党的行为引起了所有人的愤慨，基民盟的队伍也向默克尔靠拢。当晚，默克尔自信地发表了声明，联盟党的其他谈判代表都围在她身边，愁容满面。她没有辞职的念头：作为联邦总理，作为看守总理，在这艰难的几周里，我将尽一切努力，妥善领导这个国家。第二天晚上，她在电视采访中更清楚地表明了她未来的计划。如果无法组建多数派政府，她宁愿重新选举，而不是组建少数派政府。她准备再次带领她的政党参加竞选。

然而在采访播出的时候，默克尔已经和联邦总统交谈过了，并且知道重新选举不会那么容易。在她满怀信心地考虑重新选举时，并没有充分考虑现行宪法，即使是她的心腹后来也承认这一点。《基本法》规定，在可能解散议会之前，应先尝试选总理。如果在第一轮和第二轮投票中获得绝对多数票，总统将不再解散议会。只有当议会在第三轮投票中才以相对多数选出政府首脑时，总统才能决定支持新选举。否则他没有义务这样做。

默克尔现在的问题在于，自民党和社民党不愿加入政府，但也不想让她离开，而是要求在她的领导下建立一个少数派政府。有迹象表明，至少一部分社民党和自民党议员也会投票给默克尔，他们也担心在新选举中会失去刚获得的席位。对默克尔来说，这意味着她可以在第一轮投票中获得绝对多数票，然后在一个少数派政府中陷入无尽的困境，这意味着无法估量的风险。一时之间，通往新选举的道路被挡住了。

另外，出于政治原因，这个问题也是多余的。联邦总统弗兰克－瓦尔特·施泰因迈尔不希望举行新选举，并于周一下午公开宣布了这一消息。在2017年的政府组建过程中，总统发挥了联邦共和国历史上从未有过的作用。一个又一个政党的领导人单独或成群地来到他的办公室。他身后展示着《基本法》的原件，在整个讨论过程中，每一个对话者的目光都不可避免地落在了宪法上。在"牙买加失败"的12小时后，即周一中午，总统与默克尔展开了决定性的对话。

施泰因迈尔的成功干预也归功于社民党。周一上午，社民党的领导层曾一致决定，即使在新情况下也不参加联盟。党主席马丁·舒尔茨说："我们不准备加入大联盟。"但在下午的党团会议上，事情出现了转机。议员们已经经历了一场艰苦的竞选，在那之后，社民党的民调支持率并没有提高。他们不希望在新选举中再次危及刚获得的席位。舒尔茨改变了态度。

因此，令人心力交瘁的组阁谈判又开始了。不同的是，谈判者不仅在联盟谈判之前先进行了一次试探性谈判，而且在试探性谈判之前又进行一次预试探。社民党不得不在各个步骤之间举行党代会，并在最后进行成员调查。在这个漫长选举年的12月7日，即圣诞节前夕，社民党决定在柏林展览中心与基民盟进行"结果开放式"会谈，并在1月初举行正式的试探性谈判。

与4年前的"最低工资"议题相比，在此次竞选中，社民党没有提出一个具有吸引力的重大议题，因此谈判代表无法向党友们确保成功。出于这个原因，2018年1月21日，在波恩举行的党代会上，只有56%的代表以微弱多数票赞成进入正式的联盟谈判，并且表明，基民盟必须在医疗、劳动力市场和难民政策上作出进一步的让步，实际上这些让步是非常温和的。究竟能否达成联盟协议，答案非常不确定，以至于许多德国公民连续看了几个小时的党代会现场直播，仿佛这是一场世界杯决赛。默克尔也无能为力，只能向命运屈服，等待社民党的决定。

经过数场令人筋疲力尽的夜间会议之后，2月6日至7日，双方在柏林的基民盟总部进行最终谈判。参与者说，默克尔裹着毯子像"鬼魂"一样从楼里穿过；国防部部长冯德莱恩在地板上打了个盹；社民党主席舒尔茨已经感冒了好几个星期，被人送去了酒店休息。其他人不得不等待。

谈判者很快就实质性问题达成一致，最后只剩下人员安排了。默克尔可能没有对自己的人摊牌，舒尔茨早在最后一轮谈判之前就告诉她，社民党这次还是坚决要外交部和财政部。然而，社民党最后还要他们一贯保留的劳动和社会部，基社盟主席泽霍夫原本也想要这个部门。起初没有达成妥协。这一次，参与者拒绝了常见的拉链式轮流负责某一个部门的做法。

由于社民党主席马丁·舒尔茨试图进入外交部才造成的这个问题，他后来提出了决定性的建议：他的党内伙伴认为外交部没有财政部和劳动部那么重要。于是把泽霍夫推到了内政部。这是一个惊人的转变，因为舒尔茨在两周前的党代会上表现得好像社民党将在联盟谈判中争取自由的难民政策。现在，他把立场完全相反的人推到了那个部门。默克尔当时可能认为，这是一个让泽霍夫参与进来的好主意：现在正好提供了一个机会，让泽霍夫证明他自己推崇的简单方案能否真正解决庇护问题。

因此，基社盟几乎没有对联盟协议提出任何批评。而在社民党内部则爆发了一场针对马丁·舒尔茨的愤怒风暴，他想进入受欢迎的外交部以挽救自己，甚至甘愿放弃受人敬仰的社民党主席一职——在联邦议院选举后的第二天，他还断然拒绝进入默克尔的内阁。这是不体面的：几天后，他宣布放弃部长职位，部分原因是即将对联盟协议进行成员投票。

疲惫不堪的党派领导层对试探结果和联合协议也感到厌倦。默克尔和舒尔茨看起来漫不经心，似乎迷失了方向。泽霍夫则对社会和内部安全作出了承诺。总理经历了她执政期间最艰难的时期之一，她不得不等待三个半星期，直到3月4日，看超过46万名社民党成员如何决定她的总理命运。"青年社会主义者"主席凯文·库内特发动了反对新联盟的运动，他被默克尔周围的人称为"小凯文"。

默克尔不再采取行动，这与"牙买加"会谈不同，与金融危机或欧债危机戏剧性的几周也不同。在公开露面时，她几乎无法平静地将双手摆成菱形，而是频繁地啃指甲。据说默克尔从不抱怨以前的决定，但现在似乎早已后悔参加竞选。如果社民党最后拒绝与她结盟，在没有多数票的情况下，她不得不作为一个失败者下台——或者领导一个权力十分有限的少数派政府。这可能比赫尔穆特·科尔的退场方式更凄惨，他是明确落选而结束总理生涯的。

此外，默克尔不得不抵御来自基民盟内部的严厉批评，因为她将财政部留给了社民党。她的党内朋友怀念沃尔夫冈·朔伊布勒在财政部的时候，后者在选举后立即就任联邦议院议长：在可能达成的"牙买加联盟"中，根据2009年至2013年的经验，人们普遍认为，自民党无论如何都不会接受朔伊布勒。朔伊布勒本人却始终坚称，他之所以接受这个代表性职位，是出于其他原因。在朔伊布勒的职业生涯中，他常常依赖于别人的决定，他不想再次让别人觉得自己是被驱使者。基民盟则经常强调，在德国选择党进入联邦议院后，议长一职变得非常重要。

现在已无法收回财政部。联邦议院议员卡斯滕·林内曼低声抱怨，放弃财政部意味着基民盟作为全民党的终结，和他类似的年轻议员们追求的是另一个目的：他们想向总理施压，让她在填补剩余内阁职位时考虑到批评者。方法奏效了，尽管很有限。默克尔不得不召开基民盟特别党代会，以获得联盟协议的批准，这是非常不寻常的。此外，她还承诺在代表们作出决定之前公布内阁名单。压力产生了预期的效果：她以前的对手、财政国务秘书延斯·施潘被任命为卫生部部长。风险似乎是可控的：由于联盟协议，施潘将不得不在该部门实施一项与他过去的许多立场相矛盾的政策。他利用这个机会将自己的形象从冷酷的新自由主义者转变为富有同情心的保守主义者。

默克尔不得不与两个长期伙伴分道扬镳：赫尔曼·格罗离开了卫生部，托马斯·德梅齐埃让出内政部。与 6 年前备受批评的诺伯特·罗特根解雇事件不同，默克尔不想以强权政治家的形象冷酷地让她的老朋友们离开。"几天后，她邀请我共进晚餐，我们谈了很长时间，"德梅齐埃后来说。

所有这些令人不快的制约都被另一个职位安排打消，党内外将它看作是一种解围：默克尔任命前萨尔州州长安妮格雷特·克兰普－卡伦鲍尔为基民盟秘书长。从一个权高位重的政府干部转为看上去只起到次要作用的政党秘书长——这在过去是从未有过的，并且默克尔从不容忍党总部里存在有分量的人。主席目的在于表明，她准备了一个可能的继任者，将在基民盟发挥更大的作用。克兰普－卡伦鲍尔似乎是个特别适合的人选，因为她在福利政策上比默克尔更偏左，在社会政治上更偏右，所以总的来说她更保守，更能体现旧西德基民盟的传统。

这个提议来自克兰普－卡伦鲍尔本人，她最初想谋求部长职位。默克尔立即同意她的提议了。基民盟、媒体和公众的反应大多是积极的。2 月 19 日，在正式介绍克兰普－卡伦鲍尔时，默克尔表现得如释重负。公布联盟协议已经是两周前的事了，她已经好几个星期没有露面。默克尔甚至忘记了自己曾经做过这份工作：她在介绍克兰普－卡伦鲍尔时，称后者是基民盟历史上的第一位女秘书长。

从现在开始，默克尔似乎又要发动攻势了。尽管存在关于谈判细节的各种争论，大约 1000 名代表中只有 27 人投票反对，即不到 3%。默克尔也对社民党成员的投票充满信心，尽管她和她的心腹仍不确定。最终，社民党以 66% 的多数票赞成通过联盟协议。

在经历了她 12 年任期中最艰难的 6 个月之后，连任的道路终于畅通无阻。3 月 14 日，议员们第四次选举默克尔担任德意志联邦共和国总理。她又一次参加了熟悉的仪式。在她当选之后、任命内阁之前，她像往常一样独自坐在议员席上，人们愈发觉得她在政治局势中非常孤独。当她前往贝尔维尤宫任命部长时，出现了一幅不同寻常的景象：除她本人外，只有两名内阁成员留任，即基民盟国防部部长乌尔苏拉·冯德莱恩和基社盟发展援助部长盖德·穆勒。其他部门负责人都是新任命的。这也是一个象征，默克尔的最后一届内阁或许开启了新时代。

下午 1 点 41 分，最后一位部长宣誓就职，新任联邦议院议长朔伊布勒宣布会议闭幕。默克尔回到她在全体会议厅后面的小办公室。香槟已经备好。她的家人们也在场，丈夫约阿希姆·绍尔带着他的儿子丹尼尔前来祝贺，这是第一次，也可能是最后一次。89 岁的母亲由罗兰·雷施陪着，后者是一位当地政界的老朋友，绿党人士，曾在 90 年代初担任勃兰登堡州的教育部部长。政府发言人斯蒂芬·塞伯特、办公室主任贝特·鲍曼和媒体顾问伊娃·克里斯蒂安森也在人群中。默克尔抄了近道，第一个来到房间里。透过敞开的门，每个人都可以看到她坐在那里等着其他人。经过了几个月的辛劳，她显然已经精疲力竭了。

拒绝入境

辛苦组建起来的政府联盟只平静了很短一段时间，精彩的开幕词很快就被人们遗忘。首先涉及欧洲的新起点，在社民党主席马丁·舒尔茨下台后，几乎没有人再谈论这个主题。巴伐利亚州议会选举即将在秋季举行，移民和气候政策这两个主要议题同样进展甚微。基社盟在民意调查中的支持率仅略高于 40%。慕尼黑的恐慌气氛不仅使柏林的政府联盟陷入瘫痪，还面临着四分五裂的危险。

默克尔刚从加拿大魁北克的七国集团峰会返回，她已阅读了内政部部长霍斯特·泽霍夫关于庇护政策的"总体规划"；在她离开前不久，他就把规划交给了她，这份方案并不像听起来那样无足轻重。6 月 10 日，周日早上默克尔回来后，立即打电话给部门负责人。她表示，她同意这份总体规划的所有观点，但不同意一点：泽霍夫希望在不与伙伴国政府协商的情况下，直接拒绝已在其他欧盟国家登记过的难民入境。近 3 年来，不单方面行动、不单方面关闭边界一直是默克尔难民政策的基本准则之一。

泽霍夫知道他的倡议会触发什么。作为被削弱力量的基社盟主席，他受到了基社盟党团主席亚历山大·多布林特和巴伐利亚州新州长马库斯·索德尔的压力。泽霍夫不能也不想退缩。他取消了原定于周一举行的总体规划正式发布会。基民盟/基社盟党团于周二举行定期会议，默克尔和她忠实的议会党团主席沃尔克·考德尔对这次会议准备不足。十几名议员发言，他们都支持泽霍夫，反对总理。周三，当安格拉·默克尔在总理府召开计划已久的融合峰会时，泽霍夫没有参会。他在内政部接待了奥地利总理塞巴斯蒂安·库尔茨，库尔茨是限制性移民政策的倡导者和默克尔的反对者。

周四，自称为姐妹党的基民盟和基社盟打破纪录，他们第一次单独召开党团会议。1976 年，克罗伊特"解散决议"的气息弥漫在柏林政府区，弗朗茨·约瑟夫·施特劳斯曾用该决议威胁要解散议会党团联盟。这一次，默克尔和她的人为参加基民盟会议做了充分的准备，来自基社盟的压力有助于团结基民盟队伍。

索德尔用唐纳德·特朗普的口气说，国际关系中的多边主义"已经过时"，德国现在必须采取单方面行动。这也引发了朔伊布勒和负责外交事务的罗特根对总理的声援。

但基社盟不为所动，态度依然很强硬。泽霍夫与基社盟主要领导层进行初步讨论时说："我不能再和那个女人一起共事了。"现在，他向默克尔发出最后通牒：如果她不让步，他将在下周一下令关闭边界。朔伊布勒后来说，当时人们普遍认为，总理肯定会解雇他，以免"总理尊严"受损；作为报复，基社盟将会撤回部长，政府就会破裂。

但气氛发生了逆转。6月17日，即争端开始的一周后，默克尔得到了基民盟副主席的支持。报纸次日报道，基社盟对事件升级存在初步疑虑。这种担忧随后持续增加。当难民政策分歧进入第三周时，在巴伐利亚州的民意调查中，州长索德尔的受欢迎程度甚至落到了总理后面。索德尔准备妥协，但泽霍夫没有改变主意。毕竟他在6月18日给了总理两周的时间，要求她在欧洲层面解决这个问题。那天，安格拉·默克尔亲自强调，并在接下来的几周里不屈不挠地重复这句话：她将不会单方面未经协商就采取行动，也不会以损害第三方利益为代价行事。

默克尔立即开始从欧洲层面展开攻势。周一，她在总理府接待了意大利新总理朱塞佩·孔特，这是他的首次访德，孔特近期领导了由右翼和左翼民粹主义者组成的欧洲怀疑主义联盟。第二天，她在梅泽贝格宫会见了法国总统马克龙，并参加了法德部长会议。两位最重要的欧洲政治家就欧元区改革的主要方针达成一致，包括各自的投资预算。批评者立即表示怀疑，总理是在收买法国人的支持，以化解与基社盟的分歧，并通过在难民政策上的妥协来挽救她的总理职位。在新的难民政策分歧开始前一周，她已经勾勒出了"答复马克龙"的大致轮廓，对此马克龙期待已久。她现在的节奏和语气无疑是出于无奈。

6 月 28 日，默克尔前往布鲁塞尔参加欧盟峰会，政府危机已经持续了两个半星期，距离基社盟最后通牒的期限仅剩几天。当天深夜，意大利总理孔特收到了默克尔的临时盟友马克龙口述的妥协文件——未来，欧盟外部边界应设有"管控中心"，在难民前往成员国之前对其庇护申请进行审查；如果申请遭到拒绝，难民应被转移到欧盟境外国家设置的"地区登陆平台"。这个计划从未付诸实践，因为欧盟之外没有国家愿意建立这样的中心。但就目前而言，默克尔可以宣布这些措施比泽霍夫的计划更有效，从而使后者作废。

德国总理为了拯救她的国内权力基础，与 28 位国家元首和政府首脑进行了会晤。这种情况不常出现，但这一次它奏效了，因为牵扯到各国领导人的利益：自由民主派政府不希望欧洲中部最大的国家陷入政治混乱。而民粹主义政府则没有共同目标。泽霍夫的所谓盟友，即奥地利的塞巴斯蒂安·库尔茨或意大利新任内政部部长马泰奥·萨尔维尼，也不想接收被德国拒绝的难民。

基社盟本可以作出让步并挽回面子，将布鲁塞尔的决议宣布为他们取得的成功。基社盟的亲欧派政治家曼弗雷德·韦伯试图宣称，他的政党"撼动"了欧盟。泽霍夫对此有不同的看法。周六回国后，默克尔在总理府与他争论了两个小时。会谈只产生了一个具体结果：第二天，许多报纸的头版刊登了默克尔和泽霍夫在总理府阳台上气氛紧张的照片，默克尔怒气冲冲，手里拿着酒杯。如果总理最后在分歧中输给基社盟，这张照片就会成为她失败的佐证。但它实际上产生了一种团结效应：大多数选民支持总理。

　　泽霍夫感到自己被慕尼黑的党友们抛弃了：他们先是把他赶到树上，现在又比他先撤退。他不想继续这么做了，于是采取最后一种冒险的手段：威胁要辞去基社盟主席一职。这个方法奏效了，因为他的继任者当时还不想接管基社盟的领导权。从索德尔到多布林特，这些领导人都觉得，10 月的巴伐利亚选举将会失败，而泽霍夫可以对此负责。基社盟会议持续的时间越来越长，默克尔派来参会的基民盟委员会成员先回家了，因为那天晚上不可能达成协议。

　　第二天，议会党团再次召开特别会议，基民盟和基社盟的成员再次会面。秘书长克兰普－卡伦鲍尔把总理拉到一边，她曾与泽霍夫的家庭政策国务秘书、现任议长的老朋友马库斯·克尔伯商量过：如果由政坛老前辈沃尔夫冈·朔伊布勒在默克尔和泽霍夫之间调解，难道不是一个好主意吗？朔伊布勒被视为这场冲突中的中立者，因为他和这二人的政策都保持距离。默克尔同意了。

　　2018 年 7 月 2 日，下午 4 点，在国会大厦静寂的议长层，默克尔和泽霍夫来到朔伊布勒巨大的办公室里，情景显得有些超然。谈话在安静的气氛中进行，没有人大喊大叫。朔伊布勒后来分析道，问题的本质是双方固执己见。朔伊布勒在回首往事时自嘲地说，他自己有时也是这样，因此可以作出判断。讨论的重点是欧洲法律是否涵盖了德国拒绝难民入境的权利。朔伊布勒放弃了道义上的诉求，把谈话完全集中在这个问题上。这位法学家和前内政部部长拿出《都柏林公约》，该条例规定了有争议的遣返问题；他提前准备好了这份文件，并用它打破僵局。随后，双方商定了一个保全面子的解决办法：寻求庇护者不应直接被拒绝在边界之外，而应从德国境内的"过境中心"被遣返，类似于机场的过境区；最后一点，德国不应单方面遣返难民，而应根据与邻国签订的管理协定行事。

由此避免了政府危机。当基民盟和基社盟的谈判代表团随后在基民盟总部召开涉及面更广的会议时，只剩下一些形式工作需要完成。默克尔和泽霍夫分别发表了声明，泽霍夫也在前一天晚上撤回了辞职声明，并写道："这项明确的协议使我能够继续负责德国联邦内政、建设和家园部。"

这听上去仿佛他唯一关心的问题就是他自己的未来——不久之后，这一印象得到了强化。他69岁生日那天，69名阿富汗人被驱逐出境。绝大多数评论员认为，"斗士"默克尔"取得了惊人的胜利"，她的职业生涯"远未结束"，而内政部部长缺乏担任这一职务的"道德成熟度"。

事实上，妥协方案符合默克尔的多边路线。随后，只有默克尔在欧洲政府首脑中的社会自由派朋友签署了遣返难民的协议，例如西班牙新首相佩德罗·桑切斯或希腊的亚历克西斯·齐普拉斯。泽霍夫的所谓盟友，即奥地利和意大利则拒绝了这一方案。

内政部部长宣布，如果协议失败，将重新掀起争论——这成了一句空洞的威胁。因为索德尔彻底改变了方向：从那时起，他不再扮演温和的调解者，而是尽力拯救基社盟在巴伐利亚的竞选。基社盟最后获得了37%的支持率，在各种分歧之后，这是相当不错的成绩。与上届选举相比，基社盟损失的票数和绿党、选择党上涨的票数几乎一样多，索德尔严格与德国选择党划清界限。难民政策分歧的最终结果是基社盟回归政治中间路线：巴伐利亚州州长支持总理的"中间道路"，反对基民盟右翼的指责。

马　森

　　基社盟挑起的难民分歧重新激起了德国的政治两极分化，默克尔和泽霍夫之间的协议并没有平息这种状况。8月25日至26日晚上，在开姆尼茨城市节上，35岁的德国裔古巴人丹尼尔在与寻求庇护者的打斗中被刀刺死。谣言很快在城里传开：被杀的男人想保护一个"德国女人"免受难民的性骚扰。

　　8月26日，星期天的下午，一群右翼极端分子聚集在市中心的卡尔·马克思纪念碑附近，其中一些是从国外赶来的。他们行纳粹礼，高喊纳粹口号，袭击警察并追赶那些他们认为是移民的路人。关于骚乱的视频很快在网上流传开来。在接下来的几天里，萨克森警察几乎无法控制局势，给人的印象是，这些警察大概根本不想管，因为之前发生过类似情况：德累斯顿的警察前不久曾试图干涉记者报道反对默克尔的示威游行。在公众抗议之后，开姆尼茨检察院决定启动200多项调查。

　　默克尔反应迅速，她让政府发言人宣布："我们不能容忍这样的集会，也不能容忍对不同长相、不同背景的人的追捕，或企图在街头散布仇恨，这些行为在我们的城市里没有立足之地。"很快，争论不再围绕问题本身，而是"追捕"一词是否适用。对此，总理不久与萨克森州州长兼该州基民盟主席迈克尔·克雷奇默发生了争执，由于德国选择党在去年的联邦议院选举中获得胜利，克雷奇默担心自己明年是否连任。默克尔坚称，我们有视频记录了追捕、骚乱、街头仇恨。克雷奇默则声称"没有追捕"。

　　当宪法保卫局局长汉斯–格奥尔格·马森出面干预时，这场争论在柏林政府联盟中演变成一场危机。9月7日，《图片报》援引他的话说，他对总理的表述表示怀疑。他说："宪法保卫局没有任何可靠的信息表明发生了此类追捕"，也没有证据证明视频的真实性；相反，有"充分的理由"表明，这些"有针对性的虚假信息"目的在于"尽可能地分散公众对开姆尼茨谋杀案的注意力"。

这条声明引起了多方争议。马森作为政府官员公开反对总理，据说，他甚至与泽霍夫商量过这些话。他淡化了右翼极端主义活动，原本打击这种行为是他作为联邦宪法保卫局负责人的公职之一。马森在这样做时，没有任何确凿证据能够支持他的主张。尽管他派部下在接下来的周末为他的理由寻找证据，但一无所获。马森周一表示，他不想说视频"本身"是伪造的。

政府里几乎没有人怀疑默克尔打算立即辞掉这位不忠诚的官员。不仅《图片报》中的言论表明他缺乏忠诚度；2015 年秋季，他已经半公开地反对过总理的难民政策。作为基民盟成员，他赞同该党右翼保守派的"柏林圈"[①]。在默克尔权力巅峰时期，她可能会解雇马森，尽管他背后有泽霍夫撑腰。但她的权力已被削弱，也不想与泽霍夫发生新的冲突。

默克尔希望社民党联盟伙伴为她完成这项工作。但社民党主席纳勒斯无论如何都不想再次为总理火中取栗，而总理自己却不敢采取行动。马森在 9 月 12 日晚上设法与联邦议院的内政委员会取得了联系，并敷衍地表示道歉，社民党随后并未要求他辞职。第二天早上，默克尔的心腹们很难掩饰自己的失望。

但社民党无法坚持这种做法。由于来自党内的压力巨大，几个小时后，社民党领导层要求马森辞职。在一次危机会议上，联盟领导层决定解除马森在宪法保卫局的职务，并将他调去内政部

---

① 联盟党成员注册的一个协会，呼吁加强联盟党的保守价值观和市场自由主义。——译者注

担任国务秘书，后者反而薪水更高。这又激起了社民党成员的不满，纳勒斯不得不收回她对妥协的赞成意见。默克尔和泽霍夫立即同意重新谈判。此后，马森不再是内政部的国务秘书，而只是一名特别顾问，工资没有增加。在一次不同寻常的自我批评中，默克尔表示，当时她欠缺考虑，马森犯了错还能升职，我对此感到抱歉。

马森本人很快就证明，人们对他的怀疑是非常合理的：6 周后，他在欧洲特勤局局长"伯尔尼俱乐部"的告别演说中声称，"社民党中的左翼激进势力"导致他失去了原来的职位，德国奉行"理想主义、幼稚和左翼的外国人政策和安全政策"。宪法保卫局局长淡化右翼极端主义罪行，又诋毁部分社民党成员是"左翼激进分子"——马森必须离开。泽霍夫立即让这位由他指定的特别顾问暂时退休。随后，马森开始了他的第二个职业，在支持德国选择党的观众面前演讲。最终默克尔是对的，但她首先把做决断的机会留给了泽霍夫。这场风波最严重的附带损害是联盟伙伴关系变得更加不稳定。在公众舆论中，社民党主席安德里亚·纳勒斯对马森的升职事件负有责任，这进一步削弱了她在该党的领导地位。

告　别

由于第二天基民盟／基社盟议会党团要对主席投票，9 月 24日，总理感到有必要对马森升职事件进行表态性的自我批评。与前一年不同的是，默克尔的心腹沃尔克·考德尔这次不得不面对一位竞争对手。4 个星期前，即 8 月 27 日，拉尔夫·布林克豪斯出现在总理府：他是议会党团的副主席之一，负责预算和财务，几乎不为公众所知。他公开告诉总理，他想竞选议会党团主席，希望她能推荐他。默克尔没有认真考虑他的请求，因为当时正值开姆尼茨暴徒肆虐；另外，让她放弃老朋友考德尔——这个想法也非常荒谬。她不相信布林克豪斯在竞争中有获胜的机会。大多数记者也是这么看的。

当国会议员于 9 月 25 日开会投票时，默克尔比平时准备得更充分。她为简短的演讲准备了讲话提纲，并推荐考德尔。考德尔在竞选演讲时显得张皇失措，上周针对马森薪酬的争论使得党团内部气氛进一步恶化。而布林克豪斯则精心准备了他的申请演讲，并在离开总理府后，与许多国会议员进行了交谈。

投票结束后，默克尔一脸沮丧地回到党团会议室：她的候选人考德尔只获得了 112 票，而挑战者获得了 125 票。布林克豪斯获胜，打破了默克尔权力体系的一个支柱。记者们在外面等着，他们已经作出判断：这一天标志着默克尔的执政生涯开始走向尽头。接着总理走出来，面无表情。她平静地说道，这是一个民主时刻，其中也包括失败的情况，这没什么可掩饰的。她愿意尽我所能地支持布林克豪斯。

第三天，记者问政府发言人，默克尔现在是否会对联邦议院进行信任投票。"一个非常明确的'不'，"塞伯特答道。又过了一天，默克尔出现在康拉德·阿登纳基金会，仿佛什么也没发生。晚上，在奥格斯堡的一次活动上，她甚至宣布，她将在 12 月再次申请基民盟主席职位。她甚至不想排除在遥远的 2021 年第五次竞选总理的可能性：现在肯定还没到说明这个问题的时候。这符合政治基本原则，即不要过早地宣布自己是"跛脚鸭"①。而

---

① 跛脚鸭：指即将卸任的政治人物，由于其影响力下降，其他官员往往不太愿意与其合作。——译者注

报纸已经在为总理的政治生涯印刷"讣告"了，在那些日子里，几乎没有人觉得默克尔能留任到 2021 年秋季的正常大选。

默克尔的平静让一些人印象深刻，也让另一些人不知所措。在党团会议中失败后，越来越多的迹象表明，党内的局势可能对主席不利。在马森事件和考德尔下台之前，默克尔实际上也在认真思考她作为总理在国内政治中最糟糕的一年。

她在假期里没有露面。德国公众通过《新南蒂罗尔日报》得知，默克尔今年不去她经常住的南蒂罗尔酒店，给安保人员预订的房间也被取消了，只有约阿希姆·绍尔和他的一个儿子会来几天。人们一直在猜测总理的下落，直到发现：默克尔在乌克马克度过了这个打破干燥炎热纪录的夏天。她在此期间前往慕尼黑和拜罗伊特观看了四场瓦格纳的歌剧，在返回总理府之前，和丈夫在西班牙新首相佩德罗·桑切斯的安达卢西亚夏季住所度过了一个周末，与这位志同道合的社会党人讨论难民问题。

受特朗普当选的震撼，她决定在 2017 年再次竞选总理，但似乎早就后悔了。默克尔对相关的询问几乎毫无反应。唯一一次，在庇护争论开始时，访谈节目"安妮·威尔"的主持人问她是否后悔自己的决定，她透露了一点：她没有时间思考这个问题。无论如何，这都不是一个否定回答。

默克尔在乌克马克思考了这个问题。她一直强调总理和党主席的职位是一体的，格哈德·施罗德在 2004 年辞去社民党主席一职，也失去了他作为总理的未来。在目前的情况下，也许只有放弃党主席一职，才能有尊严地结束总理生涯。这年夏天，默克尔在霍亨瓦尔德与她最亲密的政坛好友安妮特·沙万谈到了这件事，后者刚刚辞去了驻梵蒂冈大使的职务。默克尔后来说，她在那年夏天就在考虑放弃基民盟主席一职。但"考虑"并不是"决定"：放弃仍然只是一种选择。默克尔并没有作出承诺，甚至自己也不确定。

很快就有传言说，默克尔可能会在党代会上遇到竞争对手，至少她的票数会减少。先是有三个人宣布要竞选党主席，这三个人在很大程度上是默默无闻的角色，也无疑证明默克尔的权力已经受到了侵蚀。10月中旬，她从欧洲人民党主席、法国人约瑟夫·道尔那里得知，她的老对手弗里德里希·梅尔茨正准备在沃尔夫冈·朔伊布勒的支持下参选。10月11日，《南德意志报》在其网络版中推测，梅尔茨可能参选——如果黑森州的选举失败，没有人知道"在12月初的党代会之前会发生什么"。默克尔的支持者也怀疑，她是否会再次参选。

总理等待10月28日的黑森州选举结果。基民盟损失了11%，仅获得27%的支持率，而绿党则上升了近9%，接近20%，这足以让基民盟党人沃尔克·布菲耶领导下的黑-绿联盟得以延续。因此，尽管损失惨重，但几乎没有人觉得默克尔会放弃党主席职位。下午，默克尔按照选举日的惯例打电话给她的秘书长。克兰普-卡伦鲍尔说，她在那天晚上问默克尔是否竞选党主席，她怎么打算。你可以参考奥格斯堡，默克尔回答说。默克尔指的是4个星期前，当时她宣布想再次参选。两位女士约好在周中详谈。

令克兰普-卡伦鲍尔惊讶的是，默克尔第二天早上就想讨论，她发了一条短信。上午8时50分左右，主席团会议开始前不久，默克尔进入党总部的秘书长办公室。她谈到了在党代会上取得糟糕成绩的风险，以及关于梅尔茨早有准备的传言，简而言之：默克尔说，她将不参选。这让克兰普-卡伦鲍尔感到震惊，她比其他人提前10分钟得到这个消息。克兰普-卡伦鲍尔在犹豫，是否申请当继任者，默克尔鼓励她参选。

主席团同样感到震惊，消息迅速传出，随后参会的理事会成员也收到了提醒。即将离任的上司给克兰普－卡伦鲍尔带来了小小优势，使她能够提前集中精神。她较为平静地宣布，她将参加竞选，之后掌声响起。多年来一直致力于接替默克尔的延斯·施潘大吃一惊，他毫无准备地宣布，自己也要参加竞选，却没有任何掌声。梅尔茨也通过《图片报》透露了这个意图，第二天又亲自作了说明。又过了一天，他在联邦新闻发布会之前出场 20 分钟，庆祝他在政治舞台上复出。

虽然只有三名候选人，但这场竞争立即被称为"决斗"。施潘的角色被淡化了，因为一个更根本的替代方案已经浮现。自从 2002 年梅尔茨的议会党团主席职位被废黜以来，他为这一刻等待了整整 16 年。他在公开场合对默克尔的成就表示赞赏，但暗中认为，这位东德物理学家的当选是历史错误。他偶尔透露，他一直在思考，如果自己坐在默克尔的位子上会如何做得更好。直到最后他都想不通，这位东德物理学家是从哪里冒出来的，以及她是怎么当上总理的。

卸任党主席后，默克尔所到之处都受到热烈欢迎。2018 年11 月，她在贡比涅与法国总统马克龙一起纪念第一次世界大战结束，这也被视为告别之旅的一个环节。

从本质上讲，一旦梅尔茨获胜，则意味着默克尔的政治遗产遭到了否定。这也是默克尔本人的看法，尽管她明面上没有参加党内竞选。当三位候选人在"地区会议"上与基民盟成员讨论时，她对这场比赛未作评论。默克尔无论走到哪里，都受到热烈欢迎，仿佛这位世界政治家提早开启了告别之旅。在欧洲人民党大会上，在柏林里克大街犹太会堂的大屠杀纪念日活动中，她都获得了经久不息的掌声。参加第一次世界大战结束 100 周年纪念活动时，她与马克龙一起坐在康比涅的火车车厢里，受到广泛好评；她在联邦议院预算辩论中异常慷慨激昂的表现也被人们称赞不已。

在黑森州选举当天，许多记者都认为这是默克尔的失败；但现在，报纸纷纷称赞她在最后一刻大胆转变。这一事件让人想起 2002 年沃尔夫拉特豪森的早餐，当时她已经预料到自己不会获胜，因而表现出愿意帮助基社盟对手斯托伊贝尔获得总理候选人资格。

然而在党内，离别之痛并不像国内外舆论中那样一致。梅尔茨强烈渴望与默克尔和她的自由主义路线决裂，他与秘书长克兰普－卡伦鲍尔进行了一场势均力敌的比赛——尽管他在竞选活动中犯了错误，并且失败了。作为一名商业律师、监事会成员和前议会党团主席，这位精力充沛的演说家在政治手腕或公司运营管理方面没有任何经验。由于听从了缺乏政治经验的商界公关人员的不良建议，梅尔茨一次又一次地遭遇不幸，甚至无法避开关于他财务状况的浅显问题。他提出取消个人基本庇护权，又在第二天收回这一要求。他经常准备得很不充分，又认为自己不会被打败。而克兰普－卡伦鲍尔则开展了更专业的竞选宣传，并更加努力。

尽管存在原则性冲突，但在这 4 周里，所有参与者都表现得仿佛这只不过是党内民主欣欣向荣的景象，摆脱了过去的仇恨和冲突。在决定性投票的前两天，情况出现了变化，当时《法兰克福汇报》对联邦议院议长朔伊布勒进行采访。"对国家来说，梅尔茨获得多数席位是最好的结果，"他说。这并不奇怪，因为柏林的每个人都知道他和梅尔茨之间有私人友谊。前一年朔伊布勒过 75 岁生日时，梅尔茨也被邀请参加私人庆祝活动。然而公众觉得，这实际上是他们的后期报复，因为他们都认为自己被默克尔骗走了个人职业发展的机会。朔伊布勒的插手也可以被解释为一个迹象，即梅尔茨阵营此时正紧张不安，担心落败。

2018 年 12 月 6 日，默克尔前往汉堡参加党代会，并在一个码头短暂参加了新闻发布会。与往常不同的是，她这次并没有与主编坐在一张单独的桌子旁长达数小时，只作了简短问候，借此再次表明她想完全置身于决策之外。随后她走向一个全是女记者的小组，在那里参与了热烈的交谈，并早早离开了活动。然而，她的部下给人的印象却是，他们已经为失败做好了准备，告别气氛笼罩着整个现场。

第二天早上，当党代会的正式部分在汉堡展览中心召开时，这种印象得到了加强。默克尔当了将近 19 年的党主席，发表告别演讲时显得十分激动。我非常清楚，这是在考验你们，她谈到自己的风格，即不要对政治对手的每次攻击作出相同反应。默克尔表现得非常克制。在这个非常激动人心的时刻，代表们的掌声持续了将近 10 分钟。长期担任基民盟联邦执行董事的克劳斯·舒勒泪流满面。鲍曼、克里斯蒂安森、塞伯特和往常一样，坐在后面的隐蔽座位上观看这一场景，从他们的表情来看，仿佛预感到终点即将到来。

在候选人的竞选演讲中，默克尔只扮演着旁观者的角色。克兰普－卡伦鲍尔的演讲在主观上、情感上都比预期要好，内容鞭辟入里。梅尔茨先是对历史和世界政治进行了抽象的陈述，他读着稿子，很少抬头，无论如何都没有带动场内情绪。克兰普－卡伦鲍尔发表了她职业生涯中最好的演讲之一，而梅尔茨则恰恰相反。梅尔茨阵营陷入巨大恐慌，气氛愈加紧张。第一轮投票没有分出胜负：克兰普－卡伦鲍尔获得 450 票，梅尔茨 392 票，施潘 157 票。在第二轮投票中，青年联盟的大多数代表从施潘转向了克兰普－卡伦鲍尔，后者后来让青年联盟的主席保罗·齐米亚克成了她的秘书长。最终的结果很明确：517 名代表投票支持克兰普－卡伦鲍尔，482 名支持梅尔茨。

默克尔的脸上露出宽慰，追随她的人也无法抑制心中的喜悦。这个答案不仅关系到默克尔会在总理职位上留任多久，也关系到基民盟是否将默克尔时代定义为历史错误，并将时钟拨回她刚掌权的那一天。在那个晚上，人们看到了特别的一幕：默克尔坐在中间，克兰普－卡伦鲍尔和她的丈夫坐在旁边，对面是施潘和她的丈夫，所有人都兴高采烈地交谈着。这是一个明显的迹象：由于梅尔茨参选，卫生部部长和总理的关系显著缓和。梅尔茨和朔伊布勒坐在桌子两端，这两位政治家属于过去，此时看起来仍是这样。

气候总理

2019 年 5 月 26 日，关键的欧洲议会选举正式开始。与联邦议院选举相比，联邦党的支持率进一步下降，仅获得近 29% 的选票，而绿党的成绩则翻了一番，超过了 20%。当基民盟陷入人事纷争时，绿党似乎团结一致。作为反对党，他们不必接触联邦层面的现实政治而弄脏手指；在 2018 年的干旱夏季之后，气候政策突然再次成为政治议程的首要任务，这也使绿党受益匪浅。

自从瑞典女学生格蕾塔·通贝格于 2019 年 1 月在达沃斯世界经济论坛上发表高调演讲后，德国年轻人每周五也走上街头，呼吁制定更有效的政策，应对全球变暖。2018 年的夏天格外炎热干燥，这个话题成了人们关注的焦点。当时人们乘坐飞机从德国上空穿过时，看到的不是熟悉的绿色，而是干涸的土黄色，几乎让人联想到沙漠。在欧洲大选前 8 天，26 岁、头发染成蓝色的"优兔网"明星博主雷佐发布了一段视频，标题具有挑衅意味——《基民盟的毁灭》，内容主要抨击联邦政府的气候政策，并站在保守价值观的对立面。雷佐在视频里说，在他自己的公司里，他无法容忍那些不断设置目标但又不能实现目标的员工。他讽刺的是政府一直无法实现气候计划。视频无疑是片面且挑衅的，但至少在气候问题上，它的描述准确并且基于事实。

克兰普－卡伦鲍尔及其秘书长保罗·齐米亚克领导下的基民盟反应迟钝。党内领导人对学生逃课参加气候罢工提出警告，并没有认真对待气候问题。为了回应雷佐的视频，党总部传出消息，来自前波美拉尼亚的同龄基民盟议员菲利普·阿姆托尔也录了一段视频。阿姆托尔由于进入政治舞台的年龄较小，有一定知名度，但是这段视频一直没有被公开。基民盟以文本形式发布了一份长达八页的"事实核查"。在欧洲大选之前的日子里，公众一直嘲笑基民盟及其曲别针和传真机时代的沟通方式。

周一，当克兰普－卡伦鲍尔在欧洲大选后站在记者面前为失败辩护时，给基民盟又带来一个麻烦。经过一个多小时，漫长的新闻发布会终于结束，她批评雷佐煽动粉丝不投票给基民盟或社民党，并指出，德国的传统媒体不会直接给出投票建议。这在社交媒体上立即引发了一场辩论，即基民盟领导人是否想限制言论自由。克兰普－卡伦鲍尔不得不发布一条推文作为回应：这一指控很荒谬，"但我们必须谈论竞选中的规则"。她的做法让事情变得更糟，特别是做了默克尔一直避免的事情：在选举前和选举后都犯了同样的错误。

那些以前相信基民盟和社民党能够领导未来的人现在也觉得，在 21 世纪，这些全民党还保留着侏罗纪时代的思维。"数字文盲"、无视气候政策，这两个因素以最坏的方式结合在一起。这次溃败的部分原因是，克兰普－卡伦鲍尔觉得她必须向党内右翼让步，但从难民政策到气候政策，人们已经自然而然地将她划为保守派。

默克尔已从繁重的党派政治争辩中解脱出来，在欧洲大选两天后，她还接受了美国新闻频道 CNN 关于世界政治局势的重要采访。雷佐的视频发布后不久，值《基本法》颁布周年纪念，联邦总统宴请宾客参加茶话会。有人听到，默克尔在一桌轻松愉快的来宾中表达了对雷佐视频的赞同。显然，默克尔走政治中间路线的原则不是完全错误的；从 1995 年的波恩气候大会到 2007 年海利根达姆八国集团首脑会议，再到即将于 2019 年举行的联合国气候大会：她对国际气候政策的承诺也都没有错。

学生的示威活动和明星博主雷佐的攻击，无疑都是在清算默克尔的政策。在国际层面上，她也没有像"气候总理"这个称号暗示的那样始终如一地推进这一议题。在 2009 年的哥本哈根气候大会上，由于中美两国的反对而未能达成协议。她在这个主题上无法取得更多收益，因此不再投入过多政治资本。当然，这也是因为金融危机和欧债危机束缚了全部政治能量——两大危机在许多国家造成了巨大的经济破坏，大多数政府几乎不惜一切代价地追求经济增长。气候政策停滞无疑是个事实。

德国国内对气候政策的忽视更为明显。默克尔的气候决策在国际峰会上受到赞扬，但如果需要冒个人政治风险，她便很少这样做。这些疏漏在新的气候争论中被暴露出来。2018 年，德国排放了相当于 8.58 亿吨的二氧化碳；2005 年，即默克尔上任的那一年，这一数字为9.93亿吨。降低的排放量远远低于目标。在新冠肺炎疫情之前，联邦政府自己设定的到2020年温室气体排放量比1990年减少40%的目标似乎遥不可及，已经降低的大部分排放量是由20世纪90年代初东德工业衰落实现的。

各部门的结果差别很大。最糟糕的是交通运输部门，排放量不仅没有减少，甚至还略有增加。由于人口流动性稳步增长，货运量连续增加，尽管汽车设计更加节能，并且也扩建了铁路，仍然无法降低排放量。长期以来，德国汽车公司的经理们一直对气候保护或消费者行为变化等大趋势视而不见。2015年秋季，大众集团被发现在其汽车上安装了失效性装置，当车辆处于检测状态时，可降低尾气排放量，使其低于氮氧化合物的排放限值。其燃油消耗和二氧化碳排放方面的数值一直都被略加美化，但这一"柴油丑闻"更加动摇了人们对该行业的信心，在总理看来也是如此。

但默克尔仍旧一再保护德国的领先行业。2013年在布鲁塞尔，欧盟对机动车辆平均二氧化碳排放量的限制过于严格。与标致、雷诺或菲亚特相比，这会对奥迪、戴姆勒或宝马等德国高端制造商的大型汽车造成更大的打击。默克尔并不需要动用广泛的个人关系：汉斯－克里斯蒂安·马斯曾在1990年担任西德顾问，为她的政治生涯铺平了道路，多年来一直担任大众汽车集团柏林代表处的负责人；她的前政府发言人托马斯·斯特格在离开后负责沃尔夫斯堡的政府关系；她的前国务部长埃卡特·冯·克莱登被戴姆勒聘用；曾担任总理府国务部长的希尔德加德·穆勒在担任过其他几个职位后，成为汽车工业协会主席。

默克尔认真倾听了老友们和他们的现雇主的担忧，因为整个国家非常依赖汽车行业。不只是汽车制造商和供应商经常提到的

80 万个工作岗位，许多地区的价值创造和消费也都依赖这些工厂，这里往往提供高薪且有工会保障的工作。因此德国总理总是面临两难的境地，即使她知道，从中长期来看有必要进行变革，但短期内她仍会保护德国汽车制造商。与"汽车总理"格哈德·施罗德相比，第一位女总理不应当被视为造成了德国作为经济区位的风险。

与交通部门相比，电力生产部门在气候目标方面表现得更好。2011 年宣布"能源转型"之后，可再生能源，特别是风能的发展取得了长足的进步，但仍需要很大一部分绿色电力来弥补核电的损失。虽然核电有风险，但不会排放二氧化碳。德国燃煤发电站的比例仍然相对较高，这种发电方式对全球变暖影响最大。在 2017 年至 2018 年冬季的联盟谈判中，特别是失败的"牙买加"联盟，"煤炭退出"成了主要议题。社民党对这个问题的重视程度低于绿党；上任一年多之后，默克尔的第四届内阁仍未开始具体实施削减目标。

欧洲选举惨败之后，一切都进展迅速。6 月 5 日，在联邦议会党团会议上，默克尔宣布，不应再把气候政策当成无关紧要的小事。人们认为这是反对克兰普 - 卡伦鲍尔的观点，她在欧洲大选前曾严格拒绝征收二氧化碳税，并因此受到党内竞争对手阿明·拉舍特的批评。默克尔一改平时的做法，她正在进行期望管理，这种期望随后又变成了失望。

就联邦政府的习惯而言，一切都发生得异常迅速。暑期结束后不久，9 月 20 日，联盟会议在令人筋疲力尽的夜间就"气候方案"达成一致。方案包括引入二氧化碳定价，但不是按照固定最高限额的交易体系，而是以 10 欧元作为初始固定价格。与普遍预期相反，由于担心选民愤怒，危机四伏的社民党尤其反对提高收费标准。疲惫不堪的总理简明扼要地告诉批评者：*政治就是让一切皆有可能。*

默克尔可能已经想到，该法律需要获得联邦参议院的批准，绿党会在其中发挥重要作用，可能要求改进：当年底制定最终决议时，绿党已进入 16 个州中的 11 个州政府。12 月，联邦议院和联邦参议院的调解委员会将二氧化碳排放的初始价格提高到每吨 25 欧元。2020 年 1 月，联邦和州政府最终达成一致，最迟在 2038 年之前逐步淘汰燃煤发电；宪法法院作出裁决后，联盟于 2021 年再次提高气候目标。受外部压力，默克尔时代的气候政策遗产终于形成。环保组织认为，计划进展的速度太慢了，但对于二氧化碳交易算是一个有约束力的计划，并且也设定了煤炭发电的结束日期。由于之后出现了其他危机，公众对这个话题的关注已经减少。

新 自 由

2018 年 12 月的汉堡基民盟党代会之后，默克尔的总理生涯进入了一个新阶段。在党代会结束后的几个月里，陪伴默克尔出行的人见到了一位从日常政治中解脱出来的总理。她散发出一种平静的气息，与早年的过分谨慎形成鲜明对比。另外，体格健壮的总理已经 64 岁了，身体方面也透露着职业的痕迹。在长途航班上，她不再总是愉快地坐在疲惫的记者中间，有时角色甚至掉转过来。

随着离开原来的职务，默克尔得以有时间观察继任者的工作。自从克兰普－卡伦鲍尔以微弱优势当选党主席以来，就试图接近党内正处于下风的那一派。在一次"移民研讨会"中，她试图摆脱默克尔的难民政策，总理对此表示不满。克兰普－卡伦鲍尔还在一次嘉年华活动中取笑关于性别的辩论；她对马克龙的回应，被巴黎理解为严厉的拒绝。

与梅尔茨竞争时，克兰普－卡伦鲍尔仍然被认为是默克尔的自由派支持者，因此被党内右翼拒绝；在赢得选举后，她似乎是一个来自乡下的老保守分子，想让历史的车轮倒转。她的计划没有奏效：她想先安抚与默克尔不和的党内右翼，以便在下次联邦议院选举之前争取政治中间派。但这种方法过于老套，政治趋势变化太快：在她真正开始行动之前，已经失去了游离票。

弗里德里希·梅尔茨急于迅速告别默克尔，早在2019年初就敦促默克尔交出权力：他指出，默克尔只有迅速离开总理职位才能在党代会后利用自己的优势，并在下届联邦议院选举中获得额外的职务奖励。默克尔并不认为这是一个好主意，因为她想有尊严地结束自己的任期，并且她还认为，克兰普－卡伦鲍尔走错了路。她怀疑这个策略是和社民党商量好的——并在小圈子内警告，提前选举可能给政治稳定带来风险：在解散联邦议院和重新选举之间的两个月内，可能出现无法预见的情况。

默克尔还向党主席明确表示，她决心留任至2021年秋季的正常选举日期。2019年5月中旬，在欧洲大选惨败之前，克兰普－卡伦鲍尔公开结束投机行为。她在一次采访中解释说：人们选出总理，是让总理领导完整的一个议会任期，"因此我不会致力于故意提前换届"。在某种程度上，她的举动很像沃尔夫冈·朔伊布勒，在赫尔穆特·科尔执政的后期，朔伊布勒也服从了总理的计划。默克尔不认为这是自己的错：她只能将潜在继任者放在有利的起跑位置，但他们还得靠自己保住地位。

总理拒绝在欧洲大选中露面，许多以前批评默克尔的人现在希望她出面。这也被解读为对克兰普－卡伦鲍尔的不信任，更主要的是，它源于默克尔彻底告别党主席职务的决心。默克尔出场时，就像一位政界元老处处受到热烈欢迎，好像她不再对日常政治的低谷负责。她设定了自己的优先事项，对国际政治的关心也有所减少。

在人气排行榜上，由于与党派政治存在距离，默克尔再次位居榜首。欧洲大选后不久，在哈佛大学的毕业典礼上，默克尔发表了关于合作和国际责任的演讲，引起了轰动：在思考和行动时，我们比以往任何时候都更需要多边合作，而不是单边主义；全球化，而不是局限于本民族国家；面向世界，而不是走向孤立主义。简而言之，我们必须齐心协力而非孤军奋战。这也包括，我们不称谎言为真理，也不把真理当作谎言。世界范围内普遍认为，默克尔的演讲句句针对美国总统唐纳德·特朗普。

政治遗产

克兰普－卡伦鲍尔的低迷和气候政策的进展并不是欧洲大选的唯一后果。与基民盟相比，选举失败对社民党造成了更深远的影响：选举前对党主席和议会党团主席纳勒斯的不满演变为公开抗争。在争吵不休的党团会议几天后，几乎所有人都表示对她不信任，纳勒斯随后宣布辞去所有政治职务，这在很大程度上归咎于她自己。不属于党内左翼的议员在推翻她的过程中发挥了决定性的作用，这是短视的：纳勒斯通过充满激情的党代会演讲，使社民党人支持再次组建大联盟政府，现在，政府联盟失去了一个重要支柱。评论员写道，社民党主席的退出"预示着大联盟的终结"，仿佛木已成舟。

更糟的是，社民党花了很长时间来确定纳勒斯的继任者。直到 11 月底，即社民党主席辞职 6 个月后，情况才明朗：在很大程度上不为人知的联邦议员萨斯基娅·艾斯肯和前任北莱茵－威斯特法伦州财长诺贝特·瓦尔特－博尔扬斯共同领导该党。后者原本已从政坛退出，曾因打击瑞士黑金账户而闻名。

在本届议会任期内，人们第三次觉得安格拉·默克尔即将下台。但结果并非如此。支持大联盟政府的社民党人出乎意料地迅速团结在新主席周围，阻止任何退出计划，因为该党民意调查数字已经跌至毁灭性的13%，任何党主席都不会冒险将已经缩减的席位数量再削减三分之一，想推翻总理的议员本身也不想政治自杀。新任党领导得以继续维持原有的大联盟——这种形式让人联想到希腊总理齐普拉斯的超辩证法：他曾利用反对欧洲援助计划的公投来最终推动这个计划。

对于社民党的情况，默克尔只能袖手旁观，而她积极参与了另一项人事决策：欧洲大选后，必须填补欧洲层面上的领导职位，尤其是欧盟委员会主席一职。德国总理不得不放弃对"领衔候选人"制度的公开抵制。不像之前的让－克洛德·容克和马丁·舒尔茨，这一次的申请者在很大程度上并不广为人知。德国基社盟党人曼弗雷德·韦伯和荷兰社会党人弗兰斯·蒂默曼斯这两位坚定的亲欧派政治家更容易被略过：法国总统马克龙拒绝"领衔候选人"制度，因而否决了韦伯；此外，尽管韦伯是位非常温和的候选人，马克龙也不信任基社盟党人。一时间，似乎形势对蒂默曼斯有利，表面上是为了挽救民主原则——尽管社会民主党没有赢得选举。然而，东欧人反对蒂默曼斯：担任欧盟专员时，蒂默曼斯曾推动对匈牙利和波兰两国政府的法治调查。

7月初举行的国家元首和政府首脑特别峰会提出了解决方案，各方并不惊讶：马克龙提名德国国防部长乌尔苏拉·冯德莱恩担任这一职务。与会者称，一年前在梅塞贝格宫举行的法德和解会议上就提到过冯德莱恩的名字——这表明默克尔可能在韦伯和蒂默曼斯的谈判中起到了一些作用。提名冯德莱恩被普遍视为一种解围。对于她本人而言，她在国内的职业发展已走入死胡同；对于欧洲来说也是如此。只有德国社民党——与它在欧洲的许多姊妹党不同——公然拒绝这个提名。

　　然而，谁来接替联邦国防部部长一职，这个问题并非无足轻重。"总理不打算改组内阁"：凭借这句简短的话，默克尔的发言人在6个月前消除了所有关于弗里德里希·梅尔茨可能进入政府的猜测。虽然延斯·施潘与默克尔在2015年的难民政策问题上仍有分歧，但两人最近已达成和平，因此他成了一个严肃的备选对象。

　　党主席克兰普-卡伦鲍尔面临新竞争。自欧洲大选失利以来，她一直打算加入内阁，并接管国防部。她之前一直坚称，无论政府采取何种具体行动，她都将努力使基民盟重新获得影响力，而现在却决定进入内阁。这也意味着承认，一个执政党很难在反对自己政府的情况下脱颖而出——社民党也有类似的经历。

　　默克尔已满65岁，达到了传统的退休年龄，她似乎在有利的条件下没怎么费劲就规划好了自己的政治遗产。2019年7月17日，这一画面深入人心：三名女性并排坐在贝尔维尤宫的联邦总统府邸：最右边是总理；中间是乌尔苏拉·冯德莱恩，从现在起她将管理默克尔的欧洲遗产；最左边是安妮格雷特·克兰普-卡伦鲍尔，尽管困难重重，但她仍被认为是最有可能接替默克尔的人选。三人都以相似的角度摆放双腿，增强了和谐感。这张照片广为流传。

　　总理移交权力似乎还有另一个原因——同样也是在总统府安排三人坐席的原因：默克尔近期多次在公开场合出现令人费解的

颤抖症状。两年前，在访问遥远的墨西哥时，她第一次出现这种症状；随后在乌克兰总统和芬兰总理访问柏林时，以及在贝尔维尤宫参加司法部部长的离职仪式时，她又突然浑身颤抖。从那时起，默克尔都坐着出席这些场合。她的发言人官方解释了发病原因，称她因为担心颤抖而再次颤抖；医生和心理学家在各种媒体上发表了不同的理论。14 年执政的艰辛以及默克尔最近面临的挑战也在颤抖事件中留下了迹象。

右翼危险

在这个艰难的 2019 年，人们普遍感觉政治体系的稳定性进一步下滑，不仅由于默克尔的健康状况欠佳、基民盟的危机和社民党的自我破坏，来自右翼的威胁也出现了新特质。6 月 2 日，一名右翼极端分子杀害了大力支持默克尔难民政策的基民盟党人、卡塞尔行政区政府负责人沃尔特·吕贝克。这是自"红军旅"恐怖袭击以来，联邦共和国主要州领导人首次被暗杀，也是右翼极端分子第一次实施谋杀计划。起初，人们对该事件的反应出人意料地平静。

但一系列的血腥行为并没有停止。10 月 9 日，在萨勒河畔的哈勒，一名 27 岁的枪手在赎罪日闯入犹太教堂，企图杀害聚集在那里的犹太社区成员。行动失败后，他在一家烤肉店开枪打死了一位无辜的路人和一个客人。2020 年 2 月 19 日，一名 43 岁的哈瑙男子袭击了黑森州的两家水烟吧，造成 10 人死亡。这一次，默克尔的反应迅速而有力，尽管有人指责她没有立即赶到现场。她在一份仓促发布的新闻声明中称，种族主义是毒药。治安当局开始更加认真地对待右翼恐怖主义的威胁。内政部部长霍斯特·泽霍夫和新宪法保卫局局长都表达了这一观点。前宪法保卫局局长淡化这种威胁，甚至同情极端分子的一些立场，此时回想起来更加令人难以置信。这也是总理的严重政治失误，她在这段时间里发出信号：2019 年 12 月，默克尔有生以来第一次参观了波兰的奥斯威辛集中营。

　　恐怖袭击恰逢东部各州选举。勃兰登堡州和萨克森州于 9 月 1 日选出新议会，图林根州于 10 月 27 日完成选举。鉴于德国选择党近期在联邦议院选举中取得了成功，人们担心该党会成为一个甚至几个联邦州最强大的政治力量。由此产生了两极分化的局面：一方面，德国选择党利用这种局面获得了 23.4% 至 27.5% 的选票；另一方面，州长所在的党派也从中受益。

　　想阻止右翼政党获胜的选民在各地都占多数，他们中的许多人决定采取最安全的方式：支持民主党派中最强大的政党。勃兰登堡州的社民党、萨克森州的基民盟、图林根州的左翼党从中获益——一年半后基民盟在萨克森 – 安哈尔特州也是如此。这一策略在勃兰登堡州和萨克森州取得了成功，但形成的联盟反映了政党格局的根本性转变：在这两个州，基民盟和社民党不仅需要联合起来，还必须与绿党联合，组成“肯尼亚”联盟，以便在政府中获得多数席位。图林根州的情况更为复杂，默克尔对此负有部分责任。在她的领导下，基民盟一直表示，排除与德国选择党和左翼党合作。为了使党内的右翼不向极右翼偏离，她认为，必须对所谓的政治光谱的两极都同样表现出厌恶。一些阴谋论者认为，默克尔只不过是伪装过的埃里希·昂纳克的遗产管理人，她一直无法化解这一禁忌。石勒苏益格 – 荷尔斯泰因州或勃兰登堡州的基民盟党人主张与左翼党合作，有时图林根州的基民盟也是这样认为。

　　与萨克森州或勃兰登堡州不同，图林根州受欢迎的州长属于左翼党，政治两极分化导致左翼党和选择党在州议会中占据90个席位中的51个席位。州议会全体会议上弥漫着一股魏玛时期的气息。1932年7月的国会选举中，纳粹党和德国共产党出现了相似的阵势，使得议会的常规工作无法进行。当然，很难真正将务实的州长博多·拉梅洛与斯大林的支持者恩斯特·台尔曼作比较，后者反对议会民主，并将温和的社会民主主义视为他的主要政治敌人。

政治光谱的另一端更是威胁：德国选择党议会党团主席比约恩·霍克是黑森州的一名高中教师，也是党内右翼极端主义团体"羽翼"的代表人物，该派系受到宪法保卫局监控。自从他在德累斯顿的瓦茨克餐厅演讲以来，他的名声在联邦范围内变得可疑。在演讲中，霍克要求"纪念历史的政策必须180度转变"，其言谈举止仿佛是一位纳粹宣传部长。在这个拥有最激进的选择党和最温和的左翼党的联邦州中，教条地坚持已经过时的等距理论似乎很是荒谬。

默克尔和其他大多数政要在选举后不久就忽视了这个问题。社民党成员的决定似乎对联邦政府的稳定更为重要，而在图林根州，问题似乎已经得到了解决。起初人们猜测，拉梅洛可以继续留在原来的职位上，毕竟作为预防措施，他在大选前已经通过议会提交了2020年的州预算。甚至当州长坚持要在州议会正式连任时，各党派的联邦领导人都认为没什么大问题。最后，在第三轮投票中，简单多数票就足够了：为了让拉梅洛以他的红－红－绿少数派联盟重新上任，基民盟会在投票时弃权，不会违反自己的划界决定。

然而，有这种想法的人低估了东德地区基民盟中的离心力。相当多的州议会议员认为，总理2015年的难民政策比与德国选择党合作更危险。此外，图林根州的基民盟主席和议会党团主席迈克·莫林不想接受他的选举失败，试图寻找重返权力政治游戏的方法——首先向左翼党靠近，被柏林否决后再参与右翼党的阴谋。

自民党是决定性的推动力，该党勉强成功地进入了州议会。图林根州自民党党团主席、一家美发连锁店的负责人托马斯·克梅里希想竞选州长一职。他无视自己可能会通过德国选择党的助票上任的警告——显然他并不为此担心。2020 年 2 月 5 日：由于选择党故意不投票给自己的候选人，克梅里希以 45 票对 44 票超过拉梅洛，在第三轮投票中获胜；几乎所有的基民盟和自民党议员都投票支持他，但他的多数票归功于德国选择党的 22 名议员。他不但没有拒绝上任，而且毫不犹豫地接受选举结果，并得到了霍克的祝贺。

克兰普-卡伦鲍尔和索德尔立即明确地谴责了这次选举；自民党主席克里斯蒂安·林德纳则撇清了关系。正在南非访问的默克尔的话最为清楚，她警告：这件事是不可原谅的，因此必须撤销结果。这对民主来说是糟糕的一天，也是与基民盟价值观和信念决裂的一天。与在国外召开新闻发布会的惯例相反，她先是批评了图林根州的选举，之后才谈到她对南非的访问。

一些评论员和党内人士指责默克尔，在卸任之后对基民盟坐视不管。这个论点无疑是断章取义，但如果一位州长在代表右翼极端主义立场的政党的帮助下上台执政，这对总理来说绝对是一个问题。用默克尔自己的话来说，"永不重演"是自 1949 年以来联邦共和国的国家利益。也许有人为她所说的必须"撤销"整个过程而生气：问题恰恰在于，虽然选举结果可以改变，但政治文化遭遇的破坏却无法完全消除。

作为德国政府首脑，默克尔别无选择，但也在党内造成了意料之外的附带损害。世界政治家默克尔的有力言辞立即引起了轰动，也再次证明，在她的影子下，管理基民盟事务的安妮格雷特·克兰普－卡伦鲍尔的权力相对薄弱。默克尔的干预并没有造成问题，却使其成为众人瞩目的焦点：克兰普－卡伦鲍尔未能说服图林根州基民盟改变方向。她虽然去了埃尔福特，却被那里的党友断然拒绝——不得不说她处理这件事的方式很不灵巧。

事件已经超出了克兰普－卡伦鲍尔的能力范围：几天后，即2月10日，她宣布辞去党主席一职，离她的当选刚刚过去一周年。为了对去年秋天的事件进行报复，她只在委员会会议上简短地向默克尔汇报了她的意图。克兰普－卡伦鲍尔提前辞去党主席职务——可以看作是默克尔移交权力的失败，但与默克尔担心的问题不同：分权失败并不是因为总理失去了权力基础，而是继任者的能力还远远没有达到世界公认的政府首脑的高度。此外，克兰普－卡伦鲍尔本人也犯了很多错误。

起初，默克尔相信自己可以解决继任问题，并将其推迟到10个月后的党代会。这个问题很快就不存在了。2月18日，前环境部部长诺伯特·罗特根宣布参加竞选党主席，2月25日，弗里德里希·梅尔茨和北莱茵－威斯特法伦州州长阿明·拉舍特都宣布参选，卫生部部长延斯·施潘竞选副主席。克兰普－卡伦鲍尔违背默克尔的意愿，打算任命梅尔茨为联邦部长，从而阻止他竞选主席，该计划因梅尔茨本人的缘故失败了。选举现已提前，并定于4月25日举行。关于默克尔政治遗产的另一场壮观战斗似乎即将到来，默克尔的追随者、自由派的拉舍特显然最受欢迎。然而，仅仅过了几天，一场规模空前的危机就使基民盟的主席职位争夺战显得不值一提。

7. 新冠危机 (2020—2021)

封　锁

这是第一次。除传统的新年电视讲话外，在任期内，总理从未在其他时候直接向人民发表讲话。但是新冠肺炎疫情大流行改变了一切。2020 年 3 月 18 日，星期三，安格拉·默克尔出现在电视屏幕上，约有 2500 万人观看。她说得简洁、清楚，且切中要害。在公开露面时，默克尔很少扮演自然科学家的角色。这一次，她以科学家的身份担任信息传播者，坚信不疑地告诫公众，没有战术考虑或其他算计。

情势严峻，请务必认真对待：这是默克尔演讲中重复了两遍的中心句。她补充道：自德国统一以来，不，自第二次世界大战以来，我们的国家还从未面临这样一次需要我们齐心协力去应对的挑战。

日常生活很快发生了变化。在可预见的未来，德国人最后一次经历了以前被认为是理所当然的事情：在柏林，人们在 3 月 8 日还能听歌剧，3 月 15 日去酒吧，3 月 22 日在外面吃午饭。虽然私人接触受到限制，但没有像意大利、西班牙或法国那样实行全面宵禁。默克尔和州长在 3 月 22 日作出最后封锁决定之前，人们已经在很大程度上减少了活动，许多员工也在家工作了一到两个星期。由于给默克尔接种新冠肺炎疫苗的医生检测呈阳性，总理也不得不居家隔离 12 天。

默克尔的露面受到了广泛赞誉。《纽约时报》授予她"著名的严肃总理"荣誉称号，这与唐纳德·特朗普形成对比，后者推荐民众注射消毒剂来有效防治病毒。作为一名自然科学家，默克尔看到了这个问题的本质：她立即意识到，人们无法与病毒谈判，这与法学背景的同事们想的不同。她明白，科学研究在不断地发展、摒弃假说并提出新理论，因此需要在政治上改变策略，这也使得她在公众中容易受到攻击。

不久之后，卫生部部长表示："在未来的几个月内，我们不得不更多地相互谅解。"政府试图为未来的错误提前道歉——很快就自食其果。因为人们很快发现，与之前的许多危机相比，默克尔的政治风格不太适合应对一场自然灾害。耐心等待，静观其变，在没完没了的夜间会议中力争达成妥协，凭借时间的流逝冷静头脑——所有这些都不够了：病毒快速传播，在 2020 年至 2021 年冬季艰难的半封锁中，人们变得越来越绝望。冒着很高的政治风险、顶着反对的声音采取积极主动的应对措施：这不是总理的强项，特别是在采购疫苗方面。她也未能鼓舞士气或展望未来——尤其是她本身看待这场疫情并不乐观。

在默克尔发表电视讲话时，新冠肺炎疫情作为主要话题已被德国人讨论了两周。1 月 4 日，《南德意志报》在一篇很短的新闻中提到，巴伐利亚一家汽车供应商内部最先暴发感染，并在 1 月底得到控制；大多数德国人最初并不相信，国内会出现公共卫生紧急状态，过去几年里或真或假的警报导致了这一印象。疯牛病、非典、中东呼吸综合征、猪流感或禽流感：专家们经常预测这些疾病会产生毁灭性的后果，但实际并未发生。这一次，政要和广大民众也不愿相信专家的警告；2013 年，疾控中心罗伯特·科赫研究所曾提交给联邦议院一项关于大流行病风险的分析，在很大程度上也被忽视了。

在政界普遍关注基民盟主席候选人的日子里，人们的观念发生了变化。2020 年 2 月 25 日，即忏悔星期二，卫生部部长施潘表示支持北莱茵－威斯特法伦州州长阿明·拉舍特竞选主席，自己将竞选副主席。在圣灰星期三，施潘首次提到，德国已处于新冠肺炎疫情大流行的开始阶段。拉舍特走访了海因斯贝格县，狂欢节后，那里成了病毒传播的重灾区。与此同时，意大利当局封锁了伦巴第的第一批社区。

3 月 3 日，基民盟和基社盟的议员们注意到，病毒成了总理关注的焦点：默克尔在议会党团会议上不再与任何人握手。她将应对大流行病的具体准备工作交给了卫生部和内政部的联合危机小组。总理没有阻挠医疗防护设备的出口禁令，被其他欧洲国家视为缺乏团结；内政部部长泽霍夫下令对大部分邻国实施边境管制，默克尔对此也没有反对。

直到关于意大利用军用卡车在贝加莫运送尸体的新闻照片流传开来，德国人才意识到危险程度。在危机的早期，默克尔的做法和往常一样：保持沉默。比起 5 年前的难民问题，她认为现在进行期望管理更加重要，因为一旦危机恶化，沟通还有改进的空间：如果像法国总统那样，从一开始就将疫情比作"战争"，那么随后就没有升级的余地了。默克尔更担心的是，其他人会指责她用这种措辞给卫生部部长投下阴影。和往常一样，在默克尔想好怎样表达之前，不会出现在电视摄像机前。

3 月 11 日，星期三，《图片报》的标题是《在危机中没有露面，没有演讲，没有领导力：总理和新冠混乱》。两天前，默克尔在德国－希腊经济会议上简单地讨论了局势，首次详细阐述了自己的立场，之后准备参加联邦新闻发布会。这个地点本身就很不寻常，因为默克尔在一年一度的夏季新闻发布会才去那里。她公开发表了前一天在党团闭门会议上的观点：如果不接种疫苗，那么很高比例的人口——专家估计60％到70％——将被感染。重要的是，我们不能让卫生系统负担过重，而是要减缓病毒的传播，以争取时间。她补充道：我们制定政策的标准要依据科学家和专家的观点。

第二天，默克尔与州长在第一次磋商后作出了具体决定，在随后的疫情中，又不断作出了更多决定。最先施行限制措施的地方是他们以前没想到的：关闭学校。在前一天的会议中，病毒学家克里斯蒂安·德罗斯滕警告说，学生会将病毒传播到各个年龄组，起到危险的桥梁作用；因此，关闭学校对遏制病毒传播"极为有效"，并且"越早越好"。真正推动政策执行的驱动力并非来自科学界，而是州长之间的竞争：每个人都不想被指责反应迟缓。

巴伐利亚州州长马库斯·索德尔尤其脱颖而出。他自2019年10月以来已经主持了一年的州长会议，因此在柏林政府中心的谈判中，总是站在总理的一侧；后来，柏林市长迈克尔·穆勒接管了这一角色。3月12日，星期四，索德尔首次领先出击。默克尔将关闭学校称作一种选择，并且是暂时的，仅在严重暴发疫情的地区，但索德尔已经发布通告：巴伐利亚州决定从第二天起，"关闭学校和日托中心直至复活节"。

索德尔凭借果断的言辞，试图掩盖一个事实，即巴伐利亚州在整个大流行期间都是冠状病毒热点地区——就像奥地利总理塞巴斯蒂安·库尔茨，他的犹豫不决促使病毒从滑雪胜地伊施格尔传播到了整个欧洲。索德尔与总理密切合作，将自己展示为可能的继任者。

随着病毒的迅速传播，人们的情绪越来越紧张；在那些日子里，一名感染者平均感染另外三人。周一，即关于关闭学校的辩论结束4天后，总理再次与州长们进行磋商。3月16日，政府决定对公共生活进行范围更广的限制，默克尔随后详细地复述了涉及的各行各业，几乎包括所有的公共空间：酒吧、俱乐部、迪斯科舞厅和类似场所、剧院、歌剧院和音乐厅、博物馆和类似机构、交易会、展览会、电影院、游乐园和动物园、内外休闲活动场所、特殊市场、游戏厅、赌场、博彩店和类似机构、色情场所、妓院和类似机构、公共和私人体育场所、游泳池和水上乐园、健身房和类似机构、本文件未提及的所有其他购物场所，特别是购物中心和游乐场。所有这些场所都要关闭。新闻发布会使人们想起欧债危机中的一些失败措施，当时默克尔发出的信息因为一些琐碎之处没有实现预期效果。因此，默克尔作出了不寻常的举动：3月18日在电视上露面。

解　封

默克尔曾明确表示，2020年春季的封锁应持续到复活节假期结束。人们不禁猜测，4月20日之后会出现什么政策。政府最初的计划是建议民众佩戴口罩，并下载安装联系人跟踪应用程序，但都失败了。直到市场上医用防护口罩供应充足；国家无奈的采购政策吸引了见风使舵的商人——包括来自基民盟和基社盟的联邦议员，一年后证实了这一点。应用程序在6月中旬才上线，但由于严格的数据保护，最后也没起到作用。

在封锁开始时，州长之间竞相制定严厉的限制措施，现在又尽可能地采取宽松政策。当基民盟主席团在4月20日讨论时，总理抱怨党友的解封讨论狂欢——这个表达很快就家喻户晓。这很快变成了实际的解封狂欢，尤其体现在人们的生活态度中。5

月中旬，大多数联邦州的餐馆重新开放。由于天气晴朗，啤酒花园和街头咖啡馆里很快挤满了人，看到这一景象，仿佛疫情基本上已经结束了。夏季比以往更令人愉悦，大多数家庭取消了原定出国度假计划，或者根本没打算出国，致使德国本土旅游业蓬勃发展。波罗的海度假胜地的喧嚣一如既往，乌克马克的许多旅店老板花了很多工夫才处理完多余的预订咨询，因为餐桌已经被订满了。

在日常生活中，唯一能让人们想起疫情的就是在商店或公共交通工具上必须戴的"日常口罩"。这些口罩有时会变成时尚配饰，与 T 恤或领带的颜色相协调。民间节日、流行音乐会或贸易展览会等大型活动仍被禁止，剧院和电影院只允许在大幅缩减场内人数的情况下才能开放。虽然理论上反复提到"第二波"大流行即将到来，但实际上，大多数公共和私营机构都在为进一步的开放做准备。事态的发展似乎证明了"解封派"的观点是正确的，宗教庆典之后或居特斯洛屠宰场暴发的零星疫情，都被控制在小范围内。

很多人觉得，德国已经逃脱了新冠肺炎疫情。在第一波大流行中，德国每 10 万居民中只有 11 人死于新冠肺炎，大大低于意大利（58 人）、西班牙（60 人）和比利时（86 人）等国家的受危害程度。春暖花开之后，国内外对德国人和他们出色的总理赞不绝口。默克尔的支持率迅速攀升：2019 年底，只有 49% 的人对她的政策感到满意，现在则超过了 70%。低迷失落的基民盟也因此受益：支持率从远低于 30% 飙升至近 40%。考虑到 2021 年的联邦大选即将到来，这似乎是一笔抵押贷款，虽然总理的受欢迎程度突然升高，但毕竟她不再参选了。

德国人所谓的从危机中恢复，后来被证明是一种假象，也没有得到所有欧洲国家的认可。由于重要的中国贸易市场发展迅速而稳定，德国出口业从春季的低迷中快速复苏。金融危机和欧债危机的模式似乎正在重演：从意大利、法国到比利时的各国政府认为"危机"一词意味着德国继续扩大其在欧洲的经济霸权，而其他国家则遭受损失。尽管德国人口不到欧盟的五分之一，但德国利用其极强的信誉，以前所未有的规模通过援助计划支持国内经济，欧盟所有国家危机补贴中约有一半都流向了德国公司。

默克尔知道她必须对这种情绪作出反应；她利用这个机会保护她的欧洲政治遗产。在意大利发布第一个紧急报道后，欧洲将如何帮助受医疗危机打击最严重的国家？这个问题已经浮现。关于欧洲债券的呼声再次出现，即欧盟国家具有共同责任的债券。总理不同意这一点，但她同意了德国和法国财政部长的另一项建议：应授权欧盟在其预算框架内承担自己的债务，成员国应在以后几年根据当时有效的欧盟分配比例偿还这些债务。这与欧洲债券的想法相去甚远，因为每个国家只对自己的份额负责。然而，借入自己的债务首次赋予欧盟一个国家的要素，这可能意味着从一个国家联盟向一个联邦国家迈进了一步。2020 年 5 月 18 日，默克尔和法国总统马克龙在联合新闻发布会上通过视频介绍了该计划。

这次没有引起国内抗议，在欧债危机期间持怀疑态度的基民盟／基社盟议会党团发出了同意的信号。默克尔已经做好了充分的准备，她有强有力的论据。与 2010 年后的几年相比，这次不是希腊这样的外围成员国，而是意大利北部，该地区仍然是欧洲大陆工业的核心部分。此外，不可否认的是，意大利本身对新冠肺炎疫情没有责任。欧洲行动再次凸显了总理的执政风格，这种风格基于对现实政治可能性的清醒权衡。在 2010 年至 2012 年的主权债务危机中，欧洲共同债务是无法实现的。而默克尔这次与原则上亲欧的社民党一起执政，她通过疫情防控政策获得了党内权威，但不想再竞选连任。

　　该计划遭到其他欧洲国家政府的抵制。奥地利总理塞巴斯蒂安·库尔茨和右翼自由派荷兰首相马克·吕特，连同丹麦和瑞典，领导了一个自称为"节俭四国"的联盟，他们只想以贷款的形式提供欧洲危机援助，而不是以赠款的形式。7 月 17 日至 21日，各国领导人在布鲁塞尔为商议抗击新冠肺炎疫情的援助计划召开了四天四夜会议。最终，各方就 3900 亿欧元的赠款和 3600亿欧元的贷款达成协议。在支持复苏计划的成员国中，默克尔被视为伟大的欧洲人，欧债危机和第一波疫情造成的伤害几乎被人们遗忘。峰会后第二天，法国左翼自由派报刊《解放报》大标题用德语写道"谢谢"。

　　就实际抗击疫情的行动而言，官方称为"下一代欧盟"的欧洲复苏基金产生了严重后果：它强化了病毒危机基本结束的印象，使得人们只关注经济复苏。德国政府在 6 月初通过的德国经济刺激方案发出了类似的信号。自然科学家默克尔知道，春季封锁并未结束这场病毒危机，但她向各州州长屈服了。5 月 6日，她最后一次与州长们讨论新冠肺炎疫情措施时说了句：我快要放弃了。直到夏末感染人数急剧上升的将近 4 个月里，她一直保持低调。2009 年哥本哈根峰会失败后，默克尔在气候问题上采取了同样的做法，当时她看不到行动的机会，到 2015 年埃尔茂七国集团会议，她才在彼得堡气候对话的适度框架内处理这一问题。

　　在这几个月里，默克尔为即将到来的秋冬季节有很多准备工作要做。她本可以敦促州长改善学校的设备，以适应疫情期间的面对面教学和数字远程学习；她本可以加强监测和提高追踪感染链的能力；她本可以在夏季就启动电子入境登记系统。无疑，世界上几乎没有一个国家能够同时完成这些工作，然而到了秋天，德国在这些领域全都毫无准备，显然是政策上的失败。

尽管默克尔并不认为新冠肺炎疫情已经结束，但她在那段时间出现了惊人的疏忽，在口罩问题上也是如此。具有讽刺意味的是，与其他政府首脑相比，德国总理更严厉地告诫病毒的危险性，但她在公共场合戴口罩的次数却更少了。直到6月底在与法国总统的联合新闻发布会上被问及此事时，她才改变了做法：7月2日，在联邦参议院的基民盟议员会议上，她第一次在公共场合戴口罩。她还对如何消毒布口罩提出了建议（用熨斗烫一下，或放入烤箱或微波炉——这听起来有点像家庭主妇的做法），当她取下口罩时，总是烦琐地将口罩封入一个冷冻袋中：显然担心口罩会传播病毒。

讨论的内容不是新的限制措施，而是为进一步解封制定预防措施。剧院公布了2020年至2021年的演出时间表，仿佛大流行终于结束了；旅行社开始宣传游轮观光路线，而不久前才发生过游轮聚集性感染事件；由于露天餐桌已被订满，餐馆老板们对于冬季在室内用餐并无顾忌。根据调查，德国人几乎不再害怕病毒，梅克伦堡－前波美拉尼亚州的经济部部长甚至想取消最温和的措施——购物时戴口罩。

春季封锁的早早结束使得感染病例数量先是缓慢上升，然后突然加剧——起初不知不觉，接着陡然上涨，正是指数级增长的本质。虽然病例很少，但卫生当局发现越来越难以追踪感染链，因为在无所顾忌的夏天，社交接触数量再次大幅增加。此外，假期临近，旅游活动活跃。游客住在独立的公寓或酒店房间里并不是造成危害的主要原因；由于亲戚往来和地理上的接近，走亲访友变得更加危险，尤其是在巴尔干国家：这些国家在春季时病例尚少，人们并不在意，在亲友圈子里也很难保持距离。政客们在旅游旺季快结束时才作出反应：8月6日，卫生部部长施潘要求，从风险地区返程的旅客必须进行新冠检测，但起步缓慢。

相对于夏季的温和措施，少数人认为此时的限制过于苛刻。正是因为德国春季的疫情较为温和，这些人更加坚信，这种新型病毒并不比季节性流感更危险。德国很快进入关于"预防悖论"的辩论：由于预防性封锁避免了危害，有些人认为这些危害原本就不存在。

在3月的第一轮疫情冲击中，德国人普遍赞同政府的措施，由于限制聚集，也无法进行示威集会。当一部分封锁措施被取消时，第一次大规模抗议活动才出现：5月2日，斯图加特出现了"横向思维711"示威游行，抗议政府的封锁决议。抗议活动得到了媒体的过高关注，与现实并不相符：根据调查，绝大多数人不同意让疫情蔓延下去并造成数十万人死亡。抗议活动在8月29日达到高潮，当时示威者试图闯入国会大厦；11月18日，联邦议院通过了《感染保护法》修正案。默克尔拖延了6个月才完善了薄弱的法律基础，并在紧急程序中通过法案，但也为此提供了一个受欢迎的理由。

在短暂的犹豫之后，各党派沿着熟悉的战线划分了阵营。在大流行开始时，德国选择党的政要主张尽可能地严格预防感染，但现在他们发现了市场空白。他们始终如一地转向反默克尔的路线，抗议者使用的措辞也和5年前抗议默克尔的难民政策时相似，又一次称她是"独裁总理"，并把德国人不得不戴的口罩称为"嘴套"。和以前一样，自民党试图拉拢抵抗运动中的温和派，而绿党则站在总理一边。

夏季，与潜在疫苗制造商的谈判受到广大关注。默克尔一直强调，在针对新疾病的疫苗或药物问世之前，公共生活仍受到限制。在实践中，没有人相信疫苗会在几个月内真正面世。英国首相鲍里斯·约翰逊、美国总统唐纳德·特朗普或以色列总理本雅明·内塔尼亚胡等领导人首先将希望寄托在疫苗接种上，而德国认为这是不靠谱的幻想。直到 11 月，美因茨公司拜恩泰科的疫苗获得批准，这种情况才开始发生变化。即便如此，由于疫苗需要在零下 70 摄氏度的环境下存储，人们对其实际适用性仍然存在相当大的怀疑。

最初德国与法国、意大利和荷兰一同签署了购买合约，有关的卫生部部长于 6 月 12 日将该项目交给欧盟。由于布鲁塞尔几乎没有负责卫生政策的主管部门，因此只有少数卫生官员，欧盟委员会主席冯德莱恩从她的贸易总局的精英团队中挑选了一位女士：意大利人桑德拉·加利纳。欧盟在商业政策方面拥有专属权限。

主管的官员习惯于用极其强硬的手段进行谈判，直到从欧洲人的角度来看每个逗号都是正确的——无论是关于西班牙火腿或波西米亚啤酒的受保护原产地名称，还是关于德国公司在巴西丛林中的权利或欧洲市场上的"氯洗鸡"。

疫苗也是一样。几乎没有任何其他国家与制造商签订的合同在价格和责任问题上像欧盟一样严厉，尤其是在东欧人的要求下。面对疫情这种特殊情况，为了不惜一切代价尽可能快地获得疫苗，其他方面变得不再重要。欧洲联盟及其成员国在疫苗获得批准之前，并不愿意进行大规模的生产能力建设，因为疫苗有失败的风险。正如社民党政治家卡尔·劳特巴赫强调的那样，欧盟委员会不是一个投资者，而是一个客户，这与美国政府不同。对于相信市场的欧洲人来说，美国的战争经济和与之相关的贸易保护主义都是陌生的。

布鲁塞尔和柏林的官员们尤其担心，他们将不得不为失败所产生的费用负责。"欧洲当局并不回避风险，但他们回避错误的风险，"美国经济学家保罗·克鲁格曼分析道，"他们似乎担心向制药公司支付过高的费用，但不太担心许多欧洲人可能会因疫苗交付缓慢而得病或死亡。"

持续疫情

感染人数继续上升，无论是第二波新冠肺炎疫情，还是——正如科学家们开玩笑说的那样——即将到来的持续性"永久波"①。尽管有种种顾虑，总理还是避免亲自干预公共生活，发出警告而不是采取行动。7月27日，鉴于感染人数不断上升，她只派她的总理府部长敦促大家更加谨慎。8月6日，卫生当局自春季以来首次报告每日新增感染人数超过1000人。8月28日，默克尔在她一年一度的夏季新闻发布会上警告说：在接下来的几个月里，有些情况可能会比当前的夏季更加困难。局势严峻，依然很严峻。请继续认真对待！9月30日，她在联邦议院的预算辩论中补充道：我们目前正冒着失去在过去几个月里取得的成就的风险。在基民盟委员会中，她预测圣诞节将会日增1.92万新感染人数。

感染人数继续上升，发病率指数被确立为衡量疫情发展的基

---

① 德文为"Dauerwelle"，原指永久性烫发，将头发烫成波浪形或卷发。由于德国疫情反复不断，一波接着一波，因此被称为"永久波"或"常态波"。——译者注

准，即每周每 10 万名居民的新确诊人数。10 月初，部分地区突破 50 万大关，按照 5 月制定的标准被列为"风险地区"。这是一种与生活格格不入的自动机制，原本是为完全不同的情况制定的，却是目前迫切需要的。对默克尔的新冠战略造成决定性打击的词是"禁止住宿"，即任何生活在"风险地区"的人都不许在德国的其他地方留宿，无论是在酒店还是在假日公寓。这条规定最初只针对局部范围内的病毒暴发，而不是针对全国范围的病毒大流行。因此，德国的酒店经理们不得不按照每日更新的发病率指数检查房间的预订状态，给客人划分风险等级，并在必要时拒绝他们。

默克尔坚持这些规则，而不是寻找可行的替代方案，这体现了她对生活的某种疏远。总理一直因脚踏实地的态度而受到称赞，现在似乎不了解许多公民的日常生活。例如，在某一次危机中，她抱怨说人们特意到选帝侯大街排队买比萨或土耳其烤肉；这条西柏林从前的辉煌大道从不以小吃文化闻名。

住宿禁令无法继续执行，一个州接着一个州将其取消，部分通过政治决议，部分通过法院裁决。春季积极参与抗击疫情的民众开始对当权者的才智失去信心。措施令人捉摸不透，自然也就没人愿意遵守。此时已不是阳光明媚的春天，阴沉的秋天即将到来，民众不希望再来一轮封锁。

10 月 14 日，默克尔数月以来第一次在柏林亲自接待了 16 位州长——"实体"会议，与此时普遍的视频会议不同。她为会议准备了一个草案，其中包括延长戴口罩的义务、餐饮业实施宵禁、酒吧关闭和限制私人活动的参与人数。草案并不包括完全关闭餐馆和剧院、学校和商店。然而，州长们还是拒绝了。

总理在会议中警告说，我们的通告不够严厉，不足以避免这场灾难。然后我们两周后还得再回到这里。我们现在的措施远远不够。普遍基调是大家都在找小漏洞，这正是我担心的。在公开场合，她的批评更谨慎；她对总理府部长说的话更直截了当。几天后，在她的每周播客中，她呼吁德国公民要更加小心：请尽可能待在家里。在接下来的星期六，她做了以前从未做过的事情：重复了上周的播客，因为在她看来，呼吁民众仍具有紧迫性。

德国在大流行的相对早期阶段就作出了反应；而现在，德国却浪费了许多时日，其他欧洲国家已经采取了更严格的措施。在那些实施严格限制措施的国家，感染人数随后显著下降，这使得后来的临时开放成为可能。一些州长事后承认他们判断错误，最明确的是图林根的博多·拉梅洛。"总理是对的，我错了，"他在三个月后如此表示。

到了10月，德国还没有准备好重新实施限制措施，默克尔提出警告的方式引起了更多抵制。事情如她所料：两周后，10月28日，各州州长再次聚首，这次他们宣布11月关闭餐馆和文化机构。虽然许多餐馆经营者和剧院经理计划在12月1日重新开业，但默克尔对此不抱太大希望：在春天到来之前，11月、12月、1月和2月这4个冬季月份很漫长，甚至还得加上3月份的一半。现在离隧道尽头的光还有很长的路要走。到了次年3月，她又将困难时期延长了一遍，用了几乎相同的词：现在是3月、4月、5月、6月4个艰难的月份。

让学校和商店保持开放的"轻度封锁"是不够的，它却震惊了大部分毫无准备的人群。联邦政府和州政府承诺向受影响的企业补偿其上一年营业额的75%（"11月援助"），才避免了可能的反抗。政府只能把这种结果归咎于自己，毕竟默克尔的部长们在秋天助长了幻想："我们不需要新的封锁"，经济事务部部长兼默克尔的心腹彼得·阿尔特迈尔宣布。卫生部的延斯·施潘甚至说："根据我们目前的消息，我可以告诉大家，理发店不再需要关闭，零售店也不必关闭。疫情不会再发生了。"

与州长会晤后，默克尔相当公开地阐述了她的"轻度封锁"计划有哪些务实考虑。"属于休闲活动的机构和设施将被关闭"，她在联邦和州政府的决定中说道。"禁止举办娱乐活动"，这背后的逻辑与她在经济问题上的务实思想相对应：国家抗击大流行及其经济后果的所有支出最终都得通过再融资获取。因此，与工业和贸易这种核心领域相比，餐饮业等创产值很小的行业或剧院等受补贴行业应当更先关门。文化新教道德观可能也是一个因素，工作第一，然后才是娱乐消遣。

在民意调查中，人们对联邦政府新冠肺炎疫情政策的支持率仍然很高，但在实践中，人们对令人沮丧的冬季封锁明显不满。餐厅在春季正式封锁的前几天已经门可罗雀，人们这次则充分利用封锁前的最后一个周末尽情狂欢。与 6 个月前相比，在家工作的人数要少得多，流动性仅略有下降。很明显，"轻度封锁"计划必须延长到 11 月以后，推行这个计划非常艰辛。在 11 月 16 日与州长会面时，默克尔带来了一份文件，她建议在学校戴口罩和交替上课。但由于联邦各州将教育政策视为他们最后独有的领域，所以反应非常激烈，并在 11 月 25 日的会议中提出了不同方案。谈判持续了 7 个小时，因为各方都在争论一些次要问题。无论如何，他们会把封锁措施延长到 12 月。

默克尔和各州领导人承诺，在圣诞节期间可能放松管制。这是一个违背国际趋势的公告，其他国家已经对假期实行了特别限制。没过多久：默克尔次日在联邦议院批评了自己的决定，并首次指出，国家的财力有限：很明显，我们的这种援助不能持续到月底。

她在与州长会面时就已经发出警告。我们 11 月的措施没有达到目标。我们正在进入 12 月，届时实现目标的可能性非常，非常，非常小。我们不知道，我们在 1 月怎样继续进行。作为联邦政府，我们总共花费了 300 亿欧元甚至更多。在情况不错的时候，这是我们联邦预算的 10%。在其他国家，没有 75% 的销售补贴，而是宵禁和关闭学校。事实上，通过"轻度封锁"和"11 月援助"的结合，德国花了很多钱，对预防感染却收效甚微，总理对此负有最终责任。

不久之后，默克尔带着一种紧迫感出现在联邦议院的预算辩论中，这是她自春季电视讲话以来从未表现出来的。12 月 9 日，她对圣诞节期间的家庭团聚作出严厉警告：这很可能是与祖父母们一起度过的最后一个圣诞节，她用近乎沙哑的声音告诫道。她还谈到了圣诞红酒和华夫饼。*尽管很难——我知道大家对圣诞红酒摊或华夫饼有多么热爱：这与我们只购买外卖食品在家消费的约定不符。*

12 月 11 日，卫生部首次报告了近 3 万例新感染病例。12 月 16 日，单日死亡人数超过 1000 人。用索德尔的话来说，这相当于几起飞机失事。萨克森州的局势发展尤其戏剧化，新冠肺炎疫情的限制措施遇到了很多阻力；默克尔的东部专员马可·万德维茨表示，部分当地居民"完全抗拒"这些措施。州长克雷奇默后来为自己辩解，称他在 12 月 11 日亲自访问几家诊所时才意识到情况的严重性："我要是能早点得到警告就好了。"

渐渐地，关于火葬场不堪负荷的新闻增多，并用堆放棺材的图片作为说明。所有这些都产生了影响。12 月 13 日，在一次破纪录的短暂会议上，州长们与默克尔一起决定关闭商店和学校。

出于经济原因，让商店在圣诞节前的熙攘中继续营业的尝试失败了。此时，州长们仍被看作是防疫措施失败的罪魁祸首，迟到的封锁决定被认为是总理的惨痛胜利。《法兰克福汇报》在默克尔的照片上方写道："她是对的"；而《明镜周刊》批评默克尔未能履行政治家的职责——说服他人并贯彻执行。

此时这还只是个人意见，但默克尔作为有预见性、睿智的总理形象很快黯然失色。主要原因原本是一个好消息：位于美因茨的拜恩泰科公司比预期更早地将疫苗投入使用。该疫苗于12月2日在英国获批，12月11日在美国获批；而欧盟拒绝快速紧急批准，但在公众压力下将日期提前至12月21日。在圣诞节次日，101岁的伊迪丝·科沃扎拉在哈尔伯施塔特的一家养老院成为德国第一位新冠肺炎疫苗接种者。

新的问题又浮现了。疫苗获得批准为迅速结束艰难的冬季封锁带来了希望。德国公民眼睁睁地看着疫苗接种行动在英国、以色列和海湾国家迅速展开，不久在美国也开始了。欧盟委员会因其采购政策而饱受责备，总理也因未能推动布鲁塞尔的决心而同样受到批评。不仅缺乏疫苗，许多公民对组织混乱也感到不安。几个星期以来，为年迈的父母和祖父母预约疫苗接种的家属们要么没收到任何信息，要么信息被延迟。在一项调查中，29%的受访者表示，他们必须尝试50次或更多次数才能预约成功。联邦各州使用的系统五花八门，只有一个共同点：都不起作用。"接种混乱"这个词四处流传。政府承诺的经济援助在开始阶段支付效果不佳，民众更加觉得政府政策执行失灵。

默克尔在2021年2月初的一次电视露面激起了人们的愤怒，许多人认为她独断专横。当被问及疫苗采购的不足时，她冷静地回答：我认为，总的来说没有任何问题。这句话是一个致命的提醒，让人们想起她在 2017 年勉强获胜之后的断言，即她不觉得自己现在需要做什么不同的事情。她还有一种习惯，在大流行时期是致命的：宁愿降低人们的期望，以避免他们失望。默克尔承诺疫苗接种行动要到 9 月底才能结束，使疲惫不堪的民众不再奢望有一个轻松愉快的夏天。

12 月，从英国传来令人不安的消息，加剧了人们的紧张情绪。一种新型的新冠肺炎病毒变种正在那里迅速传播，似乎更具传染性。这对疫情的发展意味着什么，逐渐才变得清晰起来。在德国，最初的迹象仍较为缓和。12 月 18 日新增确诊 33777 例，1 月 14 日死亡 1244 人，创下疫情暴发以来的最高纪录。在那之后，数字有所下降。默克尔并不指望下降趋势。病毒学家警告说，在老年人接种疫苗后的春天，防疫压力将增加：在第二季度，突变和解封的结合可能导致每天多达 10 万新增病例，尚未接种疫苗的年轻感染者将挤满重症监护室。默克尔也有同样的担忧。

尽管感染人数暂时下降，但在默克尔的坚持下，经过艰难的讨论，州长多次延长封锁时间。理发店获准于 3 月 1 日重新开业，学校也能够逐步恢复课堂教学。默克尔仍认为后者是个薄弱环节。早在 1 月中旬，梅克伦堡－前波美拉尼亚州州长曼努埃拉·施韦西格曾在会议中告诉她，她对家庭的需求缺乏了解。默克尔认为这一指控不公平，因为它针对的是她没有孩子。*说我折腾孩子，我不接受这个诽谤*，她反驳道——虽然教室和操场现在被认为是造成感染的推动力，但人们普遍不反对学校开放。

商业协会越来越强烈地要求尽快开放社会生活。与雇主关系密切的德国商业研究所认为，死亡在一定程度上是可以接受的。与此同时，新当选基民盟主席的阿明·拉舍特也批评总理的政策。"不能总是发明新的限制来阻挠生活重启"，他指的是，默克尔试图在发病率低于 35 人而非低于 50 人时才放宽防疫措施。

由于政策优柔寡断，默克尔和州长们在秋冬季陷入这样的境地：德国的社会和经济生活比其他国家受到更多的限制，感染率却差不多。从 8 月初到 1 月底，德国每 10 万居民中有 58 人死于新冠肺炎疫情，几乎与西班牙（63 人）或法国（68 人）一样多。然而，法国政府从未关闭学校；在西班牙和意大利，餐馆和商店早已按照地区风险等级标准重新开放。封锁与解封交替，在行话中叫作"锤子和舞蹈"，在大流行之初被认为是一种行之有效的策略。现在，总理斥责这种方法为"溜溜球效应"。

由于病毒突变，放松防疫措施不再现实，虽然默克尔支持更严格的管制措施，但也不得不在战术上作出让步。2 月 10 日与州长会面时，她仍然反对快速开放学校，只同意理发店恢复营业。12 天后，她被迫妥协。在 2 月 22 日的基民盟委员会中，她表示理解民众对放松防疫措施的渴望，但前提是必须提高新冠肺炎病毒的核酸检测水平。这一转变遵循默克尔在职业生涯中多次坚持的逻辑：在门被踢开之前，先打开一条缝是更明智的做法，借此她仍然可以控制开放步骤。由于政策反复，这并没有增强人们对政府的信任。

同一天，默克尔在关于新冠肺炎疫情的内阁会议中用确切的解释推翻了卫生部部长施潘发布的消息，即从 3 月 1 日起为所有人提供快速核酸检测。制定长期检测战略本是政府内部的事，但默克尔并不想让许多民众和官员把控制疫情的希望寄托在有针对性的检测上。直到年底，施潘一直被看作默克尔的潜在继任者，但由于疫苗接种和检测失败，他在公众中的声誉降到了最低点。他去年受到人们的过分赞美，今年又被严厉批评；相比之下，默克尔的人气较为稳定。

3 月 3 日，总理和州长们决定放宽限制措施，尽管两周来每日新感染人数持续上升。计划决定按照地区风险程度分步放宽：零售店和博物馆可于 3 月 8 日开放；户外餐厅和剧院可于 3 月 22 日开放——当地发病率低于 50 人时几乎不受限制；低于 100 人时需要提前预约或进行新冠肺炎病毒检测；如果超过警戒值，则启动"紧急刹车"。这一理念与其他欧洲国家已经实施数月的规则类似，但有两个主要区别：德国决定放宽限制时，赶上了新一波疫情；可以预见的是，许多地方和联邦州的官员不会遵守议定的警戒值和防疫条例。默克尔主要关心的是"紧急刹车"，而各州的重点更多是放松管控。

不同的观点发生了冲突，3 月 22 日，默克尔和州长进行了异常艰难的讨论。总理不仅坚持正在施行的限制措施，还要求在疫情严重的地区实行宵禁，如果检测能力不足，则应当关闭学校。州长们先是召开了 3 个小时的初步会议，又与总理谈判了 4 个小时，会议陷入僵局，不得不暂停。默克尔与巴伐利亚州的索德尔和柏林州的穆勒争论了 6 个小时，副总理朔尔茨也参与其中。最后，默克尔不得不放弃宵禁，取而代之的是"延长复活节休息期"。从圣星期四到复活节星期一，公共生活完全暂停 5 天，就像奥地利的部分地区计划的那样。在德国，这将是生产和服务第一次完全停摆，甚至超市也要在圣星期四关闭。

经过近 12 个小时的谈判，疲惫不堪的总理在深夜两点半宣布计划。人们随即开始猛烈抨击"复活节封锁令"。特别是商业协会在幕前和幕后行动起来，他们过去喜欢抱怨官僚主义，现在同样为了自己的利益发声。默克尔和州政府都无法回答这些问题——关闭超市意味着违背了承诺，即基本供应不会受到限制。

因此，在夜间决议之后不到 30 个小时，默克尔作出了她任期内最引起轰动的举动之一：不仅撤回了复活节封锁令，还为此道歉。她说：这完全是我的错。对此，我请求所有公民的原谅。

这个举动十分罕见，但默克尔的"卡诺莎之行"达到了目的：她通过独自承担责任的方式使她的批评者哑口无言。公众将朝令夕改、政策混乱归咎于 16 位州长。默克尔明确为"复活节封锁令"道歉，压制了人们对更为严重的失败的怒火（例如缓慢的疫苗接种）。然而，在复活节封锁令取消后，应当用什么策略应对病毒？几天后，默克尔在电视上回答了这个问题。她突然采用一整年都没用过的方法威胁州长：获得传染病防治的权限——换句话说，施行全国统一的"联邦紧急刹车"制度。.

尽管形势紧迫，在两周的复活节假期里，默克尔几乎没有采取任何行动。直到假期结束前不久，即 4 月 9 日，她才与各州达成协议，制定统一的联邦条例。该法律于 4 月 24 日午夜生效，距默克尔在夜间会议上决定实行"复活节封锁令"已过去了将近 5 周。在日常生活中，新法律对大多数人的影响不大。最具争议的是晚上 10 点到凌晨 5 点之间在感染率高的地区实行宵禁，但可通过豁免解除这一禁令。

令人惊奇的事情发生了：在"联邦紧急刹车"生效之前，感染人数就开始急剧下降。专家将此归因于人们提前服从防疫措施——以及疫苗接种行动的初步成功。自 4 月初以来，家庭医生也参与接种疫苗，每天疫苗接种的人数猛增至 100 万人。4 月底，超过四分之一人口已经接种第一剂疫苗，现在普遍认为，所有愿意接种疫苗的民众都可在 7 月之前获得第一剂疫苗。疫情受控的曙光似乎近在眼前。

继　任

　　人们的目光投向未来，更准确地说：哪位联盟党政要会成为总理候选人？联盟党的处境岌岌可危，虽然它的支持率之前在民意调查中意外上涨，但完全归功于默克尔的疫情防控政策最初受到的欢迎，现在早已出现了相反的结果。在默克尔为复活节封锁令道歉的当天，艾伦斯巴赫的民意调查人员为联盟党描绘了一幅悲观的图景，危机总理在疫情的第一阶段为联盟党带来高达40%的支持率，而现在只剩下28.5%。

　　决定基民盟主席的党代会受疫情影响而多次推迟，2021年1月，终于以线上会议的形式得以召开。克兰普–卡伦鲍尔担任党主席之后，党内分裂再次变得明显。党内自由派候选人弗里德里希·梅尔茨这次精心准备了竞选演讲，但再次被击败，这一次的获胜者是阿明·拉舍特。在复活节和五旬节期间，基民盟和基社盟希望就总理候选人的问题达成共识，即两位党主席：阿明·拉舍特和马库斯·索德尔。默克尔去年分别对这两位领导的州进行了正式访问。即将卸任的总理欣然接受了巴伐利亚人的邀请，来到海伦基姆湖宫的镜厅，她甚是欣喜：基社盟过去一直致力于推翻她的难民政策，现在他们的党主席正在向她示好。而在杜塞尔多夫的州总理办公厅内，气氛较为平淡，默克尔更加明确地表达了她的支持：拉舍特作为北莱茵–威斯特法伦州的州长，很有资格。如果您在一个有效运作的联盟中管理着德意志联邦共和国最大的州，并且没有出现太多的争执，那么至少已经具备了非常重要的资质。2020年夏季的两次访问给人留下了接力棒交接的印象。

　　与索德尔和拉舍特齐心协力更加清楚地表明，她无论如何都不希望老对手弗里德里希·梅尔茨再次申请党主席一职。鉴于总理在新冠肺炎疫情大流行第一阶段获得的人气，梅尔茨也不得不公开赞扬默克尔取得的成就，但他并没有与默克尔及其政策和平相处。即使在因疫情而被推迟的党代会背后，他也怀疑有默克尔的阴谋：推迟党代会是"基民盟'阻挡梅尔茨'运动的最后一部分"，他说。"这与柏林的整个当权派有关。"梅尔茨说对了一点：由于党代会不断推迟，基民盟给人的印象是想要绕过默克尔继任者的问题，虽然默克尔受到党内部分人士的批评，但她仍是党内的领航者。

　　绿党宣布，他们将在 4 月 19 日推出首席候选人，这给基民盟带来了时间压力。4 月 11 日在国会大厦，联盟党在党团理事会的闭门会议上最后摊牌：索德尔正式宣布自己将申请总理候选人资格，但他会接受姊妹党的相反决定——他犹豫之后才决定这一点。显然，两个对手都希望即将卸任的总理能够支持他们。索德尔还希望默克尔参与决定总理候选人，但没有得到回应。据说，黑森州州长沃尔克·布菲耶曾在总理府为拉舍特打听消息，但遭到了拒绝。默克尔稍后公开说，我过去、现在和将来都打算置身事外。在电视上，当被问及北莱茵–威斯特法伦州在封锁问题上的松懈立场时，她忍不住批评：这让我不高兴。拉舍特的阵营认为这是犯规的，默克尔的圈子匆忙保证，这并非是故意而为。与克兰普–卡伦鲍尔的情况一样，人们的印象是，总理给她可能的继任者带来了不必要的困难。

　　默克尔的观点一如既往：把候选人送上有利的位置，就像她对乌尔苏拉·冯德莱恩或安妮格雷特·克兰普–卡伦鲍尔那样。他们必须证明自己——如果他们不同意默克尔在具体问题上的政策，也要忍受来自总理府的反对，就像克兰普–卡伦鲍尔针对难民问题召开"移民研讨会"时一样。在激烈的争论中站在拉舍特一侧只会造成这样的印象，即他在没有上级帮助的情况下无法站稳脚跟。

索德尔的申请过程也深刻地展示了姊妹党基民盟的内部分裂：在默克尔执政的16年里，基民盟内部长期以来一直分裂为两个阵营：支持或反对默克尔的"中间路线"。克兰普-卡伦鲍尔和拉舍特在竞选党主席时勉强过半的成绩已经证明了这一点。现在出现了一个矛盾的局面：虽然索德尔提倡气候保护、妇女配额和移民配额，但支持他的大多数基民盟成员都坚决拒绝默克尔的自由路线。他们认为索德尔是类似奥地利总理塞巴斯蒂安·库尔茨那样的强硬派，并没有特别认真地考虑他的实质理念。

在索德尔正式申请后的一周，即4月19日至20日的夜晚，连续6个多小时的艰难视频会议之后，基民盟理事会正式决定阿明·拉舍特出任总理候选人：31票支持，9票反对，6票弃权。在参会的47名基民盟理事会成员中，只有46人投票：即将卸任的总理坚持不发表意见。

基民盟的阿明·拉舍特，绿党的安娜莱娜·贝尔伯克和社民党的奥拉夫·朔尔茨[①] 经过了默克尔执政的动荡后期，要求从根本上重新开始的呼声日益高涨，三个主要政党再次选出各自的温和中间派代表担任总理候选人。国际形势也有所缓和，在华盛顿，乔·拜登取代唐纳德·特朗普成为总统。默克尔从未与自己的政党保持共生关系，无论如何，她的政治遗产并非取决于国内基民盟继任者。

---

① 奥拉夫·朔尔茨 (Olaf Scholz)，2021年12月8日正式当选德国总理。——
译者注

卡珊德拉

通过 2020 年春季的电视讲话，总理作为抗疫斗士的声望达到了顶峰。不久之后，这个美誉逐渐滑落。刚实施封锁，关于解封的辩论就开始了。总理和州长之间的会议变得越来越艰难，它们很快成为德国抗击新冠肺炎疫情政策失败的象征。具有讽刺意味的是，联邦制德国没有一个区域差异化系统来对抗大流行病，这也是全球独特的"合作联邦制"的特殊缺陷：联邦州几乎不单独决定任何事情；在曲折缓慢的协商过程中，他们只能就很小的共同点达成一致，即使在各自单独负责的领域也是如此。

在新冠肺炎疫情大流行期间，该制度的缺点比以往任何时候都更加明显。此外，默克尔和州长在长达数小时的会议中相互角力，作出决议后很快又要往复谈判，这也增强了人们觉得德国危机政策失败的印象。州长会议不是宪法规定的能够制定具有约束力的决议的机构；与联邦总理的会晤更不是，在公告中，这些会晤被称为非正式的"会谈"。11 个月之后，默克尔本人公开抱怨她在这个群体中的无能为力：*作为总理，在需要一致同意的决定上，我根本不可能像在欧盟那样行使否决权。*

每次会议召开的前几天，社会上就开始了关于抗疫措施收紧或放宽的激烈讨论，决议文件四处流传，并被媒体逐字解读。对于任何一个立场，都有州长先是拥护，过几天又推翻自己先前的言论。会议在下午的某个时候开始，并且经常拖到深夜。自从欧债危机期间布鲁塞尔无尽的危机会议以来，默克尔在这方面有一定的优势：对政策条文的漫长争论之后，一些人会筋疲力尽先放弃立场，因为他们急切地想上床休息。

这在新冠危机中不再奏效。会议刚一结束，各州领导人的不同声音再次响起，在执行决议时又开始背离商定好的折中方案。视频会议的形式加剧了这个问题：无法进行保密谈话，因为没有人可以防止其他人偷听。公众可以在"《图片报》直播"等平台上观看实时辩论，例如默克尔在1月说：我们没控制住局势。这使得参会者更倾向于维护自我形象而不是致力于寻找可行的解决方案。

默克尔在制定疫情防控政策方面权力有限，但除此之外并非别无他法。联邦政府本可以从一开始就独自决定大流行政策：《基本法》第74条赋予联邦政府制定一切用于"防止人畜患公共危害或传染性疾病的措施"的立法权。但默克尔和她的顾问一开始拒绝了这样的强制干预。最迟到了是否关闭学校这个问题上，联邦政府的防疫权限与联邦各州的教育权限发生了冲突；学校和日托中心由各州自己负责，这是非常明确并且由来已久的。默克尔避免与个别州发生冲突；她更愿意让州长共同参与，而不由她独自承担决策的责任——因为各州和市政当局负责具体执行。

总理和州长之间的权力角力产生了一个影响：公众刚开始非常支持政府的危机政策，认可度到了后面越来越低。根据阿伦斯巴赫的数据，在疫情开始时是80%左右，到了2021年3月已经下降到了30%；高达62%的被调查者对政府的工作感到不满意。对默克尔个人的好感度也有所下降，尽管下降幅度没有那么剧烈。

尽管联邦政府和州政府在疫情的第二和第三阶段犯了各种错误，但就新冠肺炎疫情死亡人数而言，德国在疫情第一年的总体表现相对较好。2020年经济产出下降幅度约为5%，其下降幅度也低于许多其他欧洲国家。这主要是因为受封锁影响的行业在经济产出中的比例低于其他国家，德国目前更依赖工业，而非旅游业。从政府当局的落后文书办公方式，再到教育系统的缺陷——这场疫情无情地暴露了德国制度的弱点。

在 2020 年至 2021 年之交，就居民人口而言，德国在某些日子里的死亡率甚至超过了特朗普执政后期的美国。无论是新冠病毒怀疑论者特朗普还是自然科学家默克尔，谁来领导政府显然并没有最初想象的那么重要。两个国家的联邦州都有很高的权力，欧洲和美洲社会对疫情大流行的反应非常相似。在亚洲文化圈，例如像韩国这样靠民主治理的国家，人们更倾向于为他人着想。几个世纪以来，鲜明的个人主义为西方文化带来了成功，而在危机中却成了缺点。社会学家亚明·纳塞希表示："类似于集体行动之类的事物几乎无法适应复杂的现代社会"，这无疑表达了欧洲对远东的复杂性和现代性的某种傲慢。

欧洲不仅无法实现保护生命，而且在全球经济竞争中也面临着落后的风险：这是联邦总理的看法，她对此负有部分责任。亚洲国家迅速从危机中恢复过来；美国虽然受到新冠病毒重创，但在疫苗接种行动成功之前，其经济前景似乎也有所改善。而古老的欧洲大陆因其一成不变、自我主义、安于现状存在着进一步衰退的危险。默克尔和她的许多同胞之间的心态再次存在差异。柏林墙从建造到倒塌，东德公民 28 年来一直在等待边境开放和旅行自由。那时她已养成了一种美德，这种美德使得她在全德政治和国际政治舞台上应对自如：耐心。她有时似乎不明白，一些德国公民没有这种耐心，而且由于他们各自的生活状况，在某些情况下无法表现出这种耐心。她的总理府部长赫尔格·布劳恩强化了她的这种观点，而非使其平衡。

当谈到事实依据和对各种选项的清醒权衡时，没有人能轻易地骗过总理。但在新冠危机中，政治沟通、寻求理解和激励人心并不是默克尔的强项，尽管她有时比以往任何时候都更加努力地进行沟通。她的担忧和对未来的悲观期望似乎是真实的，但她表达同情时往往给人一种木讷的感觉。鉴于她不善伪装，这可能是因为她对某些事情缺乏理解。*我是真的发自内心地抱歉，或者我的心都碎了*：无论是养老院的老人孤独地死去，还是禁止圣诞节的热红酒摊，她总是使用同样的措辞，后者显然没那么触动她的心。默克尔缺乏修辞的表达方式在这场重大危机中显然是不利的。

一些民众认为总理只是一个告诫者，她一再呼吁放弃，却没有为他们的日常生活描绘任何前景。其他地方的当权者试图保持乐观，但默克尔总是预料到最坏的情况，在批评者看来，她自己似乎也觉察不到希望的迹象。在州长们固执己见的时期，她总是在一旁扮演着卡珊德拉①的角色。

几乎没有人像总理那样对德国的赤字大声疾呼。*我们在采取应对措施的速度方面很不理想。许多程序常常陷入过多的官僚主义、耗时太长。* 2021 年初，她在世界经济论坛"达沃斯议程"视频会议上说道：*我们的社会在数字化方面仍然存在不足。* 作为已执政 15 年的政府首脑，面对这些失败，默克尔自当难逃其咎。她仍然喜欢局外人这个角色，对当权派的迟钝嗤之以鼻，尽管她早就属于这个群体了。政治上的出类拔萃不仅在于真知灼见，还在于能够排除万难、化敌为友。默克尔曾领导德国渡过许多难关，与之前的危机相比，新冠肺炎疫情影响了人们的日常生活，政治上的操作空间更加有限，这都使得这场病毒危机具有不同的性质。

---

① 希腊、罗马神话中特洛伊的公主，阿波罗的祭司，能够预见危机，其预言却不被人相信。——译者注

结　语

　　安格拉·默克尔作为变革总理上任，后来成为捍卫总理。她缓慢而痛苦地意识到，西方世界的居民对于迎接新事物的准备是多么不足。她想通风换气，想尽一切办法让德国西部和欧洲与时俱进，让他们与波兹南、深圳和雅加达等城市的灵活而渴望生活的人民保持在同一视界，同时又同莫斯科或北京保持距离。

　　如果用默克尔自我设置的起点来衡量她，她无疑是失败的。这并不是因为她的国内改革计划在上任之前就被德国人特有的心理状态破坏了，例如在 2005 年的竞选中——奇怪的德国医疗系统被认为是不可动摇的，尽管富人们根本不向法定医疗保险缴款，而且 100 多家不同的医保公司参与了昂贵且官僚主义的虚假竞争，也阻碍了针对新冠病毒疫苗的接种。

　　不：是世界局势重新定义了默克尔在历史上的角色。一位政治家的历史成就并非源于她的自由意志，默克尔只在严格限制条件下才相信这种意志；它源于时间的巨大洪流凝聚在她身上的方式。在内政和外交政策方面，第一位女总理不得不应对 1989 年至 1990 年体制剧变的长期政治后果，这一剧变曾给她带来个人自由。她最初想要改变的世界开始滑落，捍卫这个世界成为她的首要职责。失去共同敌人之后，自由民主作为西方内部的凝聚力变得岌岌可危。普鲁士保守派奥托·冯·俾斯麦曾经以革命性的方式建立德意志民族国家，而现在，一位政治新人、来自东德的物理学家不得不尝试稳定旧秩序。

她成为这个角色绝非巧合。从弗里德里希·梅尔茨到尼古拉·萨科齐，这些土生土长的西欧人都深陷熟悉的思维方式，无法真正适应新的世界形势。年轻一代，无论是塞巴斯蒂安·库尔茨，还是埃马纽埃尔·马克龙，都缺乏人生经验来深入洞悉其中的利害关系。安格拉·默克尔是西方最后一位将经历深深扎根于20世纪动荡不安时代的政府首脑。

在执政后期，她有时会对事情的看法过于黯淡，并且很少对新事物抱有乐观期望。但这也让她对妥协的价值有着警醒的历史认识：无论是将2014年的乌克兰危机与第一次世界大战前夕相提并论，还是在2017年的联盟谈判中以魏玛共和国的失败为论据，或者在2018年的庇护之争中，各个国家的民族主义者相互推诿难民的接受问题，让她联想到了30年战争的恐怖历史。

一些批评者认为她对事情的发展负有责任，称她在2010年至2012年的欧洲主权债务危机中过度让步，在2015年秋季对待难民的天真仁慈导致了民粹主义政党的崛起和西方民主的危机：没有"我们能做到"，就不会有英国的脱欧公投或唐纳德·特朗普的获胜——因为英格兰北部和中西部的选民看到了慕尼黑中央车站的照片，他们害怕会出现德国那样的局面。

但右翼民粹主义的胜利已经积累了几十年，更深层次的原因可以追溯到70年代战后繁荣的结束。自60年代以来，生活在米兰和阿姆斯特丹之间"欧洲繁荣带"的人们一直坚信的"中产阶级社会"开始瓦解。一个标志是媒体的变化：自1980年以来，那些最初创造共同读者的跨环境和跨党派报刊就失去了发行量。不久之后，私人电视开始兴起，例如在房地产企业家西尔维奥·贝卢斯科尼荒凉的新住宅区，居民甚至能收看他的狂欢派对节目。互联网及其孤立的次级公众并不是造成这种现象的原因，但却是服务并进一步加速这种趋势的完美工具。默克尔2005年就任总理时，社交媒体仍处于不值一提的萌芽阶段；16年后，它们是公共传播的主导力量。脸书的全球用户数量从超过100万增加到了25亿左右，尽管它现在也被认为过时了。

与此同时，传统的全民党也走向衰落。大多数西方国家的社会民主党从工人阶级政党转向精英党，成为自己60年代以来教育革命成功的受害者。自80年代罗纳德·里根和玛格丽特·撒切尔的自由经济革命以来，中偏右派系一直试图否认他们的基督教社会根源。在欧美社会，一种新的两极分化在世界主义－自由主义和民族主义－保护主义之间形成。其边缘并不像一些社会学家说的那么清晰，并且出现了一个真空，90年代之后，新的阵形不断涌入其中并取得了越来越大的成功——从约尔格·海德尔的民粹主义政党奥地利自由党到克里斯托夫·布洛赫的瑞士人民党，再到美国的茶党。

传统全民党的危机不断深化。强大的意大利基督教民主党在1992年的系列贿赂丑闻中轰然垮台，后来法国的社会主义者和保守派也只剩下了影子，类似的情况仍在继续。在中欧东部国家，西方政党派系从未根深蒂固。德国到目前为止仍是一个例外。党内反对者指责总理，她"要对1949年之后最差的三次联邦选举结果负责"。但安格拉·默克尔在2017年的最后一次竞选中以32.9%的支持率获胜，在比例代表制国家，几乎没有其他政党能够达到这一目标。即便是被她的对手视为典范的奥地利总理塞巴斯蒂安·库尔茨，也是在摆脱右翼民粹主义者之后才超越了这一数字。

　　这揭示了默克尔长期以来的主张：迎合民族主义只会导致传统的中偏右政党走向毁灭。默克尔选择了相反的路线，她试图占据政治中间派阵地，并在那里实现某种意义上的文化统治。在某种程度上，她与赫尔穆特·科尔紧密相连；然而作为秘书长，她不得不在政治献金事件中与科尔划清界限，以免德国基民盟遭受其意大利姊妹党的命运，这是她最伟大的贡献之一。在那个时候，她就试图谨慎地推行纲领现代化，例如在家庭政策上。她作为总理候选人参加竞选时，曾计划对德国的税收和福利制度进行改革，却并未受到民众的欢迎。作为政府首脑，默克尔更加坚定地寻求共识，而党内许多人则希望更多的两极分化。

　　被称为"非对称复员"的方法变得广为人知：在竞选中，总理试图通过适度地适应政治对手的立场来化解争议。她故意接受低投票率，因为其他政党比联盟党遭受的损失更大，而养老金领取者会坚定地前往投票站支持联盟党。许多社民党成员，也有一些基民盟内部的批评者认为，这是对民主的攻击，因为这会使争论偏离政治中间，并增强极端主义的力量。最迟在2017年秋季，德国选择党进入联邦议院，艰难地组建政府似乎证实了这一指控。

　　这种方法的危险性虽然显而易见，但默克尔至少暂时保留了两个全民党中的一个作为稳定之锚。一个更具对抗性的政策能否在自由意义上振兴民主，仍然是一个悬而未决的问题；其他国家的经验往往与之相反。传统的中偏右政党试图占领右翼民粹主义者的立场来削弱后者，却适得其反：反而增强了右翼民粹主义政党的力量。

　　在难民政策之争之前，总理的两项决定尤其赢得了抛弃保守立场的声誉：废除兵役和退出核电。然而，默克尔制定这两项决议都受到了驱使，并非积极主动地改变方向。在兵役问题上，国防部部长卡尔－特奥多尔·楚·古滕贝格提出了倡议；在核电问题上，德国南部的州长们由于鲁莽地支持这种能源形式，使自己陷入了困境。大多数邻国也不再招募新兵，鉴于世界局势的变化，至少在乌克兰冲突开始之前，许多军事专家都呼吁建立职业军队。长期以来，社会各界对核电的认可度逐渐下降，但无论如何它都不是一个真正保守的话题。默克尔更多的错误在于前一年，纯粹出于战术原因，她推翻了红－绿核能妥协方案。这种立场摇摆使得人们愈加觉得她缺乏计划性。

在欧洲政策中，默克尔不得不面对赫尔穆特·科尔的政治遗产。他引入了共同货币和开放边界，但未能制定相关的经济政策和移民政策。科尔和法国总统弗朗索瓦·密特朗认为，货币联盟有一定的优势：将统一的德国更紧密地融入一个统一的欧洲，从而平衡德国的威胁。但欧元的效果正好相反：共同经济区使最强大的经济体变得更加强大，因为它降低了产品价格，并且通过消除货币风险加剧了竞争。

最迟从 2010 年春季欧洲主权债务危机开始后，德国和默克尔发现自己处于一个从未刻意追求过的位置：处于整个欧洲大陆的半霸主地位——过于强大而无法维持大成员国之间的平衡，但又太虚弱而无法独自确保凝聚力。默克尔花了一段时间，才意识到由此产生的责任。她原本希望作出改变，却不得不转为防守。她试图提高受危机影响的国家的竞争力，由于使用了不合适的方法最后半途而废。默克尔不惜一切代价阻止欧元区解体，进而阻止欧盟解体，即便仅仅出于地缘战略的原因：她非常清楚，她不能为了欧元怀疑论者的德国马克民族主义而危及西方已经奄奄一息的凝聚力。

许多亲欧派人士指责她，以预算正统观念背叛了赫尔穆特·科尔的欧洲遗产。但他们也不得不承认，总理的回旋余地是有限的——受到联盟伙伴自民党、党内对手、宪法法院和联邦银行的制约。随着时间的推移，作为国家元首和政府首脑中的资深元老，她享有的权威越来越无可争议。面临新冠肺炎疫情，她在最后利用这一权威来推动欧洲政策的范式转变：欧盟共同债务。

在欧洲之外，默克尔已经成为世界政坛中的重要发声者，远远超过德国在世界人口中占1%左右和世界经济产出中占3%左右的份额。这不仅是因为德国在欧洲占主导地位、法国面临困难和英国脱欧，也与她的个人威望有关。毕竟，她在任的时间比任何其他自由民主国家的政府首脑都要长，即使与普京或埃尔多安这样的非自由派当权者相比，她在执政时间上也能与之匹敌。

默克尔在世界范围内享有的声誉不仅在于她的任期较长，还因为她有一种特殊的魅力。在德国以外的自由派环境中，实事求是、从容不迫、镇定自若的态度受到越来越多的钦佩。在全球范围内，默克尔被视为站在独裁者和西方民主国家民粹主义者的对立面。她对多边主义或气候保护的支持、她的难民政策和她在新冠肺炎疫情危机第一阶段的行动使她饱受赞誉，与唐纳德·特朗普、鲍里斯·约翰逊、贾尔·博尔索纳罗等当权者形成对比。

默克尔本人并不相信她可以拯救世界，这不是因为她对自己的能力缺乏信心，而是因为在任期内，她的世界观变得越来越黯淡。她的言辞在难民争论中被曲解，英国脱欧公投，最重要的是唐纳德·特朗普当选美国总统：这些都动摇了她对西方民主有一个美好未来的信心，而这种民主恰恰是她在东德时期所仰慕的。她第四次竞选总理，并非将它与积极的目标联系在一起，而是为了防止更糟糕的事情发生——正如赫尔穆特·科尔在1994年参加竞选，目的是为了确保他的欧洲政治遗产。这给她的最后一届任期蒙上了阴影，虽然比起4年前，西方世界现在有了更好的领袖——美国总统现在是乔·拜登，而不是唐纳德·特朗普。

她认为，自由民主想要存活下来，就必须能够应对21世纪的挑战——精神上，社会上，尤其是经济上。这是她从东德垮台中吸取的教训：民主德国失去了大多数公民的支持，更多的是因为它的经济缺陷，而非民主缺陷。她钦佩中国人的经济活力、技术进步精神，尽管她不认同中国的政党制度。她深信，西方只有在拒绝安于现状或排除内部冲突的情况下，才会在这场系统性竞争中站稳脚跟。

她对西方社会能否做到这一点表示怀疑，这种怀疑在任期内进一步增长——尽管她很早就经历过德国人的固执和对变革的恐惧。在西方，这种恐惧更多是源于满足；而在东方，则是由于变化太快。早有迹象表明，她认为东西德同胞都过于敏感和迟钝，有时甚至忘记了历史。她对德国的各种问题大声疾呼，不仅在小圈子里，也在公开场合，例如在2021年初的线上世界经济论坛上——无论是数字化延迟还是重大项目的问题，例如柏林机场或飞行准备故障，后者让她前往国外访问时几次陷入尴尬境地。

执政多年之后，她冷静思考。合作之初，她向法国总统埃马纽埃尔·马克龙承诺：我不会重蹈覆辙。这是一种自我召唤。她显然感觉到，这段漫长的经历对她来说是一种危险。她愿意冒险，但只能在关键时刻，比如和科尔划清界限的时候；而在日常事务中，她宁愿不把政治资本投入到那些无论如何都会被社会惯性力破坏的项目，这种力量的代表——例如16位州长或其他欧盟政府首脑，雇主协会或工会。她有时也会害怕错误的风险，例如在采购疫苗时。默克尔对现实的嗅觉总是远远胜过对可能性的感知，随着执政年限的增加，这种影响变得更加明显。从难民问题到女性问题，她最后觉得可以更自由地设定自己的优先事项，并且在这样做时，越来越有听天由命的感觉。

虽然存在种种优点，但这种执政风格的缺点也变得越来越明显。一位执政 16 年的总理，只有时刻对自己的国家指指点点，才能指明它的弊端。默克尔一直决心不以半死不活的残骸离开政坛，但她在许多领域都留下了改革积压。数字化的失败、合作联邦制的隐患、老年人护理方面有时令人痛心的状况，或者过度官僚化和无政府状态组成的矛盾混合体，就像过去几十年在意大利看到的那样：这一切问题都暴露在令人束手无策的疫情第二阶段。默克尔十分看重与亚洲国家的竞争，然而无论是专制国家还是民主国家，德国和其他西方国家的表现都差强人意。按照人口总数衡量，就新冠死亡人数而言，在 2020–2021 年秋冬期间，德国的情况更接近即将离任的唐纳德·特朗普领导下的美国，而不是中国或韩国。

如果可以的话，我会让时光倒流，默克尔在 2015 年至 2016 年的难民之争后承认——很明显，这个问题更多是由反应式的执政风格导致的。造成失败的原因并不是无能，而是冷静的权力斟酌。在政治上，没有什么比预测未来的行动更危险的了；除非一场严重的危机迫使人们采取行动，否则很难实现变革。正如赫尔穆特·施密特所说：联邦总理站在利益的交叉点。默克尔的才能在于找到这个点，并以坚韧的耐心稍稍推动它。

正是如此，她才能执政 16 年，比阿登纳的任期还长，和科尔的任期一样。几乎没有一个民主选举产生的政治家执政时间超过这个期限。美国的观察者有时会惊讶地问，为什么德国宪法没有规定任期限制。在全球化大危机的动荡时期，从 2008 年秋季世界金融市场的崩溃开始，这种连续性本身就是一种价值。尽管经历了各种危机，欧洲大陆的地位依然举足轻重。在欧洲的中心，默克尔这位掌权的女性脚踏实地，她虽有种种不足，却似乎是理性执政的化身，对德国及其他地区而言，她在动荡时期发挥了极大的稳定作用。有迹象表明，许多人很快就会再次渴望这种稳定。

后记和致谢

2014 年秋季在法兰克福书展上，当 C.H. 贝克出版社的主编德特雷夫·费肯提出写安格拉·默克尔的传记项目时，我一开始打算拒绝。我刚刚在克雷特 – 柯塔出版社出版了一本关于总理的书，并不觉得有什么新内容可写。但接着出现了戏剧性的 36 小时，默克尔先是在明斯克为乌克兰的未来调停，然后又在布鲁塞尔为拯救欧元斡旋。不久之后我答应了，无法预见接下来会发生哪些危机。我要感谢德特雷夫·费肯和出版商乔纳森·贝克的坚持。

1999 年至 2000 年之交，我开始更深入地研究安格拉·默克尔。自 2002 年以来，作为《德国日报》国内部的负责人，我在柏林的编辑部从远处关注她；从 2008 年开始近距离观察她——首先作为《德国日报》议会办公室负责人，然后作为《法兰克福汇报》的经济政策记者。我非常感谢这两家报社，尤其是我的主编和发行人，也感谢众多同事。在本书中，有一些内容来自我过去发表的文章和我写的第一本默克尔传记。

特别感谢政治领域的对话伙伴。在新闻工作中，我与这些政治参与者和伙伴相遇无数次：从采访和新闻发布会，到党代会和议会辩论的间隙，再到幕后圈子的机密谈话，还有与总理本人的对话——在出访的飞机上，在国际首脑峰会上，偶尔也在总理府。尽管无法详细提及这些会面，但所有谈话都对本书的撰写产生了巨大影响。此外，我更要感谢所有专门参与对话的伙伴。

记者对口述传统的信任与历史学家对"口述历史"的怀疑形成鲜明对比。我尝试平衡两者，并优先选用即时的口述传统而不是褪色的记忆。作为一本内容全面的传记，本书的完成基于大量的准备工作，特别是德国和国际媒体同事们的贡献。我之前的著作内容较少，相比之下，这本书的学术特征更明显。在90年代初期的历史性剧变期间，我不仅住在柏林，还有幸在洪堡大学的海因里希·奥古斯特·温克勒和赫弗里德·明克勒等老师门下学习，这是一种无法估量的殊荣。

对于本书而言，默克尔担任总理之前的早期传记起到了重要作用，描写民主德国日常生活的著作也是如此，无论是占领公寓、高加索之旅还是作为牧师的子女。本传记第一部分的挑战在于，默克尔当时只是一位不知名的年轻物理学家，与此相关的资料匮乏。以后的研究是否同样依赖于被密封保管的档案馆藏，目前还无从知晓。默克尔本人极其谨慎，在机密事件中尽可能少地留下痕迹，这也是她执政过程中更喜欢通过电话和短信交流的原因。

同事迈克尔·芬克在文献采购、预约安排和最后修订方面对我提供了宝贵的帮助。出版社的罗斯玛丽·迈尔始终关注写作过程、获得图像使用权，并尽可能满足作者的愿望。丹尼尔·布塞纽斯不仅仅是一名校对员，还始终注意整体关联性。亚历山大·戈勒不仅仔细地编写了索引，还在付印前不久指出了其他差错。出版员海科·霍尔奇协调了作者的愿望与书籍生产的要求。乌尔里克·韦格纳和卡特林·达恩在书稿尚未完成的时候就致力于本书的媒体宣传工作。

对这本传记贡献最大的是两位朋友的帮助：特蕾莎·勒夫负责审校工作，这本书由于内容更丰富，比之前的著作更具有挑战性。她告诫我要精简和削减内容，警告我不要偏离方向，和我一起讨论政治和当代史方面的评价。

贝蒂娜·高斯也同样如此，这本书并不在她的工作职责范围内。她花了数日时间翻阅手稿，如同她自己的项目。她使我避免错误判断，并温和地敦促我，不要忽视某些内容的趣味性。

在写作期间，我与其他家人和朋友们的联系不太密切：因为这本书，我和大家相处的时间非常稀少。我对此深感抱歉，同时也感谢我的母亲对文稿的批判性审阅。

2019年初，也就是安格拉·默克尔的母亲赫琳德·卡斯纳去世的前两个月，她和我曾有过会面，给我留下了特别深刻的印象。在滕普林文化之家向她的女儿颁发荣誉公民身份后，我们谈到了她在成人教育中心的英语课程，以及她致力于按照约阿希姆斯塔尔高中的传统在滕普林建立一所欧洲学校。在我们告别之前，她在路上提醒我：关于她女儿，许多人写的内容都错误百出，我写传记时应当避免这种情况。我试着把这个建议牢记在心。

本书如有疏漏，由作者独自负责。

人名译名对照表

Adolf Hitler 阿道夫·希特勒

Adolph Menzel 阿道夫·门泽尔

Ahmet Davutoğlu 艾哈迈德·达武特奥卢

Albrecht Schönherr 阿尔布雷希特·舍赫尔

Alexander Goller 亚历山大·戈勒

Alexander Kwaśniewski 亚历山大·克瓦希涅夫斯基

Alexander Dubček 亚历山大·杜布切克

Alexander Gauland 亚历山大·高兰

Alexander Osang 亚历山大·奥桑

Alexander Vam der Bellen 亚历山大·范德贝伦

Alexis Tsipras 亚历克西斯·齐普拉斯

Alice Schwarzer 爱丽丝·施瓦泽

Alice Weidel 爱丽丝·魏德尔

Anas Modamani 阿纳斯·莫达马尼

Andonis Samaras 安多尼斯·萨马拉斯

Andrea Nahles 安德里亚·纳勒斯

Andrea Ypsilanti 安德里亚·伊普西兰蒂

Andreas Apelt 安德烈亚斯·阿佩尔特

Andreas Dresen 安德烈亚斯·德雷森

Andreas Voßkuhle 安德烈亚斯·沃斯库勒

Andrei Sakharov 安德烈·萨哈罗夫

Angelika Barbe 安杰利卡·巴尔贝

Annette Schavan 安妮特·沙万

Antje Vollmer 安杰·沃尔默

Anton Webern 安东·韦伯恩

Antonis Samaros 安东尼斯·萨马拉斯

Andrei Sakharov 安德烈·萨哈罗夫

Angela Dorothea Merkel 安格拉·多罗特娅·默克尔

Antonín Novotný 安东宁·诺沃提尼

Armin Laschet 阿明·拉舍特

Armin Nassehi 亚明·纳塞希

Arnulf Baring 阿努尔夫·巴林

Arsenij Jazenjuk 阿尔谢尼·亚采纽克

August Baron von Finck 奥古斯特·冯·芬克

Axel Schultes 阿克塞尔·舒尔特斯

Axel Weber 阿克塞尔·韦伯

Ayatollah Khomeini 阿亚图拉·霍梅尼

Aydan Özoğuz 艾丹·厄茨奥乌茨

Barack Obama 巴拉克·奥巴马

Bärbel Bohley 巴贝尔·博利

Basharal Assad 巴沙尔·阿萨德

Baumeister 鲍迈斯特

Beate Baumann 贝特·鲍曼

Ben Ali 本·阿里

Ben Bernanke 本·伯南克

Benjamin Netanjahu 本雅明·内塔尼亚胡

Ben Rhodes 本·罗德斯

Bernard–Henri Lévy 伯纳德－亨利·莱维

Bernd Huck 伯恩德·哈克

Bernd Lucke 伯恩德·卢克

Bernd Pfaffenbach 伯恩德·普法芬巴赫

Bernd Ulrich 伯恩德·乌尔里希

Bernd Wagner 伯恩德·瓦格纳

Bernhard Kotsch 伯恩哈德·科奇

Bernhard Vogel 伯恩哈德·沃格尔

Bettina Gaus 贝蒂娜·高斯

Bettina Kudla 贝蒂娜·库德拉

Bettina Röhl 贝蒂娜·罗尔

Bettina Schoenbach 贝蒂娜·舍恩巴赫

Bill Clinton 比尔·克林顿

Björn Höcke 比约恩·霍克

Bodo Hombach 博多·洪巴赫

Bodo Ihrke 博多·伊尔克

Bodo Ramelow 博多·拉梅洛

Boris Becker 鲍里斯·贝克尔

Brigitta Kögler 布丽吉塔·科格勒

Bruno Kreisky 布鲁诺·克雷斯基

Carl von Clausewitz 卡尔·冯·克劳塞维茨

Carsten Linnemann 卡斯滕·林内曼

Charly Horn 查理·霍恩

Christa Thoben 克里斯塔·托本

Christian Drosten 克里斯蒂安·德罗斯滕

Christian Kern 克里斯蒂安·克恩

Christian Lindner 克里斯蒂安·林德纳

Christian Morgenstern 克里斯蒂安·摩根斯坦

Christian Ude 克里斯蒂安·乌德

Christian Wulff 克里斯蒂安·伍尔夫

Christiane Ziller 克里斯蒂安·齐勒

Christa Wolf 克里斯塔·沃尔夫

Christian Wulff 克里斯蒂安·伍尔夫

Christine Lagarde 克里斯蒂娜·拉加德

Christoph Blocher 克里斯托夫·布洛赫

Christoph Heusgen 克里斯托夫·赫斯根

Christopher Clark 克里斯托弗·克拉克

Christofer Frey 克里斯托弗·弗雷

Claudia Nolte 克劳迪娅·诺尔特

Claus Kleber 克劳斯·克莱伯

Claus Peymann 克劳斯·佩曼

Claus Strunz 克劳斯·斯特伦茨

Clemens de Maizière 克莱门斯·德梅齐埃

Clemens Stroetmann 克莱门斯·斯特罗特曼

Dalia Grybauskaitė 达利娅·格里包斯凯特

Daniel Bussenius 丹尼尔·布塞纽斯

Daniel Günther 丹尼尔·君特

David Cameron 戴维·卡梅伦

Deniz Yücel 丹尼兹·尤塞尔

Detlef Felken 德特雷夫·费肯

Dieter Althaus 迪特尔·阿尔特豪斯

Dieter Reiter 迪特·莱特

Dieter Romann 迪特·罗曼

Dietrich Bonhoeffer 迪特里希·邦赫费尔

Dirk Niebel 德克·尼贝尔

Dmitri Medwedjew 德米特里·梅德韦杰夫

Donald Rumsfeld 唐纳德·拉姆斯菲尔德

Donald Trump 唐纳德·特朗普

Donald Tusk 唐纳德·图斯克

Eberhard Diepgen 埃伯哈德·迪普根

Eberhard Seidel 埃伯哈德·赛德尔

Eckart von Klaeden 埃卡特·冯·克莱登

Edith Kwoizalla 伊迪丝·科沃扎拉

Edmund Stoiber 埃德蒙·斯托伊贝尔

Edward Snowden 爱德华·斯诺登

Egon Bahr 埃贡·巴尔

Egon Geerkens 埃贡·盖尔肯斯

Egon Krenz 埃贡·克伦茨

Egon Olsen 埃贡·奥尔森

Ehrhardt Neubert 埃尔哈特·纽伯特

Emmanuel Macron 埃马纽埃尔·马克龙

Friedrich Bohl 弗里德里希·波尔

Friedrich Schorlemmer 弗里德里希·肖莱默

Friedrich Merz 弗里德里希·梅尔茨

Fritz Kuhn 弗里茨·库恩

Gabriele Pauli 加布里埃尔·保利

Geert Wilders 基尔特·威尔德斯

Georg Brunnhuber 格奥尔格·布伦胡贝尔

Georg Milbradt 格奥尔格·米尔布拉特

George Packer 乔治·帕克

George Soros 乔治·索罗斯

George Walker Bush 乔治·W.布什

Giorgos Papandreou 乔治·帕潘德里欧

Gerald Hennenhöfer 杰拉尔德·亨嫩霍费尔

Gérard Longuet 热拉尔·隆格

Gérard Philipe 杰拉德·菲利普

Gerda Hasselfeldt 格尔达·哈塞尔费尔特

Gerhard Schröder 格哈德·施罗德

Gertrud Sahler 格特鲁德·萨勒

Giorgio Napolitano 乔治·纳波利塔诺

Giovanni di Lorenzo 乔瓦尼·迪洛伦佐

Giulio Andreotti 朱利奥·安德烈奥蒂

Giuseppe Conte 朱塞佩·孔特

Gottfried Forck 戈特弗里德·福克

Gottfried Wilhelm Leibniz 戈特弗里德·威廉·莱布尼茨

Gregor Gysi 格雷戈尔·吉西

Hans–Jörg Osten 汉斯－约尔格·奥斯滕

Hans–Jürgen Fischbeck 汉斯－于尔根·菲施贝克

Hans Leyendecker 汉斯·莱恩德克

Hans–Olaf Henkel 汉斯－奥拉夫·汉克尔

Hans–Peter Friedrich 汉斯－彼得·弗里德里希

Hans–Peter Repnik 汉斯－彼得·雷普尼克

Hans–Peter Weyrich 汉斯－彼得·韦里奇

Hans Mayer 汉斯·迈耶

Hans Modrow 汉斯·莫德罗

Hans Seigewasser 汉斯·塞格瓦瑟

Hans–Ulrich Beeskow 汉斯－乌尔里希·比斯科

Hans–Werner Sinn 汉斯－维尔纳·辛恩

Harald Jäger 哈拉尔德·贾格尔

Harald Löschke 哈拉尔德·勒施克

Harald Mau 哈拉尔德·毛

Hassan Alasad 哈桑·阿拉萨德

Heidemarie Wieczorek–Zeul 海德玛丽·维乔雷克－措伊尔

Heide Simonis 海德·西蒙尼斯

Heiko Hortsch 海科·霍尔奇

Heiko Maas 海科·马斯

Heinrich August Winkler 海因里希·奥古斯特·温克勒

Heinrich Kriegsmann 海因里希·克里格斯曼

Heinrich Lummer 海因里希·卢默

Heinrich von Pierer 海因里希·冯·皮埃尔

Heinz Meermann 亨茨·米尔曼

Heinz–Peter Koop 海因茨－彼得·库普

Jan Hecker 扬·赫克

Jan Josef Liefers 扬·约瑟夫·利弗斯

Jana Hensel 亚娜·汉塞尔

Javier Solana 哈维尔·索拉纳

Jean–Claude Juncker 让－克洛德·容克

Jean–Claude Trichet 让－克洛德·特里谢

Jean–Marc Ayrault 让－马克·艾罗

Jean Sibelius 让·西贝柳斯

Jens Lehmann 延斯·莱曼

Jens Reich 延斯·赖希

Jens Stoltenberg 延斯·斯托尔滕贝格

Jens Weidmann 延斯·魏德曼

Jeroen Dijsselbloem 杰罗恩·迪塞尔布洛姆

Jesse Klaver 杰西·克拉弗

Joachim Gauck 约阿希姆·高克

Joachim Herrmann 约阿希姆·赫尔曼

Joachim Löw 约阿希姆·勒夫

Joachim Meisner 约阿希姆·迈斯纳

Joachim Rittershaus 约阿希姆·里特斯豪斯

Joachim Sauer 约阿希姆·绍尔

Joachim Starbatty 约阿希姆·斯塔巴蒂

Jochen Sanio 约亨·萨尼奥

Joe Biden 乔·拜登

Johann Traugott Börner 约翰·特劳戈特·伯尔纳

Johannes Rau 约翰内斯·劳

Johanna Wanka 约翰娜·万卡

Karlheinz Kannegießer 卡尔海因茨·坎内基瑟

Karlheinz Schreiber 卡尔海因茨·施莱伯

Karl–Josef Laumann 卡尔－约瑟夫·劳曼

Karl Lauterbach 卡尔·劳特巴赫

Karl–Ulrich Kuhlo 卡尔－乌尔里希·库赫洛

Katarina Barley 卡塔琳娜·巴利

Katja Havemann 卡佳·哈韦曼

Katrin Dähn 卡特林·达恩

Katrin Göring–Eckardt 卡特琳·戈林－艾卡特

Kevin Kühnert 凯文·库内特

Klaus Gysi 克劳斯·吉西

Klaus Hermann 克劳斯·赫尔曼

Klaus Kinkel 克劳斯·金克尔

Klaus Landowsky 克劳斯·兰多夫斯基

Klaus Töpfer 克劳斯·特普费尔

Klaus Ulbricht 克劳斯·乌布利希

Klaus von Dohnanyi 克劳斯·冯·多纳尼

Klaus Wowereit 克劳斯·沃维雷特

Kleopatra 克利奥帕特拉

Konrad Adam 康拉德·亚当

Konrad Adenauer 康拉德·阿登纳

Konrad Weiß 康拉德·魏斯

Krista Sager 克里斯塔·萨格

Kristina Schröder 克里斯蒂娜·施罗德

Kurt Beck 库尔特·贝克

Kurt Biedenkopf 库尔特·比登科普夫

Kurt Hager 库尔特·黑格

Kurt Masur 库尔特·马苏尔

Kurt Scharf 库尔特·沙尔夫

Kurt Schumacher 库尔特·舒马赫

Kurt Tucholsky 库尔特·图霍斯基

Kyriakas Mitsotakis 基里亚科斯·米佐塔基斯

Lars–Hendrik Röller 拉斯 – 亨德里克·罗勒

Laurenz Meyer 劳伦茨·迈耶

Lech Kaczyński 莱赫·卡钦斯基

Lena Meyer–Landrut 勒娜·迈耶 – 兰德鲁特

Lionel Jospin 莱昂内尔·约斯潘

Lothar de Maizière 洛塔尔·德梅齐埃

Lothar Späth 洛塔尔·斯帕特

Louis de Funès 路易·德·芬埃斯

Lucas Papademos 卢卡斯·帕帕季莫斯

Ludwig Erhard 路德维希·艾哈德

Ludwig Kaźmierczak 路德维希·卡日米尔恰克

Ludwig Stiegler 路德维希·斯蒂格勒

Lutz Bachmann 卢茨·巴赫曼

Lutz Zülicke 卢茨·祖利克

Mahamadou Issoufou 穆罕默杜·伊素福

Maike Kohl–Richter 迈克·科尔 – 里希特

Malu Dreyer 马鲁·德莱尔

Manfred Kanther 曼弗雷德·坎瑟

Manfred Neumann 曼弗雷德·诺伊曼

Manfred Stolpe 曼弗雷德·施托尔佩

Manuela Schwesig 曼努埃拉·施韦西格

Marco Wanderwitz 马可·万德维茨

Marcus Pretzell 马库斯·普雷泽尔

Margaret Thatcher 玛格丽特·撒切尔

Margarete Buber–Neumann 玛格丽特·布勃–诺依曼

Margarethe Pörschke 玛格丽特·波尔施克

Marianne Birthler 玛丽安·伯特勒

Marine Le Pen 马琳·勒庞

Mario Monti 马里奥·蒙蒂

Mark Rutte 马克·吕特

Markus Kerber 马库斯·克尔伯

Markus Lanz 马库斯·兰兹

Markus Söder 马库斯·索德尔

Markus Wolf 马库斯·沃尔夫

Martin Bartenstein 马丁·巴滕斯坦

Martin Blessing 马丁·布莱辛

Martin Hohmann 马丁·霍曼

Martin Schulz 马丁·舒尔茨

Matteo Renzi 马泰奥·伦齐

Matteo Salvini 马泰奥·萨尔维尼

Matthias Gehler 马蒂亚斯·盖勒

Matthias Graf von Kielmansegg 马蒂亚斯·格拉夫·冯·基尔曼塞格

Matthias Jung 马蒂亚斯·荣格

Matthias Kleiner 马蒂亚斯·克莱纳

Matthias Platzeck 马蒂亚斯·普拉茨克

Matthias Rau 马蒂亚斯·劳

Matthias Wissmann 马蒂亚斯·威斯曼

Max Streibl 马克斯·施特雷布尔

Maximilian Steinbeis 马克西米利安·施泰因贝斯

Michael Finck 迈克尔·芬克

Michael Froman 迈克尔·弗罗曼

Michael Fuchs 迈克尔·福克斯

Michael Glos 迈克尔·格罗斯

Michael Kretschmer 迈克尔·克雷奇默

Michael Meister 迈克尔·迈斯特

Michael Mronz 迈克尔·姆隆茨

Michael Schindhelm 迈克尔·辛德海姆

Michael Spreng 迈克尔·斯普伦

Michael Wettengel 迈克尔·韦滕格尔

Michail Glinka 米哈伊尔·格林卡

Michail Gorbatschow 米哈伊尔·戈尔巴乔夫

Michail Saakaschwili 米哈伊尔·萨卡什维利

Mike Mohring 迈克·莫林

Mohamed Bouazizi 穆罕默德·布瓦齐齐

Mohammad Zatareih 穆罕默德·扎塔雷

Monika Griefahn 莫妮卡·格里法恩

Muammar al–Gaddafi 穆阿迈尔·卡扎菲

Mustafa Kemal Ataturk 穆斯塔法·凯末尔·阿塔图尔克

Nena 尼娜

Nico Fried 尼科·弗里德

Nicolas Sarkozy 尼古拉·萨科齐

Nikolaus Meyer–Landrut 尼古拉斯·迈耶－兰德鲁特

Noël Martin 诺埃尔·马丁

Nofretete 娜芙蒂蒂

Norbert Blüm 诺伯特·布鲁姆

Norbert Geis 诺伯特·盖斯

Norbert Röttgen 诺伯特·罗特根

Norbert Walter–Borjans 诺贝特·瓦尔特－博尔扬斯

Olaf Scholz 奥拉夫·朔尔茨

Ole von Beust 奥莱·冯·博伊斯特

Olli Rehn 奥利·雷恩

Olof Palme 奥洛夫·帕尔梅

Ota Šik 奥塔·希克

Ottmar Schreiner 奥特马尔·施赖纳

Otto Dibelius 奥托·迪贝柳斯

Otto Schily 奥托·席利

Otto von Bismarck 奥托·冯·俾斯麦

Paul Baumgarten 保罗·鲍姆加滕

Paul Kirchhof 保罗·基希霍夫

Paul Krugman 保罗·克鲁格曼

Paul Nolte 保罗·诺尔特

Paul Sethe 保罗·塞特

Paul Ziemiak 保罗·齐米亚克

Pedro Passos Coelho 佩德罗·帕索斯·科埃略

Pedro Sánchez 佩德罗·桑切斯

Peer Steinbrück 佩尔·施泰因布吕克

Peter Altmaier 彼得·阿尔特迈尔

Peter Hartz 彼得·哈茨

Peter Hintze 彼得·欣茨

Peter Müller 彼得·穆勒

Peter Struck 彼得·施特鲁克

Peter Wittig 彼得·维蒂希

Petra Keller 佩特拉·凯勒

Petro Poroshenko 彼得·波罗申科

Philipp Amthor 菲利普·阿姆托尔

Philipp Missfelder 菲利普·米斯菲尔德

Philipp Rösler 菲利普·罗斯勒

Rainer Barzel 赖纳·巴泽尔

Rainer Brüderle 雷纳·布吕德勒

Rainer Eppelmann 雷纳·埃佩尔曼

Ralf Dahrendorf 拉尔夫·达伦多夫

Ralf Der 拉尔夫·德尔

Ralph Brinkhaus 拉尔夫·布林克豪斯

Recep Tayyip Erdoğan 雷杰普·塔伊普·埃尔多安

Reem Sahwil 雷姆·萨赫维尔

Reiner Kunze 莱纳·昆泽

Reiner Radeglia 莱纳·拉德格里拉

Reinhard Günzel 莱因哈德·冈泽尔

Reinhard Höppner 莱因哈德·霍普纳

Reinhard Marx 莱因哈德·马克思

Reinhard Steinlein 莱因哈德·斯坦莱恩

Reinhart Ahlrichs 莱因哈特·阿尔里克斯

Reinhold Beckmann 莱因霍尔德·贝克曼

Reinhold Haberlandt 莱因霍尔德·哈伯兰特

Reinhold Mitterlehner 莱因霍尔德·米特勒纳

Renate Künast 蕾娜特·库纳斯特

Rezo 雷佐

Richard von Weizsäcke 里夏德·冯·魏茨泽克

Richard Wagner 里夏德·瓦格纳

Richard Williamson 里夏德·威廉姆森

Rita Süssmuth 丽塔·苏斯穆特

Robert Gates 罗伯特·盖茨

Robert Habeck 罗伯特·哈贝克

Robert Havemann 罗伯特·哈维曼

Robert Oppenheimer 罗伯特·奥本海默

Robin Alexander 罗宾·亚历山大

Roger Cohen 罗杰·科恩

Roland Koch 罗兰·科赫

Roland Resch 罗兰·雷施

Roman Herzog 罗曼·赫尔佐克

Romano Prodi 罗马诺·普罗迪

Ronald Pofalla 罗纳德·波法拉

Ronald Reagan 罗纳德·里根

Rosemarie Mayr 罗斯玛丽·迈尔

Rudolf Bahro 鲁道夫·巴罗

Rudolf Zahradník 鲁道夫·扎赫拉德尼赫

Ruprecht Polenz 鲁普雷希特·波伦茨

Sabine Bergmann–Pohl 萨宾·伯格曼 – 波尔

Sabine Leutheusser–Schnarrenberger 萨宾·莱塞尔 – 施纳伦贝格

Samantha Power 萨曼莎·鲍尔

Sanda Weigl 桑达·维格尔

Sandra Gallina 桑德拉·加利纳

Saskia Esken 萨斯基娅·艾斯肯

Sayn–Wittgenstein 赛因 – 维特根斯坦

Sebastian Edathy 塞巴斯蒂安·埃达西

Sebastian Kurz 塞巴斯蒂安·库尔茨

Seddam Huseyin 萨达姆·侯赛因

Shaker Kedida 沙凯尔·凯迪达

Sigmar Gabriel 西格马尔·加布里埃尔

Silvio Berlusconi 西尔维奥·贝卢斯科尼

Simon Rattle 西蒙·拉特尔

Stanislaw Tillich 斯坦尼斯拉夫·蒂利希

Stefan Mappus 斯特凡·马普斯

Steffen Heitmann 斯蒂芬·海特曼

Steffen Seibert 斯特芬·塞伯特

Stephan Detjen 斯蒂芬·德特珍

Stephan Steinlein 斯蒂芬·斯坦莱恩

Stephan Holthoff–Pförtner 斯蒂芬·霍尔特霍夫 – 普弗特纳

Susan Rice 苏珊·赖斯

Teresa Löwe 特蕾莎·勒夫

Terlinden 特林登

Theo Waigel 西奥·威格尔

Theodor Heuss 特奥多尔·豪斯

Thilo Sarrazin 蒂洛·萨拉钦

Thomas Brasch 托马斯·布拉什

Thomas Kemmerich 托马斯·克梅里希

Thomas Kleine–Brockhoff 托马斯·克莱恩－布罗克霍夫

Thomas Schäuble 托马斯·朔伊布勒

Thomas Steg 托马斯·斯特格

Thomas Strobl 托马斯·施特罗布尔

Thomas de Maizière 托马斯·德梅齐埃

Timothy Geithner 蒂莫西·盖特纳

Tony Blair 托尼·布莱尔

Udo Di Fabio 乌多·迪·法比奥

Udo Walz 乌多·沃尔兹

Ulf Fink 乌尔夫·芬克

Ulla Hahn 乌拉·哈恩

Ulli Köppe 乌利·科普

Ulrich Deppendorf 乌尔里希·德彭多夫

Ulrich Havemann 乌尔里希·哈维曼

Ulrich Matthes 乌尔里希·马特斯

Ulrich Merkel 乌尔里希·默克尔

Ulrich Mühe 乌尔里希·米厄

Ulrich Schoeneich 乌尔里希·舍内希

Ulrich Wilhelm 乌尔里希·威廉

Ulrike Meinhof 乌尔里克·迈因霍夫

Ulrike Poppe 乌尔里克·波佩

Ulrike Wegner 乌尔里克·韦格纳

Ulrike Weyrich 乌尔里克·韦里奇

Ursula Vonder Leyen 乌尔苏拉·冯德莱恩

Ursula März 乌苏拉·麦尔茨

Uwe Corsepius 乌韦·科塞庇乌斯

Uwe Lüthje 乌韦·吕希耶

Vicente del Bosque 维森特·德尔·博斯克

Vladimir Putin 弗拉基米尔·普京

Volker Beck 沃尔克·贝克

Volker Bouffier 沃尔克·布菲耶

Volker Rühe 沃尔克·鲁赫

Walter Lübcke 沃尔特·吕贝克

Walter Mixa 沃尔特·米萨

Walter Momper 沃尔特·莫珀

Walter Romberg 沃尔特·罗姆伯格

Walter Scheel 沃尔特·舍尔

Walter Wallmann 沃尔特·沃尔曼

Walther Leisler Kiep 沃尔特·莱斯勒·基普

Werner Faymann 维尔纳·法伊曼

Werner Gatzer 维尔纳·加策尔

Werner Leich 维尔纳·莱希

Wiktor Janukowytsch 维克托·亚努科维奇

Willi Hausmann 威利·豪斯曼

Willi Jentzsch 威利·延茨施

Willi Stoph 威利·斯托夫

Willy Brandt 维利·勃兰特

Winfried Kretschmann 温弗里德·克雷奇曼

Wolf Biermann 沃尔夫·比尔曼

Wolfgang Böhmer 沃尔夫冈·博默

Wolfgang Bosbach 沃尔夫冈·博斯巴赫

Wolfgang Clement 沃尔夫冈·克莱门特

Wolfgang Huber 沃尔夫冈·胡贝尔

Wolfgang Kubicki 沃尔夫冈·库比奇

Wolfgang Leonhard 沃尔夫冈·莱昂哈德

Wolfgang Schäuble 沃尔夫冈·朔伊布勒

Wolfgang Schnur 沃尔夫冈·施努尔

Wolfgang Ullmann 沃尔夫冈·乌尔曼

Wolfhard Molkentin 沃尔夫哈德·莫肯廷

Wolf Singer 沃尔夫·辛格

Wojciech Jaruzelski 沃伊切赫·雅鲁泽尔斯基

Woody Allen 伍迪·艾伦

Yanis Varoufakis 亚尼斯·瓦鲁法基斯

Yulia Tymoshenko 尤利娅·季莫申科

缩写名词译名对照表

AfD 德国选择党

AIG 美国国际集团

Antifa 左翼反法西斯活动者

ARD 德国电视一台

COVID–19 新型冠状病毒肺炎

Die Linke 左翼党

dpa 德新社

DSU 德国社会联盟

DVU 德国人民联盟党

EFSF 欧洲金融稳定基金

EKD 全德新教教会

EPP 欧洲人民党

ESM 欧洲稳定机制

FDJ 自由德国青年团

FPÖ 奥地利自由党

GST 体育与技术协会

IMF 国际货币基金组织

NPD 德国国家民主党

NSA 美国国家安全局

NSU 国家社会主义地下组织

ÖVP 奥地利人民党

PDS 民主社会主义党（民社党）

SDP 民主德国社会民主党（东德社民党）

SED 德国统一社会党

SPD 德国社会民主党

SPÖ 奥地利社会民主党

Stasi 斯塔西（民主德国国家安全部）

SVP 瑞士人民党